Unterwegs in Chile

Kapitel 1 Santiago und die Zentralküste

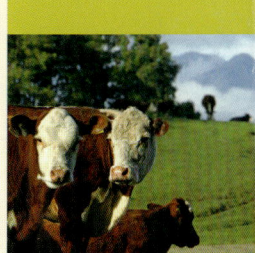

Kapitel 2 Kleiner Süden und Isla de Chiloé

Inhalt

Kapitel 3 Die Carretera Austral

Kapitel 4 Magallanes und Feuerland

Kapitel 5 — Der Kleine Norden

Kapitel 6 — Der Große Norden

Inhalt

Kapitel 7 Osterinsel und Juan-Fernández-Inseln

Themen

Alle Karten auf einen Blick

Inhalt

▶ Dieses Symbol im Buch verweist
auf die Extra-Reisekarte Chile

**Der International Highway CH 11 führt
durch ein Land voller Kontraste**

Freude über die Maisernte bei Ziege, Schaf und Mensch

Wissenswertes
über Chile

Einladung ins Unbekannte

Vielen Reisenden gilt das über 4300 km Luftlinie lang gestreckte Chile – eine Distanz von Norwegen bis in die Sahara – mit seinem Reigen unterschiedlichster Landschaftsformen als eines der schönsten Länder Südamerikas. Zudem ist es die bedeutendste und stabilste Wirtschaftsmacht des Subkontinents mit eindrucksvollem Wachstum. Ebenfalls wichtig: Es hat eine stabile Demokratie.

Die wirtschaftliche Robustheit macht das Land sicher für Gäste, wegen seiner Orientierung an europäischen und nordamerikanischen Verhaltenskodizes ist es so einfach zu entdecken wie kaum ein anderes in Südamerika. Und: In einem konservativen Macho-Land wie Chile, in dem Scheidung bis vor kurzem verboten war, siegte bei den Präsidentschaftswahlen 2006 Michelle Bachelet, Sozialdemokratin, Wissenschaftlerin und allein erziehende Mutter von vier Kindern. Sie machte ihre Sache so gut, dass Chile aus der weltweiten Finanzkrise 2009 relativ unbeschadet hervorging. Die Wahlen 2010 gewann allerdings Sebastian Piñera vom Oppositionsbündnis RN/UDI.

Die Chilenen gelten als ›Preußen Südamerikas‹, haben die Lebhaftigkeit, Gastfreundschaft und Lebensfreude ihrer Nachbarn, aber auch die Gründlichkeit und die Skepsis gegenüber Erreichtem wie die Mitteleuropäer. Hier können sich Senioren alleine tummeln und Backpacker ungezähmte Ziele für sich finden. Chile vereint die grandiose Einsamkeit der scheinbar weltenfernen Aymara-Dörfchen in den gigantischen Anden mit lieblichen, waldgebetteten Seenlandschaften und kalten Dschungelparadiesen im Süden. Es besitzt eine lebhafte hauptstädtische Kultur- und Theaterszene, die hinter europäischen Standards nicht zurückbleibt. Auf den Punkt gebracht: In einem Land, dessen Landschaften so fremdartig kostbar wirken und das so faszinierende fremde indianische Kulturen hat, fühlt man sich eigentlich nicht wirklich fremd. Und das ist vielleicht das Bedeutsamste, was sich über Chile als südamerikanisches Reiseland sagen lässt: es macht Spaß und keinen Stress, es zu entdecken.

Diese ehedem spanische Kolonie hat sich wie jede andere Besitzung der Krone nie gleichmäßig entwickelt. Das lag auch nicht in deren Sinn, schließlich wollten die Spanier Ressourcen und Arbeitskräfte ausbeuten und kein blühendes Land erschaffen. Im Fall von Chile kam allerdings die schiere Unwegsamkeit des Landes hinzu. Was heute einfach aufsehenerregend ist und landschaftlich fasziniert, war damals – zum Glück – keinesfalls in einem Handstreich zu nehmen. Die immensen Berglandschaften, die Sechstausender, die unwirtlichen (Salz-) Wüsten, der undurchdringliche Nebelwald, die zersplitterten Archipele, die zerfurchten Fjordlandschaften stellten unüberwindliche Hindernisse dar. Die größten zusammenhängenden Eismassen der Südhalbkugel außerhalb der Antarktis, die Campos de Hielo Norte y Sur, liegen im Süden, der höchstgelegene See der Welt, der Lago Chungará befindet sich auf 4566 m Höhe unter dem Gipfel des Vulkans Parinacota im Norden – eine einzige Herausforderung bis auf den heutigen Tag.

Die Spanier schenkten dem Land wenig Beachtung, auch weil die ersten Entdeckungszüge keine großen Reichtümer versprachen. Das war ein Glück für *Chili,* das ›Land des Südens‹, wie es die Inka, die es zuvor kolonisiert hatten, in ihrer Sprache getauft hatten. Die Besiedlung glich Inseln in einem Meer aus Landschaft. Das heitere Iquique entstand 1855 am Strand einer wasserlosen Wüste als Repräsentierplattform für die durch Salpeter reich gewordenen Geschäftsleute. In Punta Arenas, 1000 km von der Antarktis und 4943 km von Iquique, ragten Glitzerpaläste aus der sechs Monate während en Schneedecke, und zitternde Rosen gediehen in molligen Wintergärten aus Kristallglas. Hier waren die Schafbarone zu Wohlhabenheit gelangt. Nur 40 km weiter im eisigen Süden wurden einst die Schwerverbrecher des Landes eingekerkert. Am Rande der Welt lag das alles, war versteckt hinter der hoch aufragenden Kordillere der Anden und umringt von einem Ozean, der die Magnetnadeln verrückt machte.

Und dann gibt es noch die Osterinsel, 1888 Chiles Territorium einverleibt, der Mittler zwischen Südamerika und Polynesien. Es ist der am weitesten von einem anderen bewohnten Punkt entfernte Platz auf dem gesamten Erdball und eine fesselnde Welt für sich.

Derlei ›Randexistenzen‹ sind auch heute nicht ungewöhnlich. In Punta Arenas weiß man von immergrünen Inselchen, die von zwölf Personen bewohnt werden und die Stacheldraht brauchen oder getrocknete Linsen. Das wunderschöne Lehmkirchlein von Parinacota auf 4300 m Höhe im tiefsten Norden pflegen 150 Aymara als Zeremonialzentrum, umgeben von den kleinen Kamelen der Anden, den Vikunjas, von Torfmooren und Eisvögeln. Wie abgesprengte Eiskristalle eines Schneeballs nisten winzigste Siedlungen von sechs Familien zwischen schwarzen Granitzacken und zerwühlten Meeresufern, auf 4500 m Höhe in dünnster Luft oder umgeben von den silberschäumenden Wogen des Pazifiks. Manchmal wohnt auch nur einer in größter Einsamkeit – und fühlt sich wohl.

Die Hauptstadt Santiago mit 6 Mio. Einwohnern dagegen gefällt sich im Status einer Wirtschaftswunder-Metropole. Mit allen Konsequenzen: Die verspiegelten postmodernen Konstruktionen der neuen Geschäftsviertel können die *barrios populares,* die staubigen Viertel der einfachen Leute, in denen Solidarität kein Fremdwort ist, nicht ausblenden. Die Landflucht nimmt immer schärfere Formen an, und wie überall auf der Welt scheint die Hauptstadt den ungehindertsten Zugang zu Glück und Geld zu bieten.

Einladung ins Unbekannte – und doch nicht Fremde

Steckbrief Chile

Daten und Fakten

Name: República de Chile (RCH)

Fläche: 756 096 km² (ohne Antarktis-Anteile, einschließlich verschiedener Inseln im Pazifik wie Osterinsel, Juan-Fernández-Inseln etc.)
Hauptstadt: Santiago de Chile
Amtssprache: Spanisch
Bevölkerung: 14,2 Mio.
Bevölkerungswachstum: 1,5 %
Lebenserwartung: 75 Jahre
Analphabetenrate: Männer 4 %, Frauen 5 %

Währung: Peso chileno, CLP; zurzeit erhält man für 1 € 667 CLP
Zeit: MEZ – 4 Std. bzw. MESZ – 6 Std. (Osterinsel s. S. 79)
Landesvorwahl: 00 56

Landesflagge: Das Blau soll den Himmel symbolisieren, das Weiß den Schnee der Anden, das Rot die Tapferkeit der Chilenen während des Unabhängigkeitskampfes, und der Stern steht für Ehre und Fortschritt.

Geografie

Chile bildet zusammen mit Argentinien, Uruguay und Paraguay den Cono Sur (›Südkegel‹) des südamerikanischen Kontinents. Zum Staatsgebiet gehören die 3765 km entfernt im Pazifischen Ozean liegende Osterinsel und die Islas Juan Fernández. Chile dehnt sich über 4300 km aus, misst an der schmalsten Stelle 80 km, an der breitesten 180 km. Im Norden grenzt es an Peru, im Nordosten an Bolivien, im Osten an Argentinien. Zwei parallel verlaufende Gebirgszüge (Küstenkordillere bis zu 2000 m, Anden bis zu 7000 m), die im nördlichen Abschnitt miteinander verschmelzen, prägen das Landschaftsbild. Breite Quertäler und das Längstal (Valle Longitudinal) gliedern die Landmasse. Im Süden, bei Puerto Montt, versinkt die Küstenkordillere ins Meer, ein Teil bildet die Höhenzüge im Nationalpark Isla de Chiloé und den Inselsockel entlang der südlichen Küste, der in Form von Tausenden von Eilanden wieder aus dem Pazifik ragt. Der Norden besteht aus über 3500 m hoch gelegenen Salpeterwüsten und Salaren, die von Vulkanen eingefasst werden. Das fruchtbare Herzstück des Landes war einst Land des Indianervolks der Mapuche.
Nationalparks: In Chile gibt es 32 Parques Nacionales und 48 Reservas Naturales. Am spektakulärsten sind der NP Torres del Paine, die Osterinsel und die Atacama-Wüste.

Geschichte

Chile war aufgrund seiner komplizierten Geografie in präkolumbischer Zeit nur spärlich besiedelt, und die landschaftlichen Charakteristika ließen lediglich halbnomadenhafte Wirtschaftsformen zu. Viele Volksstämme haben den Zusammenstoß mit der weißen Zivilisation kaum überlebt; nur die Mapuche verteidigten ihre Gebietsansprüche und ihre Kultur. Als spanische Kolonie ist Chile nie richtig aufgeblüht. Als Bernardo O'Higgins 1818 die Unabhängigkeit von Spanien erkämpfte, existierte kein gleichmäßig entwickeltes Land. Provinzfürsten bestimmten auch Chiles postkoloniale Geschichte. Gleichzeitig mit der zentralistisch geprägten Politik in der Mitte des 19. Jh. durchlebte Chile einen Boom der Ausbeutung seiner Bodenschätze. Die im Salpeterkrieg gegen Peru und Bolivien erbeuteten Salpeterlagerstätten machten das Land wohlhabend, ebenso wie die Schaffarmen in Patagonien und Feuerland. Die wirtschaftlichen Strukturen ließen eine starke Industrie- und Landarbeiterschaft sowie gleichzeitig eine Handelsbourgeoisie entstehen. Chile galt lange als eines der wenigen südamerikanischen Länder mit verwurzelten demokratischen Verhältnissen.

Staat und Politik

Chile ist eine Präsidialrepublik mit einem Abgeordnetenhaus und einem Senat, Parlamentssitz ist Valparaíso. Der amtierende Präsident heißt Sebastian Piñera vom rechten Parteienbündnis Alianza por Chile, der 2010 in der Stichwahl gewann. Er ist der erste rechtsgerichtete Regierungschef seit dem Ende der Diktatur Pinochets 1989. Davor hatte zwei Jahrzehnte die Concertación regiert, ein Bündnis aus Christdemokraten, Sozialisten, der Partei für Demokratie, der Radikal-Sozialdemokratischen Union und weiteren Gruppierungen. Es war 1988 mit dem Ziel entstanden, eine wirkungsvolle Opposition zu dem damaligen Rechtsdiktator Pinochet aufzubauen. Seit ihrem ersten Wahlsieg 1989 konnte die Concertación mit wechselnden Präsidentschaftskandidaten stets die Wahlen gewinnen. Pinochet starb im Dezember 2006, ohne jemals verurteilt worden zu sein. Die Aufarbeitung seiner Diktatur ist nicht abge-

schlossen. Zu anderen Verurteilungen ist es jedoch gekommen, auch zur Aufdeckung der deutschen Colonia Dignidad als Folterlager der Diktatur.

Wirtschaft und Tourismus

Chile gründet seine Ökonomie auf einer klassischen Dritte-Welt-Basis: Ausbeutung von Rohstoffen (Erze, Holz, Fisch), ausländische Investitionstätigkeit wird stimuliert, nicht aber die eigene Industrie. All diese Symptome machen das unter der Pinochet-Regierung eingeführte neoliberale Wirtschaftsmodell erfolgreich im Sinne einer stabilen Investitionsbasis. Die demokratischen Regierungen verfolgen denselben Kurs und mildern leicht die sozialen Missstände. Die Arbeitslosigkeit konnte 2010 auf offizielle 10,7 % gedrückt werden. Der Tourismus hat an Bedeutung enorm gewonnen, viele infrastrukturelle Maßnahmen sind verwirklicht worden. Seit Jahren zieht Chile Reisende aus Kanada, Nordamerika und aus Europa an. Die Gästezahlen aus dem deutschsprachigen Raum halten sich seit Jahren bei rund 60 000.

Bevölkerung und Religion

Als klassisches Emigrationsziel im 19. Jh. auf den ersten Blick ein weißes, katholisches Land, hat Chile mit etwa 7 % einen hohen Anteil an indianischer Mapuche-Bevölkerung. Die indianischen Verbände im Norden und im patagonischen Süden machen etwa 5 % aus. Auf Feuerland wurden sie grausam vernichtet. Ein stark pyramidaler Altersaufbau und die Bevölkerungskonzentration in der Hauptstadt (6 Mio.) weisen Chile trotz recht breiter Mittelschicht der sogenannten Dritten Welt zu. Zwischen Temuco und Santiago, einer Region, die etwa 20 % der Landmasse ausmacht, leben fast 80 % der Chilenen.

Natur und Umwelt

Chile, das »schmale Blütenblatt aus Meer und Wein und Schnee«, wie es Pablo Neruda nannte, hat seinen Namen von den Inka bekommen. Das ›Land des Südens‹ liegt zwischen dem 17. und 56. Grad südlicher Breite und dem 68. und 76. Grad westlicher Länge und hat einen keilförmigen Anteil an der Antarktis. Ihm fehlen die Tropen – aber sonst gar nichts.

Man müsste von Mitteleuropa in die Sahelzone reisen, um eine vergleichbare Fülle an Landschaftsformen, Pflanzen- und Tierwelt sowie Klimazonen zu erleben – hier liegt in einem einzigen Land alles schön eng beisammen.

Mit den Anden hat Chile ein erdgeschichtlich junges Gebirge, dessen Ausformung noch nicht abgeschlossen ist und das das Land immer wieder mit Erdstößen plagt. Das jüngste Beben im Februar 2010 traf Chiles Zentralzone hart – es war mit 8,8 Grad auf der Richterskala eines der stärksten weltweit. Über 500 Menschen starben. Ganze Dörfer wurden zerstört, die für die Wirtschaftsleistung des Landes so wichtigen Exporthäfen stark beschädigt. Auch der Vulkanausbruch des Chaitén (Carretera Austral) im Mai 2008 legte das Leben dort, im Großen Süden, lahm – bis nach Buenos Aires waren die Aschewolken ›gereist‹. Die Tatio-Geysire bei San Pedro de Atacama und die vielen heißen Quellen, die sich über das ganze Land verteilen, bezeugen die seismischen Prozesse.

Gleich einem Rückgrat durchziehen die Anden den *Cono Sur* und trennen Chile von Argentinien. Hier schwingen sie sich zu ihren größten Höhen empor: Der Aconcagua misst 6959 m und liegt auf argentinischem Gebiet ungefähr auf gleicher Höhe wie Santiago, weiter im Norden stoßen die Gipfel ebenfalls fast an die 7000-m-Grenze.

Neben der Andenkette ist die erdgeschichtlich wesentlich ältere Küstenkordillere aus dem Paläozoikum (Erdaltertum) und Mesozoikum (Erdmittelalter) das zweite gestalterische Element des Landes. Sie erstreckt sich ebenfalls über die gesamte Längsausdehnung, wobei sie südlich von Puerto Montt in den Pazifik versinkt und den submarinen Sockel für Abertausende von Inselsplittern bildet, die wie eine Kometenschar den Konturen Südchiles folgen. Die Gebirge im Westteil des Nationalparks auf der Isla de Chiloé gehören ebenfalls zur Küstenkordillere. Ein zentrales Längstal trennt auf dem Festland die beiden Gebirgsketten, die im Norden miteinander verschmelzen. Breite, Wasser führende Quertäler strukturieren die Landmasse.

Um die geografischen Unterschiede griffig zusammenzufassen, wird Chile in fünf Zonen geteilt: Großer Norden, Kleiner Norden, Zentralzone, Kleiner Süden und Großer Süden.

Der Große Norden

Der Große Norden schließt die Wüsten- und Hochplateauzonen von Arica und das Tal von Azapa bis zur Atacama-Wüste ein, der trockensten Wüste der Welt. Die von bis zu 6000 m hohen Vulkanen überragte, salpeterreiche Hochebene ist eine Schutt- und Steinwüste. Das Längstal erscheint hier als die beckenähnliche Pampa de Tamarugal. Im südlichen Teil, beim Salzsee Salar de Atacama, durchzieht der breite Gebirgszug der Cordillera Domeyko das Längstal und türmt sich dort zur Cordillera de la Sal (›Salzkordillere‹) auf. Die einzige Feuchtigkeit in dieser Region ist das Schmelzwasser der Berge. Es bildet Lagunen, die in der Wüstenhitze verdunsten und unterirdische, mit Mikroben und Krill gefüllte Salzseen hinterlassen. Nur ein einziger Fluss schafft es, diese Welt aus Bergen, Felsen, geröllgefüllten Tälern, Wüsten und Salaren zu durchschneiden: der Río Loa überwindet auf seinem Weg zum Meer wohl tausend Durststrecken.

Salzseen und Flamingos

Flamingo-Kolonien machen wegen der Sommerstürme im benachbarten bolivianischen Hochland Station im Salar de Atacama auf 2000 m Höhe und an der Laguna Verde auf 4000 m Höhe. Sie zählen zu den größten Attraktionen in dieser Region. Der Chilenische Flamingo *(flamenco chileno)* wird bis zu 1 m groß und ist weiß und rosa, mit dunklen Flügelspitzen. Der größere Anden-Flamingo *(parina grande)* hat ein helles, blassrosa Federkleid, der kleine James-Flamingo *(parina chica)* terrakottafarbene Füße. Das Verbreitungsgebiet des Chilenischen Flamingo erstreckt sich vom Lago Chungará bis hinunter nach Feuerland. Der Anden-Flamingo bewohnt die Salare des Nordens, den James-Flamingo trifft man vom Salar de Pedernales, nördlich des Ojos del Salado, bis in den hohen Norden an.

Kleine Andenkamele

Die kleinen Kamele der Anden beleben die Hochwüste und den Altiplano. Lamas und Alpakas werden von den indianischen Familien wegen ihres Wollreichtums gehalten, die robusten Lamas leisten auch als Lasttiere wertvolle Dienste. Sie stammen von den zierlicheren Guanakos ab, die auch heute noch wild in Chile leben. Nicht domestizieren lassen sich die Vikunjas, deren feines Leder und zartes Wollkleid den grazilen Tieren fast zum Verhängnis wurde. So spinnwebfein ist die

Bei Sonnenuntergang zeigt die Atacama-Wüste ihr feuriges Gesicht

Vikunjas sind in ihrem Bestand stark gefährdet und stehen unter Naturschutz

Faser, dass nur Seide sie übertrifft. Im zweijährigen Rhythmus produzieren sie lediglich eine kleine Handvoll davon (ca. 180 g). Die Tiere wurden fast vernichtet. 1973 existierten in ganz Chile nur noch 1000 Exemplare, was den Naturschutz aktivierte. Mittlerweile gibt es wieder 27 000. Dieses Glück hatte die Chinchilla nicht. Ursprünglich hier beheimatet, ist sie längst wegen ihres ausgefallenen Pelzkleides ausgerottet worden. An den Küsten leben unter anderem Pelikane, Kormorane und Robben.

Eine vielfältige Pflanzenwelt

Die fruchttragende *quínoa* und der Kandelaberkaktus wurden einst als Brennmaterial für die Kupfermine Chuquicamata gebraucht und stark abgeholzt. Beide sind extrem widerstandsfähige und vielseitig einsetzbare Pflanzen, die in großer Höhenlage wachsen. Die *quínoa* wird daher von der UNESCO als Lebensmittel der Zukunft gefeiert (s. S. 55). Auch die äußerst langsam wachsende Flechte *llareta,* die mit ihren hellgrünen Sternen die Steine in der Wüste bepolstert, gilt mittlerweile als schützenswert.

Einer Pampa den Namen gegeben hat der *tamaruga,* der in der Nähe von Iquique vorkommt. Sein Blattwerk und seine Früchte dienen Schafen und Ziegen als Nahrung. Weil er ebenfalls zu Beginn des 20. Jh. in die Brennöfen wanderte, beteiligten sich einige Salpetergesellschaften an einer Wiederaufforstung. Die staatliche Forstbehörde Conaf (Corporación Nacional Forestal) schützt die Waldflächen, und es entstehen immer weitere *tamaruga*-Reservate zwischen den kleinen Ortschaften Pintados und Zapiga.

Bis hinunter zum Río Loa, in die Region des Kleinen Nordens, erstreckt sich das Verbreitungsgebiet des bis zu 7 m hohen Säulenkaktus, aus dessen Holz sogar Türen geschnitzt werden. Er gedeiht zwischen 2600 und 3800 m Höhe. In den *quebradas*, den ausgetrockneten Flussbetten, zwischen Arica und Iquique und im Valle de Azapa gibt es Akazienarten und Pflanzungen mit subtropischen Früchten.

Die trockenste Wüste der Welt

Im Großen Norden schirmt die Küstenkordillere die Atacama-Wüste gegen Steigungsregen ab und verschafft den Küstenstädten Arica und Iquique eine hohe Luftfeuchtigkeit. Der Einfluss des kalten Humboldtstroms verleiht ihnen trotz der hohen Sonneneinstrahlung ganzjährig angenehme Temperaturen und viel Nebel. In der Atacama-Wüste im Landesinneren hingegen fehlt nahezu jeglicher Niederschlag.

An der Küste und in den Andentälern klettert das Thermometer tagsüber auf mehr als 25 °C. Morgens ist es oft bewölkt, klart aber während des Tages auf. In den hochgelegenen Wüsten herrschen extreme Temperaturschwankungen. Im Südsommer, zwischen Dezember und Februar, kann es leicht bis zu 40 °C warm werden, um nachts auf 0 °C abzukühlen. Die Temperaturen im Andenhochland fallen noch weiter unter den Gefrierpunkt. Im Südsommer sind die Nächte mitunter nicht ganz so kalt.

Der Kleine Norden

Von Copiapó bis zum Tal des Aconcagua reicht der Kleine Norden, der durch stets Wasser führende Täler, die *Valles Transversales,* gegliedert wird. Die wüstenfarbenen, erzhaltigen Anden kontrastieren lebhaft mit den frischen, grünen Vegetationssäumen der Flüsse. Die höchsten Gipfel Chiles konzentrieren sich in dieser Region um den Ojos del Salado (6893 m). In der Nähe von Copiapó bedeckt alle fünf Jahre die ›blühende Wüste‹ den sonst kahlen Boden: Winterliche Regenfälle zaubern bunte Kräuter- und Wiesenteppiche hervor.

Obst- und Gemüseanbau

Aufgrund der Bewässerungsmöglichkeiten war diese Region schon von den Diaguita besiedelt worden. Während der Kolonialzeit konzentrierten Großgrundbesitzer drei Viertel allen bebaubaren Bodens in ihren Händen. Heute ist der Grund des Valle del Elqui kilometerweit mit den Spalieren der Pisco-Traube gemustert, und die sonnenverwöhnte Gegend gleicht einem wahren Schatzkästlein für den Obst- und Gemüseanbau: Pfeffer-

schoten, Paprika, Tomaten, Oliven, Pfirsiche, Aprikosen, Feigen und vor allem Papaya versorgen die Märkte der großen Städte.

Kakteen und Humboldtpinguine

Die Kakteen erreichen in dieser Region eine große Höhe und auch Vielfalt: 145 endemische Arten wachsen in Chile, und sie gedeihen in dieser Zone oft entlang der Küste, aber auch in Lagen bis zu 4500 m Höhe. Den Früchten der *chuchampe* werden aphrodisische Wirkungen nachgesagt; den bis zu 8 m Höhe erreichenden *quisco* benutzt man als Zaungewächs. Eine halbkugelförmige Gestalt hat der *sandillón de los ratones,* die *copiapoa de carrizal* wächst stark verzweigt. Vom Aussterben bedroht ist der *napín,* der, wie alle Kakteen, in vielen verschiedenen Formen auftritt. Schön zu sehen ist das im Parque Nacional Pan de Azúcar bei Chañaral (s. S. 323).

Gen Süden verdichtet sich die Polstervegetation zu krautigen Teppichen. Ein besonderes Einsprengsel ist der Nationalpark Fray Jorge, der durch täglich auftretende Hochnebel ein Pflanzenkleid aus 800 verschiedenen Arten entwickelt hat, das man dem valdivianischen Regenwald zurechnet – und der liegt immerhin 1250 km weiter südlich.

Neben Lama-Arten leben hier Vizcachas, kleine Nagetiere, Füchse, selten sieht man einen Puma oder einen Kondor. Auf den Inseln Damas, Chañaral und Choros leben Humboldtpinguine in geschützten Zonen, und im Pazifik tummeln sich Delfine.

Das Klima im Kleinen Norden

Es herrscht semiarides Klima, d. h. sechs bis acht Monate im Jahr fällt der Niederschlag geringer aus als die Verdunstung, was eine entsprechend niedrige Luftfeuchtigkeit zur Folge hat. Die jahreszeitlichen Unterschiede treten deutlich hervor.

Die Zentralzone

In diesem Abschnitt zwischen Zapallar im Norden und Concepción im Süden ist die Andenkordillere stets vergletschert. Das nie versiegende Schmelzwasser ermöglicht ausgedehnte Bewässerungskulturen in der mittleren Senke, und so birgt diese Region auch den landwirtschaftlichen Reichtum des Landes. Das veränderte ökologische Gleichgewicht des Bodens produziert jetzt mediterrane Strauchvegetation, darunter auch Kakteen.

Den Rücken der in diesem Abschnitt relativ flachen Küstenkordillere bedecken Sträucher und niedrige, immergrüne Hartlaubbäume. Die Hänge der Anden sind in den nicht bewässerbaren Landesteilen mit dürftigen, gen Norden immer stärker mit Strauchgewächsen durchsetzten Weideflächen überzogen.

Eine blühende Kulturlandschaft

Die blühende Kulturlandschaft hat auch ihren Reiz für das Auge. Ausgedehnte Pappelalleen künden von der Existenz einer *hacienda,* eines *fundo,* denn wie in Argentinien sind die Auf- oder Einfahrten mit den hochgewachsenen Pappeln, *alamos,* gesäumt. Im Valle del Maipo und auf dem Weg von der Hauptstadt zur Küstenkordillere weisen sie auf Weingüter hin, einen wesentlichen Landwirtschaftszweig der Zentralzone.

Auf dem fruchtbaren Boden wachsen Zuckeräpfel, Äpfel, Birnen, Erdbeeren, Orangen, Zitronen, Avocados und Pfirsiche, daneben Alfalfa als Viehfutter, Raps und Mais. Klassisches Produkt des *campo de rulo,* des Trockenfeldbaus, ist der Weizen.

Der Kondor ist der Star

Inmitten all dessen gibt es aber noch eine typische Pflanze der Zentralzone: Die hochgewachsene Chilenische Palme *(palma chilena)* besiedelte einst die Küsten. Sie hat den dicksten Stamm aller Palmenarten und wächst am weitesten südlich auf dem Subkontinent. 80 Jahre braucht sie, um ihre nussartigen Früchte zum ersten Mal zu tragen. Ihr Stamm ist glatt, die Krone gleicht einem Tuff.

Unbestritten ist der Kondor mit bis zu 3 m Flügelspannweite der Star der Vogelwelt Mittelchiles. Doch hier kommen auch der bunt gestreifte Papagei *tricahue* vor, die unauffäl-

lige, endemische *turca,* die Chile-Wachtel und der Kormoran.

Klima in der Zentralzone

In der Zentralzone sind die vier Jahreszeiten deutlich ausgeprägt. Von Dezember bis März dauern die sehr warmen Sommer; Weihnachten in Santiago bei 36 °C ist nichts Ungewöhnliches. Die Winter sind kühl und feucht, aber nicht wirklich kalt; die Hauptniederschlagsmenge fällt zwischen Mai und September und nimmt nach Süden hin zu. Im Frühling und Herbst, also von September bis Ende November und im April bis Ende Mai, sorgen moderate Temperaturen und eine relativ niedrige Luftfeuchtigkeit für ein angenehmes Klima. An der Küste ist dann mit starker Nebelbildung zu rechnen.

Der Kleine Süden

Der Río Bío Bío markiert seit Jahrhunderten die Grenze der so genannten Zivilisation. Südlich davon dehnte sich das Herrschaftsgebiet der Mapuche aus – aus gutem Grund: Es herrscht ein warmes und regenreiches Klima, und das Land ist außerordentlich fruchtbar. Die Anden lösen sich in Vulkanstaffeln auf, die von reichen Wäldern und Seen umgeben werden. Die Mapuche kultivierten Apfelbäume und die Zapfen tragende Araukarie.

Die stark gegliederte Küstenkordillere säumen malerisch geformte Buchten. Im Gegensatz zu den weiter nördlich gelegenen Regionen ist das *Valle Longitudinal* hier nicht vulkanisch, sondern von Gletschern geformt.

Die Mittelzone um Angol und Quillán wurde von den Spaniern zur Kornkammer ausersehen. Sie ist es bis heute. Das Mikroklima hat sich als Folge verändert. Die dort ursprünglich gedeihenden *roble* und *raulí,* Zypressen und *mañíos* bezaubern heute nur noch an den Rändern der Kordillere. Hier verbinden sich laubabwerfende Südbuchenwälder und immergrüne Regenwälder zu Dickichten, Myrten- und Bambusarten bilden den Unterwuchs. Der Kleine Süden hat einen richtigen *Indian summer*, den man von März

Pelikane sieht man häufig am Pazifikstrand

bis April in den Gegenden um den Nationalpark Conguillío erleben kann.

Araukarien und Rubinblumen

Die Chilenen nennen ihn Regenschirm oder den ›verrücktesten Baum des Landes‹: die Araukarie. Einem *paragua* ähnelt sie auch ein bisschen mit ihrem starken Stamm und der weit ausladenden Krone, deren Äste dicht mit dunkelgrünen Schuppen überzogen sind, wie besonders zierlich gearbeitete Schindeldächer. Sie ist ausschließlich in Argentinien und Chile beheimatet und war eines der wichtigsten Kulturgewächse der Mapuche, die von den Inka Araukarier, ›freies Volk‹, genannt wurden. Sie ernten die Zapfen *(piñones),* rösten sie und mahlen sie zu Mehl. Schön sind die Araukarien an den Hängen des Vulkans Llaima im in der Nähe von Temuco gelegenen Parque Nacional Conguillío zu sehen.

Weiße und rote Bartnelken, Tagetes, Kuckuckslichtnelken, Margeriten, blaue Hyazin-then, Rittersporn, Azaleen und Birken bilden den mediterran anmutenden, importierten Blumen- und Baumschmuck der Region um den Lago Villarrica. In den dichten, von Kolibris durchschwärmten Wäldern blitzt die rubinrote Ampel der Nationalblume *copihue,* einer Fuchsienart, hervor.

Valdivianischer Nebelwald

Puerto Montt bildete das Eingangstor für die deutschen Kolonisten, die im Jahr 1853 nach Chile auswanderten. Damals war das gesamte Areal mit dichten Urwäldern versiegelt. Sie bestanden aus dem heiligen Baum der Mapuche, dem *canelo,* dem immergrünen *avellano,* dem *ciruelillo* mit seinen roten, wie Feuer sprühenden Blüten, den zimtfarbigen *arrayanes* mit ihren kühlen Stämmen, dem Lorbeergewächs *tepa* und dem weiß blühenden *ulmo.* Heute zeigt sich das Gebiet als Landwirtschaftsregion mit sattem Weideland und Legionen von ur-

Natur und Umwelt

deutschen Johannisbeer-, Brombeer- und Himbeersträuchern.

Inseln des ursprünglichen valdivianischen Nebelwaldes haben sich z. B. bei Cochamó erhalten. Parasitenpflanzen schmücken ihn, die rhabarberähnliche *nalca* und zahlreiche Farnarten liefern den malerischen Rahmen.

Klima im Kleinen Süden

Im Kleinen Süden herrschen freundliche Temperaturen, aber auch starke Regenfälle. Durch den Einfluss zyklonaler Westwinde ist es immerfeucht mit einem Regenmaximum im Winter. Während der Sommermonate, die sich bis Anfang April ausdehnen, werden leicht 25 °C gemessen; es kann wärmer, aber auch wesentlich kühler mit recht niedrigen nächtlichen Temperaturen werden. Während des kalten und feuchten Winters sind die Andenpässe häufig wegen Schneefalls gesperrt.

Der Große Süden

Der Große Süden umfasst die Insel- und Kanalwelt, die Andenkordillere, die Tafelbergzone um Coyhaique und die anschließenden Kältesteppen in Patagonien und auf Feuerland. Er macht etwa 30 % des gesamten Territoriums von Chile aus. Puerto Montt markiert die nördliche Grenze.

Alerce-Bäume

Die größte Eismasse südlich des Äquators außerhalb der Antarktis, der Campo de Hielo

Naturschauspiel in Chiles äußerstem Süden: Eisberge am Lago Grey

Sur, trennt den nördlichen Teil dieser Region vom südlichen. Viele Vegetationsformen des Kleinen Südens setzen sich hier fort. Die Carretera Austral prangt im nördlichen Abschnitt im reichen Pflanzenkleid aus dichten Nebelwäldern, Farnen, Bambushainen und Kaskaden aus Lilien und Orchideen. Unterhalb des Vulkans Hornopirén schützt ein riesiger Nationalpark die natürlichen Bestände der Alercen, die an anderen Orten wegen ihrer hervorragenden Eigenschaften abgeholzt wurden. Sie wachsen extrem langsam und nehmen alle drei Jahre nur um 1 mm an Durchmesser zu.

Torres del Paine

Das Klima in der Tafelberglandschaft um Coyhaique ist trocken und windig, fast schon das Pampaklima der argentinischen Meseta. Gleich eingelagerten Inseln weisen der Parque Nacional Torres del Paine und der Lago General Carrera ein milderes, nahezu mittelchilenisches Klima und deswegen auch ein anderes Pflanzenkleid auf. Immergrüne Feuchtwälder, Hochmoore und der mit blauen Beeren überzogene *calafate*-Strauch bestimmen ihr Aussehen. Subantarktischer Sommerwald und verstrauchte, vegetationsarme patagonische Kältesteppe steuern – besonders um Punta Arenas und Puerto Natales herum – die weiteren Facetten zum Pflanzenkleid des ›tiefen Südens‹ bei.

Allein schon für eine Einführung in die Tierwelt lohnt sich der Besuch des Parque Nacional Torres del Paine: Guanakos und Ñandús, die südamerikanische Straußenart,

nähern sich dem Besucher tatsächlich bis auf Fotografiernähe; Schwarzhalsschwäne, Dampfschiffenten, Ibisse, Reiher und der sehr scheue Huemul, eine Hirschart, leben hier. Bei Punta Arenas findet man außerdem riesige Pinguinkolonien.

Der Nationalpark Torres del Paine ist das einzige Gebiet der Welt, in dem pazifische Westwinde, ungebremst durch das Fehlen starker Gebirgsformationen, bis in das Herz des Landes vordringen. Das hat Versteppungen und Deformationen des Baumwuchses zur Folge. Generell sind die Sommer kurz und nur bis etwa 20 °C warm, und die Winter fallen lang, feucht und ausgesprochen kühl aus. Auch im Sommer kann Punta Arenas noch von Schneestürmen überrascht werden.

Isla de Chiloé

Die Isla de Chiloé wird dem Großen Süden zugeschlagen. Doch die weichen Wellenlinien ihrer grünen Hügel kontrastieren scharf mit der dramatischen Landschaft, die gegenüber auf dem Festland zu finden ist. Keine Straße durchdringt den Süden der Insel, deren Taille zu Inselchen zersplittert ist. Unberührt hier, gerodet dort: Intensiver Holzeinschlag und radikale Ausbeutung des Reichtums an Meeresfrüchten sind das fatale Schicksal von Chiloé seit der Kolonialzeit.

Wegen ihres Klimas ist die Insel oft mit Irland verglichen worden. Wind und Temperaturen und vor allem auch die Niederschlagsmenge sind denen des nordwestlichen Europa nicht unähnlich.

Osterinsel, Juan-Fernández-Inseln

s. S. 382

Umwelt

Wem die Wüste leer erscheint, der täuscht sich, wer im Süden nur Eiszapfen erwartet, ebenfalls. Chile hat eine prunkende Natur aufzuweisen. Doch die Regierungen favorisieren aus wirtschaftlichen Gründen die Ausbeutung der natürlichen Ressourcen vor dem Erhalt der Umwelt. Erst in jüngster Zeit registriert man ein Umdenken, hat 2006 ein Umweltministerium geschaffen, will die grüne Lunge des Landes schützen, die bereits gerodeten Wälder nicht nur mit schnell wachsenden, fremden Hölzern wieder aufforsten. Die Osterinsel und die Isla de Chiloé liefern da die traurigsten Beispiele, die einen *deep ecologist* wie Douglas Tompkins dazu gebracht haben, riesige Alerce-Wälder zu kaufen, um sie vor dem Kahlschlag zu retten (s. S. 228).

Denn mit 13 000 km^2 Plantagenwald zählt Chile zu den Spitzenländern mit Kunstforstflächen. Würde das in der Vergangenheit angeschlagene Tempo beibehalten, wäre in 25 Jahren der gesamte Primärwald Chiles vernichtet.

Proteststürme entfacht seit geraumer Zeit das Pascua-Lama-Projekt, das rund 700 km nördlich von Santiago im Valle de Huasco im Atacamagebiet aufgezogen werden soll. In dieser Region, so schätzt der drittgrößte Goldproduzent der Welt, die kanadische Barrick Gold, lagern 17 Mio. Unzen Gold (500 Tonnen) sowie 630 Mio. Unzen Silber und Kupfer – allerdings unter dem Eis dreier Gletscher. Um diese drei Gletscher zu ›versetzen‹, will die Firma rund 1,5 Mrd. US-Dollar investieren. Gletscher versetzen, das ist wahrlich ein hybrides Projekt. Damit steht die gesamte Landwirtschaft der Region auf dem Spiel, von deren Erlösen sich eine ganze Provinz ernährt. Die Regierung Piñera will dennoch an diesem Projekt festhalten. Ebenso scheint das Vorhaben, die gewaltigen Ströme im Süden des Landes zu stauen, Land zu fluten und Stauseen zur Elektrizitätsgewinnung zu bauen, in trockenen Tüchern zu sein, obwohl sich schon vor Jahren ein hartnäckiger Bürgerprotest dagegen formiert hat. Die Parole »Patagonia sin represas«, ›Patagonien ohne Stauseen‹, wird man überall dort auf Plakaten und an Holzwänden sehen. Das Zentrum der Bewegung liegt in Coyhaique, aber auch in den Regionen de los Rios und de los Lagos regt sich der Protest.

Wirtschaft, Soziales und aktuelle Politik

Eigentlich spielt Chile in der ersten Liga: Der ›Tiger Südamerikas‹, wie das Land wegen seiner hohen Wachstumsraten genannt wird, zeigt sich politisch stabil und reformfreudig; es hat die Finanzkrise ganz gut gemeistert, schließt weltumspannende Freihandelsabkommen, und die IT-Branche boomt. Doch immer noch stehen viele Chilenen im Abseits, sind soziale Missstände seit der Pinochet-Diktatur nicht beseitigt worden.

Bildungsfragen

Geld bildet

Wir besuchen Alfredo Saez und seine Freunde in Quillota, in einem Wohngemeinschaftshaus einer katholischen Studentengemeinde. Jeder bewohnt ein sparsam möbliertes Zimmer, dazu gibt es Gemeinschaftsduschen, eine Gemeinschaftsküche und ein Wohnzimmer. Alfredo kommt aus einer einfachen Familie und konnte mithilfe von Stipendien studieren, ebenso wie seine Freunde. Jetzt engagiert er sich vorbildlich für Schüler, die aus derselben sozialen Schicht stammen wie er – Chancen auf eine gerechte schulische Förderung haben sie nicht, erzählt er, die staatlichen Schulen, die ihnen offen stehen, seien viel schlechter als die kostspieligen Privatschulen.

Aus dem sozial schwachen Milieu ergattert kaum einer der Schüler einen Studienplatz, wenn er nicht gefördert wird, denn das Wissen, das in öffentlichen Schulen vermittelt wird, erreicht nicht das Niveau, das in privaten Schulen zu finden ist. So vermehren sich von Jahr zu Jahr die Unterschiede in den Wissensstandards zwischen ›Privaten‹ und ›Öffentlichen‹. Und wer es dann dennoch geschafft hat, der braucht viel Geld, um einen Studienplatz bezahlen zu können.

Handlungsbedarf

Zwei Arbeitsfelder versprach denn auch die sozialistische Präsidentin Michelle Bachelet bei Amtsantritt 2006 zu beackern – das Gesundheits- und das Bildungswesen, beide in der Ära Pinochet privatisiert. Viele Chilenen sehen hier den größten Handlungsbedarf. Die Wirtschaft boomt seit Jahren, der Kupferpreis glänzt seit 2004 auf Höchstniveau. Aber die Sozialpolitik ist noch immer die eines Entwicklungslandes, und die *enclaves politicos*, die politischen Machteliten, bleiben in dem moralisch konservativen Chile unangetastet. Die zahlreichen Proteste von Schülern und Studenten reißen nicht ab, obwohl das Bildungssystem von Bachelet reformiert wurde. Chiles Jugend fühlt sich in immer geringerem Maße von den etablierten Parteien repräsentiert – und geht lieber auf die Straße als zur Wahlurne.

Die Wirtschaft

Das chilenische Kupfer wird nationalisiert

Dabei beschritt Chile schon in den frühen 1960er-Jahren unter dem christdemokratischen Präsidenten **Eduardo Frei Montalva** neue Wege. Sein Augenmerk galt dem wirtschaftlichen Herzen Chiles, der Kupferproduktion, die weiterhin von nordamerikanischen Firmen betrieben wurde, weshalb die daraus erzielten beträchtlichen Gewinne außer Landes abflossen. Unter dem Schlagwort ›Chilenisierung des Kupfers‹ erwarb der

Wirtschaft, Soziales und aktuelle Politik

Staat 51 % an der Mine El Teniente in Rancagua. Obwohl Frei mit dem Wahlversprechen angetreten war, den Kupferabbau insgesamt zu nationalisieren, war dies der entscheidende Beginn. Ähnlich auch sein Vorgehen bei der Agrarreform. Verändert wurden beispielsweise die Besitzverhältnisse auf Feuerland und in der südpatagonischen Provinz Magallanes, wo sich die teilweise 3 Mio. ha umfassenden Schaffarmen befanden. Der Widerstand der Großgrundbesitzer (7 % der Landeigentümer besaßen fast 80 % der landwirtschaftlichen Nutzfläche) ließ Frei nur einen relativ kleinen Spielraum, den er aber zu nutzen wusste: Unter seiner Ägide wurden um die 1400 Latifundien mit nahezu 3,5 Mio. ha Fläche aufgeteilt und genossenschaftlich organisiert. Als Maßstab diente dabei eine angenommene Musterfarm von 80 ha Land. Die Enteigneten wurden entschädigt.

Die Landarbeiter erhielten zum ersten Mal einen Geldlohn, das Bildungssystem wurde ausgeweitet, kommunale Selbsthilfeorganisationen kümmerten sich um die Bewohner in den Elendsvierteln, das öffentliche Gesundheitswesen wurde verbessert.

Der chilenische Weg des Sozialismus

Der chilenische Weg des Sozialismus unter Präsident Salvador Allende verbuchte ab den frühen 1970er-Jahren erste Erfolge: Die Einführung von Sozialprogrammen, Lohnerhöhungen für einkommensschwache Schichten, Preiskontrollen für Grundnahrungsmittel und Bildungsreformen begeisterten die bislang stark benachteiligten unteren Schichten.

Auf der Plaza de Armas in Santiago diskutiert man auch die Wirtschaftslage

Als am 11. Juli 1971 der Bergbau ohne Entschädigungszahlungen nationalisiert wurde, löste sich Chile damit aus den internationalen wirtschaftlichen Verflechtungen. Weitere Schlüsselindustrien, Banken und Versicherungen, in- und ausländische Monopole und der Außenhandel wurden verstaatlicht. In den Jahren 1971/72 wurden rund 80 % der industriellen Kapazität Chiles nationalisiert. Am Ende des ersten Jahres der Regierung Allende wies die Bilanz Wachstumsraten in allen Produktionsbereichen auf.

Chile wird neoliberal

Tiefe Schnitte setzte nach dem Putsch 1973 die Pinochet-Diktatur am Wirtschaftssystem an. Unter der Ägide der Milton-Friedman-Schüler, der so genannten *Chicago Boys,* hielt ein neoliberales Wirtschaftsmodell Einzug.

Sämtliche unter Allende nationalisierten Betriebe wurden binnen Jahresfrist reprivatisiert, das enteignete Land zurückgegeben, die genossenschaftlich organisierten Betriebe aufgelöst. Ein- und Ausfuhrzölle wurden drastisch gesenkt. Für Auslandskapital galt derselbe Steuersatz wie für einheimisches Kapital, Gewinne durften unbegrenzt ins Ausland abgeführt werden. Ideologisch verbrämt hieß das ›geglückte Weltmarktintegration‹.

Die neoliberale Umgestaltung des Landes rief tiefe Zufriedenheit bei ausländischen Investoren hervor. Sie besiegelte die Konkurrenzunfähigkeit der heimischen Produktion mit anschließender krasser Verarmung der Bevölkerung, da die Arbeitslosigkeit immens anstieg. Unter Pinochet stieg der Prozentsatz der Bevölkerung, der unterhalb der Armutsgrenze lebte, auf über 50 % (2010: 13 %).

Die Arbeitslosenquote blieb während der gesamten Regierungszeit Pinochets doppelt so hoch wie in den 1960er-Jahren. Die Reallöhne gingen nach dem Putsch um fast 50 % zurück.

Ein 1980 verabschiedetes Reformprojekt beschnitt den Spielraum der Gewerkschaften, privatisierte Sozialversicherungs- und Gesundheitssystem, dezentralisierte die Primär- und Sekundärschulbildung mit der Möglichkeit der Privatisierung, privatisierte die universitäre Ausbildung und beschloss eine Regionalisierungspolitik, wobei deren politische Träger, die Gouverneure der verschiedenen Provinzen, nicht durch Wahlen bestimmt, sondern von Pinochet eingesetzt wurden.

Politische Stabilität und wirtschaftlicher Aufschwung

Der Wiedereintritt in die Demokratie wurde von vielen sozialen Verbesserungen begleitet, darunter der Einführung eines Mindestlohns und damit der Anhebung der Realeinkommen. Die Arbeitslosigkeit sank auf ein Rekordtief, die sozialen Unterschiede milderten sich, der jährliche Zuwachs des Bruttosozialprodukts stieg von 2 % auf 10,4 %. An den wirtschaftlichen Konzepten des Neoliberalismus hielt die neue Regierung weiter fest.

Im Januar 2004 wurde eine bilaterale Handelsvereinbarung mit den USA trotz energischer Proteste innerhalb der Bevölkerung verabschiedet. Kritiker des neoliberalen Wirtschaftsmodells, das sich in erster Linie am Export von Rohstoffen orientiert, milderten ihre Positionen angesichts der stetig heruntergefahrenen Arbeitslosenziffern.

Die wirtschaftliche Hausse beruht auf dem stark gestiegenen Kupferpreis und den blühenden Exportzahlen für Zuchtlachs. Die Ausfuhr von Holz und Wein, Obst und Gemüse verschönern die Handelsbilanz ebenso, und Ricardo Lagos gelang es in seiner Regierungszeit überdies, den europäischen Markt für chilenische Produkte zu öffnen. Weil das Land politische Stabilität zeigt, investieren die Ausländer nirgendwo lieber in Lateinamerika als in Chile.

Kritiker bemängeln indes die Luftblasenökonomie, die auf dem weitgehend unbehinderten Zugang internationaler Wirtschaftsunternehmen zum Land beruhe und mit der Vernichtung der natürlichen Lebensgrundlagen und natürlichen Ressourcen einhergehe, z. B. durch Überfischung und exzessiven Holzeinschlag. Auf Nachhaltigkeit würde wenig Wert gelegt, in diesem Punkt setzten die Regierungen von Concertación und Alianza por Chile die Politik aus Pinochets Zeiten fort.

Geschichte

Die ältesten Mumien der Welt stammen aus dem Norden Chiles. Indianische Kulturleistungen bestimmen das so grandiose, gleichwohl unwegsame Land, dem die spanische Konquista ihre unrühmlichen Spuren aufprägen sollte. Im ausgehenden 19. Jh. brach in Chile als einem der ersten Länder Südamerikas das Industriezeitalter an.

Indianische Kulturen

Die ältesten Mumien der Welt stammen nicht etwa aus Ägypten, sondern aus dem chilenischen Altiplano. Im Museo Antropológico in San Miguel de Azapa in der Nähe von Chiles nördlichster Stadt Arica ruhen sie für alle sichtbar und wohltemperiert unter Glas. Vermutlich 7000 Jahre alt sind die fest in Stoffe gewickelten menschlichen Überreste, die mit Stroh ausgepolstert wurden. Sie entstammen der **Chinchorro-Kultur**.

Allgemein gilt als gesichert, dass die ältesten Spuren menschlicher Besiedlung auf chilenischem Boden in das 10. vorchristliche Jahrtausend datieren. Die Völker ernährten sich durch Fischfang und gingen auf die Jagd. Die in der Umgebung von Arica und Iquique anzutreffenden, riesigen Scharrbilder sind zwar noch nicht erschöpfend entschlüsselt, belegen aber einen regen Handel mit den Altiplano-Kulturen Boliviens.

Die **Tiwanaku-Kultur** des Lago Titicaca (zur Hälfte in Bolivien, zur Hälfte in Peru) mit ihren spezifischen Mond- und Sonnenritualen eroberte vermutlich ab dem 10. Jh. n. Chr. den Norden Chiles, wo die **Aymara** Kartoffeln und Mais anbauten und Herden von Lamas und Alpakas hielten.

Die aus dem Altiplano stammenden **Atacameños** bewohnten seit dem 8. vorchristlichen Jahrtausend die Senken der Andenregion als Jäger und Sammler. Ihre Kulturpflanze ist der *chañar*-Baum, dessen Früchte,

als Sirup eingekocht, auch heute auf dem Markt von San Pedro de Atacama angeboten werden. Vor 3000 Jahren entstanden ihre ersten dörflichen Zentren. Sie zähmten Tiere und bauten Ackerfrüchte an. Die kleine Aldea de Tulor (800 v. Chr.–500 n. Chr.) in der unmittelbaren Nähe von San Pedro gibt ein Beispiel ihrer Architektur. Aus dem 12. Jh. n. Chr. datiert die Pukará de Quitor, ein indianischer Festungsbau, der später zum Schutz gegen die Inka ausgebaut wurde.

Die Herrschaft der Inka

Die **Inka** unterwarfen von 1470 an die nördlichen Kulturen Chiles und dehnten ihr Reich bis zum Bío-Bío-Fluss aus, wo sie auf den Widerstand der Mapuche trafen. Sie verlangten Tributzahlungen und religiöse Angleichung, vernichteten die alten Kulturen aber nicht. Unter Zuhilfenahme bereits bestehender Handelswege breiteten sie das System des Inkapfads über die Anden, der von den Spaniern als *camino real*, als ›königlicher Weg‹, weiter benutzt wurde. Er war mit kleinen Posten ausgestattet und stabil genug gebaut, dass auch Lamakarawanen darauf entlangziehen konnten (s. S. 375).

Der Küstenstreifen des Nordens wurde von den **Chango** bewohnt, die von ihren Booten aus Seehundfell sogar Wale erlegen konnten.

Mais- und Kartoffelanbau

Als kulturell hoch stehend werden die um das Jahr 1000 aus Argentinien in die Region um

La Serena eingewanderten **Diaguita** angesehen, die vom Maisanbau lebten. Ihre Existenz hingegen ist nur noch museal: Im städtischen Museum von La Serena sind Beispiele ihrer hochentwickelten Töpferkunst ausgestellt.

Im chilenischen Kernland zwischen dem Illapel-Tal und der Insel Chiloé lebten die **Mapuche** *(gente de la tierra,* ›Menschen der Erde‹), aufgeteilt in Picunches und Huiliches. Sie waren im 11. Jh. aus Ostpatagonien eingewandert und kultivierten Mais, Bohnen, Kartoffeln, Äpfel und Araukarien. Privateigentum bestand lediglich bei den Dingen des täglichen Gebrauchs, Viehherden und Land besaßen und kultivierten alle gemeinsam.

›Große Füße‹ in Patagonien

Die ein wenig weiter südlich siedelnden **Tehuelche,** die der erste Weltumsegler Fernão de Magalhães (Magellan) 1520 *patagones (patas grandes,* ›große Füße‹) nannte, weil er ihre Fußspuren als riesenhaft empfand, lebten als nomadisierende Jäger und Sammler und tauschten Guanakofelle und Straußenfedern mit den ersten Kolonisten. Als zu Beginn des 20. Jh. europäische Siedler ihr Land betraten, duldeten sie die *patas grandes* nicht mehr. Sie wurden in Reservate gebracht, und – so ist in den Annalen nachzulesen – der Verlust ihres nomadischen Lebensentwurfs, eingeschleppte europäische Krankheiten und der schwierige ›Akkulturationsprozess‹ besiegelten ihr Aussterben.

Ewiges Feuer in den Booten

Das tragischste Schicksal erlitten die indianischen Bewohner Südpatagoniens und Feuerlands. Sie wurden einfach ausgelöscht. Die **Yaghan** (Yamana) lebten als Wassernomaden in ihren Kanus zwischen den Inseln des Beagle-Kanals und ernährten sich von Muscheln und Meeresfrüchten. Der Brauch, das Feuer in den Kanus nie erlöschen zu lassen, bewog 1520 den Weltumsegler Magellan, die Gegend, die er als erster Europäer sah, *Tierra de los Humos* (›Land des Rauches‹) zu taufen. Später wurde sie in *Tierra del Fuego* (›Feuerland‹) umbenannt.

Die **Selk'nam** (Ona) streiften durch die Kältesteppen Patagoniens und lebten in den dichten Wäldern des argentinischen Teils von Feuerland. Ihr Leben war in Gefahr, als Chile beschloss, ihr traditionelles Siedlungsgebiet europäischen Einwanderern zur Erschließung zu überlassen, die daraus eine einzige Schaffarm machten. Jene regierten bald uneingeschränkt und heuerten Kopfjäger an, die Selk'nam zu vernichten. Milder gestimmte Viehbarone trieben sie den Missionen der Anglikaner und Salesianer zu. Der Breslauer Pfarrer und Anthropologe Martin Gusinde lebte in den 1920er-Jahren zwei Jahre bei den Selk'nam und hat ihr erstaunliches Leben, für das es keine überlebenden Zeugen mehr gibt, in Fotodokumentationen überliefert.

Die isoliert und in kleinen Verbänden lebenden Gruppen der **Alacalufes** flüchteten sich in die unwegsamsten Regionen, zogen sich in das südpatagonische Insellabyrinth westlich der Carretera Austral zurück.

Die Eroberung von Chile

Chile gehörte nicht zu den ersten Gebieten der Neuen Welt, die von den spanischen Konquistadoren in Besitz genommen wurden. Es war nicht mit Gold gesegnet wie Mexiko (1519) und Peru (1532), und es hatte sich dort keine Hochkultur etabliert. In Chile hingegen gab es viele verschiedene nomadisierende Gruppierungen. Die Konquista erschien den goldsüchtigen Eroberern weniger lohnend, und sie gestaltete sich auch wesentlich schwieriger.

Widerstand der Mapuche

Nachdem ein Feldzug 1535 gescheitert war, beauftragte der Bezwinger des Inka-Reiches in Peru, Francisco Pizarro, 1540 **Pedro de Valdivia** mit einem erneuten Vorstoß. Valdivia erreichte mit 150 Kämpfern und 1000 peruanischen Sklaven am 12. Februar 1541 das fruchtbare Tal des Río Maipo. Das eilends angelegte San Yago de la Nueva Extremadura (Santiago) widerstand den Angriffen der **Mapuche** nur sechs Monate.

Geschichte

Der Kampf gegen die Mapuche erwies sich als ein zermürbendes Unterfangen. Vorposten wurden in das Mapuche-Kernland getrieben, Concepción (1550), Imperial (1551), Valdivia, Villarrica, Angol, Arauco und Tucapel (alle 1552). Pedro de Valdivia selbst starb 1553 in den Händen der Mapuche. Deren Anführer ist heute häufiger in chilenischen Straßennamen verewigt als der spanische Invasor: Lautaro, der von Valdivia als Pferdeknecht versklavt worden war. Dieser Krieg dauerte länger als die spanische Kolonisierung: Noch 1881 wurde ein Fort gegen die Mapuche angelegt – Temuco.

Mit ungeheurer Repression hielten die Konquistadoren den Subkontinent letztlich doch in Schach. Von der Mitte des 16. Jh. an trat an die Stelle der Tötung die Versklavung der Menschen.

Die spanische Kolonialherrschaft

1567 wurde die erste *Real Audiencia* in der damaligen Hauptstadt Concepción einberufen, eine Art Oberstes Gericht. Der *Virrey de Perú,* der Vertreter des spanischen Königshauses auf dem südamerikanischen Subkontinent, verwaltete Chile. Wirtschaftlich knebelten Kolonialverträge die Entwicklung des Landes, denn es war ihm nicht gestattet, die erwirtschafteten Produkte anders als über Spanien zu vermarkten.

Wie überall in Spanien übernahm auch in Chile der Klerus Ausbildung und Erziehung. Im 16. Jh. waren bereits Franziskaner und Dominikaner eingereist, um 1680 folgten Augustiner und Jesuiten. Die Jesuiten ließen sich hauptsächlich auf der Isla de Chiloé und im Süden nieder. Städte existierten kaum; eine dauerhafte Entwicklung konnten die Hauptstadt Santiago und ihr Hafen Valparaíso für sich reklamieren.

Die fragile Kolonie war schwer zu verteidigen. Im Landesinneren in Gefechte gegen die Mapuche verstrickt, hatten es die Spanier am Pazifik mit niederländischen und britischen Piraten zu tun. Als im 18. Jh. der Reichtum des Südmeers an Walen und Robben entdeckt worden war, kreuzten vor Chile ungezählte Flotten auf. Bis hinunter nach Valdivia und auch auf der Isla de Chiloé versuchten die Spanier, ihr Terrain mit Befestigungsanlagen zu markieren.

Im Jahr 1778 erhielt Chile den Status eines unabhängigen Generalkapitanats, was eine Lockerung der wirtschaftlichen Gebote nach sich zog. In allen Kolonien entstanden ein Handelsbürgertum und eine Intelligenz. Diese sollten auch in Chile das Ende der Kolonialmacht Spanien einläuten.

Die Unabhängigkeit

Napoleon eroberte 1808 Spanien und hob seinen Bruder Joseph auf den Königsthron in Madrid. Die erste Nationalregierung Chiles sprach 1810 der alten Kolonialmacht Spanien die Treue aus. Frankreich als ihren Usurpator wollte sie keinesfalls dulden. Überall in den spanischen Kolonien Südamerikas waren in diesem Machtvakuum Juntas gegründet worden, die im Namen der spanischen Krone politische Kontinuität gewährleisten sollten.

Ein Jahr lang bekannte sich die regierungsführende Junta in Santiago noch zum spanischen König, aber seine Macht über Chile wollte sie nicht länger tolerieren. 1811 rief sie den ersten Nationalkongress aus. Wirtschaftlich und politisch potente Familien schürten den antiroyalen Widerstand und bestimmten 1814 den aus Irland stammenden **Bernardo O'Higgins** zum Oberbefehlshaber chilenischer Truppen. Eine gemeinsam mit dem argentinischen Unabhängigkeitsstrategen General José de San Martín aufgestellte Armee schlug die Spanier in zwei Schlachten entscheidend: bei Chacabuco 1817 und bei Maipú 1818.

Die junge chilenische Nation hatte nach der Unabhängigkeit 1818 natürlich nichts Dringlicheres zu tun als das spärlichst besiedelte, auseinander gezogene, unwegsame Gebiet zu konsolidieren. Das ging nicht ohne ausländische Wirtschaftshilfe. Den Norden übernahmen in den 40er-Jahren des 19. Jh. die Engländer, die zunächst die Gold- und Kup-

Schauplatz chilenischer Geschichte: Moneda-Palast in Santiago

ferminen ausbeuteten und die Infrastruktur aufbauten. Später traten die US-Amerikaner ihre Nachfolge an. Im tiefen Süden Patagoniens und Feuerlands schufen britische, portugiesische und galizische Viehbarone ihr Imperium, und den Dschungelwald im Kleinen Süden um den Lago Llanquihue rodeten von 1853 an hessische Flüchtlinge, die nach der gescheiterten bürgerlichen Revolution 1848 aus den deutschen Staaten geflohen waren.

Die Macht der Großgrundbesitzer

Zwar war die Kolonialmacht verjagt, aber noch keine politische Sicherheit erreicht. Chile war, wie so viele südamerikanische Länder, nicht organisch gewachsen, die sozialen Unterschiede waren eklatant. Riesige Acker- und Viehfarmen bedeckten das Land, die *latifundistas* verkörperten eine eigenständige Macht. Kleinbauern gab es so gut wie nicht, nur Pächter, die das Land in Abhängigkeit von den Großgrundbesitzern bewirtschafteten und eine Geldrente dafür zu entrichten hatten. Aber sie besaßen keinerlei Recht auf den Boden und waren dementsprechend leicht zu vertreiben.

Wenig daran interessiert, ihre Macht zu teilen und von ihrer politischen Haltung eher konservativ-patriarchalisch, gerieten die *latifundistas* mit dem neu entstandenen Handelsbürgertum in Konflikt, das – wirtschaftlich nicht weniger potent – weltoffeneren Geistes war. Bernardo O'Higgins richtete seine erste, fortschrittliche, aber autoritäre Politik gegen die Großgrundbesitzer. Adelstitel ließ er abschaffen und schürte damit den Widerstand der Aristokratie gegen seine Reformpolitik. Schon fünf Jahre nach der Unabhängigkeit wurde er entmachtet; doch danach bildete sich in Chile eines der stabilsten politischen Systeme Südamerikas heraus: ein autokratisches Präsidialsystem mit einem Präsidenten, der gleichzeitig die Position des Oberbefehlshabers der Armee innehatte. Das Wahlrecht erhielten ausschließlich Mitglieder der bereits etablierten, vermögenden Schichten – Großgrundbesitzer und Handelsbürgertum –, die sich in zwei Parteien organisierten.

Im Laufe des 19. Jh. gewannen die Liberalen die Oberhand. Die wirtschaftlichen Erfolge bei der Vermarktung von Gold, Silber und Kupfer, später von Salpeter stützten die Ökonomie Chiles und verwiesen deren bisherige Grundlage, die Landwirtschaft, auf den zweiten Rang. Eine Industriearbeiterschaft entstand.

Das Ende der Mapuche

Bis zur Mitte des 19. Jh. war Chile immer noch inselhaft besiedelt. Im Süden existierten nur wenige chilenische Niederlassungen. Der Bedarf an neuen Bodenflächen zur Ausweitung der Landwirtschaft führte zur systematischen Vertreibung der Mapuche. Bemäntelt durch Kauf- und Schenkungsurkunden wurde die indianische Bevölkerung enteignet und in sogenannten Reduktionen ›zusammengeführt‹.

Für das umkämpfte und enteignete Land suchte Chile Siedler, am liebsten aus Europa. Der Marineoffizier **Bernhard Philippi** legte mit seinen Erkundungsreisen 1831–1837 den Grundstein für die deutsche Besiedlung der Landstriche zwischen Valdivia und dem Lago Llanquihue. Nicht alle Deutschen waren Bauern. Während sich das städtische Valdivia zu einem Kristallisationspunkt des Manufakturwesens und der Industrie entwickelte und die deutschen Neubürger teilweise in ihren erlernten Berufen arbeiten konnten, fanden die später Eingetroffenen – unter ihnen zahlreiche Intellektuelle – Land vor, das unter schwierigen und harten Bedingungen in kultivierbaren Boden verwandelt werden musste.

Gleichzeitig wurden die Grenzen im Süden befestigt. Mit der Gründung des Fuerte Bulnes an der Magellanstraße behauptete Chile 1843 seinen Anspruch auf diese Region.

Der Salpeterkrieg

Der Bergbau in Nordchile, das damals bei Taltal endete, war immer ein bedeutender Industriezweig gewesen. Als Chilenen Salpeter in der bolivianischen Provinz Antofagasta fanden und dort in großem Maßstab zu investieren begannen, einigten sich Bolivien und Chile auf eine gemeinsame Ausbeutung aller Vorkommen zwischen dem 23. und 25. Breitengrad – das entspricht etwa der Gegend 50 km nördlich von Taltal bis hinauf nach Mejillones.

Nicht gehaltene Absprachen und die Nationalisierung peruanischer Salpetervorkommen, an deren Ausbeutung ebenfalls chilenische Kapitaleigner beteiligt waren, setzten einen kriegerischen Konflikt zwischen Peru und Bolivien auf der einen und Chile auf der anderen Seite in Gang, den nach vier Kriegsjahren 1883 Chile mit massiver Unterstützung Großbritanniens für sich entschied. Peru musste 1883 die Provinz Tarapacá abtreten, Bolivien im Friedensvertrag von 1904 die Provinz Antofagasta. Im Gegenzug verpflichtete sich Chile zum Bau einer Eisenbahnstrecke vom Pazifikhafen Arica hinauf in die Hauptstadt Boliviens, La Paz. Mit dem Verlust Antofagastas hatte Bolivien nämlich seine Verbindung zum Meer eingebüßt.

Salpeter war zu jener Zeit ein extrem gefragter Exportartikel, mit dem sich hohe Gewinne erzielen ließen. Sowohl als Düngemittel wie auch als Grundstoff für die Erzeugung von Schießpulver fand es im Europa der Industrialisierung und später des Ersten Weltkriegs reißenden Absatz. Chile verfügte um die Wende zum 20. Jh. über das Monopol, an dessen Gewinnen allerdings zu 70 % Großbritannien beteiligt war.

Die enormen wirtschaftlichen Umwälzungsprozesse zogen eine soziale Umstrukturierung nach sich. Eine mächtige Industriearbeiterschaft entstand, gleichzeitig verstärkte sich die Tendenz zur Urbanisierung. 1875 lebten 27 % der Bevölkerung in Städten, im Jahr 1907 waren es bereits 43 %. Fünf Jahre nach der brutalen Niederschlagung des ersten massiven Aufstandes, den die Salpeterarbeiter 1907 in Iquique gewagt hatten, setzte die Gründung politischer Parteien ein. 1912 konstituierte sich die Sozialistische Partei, es folgten die Demokratische Partei und die Radikale Partei im Jahr 1920, die Unterstützung im neuen Mittelstand fanden.

Aufbruch in die Moderne

Zu Beginn des 20. Jh. war Chile ein innerlich zerrissenes Land. Tief unten im Süden herrschten die Schafbaron-Familien Braun, Menéndez, Nogueira und Behety, die ihren Reichtum durch untereinander geschlossene

Ehen zu konsolidieren verstanden und die indianische Urbevölkerung vernichteten. Gleichzeitig hatten Goldfunde auf Feuerland Glücksritter und Abenteurer aus aller Welt angezogen, die die Region ihren selbst gezimmerten Gesetzen unterwarfen.

1909 war Valparaíso von einem gewaltigen Erdbeben zerstört worden und Santiago eine Schmelztiegel-Metropole mit geschätzten 330 000 Einwohnern, mit Pracht- und Luxusalleen und trostlosen Mietkasernen.

Der gesamte Norden entwickelte sich unter dem Zeichen des Salpeters, wie schon im 19. Jh. die Ausbeutung der Gold-, Silber- und Kupferminen alle infrastrukturellen Entwicklungen allein hervorgebracht hatte.

Kluft zwischen Arm und Reich

Die soziale Situation war alles andere als ausbalanciert. Eine superreiche Oberschicht bestimmte unangefochten die Politik, während bitterarme Fischer an der stürmischen Nordküste sich in Behausungen aus Schwemmholz, Walrippen und Stoffstreifen einrichten mussten und in russischen Syndikaten gereifte, eingewanderte Landarbeiter Aufstände gegen die Großgrundbesitzer des Südens entfachten, die jene mit Maschinengewehrsalven beendeten. Derweil standen einer zahlreichen Industriearbeiterschaft im Norden indianische Dorfgemeinschaften zur Seite; deutsche Bauern beackerten relativ friedlich den Boden des Südens.

Als **Arturo Alessandri y Palma** 1920 zum Präsidenten gewählt wurde, sammelte sich die Macht zum ersten Mal in der Geschichte der Nation auf der Seite der arbeitenden Bevölkerung. Mit einer fortschrittlichen Arbeitsgesetzgebung (Acht-Stunden-Tag, Verbot von Kinderarbeit, kollektive Tarifverhandlungen, Gründung von Gewerkschaften) und einer neuen Verfassung platzierte er Chile im Reigen seiner südamerikanischen Nachbarn an erste Stelle. Der Widerstand war immens, und bestimmte Programmpunkte ließen sich nur verwirklichen, weil sich Teile des Militärs auf die Seite Alessandris schlugen.

Die Auseinandersetzung gipfelte in seiner Absetzung und der Etablierung der so genannten ›Legalen Diktatur‹ des **Carlos Ibáñez del Campo** (1927–1931). Beträchtliche wirtschaftliche Rückschläge charakterisierten seine Regierungszeit. Zur Weltwirtschaftskrise von 1929 kam der rasante Verfall des Weltmarktpreises für Salpeter, dessen synthetische und wesentlich preiswertere Erzeugung dem deutschen Chemiker Fritz Haber gelungen war. Erst die gesteigerte Kupferproduktion der Mine Chuquicamata, die 1911 in Betrieb genommen worden war, setzte der Talfahrt der Wirtschaft ein Ende.

Als **Arturo Alessandri y Palma** zum zweiten Mal in den Präsidentenpalast Moneda einzog (1932–1938), tastete er zwar die nordamerikanische Beteiligung an den ertragreichen Kupferminen Chuquicamata, El Teniente und Potrerillos, die immerhin 87 % ausmachte, nicht an, förderte jedoch durch eine aktive staatliche Wirtschaftspolitik das Aufblühen der nationalen Industrie.

Mit **Pedro Aguirre Cerda** (1938–1942) an der Spitze eroberte ein Bündnis aus linken Gruppierungen die staatliche Macht. Er war gemeinsamer Kandidat einer Koalition aus Radikalen, Sozialisten und Demokraten, die sich für eine Verbesserung der Lage der Arbeiterschaft und für soziale Reformen einsetzte. Doch die parlamentarische Mehrheit vermochte Aguirre Cerda mit seinem Sieg nicht zu erringen. Und so scheiterte die Verwirklichung seiner Vorhaben in vielen Fällen am Parlament.

Demokratie und Diktatur

Salvador Allende

Denkbar knapp gingen die Wahlen 1970 aus. Der Marxist und Gründer der Sozialistischen Partei, **Salvador Allende Gossens,** gewann mit seiner linken Allianz **Unidad Popular.** Ein sozialistisches Experiment begann unter den wachsamen Augen der Weltöffentlichkeit. Die politische Landschaft Chiles präsentierte zu diesem Zeitpunkt ein relativ geschlossenes Bild. Die Christdemokraten standen den Vorhaben Allendes nicht grundsätzlich ablehnend gegenüber. So hatte sich auch ihr Kan-

Mehr als ein Wahlsieg – Michelle Bachelet war Chiles erste Frau im Präsidentenamt

didat Radomiro Tomic für eine vollständige Verstaatlichung der Bergwerksgesellschaften stark gemacht.

Es folgten eine Justiz- und Verfassungsreform sowie eine Agrarreform. Doch Allende regierte bald ein Pulverfass. Seine Agrarreform wurde von illegalen Vorgängen flankiert. Die revolutionäre Linke (Movimiento de Izquierda Revolucionaria, MIR) spielte dabei eine Schlüsselrolle. Die Landwirtschaft erlitt schon bald einen empfindlichen Rückgang, und Lebensmittel mussten in großem Umfang importiert werden. Die Hausfrauen-Demonstrationen der ›leeren Kochtöpfe‹, der *ollas vacías,* sorgten in den ausländischen Medien für große Aufmerksamkeit. Mit den USA, denen das ausgesprochen kubafreundliche Chile selbstverständlich mehr als nur ein Dorn im Auge war, hatte sich das Land dem weltweit potentesten Gegner zu stellen. Die Weltbankkredite wurden gestrichen, die Entwicklungshilfe eingestellt. Die sozialdemokratische Regierung Brandt in Deutschland ließ nur wenige projektgebundene Gelder ins Land fließen. Als am 11. September 1973 das Militär gegen Allende putschte, befand sich der Oberkommandierende des Heeres, General Augusto Pinochet Ugarte, noch keinen Monat im Amt. Die Bilder von den Bombenangriffen auf den Regierungssitz La Moneda und damit auf eine legal gewählte Regierung lösten weltweit Bestürzung aus. In dieses Attentat auf die Demokratie war die CIA zutiefst verstrickt.

»Ich habe die Gewissheit, dass mein Opfer nicht umsonst gewesen sein wird. Ich habe die Gewissheit, dass es wenigstens eine moralische Lehre sein wird, an der die Hinterhältigkeit, die Feigheit und der Verrat zu tragen haben werden.« Mit diesen Worten verabschiedete sich Allende in einer Rundfunkübertragung von den Chilenen, ehe er in der Moneda ums Leben kam. Die genauen Umstände seines Todes blieben lange Gegenstand von Spekulationen, doch mittlerweile steht fest, dass er Selbstmord begangen hat.

Die Pinochet-Diktatur

General Augusto Pinochet Ugarte rief umgehend das Kriegsrecht aus. Abertausende Chilenen wurden verhaftet, in eilends geschaffene Konzentrationslager deportiert, gefoltert, vergewaltigt, umgebracht. Zehntausende flohen ins Exil. Das Militärregime hob die Verfassung sowie alle bürgerlichen Grund- und Freiheitsrechte auf und verbot Gewerkschaften sowie politische Parteien.

Mit Hilfe der Verfassung zementierte Pinochet 1981 die politischen Verhältnisse mit ihm als Staats- und Regierungschef. Die politische Rolle des Militärs wurde als »Garant der geschützten Demokratie« festgeschrieben.

Im Oktober 1988 schließlich wollte der Diktator durch ein Referendum die Verlängerung seiner Herrschaft bis 1997 absichern lassen. Doch oppositionelle Gruppierungen und lange Zeit verbotenen Parteien – einzig die rechten Parteien **Renovación Nacional** (RN) und **Unión Demócrata Independiente** (UDI) waren an der Regierung beteiligt – nutzten die Chance und schlossen sich zu einem Bündnis gegen Pinochet zusammen. Die **Concertación** aus 17 verschiedenen Gruppen führte der Christdemokrat **Patricio Aylwin** an. Mit (offiziellen) 55 % der Stimmen hoben die Chilenen beim Plebiszit den Diktator aus dem Sattel, und die Wahlen im Mai 1989 bestätigten dieses Ergebnis. Pinochet allerdings ergriff sofort Gegenmaßnahmen und ließ sich seinen Oberbefehlshaber-Posten bis 1997 und die Möglichkeit, als *denador vitalicio* einen Senatsposten auf Lebenszeit zu besetzen, in der Verfassung zu verankern.

Die Demokratie triumphiert

Als 1993 erneut Präsidentschaftswahlen ins Haus standen, konnte der christdemokratische Kandidat der Concertación, **Eduardo Frei,** den Sieg davontragen. Er übernahm ein relativ gesichertes Chile, allerdings eine noch immer bedrohte Demokratie, da der Ex-Diktator Pinochet sich weiterhin den bereits von Aylwin vorgebrachten Anklagen wegen Menschenrechtsverletzungen mit Drohgebärden gegen die Demokratie entzog. Die Früchte der Arbeit der 1991 eingesetzten *Comisión para la Verdad y la Reconciliación* (Kommission für die Wahrheit und die Versöhnung) wurden insofern ignoriert, als die Anschuldigungen gegen das Militär nicht weiter verfolgt wurden.

Gleichwohl erzielte Frei immer wieder Achtungserfolge, wie die Verurteilung des ehemaligen Geheimdienstchefs Manuel Contreras und seines Stellvertreters wegen Mordes am Allende-Kanzler Orlando Letelier.

Mit dem Sieg des Sozialisten **Ricardo Lagos** bei den Wahlen 1999 und 2002 gewann die Regierung schärfere Konturen. Die Aufklärung der Verbrechen schritt voran. Der CIA ermöglichte Zugang zu Geheimakten und Dossiers, die die Einflussnahme des damaligen Außenministers der USA, Henry Kissinger, aufdeckten. Der spanische Richter Baltasar Garzón ließ Pinochet 1998 in London festhalten; seine Ermittlungen setzen endlich das ersehnte Fanal: Ein Diktator kann nicht ungestraft von der Weltöffentlichkeit Zehntausende von Andersdenkenden foltern und umbringen lassen. Garzón beschränkte sich keinesfalls nur auf Pinochet: 37 weitere Haftbefehle ergingen an Mitglieder des alten Regimes; die Verurteilungsquote stieg. Lagos setzte den Opfern eine lebenslange Rente aus. Im März 2006, als Lagos sein Amt an **Michelle Bachelet** weitergab, waren seine Popularitätswerte die höchsten, die je ein chilenischer Präsident zu verzeichnen hatte.

Bachelets erstes Kabinett verblüffte selbst ausgefuchste Praktiker der Concertación: 50 % der Minister ihrer Regierung waren Frauen. Auch sie, die erste Präsidentin Chiles, schied mit höchsten Beliebtheitswerten aus dem Regierungsamt, die die Concertación aber nicht auf sich ummünzen konnte.

Der milliardenschwere Geschäftsmann Sebastian Piñera von der rechten Alianza por Chile, einem Zusammenschluss der RN und der UDI, gewann die Wahlen 2010. Gravierende Veränderungen in der Wirtschaftspolitik haben sich noch nicht abgezeichnet, in der Sozialpolitik schon. Sympathiewerte in der ganzen Welt errang Piñera, als er sich 2010 publikumswirksam für eine Verbesserung der Arbeitsbedingungen von Minenarbeitern einsetzte – vor der Gold- und Kupfermine San José, in der 33 verschüttete Kumpel über zwei Monate lang unter Tage ausgeharrt hatten und in einer spektakulären Aktion gerettet werden konnten.

35

Zeittafel

um 10 000 v. Chr.	Indianische Verbände leben als Jäger und Sammler.
um 7000 v. Chr.	Chinchorro-Kultur in Nordchile mit den ältesten Mumien der Welt
um 5000 bis 3000 v. Chr.	Erste dörfliche Zentren entstehen (*ayllos* der Atacameños).
um 0	Halbnomadische Lebensweise, Domestizierung von Lamas, Beginn der Bewässerungskulturen; Metallbearbeitung, älteste Keramikfunde; El-Molle-Kultur im Valle del Elqui
um 900	Einwanderung der Diaguita aus Argentinien
um 1000	Die Tiwanaku-Kultur reicht bis in den Norden Chiles; Gebrauch von Halluzinogenen. Die Mapuche wandern aus Ostpatagonien ein.
1470	Beginn der Inka-Invasion, die den Süden Chiles erreicht.
1540	Spanische Expedition unter Pedro de Valdivia; Gründung von San Yago de la Nueva Extremadura (1541), La Serena (1544), Concepción (1550), Imperial (1551), Valdivia, Villarrica, Angol (alle 1552).
16. Jh.	Kriege gegen die Mapuche; ca. 200 Siedlungen können sich nicht bis ins 17. Jh. halten. Beginn der Dominikaner- und Franziskanermission
1680	Augustiner und Jesuiten kommen ins Land.
1777	Chile erhält den Status eines Generalkapitanats.
1810	Die erste Nationalregierung Chiles erklärt ihre Solidarität mit Spanien.
1814	Beginn der Unabhängigkeitskriege
1817/1818	Bei Chacabuco (1817) und Maipú (1818) besiegt Oberbefehlshaber Bernardo O'Higgins endgültig die Kolonialmacht Spanien.
1846	Die ersten deutschen Siedler treffen in Valdivia ein.
1879 – 1883	Salpeterkrieg gegen Bolivien und Peru. Chile gewinnt den Krieg und erhält die Regionen Tarapacá und Antofagasta.
Ende 19. Jh.	Vertreibung und Verfolgung der Selk'nam, Yaghan und Mapuche.

Inbetriebnahme der Kupfermine Chuquicamata	**1911**
Gründung der Sozialistischen Partei	**1912**
Die Demokratische Partei gewinnt die Wahlen.	**1920**
Wahlsieg eines linken Bündnisses unter Pedro Aguirre Cerda	**1938**
Literatur-Nobelpreis für die Lyrikerin Gabriela Mistral	**1945**
Unter dem Christdemokraten Eduardo Frei Montalva beginnt die Verstaatlichung der Schlüsselindustrien.	**1964**
Wahlsieg der Unidad Popular unter Salvador Allende Gossens.	**1970**
Literatur-Nobelpreis für Pablo Neruda	**1971**
Putsch der Armee unter General Augusto Pinochet	**1973**
Die Bevölkerung lehnt eine Verlängerung der Amtszeit Pinochets ab.	**1988**
Wahlsieg eines breiten Parteienbündnisses (Concertación) unter Patricio Aylwin; Rückkehr Chiles zur Demokratie	**1989**
Mit Ricardo Lagos regiert erstmals seit 1973 wieder ein Sozialist.	**2000**
Der ehemalige Diktator Pinochet steht in Chile erstmals vor Gericht. Er wird später für dement erklärt.	**2001**
Die Zivilehe wird eingeführt: In Chile darf man sich scheiden lassen.	**2004**
Trotz Protesten Beitritt zum kontinentalen Freihandelsabkommen.	**2005**
Die Sozialistin Michelle Bachelet wird Staatspräsidentin von Chile. Pinochets Tod löst Demonstrationen aus.	**2006**
Mit Sebastian Piñera vom Parteienbündnis Alianza por Chile gewinnt zum ersten Mal nach dem Pinochet-Putsch das rechte Lager die Wahlen. Ein Tsunami und ein verheerendes Erdbeben erschüttern Chile im Februar. 5. August: 33 Minenarbeiter werden in der Mine San José verschüttet, 69 Tage später glückt die Bergung.	**2010**

Gesellschaft und Alltagskultur

Man braucht nur die Society-Seiten der einflussreichsten Tageszeitung »El Mercurio« aufzuschlagen, da sieht man die schon, die sich zur guten Gesellschaft zählen, gut geföhnt und blendend gekleidet. Sie sind allerdings nur das kleinste Puzzlesteinchen im vielfältigen Alltag Chiles, zu dem knapp elf Prozent indianische Bevölkerung gehören.

Die Bevölkerung

Eine weiße Oberschicht

Zahlenmäßig extrem in der Minderheit, aber politisch und gesellschaftlich extrem tonangebend – so könnte man sie beschreiben, die weiße Oberschicht in einem Land, dessen Identität sich aus vielen verschiedenen und fremden Wurzeln nährt. Spanier, Engländer, Portugiesen, Kroaten, Deutsche, Schweizer, Italiener – sie alle besiedelten Chile in den letzten Jahrhunderten, erkoren es zu ihrem Heimatland und versuchten, in diesem Vielvölkergemisch die Konturen ihrer Kultur nicht zu verlieren. Vielleicht hört man aus diesem Grund um den Lago Llanquihue herum immer noch grob deutsch eingefärbtes Spanisch, vielleicht isst man deshalb so viel ›kuchen‹, vielleicht preist deswegen die Gutsherrenfrau auf Feuerland ihren Schinken – nach kroatischem Rezept geräuchert – an? Beethoven-Zyklen bestreiten zum überwiegenden Teil das Programm des Teatro Oriente in Santiago. Chile ist weiß, und der kleinste gemeinsame Konsens ist die Versicherung, dass man aus Europa stammt.

Mapuche und Aymara

Die indianische Bevölkerung wurde während der Kolonialzeit und auch später noch grausam verfolgt, weggesperrt, getötet, die Kultur und Religion verfemt. In den vergangenen Jahren mühen sich die Regierungen, das zerrüttete Verhältnis zu kitten. Die Mapuche, die einst zwischen Chillán und Puerto Montt siedelten, waren 1882 in 22 000 Reduktionen weggesperrt worden. Unter der Regierung Patricio Aylwin (1989–93) setzte die Rückgabe des Mapuche-Territoriums ein, ohne jedoch je die tatsächlichen Forderungen der indianischen Gemeinden zu befriedigen. Staatliche Gelder fließen in Projekte zur Verbesserung der Infrastruktur der Mapuche-Gemeinden. Doch sie sind bei Weitem nicht ausreichend. Die Proteste und die Politisierung der Mapuche steigern sich. Der Sondergesandte der Vereinten Nationen, Rodolfo Stavenhagen, bilanzierte bei einem Besuch 2006, dass das staatliche Vorpreschen in der Forstwirtschaft die kulturellen, sozialen und wirtschaftlichen Interessen der Mapuche verletze. Im Sommer 2010 begannen inhaftierte Mapuche mit einem Hungerstreik, um dagegen zu protestieren, unter einem Anti-Terror-Gesetz aus Pinochets Zeiten abgeurteilt zu werden. Die Landbesetzer können von der Regierung unter Sebastian Piñera keine Milde erwarten: sie lässt die Landtitel, die den Mapuche von den Concertación-Regierungen erteilt wurden, auf ihre Rechtmäßigkeit überprüfen. Nach langer Unterdrückung – unter Pinochet wurden viele eingekerkert – stehen die Aymara im Norden des Landes wieder selbstbewusster zu ihrer Kultur, feiern ihren andinen Karneval und ihre camouflierten Feste, bei denen z. B. ein christliches mit einem indianischen Datum zusammenfällt: (Weihnachten mit der Sommersonnenwende, SanJuan mit der Wintersonnenwende und die vielen Madonnenfeiern (s. S. 40). Die nationalen Grenzen zwischen Bolivien, Peru und Chile wurden in ihren Augen willkürlich gezogen, sie verstehen sich als ein einziges Volk, egal auf welcher Seite der Grenze sie leben.

Indianische Lebenswelt und moderne Gesellschaft

Der Staat versucht mit seiner eigenen Organisation, *Origenes,* die oft kümmerlichen Lebensbedingungen der Aymara zu verbessern. Doch, so sagen die Aymara, die verstehen uns nicht: Wir säubern gemeinschaftlich jedes Jahr die Bewässerungskanäle, nach verrichteter Arbeit wird ein großes Fest gefeiert. Die Organisation will uns nun Kanäle aus Metall bauen, damit diese umständliche Reinigung entfällt. Sie versteht nicht, dass die *Limpieza de los Canales* ein wichtiges Datum in unserem Jahreskalender markiert und wir Wert auf gemeinschaftlich verrichtete Arbeit legen. Jeder in der *comunidad* hat seine Aufgaben und Pflichten. *Origenes* hat eine ökonomische Ausrichtung, sieht nur die Arbeitsersparnis. Doch das zählt für uns gar nicht. Zwischen der profit- und effizienzorientierten chilenischen Wirtschaftswelt liegen in der Tat Welten, beileibe nicht nur geografisch.

Doch dass diese Pfeiler der Gesellschaft gut zusammen passen können, beweist eine Initiative in Santiago. Neben all den Festivals und Messen z. B. auch in Valparaíso und Cartagena, dem Straßentheater und den Open-Air-Discos, schmückt ein neues Datum den Kulturkalender der Hauptstadt, eine Biennale indianischer Kunst. Der Mit-Initiator Aymar Yuthuwi aus Iquique diktiert eifrig ins Notizbuch, dass es sich hier nicht um ein ›Almosen für die armen Indianer‹ handle, dass Schluss sein solle mit dem reinen gut gemeinten Folklorismus, sondern dass indianische Kunst – Skulpturen, Musik, Bilder, Installationen – sich an diesem Ort in ihrer eigenwilligen Eigenständigkeit präsentiere, als die ›andere‹ Facette in der chilenischen Kultur.

Chilenische Lebensart

Landflucht und Konsumfreudigkeit

Da können die Patagonier und Chiloten noch so stolze und bunte Brauchtumsfeste feiern, die Landflucht in Chile ist enorm, die Verstädterung nimmt zu. Vielleicht genau aus diesem

Indios machen knapp 11 % der Bevölkerung Chiles aus

Jungfrauen in der Wüste – Feste in Andacollo und Aiquina

Die hochverehrten Madonnen Chiles sind natürlich spanischer und katholischer Herkunft, weil sie von den Konquistadoren eingeführt wurden. Aber in die Feiern, die ihnen zu Ehren abgehalten werden, mischen sich indianische und mitunter ausgesprochen fröhliche Elemente.

Seine Höhen und Tiefen sieht man dem Minenstädtchen Andacollo durchaus an. *La Reina de Metal,* die ›Metallkönigin‹, wurde zwischenzeitlich auch schon als Geisterdorf gehandelt, als es mal wieder in der wirtschaftlichen Talsohle landete. Denn die Grundlagen seiner Existenz sind abhängig von der Marktlage: Die Bewohner von Andacollo leben seit Jahrhunderten vom Gold, Silber, Mangan und Kupfer der umliegenden Bergzüge.

Der Ort 55 km östlich von La Serena liegt unschön im Zangengriff seiner Abraumhalden, aber seine 12 000 Einwohner erleben jedes Jahr um Weihnachten eine wahre Invasion. 150 000 Gläubige ziehen, fahren, rutschen auf Knien in das Städtchen, um einer 90 cm großen Statue aus Zedernholz ihre Ehre zu erweisen, die sie liebevoll ›La Chinita‹ (›die kleine Dienerin‹) nennen. Die so heftig verehrte *Virgen del Rosario* ist die Heilige der Minenarbeiter – und davon gibt es im Norden Chiles eine ganze Menge.

Wie bei vielen der südamerikanischen Heiligenbilder liegt ihr Ursprung im Ungewissen. Sie gilt als Schutzpatronin von La Serena. Einer anderen Theorie zufolge soll die Jungfrau einem Bauern namens Collo in selbigen Bergen erschienen sein.

Den *chinos,* die, in leuchtende Rot- und Gelbtöne gekleidet, die 1676 aus Lima importierte Muttergottes mit einem recht lebendigen Jesuskind auf dem Arm mit ihren Tänzen, Gesängen und Prozessionen feiern, dürfte diese Debatte weniger am Herzen liegen als die Erfüllung ihrer Wünsche, die sie

der Jungfrau vortragen. Die inbrünstige Verehrung und die farbenprächtigen, fantasievollen Kostüme legen den Schluss nahe, dass sich im Kult um die *Chinita* katholische mit indianischen Glaubenselementen vermischen. Denn das Herzstück der Festlichkeiten, die zwischen dem 23. und 27. Dezember (Höhepunkt: der 26. Dezember) Andacollo in ein Farbenmeer verwandeln, sind die – relativ unkatholischen – Tänze und die von Perkussionsinstrumenten vorangetriebene Musikbegleitung. Einige der Gruppen, wie die *Bailes de Turbantes* und die *Bailes de Danzantes,* bestehen seit 200 Jahren; Historiker wie Jaime Alaniz Carvajal gehen sogar davon aus, dass die ersten Tänze für die *Virgen del Rosario* schon 1580 abgehalten wurden.

Ihre Herkunft aus Lima beweist, dass die indianischen Völker sich recht wenig um die Grenzen scherten, die ihnen die Spanier aufgezwungen hatten. Um *La Chinita* zu feiern, strömen auch heute Bolivianer und Peruaner in das kleine Andacollo mit seiner riesigen Basilika, die 1883 gebaut wurde, um 10 000 Pilgern Platz zu bieten.

Bleibt neben den Feierlichkeiten für die *Virgen del Rosario* in Andacollo durchaus Platz für das Alltagsleben, so vermeldet Aiquina das krasse Gegenteil. Im hohen Norden, zwischen Vulkanen und Altiplano, scharen sich ein paar archaisch anmutende Häuser um eine schlichte Kathedrale mit Wellblechdach, und wenn es nicht der Wallfahrtsort für die Jungfrau von Guadalupe wäre, dann wüsste kein Mensch, wie es sich denn so lebt, etwa 40 km

Thema

Fest zu Ehren der Jungfrau von Guadalupe in Aiquina

von Bolivien entfernt, verloren zwischen erbärmlich schlecht geschotterten Wegen, Fünftausendern, salzigen Lagunen und ein paar Schafen und Lamas.

Aber so erfahren es alljährlich Zehntausende von Pilgern, die sich am 7. und 8. September zu den Festtagen der *Nuestra Señora de Guadalupe* in das Geisterdörfchen begeben, das im Alltag nur 50 Einwohner zählt. Viele rutschen auf Knien, viele kommen auch wandernd aus dem 60 km entfernten Calama hinauf. Sie ziehen in die leer stehenden Häuschen mit Dächern aus *paja brava* und Böden aus gestampftem Lehm ein und feiern mit Beten, Prozessionen und rituellen Tänzen zwei Tage und Nächte durch. Alkoholkonsum ist strikt verboten.

In Aiquina beschließt die *marcha a la alba,* die ›Prozession in den Morgen‹, die Zeremonien. Am letzten Festabend kreiseln sich die Vortänzer der verschiedenen Tanzgruppen in Trance und leiten damit die große Abschlussfeierlichkeit ein. Morgens dann marschieren alle Festteilnehmer in strikter Disziplin links an der Kirche vorbei und wandern zum Ortsrand. Dort schreien sie sich alles von der Seele, was sie im vergangenen Jahr bewegt hat – ihre Sorgen, ihren Ärger, ihre Wut. Danach kehrt Ruhe ein, und die Teilnehmer kehren schweigend in ihre Häuser zurück. Sie haben ihre Seele gereinigt, sagen sie, Frieden gefunden für das kommende Jahr, und sie haben sich mit den Unbilden und dem Hader des abgelaufenen Jahres versöhnt.

Ein dunkles Omen allerdings schwebt über einem Vortänzer, der aus seiner Trance nicht rechtzeitig erwacht: Ihm verbietet die Jungfrau, im nächsten Jahr wiederzukommen.

Gesellschaft und Alltagskultur

Grund versucht man sich und seine bäuerliche Lebensweise besonders eindrücklich darzustellen. Rund 87 % der Bevölkerung lebt in Städten, und die Verarmung in ländlichen Gebieten ist höher als im Durchschnitt (15 %). Die Politik vernachlässige diese Zonen, beklagen z. B. die Lehrer an den staatlichen ländlichen Schulen. Auf dem Land liegt der Bevölkerungsdurchschnitt teilweise unter 1 Einw. pro km^2 (z. B. im extremen Süden), im Landesdurchschnitt bei 19 %. Die Schülerzahlen auf dem Land liegen naturgemäß niedrig, die Effizienz ist nicht sichergestellt. Schließt man die Schulen, werden die Kinder aus ländlichen Zonen aus ihren Zusammenhängen katapultiert und kommen in Internate, die weit entfernt von der Familie liegen. Ein Nachteil, obwohl die dort genossene Bildung vermutlich höhere Qualität hat. Dafür unterstützt der Staat infrastrukturelle Maßnahmen, die nicht überall erwünscht sind. So regt sich großer Protest gegen den teuren Bau einer Festlandsbrücke oder eines Flughafens auf der Isla de Chiloé. Die Abwanderung werde dadurch verstärkt, man solle in die Insel investieren, argumentieren die Gegner, die Befürworter sehen darin eine Aufwertung Chiloés.

Eine nicht ganz so neue Lieblingsbeschäftigung der Chilenen ist der Konsum, nicht immer allerdings zu deren Glück. Kaum ein Shopping Center verpasst die Chance, Kunden mit kleiner Geldbörse durch Ratenzahlungen in die Geschäfte zu locken, Einkaufs-*galerías* und Shopping-Fußgängerzonen schwirren vor Betriebsamkeit bis in die späten Abendstunden. Da sind die Chilenen ganz nordamerikanisch. Außer mit Geschäften, Boutiquen und Supermärkten sind *galerías* auch mit Kinos, Bars, Discos und Restaurants bestückt.

Murales, Wandgemälde, gibt es nicht nur in Mexiko, sondern auch in Santiago

Die Presse

Ebenso wie ihre Konsumfreudigkeit kritisieren die Chilenen mit ihrem nicht ganz standfesten Talent zur Selbstreflexion den Zustand der Presse. Niemand findet es gut, dass es praktisch nur eine einzige richtig seriöse überregionale Tageszeitung gibt, den rechtsgerichteten »El Mercurio«. Dazu kommen landesweit noch »Segunda«, »La Tercera« und Regionalzeitungen. »La Tercera« hat sich gut platziert, enthält aber trotzdem ein bisschen Boulevard, wie auch die zahlreichen Heftchen der *prensa amarilla,* Klatsch, Tratsch, Sex, mit denen die Zeitungskioske zugepflastert sind. Zwei neue Politikmagazine, »El Periodista« und »El Ciudadano« kümmern sich um analytischen Tiefgang, ebenso wie der alteingesessene »Punto Final«. Ein scharfzüngiges, politisch-satirisches Magazin macht allerdings sehr von sich reden: »The Clinic«.

Offizielle Feiertage

1. Jan. – Neujahr *(Año Nuevo)*
Ostern (aber nicht der Ostermontag; *Pascua)*
1. Mai – Tag der Arbeit *(Día del Obrero)*
21. Mai – Jahrestag der Schlacht von Iquique *(Combate Naval de Iquique 21 de Mayo 1879)*
29. Juni – Peter und Paul *(San Pedro y San Pablo)*
15. Aug. – Mariä Himmelfahrt *(Asunción)*
18. Sept. – Unabhängigkeitstag *(Día de la Independencia)*
12. Okt. – Tag der Entdeckung Amerikas *(Día de la Raza)*
1. Nov. – Allerheiligen *(Todos los Santos)*
8. Dez. – Unbefleckte Empfängnis *(Immaculada Concepción)*
25. Dez. – Weihnachten *(Navidad).* An Heiligabend wird offiziell gearbeitet und es gibt keinen 2. Weihnachtstag.

Machismo und Frauenemanzipation

Die besitzende Schicht in Chile gehörte immer zu einer der betoniertesten und konservativsten. Kaum ein Mitteleuropäer kann nachvollziehen, wieso in einem Land, in dem mit dem Kommunismus experimentiert wurde und sozialistische Präsidenten gewählt werden, bis 2004 die Scheidung nicht möglich war. Dabei ist Frauenemanzipation keineswegs ein hohes Schlagwort. Dass Michelle Bachelet Präsidentin werden konnte und zuvor das Amt der Verteidigungsministerin bekleidete, dass María Soledad Alvear zeitweise Außenministerin unter Ricardo Lagos war und die Christdemokraten anführte sowie die Tochter von Salvador Allende zur Präsidentin des Unterhauses gewählt wurde, beweist die Fortschrittlichkeit des gesellschaftspolitischen Fundaments. Bachelets Regierungskabinett bestand zur Hälfte aus Frauen.

Trotzdem haben wir hier die schlimmsten Machos, behaupten die Chileninnen, denn sie zeigen sich auf den ersten Blick nicht so. Sie tarnen ihre Besitzansprüche als Ritterlichkeit, ihre Herrschsucht als Vernunft. Die elegante

Gesellschaft und Alltagskultur

Essayistin Elisabeth Subercaseaux hat diesem Thema einige ihrer spritzigen Analysen gewidmet.

Feste und Veranstaltungen

Grillfest in Chile – der *asado*

Eine willkommene – und gute – Gelegenheit, sich als *macho* zu präsentieren, erhält der chilenische Mann bei einem der wichtigsten Ereignisse im typischen Familien- und Freundesverbund, bei einem *asado*. Ein *asado* ist ein Essen, aber es ist auch viel mehr als das. Dieses gesellige Grillfest zieht sich meist vom Nachmittag bis in die Nacht, beginnt mit *empanadas* als Vorspeise, die die Frauen zubereitet haben, und endet in einem grandiosen Verspeisen großer Mengen von Fleisch, Rind, Lamm, manchmal Huhn, welches fachgerecht zu braten ausschließlich Sache der Männer ist. Zu einem solchen *asado* (wörtlich: Braten) sollte man unbedingt gehen, wenn man eine Einladung bekommt, es bietet auch einnen schönen Einblick in gesellschaftliche Umgangsformen.

Bäuerliche Feste

Nichts ist unterhaltsamer, als sich in einem fremden Land mit fremden Bräuchen zu beschäftigen. Wenn sie auch noch als Fest daher kommen, hat man doppelten Gewinn. Die Sagen- und Mythenwelt der Isla de Chiloé beliefert die bäuerlichen *ferias costumbristas*, dort wird der Tanz der Hexen (*brujas*) aufgeführt und kleine, als Waldgeister *traucos* verkleidete Jungs stromern schüchtern auf den Festwiesen herum. Normalerweise gehört eine *carrera a la chilena* dazu, ein Pferdewettrennen, wobei jeweils zwei Reiter auf meist ungesatteltem Pferd gegeneinander antreten, und eine Wette. Dabei ist z. B. das Gewicht eines Schweinekopfes zu erraten. Die Köche bieten auf, was die Insel zu bieten hat, und das ist natürlich der *curanto* (s. S. 204), es sind aber auch deftige Gerichte aus Kartoffeln mit Speck und Käse und *empanadas* mit Miesmuschelfleisch und Petersilie. Diese Feste finden in der Feriensaison im Januar/Februar statt – auch im kleinsten Flecken des Landes.

Sehr schön ist auch die Fiesta Costumbrista in Cerro Castillo am Lago General Carrera. Zwei Tage lang präsentieren die chilenischen *arrieros*, die mit ihren Baskenmützen aussehen wie argentinische *gauchos*, ihre Fertigkeiten in der Viehzucht und beim Hausbau. Abends wird getanzt. Wie das Festival Campero in Chile Chico findet es im Februar statt.

Festivals und Feste

Januar/Februar
Theaterfestival in Santiago; Rapa nui Tapati Wettbewerb auf der Osterinsel; Musikfestwochen in Frutillar

Februar
Festival de la Canción in Viña del Mar
Brauchtumsfeste auf der Isla de Chiloé und um den Lago General Carrera herum
Brauchtumsfest und -markt der Mapuche in Villarrica
Carnaval Andino in Arica und Umgebung

März
Chilenische Rodeo-Meisterschaften in Rancagua

Juli
Wallfahrt und Festlichkeiten zu Ehren der Jungfrau von La Tirana

September
Wallfahrt und Festlichkeiten zu Ehren der Jungfrau von Aiquina (s. S. 41)

November
Musikfest der Klassik in Viña del Mar

Dezember
Wallfahrt und Festlichkeiten zu Ehren der Jungfrau von Andacollo (s. S. 40)
Buchmesse in Santiago mit zahlreichen Veranstaltungen
Internationale Kunsthandwerksmesse in Santiago mit Konzerten, begleitenden Veranstaltungen

Die Mapuche

Thema

Um die Mapuche ranken sich viele Legenden. Viele davon wurzeln in der »Araucanía«. Das Epos eines spanischen Soldaten, der mit den Konquistadoren in das ›Land des Südens‹, Chili, einfiel, schildert den Kampfesmut und die Unbeugsamkeit der Mapuche. Bezwungen wurden die Mapuche-Indianer nicht im Krieg, sondern durch Betrug und auf einem Feld, auf dem sie sich nicht auskannten: der Trunkenheit.

Die Gemeinde der Mapuche, einst ein mächtiges Kriegervolk, lebt heute marginalisiert, beargwöhnt und immer noch um weite Teile ihres Landes betrogen hauptsächlich in der Region Araucaría. Wann immer es möglich ist, strukturieren sie ihr Leben nach ihren eigenen Regeln, mit ihren eigenen Hierarchien, die der *lonko* anführt. Mauricio Painefil ist *werken*, Sprecher seiner Gemeinschaft, in Puerto Saavedra am Lago Budi. Wir treffen ihn bei einer typischen Tätigkeit: Gemeinschaftlich schneiden die Männer die scharfkantigen Binsen, die sie zum Dachdecken einer *ruca* (Gehöft) benötigen, während Frauen und Kinder am Feldrand spielen und stricken. Das Essen haben sie in großen Töpfen dabei.

Mit dem landesweiten Verkauf des berühmten schweren Silberschmucks (s. S. 50), den die Frauen zu festlichen Anlässen tragen, haben die Mapuche nur wenig zu tun. Sie halten sich von städtischen Einflüssen fern, beschicken die Märkte ihres Kernsiedlungsgebietes um Temuco und Carahue aber mit ihren landwirtschaftlichen Erzeugnissen. Nie haben sie Städte oder Dörfer gebaut, und sie tun es bis heute nicht. Sie leben in – früher matriarchalisch organisierten – Familien zusammen. Ihre strohgedeckten, geräumigen Gehöfte, die *rucas* mit den Tierpferchen davor liegen in den Wäldern verstreut.

Wer aufmerksam durch Mapuche-Gelände streift, z. B. in der Gegend um den Quetrupillán, entdeckt ihre Gebetsfelder an Gebinden aus *canelo*-Ästen und *colihue*-Stangen. Der Clanvorstand *(lonko)* und die Heilerin/Schamanin *(machi)* regeln das Alltags- und das spirituelle Leben, wobei die *machi* – früher Männer in Frauenkleidern, heute Frauen – in Verbindung zum göttlichen Kosmos der Mapuche steht. In ihren Glaubensvorstellungen existiert kein natürlicher Tod, nur ein von bösen Geistern verursachter. Und auch die Krankenbehandlung, die ihr obliegt, ist eigentlich eine Austreibung böser Geister, der *wekufe*.

Die Kultur der Mapuche durchdringt das chilenische Alltagsleben immer stärker: Mapuche-Lokale und -Apotheken kann man vor allem in der Araucaría finden, aber auch anderswo. Auch die Märkte wären ohne ihre Präsenz kaum denkbar. Gleichzeitig nehmen die politischen Konflikte an Schärfe zu, ebenso die Ressentiments gegen sie. Seit den 1990er-Jahren werden ihnen Rechtstitel auf das Land verliehen, das sie einst bewohnt und besessen haben. Doch von einer richtigen Umwälzung kann man nicht sprechen, die Landgabe geht langsam voran und ist unter der Regierung der Alianza por Chile nahezu zum Erliegen gekommen.

Die Mapuche fordern ihr Recht immer unerbittlicher und erhalten solidarische Unterstützung – der Konflikt scheint sich zu einer nationalen Zerreißprobe auszuweiten.

Architektur, Kunst und Kultur

Kultur in Chile – das ist vor allem eine Kultur der Wörter. Pablo Neruda, Roberto Bolaño und Isabel Allende sind die bekanntesten Vertreter, zu entdecken ist viel mehr. Auch das politische Lied ist hier beheimatet, ebenso wie das politische Theater. Regionale und indianische Akzente setzen weitere Höhepunkte.

Was ist nationale Kultur?

Nachdem Kriege ausgefochten, Land erobert, Terrains abgesteckt und die Muttermacht Spanien aus dem Land getrieben waren, hatten die Kolonisten Zeit für die Frage, worin eigentlich ihre Kultur bestand.

Revolutionäre Anfänge: eine liberale Presse

Die Presse sei die »Artillerie der Gedanken«, hatte Simón Bolívar, Chef-Theoretiker der südamerikanischen Befreiungshelden, provokant formuliert, und so war das erste Produkt einer nationalen chilenischen Kultur die Zeitung »La Aurora de Chile«, die der junge, aus Valdivia stammende Fray Camilo Henríquez 1812 noch während der Unabhängigkeitskriege herausgab.

Offiziell von der Regierungs-Junta bezahlt, ließ er sich in seinen liberalen Ansichten weder vom traditionellen Klerus noch vom Großbürgertum beirren, was zur Einstellung der Zeitung und zur sofortigen Entstehung des »Monitor Araucano« 1813 führte. 1814 musste Henríquez vor der spanischen Reconquista in Chile nach Buenos Aires flüchten. Aber sein Vermächtnis wirkte nachhaltig in seinem Heimatland: Literatur – und im weiteren Sinne auch Theater – sollte eine bildende und aufklärerische Funktion ausüben.

So waren die ersten Zeitungen Chiles, wenn auch die mangelnde finanzielle Ausstattung sich bis in die Setzkästen ihrer Druckereien bemerkbar machte, blühende Diskussionsforen für ein neues, chilenisches Selbstverständnis, welches damals auch die Respektierung der Rechte und des Terrains der Indios einschloss. Im »Monitor Araucano« erschien ein *Reglamento a favor de los Ciudadanos Indios,* das emanzipatorisch forderte, Kasten und Klassen aufzuheben und die Indios mit Land, Vieh, Getreidesamen und Arbeitsgeräten auszustatten.

Einfluss aus Europa

Der revolutionäre Aufbruch, eine neue Gesellschaft zu gestalten und ideologisch sowie kulturell zu definieren, wurde in den folgenden Jahrzehnten von den Wirren des Regierens aufgesogen. Bald waren die Klassen wieder fein säuberlich getrennt.

Das Großbürgertum – vor allem die eingewanderten Salpeter- und Schafbarone – fühlte sich dem europäischen Kosmos verwurzelt. Alle Aufmerksamkeit galt den gleißenden Zentren des 19. Jh., Paris, Rom, Venedig, Berlin, London, auch Moskau und Athen. Architektur, die Schönen Künste, Musik und Mode unterlagen dem Einfluss der Alten Welt, was durchaus befruchtend war. Sogar die China-Manie der 20er-Jahre des 20. Jh. wurde getreulich in Santiagos Stadtpalästen nachgebetet.

Besonderer Beliebtheit erfreute sich die italienische Oper, und so nimmt es nicht wunder, dass die erste chilenische Oper überhaupt, »Das Blumenmädchen von Lugano«, von Eleodoro Ortiz de Zárate (1865–1952) während eines Europa-Stipendiums entstand. Uraufführung war 1895 in Valparaíso im Teatro de la Victoria.

Interessante Anfänge und eine wenig inspirierende Gegenwart: Der chilenische Blätterwald präsentiert viel Boulevard in allen Facetten, obwohl es natürlich seriöse Nachrichtenmagazine, gute Literaturzeitschriften und satirische Wochenblätter gibt.

Literatur

An der Lichtgestalt Pablo Neruda kommt niemand vorbei, der sich mit der Literatur Chiles beschäftigt und soll es auch gar nicht. Der äußerst fleißige, politische Dichter bildet den Fixpunkt vieler Literaten – bis heute. Wer jedoch nach einem zeitgenössischen Fixstern sucht, wird bei Roberto Bolaño fündig. Der Autor verstarb 2003 im Alter von 50 Jahren, aber sein posthum im Jahr 2009 erschienener Roman »2666« gilt als Meisterwerk und literarische Sensation – selten waren sich die Feuilletonisten der Welt so einig.

Politik und Dichtung durchdrangen und durchdringen sich immens; Neruda und auch die erste Literatur-Nobelpreisträgerin Chiles, Gabriela Mistral, vertraten ihr Land in diplomatischen Diensten – ein schöner Brauch, der in Südamerika gepflegt wird. In der Botschaft in Berlin hatte man bis 2005 Schriftsteller Antonio Skármeta zu Gast.

Zwei Nobelpreisträger

Gabriela Mistral (1889–1957) war eine glühende Verfechterin des *criollismo,* eines künstlerischen Konzeptes, das die unverwechselbare kreolische Identität beschwört.

Als Sonderbotschafter veranlasste **Pablo Neruda** (1904–1973) die Emigration Tausender spanischer Flüchtlinge während des Bürgerkriegs, ergriff Partei für Stalin, unterstützte die Unidad Popular seines Freundes Salvador Allende und starb ein paar Tage nach dem Pinochet-Putsch im September 1973. Er darf als der glänzendste, schillerndste Botschafter seines Landes gelten.

Da sich chilenische Autoren oft intensiv mit ihrem Land auseinandersetzen, ist es nicht schwer, Bücher zu finden, die als Einstimmung geeignet sind (s. Lesetipps S. 64), allen voran die Werke von Pablo Neruda, darunter seine Autobiografie »Ich bekenne, ich habe gelebt«. Viele seiner Gedichtsammlungen enthalten wundervolle Oden an Chile, so z. B. »Aufenthalt auf Erden« und »Memorial von der Isla Negra«. Eine aufrüttelnde Tour de Force durch die traurige Abhängigkeit der lateinamerikanischen Kolonien unternimmt er mit dem Gedichtband »Canto General«, den Mikis Theodorakis in den frühen 1970er-Jahren vertonte.

Abenteuer Feuerland

Der von Neruda hochgeschätzte **Francisco Coloane** ist ein auf Chiloé als Sohn eines Walfängers geborener Abenteurer und abenteuerlicher Literat. Ein deutscher Kritiker hat ihn einmal als »Karl May Chiles« bezeichnet, und ganz falsch ist das nicht, obwohl Coloane sehr wohl gekannt hat, worüber er schrieb. Vom tiefen Süden künden seine faszinierenden, rauen Erzählungen aus den Anfängen des 20. Jh. über die Pioniere dieser Landstriche, über Goldsucher, Matrosen, Farmarbeiter und Robbenjäger, die unter dem Titel »Feuerland« erschienen sind. Auf Deutsch sind auch sein erster Roman »Der letzte Schiffsjunge der Baquedano« und eine weitere Geschichtensammlung »Kap Hoorn« erhältlich.

Luis Sepúlveda heimste für seinen spannenden Walfang-Krimi »Die Welt am Ende der Welt« einen wichtigen spanischen Literaturpreis ein. Als Hauptstädter nähert er sich darin den südlichsten Landstrichen Chiles und entwirft en passant ein faszinierendes Porträtpuzzle ihrer fesselnden Verlassenheit und Unregierbarkeit. Schön für einen Aufenthalt in Patagonien: »Patagonien Express«, in dessen Mittelpunkt die Begegnungen mit ungewöhnlichen Menschen aus dieser Region steht.

Wer sich auf eine äußerst unterhaltsame Zeitreise durch Chiles Geschichte des 20. Jh. begeben will und lebenspralle Begleiter sucht, ist mit **Isabel Allendes** zauberhaftem »Geisterhaus« immer noch gut beraten. In »Von Liebe und Schatten« skizziert sie den Konflikt zwischen dem unter Pinochet tief

Theater und Kino in Chile · Thema

»Wir fühlen uns als Wächter von etwas sehr Zerbrechlichem, und wir wissen, dass es unsere Pflicht ist, die Schlafwandler zu wecken. Denn irgendwer muss wach bleiben, um, wenn alle anderen erwachen, erklären zu können, was der Welt zugestoßen ist.« (Gustavo Meza, Leiter der »Grupo Teatro Imagen«)

Als in Chile die ersten Theaterhäuser entstehen, wendet sich Europa gerade neuen Experimenten zu. George Grosz malt Bühnenbilder für expressionistische Dramen, Stanislawski erarbeitet eine neue Wahrhaftigkeit des körperlichen Ausdrucks, die Montagetechnik des Films wird kopiert. In Chile versucht man derweil, in Abwendung von spanischen Theatertraditionen Themen aufzugreifen, die die Geschichte des Landes widerspiegeln. Der Präsidentschaftskandidat der Linken 1920, Luis Emilio Recabarren, schreibt Stücke über den Arbeitsalltag in den Salpeterminen. In Santiago gründen die Universitäten in den 1940er-Jahren Theaterwerkstätten, die stilistisch und inhaltlich führend bleiben, denn sie verkörpern durch ihre Verzahnung von Theorie und Praxis die permanente Suche nach neuen darstellerischen Mitteln und Inszenierungsstilen. Mag sein, dass es an seiner Wiege, der Universität, liegt: das chilenische Theater hat sich oft als politisch begriffen und spielte auch während der Militärdiktatur unter Pinochet eine aufklärerische Rolle, sofern das möglich war und seine Protagonisten nicht ins Exil gehen mussten wie Oscar Castro, der nach zwei Jahren Straflager 1976 nach Paris fliehen konnte. Gustavo Mezas jüngstes Projekt beschäftigt sich mit dem Massaker an Salpeterarbeitern in der Santa-María-Schule in Iquique im Jahr 1917.

Ein internationaler Star der chilenischen Theaterszene durchlief jedoch nicht diese Schule, sondern eine französische, die Weltruf genießt: Andrés Pérez aus Punta Arenas lernte und arbeitete beim Théâtre du Soleil Ariane Mnouchkines und gründete, 1988 nach Santiago zurückgekehrt, das Gran Circo Teatro. Seine Inszenierungen genossen Kultstatus. Er starb 2002, das Gran Circo Teatro ist erfolgreicher denn je. Der expressiven Vitalität seines Inszenierungsbegriffs stehen andere Regisseure diametral gegenüber: Ramón Griffero, das Teatro Camino sowie das Teatro La Memoria inszenieren aus ganz unterschiedlichen Blickwinkeln. Die Chile-Bolivianerin Laura Stange inszeniert ihr Crossover aus Theater und Ballett auch in Deutschland.

In jüngster Zeit gelangen auch stetig mehr chilenische Filme in die europäischen Kinos; der größte Erfolg dürfte wohl »Machuca« (2004) von Andrés Wood beschieden gewesen sein, der die Geschichte einer Freundschaft zwischen zwei Jungen erzählt, deren Eltern beim Ausbruch der Diktatur auf verschiedenen Seiten stehen. Sebastian Silvas »La Nana« (2010) gewann beim renommierten Sundance Festival verschiedene Preise. Auch Alicia Scherson und Alberto Fuguet haben sich schon internationales Renommee verdient. »Nostalgia de la Luz« (2010) heißt der viel gerühmte Dokumentarfilm von Patricio Guzmán, der ein Porträt der Atacama-Wüste gezeichnet hat: als Dorado der Astronomen, als Hölle der Salpeterarbeiter, als Gefängnis politischer Häftlinge unter Pinochet.

All diese Namen – man sollte sie sich merken.

zerrissenen Chile neu. Auch alle Folgebücher Allendes sind Bestseller geworden.

Die in ganz Lateinamerika populäre Schriftstellerin **Marcela Serrano** ist hierzulande nicht sehr bekannt. »Damit du mich nicht vergisst« handelt von der spannenden und nachdenklich stimmenden Auseinandersetzung einer wohlhabenden Frau mit ihrer Vergangenheit während der Pinochet-Diktatur. Im Kriminalroman »Unsere Señora der Einsamkeit« macht die Autorin uns mit einem weiblichen Detektiv bekannt. Von **Elisabeth Subercaseaux**, Urenkelin Robert und Clara Schumanns und Preisträgerin des LiBeratur-Preises 2009, gibt es zwei Romane auf Deutsch: »Eine Woche im Oktober« und »Eine fast perfekte Affäre«.

Abrechnung mit der Diktatur

Wichtigste politische Autoren von hohem internationalen Rang sind der 1966 verstorbene, literarische Erneuerer **José Donoso** mit seiner arabesken Parabel »Das Landhaus«, des weiteren »Die Toteninsel«, »Die Krönung«, »Der obszöne Vogel der Nacht«. Und natürlich **Ariel Dorfman,** dessen »Maske« kafkaeske seelische Labyrinthe schildert. Berühmt wurde er mit dem Stück »Der Tod und das Mädchen«, das mit der Pinochet-Zeit abrechnet, verfilmt mit Sigourney Weaver und Ben Kingsley. Einige seiner Romane und Essays sind auf Deutsch erhältlich, zuletzt »Das Gedächtnis der Wüste – Reise durch den Norden Chiles«.

Antonio Skármeta kehrte als Botschafter nach Berlin zurück, wo er lange während seines Exils unter Pinochet gelebt hatte. Richtig populär gemacht hat ihn die Verfilmung von »Der Postbote«, eine Liebesgeschichte auf Capri, parallel montiert zur Liebe von Pablo Neruda zu Matilde Urrutia. Seine Romane, z. B. »Mit brennender Geduld«, »Der Dieb und die Tänzerin«, »Das Mädchen mit der Posaune«, »Die Hochzeit des Dichters«, werden zuverlässig ins Deutsche übersetzt.

Einen rasanten und lebensvollen Roman mit einem überbordenden, surrealen Erzählstrom hat der Filmregisseur **Alejandro Jodorowsky** geschrieben. »Wo ein Vogel am schönsten singt« schlägt atemlos eine Brücke zwischen Altem und Neuem Kontinent, zwischen Russland und Chile. Das Schicksal zweier Familien wird unter zahlreichen literarischen Volten aufgeblättert. Von ihm liegt auf Deutsch noch »Der Finger und der Mond, Zen-Geschichten« vor.

Der als literarische Ausnahmeerscheinung gehandelte **Roberto Bolaño** hat ein aufsehenerregendes Werk hinterlassen: neben den drei posthum erschienenen Romanen »2666«, »Lumpenroman« und »Chilenisches Nachtstück« noch »Die wilden Detektive«, »Amuleto« und »Stern in der Ferne«, in dem er sich mit den Vorgängen an der Universität Concepción unter Pinochet und dem Schicksal der Studenten beschäftigt, sowie die Erzählungen »Telefongespräche«.

Alberto Fuguet arbeitet auch als Regisseur. Sein auf Deutsch erhältlicher Roman heißt »Die Filme meines Lebens«. Von dem Journalisten und Kolumnisten Roberto Ampuero sind einige Bücher auf Deutsch erhältlich; im jüngsten, »Der Fall Neruda«, gibt er seinem Detektiv Cayetano Brulé die Aufgabe, Nerudas Geliebten aufzuspüren.

Musik

Das politische Lied

Violeta Parra (1917–1967), Malerin, Sängerin und Komponistin berühmter sozialkritischer Lieder, die uns das unnachahmliche »Gracias a la vida« (vor allem in der Version der Argentinierin Mercedes Sosa) geschenkt hat, hob den Schatz der vielfältigen chilenischen Folklore. Sie bewegte sich auf Pionierpfaden; denn die bäuerlichen Gesänge bei Ernten und Geburten, bei Weinlese und Hochzeit hatten zuvor nicht als schützenswerte Hochkultur gegolten. Sie reiste in die entlegensten Regionen, um Lied- und Tanzversionen zu sammeln und gründete 1957 an der Universität von Concepción das Museum für Volkskunst.

Ihre Kinder Angel und Isabel führten das Erbe fort – gemeinsam mit dem Komponisten, Schauspieler, Sänger und Theaterregisseur der ITUCH (Teatro de la Universidad de Chile)

Architektur, Kunst und Kultur

Víctor Jara, einem der ersten, den die Militärs nach dem Pinochet-Putsch im Nationalstadion von Santiago umbrachten. Heute trägt das Stadion seinen Namen.

Politische Folklore

Der Gruppe **Inti-Illimani** gelang es, den Widerstand gegen das Pinochet-Regime im Ausland in einen Mantel aus Klängen zu hüllen. Ihre Instrumente spiegeln südamerikanische Wurzeln: der *charango* etwa, eine bolivianische Gitarre mit fünf Doppelsaiten, die andinen Hirtenflöten und die Trommeln der Schwarzen. Mitglieder der Gruppe geben auch heute noch unter dem Namen »Inti-Illimani Histórico« viel besuchte Konzerte.

Rock, Hip-Hop und Techno

Die Band »La Ley« ist in ganz Lateinamerika bekannt, und zwei Techno-Djs machen international Furore. DJane Miss Dinky versucht in ihren Konzerten, eine Synthese aus heimatlichen Klängen und Rhythmen mit Techno zu verschmelzen. Ricardo Villalobos legt im Cocoon Club in der Technowiege Frankfurt auf, aber auch in den Clubs von Ibiza. In den *barrios* von Santiago wurde der Hip-Hop Chiles geboren, und er hat eine lange Tradition. Seine Quellen liegen auf der Straße, seine Themen kreisen um Ausgrenzung, Diskriminierung, Armut. »Pantera Negras« und »Tiro de Gracia« heißen die bekanntesten Bands.

Kunsthandwerk

Die Mapuche setzen wahrnehmbare Zeichen in der chilenischen Kultur, am auffälligsten mit ihrem dekorativen **Schmuck aus Alpaka-Silber,** der in Temuco zum Kauf angeboten und in Kunstfotobänden gewürdigt wird. Der *akucha,* der vielgliedrig die gesamte Brust der Frauen bedeckt, die Hüftbinde *nitrowe* und der *trarilonco,* der wie ein Stirnband getragen wird, sind vermutlich zu außergewöhnlich für den Massengeschmack, aber Ohrringe mit anthropomorphen Darstellungen und Fibeln füllen in zahlreichen Kopien die Boutiquen von Pucón.

Architektur

Die Schindeln von Chiloé

Wer es nicht weiß, mag achtlos daran vorüberstreifen – doch die Schindeln *(tejuelas)* von der Isla de Chiloé sind es wert, genauer betrachtet zu werden. Sie sind kleine Kunstwerke, doch sie brauchen den geduldigen Blick.

Womit kann man, wenn es häufig regnet und ausschließlich – einst billiges – Holz zur Verfügung steht, Häuser so fest versiegeln, dass der Regen nicht durchdringen kann? Indem man kleine Holzscheiben so übereinander schiebt, dass sie wie Schuppen einer Fischhaut ineinandergreifen.

Holz für jeden Zweck

Die Häuser werden auch heute noch auf diese Art und Weise gebaut. Doch Holz ist wegen seiner Verknappung teurer geworden. Die Ärmeren greifen oft genug zum Wellblech. Denn

Nicht originalgetreu, aber bunt: Holzschindelhaus auf der Isla de Chiloé

für einen *quincho,* einen kleinen Pavillon, in dem *curanto* und *parillas* für Feste zubereitet werden, schneiden fünf Männer zwei Tage lang *tejuelas.* Wer kann sich deren Bezahlung und natürlich das Holz schon leisten? *Time is money* auch in Quemchi, und so greift Schneidemeister Arcadio bedauernd zum trockneren *canelo,* obwohl der *mañío* viel besseres Holz für die Schindeln hergibt, doch der war zu feucht. Früher, als der Rhythmus noch gemächlicher war, erledigten die Nachbarn den Hausbau in Gemeinschaftsarbeit und warteten auf den geeigneten Zeitpunkt. Oft erstrahlen die geschindelten Häuser in bunten Farben. Originalgetreu ist das aber nicht. Das früher naturbelassene Holz dunkelt nach und hüllt die Gebäude in anthrazitfarbene Töne.

Vielfalt der Muster

Acht verschiedene Schnittmuster haben die Holzbauer entwickelt. Das einfachste ist die *cabeza recta,* die später an den Wänden angebracht so aussieht wie aneinandergereihte Holzplättchen. An die Kontur eines kleinen Bootes erinnert die *cabeza biselada,* die man nur auf der Isla Quinchao sehen kann. Die *cabeza convexa* mit ihren Bogenkanten bedeckt die Kirche von Dalcahue, in Wellenformen ziehen sich Reihen der *cabeza concava convexa* über die Gebäude von Curaco de Vélez, die trapezförmigen und besonders widerstandsfähigen *tejuelas cabeza triangular* findet man in Tenaún.

Früher maßen die Schindeln 90 cm in der Länge, 15 cm in der Breite und 1 cm in der Dicke, heute sind sie nur noch 50 cm lang. Lediglich ein Drittel davon ist sichtbar. Diese handgeschnittenen Kostbarkeiten werden vielleicht bald unerschwinglich sein für die einfachen Leute von Chiloé, die sie erfunden haben. Aber den Schatz zu bewahren und auszustellen, das haben sich die Chiloten vorgenommen.

Wenn ein Genussmensch wie Pablo Neruda eine Ode an den *congrio* (Seeaal) verfasst, dann muss an ihm auch etwas dran sein. Und das ist es auch: Fische und Meeresfrüchte schmecken in Chile meist wunderbar. Die chilenische Küche kennt weder große Verzierungen noch Raffinessen, denn sie entstand, um die Menschen satt zu machen.

Kompliziert klingenden Bezeichnungen auf der Speisekarte begegnet man höchstens deswegen, weil die Rezepte der Wohlhabenden stets europäische Küchenkreationen zu kopieren trachteten. So wird das Steak in klassischen Traditionshäusern von der Café-de-Paris-Butter begleitet, obwohl die *pebete,* eine selbstgemachte Kräutersauce mit zerstoßenen Pfefferschoten, viel besser das Aroma eines rustikalen *churrasco* unterstreicht.

Die chilenische Küche

Fisch und Meeresfrüchte

Der Umgang mit frischen Produkten ist in dem Agrarland Chile selbst in einfachen Restaurants so verwurzelt, dass mitunter die Gäste beim Mittagstisch gebeten werden zu warten, bis der Fischer wieder zurückgekehrt ist und man seinen Fang zubereiten kann. Das ist dann keine komplizierte Aufgabe, und niemand muss lang auf seinen Teller warten: Schnell in die Pfanne mit dem Fisch oder roh zerkleinert als *ceviche* – da braucht es nicht mehr als ein bisschen Pfeffer und eine Spur Limonensaft.

Die Vielfalt der Muscheln ist frappant – allein von der Miesmuschel existieren drei Varianten unterschiedlicher Größe: *choro, cholga* und *choro zapato* (so groß wie ein Schuh). Dazu kommen ein Potpourri aus Kamm-, Pfahl- und Venusmuscheln, die Krabben und Krebse und die Meeresschnecke, der festflei-

schige weiße *loco.* Stars auf jeder Meeresfrüchteplatte sind der knallorange, stark nach Jod schmeckende *piure* und der *picoroco,* der aussieht wie ein überdimensionaler Vogelschnabel. Man packt ihn furchtlos an seiner Spitze und streift das weiche, helle Fleisch mit der Gabel von seinem Chitingerüst.

Picoroco und *cholgas* gehören in die Flitterwöchnersuppe *(Sopa Luna y Miel),* das Fleisch des Seeigels *(erizo)* schlucken die Chilenen am liebsten roh. Dass man Austern *(ostras)* eventuell dämpfen oder gar braten könnte, käme ihnen nie in den Sinn, aber die Jakobsmuschel *(ostión)* und die *macha* dürfen überbacken, mit Knoblauch und Käse gewürzt oder in einer Brühe mit *pilpil*, einem scharfen Gewürz, gegart werden. Ein Teller voll gegarter Meeresfrüchte heißt *paila marina,* die rohe Variante *mariscal.* Richtig teuer kommt der Genuss der Seespinne *centolla* zu stehen, die in den eisigen südlichen Gewässern lebt. Auf Langustenfang haben sich die Fischer der Juan-Fernández-Inseln spezialisiert. Schmackhaft und sättigend fallen die *chupes* aus, kleine suppige Kalorienbomben aus Meeresfrüchten und Fisch mit Sahne, Gemüse, Kartoffeln und Eigelb.

Fleischgerichte

Rindfleisch *(vacuno),* Geflügel und Schwein wandern in der Regel einfach in die Pfanne, einzig die *maiala,* eine gefüllte, große Rinderroulade, die zum Verzehr in Scheiben aufgeschnitten wird, bildet eine Ausnahme. Köstlich kann ein *asado de cordero* sein, weil die Lämmer aus dem Süden frisches Kraut fressen und *a fuego lento* gebraten werden – ganz, ganz langsam.

Eintöpfe und Pasteten

Meist sehr lecker fällt die *cazuela* aus, ein mit Kräutern gewürzter Eintopf aus Huhn oder Rindfleisch mit den indianischen Ingredienzien Kichererbsen, Mais, Kürbis, Karotten, *cilantro* und Kartoffeln. Die chilenischen *empanadas* werden einfach mit Käse oder fantasievoll mit verschiedenen Ragouts gefüllt und im Ofen gebacken. Typisch ist der *pino*, eine orientalisch gewürzte Mischung aus Hackfleisch, Rosinen, Oliven und Eiern.

Der *pastel de choclo* aus Schichten von Mais, Fleisch und Käse trägt eine karamelisierte Haube und ist eine Art Nationalgericht. Ihn bereitet man zu, wenn der süße Mais erntefrisch ist; eine spezielle Sorte, *maís de pastel*, wird dazu verwendet.

Getränke

Standardaperitifs sind *Pisco Sour,* ein Tresterschnaps mit Limonensaft und etwas Zuckersirup, und die nach Zimt und Eiern duftende, süße *vaina*. Chilenische Weine verkörpern eine Qualitätsklasse für sich (s. S. 57), und zum Abschluss eines Essens kommt den Chilenen am liebsten ein Wässerchen in die Kehle – worunter aber kein Klarer, sondern ein Kräutertee zu verstehen ist. Dies sei zur Nachahmung empfohlen – er bringt jeden leicht verrenkten Magen und angesäuselten Kopf über Nacht wieder in Ordnung.

Regionale Spezialitäten

Isla de Chiloé

Auf Chiloé stopft man klein geschnittene Meeresfrüchte und Petersilie in die Pastete. Die Insel spielt sowieso eine Sonderrolle mit ihrer Vielzahl an Kartoffelgerichten, den *mil-*

Das Lieblingsgewürz der Chilenen ist ají, eine scharfe Chilischote

Wie wär's mit einem Pisco Sour?

kau, pulmay, chapulele, chuchoca. Und den essbaren Algen cachayuyu, die man gekocht als Salat zubereiten kann, sowie den geräucherten Fischen und den getrockneten Meeresfrüchten, der Winternahrung der Seeleute.

Bratwurst und ›kuchen‹ – deutscher Einfluss

Kräftige deutsche Einflüsse zeichnen die Küche des Südens aus. Da kommt zum Frühstück schon die Wurstplatte auf den Tisch, wo normalerweise ein Nescafétütchen und ein eingepacktes Hörnchen zum Verzehr verführen wollen, und nachmittags verspeist man kuchen oder einen Wurstsalat. Eine weitere deutsche Kapriole: die longaniza, eine Bratwurst, traditionell serviert mit einem Berg Kartoffelpüree.

Bei aller Dominanz der deutschen Küche heißt das nicht, dass man nicht mexikanisch, peruanisch, japanisch, französisch, italienisch, polynesisch, spanisch, US-amerikanisch, russisch, thailändisch, portugiesisch oder polnisch essen gehen könnte – in Santiago zumindest. Sogar vegetarische Küche wird zelebriert, und fusion food ist auch kein Fremdwort. Großer Beliebtheit erfreuen sich die chifas, chinesische Restaurants, das

Baumaterial. Der Baum des Altiplano ist eine indianische Kulturpflanze; die UNESCO hat ihn zum Lebensmittel der Zukunft erklärt.

Das gilt auch für die in allen Herbstlaubfarben schillernde *quínoa,* eine Getreidesorte, die ebenfalls auf dem Altiplano gedeiht. Von weitem muten die Ähren wie muntere Trockenblumensträuße an, doch der Nährwert der attraktiven Pflanze an Eiweiß, Kohlenhydraten, Phosphor und Kalzium ist unschlagbar. Auch *quínoa* soll stärker in den Blick der Weltöffentlichkeit gerückt werden, denn die Pflanze lässt sich problemlos in schwierigen Höhenlagen anbauen.

Quínoa kann man schroten, mahlen und dann weiterverwenden. Die indianische Aymara-Kommune von Cancosa in der Nähe der Grenze zu Bolivien, völlig einsam zwischen lauter Fünftausender-Vulkanen gelegen, bietet selbstbewusst ihr Wissen feil. Mit *cherqui-empanadas,* mit gedörrtem Ziegenfleisch gefüllten Teigtaschen, und honiggesüßten Keksen aus *quínoa* erbringen sie im Handumdrehen den Beweis, wie vielseitig einsetzbar und wohlschmeckend die gesunde, bunte Pflanze ist.

Und eigentlich sollte man es wissen: Alles, was von der indianischen Hochebene kommt, hat höchste Qualität. Schließlich entstammt die Kartoffelknolle, die viele für typisch deutsch halten, der Aymara-Küche. Und mehr als achtzig verschiedene Altiplano-Sorten übertrumpfen spielend das Sortiment, das der mitteleuropäischen Hausfrau zur Verfügung steht.

Die Mahlzeiten

Die Essenszeiten unterscheiden sich nicht von den mitteleuropäischen, sie rutschen höchstens ein wenig nach hinten, d. h. dass man etwa gegen 13–14 Uhr zu Mittag isst und frühestens ab 20 Uhr zu Abend. Firmeneigene Kantinen sind dünn gesät, und so wird man überall preiswerte Mittagstische finden. Besonders beliebte kleine Gerichte sind die köstlichen Sandwiches und die mayonnaisehaltigen, mit Huhn oder Krabben

Angebot der Küche erschöpft sich leider oft in einem mit Sojasauce übergossenen Allerlei – aber es ist preiswert und wird in großen Portionen serviert.

Quínoa & Co. – indianische Lebensmittel mit Zukunft

Für die energischen Verkäuferinnen auf den Märkten des Altiplano gilt keinerlei Diskussion: *Chañar* ist ein Allroundtalent. Ein Aufguss wird gegen Bronchitis verkauft, ein Sirup heilt Wunden. Die Früchte des Baumes kann man getrocknet zu Mehl verarbeiten, das Holz seines Stammes dient als widerstandsfähiges gefüllten Tomaten oder Avocadohälften (*palta*) auf Salat.

Frühstück und Mittagessen

Das Frühstück besteht meist aus Kaffee oder Tee und einem Brötchen oder Gebäckteilchen, dazu gibt es Marmelade oder die Karamellcreme *manjar* und Butter. Die üppigere Version umfasst Obst und Joghurt, die Frühstücksbüffets in größeren Hotels enthalten zusätzlich Eierspeisen, Schinken und Käse. Im Süden fällt das Frühstück generell reichhaltiger und fast ein bisschen deutsch aus.

In der Mittagszeit verspeist man normalerweise keine opulenten Speisefolgen. Abends darf es dafür gerne ein Menü sein, das mit einem *aguita,* einem Wässerchen, beschlossen wird.

Chile entwickelt sich allmählich zu einem Land für Kaffeefreunde. Wo es früher üblich war, eine Nescafédose oder ein Kaffeepulvertütchen mit heißem Wasser oder einer Tasse heißer Milch am Frühstückstisch vorzufinden, gibt es zumindest Filterkaffee und in den vielen neuen Cafés eine Auswahl französischer, spanischer und italienischer Kaffeevariationen.

Once – ein ganz besonderer ›Nachmittagskaffee‹

Once übersetzt man mit ›elf‹, und angeblich soll sich dahinter das Wort für Schnaps, *aguardiente,* verstecken, das elf Buchstaben hat. Unter *once* versteht man einen nachmittäglichen Imbiss. Meist ist es schlicht ein Nachmittagskaffee mit einem Stück Kuchen, manchmal gibt es auch Eis und Joghurt dazu. Oder man bestellt eine Brotzeit. Serviert wird er gegen 17 oder 18 Uhr.

Restaurant-Typen

In Chile isst man ausgesprochen gut. Einzige Ausnahme ist vielleicht der *completo,* ein Hot Dog mit einem faden rosa Würstchen, das mit allen Saucen versehen wird, die in Chile in Plastikflaschen zu haben sind – Senf, Ketchup, Mayonnaise etc. – die Kinder lieben es.

Für den kleinen Hunger

Die Palette der chilenischen Gastronomie reicht von Restaurants für die gehobene Klasse bis zu preiswerten **Sandwicherías** mit Plastikmobiliar. Ein Unikum sind die **Schopperías,** deren Bezeichnung sich vom deutschen ›Schoppen‹ ableitet, Bierkneipen, in denen auch kleine Gerichte serviert werden. Sie öffnen normalerweise am frühen Abend.

In Mode: Restobar, Weinbar & Co.

Erfreulicherweise hat sich zu den Sandwicherías mit Schnellgerichten, teueren Etablissements und Chinarestaurants eine Fülle weiterer Restauranttypen gesellt. Die modischste Version lautet **Restobar** und ähnelt einem Bistro, hat aber auch meist eine Theke und serviert Tellergerichte. Oft sind die Restobars modisch gestylt.

In Santiago geht man neuerdings zum After-Work-Drink gerne in **Weinbars.** Auch **vegetarische Restaurants** schwimmen auf der Modewelle, zumindest in den großen Städten und in den Orten mit viel ausländischem Tourismus. Und auch **Fusion Food** ist neuerdings angesagt, ebenso wie qualitativ hochwertige **peruanische Küche.**

Imbiss auf dem Markt

Wunderbar isst man auf den **Lebensmittelmärkten,** z. B. in Santiago, Temuco, Antofagasta oder auch in La Serena, die über eigene Restaurants verfügen.

Preisniveau und Trinkgeld

Essen gehen ist nicht unbedingt preiswert. In einem Restaurant der gehobenen Mittelklasse werden mitteleuropäische Preise verlangt, nur beim Wein braucht man nicht tief in die Tasche zu greifen. Aber da die Chilenen wieder sehr gerne ausgehen, findet man überall auch etwas günstigere Alternativen.

Rechnungen werden normalerweise nicht aufgeteilt, man bestellt am Tisch eine gemeinsame Rechnung und teilt sie gegebenenfalls später unter sich auf. Üblicherweise rundet man die Rechnungssumme auf zu einem Trinkgeld.

Chilenischer Wein

Wie kam der Wein ins Indianerland Chile? Ganz einfach, mit den Missionaren. Um die Eucharistie zu feiern, brauchten sie Wein, und so reisten die ersten Weinstöcke auf den Schiffen der spanischen Konquistadoren mit. Es existiert ein Sevillaner Dekret von 1564, demnach jedes Schiff, das nach Westindien aufbrach, Weinstöcke mitzunehmen hatte.

Dieser Kolonisierungs-Akt der ersten Stunden dürfte wohl der einzige sein, der bis heute erfreuliche Effekte erzielt. Die chilenischen Weine genießen Weltruf; und die Chilenen haben auch etwas davon, seit der ehemalige Präsident Ricardo Lagos den europäischen Markt für chilenische Produkte öffnete.

Der Wein wird hauptsächlich in der warmen Zentralregion angebaut. Die Rebsorten sind zumeist französischer Herkunft, und die Trauben gedeihen im chilenischen Klima einfach prächtig: Die Wärme der täglich genossenen Sonne wird nachts durch die kühlen Pazifiknebel versiegelt und die Erde ist reich an Mineralien. Doch weiter südlich bei etwas kühleren Temperaturen, experimentiert man auch mit urdeutschen Rieslingtrauben. Im staubtrockenen Norden des Landes reift indes ein prächtiger, dunkelroter Rotwein heran.

Ein blühender Tourismuszweig ist dadurch entstanden: der Streifzug durch Weingüter. Von Santiago aus werden für Interessierte Tages- oder auch Wochenendausflüge angeboten (s. S. 118).

Exportschlager: der chilenische Wein

Kulinarisches Lexikon

Im Restaurant

Herr Ober!	Camerero!
Was wünschen Sie?	Que desea?
Ich möchte	Voy con un/una …
gerne …	me gustaría …
	quisiera …
Guten Appetit!	buen provecho
Prost!	salud
Noch etwas?	algo más?
Kann ich die Rech-	Me cobra por favor/
nung bekommen?	la cuenta por favor/
	Traigáme la cuenta
	por favor!
Frühstück	desayuno
Mittagessen	almuerzo
Abendessen	cena

Fisch und Meeresfrüchte

albacora	Schwertfisch
almejas	Pfahl-Venusmuscheln
camarones	Krabben
centolla	Königskrabbe, See-
	spinne (Geschmack
	wie Langusten)
cholgas	Kammmuscheln
choritos	Miesmuscheln
congrio	Seeaal
erizo	Seeigel
jaiva	Krebs, oft als Mousse
	(pastel del jaiva)
merluza	Seehecht
ostion	Jakobsmuschel
picoroco	Felsenmuschel

Gemüse

berenjena	Aubergine
calabacín	Zucchino
cebolla	Zwiebel
cochayuyo	Meeresalge
palta	Avocado
porotos	grüne Bohnen
lechuga	grüner Blattsalat
maíz	Mais
repollo	Kraut
remolacha	rote Bete

papas	Kartoffeln
pimiento	Paprikaschote
tomate	Tomate
zanahoria	Karotte

Fleisch

alitas	Hähnchenflügel
	(chicken wings)
longaniza, chorizo	Bratwurst
churrasco	Rindersteak
cordero	Lamm
embutidos	Wurstwaren
escalope de kaizer	›Kaiserschnitzel‹
hamburguesa	Hamburger
jamón	Schinken
maiala	aufgeschnittene,
	gefüllte Rinder-
	roulade
milanesa	paniertes Schweine-
	schnitzel
milanesa de pollo	Hähnchenschnitzel
morcilla	Blutwurst
pavo	Truthahn
pechuga de pollo	Hähnchenbrust
riñones	Nieren

Obst

ciruela	Pflaume
durazno	Pfirsich
frambuesa	Himbeere
frutilla, fresa	Erdbeere
limón	Zitrone, Limette
manzana	Apfel
mora	Brombeere
naranja	Orange
pera	Birne
plátano	Banane
toronja	Grapefruit
uva	Traube

Gewürze, Kräuter u. a.

aceite …	Speiseöl
… de oliva	Olivenöl
aceitunas	Oliven
ají	Chilischoten

ajo	Knoblauch		
albahaca	Basilikum		
alcaparras	Kapern		
azúcar	Zucker		
canela	Zimt		
cilantro	Korianderblätter		
huevo	Ei		
… duro	hart gekocht		
… pasado por agua	weich gekocht		
mostaza	Senf		
oregano	wilder Thymian		
panela	Melasse		
perejíl	Petersilie		
pimenta	Pfeffer		
sal	Salz		
vainilla	Vanille		
vinagre	Essig		

Getränke

agua mineral sin/ con gas	Mineralwasser ohne/ mit Kohlensäure
café express	Espresso
café americano	Filterkaffee
café con leche	Milchkaffee
refresco	Erfrischungsgetränk
té negro	schwarzer Tee
infusion de hierbas	Kräutertee
… de manzanilla	Kamillentee
… de menta	Pfefferminztee
rosa mosqueta	Hagebutte
pisco	Tresterschnaps
pisco sour	Mix aus Pisco, Limettensaft, geschlagenem Eiweiß
vino blanco/tinto	Weißwein/Rotwein

Typische Gerichte

A lo pobre – ›nach Art der Armen‹, d. h. mit Spiegelei und gerösteten Zwiebeln. So kann z. B. ein Steak serviert werden.

Asado – Unter *asado* versteht man einen Braten, aber auch ein Grillessen. Huhn und Fleisch, manchmal auch Innereien werden mit verschiedenen frisch zubereiteten Saucen genüsslich und ausgedehnt verspeist.

Cazuela – Eintopfgericht mit Karotten, Mais, Kartoffeln, Fleisch oder Huhn, wird meist in den Anden verzehrt

Ceviche – rohe Filets vom Fisch oder Meeresfrüchten, mariniert in Limonensaft, mit Korianderblättern und fein gehackter Zwiebel

Chupe – gehaltvoller Eintopf mit Eiern, Milch, meist als *chupe de mariscos* (mit Meeresfrüchten) oder *chupe de pescado* (mit Fisch) zubereitet

Completo – besonders reichhaltige Version des Hot Dog, garniert mit allen Fertigsaucen, die man in Chile im Supermarkt kaufen kann

Curanto – herzhafter chilotischer Eintopf (s. S. 204)

Empanada – Teigtasche aus dem Backofen, mit Käse, Meeresfrüchten oder einer Hackfleischmischung gefüllt

Ensalada chilena – ›chilenischer Salat‹ aus Tomaten, Zwiebelringen, etwas Koriander und einer Prise frischem Chili

Loco – Abalone, eine festfleischige, weiße Riesenseeschnecke, wird oft mit fein gehackter Zwiebel und einer grünen Sauce serviert

Macha – flache, saftige Muschel, sieht ein bisschen aus wie eine kleine Zunge, wird oft mit Parmesan überbacken angeboten

Mariscal – Platte mit gemischten rohen Meeresfrüchten

Paila marina – Pfanne mit gegarten Meeresfrüchten

Pastel de choclo – mit einer Zuckerschicht gratinierter Maisauflauf aus Hackfleisch, Eiern, Korinthen, Eiermilch und Oliven. Dafür wird ein ganz besonderer Mais gezüchtet, den man unter der Bezeichnung *maís de pastel* kaufen kann. Traditionell kommt die Pastete ab September auf den Tisch.

Woll-Paradies Isla de Chiloé

Wissenswertes für die Reise

Informationsquellen

Chile im Internet

Es gibt ein überwältigendes Informationsangebot zu Chile im Internet. Diese kostenlose Auskunftsmöglichkeit entwickelt sich rasch – und außerdem sind auch die chilenischen Haushalte gut vernetzt, was ihre Kommunikation untereinander erheblich erleichtert. Zu Internetcafés s. auch S. 85.

Land und Leute, aktuelle Politik

www.segegob.cl
Die offizielle Regierungs-Website. Für alle, die Spanisch sprechen und sich für politische Programme und offizielle Nachrichten interessieren, ist dies die richtige Adresse.
www.condor.cl
Wochenzeitung in deutscher Sprache.
www.tercera.cl
Tageszeitung.
www.elmercurio.cl
Tageszeitung.
www.elperiodista.cl
Politische Halbmonatszeitschrift.
www.elciudadano.cl
Politische Wochenzeitschrift.
www.zonalatina.com
Portal für alle spanischsprachigen Zeitungen und Zeitschriften.
www.nuestro.cl
Kultur-und Geschichtsportal mit Reportagen, Links, vielen Tipps. Auf Spanisch.
www.lateinamerikanachrichten.com
Ein sehr gutes, fundiertes Magazin für Nachrichten und Reportagen, die nicht in der üblichen Presse zu finden sind.

Reisepraktisches und Tourismus allgemein

www.visit-chile.org
Seite des Veranstalter-Verbandes Corporación de Promoción Turística de Chile auf Spanisch und Englisch mit Hinweisen, Artikeln, Reportagen.

www.aduana.cl
Die Seite der chilenischen Zollbehörde, allgemeine Einfuhrbestimmungen. Öffnungszeiten der Grenzübergänge stehen unter ›pasos fronterizos‹ (auf Spanisch und Englisch).
www.chileinfo.de
Das Tourismusportal der Wirtschaftsabteilung des Generalkonsulats in Hamburg, auch mit touristischen Auskünften; auf Deutsch.
www.conaf.cl
Leider nur für Spanisch-Sprechende ist diese stets aktualisierte und mit Nachrichten versehene Seite der Forstschutzbehörde eine gute Informationsquelle.
www.sernatur.cl
Die staatliche Tourismusauskunft hat eine bunte, mit vielfältigen Informationsangeboten ausgestattete Website. Auf Spanisch und Englisch.
www. hostelling.cl
Nett aufgemachte Infoseite. Hier erhält man Auskünfte über Jugendherbergen in Chile auf Spanisch und Englisch.
www.chile-web.de
Breit gefächerte Nachrichten aus Chile für Deutsche: Vom Tourismusforum bis zu Hinweisen für Studierende, Ausbildungsplätze, immer frische Artikel und Reportagen.
www.contactchile.cl
Portal auf Deutsch, Spanisch und Englisch mit den vielfältigsten, gründlich recherchierten Informationen. Kleiner Reiseführer, Auskünfte über Praktika, Studienmöglichkeiten, Zimmervermittlung, Sprachkurse.
www.turismochile.com
Website mit nützlichen Reiseinfos, Tipps, auch auf Englisch.
www.chile.com
Tourismus-/Kulturportal mit vielen Artikeln, Reportagen, Tipps, Kalendern. Auf Spanisch.

Regionen, Aktivitäten
www.dav.cl
Portal des Club Alemán Andino, Informationen übers Bergwandern und Bergsteigen und

natürlich über die regelmäßigen Aktivitäten für alle Wanderer, Kletterer und Paraglider. Auf Spanisch, Deutsch und Englisch.
www.hostelworld.com
Hostal-Buchungen, Empfehlungen mit Kundenbeschreibungen.
www.chile-hotels.com
Hotellisten der Städte mit Buchungsmöglichkeiten auf Englisch.
www.chilegolf.cl/club.htm
Golfplätze in Chile.
www.catachile.cl
Website, die zertifizierte Abenteuerreiseveranstalter aufführt. Nur auf Spanisch.
www.backpackerschile.com
Gute Übersicht über die chilenischen Hostals.
www.tripchile.com
Touristische Zeitschrift auf Englisch.
www.trekkingchile.com
Website mit einer Fülle von Informationen zum Reiten, Kayaken, Wandern und Trekken und weiteren Tipps. Auch auf Deutsch.

Informationsstellen

Chile unterhält keine Fremdenverkehrsvertretung. Die Wirtschaftsabteilung des Konsulates in Hamburg hat ein Informationsbüro eingerichtet, und die ausführliche, gründliche, empfehlenswerte Informationsseite im Internet enthält wichtige Auskünfte über Reiseziele, Reisen im Land, Adressen und Tipps:
Pro Chile
Kleine Reichen Str. 1, D-20457 Hamburg
Tel. 040-33 58 35, Fax 040-32 69 57
prochile.hamburgo@t-online.de
www.chileinfo.de

Die Fluggesellschaft Lan hat ebenfalls Reiseinformationen und offeriert einen Touristen-Hotline-Dienst:
Lan Airline
Kaiserstr. 5

D-60311 Frankfurt
Tel. 01805-34 07 67
www.lan.com

Im Land selbst wendet man sich am besten an **Sernatur** (Servicio nacional de Turismo; www.sernatur.cl). Ein Büro mit in der Regel sehr auskunftsfreudigen Mitarbeitern und viel Prospektmaterial gibt es in jeder größeren Stadt.

Diplomatische Vertretungen

... in Deutschland
Botschaft der Republik Chile
Mohrenstr. 42
10117 Berlin
Tel. 030-72 62 03-5, Fax 030-726 20 36 03
www.echile.de

Generalkonsulate
Humboldtstr. 94
60318 Frankfurt
Tel. 069-55 01 95, Fax 069-596 45 16
cgfrande@yahoo.com

Harvestehuder Weg 7–11
20148 Hamburg
Tel. 040-45 75 85, Fax 040-44 31 68
congechile_hamburgo@t-online.de

Innere Wiener Str. 11a/III
81667 München
Tel.089-1894 46 00, Fax 089-189 44 60 10
gmunich@mnet-online.de

... in Österreich
Botschaft und Generalkonsulat von Chile
Lugeck 1/3/9
1010 Wien
Tel. 01-512 92 08 33, Fax 01-512 92 08
echileatl@chello.at

... in der Schweiz

Botschaft und Generalkonsulat von Chile
Eigerplatz 5, 12. Stock, 3007 Bern
Tel. 031-370 00 58, Fax 031-372 00 25
embajada@embachile.ch

Konsulat in Lausanne
Edificio World Trade Center
2, av. de la Gratte-Paille, 1018 Lausanne
Tel. 021-641 05 20
info.chile@consuladolausanne.ch

... in Chile

Botschaft Bundesrepublik Deutschland
Las Hualtatas 5677, Vitacura, Santiago
Tel. 2-463 25 00, Fax 2-463 25 25
www.santiago.diplo.de

Deutsche Honorarkonsulate
Antofagasta, Av. Edmundo Pérez Zujovic,
Tel. 55-25 16 91
Arica, Arturo Prat 391, Piso 10, Oficina 101,
Tel. 58-58 37 40
Osorno, M.A. Matta 549, Oficina 1108, Tel.
64-23 44 92
Puerto Montt, Antonio Varas 525, Oficina
306, Tel. 65-25 28 28
Temuco, Andrés Bello 824, Oficina 204, Tel.
45-27 26 66
Valdivia, Av. Arauco 159, Tel. 63-21 88 21

Botschaft der Republik Österreich
Barros Errázuriz 1968, Santiago
Tel. 2-223 47 74, Fax 2-204 93 82

Österreichische Honorarkonsulate
In Arica, Valdivia und Valparaíso

Botschaft der Schweiz
Américo Vespucio Sur
Santiago, Las Condes
Tel. 2-263 42 11, Fax 2-263 40 94

Schweizer Konsulat
In Temuco

Botschaften und Konsulate haben in der
Regel Mo–Fr 9–12 Uhr geöffnet.

Karten

Eine gute Adresse für **Straßenkarten** ist der
Automóvil Club de Chile, Las Tranqueras
1753, Vitacura, Tel. 2-431 11 00. Filiale im
Flughafen. Mitglieder des ADAC, ÖAMTC
und TCS erhalten Rabatte.

Die besten **Karten fürs Wandern** kauft
man bei: Instituto Geografico Militar, Calle
Die-ciocho 369, Santiago. Weniger anspruchsvolle, Karten für Wanderungen in den
Nationalparks gibt es auch bei den jeweiligen Conaf-Stationen oder bei der Conaf-
Zentrale in Santiago, allerdings sind sie nicht
immer erhältlich.

Eine weitere Adresse sind die Bienes Nacionales, in deren Büro in der Alameda 720
man Broschüren mit Wanderrouten bekommen kann; sie lassen sich auch über die Seite
www.bienes.gob.cl herunterladen.

Lesetipps

Literatur
s. auch S. 47

Isabel Allende: Das Geisterhaus; Aphrodite;
Porträt in Sepia; Fortunas Tochter; Paula; Von
Liebe und Schatten (alle Frankfurt/Main)
Roberto Ampuero: Der Fall Neruda, Berlin
2010
Roberto Bolaño: Chilenisches Nachtstück,
München 2007; 2666, München 2009; Die
Naziliteratur in Amerika, Frankfurt 2010; Die
wilden Detektive, 2004; Amuleto, 2002; Stern
in der Ferne, 2002 (alle drei: München)
María Luisa Bombal: Die neuen Inseln, Ber-
lin 1998
Brito, Marty: Wohin gehen die geträumten
Dinge? Fragen von Pablo Neruda – Antwor-
ten von Kindern aus Chile, Bremen 1997

Daniel Chevarría: Das Rot im Federkleid des Papageien, Köln 2004

Francisco Coloane: Kap Hoorn, 2002; Der letzte Schiffsjunge der Baquedano, 2000; Feuerland, 2006 (alle Zürich)

Ariel Dorfman: Den Terror bezwingen, Hamburg 2003; Cristóbals Sohn und die Reise des Eisbergs, Hamburg 2003; Das Gedächtnis der Wüste, München 2005

Jorge Edwards: Faustino, Berlin 2008; Der Ursprung der Welt, München 2007; Persona non grata, Berlin 2006

Pedro Lemebel: Träume aus Plüsch, Frankfurt/Main 2004

Pablo Neruda: Liebesgedichte, 2002; In deinen Träumen reist dein Herz, 2004; Ich bekenne, ich habe gelebt, 2003; Aufenthalt auf Erden, 2004; Balladen von blauen Fenstern, 2003; Gedichte Bd. 1–3, 2009 (alle München)

Ricardo Piglia: Brennender Zaster, Berlin 2001

Luis Sepúlveda: Der Alte, der Liebesromane las, München 2005; Tagebuch eines sentimentalen Killers, München 2001; Patagonien-Express, Frankfurt/Main 2000, und Wie man das Meer sehen kann, Frankfurt/Main 2005

Marcela Serrano: Damit du mich nicht vergisst, 1997 Fischer; Unsere Señora der Einsamkeit, Heilbronn 2002

Elisabeth Subercaseaux: Eine Woche im Oktober, Zürich 2008; Eine fast perfekte Affäre, München 2010

Landeskunde

Klaus Bednarz: Am Ende der Welt. Eine Reise durch Feuerland und Patagonien, Hamburg 2005

Ingo Bultmann (Hrsg.): Demokratie ohne soziale Bewegung?, Bad Honnef 2001

Friedrich P. Heller: Lederhosen, Dudd und Giftgas, Die Colonia Dignidad, Stuttgart 2006

Peter Imbusch: Chile heute. Politik, Wirtschaft, Kultur, Frankfurt/Main 2004

Karoline Mayer, Angela Krumpen: Das Geheimnis ist immer die Liebe – In den Slums von Chile, Freiburg i. Br. 2006

Bücher zur Geschichte

Wer alte Reiseberichte liebt, findet einige schöne Ausgaben. Hochinteressant sind die Aufzeichnungen von Naturforschern, Forschungsreisenden und Malern, die praktisch mit unseren Augen diese unbekannte Welt ertasten, wie sie Jahrhunderte zuvor beschaffen gewesen war.

Charles Darwin: Reise um die Welt 1831–36,. Aufsehenerregende und spannend zu lesende Aufzeichnungen und Theorien.

Renate Löschner: Otto Grashof. Die Reisen des Malers in Argentinien, Uruguay, Chile, Berlin 1998. Der Maler Otto Grashof hielt sich ein halbes Jahr in Santiago und Valparaíso auf und streifte durch die Kordillere. Was er zur chilenischen Gesellschaft zu sagen weiß, wie er das Nebeneinander von Licht und Schatten schildert, amüsiert und informiert vorzüglich. Seine Bilder und Skizzen konfrontieren uns heute mit einer vergangenen Welt und bewahren und beschützen sie gleichzeitig. Ein sehr schön ausgestatteter Band.

Oswald Dreyer-Eimbcke: Auf den Spuren der Entdecker am südlichsten Ende der Welt, Gotha 1999. Ein wundervolles Buch für all jene, die dem Labyrinth der Entdeckungsgeschichte des südamerikanischen Subkontinents folgen wollen. Geschichte ist hier spannender als ein Kriminalroman, bei aller präzisen Datensammlung hat der Autor flüssig und neugierig (machend) geschrieben. Neben der Chronologie der Ereignisse des 16. bis 20. Jh. ist der reiche Kartenanhang eine Augenweide.

Pedro de Valdivia: Die alltägliche Conquista, 1995 Frankfurt/Main. Die Briefe des spanischen Eroberers sind ein ganz vorzüglicher, bei aller geschichtlichen Belehrung unterhaltsamer Abstecher in die Welt der Eroberung Chiles.

Chile als Reiseland

So lang und so dünn und so hoch – das schöne Chile mit seinen Naturschätzen ersten Ranges wehrt sich fast ein bisschen gegen Gäste, die einfach nur durchreisen wollen. Die größten Sehenswürdigkeiten präsentieren sich nicht gerade auf dem Silbertablett; zu den Tatio-Geysiren, den Flamingo-Lagunen der Hochebene, den kleinen indianischen Siedlungen oder den Vulkanseen muss man teilweise mit recht umständlichen, langwierigen Anreisen rechnen. Zur Osterinsel fliegt man sechs Stunden.

Und wenn man erst einmal da ist, sorgen teilweise abenteuerlich gelegte Schotterpisten zwar für ansteigenden Adrenalinspiegel, aber auch für mühseliges Vorwärtskommen. Trotzdem ist Chile ein einfach zu bereisendes Land, weil man sicher unterwegs ist und die Aufnahme meist herzlich und freundlich ausfällt.

Schwerpunkt Natur

Das Erleben der Natur bildet für alle Gäste den Schwerpunkt – vermutlich reist niemand nach Chile, um das Kasino von Arica zu sprengen. Die Abwechslung, die einem bei der Erkundung des Landes geschenkt wird, bezaubert ganz außerordentlich. Nicht nur theoretisch, sondern ganz simpel praktisch kann man morgens mit der ersten kleinen Maschine von Feuerland aufbrechen, im eisigen Punta Arenas landen, die größten Eisfelder nördlich der Antarktis überqueren und am Nachmittag in einer leuchtenden, windigen Wüste bei Iquique landen, an dessen Pazifikstrand sich lange, weiße Wellen brechen.

Reisen mit dem Überlandbus

›Chile in one day‹ überwältigt, aber man kommt natürlich auch gemächlich vorwärts, z. B. in den bequemen Überlandbussen in einem *coche cama*, Schlafwagen, der es an Bequemlichkeit mit einem Fluginnenraum der ersten Klasse aufnehmen können, denn die Sitze sind auf Schlafstellung ausziehbar (Verkehrsmittel s. S. 70).

Vorschläge für Routen (Dauer: drei Wochen)

Variante 1 – Von allem etwas

Einsteigern und Anfängern schmeckt am besten ein Cocktail: Ein Schwerpunkt liegt bei San Pedro de Atacama im Norden mit Ausflügen zu den Salaren, den Vulkanen, dem Valle de la Luna sowie den Tatio-Geysiren.

Diese Nordtour lässt sich folgendermaßen gestalten: Ankunft Antofagasta, kurze Verweildauer mit Stadtbesichtigung, Weiterfahrt nach Calama und San Pedro de Atacama. Von den Tatio-Geysiren führt eine sehr schöne Strecke über Altiplano-Dörfchen und Zeremonialzentren nach Calama (s. S. 351). Da Calama einen Flughafen hat, kann man die Norderkundung vertiefen und weiterfliegen nach Arica, dort ein oder zwei Ausflüge in die Nationalparks und in die Aymara-Dörfer unternehmen, z. B. nach Colchane und den Parque Isluga, um später nach Iquique zurückzukehren. Dort besucht man die Stadt, die Salpeter-Oficinas und hat sich abschließend einen schönen Strandtag verdient.

Über den Verkehrsknotenpunkt **Santiago** mit seinen vielen innerchilenischen Flügen geht es in den Süden nach **Puerto Montt** und weiter nach **Puerto Varas,** um sich die Vulkanlandschaft um den Vulkan Osorno, den **Lago Llanquihue** und den Parque Nacional Pérez Rosales anzusehen. Obligatorisch: mindestens einmal ›kuchen‹ essen sowie die Saltos de Petrohue und den **Lago Todos Los Santos** besuchen. Drumherum ranken sich Sportausflüge, Kayaking, Trekking, Reiten, Schwimmen.

Von Puerto Montt besteigt man das Flugzeug nach **Punta Arenas,** verbringt dort zwei Tage und fährt weiter nach **Puerto Natales,** ein guter Standort für den **Parque Nacional Torres del Paine** und weitere schöne Ausflüge. Von Punta Arenas gelangt man per Flugzeug zurück nach **Santiago**.

Variante 2

Der Einstieg bleibt derselbe wie bei Variante 1. Die erste Entscheidung fällt gegen Arica und für **Temuco**, um sich ein bisschen in der **Reserva Natural Malalcahuello,** in den **Parques Nacionales Conguillío** und **Huerquehue** umzutun, sich die Vulkane Lonquimay und Villarrica (Besteigung bei guter Kondition möglich) und die lieblich-wilde Wald- und Seenlandschaft anzuschauen. Diese Regionen eignen sich blendend fürs Wandern, denn in den Nationalparks gibt es ausgezeichnete Lehrpfade und -wege der unterschiedlichsten Längen. In **Pucón** und **Villarrica** kann man auch noch ein paar Tage Badeferien einlegen.

Dann geht es mit dem Bus weiter nach **Puerto Montt.** Der Besuch des Lago Llanquihue wird ein wenig gekürzt und man findet sich entweder auf der Fähre zur **Isla de Chiloé** oder im Flugzeug nach **Chaitén** wieder, um die **Carretera Austral** zu entdecken. Für beide Routen sind vier Tage zu veranschlagen (Carretera Austral mit dem Bus bis nach Coyhaique, Abfahrten nicht tgl.). Punta Arenas ist dann für beide neuen Ausgangspunkte erneut der Zielflughafen, einmal von Puerto Montt aus, einmal von Balmaceda aus, dem Flughafen von Coyhaique.

Variante 3 – Der Norden

Erster Zielort von Santiago ist **La Serena.** Von dort aus kann man bequem in den **Valle del Elqui** fahren. Wer mit dem eigenen Fahrzeug unterwegs ist, unternimmt den abenteuerlichen Abstecher in den **Valle Hurtado.** Von La Serena aus bieten zahlreiche Ausflugsagenturen Tagesausflüge in das Elqui-Tal an, aber lohnender ist es natürlich, dort ein bisschen länger zu verweilen, die Sternwarten zu besuchen, in die wüstenhafte Präkordillere hi-

naufzuwandern oder zu -reiten und ein paar Tage in zünftigen Haciendas auszuspannen. Mit dem Bus reist man weiter nach **Copiapó** und nach einer Übernachtung geht es hinauf in den Nationalpark **Tres Cruces**. Hier liegen die Sechstausender Chiles alle beisammen, einer attraktiver als der andere, umgeben von unwirklich schönen Lagunen. Wandern und Trekken erfordert eine gewisse Akklimatisierungszeit, denn sie liegen auf 3500–4000 m Höhe. Unterkünfte bieten die Schutzhütten der Conaf oder das eigene Zelt. Auch Verpflegung muss man mitnehmen.

Zwei Möglichkeiten zur Weiterreise bieten sich an: Weiter nach **Chañaral** (dort ein Strandtag im Nationalpark Pan de Azúcar) und dann mit dem Bus hinauf bis nach **Antofagasta**. Auf der Strecke vom Nationalpark Tres Cruces nach Chañaral liegt El Salvador, das über einen Flughafen verfügt. Oder man kehrt nach Copiapó zurück, nimmt dort das Flugzeug nach Antofagasta, Arica oder Iquique und setzt dort sein Programm fort.

Variante 4 – Der Süden

Den Norden nicht zu sehen fällt natürlich schwer. Doch bei einer dreiwöchigen Variante in den Süden muss man weder auf den Schwerpunkt Temuco noch auf Puerto Montt verzichten und hat trotzdem noch Zeit für die Carretera Austral und den Lago General Carrera. Das ist ja auch verlockend.

Dafür fliegt man von Puerto Montt nach Coyhaique/Balmaceda und reist mit Bussen weiter – das bedarf ein wenig Vorausplanung und/oder Flexibilität. Zur Erholung bieten sich das **Thermalhotel Puyuhuapi** und die Lodges um **Puerto Guadal** herum an. Von dort aus eröffnen sich viele Wander- und Reitwege und auch die Möglichkeit zum Fliegenfischen. Die Abstecher nach **Caleta Tortel** und **Villa O Higgins** müssen extra eingerechnet werden. Beide haben kleine Flugpisten, es geht von dort nach Coyhaique zurück. Dort nimmt man den Shuttlebus nach Balmeceda, das nur eine Autostunde weit entfernt liegt, und befindet sich wieder im Koordinatennetz der wichtigsten Flugziele, also auch Punta Arenas als Ausgangspunkt für den **Parque Nacional Torres del Paine** und **Feuerland.**

Wer zusätzlich zu allen Varianten auch die **Osterinsel** oder die **Islas Juan Fernández** sehen will, muss ganz einfach (mindestens) eine Woche länger in Chile bleiben.

Reiseveranstalter

Kreuzfahrten

Navimag: Av. El Bosque Norte 0440, Las Condes, Tel. 2-442 31 14, www.navimag.com, Kreuzfahrten in Patagonien.

Cruceros Australis: Av. El Bosque Norte 0440, Santiago, Tel. 2-442 31 15,www.australis.com, Kreuzfahrten zum Kap Hoorn, Beagle-Kanal, Magellanstraße.

Adresse f. Deutschland, Österreich, Schweiz: **Chile Touristik,** Neue Kräme, 60311 Frankfurt, Tel. 069-23 30 62, www.chiletouristik.com.

Norden-Tours: Burchardstr. 14, Tel. 040-37 69 30, www.norden-tours.de. Touren in die Antarktis mit einem Schiff der Hurtigruten; die Reise beginnt entweder in Santiago oder in Buenos Aires.

Spezialanbieter in Chile

Für Extremsportliebhaber ist **Azimut** eine empfehlenswerte Adresse, weil sie über das Know-how und die Logistik verfügt und sehr gute *guides* hat. Ihre Terra Luna Lodge am Lago General Carrera bietet (nicht nur) außergewöhnliche Wanderziele an (Adresse, Website s. S. 253). Engagiert in dieser Hinsicht sind auch die Inhaber von Cabañas Shehen Aike (s. S. 250), Secretpatagonia (s. S. 187) sowie Ko'kayak (s. S. 188) in Puerto Varas. Pehuén Turismo in der Inselhauptstadt Castro auf der Isla de Chiloé (s. S. 217) unternimmt ebenfalls Touren abseits des Übli-

chen, Vicuña Tours in Arica (s. S. 373) empfiehlt sich für das Gebiet des Altiplano.

Auch zahlreiche **Hotels** verfügen über ein eigenes Ausflugsangebot, sehr empfehlenswert z. B. die Hotels Puelche in Puerto Varas und Petrohué am Lago Todos Los Santos.

Reisende mit Handicap

Das Reisen für Behinderte gestaltet sich in Chile nicht ganz einfach. Öffentliche Gebäude und Hotels, die vor dem Jahr 1985 gebaut wurden, besitzen in der Regel keine behindertengerechten Einrichtungen wie z. B. Rampen für Rollstühle.

Infos gibt es beim Bundesverband Selbsthilfe Körperbehinderter e. V., www.bsk-ev.org.

Reisen mit Kindern

Wer seinem Kind einen 17-Stunden-Flug und einen krassen Klimaunterschied zumuten kann, findet in Chile zahlreiche Möglichkeiten, den Urlaub zum Abenteuer werden zu lassen.

Das Angebot an **Sport und Aktivitäten** ist vielfältig, vom Schwimmen im See bis zum Mountainbike-Fahren und Canopy (s. S. 74). Auch die sauberen Zeltplätze in Nationalparks, die abwechslungsreiche und oft an europäische Vorbilder angelehnte Küche und das ungefährliche und bequeme Reisen im Land tragen dazu bei, dass eine Reise mit Kindern sich leicht verwirklichen lässt.

Es gibt in einigen ausgewählten **Hotels** ›Mini-Clubs‹ mit einem speziell auf Kinder abgestimmten Urlaubsprogramm nach dem Vorbild des Cluburlaubs; diese sind in der Regel nicht ganz preiswert. Kleinkinder übernachten meist kostenfrei im Zimmer der Eltern, größere Kinder zahlen einen ermäßigten Tarif. Besondere **Kindermenüs** etc. finden sich eher nur in den teureren Restaurants.

Einreise- und Zollbestimmungen

Für die Einreise benötigt man einen Reisepass, der noch drei Monate gültig sein muss. Als zusätzliches Dokument gilt die **Touristenkarte** *(tarjeta de turismo)*, die man im Flugzeug erhält und ausfüllt. Sie gewährt einen Aufenthalt bis zu drei Monaten. Deren Kopie verbleibt im Pass und ist bei der Ausreise abzugeben. Zur Verlängerung der Touristenkarte wendet man sich an die Extranjería, San Antonio 580, Santiago-Zentrum, Tel. 600-626 42 22, Mo–Fr 8.30–15.30 Uhr oder an die Büros der Gobernación Provincial in den einzelnen Provinzhauptstädten. Ist die Touristenkarte verloren gegangen, meldet man dies bei der Policía Internacional, Departamento Fronteras, Gral. Borgoño 1052, Santiago, Tel. 02-737 12 92, Mo–Fr 8.30–12.30 u. 15–18 Uhr, oder bei jeder Polizeidienststelle. Wer von Pass und *tarjeta de turismo* bei der Ankunft eine Kopie gemacht hat, erleichtert den Behörden die Arbeit.

Devisen dürfen unbeschränkt nach Chile eingeführt werden, darüber hinaus 400 Zigaretten und 2 l alkoholische Getränke sowie Gegenstände des persönlichen Bedarfs wie Sportgeräte, Laptops und Arzneimittel. Nicht mitgenommen werden dürfen Pflanzen, Tiere, Obst, Gemüse, Pilze und Fleisch, aber auch Samen und Erde. Ebenso ist die Einfuhr von Waffen und Drogen untersagt. Informationen im Internet: www.aduana.cl.

Anreise

Die Anreise ist lang in den letzten Winkel der Welt. **Flugangebote** vieler großer internationaler Linien konkurrieren auf dem mitteleuropäischen Markt, und man sollte aus Gründen der Bequemlichkeit neben der Preisgestaltung auch die Anzahl der Flugunterbrechungen und die Dauer der Zwischenaufenthalte als Auswahlkriterien berücksichtigen.

Einen Direktflug gibt es nicht, am kürzesten von deutschen Flughäfen aus ist die Verbindung Frankfurt–Buenos Aires–Santiago, die insgesamt etwa 16 Std. dauert und von Lufthansa angeboten wird. Lan Chile fliegt über Madrid täglich ab Frankfurt nach Santiago, die Flugzeit mit Aufenthalt auf dem Stopover-Flughafen beträgt etwa 18 Std. Air France, Iberia, Alitalia oder KLM fliegen zunächst zur Hauptstadt ihres Landes und von dort, mit einem zweiten Stopp, weiter nach Santiago. Auch nordamerikanische Fluggesellschaften steuern Santiago an. Da ist man natürlich länger unterwegs, hat aber auch eine höhere Gepäckfreigrenze, wichtig z. B. für jemanden, der unbedingt sein eigenes (sperriges) Sportgerät mitnehmen will. Auch von Portugal geht es mit TAP über Brasilien nach Chile. Die Fluggesellschaften im Internet:
www.lufthansa.de
www.airfrance.de
www.iberia.com
www.alitalia.com
www.lan.com

Charterflüge nach Chile werden nicht angeboten. Verbilligte Linientarife sind leicht erhältlich. Sie knüpfen sich an Bedingungen wie die Buchung fester Termine innerhalb eines gewissen Zeitraums mit der Möglichkeit der Umbuchung nur gegen Aufpreis. Die Gültigkeit des Tickets ist zeitlich limitiert, meist auf 30 Tage begrenzt.

Der innerchilenische Flughafen befindet sich auf dem Flughafen Santiago im selben Gebäude. Wer also gleich weiterreist, muss keine großen Umwege machen. Ausnahme: Für die Destination Juan-Fernández-Inseln liegt der Flughafen bei Cerrillos.

Tipp für Reisende mit viel Gepäck: Die Gepäckwagen im Flughafengebäude *(carritos)* erhält man gegen Zahlung von 1 US-$ oder einem entsprechenden Betrag in Pesos.

Verkehrsmittel

Flugzeug

Normalerweise stehen dem Urlauber nicht acht Wochen zur Verfügung, was für die Erkundung von Chile jedoch ein angemessener Zeitraum wäre. Jeder, der in einer üblichen Drei-Wochen-Frist das gesamte Land sehen will, kann schlecht auf Flüge verzichten. Lan bietet einen **South America Airpass** mit mehreren Coupons zu festen Preisen an, die unter dem normal zu buchenden Tarif liegen. Das ist ganz praktisch, wenn man sich vor Reiseantritt über die Route im Klaren ist, denn das muss man sein, Umbuchungen kosten Gebühren. Die weit auseinander liegenden Höhepunkte San Pedro de Atacama mit den Tatio-Geysiren und dem Valle de la Luna sowie der Parque Nacional Torres del Paine lassen sich so spielend mit dem Zeitlimit in Einklang bringen. Der Pass gilt auch für Flüge nach Argentinien, Bolivien, Ecuador und Peru.

Bus und Bahn

Das Reisen mit dem **Bus** ist die übliche Reiseform in Chile; dementsprechend gut vernetzt ist das Land. Auch abgelegene Gebiete werden von Bussen erreicht, allerdings ist die Frequenz der Abfahrten niedrig. Wer solche Abstecher beabsichtigt, muss flexibel sein und gut im Voraus planen. Busfahren ist überdies preiswert.

Es stehen mehrere Busklassen zur Wahl. Für Langstrecken sollte man die teuren wählen. Bequeme **Überlandbusse** mit Schlafsitzen (*coche cama* und *premium cama*) verkehren zwischen allen größeren Städten. Wer nicht gerne fliegt, braucht für Santiago bis nach Arica allerdings etwa 40 Stunden, nach Puerto Montt sind es elf Stunden.

Zugverbindungen sind in Südamerika eher selten; in Chile gibt es eine Route, die von Santiago durch die Zentralzone bis nach Chillán führt.

Schiff

Die Fjorde des Südens, z. B. auf der Strecke zwischen Puerto Montt und Puerto Natales – lassen sich per Schiff auf mehrtägigen Reisen entdecken, doch der *Golfo de Penas* (›Golf der Leiden‹), der dabei zu kreuzen ist, trägt seinen Namen nicht ganz zu Unrecht – mit teilweise recht stürmischen Minuten muss gerechnet werden. Trotzdem sind diese Passagen wunderschön.

Mietwagen

Mit einem Mietauto zu reisen, macht schön unabhängig, ist aber nicht billig. Trotzdem: Hier sollte niemand an der falschen Ecke, z. B. am Wagen, sparen wollen. Viele Regionen sind zwar landschaftlich ganz wunderbar, aber schwer zu befahren. Wenn man dann mit einem unzulänglichen Gefährt unterwegs ist, kommt man eventuell erst gar nicht hin …

Grundvoraussetzung sind ein Mindestalter von 25 Jahren, der internationale Führerschein und eine Kreditkarte. Gesellschaften wie Avis, Budget und Hertz operieren in den größeren Städten, es gibt aber auch viele kleinere lokale Anbieter. Ein Preisvergleich lohnt sich, Gabeltarife werden nicht überall offeriert, d. h., in vielen Fällen muss das Auto wieder am Ausgangsort abgegeben werden, oder man zahlt eine hohe Rückführungsgebühr. Das ist wegen der Ausdehnung des Landes nicht immer vorteilhaft, denn manch längere Strecken überbrückt man normalerweise gerne mit dem Flugzeug.

Zu Engpässen kann es in den Hauptreisezeiten im Januar und Februar kommen, sodass sich eine Vorausbuchung empfiehlt. Lan Chile z. B. bietet ein Paket von Flug und Mietwagen an.

Die Möglichkeit des Grenzübertritts ist attraktiv für alle, die die zusammenhängenden Naturlandschaften wie z. B. den Altiplano (Grenzübergänge zu Bolivien, Argentinien) und die Seenplatte im Süden (Argentinien) bereisen wollen.

Hauptbahnhof in Santiago – in Chile ist man vor allem per Bus unterwegs

Eine sichere Adresse für **Wohnmobile und Camper,** mit denen man problemlos auch die schwierigen Passagen auf dem Altiplano übersteht (hier wird außerdem garantiert, dass man den Wagen mit nach Argentinien, Bolivien und Peru nehmen kann):

Latino Camper
Cristof Kapner
Schaffenbergstr. 28, 41352 Korschenbroich
Tel. 021 61-64 04 75, Fax 021 61-64 04 51
www.camperadventures-worldwide.com
latinocamper@t-online.de

Unter **www.trekkerchile.com** finden sich viele Angebote und Tourentipps in Chile.

Autofahren

Das Autofahren in Chile bereitet keine Probleme, weil die Chilenen kontrolliert chaotisch fahren. Sichtkontakt zu halten lohnt sich mehr als das starre Beharren auf Verkehrsregeln.

Die **Straßenverhältnisse** der Überlandstrecken sind oft etwas schwierig. Landschaftlich schöne Routen wie in der Seenregion oder auf dem Altiplano bestehen häufig nur aus Pisten. Manche Strecken sind zu bestimmten Zeiten (bolivianischer Altiplano-Winter im chilenischen Sommer) überhaupt nicht oder nur sehr schlecht zu befahren. Man sollte sich unbedingt vorab über den Straßenzustand informieren, denn auf 4000 m gibt es keine Möglichkeit der Hilfestellung.

Wer in abgelegenen Gegenden unterwegs ist, sollte einen gefüllten Benzinkanister, Ersatzreifen und Werkzeug bei sich führen. Bestimmte ländliche Regionen sind nur spärlich mit **Tankstellen oder Werkstätten** ausgestattet.

Die **Geschwindigkeit** ist in den Städten auf 50 km/h und sonst auf 100 km/h beschränkt. (Osterinsel: Hanga Roa 30 km/h, auf der Insel 60 km/h). Die Straßenpolizei *(carabineros)* überwacht streng deren Einhaltung auf den Überlandstrecken. Die Angelegenheit mit einer kleinen ›Geldspende‹ aus der Welt schaffen zu wollen, bringt Ärger. In Chile fährt man auch tagsüber mit Abblendlicht. Für die Mautstationen an der Autobahn von La Serena bis Puerto Varas Kleingeld bereit halten.

71

Unterkunft

Kategorien, Kapazität, Preisniveau

Im gesamten Land steht eine breit gefächerte Palette an Unterkünften zur Verfügung, die mit fünf Sternen klassifiziert wurden. Der Standard ist für ein südamerikanisches Land hoch, sodass man sich normalerweise in ein Zwei-Sterne-Hotel einmieten kann, ohne böse Überraschungen zu erleben.

Das touristische Aufkommen hat den Ausbau der Hotelkapazität in jeder Kategorie stark stimuliert. Dennoch kann es in den Ferienmonaten Januar und Februar, in denen auch der mitteleuropäische Gast meist unterwegs ist, schon mal zu Engpässen kommen, besonders in den Touristenhochburgen.

Das Preisniveau in Santiago, im Großen Süden, San Pedro de Atacama und Calama liegt hoch. Spitzenhotels verlangen fast Londoner Preise. Generell fällt der Süden teurer aus als der Norden. Zum Preisniveau s. auch S. 80.

Arten von Unterkünften

Auch in Chile ist ein Hotel ein Hotel, ein Aparthotel ein Aparthotel, aber trotzdem können einige Bezeichnungen Verwirrung stiften. Ein *residencial* oder eine *hospedaje* ist ein einfaches Gästehaus mit meist unterschiedlich geschnittenen Zimmern, die man sich am besten im Voraus anschaut. Häufig sind sie in Familienhäusern untergebracht. *Hostería* bedeutet Pension, und zwar in allen Preisklassen, kann also auch ein Luxushaus sein. Normalerweise werden dort die Mahlzeiten nur für die eigenen Gäste angeboten, aber das kann variieren, besonders in ausgesprochenen Ferienorten. Mitunter haben sie ein eigenes Ausflugsprogramm oder arbeiten mit entsprechenden Reiseagenturen zusammen.

Hinter dem Begriff *cabaña* versteckt sich ein Bungalow. Damit ist noch nichts über dessen Ausstattung gesagt – von Luxus bis ganz schlicht ist alles drin.

Die modisch gewordene Kategorie ›Boutiquehotel‹ ist seit Neuestem auch in Chile anzutreffen, z. B. in Valparaíso. Auch ›Epoque-Hotels‹ sind vertreten: Die Hacienda Tres Lagos im tiefsten Patagonien führt diesen Titel.

Im Internet

www.hoteltravel.com/de/chile – Auf Deutsch.

www.chile-hotels.com – Auf Englisch.

www.hostelworld.com – Übersicht über Hostels (auf Englisch).

www.chip.cl – Ausgewählte Hotels und Hostales (auf Englisch).

www.backpackersbest.com – Portal zu ausgewählten Hostales (auf Englisch).

Bungalows *(cabañas)*

Familienurlaub in *cabañas* ist besonders bei Chilenen sehr beliebt. Ausstattung und Architektur der Ferienbungalows variieren stark, besonders im Süden bestechen sie jedoch durch Gemütlichkeit. Für einen längeren Aufenthalt stellen sie für Leute, die in einer kleinen Gruppe reisen und mehrere Tage an einem Ort verbringen wollen, eine schöne und preiswertere Alternative zum Hotel dar.

Familienpensionen *(hospedajes, residenciales)*

Mitunter, wie z. B. auf der Osterinsel, haben die familiär geführten Frühstückspensionen, in denen auf Wunsch auch Vollpension angeboten wird, gegenüber den großen und wesentlich teureren Hotels den Vorteil, nicht weniger zu offerieren als sie vorgeben. In den meist blitzsauberen *hospedajes* und *residenciales,* besonders im Süden, z. B. in Puerto Varas und in Puerto Natales, lässt es sich recht preisgünstig und gleichzeitig behaglich wohnen. Oft verstauen die Hotels, *hosterías* und *residenciales* oder *hospedajes* das Gepäck, wenn man zu einer kleineren Tour aufbrechen möchte und nicht alles mitnehmen kann, sondern beispielsweise nur mit dem Tagesrucksack unterwegs ist. Die kleineren Häuser haben auch oft den Vorteil, dass der Kontakt persönlicher ausfällt.

Für junge Rucksackreisende ohne dicken Geldbeutel stehen im gesamten Land viele nette unkonventionelle Häuser oder Etagenpensionen offen. Manche haben sich zusammengeschlossen und empfehlen sich gegenseitig, z. B. Zapato Amarillo in Puerto Octay mit der Casa Aventura in Valparaíso. Eine gute Adresse ist auch Suizandina bei Malalcahuello. Für den gehobenen Standard praktizieren das auch das Landhaus San Sebastian bei Pucón mit der Hacienda Los Andes im Valle Hurtado, Hostal El Punto in La Serena

mit Tesoros del Elqui in Pisco Elqui. Wer ohne Reiseveranstalter reist, was in Chile ja leicht zu bewerkstelligen ist, kann sich meist darauf verlassen: wenn es ihm an dem einen Ort gefallen hat, gefällt es ihm in dem empfohlenen höchstwahrscheinlich auch.

Camping

Von Campingplätzen darf man keinen mitteleuropäischen Standard erwarten, obwohl einige ihn durchaus aufweisen. Meist sehr malerisch liegen die kleinen Plätze in den Nationalparks, die im Sommer höchst begehrt sind. Am besten, man informiert sich auf der Website der Conaf über deren Verfügbarkeit. Oft haben da nicht mehr als zwei Zelte Platz, immer sind sie mit Dusche und WC ausgestattet und mit einem Platz zum Feuermachen.

Atemraubender Blick aus dem ›Schlafzimmer‹ im Nationalpark Torres del Paine

Badeurlaub

Strände, Surfen

Die Chilenen lieben ihre kilometerlangen und sauberen Pazifikstrände in Reñaca, Viña del Mar, Iquique, Arica, Bahia Inglesa oder La Serena. Die Vulkanseen Villarrica, Calafquén, Ranco und Llanquihue gehören zu den beliebtesten Sommerreisezielen. Also spricht einiges dafür, eine Natur- oder Kulturrundreise für ein paar erholsame Urlaubstage am Wasser zu unterbrechen, zumal eine sehr gute Infrastruktur vorhanden ist.

Surffans finden in Iquique eine entsprechende Infrastruktur, Pichilemu macht seit Kurzem auch als Surferziel aufmerksam. Empfehlenswert sind auch Arica und der weniger bekannte Küstenort Pelluhue sowie die Bucht von Loanco in der Zentralzone.

Thermalquellen und -hotels, Spas

Viele Thermalquellen sprudeln im Land, und es gibt aufsehenerregende, bequeme und ganz rustikale Anlagen. Am spektakulärsten fällt die Anlage Termas Geométricas bei Coñaripe aus. Die Anfahrt erfordert Geschick, die Gegend ist schlicht und schön, über Nacht bleiben kann man dort nicht, muss sich also eine Möglichkeit im Ort suchen, wenn man nicht zurück ins entferntere Hotel fahren will. Da hat es der Gast im Termas de Puyuhuapi (s. S. 236) einfacher: Das Holzvillenhotel liegt wunderbar. Thalasso-Therapien, von Rhabarber eingefasste Thermalbecken und als Abschluss ein Sprung in den von Schwarzhalsschwänen umflatterten Fjord.

Repräsentativ und luxuriös sind auch die Termas de Malalcahuello mit angeschlossenem Hotel-Restaurant unterhalb der Sierra Nevada. In der Region laden noch weitere Bäder ein. Beliebt sind die Termas de Puyehue ebenfalls mit Hotelbetrieb und die Termas de Chillán (beide mir Massagen, Gesichts- und Körperbehandlungen). Um Pucón

herum liegen zahlreiche Termas mit und ohne Hotelbetrieb. Auch im Cajón del Maipo bei Santiago und im Großen Norden profitiert man von den heißen Quellen.

Canopy

Ursprünglich eine Erfindung für Biologen, die in den Urwäldern Costa Ricas forschten, hat der neue Modesport Canopy viel von Tarzan, der sich von Liane zu Liane schwingt: Man rauscht an einem Seil zwischen Baumkronen herum. Auf festgelegten Routen natürlich, und mit einem Ledergeschirr geschützt. Die große Nachfrage scheint einige Veranstalter dazu verleitet zu haben, nicht immer auf die erforderlichen Sicherheitsstandards zu achten, daher sollte man sich vorher eingehend erkundigen, wer das beste und sicherste Canopy anbietet. In Pucón und Puerto Varas gibt es viele Offerten, und in den dortigen Wäldern ist es auch am schönsten.

Fliegenfischen

In der Region der Carretera Austral liegen wahre Paradiese für Fliegenfischer, heißt es, allen voran der stromschnellenreichste Fluss Chiles, Río Baker, aber auch die Flüsse um Puyuhuapi und La Junta oder der Río Cisnes bei Mañihuales. Einige *hosterías* haben sich auf Fliegenfischer eingestellt und offerieren ein vollständiges Programm mit *guides-guias*, andere vermieten exklusiv ihre Bungalows; südlich von Cochrane finden sich mehrere Alternativen entlang des Río Baker.
Tipps: **www.linea.cl** (auf Spanisch).

Kayaking und Rafting

Chile hat sich bei Wassersportlern aus der ganzen Welt mittlerweile einen guten Ruf er-

Badeurlaub am Pazifik: Strand von Zapallar

worben – kein Wunder bei den unzähligen, ungezähmten Andenflüssen und Fjordlandschaften. Die interessantesten Gebiete für **Kayaking** liegen vor den Küsten der Carretera Austral und auf den Flüssen des Kleinen und Großen Südens, z. B. Río Futaleufú und Río Petrohue. Vor Chiloé ist Kayaking ebenfalls möglich. Zur Auswahl stehen Unterricht, Anfängerfahrten, eintägige Wasserausflüge und bis zu zwölftägige Exkursionen für erfahrene Paddler. Übernachtet wird in Zelten, gebadet in Thermalquellen.

Rafting ist eher im Kleinen Süden zu finden, auf den Flüssen Liocura, Trancura, Petrohue und Bío Bío. Anbieter gibt es vor allem in Puerto Varas und in Pucón.

Mountainbiking

Für Mountainbiker ist die Carretera Austral in ihrer vollen Länge eine schöne steinige Herausforderung, aber Philippe Reuter, Chef von Azimut, hat noch ganz andere Alternativen parat, z. B. den Licancabur, Hausvulkan von San Pedro de Atacama, hinaufradeln. Zwischen diesen beiden ungewöhnlichen Aufgaben breiten sich eine Vielzahl von lohnenden Touren aus. Besonders die zahlreichen Nationalparks und Naturreservate des Kleinen Südens zwischen Temuco und Puerto Montt eignen sich gut für Radausflüge, aber auch für Mountainbiker, die die Anstrengung suchen. Beliebt ist auch die Andenumgebung selbst.

Wer sich an richtigen Touren beteiligen will – für die es eine wachsende Anzahl von Veranstaltern und Vorschlägen gibt – nimmt am besten sein eigenes Fahrrad mit nach Chile und sorgt auch für Ersatzteile, obwohl natürlich viele Unterkünfte Fahrräder bereitstellen, man sie auch mieten kann (z. B. in Santiago, San Pedro de Atacama, Pucón, Puerto Varas).

Neben der Carretera Austral und der Umgebung von San Pedro de Atacama empfehlen sich auch Feuerland und der Parque Nacional Torres del Paine. Veranstalter:
www.azimut.cl
www.paredsur.cl
www.latitud90.com
www.latinorizons.com
www.travelart.cl
www.secretpatagonia.cl

Reiten

Zwei Zentren mit vorbildlicher Leistung und Logistik seien hier genannt: die Hacienda Los Andes und der Corral Los Andes im Valle Hurtado, auf der auch Pferde gezüchtet werden, und der Campo Aventura in Cochamó. Eintägige Ausritte und elftägige Exkursionen werden gleichermaßen sorgfältig vorbereitet. Die Veranstalter verbürgen sich dafür, dass auch Anfänger an einigen der angebotenen Touren teilnehmen können. Auf dem Fundo Dos Ríos in der Nähe von Villarrica stehen Ausritte für geübte Reiter im Mittelpunkt der Ausflüge.

Viele ländliche Hotels in ganz Chile sind auf Reiter eingestellt, entweder haben sie selbst Pferde im Stall oder sie arbeiten mit entsprechenden Veranstaltern zusammen, z. B. das Landhaus San Sebastian, La Torre Suiza und der Hostal El Coigüe in Malalcahuello, aber auch mehrere Hosterías im Valle del Elqui. Auch die Isla de Chiloé lässt sich auf dem Pferderücken erkunden, z. B. über Cahuelmapu und Pehuen Turismo.

Skifahren

Im mitteleuropäischen Sommer an der Magellanstraße Ski zu fahren, dazu bietet sich nur wenige Kilometer außerhalb von Punta Arenas, der Hauptstadt von Magallanes, die Gelegenheit. Auch Pucón und Chillán besitzen Skigebiete. Wesentlich bekannter sind die andinen Ziele, die von Santiago aus leicht erreichbar sind: Valle Nevado – sommerliches Trainingslager für europäische Ski-Spitzensportler –, Farellones, Portillo, La Parva und Lagunillas.

Die Skisaison beginnt normalerweise im Juni und endet im Sept./Okt. Skiverleihe gibt es in allen Skigebieten. Für die Unterbringung und Verpflegung stehen alle möglichen Varianten zur Verfügung: von preiswert bis richtig teuer. Keine der Ortschaften hat einen gewachsenen Ortskern, aber das haben ja viele Ziele in den Alpen auch nicht. Websites:
www.vallenevado.com
www.skiportillo.com
www.elcolorado.cl
www.laparva.cl

Trekking, Wandern, Bergsteigen

Besonders für **Wanderer** stellt das Land mit seinen zahlreichen Naturparks, außergewöhnlichen Landschaften, Vulkanen und Andengipfeln ein reizvolles Ziel dar. In den Nationalparks sind Wanderpfade unterschiedlichster Länge ausgezeichnet, meist gibt es einen kurzen Lehrpfad mit naturkundlicher Einführung. Mittels des ›Sendero de Chile‹ (Wanderpfad Chiles) kann man in nahezu jeder Region eine typische Landschaft wandernd kennenlernen, sogar in Santiago. Normalerweise sind die Strecken an einem Tag zu bewältigen (www.senderodechile.cl; auf Spanisch). Abseits der Parks sind ausgeschilderte Wanderwege selten, deswegen sollte man nur mit gutem Kartenmaterial alleine losziehen (s. S. 64).

Das herausragende Reiseziel für **Trekker und Bergsteiger** ist der Parque Nacional Torres del Paine mit einer Vielzahl unterschiedlichster Wege. Die größten Herausforderungen stellen der Aconcagua mit knapp 7000 m (von Santiago aus zu organisieren) und der höchste Vulkan der Welt, der Ojos del Salado (6893 m) dar. Für beide Vorhaben braucht man unbedingt eigene Bergführer. Auf die Vulkane Villarrica oder den Osorno in der Seenregion kommt man recht unkompliziert und spontan auch mit einer dort zusammengestellten Bergsteigergruppe. Auf eigene Faust darf niemand einen Vulkan besteigen. Eine empfehlenswerte Website:
www.trekkingchile.com

Öffnungszeiten

Geschäfte: Sie haben generell Mo–Sa von 9 bzw. 10 Uhr bis 20 Uhr geöffnet, kleinere Läden machen häufig für eine Mittagspause 13.30–15 Uhr dicht.
Behörden und Banken: Sie arbeiten grundsätzlich Mo–Fr zwischen 9 und 14 Uhr, manchmal auch nachmittags.
Shoppingcenter haben teilweise Mo–Sa bis 22 Uhr geöffnet.

Einkaufsmöglichkeiten

Shopping Malls, Centros Comerciales, Galerías

Die Chilenen lieben es, einzukaufen und an Schaufenstern entlangzubummeln. In Shopping Malls *(galerías)* den Samstagnachmittag zu verbringen, ist ein verbreitetes Freizeitvergnügen. Mittlerweile zählen die hochklassig gestylten Einkaufstempel zu den teuersten in ganz Südamerika. Dort, wo es keine *galerías* gibt, flaniert man in den Einkaufsstraßen und –passagen der Innenstädte. In vielen größeren Städten sind übersichtliche Shopping Malls und Centros Comerciales mit Cafés, Restaurants, Apotheken und Kinos entstanden. Ihnen einen Besuch abzustatten, kann sich lohnen.

Lokale Märkte, Supermärkte

Die Atmosphäre auf den **lokalen Märkten** ist authentisch und unverwechselbar. Auch gelten die (Fisch-)Markthallen oft als zusätzliche Attraktionen einer Stadt, in denen man nicht nur Frisches einkaufen (wie z. B. in Valdivia und Castro), sondern auch gut essen kann, z. B. in Santiago, Temuco, Antofagasta, Puerto Montt, La Serena, Arica.

Die lokalen Märkte haben bislang ihre Bedeutung nicht eingebüßt. Besonders in den ländlichen Regionen stellen sie als einzige die Versorgung mit frischen Waren sicher. Doch in den vergangenen Jahren sind **Lebensmittelsupermärkte** aus dem Boden geschossen. Für die Chilenen und auch für sich selbst versorgende Touristen, die z. B. ihren Urlaub im gemieteten Ferienhaus verbringen, hat sich die Versorgungslage dadurch wesentlich verbessert. Nicht immer werden selbst chilenische Waren überall im Lande vertrieben – das Olivenöl aus Arica oder die Papayakonfitüre aus La Serena ist nicht unbedingt in Ancud auf der Isla de Chiloé zu haben.

Ob die *supermercados* den typischen regionalen Lebensmittelmärkten den Rang ablaufen werden, muss sich erst noch zeigen.

Souvenirs

Auch wenn das Land nicht eine Hochburg für Mitbringsel sein mag wie Peru oder Bolivien, so kommt man bei einem Streifzug durch lokale Kunstgewerbemärkte auf seine Kosten. Pullover aus dicker Dochtwolle, holzgeschnitzte Küchenbestecke, Schmuck aus Lapislazuli, Kuhfell-Täschchen – in den unterschiedlichen Regionen des Landes gibt es Unterschiedlichstes zu erstehen. Als am lohnendsten haben sich die (Straßen-)Märkte in San Pedro de Atacama, La Serena, Santiago, Chillán, Pucón, Temuco, Puerto Montt (Angelmó), Ancud, Castro und in Coyhaique erwiesen.

In den Touristenhochburgen fächert sich das Angebot zusätzlich auf, Gesamtandines aus Taiwan oder China mischt sich dann auf den Verkaufstischen mit Lokaltypischem.

Zollfreier Einkauf

In Iquique und Punta Arenas werden auf riesigen Arealen zollfreie Waren verkauft. Ob sich der Einkauf dort lohnt, sollte man überprüfen.

Ausgehen

Die gute Nachricht und leider nicht selbstverständlich in Südamerika: In Chile kann man abends gut ausgehen. Weder ist zu befürchten, dass man vom Taxifahrer gezielt übers Ohr gehauen wird, noch dass man nur ganz ausgewählte Adressen ansteuern sollte, weil ausschließlich sie als sicher gelten.

Allerdings wird es immer Hinweise geben, dass bestimmte Gegenden, die eben noch als ultimativ galten, plötzlich rauer geworden sind, z. B. die Calle Ecuador in Valparaíso, unlängst noch angesagtes Ausgehviertel. Wer sich in seinem Hotel erkundigt, wird sicherlich mit einer Reihe von Tipps beliefert.

Santiago und Valparaíso

Richtiges Metropolenflair verströmt Santiago mit einer großen Anzahl an Programm- und Erstaufführungskinos, Theaterbühnen und Konzert- sowie Ausstellungshallen. In den Tageszeitungen findet sich das jeweilige Angebot aufgelistet. Dazu addieren sich Bars, Discos, Clubs, Salsa-Bühnen. Richtig viel los, auch im kulturellen Bereich, ist in Valparaíso.

Ferienorte

In den sommerlichen Ferienmonaten muss man nicht auf seine Freiluftdisco verzichten, die DJs ziehen einfach herum und machen z. B. Ortschaften wie La Serena plötzlich zum Treffpunkt, das sonst nicht unbedingt als Nightlife-Knüller bezeichnet werden kann. Lebhaft fällt das abendliche Ausgehen meist in den touristischen Zentren aus. Puerto Varas, Pucón, San Pedro de Atacama, Puerto Natales, Iquique und Punta Arenas sind mit Clubs, Kneipen und Cafébars gut ausgestattet. In den Strandbädern Reñaca, Bahía Inglesa oder Concon findet das Abendleben allerdings abseits der ausländischen Gäste statt: Hier werden eher Privatpartys gefeiert.

Drogen

Der Konsum auch weicher Drogen wie Haschisch und Marihuana ist selbst in geringen Mengen in Chile absolut verboten und wird – wie viel mehr noch der Handel – unter hohe Strafen gestellt. Auf der Osterinsel wird Marihuana von einigen Insulanern angepflanzt und konsumiert.

Als Tourist sollte man sich in strikter Enthaltsamkeit üben, denn die chilenische Polizei versteht in dieser Hinsicht keinen Spaß und die Botschaften sind machtlos.

Elektrizität

Die Stromspannung beträgt 220 V, doch die Steckdosen sind unterschiedlich eingerichtet – in chilenischen Supermärkten bekommt man aber die passenden Adapter-Exemplare.

Öffnungszeiten

Geschäfte und **Shoppingcenter**
s. S. 77
Büros: Mo–Fr 8/9–17/18 Uhr
Banken: Mo–Fr 9–14 Uhr (auf der Osterinsel: bis 13 Uhr, Innenstadt Santiago bis 16 Uhr)
Post: Mo–Fr 9–18 Uhr (in kleineren Orten 13–15 Uhr Mittagspause). Sa 9–13 Uhr (Osterinsel: bis 12 Uhr)
Tankstelle: 7–23 Uhr

Rauchen

Das Rauchen ist in Chile in öffentlichen Gebäuden seit März 2006 verboten.

In Restaurants und Hotels ist Rauchen grundsätzlich ebenfalls untersagt. Sofern ein Restaurant jedoch über eine Terrasse verfügt, kann der Besitzer selbst entscheiden, wie das

Rauchverbot geregelt werden soll. Normalerweise wird Rauchen außerhalb der geschlossenen Räume gestattet.

Trinkgeld

Das übliche Trinkgeld beträgt 10 % des Rechnungsbetrags – die **Frühstückskellner** nicht vergessen! **Zimmermädchen** sollte man mit 1 US-$ pro Tag pro Person belohnen, auch die **Kofferträger** erhalten eine kleine Summe für ihre Dienste. **Parkwächter** erwarten 200 Pesos am Tag und 500–1000 Pesos in der Nacht.

Im **Restaurant** wird in der Regel der Rechnungsbetrag aufgerundet.

Umgangsformen, Verhalten

Benimmregeln

In Chile ist der Umgangston generell etwas formeller, was aber niemanden davon abhält, sich gleich bei der ersten Begegnung auf beide Wangen zu küssen (Frauen) oder freundschaftlich auf die Schulter zu klopfen (Männer). Beim gegenseitigen Vorstellen heißt es meist *con mucho gusto* (›mit Vergnügen‹) oder *encantado* (›entzückt‹), wobei die Frauen etwas vorsichtiger ihre Worte wählen als die Männer, um nicht unbeabsichtigterweise missverstanden zu werden. Eine junge Frau hat nichts gegen die Anrede ›Fräulein‹ *(señorita)* einzuwenden.

Höflichkeit

Obwohl Pünktlichkeit nicht unbedingt die oberste Priorität genießt, gilt es als ausgesprochen unhöflich, jemanden warten zu lassen. Sollte es wirklich einmal absehbar sein, dass eine größere Verspätung eintritt, wenn man mit jemandem verabredet ist, teilt man das telefonisch mit.

Dresscode

Einen speziellen Kleidungscode gibt es in Chile nicht. Man kleidet sich gepflegt, korrekt und ein wenig konservativ im Geschäftsalltag sowie bei abendlichen Einladungen und sportlich-lässig für die Freizeit. Shorts und kurze Hosen tragen die Chilenen nicht in der Stadt.

Die Chileninnen sind ausgesprochen modebewusst und folgen gerne allen Gags aus Europa oder Nordamerika, die älteren *señoras* dagegen legen Wert auf einen damenhaften Stil. Eine Chilenin würde selten ohne BH herumlaufen und nie ihr Bikinioberteil am Strand ausziehen; danach sollten sich mitteleuropäische Besucherinnen richten. Abgesehen davon, dass es keinen guten Eindruck hinterlässt, wenn man diese Regel missachtet, ist es auch lästig.

Gern betont man die Unterschiede zwischen Mann und Frau. Enge, kurze Röcke und weit ausgeschnittene Tops gehören zum sommerlichen Alltags-Outfit. Sich wunderbar zur Schau stellen und sich dabei ordentlich feiern kann man in Pucón oder Reñaca, den beiden beliebtesten Mode-Stränden und abendlichen Vorführbühnen.

Zeit

Die Abweichung der chilenischen Ortszeit gegenüber MEZ variiert mit der Sommer- bzw. Winterzeit. Vom zweiten Samstag im Oktober bis Ende März beträgt der Unterschied minus vier Stunden – im Vergleich zu Mitteleuropa; vom zweiten Samstag im April bis Ende September minus sechs Stunden. In den jeweils zwei Wochen zwischen der Zeitumstellung in Europa und in Chile gibt es einen Unterschied von fünf Stunden.

Ortszeit der Osterinsel

Auf der Osterinsel gilt chilenische Zeit minus zwei Stunden.

Reisekasse und Reisebudget

Währung

Der Chilenische Peso (CLP) zirkuliert in Münzen zu 1, 10, 50 und 100 Pesos sowie in Scheinen zu 500, 1000, 2000, 5000 und 10 000 Pesos. Die Umtauschkurse halten sich relativ stabil, zzt. 1 € = ca. 667 CLP. Am unproblematischsten sind US-$ und € zu tauschen, andere Währungen bekommt man am besten in Santiago in den Wechselstuben *(casas de cambio)* der Straßen Agustinas und Huérfanos. **Umtauschkurs:** www.xe.com/ucc.

Geldwechsel

Mit ›Redbanc‹ gekennzeichnete Banken oder Drogerien haben Geldautomaten *(cajeros automáticos)*. Das Schild findet man auch in Supermärkten, Shopping-Malls, in Flughäfen und Bahnhöfen. Es ist die vernünftigste Umtauschmöglichkeit, will man Warteschlangen beispielsweise in Banken vermeiden. Am besten, man fragt seine Bank oder das Kreditkarteninstitut, ob man seine Karte (Maestro- oder Cirrus-Zeichen, Kreditkarte mit PIN-Nummer) dort einsetzen kann.

Wer in jedem Ort von touristischem Interesse Wechselstuben vermutet und damit rechnet, wird enttäuscht. In Castro und in Puerto Varas z. B. gibt es erst seit kurzem eine solche Einrichtung, hier tauschen die Banken gar nicht, und so ist man mit einer Redbanc gut bedient. Aber auch darauf kann man sich abseits der touristischen Routen nicht unbedingt verlassen. Wichtig ist es, bei der Transaktion »Foreign Client« anzuklicken. Auf der Osterinsel tauscht der Banco del Estado de Chile nur bis 12 Uhr Dollars. Sie werden auch als zweite offizielle Währung akzeptiert.

Kreditkarten

Zum Bezahlen Kreditkarten einzusetzen ist in Chile verbreiteter als hierzulande. Bargeldbezug mit Kreditkarte ist allerdings auf der Osterinsel nicht möglich. Akzeptiert werden VISA, MasterCard, Diner's Club und auch American Express. Bei Kreditkartenzahlungen werden meist 5 % aufgeschlagen. Bei Verlust sollte man so schnell wie möglich die Notrufzentralen verständigen (s. links).

Traveler Cheques

Nicht unbedingt üblich ist das Bezahlen mit Traveler Cheques. Wer aus Sicherheitsgründen damit reisen will, sollte solche in US-Währung von American Express mitnehmen, weil sie am bekanntesten sind. Man sollte sich darauf einstellen, außerhalb der größeren Städte entweder gar nicht oder nur gegen eine – sehr stark differierende – Gebühr tauschen zu können.

Reisebudget

Das Preisniveau richtet sich nach dem Standort. Nicht billig sind Santiago, Pucón, Punta Arenas und Puerto Natales. Die Preise auf der

---

Sperrung von Maestro- und Kreditkarten bei Verlust oder Diebstahl*:

+49 116 116

oder +49 30 4050 4050
(* Gilt nur, wenn das ausstellende Geldinstitut angeschlossen ist, Übersicht: www.sperr-notruf.de)
Weitere Sperrnummern:
– MasterCard: +49 69 79 33 19 10, in Chile 123 00 20 20 12
– VISA: +49 69 79 33 19 10, in Chile 123 00 20 21 36
– American Express: +49 69 97 97 20 00, in Chile 123 00 20 05 49
– Diners Club: +49 69 66 16 61 23
Bitte halten Sie Ihre Kreditkartennummer, Kontonummer und Bankleitzahl bereit!

Osterinsel liegen höher als auf dem Festland, da vieles von dort importiert werden muss.

Das Preisgefüge in den **Restaurants** ist erstaunlicherweise sehr homogen; auch in ausgewiesenen Luxusrestaurants bezahlt man nicht exorbitant viel. Die international gelobten chilenischen Weine kommen sowieso relativ günstig auf den Tisch. Billig und gut satt essen kann man sich in den Marktrestaurants und in den *sandwicherías*.

Empfindlichere Einschnitte ins Budget verursachen **Exkursionen** (pro Tag und Person bis zu 100 US-$) und **Wagenmiete**. Das Benzin schlägt mit knapp 1 € pro Liter zu Buche.

Für **Hotels** gelten Hoch- und Nebensaison *(temporada alta* und *temporada baja)*. Die Preise sind stark aufgefächert. In Luxushotels oder abgelegenen Unterkünften, wie beispielsweise den Termas de Puyuhuapi, in Santiago im Hyatt können die Übernachtungen im DZ leicht etwa 180 US-$ kosten; auf

Ausländische Reisende sind von der **MwSt. auf Hotelübernachtungen** von 19 % befreit. Die hier angegebenen Tarife sind Bruttopreise für ein DZ, meistens inkl. Frühstück.

der Osterinsel ist es ebenfalls ziemlich teuer, aber sonst kalkuliert man etwa 80–100 US-$ pro Zimmer pro Übernachtung im Vier-Sterne-Hotel (chilenische Kategorisierung) ein. In Familienpensionen oder Etagenhotels, die häufig empfehlenswert und sauber sind, zahlt man nicht mehr als etwa 30–40 US-$ für ein Doppelzimmer. Preisniveau der **Hotels** s. auch S. 72.

In einigen Hotels und Restaurants kann man mit **US-Dollars bar bezahlen** – auch in abseits gelegenen. Wer diese Form der Bezahlung wählt, sollte sich zuvor entsprechend erkundigen!

Im Bankenviertel von Santiago

81

Reisezeit und Reiseausrüstung

Reisezeit

Wegen seiner extremen Längsausdehnung auf der südlichen Erdhalbkugel weist Chile große klimatische Unterschiede auf – von der trockensten Wüste der Welt mit hohen Hitzewerten während des Tages und einem rapiden Temperaturabfall um etwa 25–30 °C in der Nacht bis zum Süden mit feucht-kühlen Sommern, starken Regenfällen und böigem Wind ist einfach alles möglich.

Da die größten touristischen Sehenswürdigkeiten sich über die gesamte Landesfläche verteilen, eignen sich die chilenischen Sommermonate von Ende November bis Mitte März für einen Besuch des gesamten Landes.

Unterschiedliches Klima in den Regionen

Wer nur einzelne Regionen Chiles sehen will, braucht sich daran nicht zu halten. Die Osterinsel und der gesamte Norden mit der Region Atacama und den Hochplateaus und

Küsten bis nach Peru lassen sich problemlos ganzjährig bereisen, die Monate Oktober bis April eignen sich für die Zentralregion, den Kleinen Süden und Patagonien, und wer Ski fahren möchte, wählt den chilenischen Winter von Juni bis September. Für winterliche Besuche in Patagonien und auf Feuerland, die sehr interessant sein können, ist es ratsam, sich nach den Öffnungszeiten der Hotels zu erkundigen.

Ausrüstung

Reisegepäck

Das Reisegepäck sollte auf alle Fälle praktisch, gut einsetzbar und kombinierbar sein, denn man ist bei einer Rundreise in unterschiedlichen Klimazonen unterwegs und will vermutlich nicht riesige Gepäckstücke mit sich herumschleppen, was nicht gegen einige dekorative Stücke im Koffer spricht, aber gegen allzu Empfindliches.

Wer Erholungstage am Meer oder an einem See einplant, kann seiner Fantasie freien Lauf lassen und sollte dabei nicht vergessen, dass sich die Chilenen für das abendliche Ausgehen gerne schick kleiden.

Es gibt überall preiswerte Wäschereien oder die Möglichkeit, innerhalb eines Tages die Kleidung im Hotel waschen zu lassen.

Ausrüstung für Outdoor-Aktivitäten

Wer im chilenischen Sommer im Süden unterwegs ist, braucht einen guten Regenschutz. Trekker packen regenfeste Überhosen ein. Unterkleidung aus Wasser ableitender Mikrofaser, Fleece-Shirts und Jacken empfehlen sich als Wanderausrüstung. Für längere Ausritte sind Jeans mit ihren dicken Nähten nicht die geeignete Beinkleidung. Statt dessen sind stabile, weichere Baumwollhosen die bessere Wahl. Wasserdichte Wanderschuhe und dicke robuste Wander-

Klimadaten Santiago

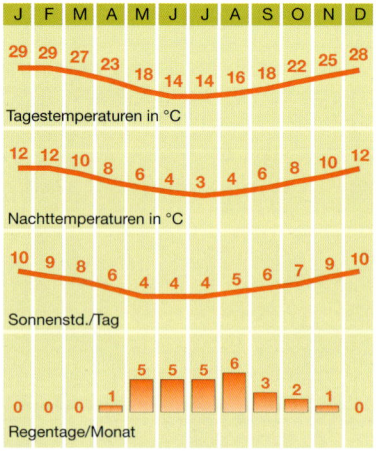

Ausrüstung für alle Fälle braucht man im Land der Extreme: Grey Glacier

socken sollten auf jeden Fall ins Gepäck, am besten zwei Paar, dazu ein Paar leichte Turn- oder Leinenschuhe für Stadtbesichtigungen.

Wer Exkursionen plant, sollte einen Tagesrucksack nicht vergessen, Taschenmesser, Halstuch und Taschenlampe sind sinnvolle Ergänzungen für alle Outdoor-Aktivitäten. Viele Artikel lassen sich allerdings auch in den touristischen Zentren Puerto Varas, Pucón, Puerto Natales oder Punta Arenas nachkaufen. Teilweise kann man dort auch Spezialausrüstungen ausleihen, z. B. zum Bergsteigen. Aber mit der eigenen, erprobten Ausrüstung ist man natürlich immer besser ausgestattet.

Sonnenschutz

Ebenso unverzichtbar: ein Sonnenschutzmittel mit extrem hohem Lichtschutzfaktor, da die Ozondecke über Chile, besonders im Süden, sehr dünn ist. Auch eine *gorra,* eine Baseballkappe, und eine gute Sonnenbrille schützen effektiv.

Diese Sachen eignen sich ebenfalls gut für den Altiplano. Auch wenn die Temperaturen tagsüber die 30-Grad-Marke knacken, ist man mit dünnen langen Hosen und langärmeligen Männerhemden gut gegen die Sonne geschützt, besser als mit Shorts und kurzärmeligen T-Shirts. Solche Kleidungsstücke können dagegen bei kürzeren Wanderungen und am Strand eingesetzt werden.

Gesundheit und Sicherheit

Gesundheitsvorsorge

Die Hygiene-Institute und Gesundheitsämter sprechen keine besonderen **Impfempfehlungen** aus, aber generell gilt, dass Typhus-, Diphterie-, Hepatitis A- und Tetanusschutz intakt sein sollten. Wer nach Bolivien und Peru weiterzureisen plant, sollte gegen Cholera geimpft sein. Cholera kann vereinzelt auch im Norden von Chile vorkommen, lässt sich durch einfache Vorsichtsmaßnahmen aber umgehen: Tabu sind Leitungswasser, rohe Meeresfrüchte und ungeschältes Obst.

Wer auf den Altiplano reist, kann Opfer der **Höhenkrankheit** werden. Die Chilenen schwören auf das Kauen von Kokablättern als wirksamste Rezeptur. Viel Flüssigkeit zu sich zu nehmen, fettarm zu essen, weder Alkohol noch Kaffee zu konsumieren, sich langsam zu akklimatisieren und nicht zu überanstrengen hilft, die *soroche* oder *puna* erst gar nicht entstehen zu lassen.

Auf der Osterinsel kommt Dengue-Fieber vor, eine sehr schmerzhafte und langwierige Erkrankung. Sie wird durch tagaktive Mücken übertragen. Reisende sollten auf guten Mückenschutz achten oder am besten langärmelige Kleidung und lange Hosen tragen.

Unbedingt einzukalkulieren sind die extreme **Sonneneinstrahlung** und die dünne Ozonschicht. Auch an nebligen und bedeckten Tagen sollte man sich wirkungsvoll vor der Sonne schützen.

Ärzte und Apotheken

Die ärztliche Versorgung und die Ausstattung der Apotheken entsprechen in den Großstädten deutschem Standard. Falls ein Arztbesuch nötig ist, können die Botschaften Namen deutschsprachiger **Ärzte** vermitteln und **Krankenhäuser** nennen, wo Deutsch gesprochen wird. In Santiago gibt es eine Clinica Alemana, empfehlenswert sind auch die Einrichtungen der Universidad Católica. In Temuco, Valdivia und Puerto Montt gibt es deutsche Kliniken. Die Rechnungen sind aufzuheben und im Original bei der Gesellschaft einzureichen, mit der man eine **Reisekrankenversicherung** abgeschlossen hat, die unbedingt zu empfehlen ist.

Apotheken *(farmacias)* sind im gesamten Land überreich vertreten. Viele Medikamente werden in Chile rezeptfrei verkauft.

Sicherheit

Chile gilt als eins der sichersten Reiseländer Südamerikas. Es wird davor gewarnt, Geld auf der Straße zu tauschen und auf belebten Plätzen und Märkten das Portemonnaie offen zur Schau zu stellen. Auch die Metro in Santiago gilt als Revier von **Taschendieben.** Taxifahrer verweisen auf ihre Taxameter und demonstrieren, dass sie niemanden übervorteilen. Gepäckstücke und Kameras sollte man nie im Kofferraum eines Wagens liegen lassen und auch das Autoradio entfernen, wenn möglich.

Ihre Ritterlichkeit verbietet den Chilenen grobe Anmache. Aufmerksamkeit, getuschelte Komplimente und interessierte Blicke lenken **allein reisende Frauen** hingegen leicht auf sich. In Restaurants und Hotels werden sie meist zuvorkommend behandelt. Allerdings: Obwohl Trampen üblich ist – besonders auf der Isla de Chiloé –, sollten es Frauen besser nicht alleine tun.

Internet

Internetcafés gibt es reichlich im gesamten Land, besonders stark konzentrieren sie sich in Städten und internationalen Ferienorten. Die Tarife sind vergleichsweise niedrig. In vielen Hotels gibt es kostenlose Internetplätze, oder man findet dort speziell ausgewiesene Zonen fürs schnurlose Surfen.

Post und Porto

Postkarten und Briefe erreichen Mitteleuropa zuverlässig in ca. 8–10 Tagen, das Luftpost-Porto beträgt einheitlich 500 Pesos. Unproblematisch ist es, sich Post nach Chile an zentrale Postämter über die *lista de correos* senden zu lassen. Die Adressaten können sich anhand eines Aushangs über eventuell eingegangene Briefe informieren und sie sich gegen eine geringe Gebühr und die Vorlage des Reisepasses aushändigen lassen.

Telefonieren

Ein *centro de llamados* mit Fax-Dienst findet man auch im kleinsten Ort. Dort werden nationale und internationale Gespräche vermittelt. Die Preise sind nach Minuten-Einheiten gestaffelt und variieren je nach Gesellschaft, aber teuer ist es nicht. Eine Minute nach Deutschland kann zwischen 200 und 400 CLP kosten. Telefonieren mit Telefonkarten ist nicht ganz so einfach, da jede Gesellschaft ihre eigene Karte hat, die nicht an allen Apparaten einsetzbar ist.

Von Chile aus lautet die **Vorwahl** für Deutschland 00 49, für Österreich 00 43, für die Schweiz 00 41. Von Europa aus ist die Vorwahl für Chile 00 56; bei der Ortsvorwahl entfällt dann jeweils die 0.

Ob von zu Hause mitgebrachte **Handys** in Chile funktionieren, erfährt man beim Herstel-

Chilenische Telefonnummern

In Chile ist mit einer Umstellung der Telefonnummern zu rechnen. Genaueres war zum Zeitpunkt der Drucklegung nicht in Erfahrung zu bringen.

ler. Es müssen Triband- oder GSM-Handys sein, für die man einen in Chile vertriebenen Chip einsetzen kann. Richtig billig wird das Telefonieren nach Hause per Skype. Viele Internetcafés in touristischen Zentren und in Santiago verfügen über diese Einrichtung.

Zeitungen

Unangefochtener Marktführer unter den Tageszeitungen ist der konservative »El Mercurio«. Hatte er sich während der Allende-Zeit den Vorwurf gefallen lassen müssen, von der CIA gekauft worden zu sein, so präsentiert er sich auch heute ohne wirklich ernsthafte Konkurrenz, höchstens die konservative »La Tercera« kann noch mithalten. Ansonsten wird das Geschehen von bunten Blättern beherrscht: Esoterisches, Klatsch, Sportmagazine und Pornoheftchen pflastern mit ihren bunten Titelblättern die Zeitungskioske. Die spanische Zeitschrift für den *educated gossip,* »Hola«, findet reißenden Absatz, speziell weil sie ›chilenisiert‹ ist, und chilenische Ausgaben internationaler Frauen- und Modezeitschriften von »Marie-Claire« bis »Cosmopolitan« machen der chilenischen »Paula« Konkurrenz. Empfehlenswerte politische Magazine sind »El Periodista«, »El Ciudadano« und »Análisis«. Wer nach seiner deutschen Tageszeitung oder Wochenzeitschrift sucht, wird in Santiago im Paseo Ahumada fündig.

Die deutschsprachige chilenische Wochenzeitung »Cóndor« informiert quasi aus zwei Welten und fasst nationales wie auch internationales Geschehen zusammen.

Sprachführer

Allgemeines

Guten Morgen/Tag	Buenos días
Guten Tag (ab 14 Uhr)	Buenas tardes
Gute Nacht	Buenas noches
Auf Wiedersehen/ Tschüss	Adíos/Hasta luego/ Chao
ja/nein	si/no
Entschuldigen Sie!	¡Disculpe Usted!
Bitte	por favor
Vielen Dank	Muchas gracias
Wie heißen Sie, bitte?	¿Cómo se llama Usted?
Ich heiße …	Me llamo …
Wie geht es Ihnen/dir?	¿cómo está/s
erfreut	encantado/a

Unterwegs

(Rück-)Fahrkarte	boleto de ida (y vuelta)
Bus	el autobús
Zug	el tren
Fähre	el ferry
Flugzeug	el avión
Haltestelle (für Sammeltaxis)	la parada (de los colectivos)
Busbahnhof	el terminal de pasaje-ros/de buses (micros)
Auto	el coche
Tankstelle	la bomba de bencina/ gasolinera
Autovermietung	alquiler de coches
Landstraße	la carretera
Straße	la calle
rechts	a la derecha
links	a la izquierda
geradeaus	todo desecho
Fremdenverkehrs-büro	la información turística
Reisebüro	la agencia de viaje
Telefon	el teléfono
Postamt	el correo
Bahnhof	la estación de ferro-carril/de tren
Flughafen	el aeropuerto
Hafen	el puerto
Taxistand	la parada de taxi
geöffnet	abierto
geschlossen	cerrado
Wäscherei	la lavandería
chem. Reinigung	la tintorería
Strand	la playa
Brücke	la puente

Zeit

Wie viel Uhr ist es?	¿Que hora es?
Stunde	la hora
Tag	el día
Woche	la semana
Monat	el mes
Jahr	el año
heute	hoy
morgen	mañana
Montag	lunes
Dienstag	martes
Mittwoch	miércoles
Donnerstag	jueves
Freitag	viernes
Samstag	sábado
Sonntag	domingo

Einkaufen

Ich möchte gerne … kaufen	Quisiera comprar …
Kann man hier Lebensmittel kaufen?	¿Se puede comprar alimentos aquí?
Kann ich das anprobieren?	¿Me lo puedo probar?
Ich benötige eine andere Größe	Necesito otro tamaño/otra talla
billig	barato
(zu) teuer	(demasiado) caro
Markt	el mercado
Geld	el dinero
Wechselstube	la casa de cambio

Übernachten

Ich suche ein gutes Hotel.	Estoy buscando un buen hotel.
Ich suche ein mittleres/	Estoy buscando un hotel mediano/

preiswertes/ ruhiges Hotel	económico/ tranquilo	Apotheke	la farmácia
Haben Sie ein Einzel-/ Doppel-/Dreibett-/ Vierbettzimmer?	¿Tiene una habitación individual/ doble/triple/ cuádruble?	Krankenhaus	el hospital
		Unfall	el accidente
		Panne	la avería

Zahlen

mit/ohne Bad/ Dusche/Frühstück	con/sin baño/ ducha/desayuno	1	un/uno/una	18 dieciocho
Haben Sie eine Hotelgarage?	¿Tiene estacionami- ento en el hotel?	2	dos	19 diecinueve
		3	tres	20 veinte
… einen Hotelsafe	… una caja fuerte en el hotel?	4	cuatro	25 veinticinco
		5	cinco	30 treinta
Gepäck	equipaje	6	seis	40 cuarenta
Wir zahlen bar/ mit Kreditkarte/ in US-Dollar	Pagamos en efectivo/ con tarjeta/ en dólares	7	siete	50 cincuenta
		8	ocho	60 sesenta
		9	nueve	70 setenta
		10	diez	80 ochenta

Notfall

		11	once	90 noventa
Hilfe!	ayuda	12	doce	100 cien
Polizei	la policía	13	trece	150 cíentocincuenta
Straßenpolizei	los carabineros	14	catorce	200 doscientos
Arzt	el médico	15	cince	1000 mil
Zahnarzt	el dentista	16	dieziséis	2000 dos mil
		17	diecisiete	10 000 diez mil

Die wichtigsten Sätze

Allgemeine Floskeln

Entschuldigen Sie!	¡Disculpe Usted!
Ich verstehe nicht.	No entiendo.
Ich spreche kein Spanisch	No hablo español.
Sprechen Sie Deutsch/Englisch?	¿Habla usted alemán/ ingles?

Im Lokal

Ist hier frei?	¿Está ocupado?
Guten Appetit!/Prost!	Buen provecho/Salud
Bitte, bringen Sie mir … die Speisekarte	Tráigame por favor … el menú/la carta
Ich möchte bestellen	Quisiera pedir.
Die Rechnung, bitte!	¡La cuenta por favor!
Wo sind die Toiletten?	¿Dónde están los baños?

Auf der Straße

Wie komme ich nach …	¿Como llego a(l) …?
Wo kann man … kaufen?	¿Dónde se puede comprar?
Wo ist hier eine Apotheke?	¿Dónde está una farmácia?
Welcher Bus fährt nach …?	Cual bus me lleva a …?

Im Hotel

Haben Sie ein freies Zimmer?	¿Tiene una habitación disponible?
Ich habe ein Zimmer bestellt.	Hice una reservación.
Was berechnen Sie pro Tag/Woche?	¿Cuánto cobra por día/semana?

Zu Pferd unterm Vulkan: am Fuße des Villarrica

Unterwegs
in Chile

Grüner Hügel mit Barockgepräge:
Cerro Santa Lucía in Santiago

Kapitel 1

Santiago und die Zentralküste

Das Pflaster von Santiago hätte viel zu erzählen. Die abgetretenen Pflastersteine am Parque de los Reyes, die feinen Platten vor dem Regierungspalast Moneda, die glatten Marmorquadrate in der Geschäftszone der schicken Avenida Apoquindo, der schadhafte Asphalt der Avenida Brasil – sie alle bezeugen die bunte urbane Vielfalt des Zentrums der stabilsten Wirtschaftsmacht Südamerikas.

Blickt man vom Hausberg Cerro San Cristóbal auf die Metropole, gleicht sie einem bunt gewebten Teppich. Im Osten schillern die Glas-Klötzchen des Business-Santiago. Die schiefergrauen Türme der Kathedrale, das sienarote Backsteindach des Konvents Santo Domingo und der weite Platz um den Regierungspalast kennzeichnen die historische Stadtmitte. Im Süden und Westen sieht man staubfarbene Straßen, Wohnblocks, die grünen Kleckse der Volksparks Quinta Normal und Parque O'Higgins. Das haferflockenfarbene Band des kanalisierten Río Mapocho. Und in Sichtweite, wenn es die Luftqualität erlaubt: die schneebedeckten Anden. Das ist dann schon sensationell.

In den Tälern der Küstenkordillere lagert ein weiterer Schatz Chiles, der Wein. Für kleine und auch längere Fluchten bietet sich der Cajón del Maipo an, der sich in die wilde Präkordillere hinein öffnet, und natürlich die endlose Sonnensommerstrandzone nördlich und südlich der neuen Kult- und alten Hafenstadt Valparaíso. Sie hat einen ganz eigenen, sehr besonderen Charakter.

Santiago und die Zentralküste

Sehenswert

1 **Santiago:** Dynamisch, historisch, laut, modern, reich, arm, staubig, voll und doch erholsam. Kurz: Santiago ist eine richtige Hauptstadt (s. S. 94).

Cajón del Maipo: Wildromantisches Ausflugsziel, das viele Wander- und Reitmöglichkeiten bietet (s. S. 120).

2 **Valparaíso:** Die als Weltkulturerbe der UNESCO ausgerufene Altstadt mit ihrem Treppengewirr, den vielfältigen Museen, Aussichtsboulevards und hundertjährigen Standseilbahnen, dem Hafen, seinen Schmuddelecken, Galerien und Cafés hat den meisten Stil (s. S. 122).

Valle de Colchagua: Auch wer nicht viel Zeit hat, bekommt hier etwas zu trinken. Viele namhafte Weingüter liegen vor den Toren Santiagos (s. S. 138).

Schöne Route

Die Küste hinauf, die Küste hinab: Das ist im Sommer zur Ferienzeit besonders toll, weil sich dann die Sommerfrischen auf die unterschiedlichste Art präsentieren: elegant, neureich, mondän, hippiemäßig oder auch familienfreundlich. Es gibt Superstrände, Klippenküsten und viel zu sehen rundherum, z. B. eines der Wohnhäuser von Pablo Neruda (s. S. 134).

Monte Patria

Pazifischer Ozean

Zapallar

Die Küste hinauf, die Küste hinab

ARGENTINIEN

Aconcagua 6959 m

aktiv Cerro San Cristóbal

Festival de la Canción ■ Viña del Mar
Valparaíso [2]
Traditionolokalo ■

Rocas de Santo Domingo

[1] ■ **Santiago**

■ *Cajón del Maipo*

Rancagua

Valle de Colchuaga ■

Santa Cruz ■
In Antiquitäten wohnen

aktiv Die historische Minenstadt Sewell

● **Talca**

CHILE

Concepción ●

A n d e n

Meine Tipps

Kellner mit guten Manieren: Möbel mit Patina, Tangoabende und jede Menge *congrio frito* mit Kartoffelpüree. Besuchen Sie die Traditionslokale in **Valparaíso** – solch ein Abstecher ist als landeskundliche Erfahrung unbezahlbar (s. S. 128).

Klatsch, Tratsch, Boulevard: Sollten Sie zufällig in der zweiten Februarhälfte in **Viña del Mar** sein, schauen Sie mal beim Festival de la Canción vorbei – das beschäftigt die Klatschspalten mindestens vier Wochen im Voraus (s. S. 130).

In Antiquitäten wohnen: Das Hotel Vendimia in Santa Cruz haben seine gastfreundlichen Besitzer Carla und Marcelo Ramírez komplett mit antiken Landgutmöbeln ausgestattet (s. S. 139).

aktiv unterwegs

Cerro San Cristóbal: Auf den Stadtberg kann man wandern, joggen oder auch mit dem Rad hinauffahren. Oben warten zwei superschöne Schwimmbäder und die Statue der Jungfrau Maria (S. 102).

Die historische Minenstadt Sewell: Das von der UNESCO geadelte Beispiel zeigt, wie hybrid die Bergbau-Industrie arbeitete. Die komplett erhaltene Arbeiterstadt aus den Anfängen des 20. Jh. mitten in den unzugänglichen Anden kann man besuchen (S. 121).

Die Sechs-Millionen-Metropole unter dem schneegleißenden Schatten-riss der Anden schillert in kulturell vielfältiger Urbanität. Interessante Viertel, *barrios,* umschließen einen schönen historischen Kern mit dem Berg Cerro Santa Lucía, dem ›Huelén‹ der Mapuche, ›Berg des Schmer-zes‹, der die spanische Eroberung 1540 im Namen verewigt.

Das Zentrum

Cityplan: S. 98

Das spanische Kolonialstilmuster der Stadt-anlage hatte der Gründer von San Yago de la Nueva Extremadura, Pedro de Valdivia, 1541 auf einen Papierfetzen gemalt – es korres-pondiert bis auf den heutigen Tag mit dem Herzen der Stadt. Das Netz aus einfachen *manzanas* und *solares* (Straßenblocks), aus dem die Stadtskizze bestand, wurde im Laufe der Zeit durch Passagen zugänglicher und luftiger gemacht. Den Rahmen stecken die Avenida Bernardo O'Higgins – kurz Alameda – im Süden, der Mapocho-Fluss im Norden, der Cerro Santa Lucía im Osten und die Ave-nida Norte-Sur im Westen ab.

Plaza de Armas **1**

Das Zentrum um die Plaza de Armas offen-bart die Kontraste des Landes: Die behäbi-gen Häuser aus der Gründerzeit, als Blatt-goldüberzug noch das Symbol für Reichtum sein durfte, bilden die Kulisse für Straßen-musikanten und -händler, den halb gelittenen Boten der Schattenökonomie. In den Passa-gen der Straßen Agustinas und Bandera tum-melt sich die Business- und Börsenwelt und speist in klimagekühlten Lunch-Restaurants. Zum Zentralmarkt in der Calle Puente, wo Mapuche-Frauen Liebesamulette und heil-bringende Kräuter verkaufen, ist es nur ein Katzensprung, der durch die Billig-Einkaufs-paradiese der weniger Betuchten führt.

Die **Plaza de Armas** , der alte ›Waffen-platz‹ (alle Hauptplätze in Chile heißen so), ist eine grüne Insel mit meist voll belegten Bän-ken – Aussichtsplätze auf die stattliche Ka-thedrale, das in Sahneweiß gestrichene Post-gebäude, den Palacio de la Real Audiencia, heute Sitz des Museums für National-geschichte, die Casa Colorada und die Arka-den des Portal F. Concha, unter denen sich *empanada*-Buden befinden. Am nordöstli-chen Rand der Plaza de Armas stößt man auf ein monumentales Reiterstandbild von Pedro de Valdivia. Zusammen mit einer Skulptur des ersten Kardinals der chilenischen Kirche, Car-denal Caro, und einer Allegorie auf die india-nischen Völker Chiles bildet es den klassi-schen Monumentenschmuck. In einer Ecke des Platzes befindet sich ein blassgoldener Musikpavillon, und Fotografen mit altmodi-schen Stativapparaten versprechen schöne Schnappschüsse fürs Familienalbum. Zei-tungspavillons rahmen ihn ein; Schuhputzer und Bleistift-Porträtmaler gehören quasi zum Inventar.

Sehenswertes rund um die Plaza de Armas

Die zahlreichen Erdbeben, die Santiago heim-suchten, vernichteten immer wieder historis-che Bausubstanz – davon ist also nicht viel geblieben. Die **Casa Colorada** **2** entstand 1769 und zeigt Kolonialstilklassik in ochsen-blutrotem Backstein mit umlaufender Holzgale-rie, das Parterre ist über dem *ladrillo*-Kern mit Steinen verblendet. Das Haus befand sich im Besitz von Mateo de Zambrano, der von der Vertreibung der Jesuiten aus Südamerika 1767 profitierte, ihre Haciendas erwarb und sich später von der spanischen Krone den Titel eines *Conde de la Conquista* erkaufte.

In dem Gebäude residiert heute der **Museo de la Ciudad.** In dessen Ausstellung ergänzen fotokopierte Dokumente und ein riesiges Stadtrelief die nachgebildeten Alltagsszenen und bewegte Bilder in Glasschaukästen (Merced 800, Tel. 2-66 44 16, Di–Fr 10–18, Sa 10–17, So, Fei 11–14 Uhr, 500 CLP).

Gleich nebenan sind in dem Kolonialstilgebäude des **Palacio de la Real Audiencia** (ehem. Königlicher Appellationsgerichtshof) **3** die Schätze der Nationalgeschichte ausgebreitet, inklusive großformatiger Schlachtenbilder der Unabhängigkeitskriege, dem Cinemascope des 19. Jh.: eine Jesuitenkapelle, zahlreiche gut erhaltene Möbel und Dekorationsgegenstände der Kolonialzeit, Kutschen, Damenmoden und Opernprogramme aus dem großbürgerlichen Alltag (Plaza de Armas, Di–So 10–17.30 Uhr, 600 CLP).

Ebenfalls ein Hingucker ist die Hauptpost **Correo Central 4**. Das Eischneeweiß der Fassade passt schön zur Üppigkeit der Pilaster, Gesimse, Rosettenfenster und Fensterbalkonsäulchen. In ihrem Innern entfaltet sich der diskrete Prunk einer Zeit, als die Post noch keine Konkurrenten hatte: Schalter aus Holz mit milchigem Fensterglas, vom behaglichen Licht der Kronleuchter überstrahlt.

Die **Kathedrale 5** steht seit 1745 als fünfte Stilvariante an derselben Stelle. Der für Santiago im 18. Jh. stilbestimmendste Architekt Joaquín Toesca wurde 1780 damit beauftragt, Fassadenentwürfe für die Kathedrale und die Sakristei vorzulegen, und er vermischte klassische mit barocken Elementen. Umgebaut wurde 1899 – und zwar, wie Kritiker meinen, mit wenig Geschmack. Die Vertäfelung aus geschnitztem und vergoldetem Zedernholz wich Stuck- und Gipsornamenten. Schutzpatronin der Kathedrale ist die Virgen de la Asunción, die den Hauptaltar dominiert. Südlich schließt sich an das Gotteshaus der ehemalige Erzbischöfliche

Palast an (Messen Mo–Sa 11, 12.30, 19, So 10, 11, 12, 19 Uhr).

Paseo Ahumada **6**

Den südlichen Zugang zur Plaza de Armas bildet die Fußgängerzone **Paseo Ahumada** eine mit ehemals eleganten Einkaufs-*Galerías* besetzte Flaniermeile aus den Anfängen des 20. Jh. Der geschwinde Business-Schritt hat zwar auch diesen Laufsteg erobert, doch Drängeln ist absolut unmöglich. Hinter die würdigen Fassaden sind nun volkstümlichere Kunden eingezogen: Drogerie- und Fast-Food-Filialen, Plattengeschäfte und das Traditionskaufhaus Falabella wetteifern miteinander im kleinbürgerlichen Design der vollgestopften Schaufenster. Sonntags wird in den Fußgängerzonen der Straßen Paseo Ahumada, Huérfanos und Estado ein Floh- und Kunstgewerbemarkt abgehalten.

Wer abschließend die *empanada*-Bäckereien und Sonnenbrillen-Stände unter dem **Portal Fernández Concha** abgeschritten hat, landet vor dem stahlblauen **Edificio Edwards,** eine in Frankreich vorfabrizierte, aufsehenerregende Eisenkonstruktion aus dem Jahr 1898 – und heute ein ganz normales Kaufhaus.

Mercado Central – die Markthalle **7**

Im Norden der Plaza liegt die volkstümliche **Calle Puente,** ein Paradies der Billigmarken. Sie führt zur eleganten Markthalle des **Mercado Central,** der sich mit einem Kranz von Hähnchenbratereien und Kräuterständen umgibt. Im Innenraum der luftigen Eisenkonstruktion aus dem Jahr 1872 prangen Pyramiden aus glatt polierten Früchten und Gemüsen, Artischockenberge und Kräuterbuketts, die von den Deckenlichtern sanft beschienen werden. Mächtige Eisblöcke kühlen die auf Holzpaletten dargebotenen Schätze der Fischabteilung, die so manche Überraschung liefern: Der *picoroco*, eine Meeresfrucht, z. B. wandert tatsächlich mitsamt seiner Heimat, einem Felsbröckchen, in die Einkaufstüte und später dann in die Suppe. Ihn und viele weitere chilenische Spezialitäten genießt man am frischesten in den Lokalen im Innern des Marktes, umschwärmt von den Folklore-Troubadouren, die für Sie um die Wette singen. Mittlerweile hat ein Restaurant im Markt auch abends geöffnet (Ismael Valdés Vergara 900, Tel. 2-696 83 27, www.mercadocentral.cl, So–Do 6–17, Fr, Sa 6–19 Uhr).

Von der Estación Mapocho ans andere Ufer

Schräg gegenüber verschnauften einst die Dampflokomotiven, die aus Valparaíso eintrafen, heute dient die 1912 gebaute **Estación Mapocho** 8 als Kulturzentrum für Konzerte, Theateraufführungen, Seminare, Ausstellungen und die alljährliche Buchmesse. Zwei modische ›Restobars‹ versorgen die Kundschaft mit Wein, Espresso und Sandwiches. Der ehemalige Bahnhof ist ein attraktives Beispiel für die Reize der Eisen- und Glasarchitektur (Tel. 2-787 00 00, www.estacionmapocho.cl).

An Samstagen treibt die Menschenmenge einen förmlich über die **Calicanto-Brücke** hinüber ans andere Mapocho-Ufer, wo man vor die Tore des bunten **Mercado de las Flores** stolpert. Die Brücke selbst wurde zum Handelslager umfunktioniert, und es gibt kaum etwas, was sich dort nicht erstehen lässt: Radiergummis, Tennissocken, digitales Spielzeug, Einwegrasierer, Handtücher, Nähgarn, Schminke, Musikkassetten.

Am Río Mapocho ist die nördliche Grenze der Innenstadt erreicht. Parallel zur Calle Puente geleitet die Calle 21 de Mayo zum einstmals größten und einflussreichsten Kloster der Stadt, dem **Convento de Santo Domingo** 9, welches einen gesamten *solar* bedeckte. Die Dominikaner unterhielten von 1619 an für 130 Jahre auch die erste Universität des Landes, die dann 1747 von einer öffentlichen Universität abgelöst wurde. Joaquín Toesca entwarf 1795 die Klosterkirche. Zwei Backsteintürme krönen die stark gegliederte Fassade aus einem weißen Stein, der in klostereigenen Steinbrüchen geschlagen wurde. Den Hauptaltar der dreischiffigen Kirche schmückt ein Bildnis der Virgen del Rosario de Pompeya (Santo Domingo 949,

zu den Messen um 8 Uhr und um 11.30 Uhr geöffnet).

Die älteste Madonna der Stadt ziert den Hauptaltar der auffälligen cremeroten **Basílica de la Merced** 10 in der Calle MacIver, eine Virgen de las Mercedes (barmherzige Jungfrau) der Cuzqueñer Schule aus dem Jahr 1548. Dazu gehört ein kleines Museum (MacIver 341, Di–Sa 10–18, So 10–14 Uhr, 1000 CLP).

Museo de Arte Precolumbino 11

Verfolgt man die Calle Merced in westlicher Richtung, verwandelt sie sich zur Compañía, an der im ehemaligen königlichen Zollgebäude der **Museo de Arte Precolombino** seinen Sitz hat. Das stattliche Haus präsentiert im ausgewählt schönen Rahmen etwa

4500 Exponate der Inka-, Azteken- und Mapuche-Kulturen. Parallel dazu werden Wanderausstellungen gezeigt. Im lichtdurchfluteten Patio liegt das Café ›Mosqueto‹, ein beliebter Lunch-Treffpunkt (Bandera 361/Compañía, Tel. 2-688 73 48, www.precolombino.cl, Di–So 10–18 Uhr, 2000 CLP).

Hinter der neoklassizistischen Fassade des ehemaligen **Nationalkongresses**  in der Calle Bandera gibt es nur noch zwei kleinere Sitzungssäle und eine Bibliothek.

Bankenviertel und Moneda

In den Straßen Bandera, Morandé, Compañía und Moneda reihen sich die wichtigsten Bankhäuser aneinander. **Banco de Santiago** (Bandera/Agustinas), **Banco O'Higgins** (Bandera/Agustinas), **Banco Central de Chile** (Agustinas 1180) und **Banco Sudamericano** (Morandé 226) entstanden allesamt zwischen 1918 und 1930, letzterer liefert ein schönes Beispiel des Art déco. Das hoch aufgeschossene Gebäude der **Bolsa de Comercio** (Handelsbörse) mit kuppelgekröntem Turm und Uhraufsatz befindet sich in einer Passage der Calle Bandera, und die angeschlossene Passage Nueva York könnte regelrecht von dort eingeflogen worden sein: attraktive City-Architektur der 1940er-Jahre, international.

Die geräumige Plaza de la Constitución ordnet das Straßen- und Passagengewirr um den lang gestreckten, neoklassizistischen Regierungspalast **La Moneda**. Tiefpunkt ihrer Geschichte: Ihre vom Militär unter Augusto Pinochet durchgeführte Bombardierung am 11. September 1973 gegen die linke

Einkaufsparadies im Stil des ausgehenden 19. Jh.: die Markthalle Mercado Central

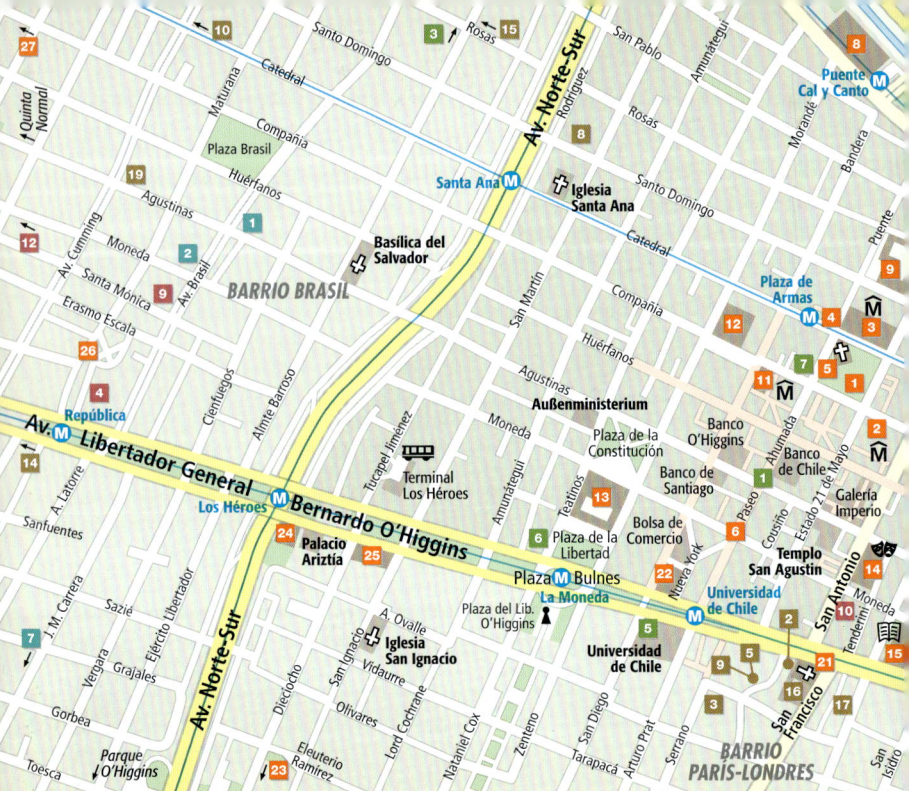

Santiago

12 Hotel Principade
13 Hotel Castillo
14 La Casa Bonita
15 Hostal Río Amazonas
16 Residencial Londres
17 Hotel París
18 Bellavista Hostel
19 La Casa Roja

Essen & Trinken

1 Camino Real
2 Como Agua para Chocolate
3 Da Carla
4 Zully
5 De Tapas y Copas
6 Azul Profundo
7 Eladio
8 R. (Erre Punto)

9 Santo Barrio
10 Restaurante Vichuquen
11 La Pergola de la Plaza
12 Plaza Garibaldi
13 El Caramaño
14 La Divina Comida
15 La Cava de Dardignac

Einkaufen

1 Paseo Ahumada
2 Centro y Exposición de Arte Indígena
3 Galpón de los Antigüedades
4 Patio Bellavista
5 Buchhandlung in der Universidad de Chile

6 Centro Cultural Palacio La Moneda
7 Librería Manantial

Abends & Nachts

1 Baires
2 Blondie
3 Dos Gardenias
4 Étniko
5 Tantra Lounge
6 Goethe-Institut
7 Gran Circo Teatro
8 Instituto Chileno-Suizo

Aktiv & Kreativ

1 Contactchile
2 La Bicicleta Verde

Santiago

Unidad-Popular-Regierung, bei der der Präsident Salvador Allende ums Leben kam. Seit der Regierung von Ricardo Lagos (2002–06) steht die Moneda dem Publikum wieder regelmäßig offen. Die Plaza de la Constitución ziert ein Denkmal für Salvador Allende.

Das Gebäude mit seiner durch Balustraden und hohe Fenster strukturierten Südfassade galt lange Zeit als eines der schönsten Kolonialbauwerke Südamerikas. 1805 stellte Joaquín Toesca die Moneda fertig. Ihre Geschichte als Münzprägeanstalt währte allerdings nicht lange: 41 Jahre später zog Präsident Manuel Bulnes ein, als letzter Präsident folgte Carlos Ibáñez 1952–58 (Mo–Fr 10–18 Uhr).

Zum Cerro Santa Lucía

Die Fußgängerzone Huérfanos und die Calle Agustinas schlagen Schneisen durch den Innenstadtbereich zum Cerro Santa Lucía. Dort, wo man schon die Kühle des Hügels zu spüren vermeint, stehen sich die Residenz der einflussreichen Familie Subercaseaux und das sahneweiße neoklassizistische **Teatro Municipal** 14 gegenüber. Einer der Architekten des Pariser Opernhauses, Charles Garnier, wurde 1853 gebeten, in Santiago das Stadttheater zu bauen. Zur Eröffnung am 17. September 1857 gab man eine Verdi-Oper, wie zu dieser Zeit überall auf der Welt. Gelungene Ergänzung: Das durch den Schriftsteller Ariel Dorfman bekannt gewordene Café Tavelli hat hier in einer angrenzenden Passage eine kühle und ruhige Dependance mit Terrassenbetrieb aufgeschlagen (So geschl.).

Praktisch um die Ecke liegt die klassizistische **Nationalbibliothek** 15, die mitunter interessante Wanderausstellungen zeigt (Alameda/Moraflores). Gleich über der Nationalbibliothek erhebt sich das bewaldete Hügelchen **Cerro Santa Lucía** 16, das unter dem Präsidenten Vicuña Mackenna zwischen 1872 und 1875 als Freizeitpark angelegt wurde. Ein Wandgemälde zu Ehren der nobelpreisgekrönten Lyrikerin Gabriela Mistral schmückt seine Südseite zur Alameda hin, barock gestaltete Treppenaufgänge und von

Bäumen gesäumte Wege geleiten zu verschiedenen, bezaubernd gestalteten Terrassen und Brunnen. Eine Aussichtsplattform gestattet Weitsicht, sofern nicht die übliche rosabraune Smogschicht über den Stadtkonturen wabert. Ein kleines spanisches Fort und ein Denkmal zu Ehren der Mapuche, die den Cerro Santa Lucía *Huelén,* ›Schmerz‹, nannten, krönen den Gipfel. Über den Haupteingang an der Alameda erreicht man schnell den **Centro de Exposición de Arte Indígena**, eine Sammlung von Kunsthandwerk der indigenen Bevölkerung, auch von der Osterinsel (Mo–Sa 10–19, im Winter 10–18 Uhr).

Im Sommer schlagen die bekanntesten Theaterbühnen des Landes hier auf den verschiedenen Terrassen ihre provisorischen Bühnen auf und präsentieren die Glanzlichter der abgeschlossenen Spielzeit und einen Vorgeschmack auf die neuen Produktionen (s. S. 115).

Barrio Lastarria

Östlich des Cerro Santa Lucía öffnet sich eine weitere kleine Insel in der Großstadt, das Lastarria-Viertel, das sich zwischen der Calle Merced und der Alameda bis zur Plaza Italia erstreckt. Viele kleine Cafés und witzige Läden versammeln sich hinter originellen Fassaden der 1930er-Jahre. Außerdem befindet sich hier das einzige Programmkino, das auch unter der Pinochet-Ära ausharrte, der ›Biógrafo‹. In dem angrenzenden Haus aus dem Jahr 1931 war früher das beliebte Künstler-Café ›El Biógrafo‹ untergebracht, geschätzt wegen seines Weines und seiner Sandwiches. Heute ist allein der Mudejar-Torbogen ein Hingucker, eine schön-kitschige Kopie maurischer Baukunst.

Die **Plaza del Mulato Gil de Castro** 17 wird von zwei netten Bistros eingerahmt, dazu kommen das Archäologische Museum und der Museo de Artes Visuales, eine Kunstbuchhandlung und eine Geschenkboutique. Im gepflasterten Innenhof, einem Treffpunkt für Innenstadt-Flaneure, sitzt man zu jeder Tageszeit richtig. Das kleine, aber sehenswerte **Archäologische Museum** prangert die

Zerstörungen durch die Kolonialmacht an. Gegenstände des täglichen Gebrauchs und religiöser Riten sind ausgestellt, hinzu kommt eine Schau von indianischen Musikinstrumenten. Im ambitionierten **Museo de Artes Visuales** sieht man Wanderausstellungen und eine eigene Sammlung zeitgenössischer Malerei (www.mavi.cl, Mi–Mo 10.30–18.30 Uhr, Eintritt für beide zusammen 1000 CLP).

Barrio Bellas Artes

Die Straßenzüge zum Parque Forestal hin, einer der grünen Lungen der Innenstadt, die den Río Mapocho rahmen, waren schon immer originell; mittlerweile verwandeln witzige Modelädchen, kleine Restobars, Buchhandlungen, Galerien, Cafés und Antiquitätenläden diese Gegend in ein nettes Mini-Flanierziel. Das Viertel trägt auch einen Namen: **Barrio Bellas Artes.** In der Nähe liegen der Instituto Chileno-Suizo (Calle Lastarria) der Instituto Chileno Francés de Cultura und das Goethe-Institut (Calle Esmeralda).

Im vorderen Abschnitt des 1900 entworfenen **Parque Forestal,** der europäischen Gartenanlagen seiner Epoche mit einer Fülle verschiedenster Baumarten nachgebildet wurde, stoßen wir dann auf den repräsentativen **Palacio Nacional de Bellas Artes** [18] mit dem Museum der Schönen Künste und dem Museum für Zeitgenössische Kunst (Museo de Arte Contemporáneo MAC, gesonderter Eingang). Beide Museen verfügen über umfangreiche Schauen an Gemälden, Plastik, Stichen und Radierungen und geben einen Überblick über die Entwicklung der chilenischen Kunst. Wechselausstellungen und Sammlungen holländischer, französischer und italienischer Meister runden das Programm schön ab (Parque Forestal s/n, Tel. 2-633 06 55, www.mnba.cl, Di–So 10–19 Uhr, 600 CLP, So freier Eintritt; Museo de Arte Contemporáneo MAC, Tel. 2-639 64 88, www.mac.uchile.cl, Di–So 10.30–18 Uhr, Eintritt freiwillig).

In Richtung Westen kommt man an der **Posada del Corregidor** [19] vorbei, die 1765 fertig gestellt wurde. Sie fällt durch ihre dikken weißen Adobe-Mauern auf, ihre geschnitzte Holzgalerie, die zarten Säulen und

das rote Ziegeldach. Jedes Fenster ist unterschiedlich gestaltet. Heute beherbergt sie eine Kunstgalerie, die ab und an Wanderausstellungen organisiert (Esmeralda 749, Mo–Fr 9.30–13, 14–18 Uhr, Sa 10–14 Uhr).

Ein paar Schritte weiter an der MacIver liegt die **Casa de los Velascos** [20], die noch ein wenig jünger ist und als stilistischer Pionier für die *solana* gilt, den überdachten Balkon. Das braunrot gestrichene Gebäude hat einen voluminösen Eingang, der groß genug war, um Karossen einen Durchlass zu bieten, und mit kunstvollen Schmiedeeisengittern geschützte Fenster. Es wurde unter Verwendung originaler Materialien restauriert und dient heute dem Senat als repräsentatives Bürogebäude.

Entlang der Alameda

Cityplan: S. 98

Die Alameda liefert eine gute Orientierung, denn sie durchwandert halb Santiago bis zum Doppelplatz Baquedano/Italia, wo sie mit der Avenida Providencia verschmilzt. Ob mit dem Flugzeug, der Eisenbahn, dem Autobus – wer in der Stadt ankommt, landet unweigerlich auf der Alameda Bernardo O'Higgins. Der Flughafenbus endet an der Metrostation Los Héroes, und auch die anderen Bus-Terminals versammeln sich hier (Metrostationen Estación Central, Universidad de Santiago). Einmal längs durch die Stadt gestreift, das sorgt natürlich für einen lebendigen Querschnitt durch den Alltag von Santiago. Die Universität liegt neben der Eisenwarenhandlung, grelle Farben bedecken Jugendstilfassaden, und auf dem Mittelgrünstreifen wird gelesen, gegessen und geschlafen. Doch nicht jeder wird die Alameda ungerührt ob des Verkehrs entlang spazieren wollen: Unterirdisch rotiert schnell, zuverlässig, pieksauber und modern die Metro. Die Alameda entstammt dem Ende der Kolonialzeit. Sie trug den Beinamen ›de las Delicias‹ und entwickelte sich im späten 19. Jh. zur Bühne für gesellschaftliche Auftritte: Zwischen der Avenida Brasil und dem Barrio Cívico um die Moneda herum pflegte einst Santiagos Haute Volée zu flanieren.

101

aktiv unterwegs

Cerro San Cristóbal

Tour-Infos

Start: Avenida Pedro de Valdivia Norte
Länge: 7 km
Dauer: 2 Std., mit Schwimmbadbesuch entsprechend länger

Wichtige Hinweise: Es gibt zwei Möglichkeiten, den Hausberg zu erreichen: einmal die Standseilbahn *(funicular)* von der Plaza Pio Nono im Stadtteil Bellavista aus (Metro in der Nähe: Baquedano) oder die Gondelbahn *(teleférico)* von der Pedro de Valdivia Norte im Stadtteil Providencia (Metro in der Nähe: Pedro de Valdivia). Das Schwimmbad Tupahue (Mo geschl.) ist über die Zwischenstation der Gondelbahn zu erreichen, das Schwimmbad Antilén (Di geschl.) nur per pedes, mit dem Fahrrad oder dem Taxi. Der Zoo hat Di–So 10–18 Uhr geöffnet (www. parquemet.cl).

Der **Parque Metropolitano** (tgl. 8.30–21 Uhr) umfasst 722 ha. Auf seinem Gipfel thront eine 14 m hohe, strahlendweiße Marienstatue, die schützend ihre Arme über die Stadt ausbreitet. Der Park ist der Hauptstädter beliebtestes Naherholungsgebiet und eine der wichtigen grünen Lungen der Metropole. Angelegte Wege führen hinauf, das jüngste Projekt ist im Gegensatz zu den anderen nur für Spaziergänger und nicht für Mountainbiker gedacht und misst 7 km. Der **Sendero de las Grandes Travesías** beginnt am Eingang an der Av. Pedro de Valdivia Norte und führt durch die artenreichen Wälder des Parks. Man kann hier aber auch gut joggen, walken, Mountainbike fahren, schwimmen und die Aussicht über Santiago genießen. Außerdem gibt es einen **Zoo,** der über die Zwischenstation der Standseilbahn zu erreichen ist.

In der **Casa de la Cultura Anahuac** (beim Schwimmbad Tupahue) werden sonntägliche Konzertmatineen um 12 Uhr angeboten, sonst gibt es hier Ausstellungen und andere kulturelle Programme. Und ein Spitzenrestaurant hat hier auch seinen Sitz: das **Camino Real** (tgl. 12.30–16, 19–23 Uhr) mit Weinmuseum und einer Superaussicht auf Santiago.

Mit der Standseilbahn geht es rasant den Hügel hinunter – mit Blick auf die Stadt

Kirche und ehemaliger Konvent San Francisco 21

Schräg gegenüber dem Cerro Santa Lucía befindet sich die älteste noch bestehende Kirche Santiagos, die burgunderrot bemalte **Iglesia de San Francisco**. Die ursprüngliche Einsiedelei wurde 1553 den Franziskanern überlassen und fiel rund 30 Jahre später einem Erdbeben zum Opfer. Der heutige Steinbau mit dem Grundriss eines lateinischen Kreuzes wurde 1618 geweiht, der Konvent 1622 fertig gestellt. Im Innenraum der Kirche entstand durch die kostbar geschnitzte Decke ein intimer, warmer Rahmen für das schlicht gehaltene Gotteshaus.

Das ehemalige Kloster wurde zum **Museo de Arte Colonial** umgestaltet. Um einen schönen schattigen Garten mit einer kleinen botanischen Abteilung gruppieren sich die Klosterflure mit ihren kostbaren Schätzen; darunter befinden sich ein Aufsehen erregender Stammbaum der Franziskaner mit 564 Miniaturen aus dem 18. Jh. und ein Bilderzyklus zum Leben des hl. Franziskus aus dem selben Jahrhundert in der ›Gran Sala‹. Das ist absolut sehenswert.

Außerdem wird hier die kleine, aus dem Italien der Renaissance stammende Virgen del Socorro ausgestellt, von der die Sage geht, Pedro de Valdivia habe sie ständig an seinem Sattel mitgeführt. Weiterer Höhepunkt: die Nobelpreisurkunde von Gabriela Mistral (Londres 4, Tel. 2-639 87 37, www.museosanfrancisco.cl, Di–Sa 10–13, 15–18, So, Fei 10–14 Uhr, 1000 CLP).

Barrio París-Londres

Ein hübscher kleiner Platz mit einem Springbrunnen leitet über zum Barrio París-Londres mit seinen fantasievollen Hauskonstruktionen aus den ersten Jahrzehnten des 20. Jh. Sie stehen im Gegensatz zur städtebaulichen Moderne, die in dieser Epoche stilbildend dominierte: Hier sollte die Verschwendung und die architektonische Fantasie auftrumpfen. In einem dieser Häuser, in gutbürgerlicher Umgebung, geschah Ungeheuerliches, wie man heute weiß. Die **Calle Londres Nr. 38** war Sitz der Zentrale der Sozialistischen Partei Chiles, als Pinochet sich 1973 an die Macht putschte. Er ließ das Gebäude enteignen und dort ein Folterzentrum der Geheimpolizei DINA einrichten. Es ist jetzt zu einem Gedächtniszentrum umgewandelt worden, und man kann an Führungen teilnehmen (Tel. 2-63 25 03 74, www.londres.cl, Di–Fr 12–16, Sa 11 und 16 Uhr).

Der zitronengelb gestrichenen **Universidad de Chile** aus dem 19. Jh. liegt der **Club de la Unión** 22 gegenüber (Alameda 1091), ein Hort der – männlichen – Mitglieder der höheren Gesellschaft, der eine der interessantesten Sammlungen chilenischer Malerei sein eigen nennt – allerdings kommt man nicht hinein, wenn man kein Mitglied ist. Zu ebener Erde öffnet eine dunkle, aber geräumige Bar zu einem guten Mittagstisch für die Allgemeinheit.

Der chilenischen und argentinischen *Libertadores,* Bernardo O'Higgins und José de San Martín, wird gleichermaßen mit Bronzemonumenten gedacht, die sich ungefähr auf der Höhe der Moneda gegenüberliegen.

Wer sich für pariserisch inspirierte Prachtarchitektur des ausgehenden 19. Jh., interessiert, erhält in Avenida Ejército Libertador und Calle Dieciocho Anschauungsmaterial. Die Dieciocho wurde unlängst zur *Zona Típica* erklärt. einem für das Land besonders typischen Viertel.

Am bekanntesten und attraktivsten ist der **Palacio Cousiño** 23. Die steinreiche Familie Cousiño, Kohlengrubenbesitzerin in Lota, Kupferminenbesitzerin, Schiffs- und Weinguteigentümerin, importierte, was damals in Europa als Mode gefeiert wurde: Kamine aus Carrara-Marmor, Ming-Vasen auf Elfenbeinsockeln, italienische Kacheln, Genfer Spitzenvorhänge und Onixvasen aus den Tuilerien (Dieciocho 438, Tel. 2-698 50 63, www.palaciocousino.cl, Di–Fr 9.30–13.30, 14.30–17, Sa, So, Fei 9.30–13.30 Uhr, 2000 CLP, zweisprachige Führungen, zzt. geschl.).

An weiteren auffallenden Häusern schlendert man in der Dieciocho vorbei (Nr. 424, 286, 202, 190, 164 und 121), auf dem Weg zum **Palacio Errázuriz** 24 (diese Familie war

Beliebte Straßenrestaurants findet man im Stadtviertel Bellavista

ebenfalls im Kupfer- und Kohlengeschäft erfolgreich) sowie zum benachbarten Glas- und Stahl-Palast **Palacio Ariztía** von 1917.

Eines der traditionsreichsten Cafés der Stadt lädt zur Pause: In der **Confitería Las Torres** 25 wurde nach einer Idee des Präsidenten Ramón Barros Luco (1835–1919) aus einem gebratenen Stück Fleisch und einem heißen Stück Käse ein ›Sandwich des Landes‹ kreiert, der mittlerweile überall erhältliche *barros luco*. Stilecht verzehrt man ihn natürlich hier im edlen Fin-de-Siècle-Ambiente. Auch nett für abends: In der Confitería Torres gibt es Tango- und Jazzveranstaltungen.

Barrio Brasil

Eigentlich zeigt der **Barrio Brasil** ein ganz normales Alltagsbild, aber vielleicht macht genau das ihn so interessant. Architekturfantasien aus den 1930er-Jahren, alternative Cafés, eine Plaza mit lustigen Installationen und einem Kinderspielplatz, ein Trödelmarkt, ein leicht angeschmuddelter Park, Kioske, in denen man alles Mögliche kaufen kann, eine

internationale Gastronomieszene von mexikanisch bis chinesisch, und alles sehr bodenständig – das ist der Barrio Brasil. Mittlerweile gibt es dort auch einige Hostales.

Gleich hinter der Alameda liegt der winzige, halbrunde **Conjunto Habitacional Concha y Toro** 26 , eine vorweggenommene Postmoderne: Passagen und kleine Sackgassen triumphieren über die klassische Rechtwinkel-Geometrie, verschwenderisch eingesetzte Bogen, Erker und pompöse Stuckverzierungen feiern die fröhliche Überflüssigkeit. Ein schönes Café und ein verblüffend originell gestaltetes Mode-Restaurant haben das Zeug zu Stil-Ikonen dieses Viertels, sie liegen beide an demselben kreisrunden Plätzchen.

Setzt man seinen Weg über die Avenida Brasil fort, stößt man auf die Plaza Brasil, veritables Zentrum des Viertels. Westwärts an der Rafael Sotomayor öffnet der **Museo de Arte Popular Americano** 27 seine Pforten; besonders ansprechend ist die Sammlung des Mapuche-Silberschmucks (Compañía

ten und Äcker. Die spanischen Konquistadoren gaben dieses Gelände zu Füßen des Cerro San Cristóbal Mönchen und später dem Landvogt, *Corregidor,* Zañartú, der damals die Casa del Corregidor bewohnte.

Tagsüber ist es hier eher ruhig. In den schmalen, baumbeschatteten Straßen trifft man auf den Nachbarn, der seinen Hund ausführt und den Baum vorm Haus begießt. Hinter den bunten und kolonialen Fassaden residieren neben Familien, Lebensmittelgeschäften und Werkstätten Architekturbüros und Designstudios. Galerien, Theaterbühnen, Buchhandlungen und Cafés komplettieren das künstlerisch-intellektuelle Gepräge, zu sehen beispielsweise im Patio Bellavista. Und man kann hier essen, was die Welt zu bieten hat: Vom arabischen *kefte* über die portugiesische Sardine bis zum peruanischen *suspiro limeño* und dem japanischen *sushi* wird hier so ziemlich alles aufgetischt. An den Wochenenden verwandeln Kunstgewerbler und Handleser die Bordsteine in ihre kostenlosen Geschäftsauslagen, besonders große Auswahl herrscht an der Kreuzung Purisima/Av. Santa María. Dazu gibt jede Menge Discos – ein wirklich rundes Programm.

Verschmolzen mit dem Cerro San Cristóbal sind die Konturen der neu und aufwendig gestalteten Neruda-Hausanlage **La Chascona** 28 in der Calle Marquéz de la Plata. Drei kleine Komplexe liegen übereinander gestuft in einem abschüssigen Garten mit winzigen Plätzen und kleinen Treppen. Seine araukanische Heimat symbolisiert ein ausgestopftes Pferd, die mexikanische Gläsersammlung ist riesig. Nerudas dritte Ehefrau Mathilde Urrutia hat in diesen Würfelhäuschen voller materialisierter Erinnerungen nur sparsam eigene Akzente gesetzt. Der Dichter der Revolution und Allende-Freund hatte keine Liebhaber unter den Militärs: La Chascona wurde nach dem Tod Allendes und Nerudas von den Militärs verwüstet, der unterste Komplex durchflutet. 17 Jahre nach seinem Tod wurde sein Haus in ein Museum umgewandelt (Marquéz de la Plata 0192, Tel. 2-777 87 41, www.fundacionneruda.org, Di–So 10–13, 15–18 Uhr, 1000 CLP).

2691, Tel. 2-682 22 08, www.chile.cl/mapa/index.htm, Mo–Fr 9–17 Uhr, 400 CLP). In der Av. República/Toesca auf der anderen Seite der Alameda liegt der sehenswerte **Museo de la Solidaridad Salvador Allende**, der Gaben von Künstlern der Moderne (u. a. Vasarely, Joan Miró) aus 39 Ländern enthält (Tel. 2-689 87 61, www.museodelasolidaridad.cl, Mo–Fr 11–19 Uhr).

Östlich des Zentrums

Cityplan: S. 98

Barrio Bellavista

Der **Barrio Bellavista** war das erste Viertel, das nach der Diktatur den Sprung ins Nachtleben schaffte, ein richtiges Bohemienviertel, in dem der größte und fleißigste aller chilenischen Bonvivants lebte: Pablo Neruda. Ursprünglich hieß es La Chimba – in der Sprache der Quechua: ›An der anderen Seite des Flusses‹. Dort unterhielten die Inka ihre Gär-

Parque de las Esculturas

Die Talstation des *teleférico* liegt gegenüber von Providencia, nicht weit entfernt vom **Parque de las Esculturas** am Río Mapocho. Diese ausgedehnte Parkanlage wurde 1988 chilenischen Bildhauern als Präsentationsfläche zur Verfügung gestellt, momentan sind dort 22 Arbeiten ausgestellt, weitere folgen.

Außerhalb des Zentrums

Quinta Normal und
Parque O'Higgins

Besonders lohnend ist der Besuch der Quinta Normal und des Parque O'Higgins am Sonntag. Schon an den entsprechenden Metrostationen staut man sich an den Treppenaufgängen. Die Zugänge erinnern an Fußballveranstaltungen oder Großkonzerte: Eis, Popcorn, geröstete Erdnüsse, die fehlende *gorra* (Baseballkappe) – alles lässt sich noch auf dem Weg in die Parkanlagen erstehen.

Das in den Anfängen des 19. Jh. weit vor den Toren Santiagos gelegene Gelände der **Quinta Normal** wurde von der Stadt gekauft, um dort landwirtschaftliche Versuchsfelder anzulegen. Einen botanischen Garten und eine entsprechende Sammlung aufzubauen, damit beauftragte die Universität von Chile den aus Kassel stammenden Biologen Ru-

dolph Armandus Philippi, der schon vorher in der Atacama-Wüste tätig gewesen war.

Der Park der Quinta Normal besteht aus Museen, Seen und Picknickplätzen. Der familienfreundliche **Museo Nacional de Historia Natural** (Tel. 2-680 46 00, www.mnhn.cl, Di–Sa 10–17.30, im Sommer 10–18.30, So, Fei 12–17.30 Uhr, 600 CLP) hat als besondere Attraktion ein komplettes Walskelett, das von der Decke baumelt, und viele anschauliche Vitrinen zur Natur- und Erdgeschichte Chiles. Jede Region wird komplett präsentiert. Das moderne **Wissenschafts- und Technikmuseum** (Museo de Ciencia y Tecnología, Tel. 2-681 60 22, Mo–Fr 10–18, Sa, So, Fei 11–18 Uhr) residiert in einer Kopie eines griechischen Tempels, und in einem Freiluftmuseum sind die ersten Eisenbahnen Chiles ausgestellt, darunter Dampflokomotiven und ›La Lenteja‹, die zwischen dem argentinischen Mendoza und Santiago die Anden überwand. Der attraktive **Pabellón Paris,** der zur Pariser Weltausstellung 1889 entworfene Pavillon und dort Repräsentant Chiles (mehr noch des von Gustave Eiffel kreierten Architekturstils), beherbergt ein interaktives **Kunstmuseum** für Kinder (Museo Artequín, Av. Portales 3530, Tel. 2-681 86 87, Di– Fr 9–17, Sa, So, Fei 11–18 Uhr). Reproduktionen der berühmtesten Kunstwerke der Welt, Computerdateien mit den Biografien der wichtigsten Künstler sowie Sommerwerkstätten und -kurse für Kinder werden von der Municipalidad Santiago, der Stadtverwaltung, von verschiedenen Firmen und der Tageszeitung »El Mercurio« gesponsert. Und am schönsten: Wenn man sich das alles angeschaut hat, kann man auf dem See Ruder-

boot fahren oder unter Baumkronen picknicken.

Ähnlich beliebt wie die Quinta Normal ist der **Parque O'Higgins.** Zu seinen Attraktionen zählen eine Rollschuhbahn, ein See, ein Schwimmbad und mehrere kleine Museen wie der **Museo de Insectos y Caracoles** (Insekten- und Schneckenmuseum, Tel. 2-556 66 60, tgl. 10–19.30 Uhr) das **Museo de Fauna Menor** (Kleintiermuseum, Tel. 2-341 98 41, Mo–Fr 10–19.30 Uhr) und das **Huaso-Museum,** das den chilenischen Cowboys gewidmet ist (Di–So 10–20 Uhr). Auf dem Gelände verstreut liegen Kunstgewerbegeschäfte und volkstümliche Restaurants.

Infos
Sernatur: Av. Providencia 1550, Tel. 2-731 83 10, Fax 2-236 14 17, www.sernatur.cl (auch

Mehr als ein Hauch von Bohème: im Barrio Bellavista

auf Englisch), im Sommer tgl. 9–20, im Winter Mo–Fr 9–18, Sa 9–14 Uhr. Lobenswerter Service, umfangreiches Prospektmaterial, auch auf Deutsch und Englisch. Von Sernatur gibt es auch Büros in den Flughäfen (national und international, in den Busbahnhöfen, im Centro Comercial Parque Arauco und im Parque Metropolitano) die ebenfalls gut ausgestattet sind. **Conaf-Zentrale:** Av. Bulnes 285, Tel. 2-66 30 00, www.conaf.cl. Hilfsbereit und mit viel Material ausgestattet. Man sollte sich Info-Blätter und Karten hier geben lassen, da sie in den Filialen (z. B. auf der Osterinsel) manchmal knapp sind.

Übernachten

Super-Standard ► **Sheraton Santiago San Cristobal** **1** : Av. Santa María 1742, Providencia, Tel. 2-70 71 00; 250 Zi. Liegt sehr schön am Río Mapocho zwischen altem Zentrum und Providencia; großzügig geschnittene Zimmer, bester Komfort. 200 US-$ für das DZ.

Stilvoll ► **Plaza San Francisco** **2** : Av. O'Higgins 816, Tel. 2-639 38 32, Fax 2-639 78 26, www.plazasanfrancisco.cl; 156 Zi., an der Iglesia San Francisco. Hat viele Pluspunkte: es liegt sehr schön zentral, pflegt einen diskreten, anheimelnden britischen Antiquitäten-Stil, der Service ist personalisiert und zuvorkommend. Das dazugehörige ›Bristol‹ ist ein elegantes, gutes Restaurant (ein *Menu Degustación* mit einer Auswahl an chilenischen Spezialitäten: etwa 33 US-$), und die Lobby-Bar lässt auch kaum Wünsche offen. Das DZ ist ab 175 US-$ zu haben.

Klassisch ► **Hotel Fundador** **3** : Serrano 34, Tel./Fax 2-387 12 00, www.fundador.cl; 150 Zi. Im Barrio París-Londres gelegen und deswegen zentral. Überzeugt durch großzügig geschnittene Zimmer; die Einrichtung wirkt allerdings fast ein wenig plüschig mit Antiquitäten. DZ ab 150 US-$.

Privat ► **Hotel Orly** **4** : Pedro de Valdivia 027, Providencia, Tel. 2-231 89 47, Fax 2-252 00 51, www.orlyhotel.com; 18 Zi. Ein hübsches, intimes Haus für den, der die individuelle Note sucht. Sommerlich eingerichtet. Das DZ kostet etwa 130 US-$.

Schick ► **Hotel Plaza Londres** **5** : Londres 77, Tel. 2-633 33 20, www.hotelplazalondres.cl. Bietet unterschiedlich geschnittene und große Zimmer mit und ohne eigenes Bad in zwei übereinander gehenden Häusern des Viertels an. Gemütlich, Dielenfußboden, Frühstücksbuffet und Internet gratis. DZ für 60 000 CLP.

Gediegen ► **Hotel Principado de Asturias** **6** : Ramón Carnicer 21, Tel. 2-222 70 22, Fax 2-222 31 58, www.hotelesprincipado.com; 80 Zi. Liegt gut zwischen Plaza Italia und Cerro Santa Lucía. Die Zimmer sind klassisch eingerichtet, aber nicht groß, mit viel Mahagoni und Glas. Für Behinderte geeignet. DZ ab 125 US-$.

Zentral und günstig ► **Hostal del Parque** **7** : Merced 294, Tel. 2-639 26 94, Fax 2-639 27 54, www.chilehotel. net; 30 Zi. Gepflegtes, nüchtern-modernes Hotel in der Nähe Parque Forestal/Plaza Mulato Gil. Ansprechend eingerichtete Zimmer mit großen Bädern; trotz der zentralen Lage relativ ruhig. DZ 120 US-$.

Originell ► **Hotel Majestic** **8** : Santo Domingo 1526, Tel. 2-690 94 00, Fax 2- 697 40 51, www.hotelmajestic.cl; 50 Zi. Ein Traditionshaus zwischen historischen Zentrum und Barrio Brasil. Der sanft arabisch-indische Stil verblüfft. Es ist luftig gebaut und sehr sauber; hat geräumige Zimmer und ein gutes indisches Restaurant. 100 US-$ für ein DZ.

Freundlich ► **Hotel Vegas** **9** : Londres 49, Tel./Fax 2-6 32 24 98, www.hotelvegas.net; 30 Zi. Zentral bei der Iglesia San Francisco gelegen; exquisites Preis-Leistungs-Verhältnis, sehr freundlicher Service; gemütliche

Tipp: Geldumtausch

Am unproblematischsten ist der Geldumtausch an den **Redbanc-Automaten,** die in Banken, Malls und Drogerien aufgestellt sind, mit Maestro- oder Kreditkarte. Sonst: im internationalen Flughafengebäude, im Zentrum in den Straßen Agustinas und Huérfanos sowie im Börsenviertel zwischen Morandé und Teatinos.

Santiagos Zentrum bei Nacht

Zimmer in einer typischen París-Londres-Villa, Frühstücksbuffet und Internet gratis. DZ ab 74 US-$.

Offen und freundlich ▶ Happy House Hostel [10]: Catedral 2207, Tel. 2-688 48 49, www.happyhousehostel.cl; 12 Zi. Das Gründerzeithaus liegt im angesagten Barrio Brasil und hat zehn gepflegte Zimmer. Freundliche und kommunikative Atmosphäre. DZ 32 000–35 000 CLP.

Familiär ▶ Hostal Patio Suizo [11]: Condell 847, Tel. 2-474 06 34, www.patiosuizo.com; 9 Zi. Mischung aus einfachem Landhaus und Jugendherberge zentral in Providencia. Nettes kleines Hotel, viel Service, nicht alle Zimmer verfügen über ein eigenes Bad. DZ 33 000 CLP.

Zweckmäßig und gut ▶ Hotel Principado [12]: Vicuña Mackenna 30, Tel. 2-222 81 42,

Fax 2-222 60 65, hotelesprincipado@hotelesprincipado.com; 45 Zi. Einrichtung in elegantem Crème und Rot, nüchterne, kleine Zimmer. Ein gepflegtes Haus mit einem guten Preis-Leistungs-Verhältnis. DZ ca. 65 US-$.

In Bellavista: betagte Villa ▶ Hotel Castillo [13]: Pío Nono 420, Tel. 2-735 02 43; 13 Zi. Das Schloss, das eigentlich kein Schloss, sondern eine recht betagte Großbürgervilla ist, beherbergt jetzt ein verblichenes, originelles Zwei-Sterne-Hotel mit kleinen, bunt eingerichteten Zimmern und einem hübschen Patio. Es liegt direkt in Bellavista. DZ 55 US-$.

Klein und fein ▶ La Casa Bonita [14]: Pasaje República 5, Tel. 2-672 73 02, www.bbcasabonita.com; 9 Zi. Puristisch möblierte Zimmer in einer restaurierten und ruhig gelegenen Art-déco-Villa. Auch Zimmer mit Gemeinschaftsbädern. Freundliche und zuvorkommende Wirte. DZ ab 52 US-$.

Kommunikative Atmosphäre ▶ Hostal Río Amazonas 15 : Rosas 2234, Tel. 2-698 40 92; 8 Zi. Dieses Hostal befindet sich in einem restaurierten Patiohaus aus dem 19. Jh. Die typische Traveller-Adresse: Hier kann man sich auch über Touren informieren, es gibt eine kleine Reise-Bibliothek. Wäscheservice. DZ mit eigenem Bad etwa 35 US-$.

Klassiker für schmale Geldbeutel ▶ Residencial Londres 16 : Londres 32, Tel./Fax 2-638 22 15; 15 Zi. In einer Villa im Barrio Paris-Londres untergebracht, die Zimmer sind unterschiedlich geschnitten. Beliebter und ausgezeichneter Traditions-Treffpunkt internationaler Backpacker, die dort ihre Reiseführer zurücklassen. Die Doppelzimmer kosten ab 30 US-$.

Lebhaft und nett ▶ Hotel París 17 : París 813, Tel. 2-639 40 37; 18 Zi. Eine Italienerin führt dieses beliebte Traveller-Hotel mit äußerst kommunikativer Atmosphäre. Die Zimmer sind zwar zum Teil klein und laut, am besten, man fragt nach den besseren und teureren. Ab 10 000 CLP pro Pers.

Quirlig ▶ Bellavista Hostel 18 : Dardignac 0184, Tel. 2-732 87 37; 8 Zi. Farbenfroh gestaltetes nettes Hostal im In-Viertel Bellavista mit Gemeinschaftsräumen, Internetraum. Die Gäste können kochen, es gibt einen Wäscheservice. DZ ab 8000 CLP.

Schönes Hostal ▶ La Casa Roja 19 : Agustinas 2113, Tel. 2-696 42 41, info@lacasa roja.tie.cl. Aus einer heruntergekommenen Großbürgervilla wurde ein schönes, unkonventionelles Hostal im Barrio Brasil. Zwei Patios, Küchenbenutzung, gutes Frühstück, auch Mehrbettzimmer, Internetcafé. Man zahlt etwa 15–20 US-$ pro Pers.

… in Las Condes

Im Business-Stil ▶ Hotel Atton: Alonso de Córdova 5199, Tel. 2-422 79 00, Fax 2-422 79 01, www.atton.cl; 211 Zi. Geräumige Zimmer und Bäder im zeitlos-eleganten Stil, die Atmosphäre ist recht kühl und Business-like. DZ ab 80 US-$.

Essen & Trinken

… Zentrum, Bellavista, Barrio Brasil

Klassisch ▶ Camino Real 1 : im Parque Metropolitano, Cerro San Cristóbal, Station Tupahue, Tel. 2-232 17 58, tgl. geöffnet. Elegantes Restaurant mit internationaler Küche (empfehlenswert: Fisch) in wunderschöner Panoramalage. Man sollte mit etwa 25 US-$ für ein kleines Menü rechnen.

Mexikanisch bunt ▶ Como Agua para Chocolate 2 : Constitución 88, Tel. 2-777 87 40, www.comoaguaparachocolate.cl, tgl. geöffnet. Der Erfolgsroman von Laura Esquível steht Pate beim Namen und den Rezepten dieses mexikanischen Restaurants in überschwänglich bunt dekorierten Zimmern. Sehr freundlicher Service, nette Atmosphäre und ungewöhnliche Gaumenreize. Man rechnet mit 20 US-$.

Tango und traditionell ▶ Confitería Las Torres 25 : Alameda 1570, Tel. 2-633 64 20. Ein klassisches Café-Restaurant, dekoriert im gediegenen Fin-de-Siècle-Stil. Große Weinauswahl, klassische Küche. Tangoabende. So geschl. Gerichte 8000–15 000 CLP.

Italienische Klassiker ▶ Da Carla 3 : MacIver 577, Tel. 2-633 37 39, So geschl. Sie ist der Klassiker unter den italienischen Restaurants, bodenständige und feine Küche. Gerichte ab 8000 CLP.

Designküche im Design-Restaurant ▶ Zully 4 : Concha y Toro 34, Tel. 2-696 13 78, So geschl. Originelles und teures Design-Restaurant im angesagten Barrio Brasil, das ebenso in Barcelona Furore machen würde. Man kann im Separée sitzen oder in den dezenten Speiseräumen. Bietet Fusion food und ist trotzdem bodenständig. Gerichte für 8000 CLP.

Große Tapas-Auswahl ▶ De Tapas y Copas 5 : Dardignac 0192, Tel. 2-7 77 64 07, So Abend geschl. In einem schön gestylten, typischen Bellavista-Haus wird spanische und chilenische Küche mit ambitionierten Rezepten angeboten. Tapas um die 4000 CLP, Hauptgerichte um 8000 CLP.

Beste Meeresfrüchte ▶ Azul Profundo 6 : Constitución 111, Tel. 2-738 02 88, So geschl. Originelle Mischung aus In-Style-Bar

und anspruchsvollem Fischrestaurant, Pablo Neruda und Francisco Coloane gewidmet. Die Deko ist halb Hafenspelunke, halb Dichtercafé. Fische gibt es ab 7500 CLP, empfehlenswerte Meeresfrüchteplatte vom Grill.

Super für Fleisch ▶ Eladio 7 **:** gibt es gleich 3 x: Pío Nono 241 (Bellavista), Tel. 2-777 33 37; Av. 11 de Septiembre 2250 (Providencia), Tel. 2-231 42 24; Av. Ossa 2234 (La Reina) Tel. 2-277 06 61. So geschl. Das Publikum variiert, das Essen ist immer gleich; ein richtig guter Tipp für große Fleischportio-

nen zu wirklich moderaten Preisen, ein sehr beliebtes Lokal. Gerichte 7000–9000 CLP.

Einfach nett ▶ R. (Erre punto) 8 **:** Lastarría 297, Tel. 2-664 98 44, tgl. geöffnet. Restaurant und Bar unter einem Dach im selben Styling; gartenhaft, sommerlich; peruanische Küche, ab 6000 CLP.

Hausmannskost ▶ Santo Barrio 9 **:** Brasil 109, Tel. 2-696 72 92, So geschl. Typisch chilenisches Eck-Restaurant, fröhliche Atmo, große Portionen chilenischer Hausmannskost, z. B. *churrasco a lo pobre* für 6000 CLP.

Santiago

Mapuche-Küche ▶ Restaurante Vichuquen 10 **:** im Hotel Galerias, San Antonio 65, Tel. 2-740 74 00. Hotelküchen sind nicht immer die aufregendsten. Aber diese hier ist speziell den Mapuche-Rezepten gewidmet, die man gut bei einem Mittagsmenü ausprobieren kann. 5000 CLP, Abendkarte teurer.

Treffpunkt mit Speisekarte ▶ La Pergola de la Plaza 11 **:** Plaza del Mulato Gil de Castro, Tel. 2-639 36 04, tgl. geöffnet. Hübsch zum Draußensitzen unter Sonnenschirmen, bietet Bistro-Küche ohne große Schnörkel, auch schön für einen Kaffee, ein Glas Wein oder einen Pisco Sour. Kleine Gerichte ab 5000 CLP.

Mexikanische Küche ▶ Plaza Garibaldi 12 **:** Moneda 2319, Tel. 2-699 42 78, So geschl. Sehr nettes mexikanisches Restaurant mit typischer und guter Küche, buntes, landestypisches Dekor. Tacos für 5000–6000 CLP.

Ein bisschen Boheme ▶ El Caramaño 13 **:** Purísima 257, Tel. 2-737 70 43, Mo geschl. Der Besitzer gründete das Lokal in Bellavista 1983 als eine Art *speakeasy* auf chilenisch unter der Pinochet-Diktatur, auch heute noch muss man anklopfen; geschickt geteilte Räume mit Flohmarktmobiliar; bodenständige, empfehlenswerte Küche; oft voll. Essen zwischen 4500 und 9000 CLP.

Frisch ▶ Mercado Central 7 **:** Über die großzügig ausgelegte Mittagszeit kann man hier in verschiedenen offenen Restaurants vorzüglich und deftig chilenisch speisen, z. B. im La Joya del Pacifico oder im Donde Augusto; beliebt sind rohe Seeigel und Eintopf aus Meeresfrüchten *(paila marina)*. Hat auch am Sonntag bis 17 Uhr geöffnet. Ein Restaurant öffnet abends während der Woche. Fischgerichte ab 4500 CLP, Paila Marina etwa 10 000 CLP (je nach Zusammensetzung).

Pasta ▶ La Divina Comida 14 **:** Antonia López de Bello, 93, Tel. 2-737 23 00, So geschl. Wer Pasta isst, bekommt ein Lätzchen. Beste italienische Küche in einer soliden Trattoria, aufmerksamer Service. Pasta ab 4500–5000 CLP.

Portugiesisch ▶ La Cava de Dardignac 15 **:** Dardignac 191, Tel. 2-777 62 68, Sa und So nur abends. Portugal ist hier zuhause in dem als Kellergewölbe gestalteten Restaurant in Bellavista, auch portugiesische Weinverkostung und Tapas (ab 2000 CLP).

… in Providencia, Las Condes, Plaza Nuñoa

Britische Club-Atmosphäre ▶ Hereford Grill: Av. El Bosque Norte 0355 (Las Condes), Tel. 2-231 91 17; und Tenderini 171 (Zentrum), tgl. geöffnet. Sehr gepflegte, exklusive Steakrestaurants mit britischem Club-Styling. Bunter und fröhlicher ist das in Las Condes, Speisen ab 10 000 CLP.

Austern-Spezialist ▶ Aqui esta Cocó: La Concepción 236, Tel. 2-410 62 00, www.aquiestacoco.cl, So geschl. Das rustikale Restaurant hängt voller Fischernetze, an den Wänden Weinregale. Lustig sitzt und speist man im Weinkeller; vorzügliche Meeresfrüchte und entsprechende Weinauswahl, Gerichte ab 20 US-$. Kleines Menü etwa 35 US-$.

Vielfalt ▶ Borde Río: Av. Josemaría Escrivá de Balaguer 6400. Eine schicke Ansammlung von verschiedenen Restaurants der unterschiedlichsten Stilrichtungen. Die Santiaguinos finden das sehr empfehlenswert. Preise variieren je nach Restaurant, liegen eher im mittleren und höheren Bereich.

Original peruanische Rezepte ▶ El Otro Sitio: Av. Monseñor Escriva de Balaguer 6400, Las Condes, Tel. 2-218 01 05, tgl. geöffnet. Die üppige Pflanzendekoration und die Rattanmöbel rufen sommerliche Stimmung hervor. Hübsches, sympathisches Patio-Restaurant mit peruanischen Spezialitäten, *ceviche* und *chupes*, die reichhaltigen Meeresfrüchtesuppen. Für ein kleines Menü bezahlt man etwa 20 US-$.

Beliebt ▶ Madras: Manuel de Salas 162, Plaza Nuñoa, Tel. 2-326 11 04, So geschl. Beliebt in der Szene, gutes Essen: international, indisch, Fusion Food. 9000 CLP.

Szene ▶ Astrid y Gastón: Antonio Bellet 201, Tel. 2-650 91 25, So geschl. Südamerikas bekanntester Peruaner hat seine Filiale auch in Santiago. Beste heimische Ware, sehr originelle Rezepte, halb bodenständig, halb Fusion Food. Unbedingt vorbestellen. 8000 CLP.

Kreolische Küche ▶ Pinch of Pancho: General del Canto 45, Tel. 2-235 17 00, So geschl. Intim, hell und bunt, freundlicher Service und eine kreolisch-amerikanische Karte. Gerichte ab etwa 8000 CLP.

Chilenische Küche ▶ Isla Negra: Bosque Norte 0325, Las Condes, Tel. 2-231 31 18, tgl. geöffnet. Eine Galionsfigur schwebt über der Bar in Schiffsform: Die Einrichtung will an das Haus von Pablo Neruda erinnern, und das passende Essen dazu ist richtig chilenisch, vom feinen Fisch bis zum deftigen Lammfrikassee. Gerichte ab 8000 CLP, kleines Menü etwa 13 000 CLP.

Angesagt ▶ Cavala: Av. Las Condes 9177, Las Condes, Tel. 2-243 30 79, So geschl. Der moderne Allrounder im ausgefallenen Lounge-Stil mit Terrasse zum Draußensitzen und einem Wasserbassin im Restaurant, Cocktailbar, Fusion Food. Ein Mode-Platz. Speisen ab 8000 CLP.

Originell ▶ Las Lanzas: Humberto Trucco, Plaza Nuñoa, Tel. 2-225 55 89, So geschl. Beliebtes Restaurant für Drinks, Tapas und andere Kleinigkeiten. Preise ca. 5000 CLP.

Cafés

Zahlreiche originelle Cafés haben im Barrio Brasil aufgemacht. Sehr schön ist der **Boulevard Levaud** (Companía 2735), ein komplett restaurierter ehemaliger Friseursalon, heute Café und Restobar. **Starbucks Coffee** ist mit zehn Filialen vertreten, hauptsächlich in den Stadtteilen Las Condes und Vitacura.

Minirock und Espresso ▶ Café Caribe: mehrere Filialen im Zentrum, z. B. im Paseo Ahumada, tgl. geöffnet. Stehcafés mit Bedienungen in den knappsten Minis Santiagos, eine weitere Variante heißt Café Haiti.

Altmodisch und gut ▶ Café Colonia: Mc Iver 133, Tel. 2-639 81 60. Ein *must* für Heimwehkranke: Im beliebten Café Köln werden voluminöse Buttercremetorten, Plätzchen und Obstkuchen gebacken, der Milchkaffee schmeckt auch ziemlich deutsch. Die Innenausstattung versetzt den Gast mühelos in die 50er-Jahre.

Trendy ▶ Café Tales: Concha y Toro 39, Tel. 2-672 99 38, www.cafetales.cl, So abends geschl. In eines der ungewöhnlich gestalteten Häuser im Barrio Brasil ist diese junge und attraktive Mischung aus Café und Bar eingezogen.

Elegant und schön gelegen ▶ Café del Parque: José de la Barra, in einer Passage beim dem Cerro Santa Lucía, beliebte Terrasse zum Draußensitzen, elegant, auch kleine Mittagsgerichte.

Beliebte Kette ▶ Au bon Pain: mehrere Filialen auf der Av. Providencia, tgl. geöffnet. Die Cafés sind schlicht im Eiscaféstil eingerichtet, die Auswahl an Backwaren und frischgepressten Säften ist vielfältig. Tägl. geöffnet.

Klassisch ▶ Café Tavelli: Av. de Fuenzalida 34, Galeria Drugstore, So geschl. Beliebtes Café auch zum Draußensitzen; hat es zu literarischem Ruhm gebracht. Es gibt einen schönen Ableger im Teatro Municipal an der Agustinas.

Einkaufen

Die Chilenen lieben Einkaufen. Der **Paseo Ahumada** 1 in der Innenstadt schläft nie, in den angrenzenden Passagen und Straßen liegen ebenfalls viele Geschäfte für Bekleidung, Lederwaren, Elektrogeräte, Delikatessen, auch Apotheken. Schicker geht es in den Malls der Viertel Las Condes und Providenica zu, schlichter auf den Bekleidungsmärkten zwischen den Busterminals.

Kunstgewerbe ▶ Artesanías de Chile: Artesanía, Antonio Varas 475, Providencia, Mo–Fr 10–20 Uhr, Sa nur vormittags. Aldea de Vitacura, Av. Vitacura 6838.

Indigene Kunst ▶ Centro y Exposición de Arte Indígena 2**:** Cerro Santa Lucía. Ausstellung indigener Kunst (Rapa Nui, Mapuche).

Flohmärkte, Second Hand ▶ Flohmarkt und Bücherflohmarkt sonntags in den Innenstadtstraßen Estado und Huérfanos, Antiquitäten- und Trödelgeschäfte in den Barrios Bellas Artes und Brasil, **Galpón de los Antigüedades** 3 in der Nähe des Parque de los Reyes, Barrio Brasil. Designläden im **Patio Bellavista** 4**.**

Tipp: Einkauf von Kunsthandwerk

Überall in der Stadt verstreut schlagen Kunsthandwerker ihre Stände auf; am bekanntesten sind die halb Hippie-, halb Kunstgewerbemärkte im Barrio Bellavista. Anspruchsvolle Lapizlazuli-und Kunstgewerbegeschäfte sprenkeln den Barrio Bellavista, z. B. im **Patio Bellavista,** Constitución 230, (witzig: **Frenesí,** Constitución 8, Tel 2-732 15 10, www. frenesi.cl). Einen ausführlichen Besuch lohnt der **Pueblito de los Dominicos,** Av. Las Condes 12 000, ein kleines Dorf, in dem Kunsthandwerker der unterschiedlichsten Couleur ausstellen und verkaufen. Neben den üblichen Lapislazuli-Geschäften gibt es auch wirklich originellen Schmuck und schmiedeeiserne Kunstwerke. Das Dörfchen ist mit zwei Terrassenrestaurants und kleineren Imbissbuden bestückt, man kann auch auch Antiquitäten und Pflanzen erstehen.

Shopping Malls ▶ Die Shopping Malls von Santiago gelten als die modernsten von Südamerika. Die zurückhaltend in kühlem Elfenbein, Marmor und Lichtspielen entworfene **Mall Alto Las Condes** (Av. Kennedy 9001, tgl. 10–22 Uhr) und der **Parque Arauco** (Av. Kennedy 5413, www.parauco.cl, Mo–Sa 10–21, So, Fei 11–21 Uhr, Patio de Comidas So–Do 10–23, Fr, Sa 10–1.30 Uhr) sind Aushängeschilder dieser Mode. Die *galerías* bieten auch Bars, Cafés und Restaurants, selbst Kino-Multiplexe sind in ihnen untergebracht.

Buchhandlungen ▶ Die **Feria Chilena del Libro** unterhält mehrere Filialen im Zentrum von Santiago und bietet gute Beratung. Auch die **Buchhandlung** im Gebäude der **Universidad de Chile** `5` und die Librería Andrés Bello in der Calle Bandera sind empfehlenswert. Historische, Geografie- und Kunstbücher sowie Biografien gibt es in der Buchhandlung an der **Plaza Mulato Gil de Castro** und im **Centro Cultural Palacio La Moneda** `6`. Für englische Literatur: **Librería Manan-**tial `7`, Plaza de Armas 444, Tel. 2-696 54 60, www.libreriamanatial.cl. Weitere gut sortierte Buchhandlungen: **Antártica Libros** mit Filialen an der Plaza de Armas, Mall Parque Arauco und Alto Las Condes, und die **Librería Australis** in der Av. Providencia 1670. Das **Café Le Fournil** im Parque Arauco, Av. Kennedy ist eine Mischung aus Café, Bistrot und Buchhandlung.

Abends & Nachts

Jedes Ausgehviertel von Santiago hat eine besondere Qualität: **Providencia** (Metro Los Leones) und **Las Condes** sind eher businessmäßig-schick mit Karaoke- und Restobars, **Bellavista** (Metro Baquedano) ist eher quirlig, jung, Touristenattraktion, Diskoszene, das **Barrio Brasil** (Metro Cumming) voller alternativ angehauchter, netter Cafés und Kneipen, die **Plaza Nuñoa** zieht eher die Künstler-und Musikerszene an. Die Viertel **Bellas Artes, Lastarria** und **Florida** an der Avenida Amerigo Vespuccio Sur sind ebenfalls gute Ausgeh-Adressen. Am besten, man sucht sich selbst ein Viertel aus und lässt sich dann treiben.

Drei angesagte Adressen ▶ **Café Literario La Canela**: Maturana 308, **Baires** `1`: Brasil 255, und **Blondie** `2`: Brasil 171.

Salsa-Bar ▶ **Dos Gardenias** `3`: Antonia López de Bello 0199 und 0104 (Restobar), Tel. 2-474 45 34. Live-Konzerte.

Restobar ▶ **Étniko** `4`: Constitución 172, Tel. 2-732 01 19. Techno-Disco, Bar, Restaurant, originell gemacht.

Alternativ ▶ **La Batuta:** Jorge Washington 52, Plaza Nuñoa, Di–Sa. Sehr beliebter alternativer Mix aus Bar, Club, Diskothek, Konzertbühne. Auch gut: die **Bar sin Nombre** (Irarrázaval 3420, Tel. 2-752 19 89).

Kubanischer Mix ▶ **La Habana Vieja:** Tarapacá 755, Tel. 2-638 52 84. ›Alt-Havanna‹ bietet eine gelungene Mischung aus Disco, Live-Musik-Bühne, Bar und Restaurant, alles schön kubanisch! In der Innenstadt.

Angesagt ▶ **Tantra Lounge** `5`: Ernesto Pinto Lagarigue 154. Spielen, was zzt. überall angesagt ist: Indian Vibes und Techno, Chill-out-Rooms in der 2. Etage.

Klassisch ▶ **Liguria:** Providencia 1373, Tel. 2-235 79 14. Diese klassische Bar ist bis in die frühen Morgenstunden geöffnet. Hier bekommt man auch Gutes zu essen.

Trendy ▶ **Café Tales:** s. S. 113.

Theater & Oper

Ein staatlich gefördertes Theater- und Opernprogramm ist in Chile unbekannt. Trotzdem kann man in der kosmopolitischen Stadt ein breit gefächertes Theaterangebot genießen. Die Aufführungen konzentrieren sich auf das Wochenende. Dafür steht eine Vielzahl an **Aufführungsstätten** zur Verfügung, u. a La Arena, Teatro Universidad Católica (Plaza Nuñoa), Estación Mapocho, El Conventillo, Centro Cultural Montecarmelo, Teatro San Ginés, Teatro Bellavista, La Comedia (alle in Bellavista).

Manchmal ist es gar nicht notwendig, der jeweiligen Sprache mächtig zu sein, um ein Stück während der alljährlichen Theaterfestivals im Januar zu genießen, so expressiv ist die oft gewählte Theatersprache der Südamerikaner selbst und ihrer internationalen Gäste. Die chilenischen Bühnen arbeiten auf hohem Niveau, selbstverständlich auch die Gast-Kompanien. Im Anzeigenteil der großen Tageszeitungen finden sich die Ankündigungen. Theaterfestivals wie ›Santiago a mil‹ versorgen in den Ferienmonaten Januar und Februar die Zuschauer.

Kulturzentrum ▶ **Centro Cultural Palacio La Moneda** 6: Plaza de la Ciudadania 26, www.ccplm.cl. Mal etwas Anderes – das moderne und sehr attraktive Kulturhaus bietet mitten in der Innenstadt über drei unterirdische Stockwerke Platz für Ausstellungen und Konzert. Mit der Cinemateca Nacional findet man auch ein Programmkino mit Museumscharakter. Fürs leibliche Wohl sorgt eine Dependance der Confitería Torres.

Vielseitig ▶ **Galpón Victor Jara:** Huérfanos 2146, Barrio Brasil. Ein guter Platz zum Ausgehen, auch für Konzerte und für Feste. Das aktuelle Programm findet man in den Tageszeitungen.

Gastspielbühne ▶ **Teatro Municipal:** San Antonio 149, Tel. 2-463 10 00. Gemischtes Programm. Hauptsaison von März bis Dez.,

Früher Bahnhof, heute Kulturzentrum: Estación Mapocho

in den Ferienmonaten ausgedünntes Programm.

Klassik ▶ Teatro Oriente: Av. Pedro de Valdivia zw. Providencia und Costanera, Tel. 2-251 53 21. Die Beethovenstiftung bestreitet hier hauptsächlich das Programm, viele Konzertzyklen.

Gastspiele ▶ Goethe-Institut 6 **:** Esmeralda 650, Tel. 2-571 19 50, Fax 2-571 19 99, www.goethe.de. Kümmert sich engagiert um die Kulturszene, insbesondere das Theater, mit guten Gastspielen und Kooperationen; Bibliothek, Sprachkurse. Finanziert die Gedenkstätte Oficina Chacabuco im Norden Chiles (s. S. 337).

Renommierte Avantgarde-Bühne ▶ Gran Circo Teatro 7 **:** Av. República 301, Tel. 2-689 00 45, www.grancircoteatro.cl.

Ausstellungen ▶ Instituto Chileno-Suizo 8 **:** Lastarria 39, Tel. 2-638 54 14, www.chilenosuizo.cl. Ist ein Kulturinstitut mit eigenem kleinen Gästehaus; veranstaltet Sprachkurse, Ausstellungen. Das Institut ist ein schöner Treffpunkt.

Klassik und Jazz ▶ Instituto Cultural de Providencia: Av. 11 de Septiembre, Tel. 2-784 86 01, www.proviarte.cl. Klassische und Jazzkonzerte, Filmreihen und Theateraufführungen.

Tipp: Die Nacht der Museen und Galerien

Was mittlerweile zum Publikumsrenner in deutschen Großstädten geworden ist, Museen auch in der Nacht zu besuchen, findet auch in Santiago seine Liebhaber. Museen und Kulturzentren öffnen ihre Pforten – Eintritt frei. Der Termin für die Museos de Medianoche variiert. Die Museen öffnen bis Mitternacht, ein kulturelles Begleitprogramm macht die Aktion für alle spannend. Für Galeriefans ebenfalls ein Tipp zur Abendgestaltung: Einmal im Monat kann man zwischen 19.30 und 22 Uhr durch die Galerien im Barrio Vitacura schlendern und erhält dabei eine Spezialführung.

Termine

Buchmesse Open Air: im Jan., Parque Forestal.

Festival des Barrio Brasil: im Jan., mit Ausstellungen, künstlerischen Darbietungen.

Festival Nacional del Folclore: in der letzten Januarwoche.

Feria Internacional del Aire y Espacio: im März, alle zwei Jahre stattfindende Flug- und Raumfahrtschau auf dem Flughafen Los Cerrillos.

Fiesta de Cuasimodo: im April, während der Osterwoche, Prozession von Huascos und Campesinos.

Beethoven-Konzertzyklus: Mai–Okt. im Teatro Oriente.

Fest zu Ehren der Virgen del Carmen: am 16. Juli in Maipú, mit Gesängen, Tänzen.

Architekturbiennale: im Sept. in der Estación Mapocho.

Nationale **Buchmesse** in der Estación Mapocho und **Internationale Kunsthandwerksmesse**: im Okt.

Aktiv

Empfehlenswerte Reisebüros für außergewöhnliche Exkursionen, Sportangebote, Lodges in Nationalparks:

Sprachkurse ▶ Contactchile 1 **:** Huelén 219, 2. Etage, Providencia, Tel. 2-264 17 19, www.contactchile.cl. Vermittelt zuverlässig Sprachkurse und Praktikumsstellen.

Fahrradtouren ▶ La Bicicleta Verde 2 **:** Av. Santa María 227, Tel. 2-570 93 38, www.labicicletaverde.com. La Bicicleta Verde im Stadtteil Bellavista veranstaltet thematische Stadtrundfahrten mit dem Fahrrad, hat auch Abendfahrten und Touren zu den Weingütern im Programm.

Exzellent für Sportler ▶ Azimut: General Salvo 159, Providencia, Tel. 2-235 15 19, Fax 2-235 30 85, www.azi mut.cl.

Vielseitig ▶ Altue: Encomenderos 83 (Las Condes), Tel. 2-232 11 03, Fax 2-233 67 99, altue@chileoutdoors.com/vi.

Deutscher Reiseveranstalter ▶ Viventura: Lautaro 877, Provndencia, Tel. 2-223 57 15, Fax 2-225 17 89, www.viventura.de. Junger, sehr interessanter Reiseveranstalter mit star-

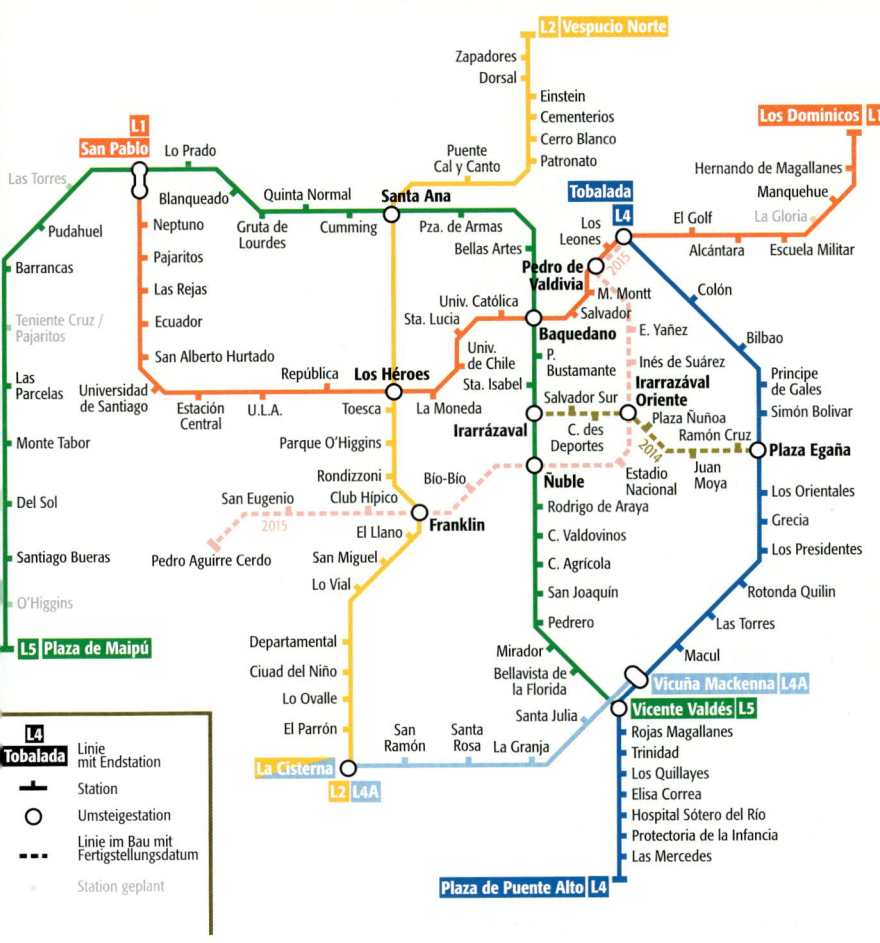

kem sozialpolitischen Engagement, unterstützen und besuchen während ihrer Rundreisen soziale Projekte.

Ausgezeichnet ▶ Latitud 90: Av. Kennedy 7268, Vitacura, Tel. 2-241 19 00, www.latitud 90.cl. Ist grade für sein Engagement für nachhaltigen Tourismus ausgezeichnet worden.

Verkehr
Flüge

Der **Flughafen Arturo Merino Benítez** (ca. 25 km vom Zentrum entfernt) mit nationalem und internationalem Flügel ist in etwa 30–45 Min. von der City aus zu erreichen, www. aeropuertosantiago.cl. Trans VIP, Tel. 2-241 19 00, und Tur-Transfer, Tel. 2-677 36 00, bieten Abholservice von Privatadressen, Hotels, Hostales und kosten 2500-3000 CLP (am Tag vorher reservieren). Tour Express (Moneda 1529, Tel. 2-601 95 73) und Centropuerto (Tel. 2-601 98 83) pendeln halbstündlich und zuverlässig 5.30–22 Uhr für etwa 1500 CLP zwischen Flughafen und Innenstadt, Endhaltestellen sind die Metrostationen Pajaritos, Los

Tipp: Weingüter besichtigen

Die Weinausfuhren Chiles schreiben Erfolgsgeschichte: in den vergangenen Jahren hat das Land allein nach Deutschland Wein im Wert von über 80 Mio. Euro jährlich exportiert. Auch auf dem Reisesektor hat sich der Wein einen festen Standort erobert, spezielle Weinreisen werden immer häufiger angeboten oder Besuche von Weingütern in Rundreiseprogramme eingebunden. Es lässt sich aber auch bequem in eigener Regie organisieren, denn viele renommierte Weingüter liegen vor den Toren Santiagos. Organisierte Touren vermitteln zahlreiche Hotels, La Bicicleta Verde bietet solche Touren mit dem Mietfahrrad an – auch das ist eine lohnenswerte Option.

Chile ist traditionelles Agrarland, das Herzstück befindet sich in der Zentralzone. Auf den Landgütern wurde immer auch Wein angebaut – das erklärt die vielen Weingüter im Familienbesitz –, aber nicht unbedingt im industriellen Maßstab. Erst in den vergangenen Jahrzehnten ist der Weinanbau sozusagen verwissenschaftlicht worden, was auch etwas mit den Investitionen ausländischer Firmen zu tun hat. Die Spanier Torres, die Franzosen Rothschild, Lafitte und Grand Marnier haben sich auf dem chilenischen Markt eingekauft.

Trotzdem, die traditionellen Landgüter mit ihrer ehrwürdigen Architektur inmitten der Weinberge zu besuchen, Weine zu verkosten, zwischen den Reben zu spazieren – das vermittelt einen ganz besonderen Zugriff auf chilenische Identität.
Direkt aufsuchen lassen sich:
Cousiño Macul: Av. Quilin 7100, Peñaloén, Santiago, Tel. 2-731 83 10, www.cousinoma cul.cl. Eines der ältesten Weingüter des Landes, Führungen Mo–Fr 11, 12, 15 und 16, Sa 11 und 12 Uhr (Englisch und Spanisch). Mit Metrolinie 4, Station Quilin, anschließend laufen oder Taxi.
Viña Undurraga: Camino a Melipilla, km 34, Tel. 2-372 29 00, www.undurraga.cl. Besuch eines Landschaftsparks und der Weinhallen. Führungen Mi–Fr 10.30, 12, 14.30 und 16, Sa, So, Fei 10.30 und 12 Uhr, auf Spanisch und Englisch.
Concha y Toro: Virginia Subercaseaux 210, Pirque, Tel. 2-476 52 69, www.conchaytoro. cl. Das alte Weingut ist tgl. von 10 bis 17 Uhr geöffnet und bietet zweisprachige Führungen an; vor dem Besuch anmelden. Zu sehen: Park und Sommersitz der Familie Concha y Toro und Weinverkostung; die Keller können wegen der Erdbebenschäden zurzeit nicht besichtigt werden.

Héroes, Universidad de Santiago sowie das Terminal Tur Bus in der Alameda 3750, dort warten auch Taxis für die Weiterfahrt. Die Fahrt dauert etwa 45 Minuten. Für eine Taxifahrt vom Flughafen in die Stadt zahlt man 10 000–13 000 CLP.

Stadtbüros der Fluggesellschaften
Aerolíneas Argentinas: Roger de Flor 2912, Las Condes, Tel.2-210 93 05, www.aerolineas.com.ar; **Aerolineas del Sur:** Roger de Flor 2915, www.aerolineasdelsur.cl, Call Center 60 06 25 00 00; **Air France:** Amerigo Vespucio Sur 2100, Las Condes, Tel.2-290 93 30, www.airfrance.cl; **Delta Airlines:** Isidora

Goyenechea 2939, Tel. 800-20 20 20, www. delta.com; **Iberia:** Bandera 206, Tel. 2-870 1070, und Alonso de Córdova 5151, Oficina 2002, Las Condes, Tel.2-870 10 70,; **Lan Airlines:** Huérfanos 926 (Innenstadt), Av. Providencia 2006 (Providencia); in den Malls Parque Arauco, Alto Las Condes, Mall Plaza Alameda, Alameda 3470 (Estación Central), Apumangue, Mall Plaza Vespucio, Mall Arauco Maipu; zentrale Telefonummer 60 05 26 20 00; im Flughafen: Tel. 690 114 81, 690 14 80, www.lan.com; **Lufthansa:** Moneda 970, Tel. 2- 690 11 12; **SkyAirline:** Andrés de Fuenzalida 55, Tel. 600 600 28 28, Fax 2-353 31 38, www.skyline.cl.

Flüge zur Osterinsel
Lan Airlines, Flüge zu den Islas Juan Fernández: Aerolineas Ata, Av. Larrain 7941, Hangar 3, Tobalaba, La Reina, Tel. 2- 275 03 63, Aerosec, Tel. 2-275 07 04, www.aerosec.com, Lassa, Tel. 2- 273 52 09.

Züge
Estación Central, Av. O'Higgins 3250, Tel. 2-376 84 15, www.efe.cl; moderne Zugverbindung in den Süden nach Temuco. Fahrkartenverkauf auch in der Galería Libertador, Alameda 853 und in der Metrolinie 1, Estación Escuela Militar, Tel. 2-228 29 83.

Fernbusse
Santiago verfügt über vier verschiedene Terminals, die jeweils unterschiedliche Ziele im Landesinnern zusammenfassen. Sie sind alle mit der Metro gut zu erreichen.
Terminal San Borja: Av. O'Higgins 3250 (neben der Estación Central); Verbindungen in die Küstenorte der Zentralregion und in den Norden.
Terminal de Buses Alameda: Av. O'Higgins 3750; Gemeinschaftsterminal der beiden größten chilenischen Busgesellschaften Pullman Bus und TurBus. Es bestehen Verbindungen in die Küstenorte, den Norden und den Süden bis Puerto Montt. Metro Universidad de Santiago.
Terminal de Buses Santiago Sur: Av. O'Higgins 3712. Es bestehen Verbindungen in den Süden bis hinunter nach Punta Arenas; auch internationale Verbindungen, z. B. ins argentinische Mendoza. Metro Universidad de Santiago.
Terminal Los Héroes: San Martín/Av. O'Higgins; Busse in die kleinen Orte, Metro Los Héroes.

Fähren/Schiffe
Patagonia Connection: Fidel Oteíza 1921, Of.100, Providencia, Santiago, Tel. 2-225 64 89, Fax 2-274 81 11, www.patagonia-connection.com.
Cruceros Australis: El Bosque Norte 0440, Las Condes, Santiago, Tel. 2-442 31 12, Fax 2-203 51 73, www.australis.com.

Cruceros Skorpios: Augusto Leguía Norte 118, Tel. 2-110 30, Fax 2-203 50 25, www.skorpios.cl.
Transmarchilay: Av. Providencia 2653, Local 24, Tel. 2-234 14 64, Fax 2-234 48 99, www.transmarchilay.cl.
Navimag: Av. El Bosque Norte 0440, Las Condes, Tel. 2-442 31 30, Fax 2-203 50 25.
Adresse für D, A, CH: **Chile Touristik,** Neue Kräme, 60311 Frankfurt, Tel. 069-23 30 62, chiletouristik@aol.com, www.chiletouristik.com, www.navimag.cl.
Norden-Tours: Kleine Johannisstr. 10, 20457 Hamburg, Tel. 040-37 70 22 70, www.norden-tours.de. Bieten Touren in die Antarktis mit einem Schiff der Hurtigruten an; die Reise beginnt entweder in Santiago oder in Buenos Aires.
Catamaranes del Sur: Pedro de Valdivia 0210, Providencia, Tel. 2-231 19 02, www.catamaranesdelsur.cl. Patagonienprogramm mit dem San-Rafael-Gletscher, Fahrt durch die Fjorde mit Ausgangspunkt Puerto Chacabuco.
C&O Tours: Fidel Oteiza 1921, Of. 901, Providenica, Tel. 2-372 30 30, www.co-tours.cl. Fahrten in die feuerländischen Kanäle bis hinunter in die Antarktis.

Mietwagen
Automóvil Club de Chile: Las Tranqueras 1753, Vitacura, Tel. 2-431 11 00. Filiale im Flughafen. Mitglieder des ADAC, ÖAMTC und TCS erhalten Rabatte.
Avis: San Pablo 9900, Tel. 2-601 99 66; im Flughafen, Tel. 2-690 13 82; im Hotel Sheraton, Av. Santa María 1742, Tel. 2-274 76 21; im Hotel Crowne Plaza, Av. O'Higgins 136, Tel. 2-639 22 68. Gebührenfreies Buchungstelefon 600-601 99 66.
Budget: Av. Francisco Bilbao, Tel. 2-362 32 00; im Flughafen, Tel. 2-601 94 21.
Dollar: Kennedy 8292, Tel. 2-202 55 10; im Flughafen, Tel. 2-601 86 56.
First: Rancagua 0514; Tel. 2-225 63 28;
Hertz: Costanera A. Bello 1469, Tel. 2-496 10 00; im Flughafen, Tel. 2-601 92 62.
Holiday Rent: Av. Suecia 734, Tel. 2-258 20 00.

Santiago

Metro und Stadtbusse

Das **Metro-System** von Santiago ist sicher, sauber, schnell und gut (s. Plan S. 117). Tickets für die Metro gibt es in den Stationen. **Busse** sind das übliche Stadtverkehrsmittel; Santiago ist gut vernetzt, die Busse erreichen auch die Vororte. Routen und Nummern sind mit weißer Farbe auf die Windschutzscheiben gepinselt. Fahrscheine erhält man beim Chauffeur.

Ausflug zum Cajón de Maipo ▶ 6, D 4

Was für die Londoner der Westen, ist für die Bewohner von Santiago der Osten: Schick, teuer und im vorliegenden Fall auch gesund. Wer es sich leisten kann, zieht in den *este*, der kühlen, frischen Kordillere zu, mit ihrer duftenden Luft und klaren Sicht, die in der Innenstadt längst nicht mehr garantiert ist.

In die Andenkordillere entführt ein beliebter Tagesausflug der Hauptstadtbewohner, den man auch auf zwei Tage ausdehnen kann, denn unterwegs gibt es mehrere Übernachtungsmöglichkeiten. Die Rundstrecke ist 180 km lang, 68 davon befährt man eine gute Schotterstraße. Wer nicht mit dem Auto unterwegs sein will, kann Touren buchen.

Im Tal des Maipo

Der Cajón del Maipo ist eines der beliebtesten und schönsten Naherholungsgebiete der Hauptstädter. Die Strecke führt am tief eingeschnittenen Tal des Maipo und mehreren alten Dörfern vorbei auf die Präkordillere zu. Die bäuerliche Region mit vielen kleinen Seen ist besonders fruchtbar, Obst- und Ge-

müsefelder säumen die Route je weiter man kommt. Ausflugslokale, Kunsthandwerksstätten und sogar kleine Weingüter gibt es unterwegs zu besuchen. Am Straßenrand werden Nüsse, Mandeln, Honig und frisch gemachtes Brot verkauft.

Richtig hübsch ist das alte Dorf **San José de Maipo** mit seinen alten, strohgedeckten Lehmziegelhäusern. Ein wenig weiter in Richtung Kordillere liegt das kleine **San Alfonso,** wo man Ausflüge zu Pferd buchen kann. Bei etwa 70 km stößt man auf die rustikalen Becken der Thermalbäder **Baños Morales.** Wer sich hier mit Sicht auf die Anden entspannen will, sollte seinen Badeanzug nicht vergessen.

Endstation ist **Lo Valdés,** ein Bergzentrum mit Wanderexkursions- und Reitprogramm; dort lässt es sich auch übernachten.

Weitere Übernachtungsmöglichkeiten findet man entlang der Route, z. B. in La Obra, Las Vertientes und in San Alfonso. Ausflugsrestaurants und Picknick- sowie Campingzonen gibt es in großer Auswahl. Besonders an den Wochenenden kann es dann recht voll werden.

Übernachten

Luxus-Lodge ▶ Lodge Andino: Fundo El Ingenio, Tel. 2-861 31 76, www.lodgeandino. cl; 7 Zi. Mitten in der Kordillere: 44 ha großes Landgut mit Obst-und Nussplantagen. Exquisit ausgestattete Zimmer im puristischen edlen Landgutstil, Pool, Ausflüge, Reiten, Wandern, Heli-Skiing, sehr gutes Restaurant. 440 US-$ mit Vollpension und Ausflügen pro Tag.

Super gelegen ▶ Cascada de las Animas: Camino al Volcan 31087, San Alfonso, Tel. 2-861 13 03, www.cascada.net. Rundumprogramm: Camping, Bungalows, Hostal, Garten, Pool, Spa, Restaurant, Reiten, Trekken. Kleine nette Zimmer für 30 000 CLP.

Solide ▶ Hostería Millahue: Camino El Volcán 27724, El Melocotón, Tel. 2-861 20 20. Schönes Steinhaus, Bungalows, Pool, Jacuzzi, Tennisplätze, Restaurant mit Terrasse, nur im Paket buchbar, mit Vollpension 37 000 CLP pro Person.

Tipp: Autovermietungen

Die Büros der Autovermietungen, die sich in den Flughafengebäuden befinden, sind in der Regel auch am Wochenende durchgängig geöffnet, die Stadtfilialen meist nur von Montag bis Freitag, manchmal bis Samstag. Das gilt für alle Flughäfen Chiles.

aktiv unterwegs

Die historische Minenstadt Sewell

Tour-Infos

Start: Tagesausflug von Santiago
Länge: 280 km
Dauer: 1 Tag
Buchung: Turismo Cultural, Tel. 2-2206750, elplo mo@elplomo.cl, und VTS Limitada, Tel. 72-21 02 90, sewell@vts.cl, bieten Führungen von Santiago aus an. Codelco hat eine Website auf Spanisch und Englisch eingerichtet: www.sewell.cl.

Rund 140 km südlich von Santiago liegt eng umschlossen von den Anden das ehemalige Minenörtchen Sewell – La Ciudad de las Escaleras, das Chile bereits als Patrimonio Cultural und Zona Típica ausgerufen hat und das zum UNESCO-Weltkulturerbe erklärt wurde. Früher als in der berühmten Chuquicamata im Großen Norden begann man in Sewell – das natürlich kein chilenischer Name ist, sondern ein englischer, der sich auf den ersten Firmeneigentümer bezieht – Kupfer abzubauen, nämlich schon 1905.

Eine unternehmerische Willensleistung, denn der Standort lag alles andere als verkehrsgünstig: einsam, wild, unzugänglich. An Straßenbau war nicht zu denken. Eine Eisenbahn wurde in die Anden gelegt, mit Ochsen schaffte man Baumaterial, Werkzeug, Einrichtungsgegenstände und Lebensmittel heran. Gestützt von Treppen und Rampen purzelte die fertige Stadtsilhouette 1921 dann quasi einen Berghang hinunter – so zumindest wirkt es, wenn man dort ist, denn für Straßenbau war die Lage am Hang zu abschüssig. Eine komplette Infastruktur entstand in dem dramatisch zwischen den verschneiten Zacken der Anden platzierten Örtchen, von der Hauptpost bis zur Rollschuhbahn – die Städteplaner dachten an alles.

Die Blütezeit setzte in den 60er-Jahren des letzten Jahrhunderts ein, und Sewell boomte, die Bevölkerung wuchs auf 16 000 Einwohner an. Von 1969 an begann die Auflösung, die Mine wurde aufgegeben, die Bewohner zogen in das nahe gelegene Rancagua; heute ist Sewell ein Museumsdorf.

Und ein recht außergewöhnliches und lohnendes für alle, die sich für Industriekultur und für die Bedingungen eines Minenarbeiterlebens interessieren. Der Volksmund taufte es ›Stadt der Treppen‹, *la ciudad de las escaleras,* und diesen Namen trägt es völlig zu Recht. Hoch aufgetürmt ragen die Gebäude empor. Heute farbenprächtig gestrichene Holzhäuser säumen die engen Treppenwege und Steige. Die staatliche Kupfergesellschaft Codelco verwaltet Sewell seit geraumer Zeit und hat neben der Restauration der Industrieanlagen und Wohngebäude auch das Kupfermuseum Museo de la Gran Minería del Cobre ausgestattet. In Santiago und in Rancagua bieten mehrere Reiseveranstalter Tagesausflüge nach Sewell an. Gutes Schuhwerk nicht vergessen!

Für Sportler ▶ **Cascada de las Animas:** San Alfonso, www.cascada.net. Schöne Unterkunft mit vielen Sportangeboten. Cabañas ab 48 000 CLP pro Nacht.

Erstes Refugio am Ort ▶ **Refugio Alemán:** Lo Valdés, Tel. 9-220 85 25 (Handy). Vom Andenverein gegründet, Hochgebirgscharakter, sehr nett. 20 US-$ pro Person.

Einfach ▶ **Hostería El Tucán:** Camino El Volcán 675, Tel. 2-871 10 89. 12 000 CLP pro Person.

Termine

San José de Maipo: im Jan./Feb., Theaterfestival; im Juli Patronatfest, im Sept. Festumzug zum Jahrestag der Unabhängigkeit.

Valparaíso und die Seebäder

Nur einmal die Küstenkordillere gequert, und schon landet man am Meer. Die weit geschwungene Bucht von Valparaíso wurde bereits von den ersten spanischen Konquistadoren zum Hafen bestimmt, und eine Reihe der unterschiedlichsten Seebäder säumt das oft raue Pazifikufer.

2 Valparaíso ▶ 6, A 2

Cityplan: S. 125

Der Name ist Programm. Wenn eine Stadt so heißt, erwartet man einiges, doch was man sieht, ist zunächst das pure Gegenteil: Kein reines ›paradiesisches Tal‹ gibt es hier zu bestaunen, sondern eine wilde Häuseransammlung, die ihren Flickenteppich über 45 steil zum Meer abfallende Hügel geworfen hat. Valparaíso ist laut, eigenwillig und lebhaft – und für den, der es mag, einfach wunder-

schön. Seit 2003 gehört die außergewöhnliche Innenstadt zum Welterbe der UNESCO. Gewürdigt werden ihre besondere Architektur und die gut erhaltenen Standseilbahnen und Aufzüge, die die verschiedenen Plattformen des leicht chaotischen Stadtgebildes miteinander verbinden. Zitat aus der Begründung: Hier finde sich die Globalisierung des frühen 19. Jh. gespiegelt, als Valparaíso ein führender Welthandelshafen war. Ein Welthafen strahlt immer eine besondere Atmosphäre aus, und so ist Valparaíso die vielleicht un-

Seilbahnen und Aufzüge verbinden die Ebenen der Stadt Valparaíso

verwechselbarste Stadt Chiles, dazu hat sie eine unkonventionelle, kreative, großstädtische Atmosphäre, erinnert ein wenig an Berlin-Kreuzberg. Nachts soll es in manchen Vierteln nicht ganz ungefährlich sein, sagen die Leute aus Valparaíso, z. B. in der Calle Ecuador und in der Hafengegend.

Die Stadt ist alt: 1536 wurde die Bucht von Pedro de Valdivia als Ausfuhrhafen für Santiago bestimmt und mit einer Kirche und ein paar Strandhütten markiert. Nach der Unabhängigkeit 1818 verankerte sich Valparaíso durch seine strategisch günstige Lage als wichtigster Hafen an der Pazifikküste für die Schiffe auf dem Weg zum Kap Hoorn und in den Atlantik. Englische, holländische, französische und deutsche Kaufleute etablierten sich allmählich mit Import-Export-Kontoren, von denen die junge Flora Tristan in »Meine Reise nach Peru« berichtet. Vor diesem Hintergrund spielt auch Isabel Allendes Roman »Fortunas Tochter«.

Und so sieht es dann auch aus: Ein deutscher Hügel grenzt an einen italienischen, ein britischer an einen jugoslawischen. Allesamt wurden sie in den Anfängen des 20. Jh. ge-

staltet und bezogen, mit Kränzen hölzerner Villenkonstruktionen versehen und mit Aussichts-und Flanierpassagen geschmückt. Dazu gesellen sich ein Finanz- und Bankenviertel sowie ein Handelsviertel, die auf dem schmalen ›Plan‹ kaum Platz finden, einem in der Mitte des 19. Jh. zu einem Drittel dem Meer abgerungenen Stück Land am Hafen.

Seemannsgarn spinnt sich durch Valparaísos Geschichte. Abgesehen von dem als sicher definierten Standort für eine Schatzhöhle des englischen Piraten Francis Drake neben dem Gebäude der größten chilenischen Tageszeitung »El Mercurio« an der Calle Esmeralda gilt es als ebenso gewiß, dass der kleine Neptunbrunnen an der Plazuela Aníbal Pinto aus Frankreich angespült worden ist. Und die junge Wirtin des Restaurants La Playa behauptet steif und fest, in ihrem Etablissement befänden sich zwei der sieben Spiegel, die einst das berühmteste Hurenhaus der Pazifikküste, die ›Casa de los Siete Espejos‹, schmückten – und das stand selbstverständlich in Valparaíso.

Zu ebener Erde: der Plan

Der Spaziergang beginnt am **Hafen** und der **Plaza Sotomayor** 1 . Umringt wird die Plaza von einigen repräsentativen Bauten aus den ersten Jahrzehnten des 20. Jh., z. B. dem heute leicht heruntergekommenen Hotel Reina Victoria, der Post mit ihrem imposanten Treppenaufgang und der schaumweißen Ex Intendencia von 1910, dem ehemaligen Verwaltungsgebäude und heutigen Marinehauptquartier. Unterhalb der Plaza gibt es ein kleines Stadtmuseum, der **Museo Insitu**, das die erste Mole von Valparaíso zeigt. Gegenüber gedenkt der **Monumento de Los Héroes de Iquique** der verlorenen Seeschlacht während des Salpeterkrieges. An der **Muelle Prat** kann man Popcorn, T-Shirts und Kunstgewerbe erstehen und zur Hafenrundfahrt starten. Um die Ecke liegt an der Almirante Señoret/Blanco eines der urigsten Restaurants der Stadt, das **Valparaíso Eterno** 7 .

Die Straßen Errázuriz, Blanco, Cochrane und Prat markieren den **Plan.** Auf der Prat reiht sich zwischen den Straßen Urriola und Concepción eines der auf Hochglanz polierten Stein-Marmor-Bronze-*mansiones* aus den 1930er-Jahren an das nächste. Der bürgerliche Glanz setzt sich in der Calle Esmeralda und an der Plazuela Aníbal Pinto fort, die das Ende der Geschäftszone bildet. Von hier aus lässt es sich über die Almirante Montt zum Cerro Concepción hinaufklettern oder mit dem gleichnamigen *ascensor,* dem ersten seiner Art in der Stadt, von der Calle Prat aus hochgondeln.

Die Hügel

»Wenn wir alle Treppen Valparaísos begangen haben, sind wir um die Welt gereist«, hat Pablo Neruda einmal geschrieben. Genauso kann man es sehen, aber wem unterwegs die Füße zu schwer werden, der kann auch ruhig einmal auf die 100-jährigen Standseilbahnen und Aufzüge wechseln, die die Hügel hinauf- und hinabsausen, denn auch das ist ein Abenteuer, das man nur hier erleben kann.

Der **Cerro Concepción** zählt, wie der benachbarte Cerro Alegre, zu den ehemaligen Top-Adressen mit schönen Aussichtspunkten und hübschen Häusern aus den Jahren um 1900, z. B. am Paseo Gervasoni, der mit dem Aufzug schnell erreicht ist, oder am Paseo Atkinson, dem Refugium der Briten, dem heute leider die Sicht verbaut wurde. Am Paseo Gervasoni liegen sich das Spitzenrestaurant **Turri** 1 und die wegen ihrer Aussicht gerühmte **Casa Mirador de Lukas** 2 (Nr. 448,

---

Tipp: Die Trolés von Valparaíso

Die ›Elektrische‹ ist zum Wahrzeichen Valparaísos geworden, und die Nummer 814 hält sogar den Titel eines Monumento Nacional. Die in den 1950er-Jahren eingeführten **Straßenbahnen** kreuzen noch immer mit ihren aus derselben Epoche stammenden Waggons durch Valparaíso, allerdings im wesentlich geringeren Maße als früher. Man erwischt sie am besten auf der Avenida Argentina.

Tel. 32-22 13 44, Di–So 11–18 Uhr). Sie ist dem verstorbenen Karikaturisten Lukas gewidmet und wird als Kulturzentrum für Lesungen, Ausstellungen und Konzerte genutzt.

Der **Cerro Alegre** ist von hier zu Fuß über die pittoreske winzige Pasaje Gálvez, die Calle Urriola, die Pasaje Bavestrello und abschließend die Calle Álvaro Besa zu erreichen, die in den **Paseo Yugoslavo** 3 mündet, auch er schön genug zum Flanieren. Hier befindet sich in dem Stadtpalast Baburizza des Salpeterbarons Zanelli der **Museo de Bellas Artes** 4 (Tel. 32-25 23 32). In den Seitenstraßen entdeckt man leicht noch mehr sehenswerte Wohnhäuser. Wieder zurück zum Plan gelangt man mit dem Ascensor Peral, der an der Plaza Justicia landet.

Von der Calle Serrano führt der Ascensor Cordillera auf den gleichnamigen Hügel hinauf. Die **Calle Serrano** hat schon einmal bessere Tage gesehen, da sie im 19. Jh. das Feine-Leute-Viertel war, was sich an manchen, mittlerweile aber stark mitgenommenen Hausfassaden noch ablesen lässt. Neben dem Aufzug klettert eine schmale Treppe den wohl steilsten Abhang der Stadt hinauf. Oben auf dem **Cerro Cordillera** mündet sie in die Plaza Ramírez, die auf den Ruinen des von Erdbeben verschlungenen spanischen Forts Castillo San José angelegt wurde. Südlich davon reckt sich die **Casa Lord Cochrane** 5 wie ein Balkon über die Plattform oberhalb des Steilabhangs. Dieses schöne Haus wurde nie von Lord Cochrane bewohnt, doch es ist als stilechte Casa Patronal allein schon sehenswert. Drinnen gibt es eine hübsche Ausstellung von Modellschiffen zu sehen (Merlet 195, Cerro Cordillera, Tel. 32-93 94 85, Anmeldung erforderlich).

Mercado del Puerto und Barrio Santo Domingo

Zurück auf der Serrano, erreicht man nach zwei Blocks die volkstümliche, laute **Plaza Echaurren** 6 , auf der Straßenhändler alles mögliche von der Plastikhaarspange und Unterwäsche über Einweg-Rasierapparate bis hin zu Obst und Gemüse feilbieten. Fische kann man hier ebenfalls leicht erstehen, so-

Valparaíso

Sehenswert

1 Plaza Sotomayor
2 Casa Mirador de Lukas
3 Paseo Yugoslavo
4 Museo de Bellas Artes
5 Casa Lord Cochrane
6 Plaza Echaurren
7 Iglesia Matriz de Valparaíso
8 Cerro Santo Domingo
9 Museo Naval
10 Caleta Membrillo
11 Sebastiana
12 Plaza Victoria
13 Museo a Cielo Abierto
14 Fundación Valparaíso/ Gato Tuerto
15 Congreso Nacional
16 Caleta Portales

Übernachten

1 Hotel Casa Higueras
2 Hotel Robinson Crusoe
3 Hotel Brighton
4 Puerto Natura
5 Puerta de Alcalá
6 The Yellow House
7 Casa Juan Carrasco
8 Casa Aventura

Essen & Trinken

1 Café-Restaurant Turri
2 La Colombina
3 Cinzano

4 Restaurant Caleta Membrillo
5 J. Cruz Malbran
6 Hamburg
7 La Playa
8 Valparaíso Eterno
9 Café Paseo

Abends & Nachts

1 Encuentro
2 La Piedra Feliz
3 Roland Bar

Valparaíso und die Seebäder

Im Hotel Brighton frühstückt man über den Dächern von Valparaíso

fern man dafür nicht den **Mercado del Puerto** vorzieht, der sich direkt an die Plaza anschließt und auf dem man auch essen kann. Die Plaza ist so etwas wie das ›Little Italy‹ von Valparaíso und auch der Hafenmarkt ist absolut sehenswert.

Auf der gegenüberliegenden Seite der Plaza Echaurren beginnt eines der ärmsten und zugleich malerischsten Viertel der Stadt, der **Barrio Santo Domingo.** Die **Iglesia Matriz de Valparaíso** **7** , die ›Mutterkirche‹, ein langgestrecktes, mit Zinkplatten verkleidetes Gebäude, markiert seinen Beginn. Hier stand die erste Kirche der Stadt. An die geräumige, unbebaute Plaza davor grenzte in früheren Zeiten das Hafengelände, und die Fischerboote landeten praktisch an den Kirchenstufen. Im Inneren gibt es einen ›Cristo de la Agonía‹ aus dem 17. Jh. – damals ein beliebtes Motiv der Christusdarstellung – aus der Sevillaner Bildschnitzerschule zu sehen.

Kleine Treppengässchen verknäulen sich auf dem **Cerro Santo Domingo** **8** , dessen Zentrum als *zona típica* geschützt wird und ein bisschen so aussieht, wie man sich Zilles Milljöh auf chilenisch vorstellen könnte: mit geflickten Holzhäuschen und dem einen oder

anderen derben Spruch an der Hauswand. Es geht wieder hinunter zur **Plaza Aduana (Wheelwright)** an der Küstenlinie, neben der das prachtvoll rot gestrichene Zollhaus prangt. 1854 im Kolonialstil erbaut, ist es immer noch einsatzbereit.

Von hier aus erklimmt der Ascensor Artillería den gleichnamigen Hügel und endet im eleganten Paseo 21 de Mayo. Die Aussicht auf Meer und Hafen ist ganz exquisit. Hier ist der **Museo Naval** **9** zu besichtigen. Das Museum zur Marinegeschichte Chiles zeigt historische Dokumente, Fotografien und alte Maschinenteile (Paseo 21 de Mayo, Cerro Artillería, Tel. 32-28 18 45, Di–So 10–18 Uhr, 500 CLP). Die Säle sind nach historischen Abschnitten gegliedert, zeigen Modellschiffe und Dokumente. Von hier aus ist auch die **Caleta Membrillo** **10** zu sehen, der kleine, von einer bemalten Petrusstatue überwachte Fischerhafen. Bis in die Mittagsstunden zieht sich der turbulente Handel dahin.

Pablo Nerudas Sebastiana **11**

Zwei weitere Sehenswürdigkeiten liegen in den Hügeln im Osten der Stadt. Die erste erreicht man ganz einfach vom Busterminal mit einem Linienbus über die Avenida Alemania und lernt dabei gleich den ersten Stock von Valparaíso kennen. Kaum lassen sich die Kurven mitzählen, bis man an der **Sebastiana** angelangt ist, das fantasievolle Wohnhaus, in dem Pablo Neruda residierte, wenn er in der Stadt war. Im Rohbau gemeinsam mit dem Künstlerehepaar Marta Martner und Francisco Velasco 1961 erworben, thront das letzte von dem Nobelpreisträger gekaufte Haus wie ein gemütliches Möwennest in drei übereinander gestapelten kleinen Stockwerken an einem Hang. Halbrunde Erker verleihen seinem Profil Verwegenheit. Im Innern sind die zirkushafte Wohnausstattung und vor allem die Fantasie und die Sammelleidenschaft des Dichters zu bewundern (Ferrari 692, Tel. 32-25 66 06, www.fundacionneruda.org, Di–Fr 10.30–14.30, 15.30–18, Sa, So 10.30–18.50 Uhr, 1800 CLP).

Wer sich das Freilichtmuseum, das zweite Highlight, anschauen möchte, wechselt auf die Avenida Alemania, geht an der Art-déco-Theater Mauri vorbei – das kleine verschiedene Café genau gegenüber ist ein literarischer Lieblingsplatz des Schriftstellers Roberto Ampuero – und biegt in die Calle Hector Jofre Calvo ein. Ein paar Schritte die Straße hinab liegt dort rechterhand beim Café Cuatro Vientos der Eingang zum Museo a Cielo Abierto. Als Endpunkt der Besichtigung bietet sich die **Plaza Victoria** 12 an. Diese könnte, begrenzt durch die Kathedrale und beschattet von hundertjährigen Bäumen, von ihrer Umgebung und den Dimensionen her noch am ehesten die Bedeutung einer zentralen Plaza der Stadt einnehmen. In den späten 80er-Jahren des 19. Jh. konzentrierte sich hier das elegante Leben mit einem Theater und raffiniert-repräsentativen Großbürgervillen. Die Zeiten sind vergangen: Jeden Sonntag verwandeln Flohmarktverkäufer mit ihren interessanten Buden die Plaza in einen Schauplatz.

Zum Freilichtmuseum
Museo a Cielo Abierto 13

Im Freilichtmuseum erwartet einen etwas wirklich Verblüffendes: Die übereinander gestapelten Häuschen der gesamten Hügel-kuppe des Cerro Bellavista, einem kleinbürgerlichen Wohnviertel, sind mit originellen Wandgemälden und witzigen Installationen geschmückt. Dafür zeichnete der Instituto de Arte de la Universidad Católica de Valparaíso verantwortlich. 17 der wichtigsten Künstler Chiles lieferten ihre Entwürfe ab. Um einen von Marta Martner entworfenen Platz gruppieren sich beispielsweise *murales* von Matilde Pérez, Eduardo Vilches und Ricardo Irarrázabal. Im ganzen Land gibt es kein vergleichbares künstlerisches Experiment, es ist eine kleine Sensation und ein ausgeprochenes Vergnügen, in diesem Freilichtmuseum herumzuspazieren.

Auf dem Weg dorthin, falls man seinen Weg an der Plaza Victoria und nicht an der Sebastiana begonnen hat, liegt die **Fundación Valparaíso** 14 in einer der schönsten, kunterbunten Holzvillen des Hügels. Sie ist allemal einen Stopp wert. Zum einen kann man dem Vintage-Bistro-Restaurant ›Gato Tuerto‹, das im selben Haus untergebracht ist und sowieso zu einer der nettesten (marokkanischen) Speiseadressen gehört, einen Besuch abstatten und auf seiner Terrasse neben der wundervollen Aussicht einen guten Espresso genießen. Und zum anderen sich das Programm der Stiftung anschauen, die sich zum Ziel gesetzt hat, den Begriff ›Weltkulturerbe der UNESCO‹ auch mit Leben zu füllen. Ausstellungen, Filmschauen, Lesungen gehören dazu.

Tipp: Ascensores

Eine Fahrt mit einer **Standseilbahn oder mit einem Aufzug** gehört zum Stadtrundgang dazu, außerdem wird's dadurch bequemer: Die *ascensores* auf die 45 Hügel von Valparaíso (Ascensor Concepción, Ascensor Peral, Ascensor Cordillera, Ascensor Artillería etc.) verkehren tgl. 7–23.30 Uhr und Sa bis 24 Uhr. Jeder hat da seinen Favoriten, die schnurgeraden Aufzüge Cordillera und Peral oder der gemütliche Artillería, der den gleichnamigen Hügel hinaufzuckelt.

Tipp: Traditionslokale

Sie heißen **Cinzano** 3, **La Playa** 7 und **Valparaíso Eterno** 8, die Traditionslokale von Valparaíso. Ihr Mobiliar sieht aus, als habe man es auf Flohmärkten zusammengesammelt, Plakate bedecken die Wände, die der Rauch und die Essensdämpfe dunkel gebeizt haben. Die Kellner sind meist ältere Herren mit guten Manieren, und das Essen, das sie auf ihren Armen balancieren, ist chilenisch, wie es nur sein kann. Die *ensalada chilena* verzichtet nicht auf das scharfe Mützchen aus gehackten Chilischoten, das als Konzession an den Touristengaumen mancherorts wegfällt, auf die Zubereitung des Seeaals *congrio* mit Püree versteht man sich bestens, und das Steak wird von einem wahren Haufen dünner Pommes frites und zwei Spiegeleiern begleitet. Sie in schicke moderne ›Restobars‹, zu verwandeln, wäre eine nicht wieder gut zu machende Sünde.

Von der Plaza Victoria geleitet die Avenida Pedro Montt in östliche Richtung an dem Parque Italia und dem hübschen kleinen Jugendstiltheater Velarde vorbei auf den **Congreso Nacional** 15 zu. Seine Architektur weiß durch Mächtigkeit zu beeindrucken. Schließlich handelt es sich um das größte Zivilgebäude Chiles, das sowohl Senat als auch Abgeordnetenkammer vereinigt. Allein der noble Speisesaal für besondere Gelegenheiten würde einem Fünf-Sterne-Grandhotel zur Ehre gereichen (Besuch nur nach vorheriger Anmeldung, Tel. 32-50 51 38, Pass mitnehmen). Wer die andere Option wählt und an der Plazuela Ecuador landet, erkundet sozusagen das urige, authentische Valparaíso.

Caleta Portales 16

Die Schwesterorte Valparaíso und Viña del Mar trennen nur 5 km auf der Costanera entlang des Meeres. Einen Punkt sollte man sich nicht entgehen lassen: die **Caleta Portales** auf halber Strecke. Sie ist nicht zu verfehlen,

denn die einzige Ampel auf der Stadtautobahn regelt hier den Verkehr. Jeden Morgen landen hier die Fischer von Valparaíso an und bringen ihren Fang an den Mann, die benachbarten rustikalen *marisquerías* quellen über von verführerischen Angeboten.

Infos

Kiosk der Touristeninformation: an der Muelle Prat und an der Plaza Aníbal Pinto, Tel. 32-293 96 69.

Übernachten

Edel ▶ **Hotel Casa Higueras** 1 **:** Higuera 133, Cerro Alegre, Tel. 32-249 79 00, Fax 32-249 13 70, www.hotelcasahigueras.cl. Eines der ersten Boutique-Hotels in Chile: die unterschiedlich großen 50 Zimmer dieser restaurierten Stadtvilla von 1920 sind über fünf Stockwerke verteilt. Zurückhaltend elegantes, warmes Styling, auf der Dachterrasse warten Pool und Jacuzzi, Wellnessbereich. DZ ab 250 US-$.

Originell-schick ▶ **Hotel Robinson Crusoe** 2 **:** Héctor Calvo 389, Tel. 32-49 54 99, Cerro Bellavista. Über den Dächern von Valparaíso und dem Museo a Cielo Abierto thront das gut ausgestattete Haus. DZ ab 159 US-$.

Einfach schön ▶ **Hotel Brighton** 3 **:** Paseo Atkinson 151, Tel. 32-22 35 13, Cerro Concepción; 12 Zi. Eine bildschöne sonnengelbe Villa im viktorianischen Stil mit blendender Aussicht, schick eingerichtet, guter Service. Hier wohnt man ab 33 000 CLP im DZ.

Interessant und elegant ▶ **Puerto Natura** 4 **:** Hector Jofre Calvo 850, Cerro Bellavista, Tel. 32-211 27 30, www.puertonatura.cl. Das Haus hat Sebastian Collado entworfen, der Erbauer der Sebastiana von Pablo Neruda. Hat kleine, stilvolle Zimmer, mehrere Patios und Terrassen. DZ 70–130 US-$.

Business-Stil ▶ **Puerta de Alcalá** 5 **:** Pirámide 524, Tel. 32-22 75 78, Fax 32-74 36 42. Wie man sich ein Hotel für Geschäftsreisende vorstellt: nüchtern, Glasfront, funktional. DZ ab 86 US-$.

Nette Atmosphäre ▶ **The Yellow House** 6 **:** Muñoz Gamero 91, Cerro Artilleria, Tel.

32-233 94 35. Kleines Hostal in einem restaurierten Haus aus dem 18. Jh., in Laufnähe zu vielen Sehenswürdigkeiten. In die gemütlichen, gepflegten Zimmer passt das Nötigste. Café-Restaurant. DZ ab 62 US-$.

Familiär ▶ Casa Juan Carrasco 7 : Abtao 668, Tel. 32-21 07 37, Cerro Concepción. Zwei normale Wohnhäuser auf dem schönen Cerro Concepción bilden dieses Residencial mit sehr unterschiedlich geschnittenen Zimmern. Die preiswerten haben weder Bad noch Fenster. Eingerichtet wie bei Oma. Zwischen 20 000 und 30 000 CLP mit Frühstück.

Klassiker der Hostales ▶ Casa Aventura 8 : Pasaje Gálvez 11, Tel. 32-75 59 63, ca satur@ctcinternet.cl, Cerro Concepción. Etagenpension in einer Traditionsvilla, schöne Lage. Wird von einem rührigen deutsch-chilenischen Paar geleitet; Touren, Spanischunterricht und viele Informationen, typischer Travellertreff. DZ gibt's ab 28 000 CLP.

Essen & Trinken

Elegant ▶ Café-Restaurant Turri 1 : Templeman 147, Tel. 32-25 91 98. In beneidenswerter Lage mit ebensolchem Panoramablick, internationale Küche, aufmerksamer Service. Gerichte um die 7000–10 000 CLP.

Atmosphärisch ▶ La Colombina 2 : Pasaje Apolo 91, Paseo Yugoslavo, Tel. 32-223 62 54. Stellvertretend für einige andere desselben Stils: in einer schön restaurierten Villa untergebrachtes, elegantes Restaurant mit familiärer Note und einer Karte, die sich auf wenige, besondere Gerichte (um 8000 CLP) konzentriert.

Ein Muss ▶ Cinzano 3 : Plaza Aníbal Pinto 1182, Tel. 32-21 30 43. Dieses Traditionsrestaurant besticht eher durch die unverwechselbare Stimmung als durch das Essen, sehr gut ist der Lachs. Manchmal gibt es abends Jazz auf der kleinen Bühne. Fischgerichte zu 6500 CLP.

Im Bistro-Stil gehalten ▶ Gato Tuerto 14 : Hector Calvo Joffre 205, Tel. 32-22 08 67, Cerro Bellavista. Bücher, Kunstgalerie, Café und Restaurant unter dem Dach einer viktorianischen Villa, alles sehr stilvoll, auch das Essen (nordafrikanisch inspiriertes Fusion Food) und der Espresso. 4500–9000 CLP kosten die Essen.

Authentisch ▶ Restaurant Caleta Membrillo 4 : Av. Altamirano 1569, Tel. 32-36 27. An der Fischermole, ansprechende Auswahl an (teilweise rohen) Meeresfrüchten und fangfrischem Fisch; seemannsmäßig gestylt. Fische gibt's für 4500–8000 CLP.

Besonders ▶ J. Cruz Malbran 5 : Condell 1466, Tel. 32-21 12 25. Ein Muss für Liebhaber origineller, etwas abgeschabter Restaurants: eine reizvolle Mischung aus leicht schlampigem Museum und einfachem Restaurant mit unspektakulären Küchenkreationen und großen Portionen. Das Standardfischgericht heißt *Congrio frito* und ist ab 5000 CLP zu haben.

Lustig ▶ Hamburg 6 : Calle O' Higgins 1274, Tel. 32-59 70 37. Das mit Bierhumpen vollgehängte Restaurant des ehemaligen Seemanns Wolfgang Scheuber serviert die deutschen Knüller Rollmops, Kassler mit Sauerkraut und Rotkohl, sehr gemütlich. Gerichte ab 3500 CLP.

Ein Muss ▶ La Playa 7 : Serrano 567, Tel. 32-59 42 62. Superbe, riesige Holztheke, museumsreife Möblierung; preiswertes gutes Essen (zwischen 3500 und 7000 CLP) und ebensolche Weine. Und eine unnachahmliche Stimmung.

Eine Institution ▶ Valparaíso Eterno 8 : Almirante Señoret 150, Tel. 32-22 83 74. Der Speisesaal liegt im zweiten Stock. Dieses italienische Restaurant im schlichtem Ambiente ist eine Institution. Pasta ab 3500 CLP.

Beliebt ▶ Café Paseo 9 : Plaza Aníbal Pinto 1167, Tel. 32-23 75 24. Geräumiges, gemütliches Café im internationalen Kaffeehausstil, ziemlich in Mode, es gibt auch kleine Gerichte ab 2500 CLP, z. B. *ensalada chilena*.

Einkaufen

Märkte ▶ Auf der Plaza O'Higgins wird samstags, sonntags und feiertags ein **Flohmarkt** mit Antiquitäten und Trödel abgehalten. Außerdem **Trödel und Second-Hand-Kleidung** samstags und sonntags an der Avenida Argentina gegenüber dem Kongressgebäude.

Abends & Nachts

Weinbar & Resto ▶ **La Playa** [6] : Serrano 567, Tel. 32-59 42 62, s. auch S. 129.

Matrosenfeeling ▶ **Encuentro** [1] : Calle Condell 1258. Einfach und originell.

Vielfältige Ausgehadresse ▶ **La Piedra Feliz** [2]: Av. Errázuriz, Di–Sa ab 21 Uhr. Mehrere Säle, Livemusik, Bar, Disco.

Traditionell ▶ **Roland Bar** [3]: Errazuriz 1152. Ganz traditionell und sehr fein.

Aktiv

Hafenrundfahrten ▶ Start an der **Muelle Prat,** während der Ferienmonate ständig Fahrten, Dauer 1 Std., auch abends.

Ausflüge ▶ **Valpo 24:** Tel. 9-98 14 15 92, www.valpo24.com. Deutschsprachiger Veranstalter, der verschiedene Rundgänge durch Valparaíso unternimmt sowie Ausflugsprogramme in die Umgebung und Transfers von Santiago organisiert.

Verkehr

Flüge: Stadtbüro Lan: Esmeralda 1044, Tel. 60 05 26 20 00 (zentrale Rufnummer).

Züge: Die Metro MARVAL verbindet Valparaíso (vier Stationen in Caleta Portales, Barón, Bellavista und Puerto) mit dem Nachbarort Viña del Mar.

Busse: Busbahnhof Av. Pedro Montt/ Rawson; Abfahrten nach Santiago alle 20 Min.; regelmäßige Verbindungen nach Concepción, La Serena (mehrmals tgl.), Puerto Montt (2 x tgl.), Arica (tgl.).

Nach Viña del Mar fährt ein **Stadtbus** von der Plaza Aduana ab.

Tipp: Festival de la Canción in Viña

Sollten Sie zufällig in der zweiten Februarhälfte in der Gegend sein, schauen Sie einmal beim Festival de la Canción rein, das ist so etwas wie der ›Oscar‹ des lateinamerikanischen Schlagers: Rummel, Stars und Sternchen, teure Kleider, tiefe Ausschnitte und jede Menge Klatsch.

Viña del Mar ▶ 6, A2

Cityplan: rechts

Die 300 000 Einwohner von **Viña del Mar** leben hauptsächlich vom Tourismus. Als es 1855 gelungen war, die schwierige Eisenbahnstrecke durch das Küstenbergland nach Viña del Mar zu führen, verlockte dies vermögende Hauptstädter und die im Salpetergeschäft oder in den Banken Valparaísos reich gewordenen Ausländer, ihre Sommervillen hier errichten zu lassen. Und so legte die Stadt im ausgehenden 19. Jh. einen Senkrechtstart als Sommerfrische hin. Heute ist Viña immer noch sehr beliebt, und berühmt ist das alljährlich im Februar ausgetragene lateinamerikanische Gesangsfestival ›Viña del Mar‹.

Spaziergang durch Viña

Stilvorbild für Viñas Villen ist eindeutig die **Quinta Vergara** [1] . In ihr befindet sich ein botanischer Garten, der bis heute seinesgleichen in Chile sucht. Die ehemalige Besitzersfamilie ließ einen *palacio* als Mischung aus venezianischem Dogenpalast und arabisch-andalusischer Fantasie bauen. Heute ist im Palacio Vergara der sehenswerte **Museo de Bellas Artes** untergebracht (Errázuriz 563, Tel. 73 84 38, Di–So 10–14, 15–18 Uhr, 500 CLP).

Die Quinta liegt im älteren Teil der Stadt, einen Block südlich des Bahnhofs. An die relativ bescheidene Plaza Sucre, die zum besseren Autoabstellplatz herabgewürdigt wurde, schmiegt sich die **Plaza Vergara** [2] mit einer Galerie von herausgeputzten Kutschen für Touristen. Hier schlägt das Herz des alten Viña: Hier liegt die Residenz der Familie Subercaseaux, die in das Hotel Español Plaza umgewandelt wurde, nebenan das Teatro Municipal und im Norden das Gran Hotel O'Higgins – alles Bauten der 1930er-Jahre im gehobenen neoklassizistischen Stil.

Fein säuberlich trennt eine der Hauptachsen der Stadt, die Avenida Valparaíso, die Plaza Sucre von der Plaza Vergara. Westlich davon verwandelt sie sich in die Haupteinkaufsmeile von Viña mit *galerías* und Fast-

Viña del Mar

Sehenswert

1 Quinta Vergara /
   Museo de Bellas Artes
2 Plaza Vergara
3 Castillo Wulff
4 Kasino
5 Palacio Carrasco
6 Museo Arqueológico Fonck
7 Palacio Rioja

Übernachten

1 Hotel O'Higgins
2 Bed and Breakfast
   Casa del Sol
3 Hotel Albamar
4 Hotel Royal

Essen & Trinken

1 Cap Durcal

2 La Ciboulette
3 La Flor de Chile
4 Cuernavaca

Abends & Nachts

1 Club Alcazaba
2 Café Journal Pub
3 Cine Arte
4 Teatro Municipal

Food-Lokalen. Ein Fels schließt sie zum Meer hin ab. Dahinter umrundet die Avenida Marina Viñas Klippen, und hoch oben thront das maurisch-gotische Steinschloss **Castillo Wulff** 3 , das ein Salpeterbaron 1906 bauen ließ. In dem unlängst zum Monumento Histórico Nacional deklarierten Gebäude befindet sich ein Zentrum für Wanderausstellungen (Di–So 10–13, 15–17.30 Uhr, Eintritt frei).

Vis-à-vis dem winzigen Marga-Marga-Delta, das den Puente Casino überspannt, versteckt sich in üppigen Gartenanlagen das **Kasino** 4 von Viña. Die beiden Avenidas Prat und San Martín (Geschäfts-und Restau-

rantzonen) führen geradewegs zu Viñas Strandzonen, den **Playas Acapulco, 15 Norte** und **Los Marineros,** die insgesamt eine Länge von mehr als 5 km zusammenbringen. Zu Museen wurden mehrere prachtvolle Ex-Ferienvillen umgestaltet: Der 1912 erbaute **Palacio Carrasco** 5 an der Avenida Libertad verfügt über vier Säle für Wanderausstellungen, dem Archivo Histórico und ist auch Sitz der Touristenauskunft (Av. Libertad s/n, Tel. 32-226 97 08, Mo–Fr 9.30–13, 14–18, So 10–13 Uhr).

Um die Ecke, an der 4 Norte, überrascht die ehemalige Residenz Delano mit dem au-

Zentralküste

ßergewöhnlich opulent bestückten **Museo Arqueológico Fonck** 6 . In seinen ethnologischen Abteilungen zeigt es die umfangreichste Schau zur Kultur der Osterinsel – ein *Moai* steht im Garten – und zu den Mapuche (4 Norte 784, Tel. 32-68 67 53, Mo 10–14, 15–18, Di–Fr 10–18, Sa, So 10–14 Uhr, 1000 CLP).

Zwei Blocks weiter (der Eingang befindet sich an der Calle Quillota) ist der **Palacio Rioja** 7 der Öffentlichkeit zugänglich. Prunk pur herrscht in diesem aufwendigen Bauwerk mit imposantem Treppenaufgang und stuckverzierten, riesigen Sprossenfenstern (Quillota 214).

Infos

Sernatur: Av. Valparaíso 507, Oficina 305, Tel. 32-269 00 82. Sehr freundliche und hilfsbereite Mitarbeiterinnen.
Conaf: Av. 3 Norte 541, Tel. 32-32 02 00, Fax 32-32 02 29, galvez@conaf.cl.
Oficina Central de Turismo: Arlegui/Ecke Hotel O'Higgins, Tel. 32-266 93 30. Auch So geöffnet.
Informationen im Internet: www.vinadelmar.cl.

Übernachten

Das Hotelangebot in Viña ist groß, jedoch scheint die Konkurrenz das Geschäft nicht zu beleben: Die Häuser sind oft gleichförmig gestaltet und nicht gerade billig, auch außerhalb der Hauptsaison.

Tradition ► **Hotel O'Higgins** 1 **:** Plaza Vergara s/n, Tel. 32-268 20 00, www.panamericanahoteles.cl, 265 Zi. Betagtes traditionelles Grandhotel von Viña von 1935 mit entsprechender Ausstattung, sehr stilvoll, aber etwas renovierungsbedürftig. Im Februar steigen hier die Bodyguards der Songfestival-Stars ab. DZ ab 55 000 CLP.

Frisch ► **Bed and Breakfast Casa del Sol** 2 **:** Romero 375, Recreo, Tel. 32-296 72 43. Gepflegt und hübsch. DZ 75 US-$.

Strandnähe ► **Hotel Albamar** 3 **:** Av. San Martín 419, Tel. 32-97 52 74, 35 Zi. Ein ganz bequemes, nettes Hotel, Halb-Strand-halb-Stadt-Stil, DZ zwischen 55 und 80 US-$.

Seebad-Atmosphäre mit stürmischer Note: Muelle Vergara in Viña del Mar

Mittelklasse ▶ Hotel Royal [4] **:** Alvarez 282, Tel. 32-266 41 61. Ganz schöne Zimmer, netter Service, allerdings nicht ganz leise. DZ 70 US-$.

Essen & Trinken

Neben chilenischer Meeresküche gibt es in Viña viele italienische Restaurants. Die preiswerteren findet man in und um die Av. Valparaíso herum. Viel Auswahl besteht auch entlang der Av. San Martín.

Tradition ▶ Cap Durcal [1] **:** Av. Marina 51, Tel. 32-62 66 55. Gebaut in Form eines Schiffes liegt das Restaurant in fantastischer Spitzenlage auf einem Felsen direkt über dem Meer. Serviert werden traditionell zubereitete chilenische Kreationen von frischem Fisch und ebensolchen Meeresfrüchten. Man zahlt zwischen 4500 und 12 000 CLP.

Delikat ▶ La Ciboulette [2] **:** 1 Norte 191, Tel. 32-269 00 84, Mo geschl. Belgisches Styling und chilenische Fisch- und Meeresfrüchte-Kreationen – eine immer noch erfolgreiche Kombination. Es gibt auch Schnecken! Hauptgerichte um 8000 CLP.

Populär ▶ La Flor de Chile [3] **:** 8 Norte 601/1Poniente, Tel. 32-268 95 54. Bistro-Restaurant mit langer Tradition. Beliebt und immer gut besucht, rustikale Küche, sehr nett. Gerichte um 5000 CLP.

Mexikanisch ▶ Cuernavaca [4] **:** Av. San Martín 501, Tel. 32-73 90 83. Mal zur Abwechslung eine passable mexikanische Küche in nettem Ambiente. Tacos für 3500 CLP.

Einkaufen

Shopping Mall ▶ Lieblings-Shoppingmeile von Viña ist die Av. Valparaíso, Mode bekommt man auch auf der Av. Libertad und natürlich in den Malls mit Restaurants.

Abends & Nachts

Musik ›querbeet‹ ▶ Club Alcazaba [1] **:** 6 Norte 338, Tel. 32-268 36 33. Club mit Discobetrieb, zu hören gibt's alles, von Musik aus den Sixties bis zu den Nineties.

Schnelle, harte Beats ▶ Café Journal Pub [2] **:** Agua Santa/Alvares, Tel. 32-266 66 54. Abends wird hier manchmal Techno aufgelegt.

Valparaíso und die Seebäder

Gutes Programmkino ▶ **Cine Arte** **3** : in der Galería Cine Arte, Plaza Vergara 142, Tel. 32-288 27 98.

Gute Bühne ▶ **Teatro Municipal** **4** : Plaza Sucre. Im frisch renovierten, klassizistisch-barocken Bau aus dem Jahr 1925 gastieren Theatergruppen, fungiert ebenfalls als Konzertbühne.

Schöne Lage ▶ **Kasino** **4** : Av. San Martín199, Tel. 32-50 06 00. Das 1930 für die feine Badegesellschaft erbaute Kasino liegt umgeben von Gärten direkt an der Küste. Der Eintritt kostet 15 US-$, viele Slot-Machines neben den traditionellen Sälen und einer Theaterbühne.

Verkehr

Flüge: Stadtbüro der Fluggesellschaft Lan, Av. Valparaíso 276, Tel. 60 05 26 20 00 (zentrale Rufnummer); Aerolineas Argentinas, Ecuador 23, Sky Airline, Ecuador 78.

Busse: Busbahnhof Limache 1001; dort halten auch die Stadtbusse aus Valparaíso; Verbindungen nach Santiago (halbstdl.), in die nördliche Küstenregion (Reñaca, Concón, Zapallar, Papudo; häufig), nach Concepción, Puerto Montt und La Serena (mehrmals tgl.). **Autovermietung:** Avis, Arlegui 201, Tel. 32-255 61 00. Weitere Anbieter auf der Ecuador und der Av. Libertad.

Litoral Central ▶ 6, B 1/2

Karte: S. 132

Reñaca **1**

Von Viña del Mar schlängelt sich die Küstenstraße in Richtung Norden an mehreren Felsvorsprüngen und der windgeschützten **Playa Las Salinas** vorbei auf **Reñaca** zu, das Mittzwanziger allsommerlich in eine einzige Open-

Badestrand an der Küste zwischen Valparaíso und Viña

Air-Party verwandeln. Reñaca ist dann so etwas wie das Ibiza Chiles. Die ersten Sommerhäuser aus dem frühen 20. Jh. am 1,5 km langen Sandstrand haben längst Apartmentblocks Platz gemacht. Außerhalb der Ferien macht Reñaca allerdings einen traurigen Eindruck, denn die Betonfassaden gehören nicht gerade zum Schönsten, was der Küstenabschnitt zu bieten hat.

Übernachten

Chilenen mieten sich üblicherweise wochenweise einen Ferienbungalow. Das Angebot ist dementsprechend groß.

Super Lage ▶ Hotel Oceanic: Av. Borgoño 12925, Tel. 32-283 00 06, www.hoteloceanic.cl; 34 Zi. Südlich von Reñaca attraktiv über dem Klippenstrand gelegenes, schönes Hotel mit dem Spitzenrestaurant ›Rendezvous‹. Das luftige DZ ist ab 95 US-$ zu haben.

Essen & Trinken

An der Av. Borgoño reiht sich ein Restaurant an das nächste. Besonders en vogue sind wie in der Hauptstadt die peruanischen Restaurants, z. B. ›Sazon Peruana‹.

Exquisit ▶ Rendezvous: s. Hotel Oceanic. Exquisite Küche zu angemessen hohen Preisen, Gerichte ca. 12 000–15 000 CLP.

Urig ▶ Los Pomairinos: Borgoño 14890, Tel. 32-83 30 59. Typische chilenische Küche und viele Fisch- und Meeresfrüchte-Zubereitungen. Gerichte ab etwa 3500 CLP.

Abends & Nachts

Bars und Kneipen in der **Calle Central** und in der **Av. Borgoño.**

Die Küste in Richtung Norden

Auch die außersaisonalen Besucher von **Concón** **2** sehen sich mit viel Beton konfrontiert. Dafür aber könnte die 10 km lange, dazwischenliegende Küstenstrecke abwechslungsreicher und schöner nicht gestaltet sein: Grobe Felsen wie die **Puntilla de Montemar** mit dem Instituto de Biología Marina, samtige Strände wie die **Playa Cochoa,** die sich zu einem neuen Zentrum entwickelt hat, weite, helle, hohe Sanddünen, ein Aussichtsplatz zur Beobachtung von Seelöwen, das kuriose, unter Naturschutz gestellte Felsmassiv **Roca Oceánica,** die **Caleta Higuerillas** **3** mit zwei kleinen Yacht- und einem Fischerhafen und zahlreiche Strandrestaurants verwandeln die Fahrt in einen lohnenden Ausflug, den die Sommerurlauber gerne in die Zeit des Sonnenuntergangs legen. Concón seinerseits versteht sich als Hauptstadt der Restaurants – es hat außergewöhnlich viele – und lockt mit drei hübschen Stränden.

Horcón **4** ist über eine kurze Stichstraße zu erreichen und war über lange Zeit die ursprünglichste Fischerbucht an dieser erschlossenen Ferienküste. Sie ist klein und malerisch, Strände befinden sich im Norden von Horcón. Die buntgestreiften Fischerbötchen schaukeln auch heute noch auf den Wellen. Doch zunächst kam die junge internationale Rucksackschar und war begeistert von der

Valparaíso und die Seebäder

unverfälschten Idylle; wenig später entdeckten chilenische Studenten diesen Ort, denn dort lässt es sich noch preiswert leben, zelten und essen. Es entstand ein allsommerliches Mini-Woodstock mit Privatfeiern, das sich ganz besonders gegen Ende Januar großer Beliebtheit erfreute. Kunsthandwerker und Künstler fühlten sich von der leicht bohemienhaften Mischung aus Unbeschwertheit, Intellekt und sanftem Drogenkonsum angezogen, die zu Hippie-Zeiten populär war.

Ganz so idyllisch präsentiert sich Horcón heute nicht mehr und plötzlich fällt einem auf, dass die Bucht ja doch recht steinig ist. Der Tourismus ist ungeordnet gewachsen. Anziehungspunkt bildet aber immer noch der Kunsthandwerksmarkt. Horcón hat eine eigene website: www.caletahorcon.cl.

Essen & Trinken

Fisch ▶ **El Ancla** und **El Duende** an der Playa La Caleta sind die besten Fischrestaurants von Horcón (beide eher günstig).

Marbella Resort bis Zapallar

Das krasse Gegenteil von Horcón liegt ein paar Kilometer nördlich: Die Ferienanlage **Marbella Resort** [5] wartet mit den üblichen Schickeria-Schikanen auf. Golfplätze – einer davon für Kinder – und Tennisplätze, ein eigener Bäderbetrieb mit Fitness-Oasen und ein Fünf-Sterne-Hotel.

Der Ort **Maitencillo** [6] selbst hat mit seinem langen und attraktiven Sandstrand Aguas Blancas einen ganz besonderen Trumpf. In **Cachagua** [7], das nur wenige Kilometer weiter nördlich liegt, bleibt man unter sich – es ist ein wenig vornehmer und hat sogar einen Golfclub, wo andere Ferienorte nur mit Kitesurfen und Surfboarden aufwarten können. Richtig schick wird es anschließend: Wer nach **Zapallar** [8] will, muss sehen, wo er unterkommt, denn der winzige Ort besteht auf seiner Exklusivität, und das bedeutet, dass der, der hier nicht über eine eigene Villa verfügt, in den Außenbezirken nächtigen muss. Auch die Palette der abendlichen Unterhaltungsvarianten ist für den, der nicht privat eingeladen wird, recht beschränkt, denn das schöne Strandrestaurant César stellt gegen 19 Uhr die Stühle auf die Tische.

Die Residenzzone ist postkartenreif schön. Hier verbringen diejenigen ihren Urlaub, deren Eltern Anfang des 20. Jh. in Santiago genügend Geld verdient hatten und sich hier Strand-Traumhäuser leisten konnten. Blumenduft aromatisiert die Luft, Hibiskusblüten segeln auf die Plattenwege, und das Entlangflanieren an Gärten und mitunter kühnen Hauskonstruktionen gipfelt im Besuch des intimen Strandes von perfekter Mondsichelform. Weitere Spazierwege wurden oberhalb des kräftig an die schwarzen Klippen schlagenden Mar Bravo auf der Avenida Costanera und in entgegengesetzte Richtung auf der Rambla angelegt.

Übernachten

Elegant ▶ **Hotel Isla Seca:** auf dem Weg zwischen Zapallar und Papudo, Tel. 33-74 12 28, www.hotelislaseca.com. 39 Zi. Elegantes

Komforthotel oberhalb der Küste, eigener Garten. Das DZ kostet ab 150 US-$.

Essen & Trinken

Ein Top-Restaurant ▶ Isla Seca: Hotel Isla Seca, Tel. 32-74 12 24, s. auch links; ein wunderschönes, lichtes, auf italienisch getrimmtes Restaurant mit Kachelfußboden; die Küche bietet edle chilenische Fische und Meeresfrüchte an. Preisklasse: bis zu 12 000 CLP.

Am Strand ▶ César: am Strand von Zapallar. Die exquisite Variante eines Strandlokals, sehr freundlicher Service. Fische und Meeresfrüchte gibt's ab 6500 CLP.

Authentisch und gut ▶ Chiringuito: am südlichen Ende des Strandes von Zapallar. Das Open-Air-Restaurant liegt neben dem kleinen Fischmarkt; rustikal gemacht, mit richtig gutem, fangfrischem Fisch zu niedrigen Preisen, eine Portion *jurel* oder *congrio* ab 4000 CLP.

Von Valparaíso nach Süden

Die über die Carretera 68 erreichbare südliche Küstenzone verfügt über zwei Höhepunkte: Cartagena und Isla Negra. Die dortigen Seebäder wie Algarrobo und Las Cruces erstrahlen nicht im Glamour wie Viña del Mar, Zapallar und Reñaca. Man trifft auf ein Familienpublikum, das in vergleichsweise preiswerten Hotels oder Bungalowanlagen Ferienfreuden sucht.

Die bedeutendste Sehenswürdigkeit an diesem Küstenabschnitt hat keinen Badestrand und ist auch keine Insel: **Isla Negra** **9**. Hier befindet sich die **Ferienvilla Pablo Nerudas,** die täglich Hunderte von Besuchern anlockt. Galionsfiguren baumeln von Decken und Kaminen, darunter auch eine postkartenschöne weinende und eine männliche, die angeblich Francis Drake darstellen soll. Jede Ecke ist mit Fundstücken dekoriert. Vom Haus aus geht es hinunter an den schwarzen, mit rund geschliffenen Klippen

Die geflügelte Kundschaft am Strand von Horcón hofft auf Beute zum Nulltarif

besetzten Strand. Viele hübsche Ferienhäuser verstecken sich in duftenden Pinienhainen (Ferrari 692, Tel. 32-46 12 84, Di–So 10-18 Uhr, Führungen auf Deutsch, Englisch und Französisch, 3000 CLP). Weitere Informationen findet man unter www.fundacionneruda.org.

Essen & Trinken
Bistro ▶ **Café del Poeta:** Museo Pablo Neruda, Tel. 32-46 17 74. Über den Klippen schwebend, im Museumskomplex gelegen; Bistroküche, gute Pisco Sours. Meeresfrüchte, z. B. *camarones,* ab 6000 CLP.

Cartagena und Las Rocas de Santo Domingo
Beeindruckendster Flecken an der Sommerküste ist zweifellos **Cartagena** **10** , in Hanglage übereinander getürmt, und ziemlich volkstümlich. Die Straße erreicht zuerst den oberen Teil und rutscht dann hinunter an den zweigeteilten Strand. Links und rechts des Küstenpanoramas strecken sich mitunter Aufsehen erregende Holzkonstruktionen in die Luft, die durch Terrassen miteinander verbunden sind. Einige davon sind richtige Schönheiten, ähnlich wie in Valparaíso, z. B. die Villa Ferrari oder die Villa de la Vega.

Eine bunte Kette aus Strandrestaurants säumt die Playa Chica, Hotels ziehen sich entlang der Uferpromenade. In Cartagena befindet sich das Grab des Intimfeindes von Pablo Neruda, des Dichters Vicente Huidobro. Eine Künstlerinitiative aus Cartagena veranstaltet allsommerlich ein Kunstfestival.

Der vornehmere Teil von Cartagena nördlich des eigentlichen Städtchens heißt **San Sebastián** und hat einen üppigen Sandstrand vorzuweisen.

Richtig vornehm geht es dann in **Las Rocas de Santo Domingo** **11** zu. Es handelt sich um eine reine Residenzzone mit eigenem Flugplatz und einem riesig langen, geraden Strand.

Übernachten
Zimmer mit Ausblick ▶ **Hotel Rocas de Santo Domingo:** La Ronda 130, Tel. 35-244 43 56; 20 Zi. Der große und recht moderne Hotelkomplex liegt direkt am Strand. Die Zimmer für 130 US-$ sind geräumig und gepflegt und verfügen über einen wirklich schönen Blick.

Essen & Trinken
Genießen mit Beachfeeling ▶ Viele nette **Strandrestaurants** an der Playa Chica; das beste gehört zum Hotel Bahia, oder die Parillada Argentina, zwischen San Sebastián und Cartagena.

Valle de Colchagua ▶ D 21

Karte: S. 141

Das Valle de Colchagua gehört zu den bedeutendsten Weinanbaugebieten Chiles – und zu einem der traditionellsten. Vergeblich wird man darin einen Fluss namens Colchagua suchen, der Fluss heißt Tinguiririca und durchfließt ein heißes, trockenes, weites Tal, das von baumbestandenen Hügeln gesäumt wird. Weißweine hätten in diesem Klima keine Chance, aber rote Traubensorten gedeihen hier prächtig und sind in den vergangenen Jahren mit Prämien namhafter Zeitschriften und Sommeliers überhäuft worden. Besonders die Traube Carmènere, die es nur hier gibt, weil sie im 18. Jh. in ihrem Ursprungsland Frankreich durch eine Ungezieferplage vernichtet wurde, dient dem Valle de Colchagua als Emblem.

Die Region gehört zu dem Herzstück des Agrarlandes Chile. Noch aus Kolonialzeiten stammen Gutsherrensitze und prächtige Haciendas, die weit verstreut um das Tal herum liegen. Hier kann man die Casas Patronales sehen, einstöckige, weit gezogene Bauten aus Adobe, luftgetrockneten Lehmziegeln, die mit ihren dunkelroten Ziegeldächern und holzgestützten Veranden eine ganz besondere Architektur repräsentieren. Diese Region verstehen die Chilenen ein bisschen als die kulturelle Wiege ihres agrarisch dominierten Landes; sie lieben ihre *huasos,* die sattelfesten Gutsbesitzer, die Rodeos und die Weinlesefeste im April.

Santa Cruz ▶ D 21

Natürlicher Mittelpunkt und Kraftzentrum ist das hübsche 32 000-Einwohner-Städtchen **Santa Cruz** 1 mit seiner verschlafenen Plaza, die von einem romantischen Musikpavillon geschmückt wird – gerade so, als gäbe es die Zeit der nachmittäglichen Sonntagskonzerte noch, die man selbstverständlich im Ausgangsstaat besuchte. Sonntags übrigens findet dort ein Kunsthandwerksmarkt statt.

Einige geschmackvolle Geschäfte umrahmen die Plaza; hier liegt auch der **Club Social,** der einen einwandfreien Mittagstisch anbietet. Hauptattraktion des Ortes ist ein Museum, das für Schlagzeilen gesorgt hat, gehört es doch dem aus Santa Cruz stammenden Carlos Cardoen. Der Waffenhändler kann Chile nicht verlassen, weil er in den 1980er-Jahren Clusterbomben an den Irak lieferte und 1993 von der US-Regierung unter Anklage gestellt wurde. Die Clusterbomben sollen die Form von Weinreben gehabt haben, tuscheln die Leute in Santa Cruz.

Prophetisch sei das gemeint gewesen, denn einmal in Chile festgesetzt, habe er sich entschlossen, in Wein zu investieren. Das mit der Bombe in Form einer Weinrebe ist selbstverständlich nicht verbürgt, doch bei einem solch geheimnis- und skandalumwitterten Mann blüht verständlicherweise die Gerüchteküche. Zweifellos hat Cardoen für seinen Geburtsort viel getan. Er hat den **Tren del Vino** erfunden, einen Historienzug, der von San Fernando nach Santa Cruz zuckelt (zzt. ist die Strecke wegen der Erdbebenschäden vom Februar 2010 allerdings nicht befahrbar), er hat seinem Geburtsort ein Fünf-Sterne-Hotel und ein Kasino gebaut, ein Weingut übernommen und ein **Museum** errichtet, das das bedeutendste Privatmuseum Südamerikas sein soll.

Es zeigt in zahlreichen sorgfältig ausgestatteten Sälen die Geschichte Chiles, Prähistorie und Unabhängigkeitskrieg eingeschlossen, und hat einen riesigen Kutschenpark. Dass Carlos auch eine Nazi-Waffensammlung ausstellt, berührt die chilenischen Besucher weniger unangenehm als die deutschen (Av. Errazúriz 145, Tel. 72-82 10 50,

Di–So 10–18 Uhr, 2000 CLP, www.museode colchagua.cl).

Übernachten

Elegant ▶ **Hotel Santa Cruz Plaza:** Plaza de Armas 286, Tel.72-20 96 00, www.hotel santacruz.cl; 113 Zi. Erstes Haus am Platz in einem verzweigten Kolonialstilgebäude, mit sehr geräumigen, elegant eingerichteten Zimmern, viel Service. Programme und Ausflüge. Das DZ kostet ab 250 US-$.

Jahrhundertwendestil ▶ **Hotel Vendimia:** Ismael Valdes 92, Tel. 72-82 24 64, www.ho telvendimia.cl; 8 Zi. Das Haus trägt die Handschrift der Besitzer Carla und Mauricio Ramírez. Boutique-Zimmer. Jedes Detail ist liebevoll ausgesucht, restauriert. Gutshaus-Frühstück mit Pan de Rescoldo und heißer Schokolade. Aufmerksamer, sehr freundlicher Service. Man zahlt 140 US-$.

Essen & Trinken

Stilvolles Bistro ▶ **Veta Bistro:** Rafael Casanova 570, Tel. 72-82 24 01. In der Viña La Posada. Mit warmen Hölzern, Ladrillo-Fußboden schlicht und trotzdem stilvoll eingerichtet, auf der Karte gehobene ländliche Küche. Gerichte ab 6000 CLP.

Ambitioniert ▶ **Aromas de Colchagua:** Camino Isla de Yaquil, Los Boldos, Tel.72-82 11 82, So abends geschl. 3 km außerhalb von Santa Cruz versucht sich der junge Küchenchef mit besonderen, aber traditionellen Kreationen. Gerichte ab 5500 CLP.

Fleischrestaurant ▶ **Entre Copas y Letras:** Nicolas Palacios 295, Tel. 72-82 42 44. Hier werden Fleischliebhaber glücklich. Große Grillplatten, rustikal-elegantes Ambiente. *Parilla* 4000 CLP pro Person.

Mittagsmenüs ▶ **Club Social:** an der Plaza de Armas, offeriert einen ganz normalen Mittagstisch für 4000 CLP.

Aktiv

Ausflüge ▶ **Ruta del Vino:** www.valledel colchagua.cl. Organisiert Besuche von Weingütern, Fahrradvermietung und Ausritte, aber auch Hotelunterkünfte. Die Website gibt's auch auf Englisch.

Verkehr

Busterminal an der Av. Errazúriz: Alle zwei Stunden Verbindungen nach San Fernando und Santiago. Verbindungen nach Lolol und Peralillo.

Weingüter in Richtung Marchihue ▶ D/E 20/21

Viña Bisquertt 2 ist ein Familienbetrieb auf einer malerischen Traditionshacienda, deren Weinanbaugebiete 700 ha umfassen. Zum Abschluss der Führung durch Keller und Teile der Hacienda gibt's eine Degustation. Man kann dort auch ein Diner oder ein Mittagessen buchen (Lihueimo s/n, Palmilla, Santa Cruz, Tel. 72-82 17 92, www.bisquertt.cl, Führungen Mo–Sa auf Spanisch/Englisch, Degustationen).

Auf 600 ha lehmhaltigen Böden werden auf dem Weingut **Viña Los Vascos** 3 sechs verschiedene Rebsorten angebaut, darunter eine weiße, Cabernet Sauvignon. Sie gedeihen hier zusammen mit nativen Bäumen und Sträuchern. Einen davon setzt die Viña gegen Parasitenbefall ein. Zusätzliches Highlight bei der umfassenden Führung über das Weinanbaugebiet ist der Besuch eines Aussichtspunktes – und bei klarem Wetter sieht man das Meer (Fundo Los Vascos, Camino Pumanque s/n, Colchagua, Tel. 72-86 12 20, www.vinalosvascos.com; veranstaltet eigene Touristenprogramme oder Führungen, über Ruta del Vino buchen).

Weingüter in Richtung San Fernando ▶ D/E 20/21

Eine gemächliche Spazierfahrt durch die recht trocken wirkenden Weinanbaugebiete folgt nun. Ein besonderes Restaurant liegt auf der Strecke, das **Panpanvinovino,** das von einer Gastronomin und einer Anthropologin in der ehemaligen Bäckerei einer Hacienda geführt wird. Seit 1830 gibt es diesen eindrucksvollen Kuppelbau mit einem riesigen Backofen; früher wurden hier die Tagesrationen Brot für die rund 1500 Landarbeiter gebacken, die auf der Hacienda beschäftigt waren. Das Feuer erlosch praktisch nie. Die beiden heutigen Betreiberinnen bieten histo-

risch-traditionelle Menüs an, darunter auch indianische, z. B. Empanadas mit Algen, Truthahn-Eintopf, Quínoa mit Araukarienzapfen, Maiskolben und getrocknetes Fleisch, das in einer Lehmhülle gegart wird.

Das Weingut **Emiliana** 4, das zum Markenriesen Concha y Toro gehört, ist vielleicht das interessanteste im Valle de Colchagua, weil es sich auf die Philosophie Rudolf Steiners beruft, dass der Kosmos ein System enthält, das sich am besten entwickelt, wenn der Mensch nicht gravierend eingreift. So kommt kein Kunstdünger auf die Weinberge, sondern Fäkalien von Kühen, die Schädlingsbekämpfung besorgen Fliegen und Insekten. Pflanzen und Bäume, die die Anbauflächen rahmen und strukturieren, gehören zum heimischen Kanon, und es werden auch Medizinalpflanzen angebaut.

Für den organischen Anbau stehen ca. 600 ha Grund zur Verfügung, die Flächen sollen vermehrt werden. Merlot, Malbec, Syrah, Cabernet Sauvignon und natürlich Carmènere hat das Weingut im Programm. Es erzielt Spitzenqualitäten, die Weine sind mehrfach prämiert worden (Camino Lo Mocoso s/n, Placilla, Tel. 9-225 56 79, www.emiliana.cl, Verkaufsraum offen, Degustationen, veranstalten eigene Führungen, gehören aber auch zur Ruta del Vino, über die man sie buchen kann).

Übernachten

Casa Patronal ▶ Hote Entre Viñas: Valle de Colchagua, San Gregorio s/n, Nancagua, Tel. 72-85 83 25; 14 Zi. In einer Casa Patronal zu wohnen, ist die Idee dieses Hotels mitten im Weinanbaugebiet. Gepflegte, mit antiken Landhausmöbeln ausgestatte Räume, kleine Schlafzimmer, Pool, Garten. Für das DZ zahlt man 110 US-$.

Essen & Trinken

Außergewöhnlich ▶ Panpanvinovino: Camino San Fernando a Santa Cruz, km 31, Cunaco, Tel. 72-85 80 59, www.panpanvinovino.cl, So abends geschl. Vorspeisen um 4000 CLP, Hauptgerichte zwischen 8000 und 9000 CLP.

Weingüter im Valle de Colchagua

Weingüter in Richtung Lolol
▶ D/E 20/21

Die nun folgende Strecke zum Meer ist ein bisschen lieblicher als die zuvor befahrene. Erhaben auf einem Hügel thront das Gebäude des **Weingutes Santa Cruz** 5 – es hat etwas von einer römischen Villa. Mit Amphoren und Säulen geschmückt, erinnert es weniger an eine klassische Casa Patronal, dem architektonischen Emblem der Region.

Der Panoramablick über die sich sanft neigenden Weinbauflächen ist genial. Hier ist es aufgrund der Lage keine Kutsche, sondern eine Seilbahn, die den Gast von der Bodega zu den Feldern bringt. Im Verkaufsraum kann man nicht nur die Weine des Hauses erstehen, sondern lokales Kunsthandwerk kaufen. Ein Restaurant und besondere Degustationen ergänzen das Gästeprogramm (Carretera 1-72, Richtung Lolol, Km 25, www.vinasanta-cruz.cl).

Essen und Trinken

Bodenständiges Lokal ▶ **Restaurant Hacienda Lolol:** Camino Lolol, km 27, Tel. 72-94 13 08. Auch auf dieser Strecke ist in den Räumen einer ehemaligen Hacienda ein Restaurant eingezogen, das allerdings weniger durch extravagante Speisefolgen als durch

Bodenständigkeit besticht, am liebsten verzehren die Besucher der Familie Silva Mujica ein anständiges »besoffenes Schweinefilet«, sprich: ein in Wein gegartes. Der Hacienda Lolol ist ein Verkaufsraum für lokale Erzeugnisse angeschlossen, und die besten Empanadas gibt es dort auch. Parillas kosten ca. 8000 CLP.

Lolol ▶ D 21

In **Lolol** 6 bekommt man die gerühmten **Casa Patronales** in einem einfachen, sozusagen alltäglichen Zustand zu sehen – aus diesem Grund ist es auch zur Zona Típica deklariert worden. Ein beschauliches Örtchen mit hohen Bordsteinen, und unter den tief gezogenen Schindeldächern sitzen die Lolelos auf ihren Terrassen und betrachten den nachbarschaftlichen Straßenverkehr. Diese Casas Patronales erweisen sich als außerordentlich kommunikativ. Im Inneren gruppieren sich die Räume um mehrere Patios, die als Gärten, Gemüsebeete oder schlicht für die Wäsche dienen.

Im Örtchen Lolol hat es die **Kirche** zu einer besonderen Berühmtheit gebracht: in ihr ist ein Bildnis der Jungfrau Maria als junges Mädchen ausgestellt, das alljährlich im Juli in einem Prozessionszug durch den Ort getragen wird.

Lago Villarrica mit dem gleichnamigen Vulkan

Kapitel 2

Kleiner Süden und Isla de Chiloé

Das Gebiet des Kleinen Südens erstreckt sich gut 600 km auf der fruchtbarsten Erde, die das Land zu bieten hat. Die Andenkordillere, die Chile mit Argentinien verbindet, löst sich in einer Kette von schönen Vulkanen auf. Dieses Stück Land war einmal wild. Der imponierende, heute durch gigantische Stauprojekte gezähmte Rio Bío Bío markierte bis in das 19. Jh. hinein die südliche Grenze der kolonialen Zivilisation. Jenseits davon lag das Gebiet der Mapuche. Bis ins 19. Jh. wagten sich nur Glücksritter und Händler in dieses Grenzland vor. Wenig später kamen dann die ersten Einwanderer.

Von 1853 an wurde die vulkan- und waldreiche Gegend um den Lago Llanquihue herum besiedelt. In die dichten Wände aus valdivianischem Nebelwald brannten die Einwanderer Weideflächen und kamen doch oft nicht dagegen an.

Wer heute durch die Region reist, mag es kaum glauben: Vieh, gepflegte Felder, Holzvillen. Doch nur ein wenig abseits der Hauptstraßen klettern Landstraßen über Lavafelder und enden im Nirgendwo des Urwaldes, neben juwelenfarbenen Seen, am Fuß eines schneebedeckten Vulkans, an Flussufern, die man anschließend nur noch mit dem Boot oder dem Pferd entdecken kann. Dieser Gegensatz ist zweifellos der größte Stimulanz im Kleinen Süden. Bestens ist auch die Lage für Mountainbiker, Wanderer, Bergsteiger, Reiter und Kajakfahrer.

Die Isla de Chiloé dagegen ist sanft, hügelig, mild, seenreich und: ein Dorado für junge Urlauber.

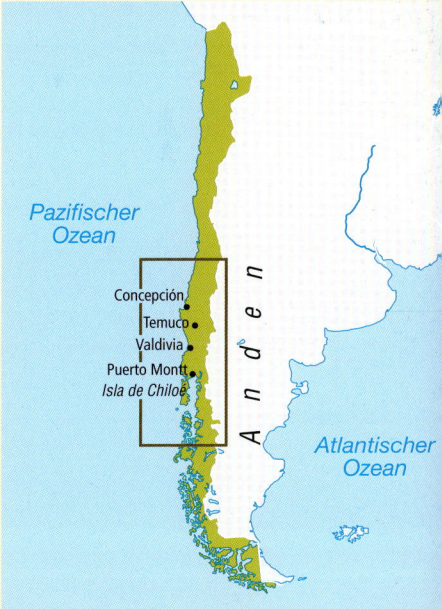

Kleiner Süden und Isla de Chiloé

Sehenswert

3 **Lago Villarrica und Umgebung:** Quirlig und trotzdem idyllisch, dazu eine traumhafte Seelage unter dem Vulkan: Exquisite Sportmöglichkeiten vom Reiten bis Canopy und Skifahren (s. S.155).

Nationalpark Vicente Pérez Rosales: Der älteste Nationalpark Chiles erinnerte Theodore Roosevelt an den kalifornischen Yosemite, kolportiert man. Granitdome, Naturwälder, Wasserfälle und ein riesiger, von Vulkanen umstandener See sind seine Trümpfe (s. S. 189).

4 **Isla de Chiloé:** Das ›Irland Chiles‹ wird die grüne Insel oft genannt. Eine ganz eigene Kultur und eine sanfte, bäuerliche Landschaft erwarten die Besucher (s. S. 200).

Schöne Routen

Von Malalcahuello zur Laguna de Icalma: Die Strecke ist eine einzige Idylle, wären da nicht aktive Vulkane, die sie rahmen, nämlich Laima und Lonquimay. Durch Blumenwiesen und an sanften Viehkoppeln geht es vorbei zu Thermen und Lagunen (s. S. 151).

Von Coñaripe zur Reserva Biológica Huilo Huilo: Hier (er-)fährt man das Hinterland der bäuerlichen Region, d. h. oft liegt die Piste ganz nah an verwunschenen Seen, streift einsame Gehöfte und Urwälder (s. S. 169).

Rund um den Lago Llanquihue: Hier wandelt man sich auf den Spuren der deutschen Einwanderer. Zwei Vulkane beherrschen majestätisch den riesigen Lago Llanquihue mit vielen malerischen Häfen (s. S. 180).

Malalcahuello
Von Malacahuello zur Laguna de Icalma
Temuco
Mapuche-Schals
Laguna de Icalma
San Sebastián
Gut wohnen
Pucón, Lago Villarrica 3
Curarrehue
Indianisch speisen
Termas Geométricas
Schön schwitzen
Valdivia
Coñaripe
Osorno
Vieh handeln
Von Coñaripe zur Reserva Biológica Huilo Huilo

CHILE

Nationalpark Vicente Pérez Rosales

Puerto Octay
Rund um den Lago Llanquihue
Petrohué
aktiv Die Bankräuber-Route
Puerto Varas
Puerto Montt

Ancud

ARGENTINIEN

Isla de Chiloé 4
aktiv Die Holzkirchen der Isla de Chiloé

Meine Tipps

Mapuche-Schals: Die Stiftung Chol Chol unterhält beim Museo de la Araucanía in Temuco einen Laden, in dem fair gehandelte Wollwaren der Mapuche-Frauen verkauft werden (s. S. 150).

Indianisch speisen: Irma Epulef serviert in ihrer *ruca* Mapuche-Küche. Die gibt es auch im Kulturzentrum in Currarahue (s. S. 162).

Gut wohnen: Das Landhaus San Sebastian ist eine Urlaubs-Idylle, perfekt für Ausflüge in die Nationalparks (s. S. 163).

Schön schwitzen: Bei den Termas Geométricas hat ein Stararchitekt die Synthese von ungezähmter Natur und bequemer Therme gewagt (s. S. 169).

Vieh handeln: Originaler geht's kaum – und interessanter auch nicht – als auf dem Viehmarkt in Osorno (s. S. 177).

aktiv unterwegs

Die Bankräuber-Route: In die Anden reiten auf den Spuren von Butch Cassidy und Sundance Kid, die sich im argentinischen Patagonien in der Nähe von Esquel niederließen und als Viehfarmer einen Knüppeldamm nach Chile zum Lago Llanquihue legten (s. S. 190).

Die Holzkirchen der Isla de Chiloé: Aus wertvollen Hölzern und ziemlich alt sind die Kirchen von Chiloé, die zum Weltkulturerbe gehören. Eine schöne Fahrt führt kreuz und quer über die Insel (s. S. 208).

Die chilenische Schweiz

Holsteiner Fleckvieh weidet unter schneebedeckten Vulkanen, Brombeerhecken rahmen indianische Gehöfte und in den Telefonbüchern der Region liest man seitenweise: Schmidt, Bauer und Müller. Im ehemaligen Mapuche-Land siedeln deutsche Einwanderer. Das malerische Gebiet heißt im Volksmund ›chilenische Schweiz‹.

Temuco ▶ D 26

Cityplan: S. 148

Die in ihrem Bett aus Feldern und Weiden eingefasste Hauptstadt der Neunten Region brüstet sich mit ihrem Ruf, die am schnellsten wachsende Stadt im ganzen Land zu sein. Das ist wahr: Ein neuer Siedlungsring legt sich um den nächsten. Eine besonders rege Bautätigkeit entwickelte sich um die Universität und die Avenida Alemania; hier ist ein neues Zentrum entstanden. Dynamik beweisen einwandfrei auch die Einkaufsstraßen und die Malls: In die Geschäftszonen in den Straßen Prat, Bulnes, Varas und Montt muss man sich förmlich hineinschieben, wenn man hinein will. Ein paar versprengte Holzhäuser und einige wenige Steinbauten in pastellfarbenem Art déco künden von der alten Zeit. Und doch hat sich Temuco etwas Ländliches bewahrt. Als Verkehrsknotenpunkt eignet es sich gut als Sprungbrett für Ausflüge in die Nationalparks.

Cerro Ñielol 1

Einen schönen Überblick verschaffen wir uns auf dem Gipfel des **Cerro Ñielol**. Er trägt einen indianischen Namen (›grabenreicher Berg‹), und war Schauplatz eines *parlamento,* einer der so genannten ›Aussprachen‹ zwischen Mapuche und Chilenen.

Auf dem üppig bewaldeten Cerro Ñielol, der unter dem Schutz der staatlichen Forstbehörde Conaf steht, wurde Platz für beide Kulturen geschaffen. Ein hochinteressantes *nguillatán,* ein Gebetsfeld der Mapuche, ist mit menschlichen Silhouetten aus Holz besteckt. Die männlichen Figuren tragen Hüte, die weiblichen sind durch Brüste symbolisiert. Spazierwege breiten sich über den Hügel aus und führen zu Kinderspielplätzen und Ausflugsrestaurants. Ein ganzer Prospekt schneegekrönter Vulkane ist von diesem Standort aus zu sehen: Aufgereiht wie Zinnsoldaten erheben sich der 2007 zuletzt ausgebrochene Vulkan Llaima (3125 m), die Nevados de Solipulli, der argentinische Vulkan Lanín (3747 m) und die Vulkane Quetrupillán (2009 m) und Villarrica (2840 m) aus den gerodeten Ebenen (tgl. 8–22.30 Uhr, 700 CLP).

Museo de la Araucanía 2

An der Avenida Alemania, die aus dem Innenstadtzentrum hinaus in beschauliche Wohnviertel hineinführt, liegt der komplett renovierte und neu ausgestattete **Museo de la Araucanía**, untergebracht in der eleganten Gründerzeitvilla des deutschen Einwanderers Carlos Thiers. Das Museum war praktisch das erste, das sich wissenschaftlich mit den Mapuche auseinander setzte. Die Exponate zur Mapuche-Kultur und der deutschen Kolonisation füllen zwei Etagen. Im weitläufigen Gartenareal verstecken sich Dahlienbeete und eine alte Dampflok unter den ausladen-

Lavafelder am Llaima-Vulkan

146

Temuco

Sehenswert
1. Cerro Ñielol
2. Museo de la Araucanía
3. Plaza Aníbal Pinto
4. Mercado Municipal
5. Feria Libre Pinto
6. Parque Museo Ferroviario

Übernachten
1. Dreams Araukania
2. Holiday Inn Express
3. Hotel Aitué
4. Collins House
5. Hotel Bayern
6. Hospedaje Thiers

Essen & Trinken
1. La Estancia
2. Las Tranqueras
3. Centro Español

Einkaufen
1. Fundación Chol Chol
2. Falabella
3. Ripley

den Schirmkronen der Araukarien (Av. Alemania/Thiers, Di–Fr 10–17.30, Sa 11–17, So, Fei 11–14 Uhr, 600 CLP).

Plaza Aníbal Pinto 3

Nach Aníbal Pinto wurde die zentrale **Plaza** benannt, und mehr Bäume kann man nur noch an der Plaza von Valdivia zählen. Bunte Tulpenbeete rahmen das pathetische Denkmal, die Allegorie **La Araucanía** aus Bronze, ein, und die *municipalidad* hat dort einen Pavillon für Wanderausstellungen hingestellt.

Mercado Municipal und Feria Libre

Der **Mercado Municipal** 4, der sich über ein ganzes Geviert zwischen den Straßen Portales, Rodríguez, Bulnes und Aldunate ausbreitet, ist ein Muss für den Besucher von Temuco, denn hier kann man sich reichlich mit Souvenirs versorgen und gut essen. Das umfangreichste Areal ist dem Kunsthandwerk vorbehalten. Mapuche-Schmuck, Körbe, Stoffe, Holzschnitzereien und Amulette stapeln sich in den Verkaufskiosken. Die beliebten Marktrestaurants sind von guter Qualität, denn die Quelle sprudelt gleich nebenan: Fisch, Fleisch, Meeresfrüchte, Obst und Gemüse schicken ihre einladenden Aromen zu den Tischen hinüber. Wer will, probiert die chilenische Variante der guten deutschen Bratwurst: Die *longaniza* ist länger und schärfer als das Original (tgl. geöffnet, an Sonntagen nur bis 16 Uhr, die Lebensmittelstände haben dann geschlossen).

Vier Straßenzüge vom Mercado Municipal entfernt versinkt Temuco in pure Ländlichkeit mit stillen Gassen, niedrigen Häuschen und kleinen Rosengärten davor. Nicht versäumen sollte man die **Feria Libre Pinto** 5 gegenüber dem Bahnhof, auf der Mapuche ihre Landwirtschaftsschau abhalten. Selbst gemachter Käse, Honig, Karotten, Getreide in 50-Kilo-Säcken, Maiskolben, Knoblauch, *ají*-Schoten und ein umfangreiches Sortiment an Früchten lagern auf hölzernen Paletten unter freiem Himmel. Die Pferdegespanne der Mapuche warten in den Nebenstraßen, die Stimmung ist authentischer als auf dem Mercado Municipal. (Av. Balmaceda/Av. Pinto, tgl. 8.30–17 Uhr, im Winter bis 16 Uhr).

Parque Museo Ferroviario 6

Pablo Neruda ist der Taufpate dieses originellen Freiluftmuseums – was nahe liegt angesichts Nerudas internationaler Popularität und der Tatsache, dass sein Vater Lokomotivführer war. Mit Chiles berühmtestem Dichter kann nichts schiefgehen: Das Museum ist wirklich sehenswert. Auf dem Gelände der alten Maschinenfabrik erinnern 15 Dampflokomotiven aus der chilenischen Pionierzeit daran, dass Eisenbahnen als erstes Verkehrsmittel den unruhigen Süden erschlossen – die älteste stammt aus dem Jahr 1903 (Av. Barros Arana 0599, Di–So 9–18 Uhr, 1000 CLP).

Infos

Sernatur: Thiers 539, neben dem Museum, Tel. 45-31 28 57, infoaraucania@serna tur.cl; versiert und auskunftsfreudig.
Conaf: Av. Bilbao 931, Tel. 45-29 81 14, Fax 45-29 81 43, oirs@conaf.cl.

Übernachten

Exklusiv ▶ Dreams Araukania 1 **:** Av. Alemania 0945, Tel. 45-37 90 00, www.mundo dreams.com. Die neue Kasino-Hotel-Kombination in Chile mit luxuriösen Zimmern, Swimmingpool auf dem Dach, Restaurants, Bar und Businesscenter für Gäste, Spa. Ab 140 US-$.

Im Business-Stil ▶ Holiday Inn Express 2 **:** Av. Rudecindo Ortega 01800, Tel. 45-22 33 00, Fax 45-22 41 00, Reservierung: Tel. 800-366 66, www.holiday-inn.com; 80 Zi. Von außen gegliederter Beton, innen repräsentativ, angenehmer Service, kleine Zimmer. DZ ab 90 US-$.

Persönlich ▶ Hotel Aitué 3 **:** Antonio Varas 1048, Tel. 45-21 19 17, Fax 45-21 26 08; 35 Zi. Kleines, behaglich herausgeputztes Haus; intime Stimmung; sehr zuvorkommender Service. DZ 95 US-$. Achtung: Die Wochenendtarife sind je nach Saison günstiger, z. B. 80 US-$.

Heimelige Herberge ▶ Collins House 4 **:** Aldunate 0505, Tel. 45/98 43 89, www.hos talcollins.com; 15 Zi. Gepflegtes und in freundlichen Farben gehaltenes Haus. Sauna. DZ ab 70 US-$.

Gemütlich & zentral ▶ Hotel Bayern 5 **:** Av. Arturo Prat 146, Tel. 45-27 60 00, Fax 45-21 22 91, www.hotelbayern.cl, 30 Zi. Ruhige und trotzdem ziemlich zentrale Lage; die Zimmer sind klein, aber sehr gemütlich; der Service ist ausgesprochen hilfsbereit und

Tipp: Auf dem Markt

Der **Mercado Municipal** 4 befindet sich in einem Block zwischen Aldunate, Portales, Rodríguez und Bulnes (verschiedene Eingänge) und hat nur zu Marktzeiten geöffnete kleine Gaststätten (So bis 16 Uhr). Empfehlenswert sind die *caldillos* (Eintöpfe aus Fisch und Meeresfrüchten), *cazuelas* (Eintöpfe aus Fleisch oder Geflügel) und die chilenischen Bratwürste *(longaniza)*. Die Preise variieren je nach Stubenrestaurant, man kann sehr preiswert und auch recht teuer dort speisen. Eine *longaniza* mit Püree gibt's für 4500 CLP.

Die chilenische Schweiz

nett. DZ in der HS etwa 70 US-$, in der NS 60 US-$.

Familiär ▶ Hospedaje Thiers `6` **:** Thiers 659, Tel. 45-21 48 72; 4 Zi. Im Wohnviertel gelegene Familienpension mit Garten- und Terrassennutzung. Unterschiedlich geschnittene Zimmer mit und ohne Bad. Freundliche Aufnahme. Pro Pers. 7000 CLP.

Essen & Trinken

Vielfältiges Angebot um die Avenida Alemania herum, z. B. Entre Mares und La Tabla in der Hochstetter.

Landhausstil ▶ La Estancia `1` **:** Entrada Norte de Temuco (Av. Ortega), Tel. 45-22 02 87, tgl. geöffnet. Das Restaurant liegt am nördlichen Ortseingang in unmittelbarer Nähe des Holiday Inn Express und der Shopping Mall. Ein vom Garten umgebenes Farmgebäude: gelungene Mischung aus Landhausstil und Gemütlichkeit, am besten sind die *parilladas* (Grillplatten). 20 US-$.

Grillrestaurant ▶ Las Tranqueras `2` **:** Av. Alemania 0888, Tel. 45-38 50 47, So abends geschl. Typisches chilenisches Grillrestaurant; auf der Karte steht Ungewöhnliches: Ziege, Lamm, Wildschwein. Ab 5000 CLP.

Spanisch ▶ Centro Español `3` **:** Bulnes 483, im 1. Stock, Tel. 45-21 03 43, So geschl. Die Atmosphäre mutet leicht feierlich-düster an, aber serviert werden schmackhafte spanische Küche; gute Weine. 4500–8000 CLP.

Einkaufen

Mapuche Fair Trade ▶ Fundación Chol Chol `1` **:** neben dem Museo de la Araucania. Exquisite Wollsachen, Accessoires, Hauswäsche, Schmuck von Mapuche-Frauen.

Traditionskaufhaus ▶ Falabella `2` **:** Arturro Prat 570. Department Stores, Parfümerie-Abteilung und Elektronikhandel.

Bekleidung ▶ Ripley `3` **:** Arturo Prat 656, Av. Alemania 0671. Im Ripley erhält man vor allem Kleidung.

Termine

Feriarte: an der Plaza Aníbal Pinto, Kunsthandwerksmarkt im Feb.

Domingos Culturales en la Teraza de Ñielol: Kulturprogramm jeweils sonntags mittags am Cerro Ñielol. In der Sommerferienzeit.

Verkehr

Flüge: Der Aeropuerto Manquehue liegt 6 km südlich des Zentrums; mehrere Verbindungen tgl. nach Santiago mit allen großen Fluglinien; tgl. Verbindungen nach Concepción, Osorno, Puerto Montt und Valdivia.

Stadtbüros der Fluggesellschaften:
Lan, Bulnes 687, Tel. 60-05 26 20 00 (zentrale Rufnummer); **Sky Airline,** Bulnes 677, Tel. 60-06 00 28 28 (zentrale Rufnummer).

Flughafenshuttle: Transfer Aeropuerto Temuco, Tel. 45-33 40 33, Transfer Tours Plus, Tel. 45-38 60 00.

Busse: Es gibt zwei Terminals, das Terminal de Buses Rodoviario, Av. Vicente Pérez Rosales 01609, Tel. 60-05 85 50 00. Liegt ein bisschen außerhalb des Zentrums, alle großen Linien haben hier ihre Stationen. Mini-Bars, Schnellrestaurants. Häufige Verbindungen in alle Städte Chiles. Terminal des Buses Rurales, Av. Pinto 032, Tel. 45-21 04 94. Busse in die nähere Umgebung. TurBus hat auch eine Niederlassung in der Lagos 538: häufige Verbindungen nach Concepción, Osorno, Puerto Montt, Pucón, Santiago, Valdivia. Buses JAC: hat auch eine Niederlassung an der Av. Balmaceda 1005, Verbindungen nach Villarrica und Pucón, nach Lican Ray und Valdivia. Nar Bus Igi-Llaima: Av. Balmaceda 995, Verbindungen nach Argentinien.

Mietwagen: Avis, Hertz, Budget, Ecorent und Euro haben ihre Büros im Flughafen.

Automóvil Club de Chile: San Martín 0278.

Reserva Nacional Malalcahuello ▶ D 26

Karte: rechts

Adé Aschenputtel-Image: Das nicht sonderlich beachtete Dasein der Reserva Nacional Malalcahuello dürfte der Vergangenheit angehören, seit die Verbindung zwischen Temuco, Curacautín und der Grenze zu Argen-

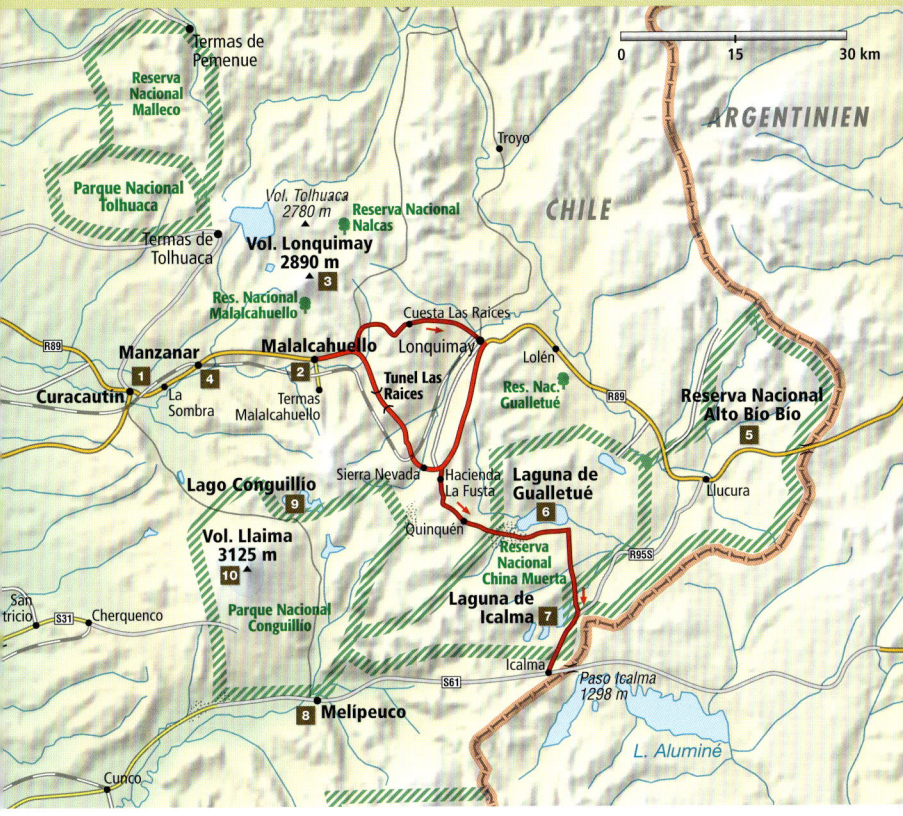

tinien asphaltiert und der Tunnel Las Raíces (4775 m!) komplett renoviert und beleuchtet wurde.

Wo man früher endlos über Pisten rumpelte und den 1930 eingeweihten **Las Raíces** mit einer Mischung aus Angst und Abenteuerlust absolvierte, fährt man heute bequem zwischen Feldern, mit Klee und Margariten versetzten Wiesen und Vulkanen dahin. Davon haben auch die Zufahrtsstrecken zu den Parks profitiert; man ist auf einigen Strecken einfach viel kürzer und bequemer unterwegs.

Der letzte Ausbruch des Vulkans Llaima im Parque Nacional Conguillío (Dez. 2007) und die verschiedenen Eruptionen des Lonquimay sorgen immer wieder für Schlagzeilen. Der Parque Nacional Conguillío ist immer ein-

mal wieder für Besucher gesperrt; vor Reiseantritt sollte man sich danach erkundigen.

Von Malalcahuello zur Laguna de Icalma

Von Temuco aus erreicht man in einer Stunde **Curacautín** ❶, ein nettes 15 000–Einwohner-Städtchen mit einer schönen großen Plaza. Die neue Straße nach **Malalcahuello** ❷ (›Pferdecorral‹ in Mapundugun, der Sprache der Mapuche) wird von den schneebedeckten Gipfeln des Vulkans **Lonquimay** ❸ und der **Sierra Nevada** begleitet, ab und an sieht man zwischen den Gipfeln den argentinischen Vulkan Lanín aufblitzen.

Im Ort Malalcahuello und entlang der Carretera gibt es mehrere empfehlenswerte Unterkünfte, ein von einem patenten deutschen

Die chilenische Schweiz

Ehepaar geführtes ›Café Alemán Augsburg‹ und viele Ausflugsmöglichkeiten: vom Mountainbiken und Pferdeexkursionen auf verschiedenen Routen, Trekken in der **Reserva Nacional Malalcahuello** (die Conaf-Station am Eingang hat eine Streckenkarte) bis zur Besteigung des Lonquimay. Die Vulkan-Besteigung ist aber ausschließlich geübten Bergsteigern zu empfehlen. Hier liegen auch die Sommerweiden der Mapuche, die ihre Rinder auf die Abhänge treiben. Wer sich von den Ausflügen erholen möchte, entspannt in den familiären Thermen von **Manzanar** 4 oder in der Prachtanlage von Malalcahuello.

Vom Örtchen Lonquimay aus gibt es zwei Varianten, um hinüber nach Argentinien zu reisen: Über die **Reserva Nacional Alto Bío Bío** 5, die am Oberlauf des legendären Flusses entlangführt, oder über die Schotterpiste La Fusta, die bis zur **Laguna de Gualletué** 6 durch Wälder voller *lenga*, *coigüe*, *ñirre* und Araukarien hinaufklettert. Zuvor durchquert man den Tunnel Los Raices und landet an dem kleinen verlassenen Holzfällerort Boca Norte, von dem nur noch das Kirchlein übrig geblieben ist. In der Lagune entspringt der Bío Bío, und wer der dort ansässigen Mapuche-Familie ein kleines Entgelt zahlt, kann am schwarzsandigen Lagunenstrand sonnenbaden und schwimmen.

Danach geht's in Richtung Süden wieder hinunter zur bergumstandenen **Laguna de**

Die Schirme der Araukarien-Bäume prägen den Nationalpark Conguillío

Icalma  mit Campingplatz, Bungalows und kleinen Supermärkten sowie dem gleichnamigen Grenzübergang.

Übernachten

Thermenhotels

Luxuriös ▶ Termas Malalcahuello: Malalcahuello, Tel. 2-415 81 09, www.malalcahuello.cl. Die luxuriöse Anlage thront in einem großen, gepflegten Garten. Schönes Thermalbad mit Wasserfällen, gepflegte Kabinen für die verschiedensten Anwendungen, Fango, Massage, Wassermassage. Tagesaufenthalt 13 US-$, Massage und Anwendungen etwa 30 US-$. Elegantes Restaurant mit Panoramafenstern, die Zimmer des Hotels haben denselben Standard. Das DZ kostet 160 US-$. Auch günstigere Packages.

Familiär ▶ Termas de Manzanar: Camino Internacional 18, Manzanar, Tel. 45-88 12 00, www.termasdemanzanar.cl. Familiäres, gemütliches, ein bisschen altmodisches Thermalhotel mit Außenschwimmbecken am Fluss, viele Anwendungen. Hat 13 Zimmer mit Thermalwasser im Bad, die Preise differieren nach Stockwerk und Ausstattung, 63 000-81 000 CLP.

Weitere Hotels

Allrounder ▶ La Suizandina: Tel. 45-197 37 25, 9-884 95 41 (Handy), www.suizandina.com. 3 km vor Malalcahuello. Dieses ausge-

sprochen gemütliche Travellerzentrum betreibt engagiert Thomas Buschor. Gute Küche, zum Frühstück gibt's selbst gemachtes Müsli. Viele Ausflugsangebote, man kann Mountainbikes leihen. DZ 85 US-$. Billiger übernachtet man in Mehrbettzimmern für etwa 15 US-$ pro Person.

Gastfreundlich ▶ El Coigüe: Hostal und Cabañas, km 81,6 Camino Internacional Curacautín (liegt etwa 5 km vor Malalcahuello) Tel./Fax 45-88 27 05, 9-795 72 45 (Handy), www.hostalelcoigue.cl. Schöne große Holzhäuser mit Terrassen, riesige, gemütlich eingerichtete Zimmer, die cabañas sind voll ausgestattet. Eingefasst wird der Komplex von einem großen Garten mit eigener Quelle. Die Besitzer sind sehr gastfeundlich und helfen bei den Touren (z. B. Besteigung des Lonquimay, Mountainbike, Nationalparks). Für Behinderte geeignet. Das DZ kostet 60 US-$.

Für Selbstverpfleger ▶ Cabañas Los Guillos: Ejército 345, Tel. 412-97 40 31, 9-825 86 92 (Handy). Die Bungalows für bis zu sechs Personen sind geschmackvoll eingerichtet, alles aus Holz, gekachelte Küche, Garten. Eine gute Option. Die Bungalows kosten 40 US-$.

Aktiv

Ausritte bietet **Loncopatagonia** an: Ute Hashagen, Fundo La Puntilla, Lonquimay, Tel. 45-89 19 59, 9-789 20 97 (Handy), www.lonco patagonia.galeon.com, loncopatagonia@da taservice.cl. Hilft auch gerne bei der Tourenorganisation.

Baden: s. Thermenhotels S. 153.

Parque Nacional Conguillío ▶ D 26

Karte: S. 151

Paraguas, Regenschirme, nennt man die endemischen Araukarien im Volksmund, und so lautet auch der Spitzname des 60 000 ha **Parque Nacional Conguillío,** denn in seinem Inneren gibt es tausende dieser wundersamen Bäume, die mit ihren weit ausschwingenden Kronen tatsächlich ein bisschen wie aufgespannte Regenschirme aussehen. Die heiligen Bäume der Mapuche stehen unter Naturschutz und dürfen nicht mehr abgeholzt werden. Es dauert extrem lange, bis sie ausgewachsen sind. In diesem Teil des Nationalparks klettern die Araukarienwälder auf 2000 m Höhe.

Der Park ist über zwei Eingänge zu erreichen, im Norden über Curacautín, das etwa 40 km vom Eingang entfernt liegt, im Süden über **Melipeuco** **8** (30 km entfernt). Gleich zu Beginn des Parks am Eingang Melipeuco bei der Conaf-Station wurde ein schöner Lehrpfad von 45 Minuten Dauer eingerichtet, der an Fotos und Lehrtafeln entlangführt. Dabei stößt man auch auf eine Lavasäule: Sie soll die höchste im Park seit Ausbruch des Llaima 1957 sein. Um die **Laguna Captrén** herum am nördlichen Eingang, den man über Curacautín erreicht, legt sich ein kurzer, malerischer Spazierweg. Weitere Pfade führen zu kleinen Seen, die verborgen unter den Laubgewölben der honigduftenden *ñirre, lenga* und der olivfarbenen *coigüe* ihren Dornröschenschlaf schlummern.

40 verschiedene Wanderwege hat die Conaf im Park insgesamt angelegt, darunter auch den **Sendero de Chile,** der 18 km quer durch den Park verläuft. Der Centro de Informaciones mit einem Museum und einem Besucherpavillon liegt richtig idyllisch am **Lago Conguillío** **9** mit einem exquisiten vulkansandigen Badestrand. Von diesem Standort aus organisieren Parkwächter und ehrenamtliche Mitarbeiter täglich verschiedene Wanderungen und Exkursionen, auch für Kinder.

Es gibt keinen öffentlichen Transport im Park; wer ihn also durchqueren will, muss sein eigenes geländegängiges Fahrzeug dabei haben. Es sind – immer den **Llaima** **10** im Blick – einige Lavafelder und -rinnen zu bewältigen. Die staatliche Forstbehörde Conaf verwaltet verschiedene Übernachtungsmöglichkeiten, darunter 100 verschiedene kleine Plätze für jeweils zwei Zelte, dazu mehrere im Park verstreute Bungalows. Dafür ist eine frühzeitige Buchung obligatorisch, besonders in den Ferienmonaten, denn sie sind sehr begehrt (Infos: www.conaf.cl).

Übernachten, Essen

Super gelegen ▶ La Baita: Tel. 45-58 12
53, 9-97 33 24 41 (Handy), www.labaitacon
guillio.cl. La Baita liegt als einzige Privatunterkunft mitten im Nationalpark mit Sicht auf
den Gipfel des Llaima hinter einem Lavafeld.
Großer Garten mit kleinem Pool. Die Unterkünfte in den Bungalows haben Standardqualität, die neue Ecolodge ist ein attraktiver
und ausgetüftelter Hingucker, das Restaurant
ist sehr hübsch und gemütlich. Ausflugsorganisation (z. B. Canopy, Kajak, Mountainbike). Die *cabañas* nehmen bis zu drei Gäste
auf und kosten 75 US-$. Essen gibt's im
Café-Restaurant.

Liebevoll ▶ Cabañas Adela y Helmut: Tel.
9-82 58 22 30 (Handy), www.adelayhelmut.
com. Die beiden haben auf ihrem Gelände
16 km vor Cunco bei der Faja 16000 ein
Gästehaus mit Mehrbettzimmern und einen
Bungalow errichtet und bieten Rundherum
Betreuung an. Das DZ kostet ab 23 000 CLP.
Man kann bei Adela und Helmut Mountainbikes mieten, Ausflüge und Wanderungen unternehmen und Ausritte organisieren. Empfehlenswerte Ausgangsbasis auch für den
P. N. Conguillío. Nach telefonischer Vorabsprache werden die Gäste bei der Faja
16 000 abgeholt.

Engagiert ▶ Vista Hermosa: Camino Melipeuco–Conguillío, km 10, Tel. 45-27 62 24.
Schöne Bungalows und ein Gästehaus nehmen die Besucher auf. Der Besitzer kümmert
sich engagiert und sorgfältig um die Exkursionen.

**3 Lago Villarrica
und Umgebung ▶ D 27**

Karte: S. 156
Nur 112 km von Temuco entfernt konzentriert
sich am Ufer des **Lago Villarrica** zwischen
Villarrica und Pucón eines der beliebtesten
Feriengebiete des Landes. Politiker, Fernsehstars und eine junge internationale
Sportlerklientel treten sich hier gegenseitig
auf die Füße, im Sommer werden riesige
Freiluftpartys am Seeufer veranstaltet. Doch

damit nicht genug: Der bildschöne See
unter dem gleichnamigen Vulkan bildet die
Eingangspforte zu einer Reihe weiterer, tiefer, zwischen Lavafeldern und Wäldern gebetteter leuchtender Gebirgsseen, die allerdings nicht dieselbe Popularität besitzen wie
Villarrica.

Der Villarrica-See liegt inmitten der ehemaligen *frontera.* Die Ortschaft, eine der
frühesten Gründungen des Gerónimo de Alderete aus dem Jahr 1552, fristete ein kümmerliches Dasein als isolierter und abgeschnittener Satellit. Am 1. Januar 1883 wurde
Villarrica wiederbelebt und den Kolonisten
übergeben, die sich als Gegenleistung zur
Urbarmachung des Urwalds verpflichteten.
Die Mapuche wurden in Reduktionen weggesperrt.

Villarrica 1

Dem Ort **Villarrica** mit seinen gut 28 000 Einwohnern ist noch heute seine ländliche Vergangenheit anzusehen, aber seine touristische Infrastruktur ist in den vergangenen
Jahren geradezu explodiert. Die typischen
mattbunten Holzhäuser, die der häufige Regen schief gezogen hat, werden allmählich
von neuen, aber nicht uncharmanten Holzkonstruktionen verdrängt. Zwischen den auf
Tourismus getrimmten Straßenzügen findet
man sie aber immer noch, die *provisiones,*
Läden, in denen fast alles zu kaufen angeboten wird, vom Bindfaden bis zur Marmelade,
von der Holzsäge bis zur Leberwurst, man
muss nur ein bisschen genauer hinsehen, um
diese Geschäfte und ihren altmodischen
Charme zu entdecken.

Gepflegte Bungalowanlagen, kleine, gemütliche Hotels und nette Restaurants
schmiegen sich um eine malerische, verträumte Bootsanlegestelle und einen hübschen Strand. Das ist schon die Hauptattraktion – neben einem ethnologischen Museum
an der Straße O'Higgins/Matta, dem **Museo
Leandro Penchulef** (ein Mapuche-Nachname), das sich mit den Mapuche beschäftigt (Mo-Fr 9–12.30, 15–18.30 Uhr). Villarrica
ist ruhiger, nicht so international wie Pucón –
und wesentlich preiswerter.

Lago Villarrica/Siete Lagos

Infos

Oficina de Turismo: Pedro de Valdivia 1070, Tel. 45-41 11 62.

Conaf: Camilo Henríquez 430, Tel. 45-41 23 79. Infos zu den Nationalparks.

Übernachten

International und Luxuskategorie ▶ Villarrica Park Lake Hotel: Camino a Pucón km 13, Tel. 45-45 00 00, Fax 45-45 02 02, www.ayrhoteles.cl. 2010 frisch renoviert: Ein riesiger, gegliederter Bau in Holz und Glas, innen mit viel Marmor. Das Haus ist direkt am Seeufer gelegen; mit Pool und gutem Spa. DZ für 150 US-$, in Packages preiswerter. Das Hotel ist auch über deutsche Veranstalter zu buchen.

Im Alpenstil ▶ Hotel El Ciervo: Gral. Koerner 241, Tel. 45-41 12 15, Fax 45-41 12 16, www.hotelelciervo.cl; 11 Zi. Holzbau im Alpenstil; äußerst gepflegt mit individuell eingerichteten Zimmern, kleinem Pool; familiäre Atmosphäre. DZ ab 120 US-$.

Rustikal und gut ▶ Hostería de la Colina: Presidente Rios 1177, Tel. 45-41 15 03, www.hosteríadela colina.com; 15 Zi. Schön in einem parkähnlichen Garten gelegen, rustikal eingerichtete Zimmer und Bungalows; Organisation von Ausflügen, von der Vulkanbesteigung bis zum Forellen-Angeln. Man bezahlt etwa 100 US-$.

Gediegen ▶ Hotel Yachting Kiel: Gral. Koerner 153, Tel./Fax 45-41 16 31, reservas@yachting.cl, 17 Zi. Ein richtig familiäres Hotel mit ebensolcher Stimmung. Plüschig eingerichtete Zimmer, abends sitzt man gemeinsam am Kamin; das Hotel organisiert Ausflüge und Angeltouren. DZ ab 90 US-$.

Familiäres Ambiente ▶ Hotel Villarrica: Gral. Koerner 255, Tel./Fax 45-41 16 41; 8 Zi. Schlichtes, unaufwändiges Hotel, das ein wenig verwinkelt geschnitten ist. Kleine Zimmer, aber gemütlich, und gutes Frühstück, für etwa 28 000 CLP.

Multitalent ▶ La Torre Suiza: Bilbao 969, Tel./Fax 45-41 12 13, www.torresuiza.com; 8 Zi. Die wichtigste Adresse für die, die mit Rucksack (Zelt, Fahrrad) unterwegs sind: Im Garten der netten Pension kann man sein Zelt

Tipp: Urlaub auf der Pferdefarm

Der **Ecoturismo Fundo Dos Ríos** liegt im Parque Natural Dos Ríos, 13 km außerhalb von Villarrica, in einem Privatpark am Fluss mit eigenen Lehrpfaden durch Bambuswälder sowie Privatsandstrand. Die engagierten Besitzer Dagmar und Ralf Gamper haben eine eigene Pferdezucht. Viele Ausflugsmöglichkeiten, Organisation von Besteigungen des Villarrica. Bootsführer bieten von Villarrica aus eine Ausflugsfahrt auf dem See und später dem Río Toltén an, die bis an den Strand des Fundo führt. Sehr geräumige, gepflegte *cabañas* mit eigenen kleinen Terrassen und schöner Sicht. Leckere Küche (mobil 9-419 80 64, www.dosrios.de, www.dosrios.cl, Bungalows 145 US-$ für 4–6 Personen).

aufschlagen oder eines mieten, Fahrradfahrer erhalten Discount; reichliches Frühstück, Internetcafé, kleine Leihbibliothek und Tourenvermittlung; betreibt eine chilenisch-schweizerische Familie. DZ ab 17 000 CLP. Wer im Mehrbettzimmer schläft, zahlt etwa 10 US-$ pro Pers.

Essen & Trinken

Das beste Lokal für Fisch ▶ Mesa del Mar: Geronimo de Aldarete 835, Tel. 45-41 95 15. Gutes, freundlich gestaltetes Fischrestaurant in Familienbesitz. Besonders empfehlenswert: der *congrio.* Für ein Hauptgericht zahlt man 4000–7000 CLP.

Schöner Treffpunkt ▶ Cava del Roble: Valentin Letelier 658, 2. Stock, Tel. 45-41 64 46. Gutes Fleisch vom Holzkohlengrill. Gemütliches Ambiente, große Weinauswahl. Hauptgerichte für ca. 5500 CLP.

Gepflegt ▶ Hostería Yachting Kiel: Gral. Koerner 153. Ausgesprochen gepflegtes Restaurant, tgl. geöffnet. Kleine internationale Karte mit Gerichten ab 3500 CLP, kleines Menü für 10 000 CLP. Und man hat einen schönen Blick.

Die chilenische Schweiz

Termine

Muestra Cultural Mapuche: Jan.–März tgl. 9–13 und 18–22 Uhr, sonst Mo–Fr 9–13 und 15–19 Uhr. Pedro de Valdivia/Zeghers; mit Markt der Kunsthandwerker, einer nachgebauten *ruca*, einem typischen Mapuche-Haus, und einem Museum, in dem die Kultur und die Musikinstrumente der Mapuche gezeigt werden.

Verkehr

Busse: Buses JAC, Bilbao 610; ein Terminal für die Minibusse nach Pucón (halbstdl.), einer für die Busse nach Temuco (stdl.) und Valdivia (alle 2 Std.). Busbahnhof, Pedro de Valdivia 621; Verbindungen nach Temuco (häufig) und direkt nach Santiago (mehrmals tgl.). Vom Flughafen in Temuco verkehren spezielle Zubringerbusse direkt nach Villarrica, sie sind über Reiseagenturen zu buchen.

Am Südufer entlang nach Pucón

Die Südseite des Villarrica-Sees erschließt die Verbindungsstraße von Villarrica nach Pucón – und die wurde touristisch gut verwertet. Das gesamte abschüssige Ufer entlang hangeln sich kleine Hotels, *cabañas* und Campingplätze, die sich hinter blumengeschmückten Einfahrten und Baumeinfassungen verstecken. Auch in den Wald hinein

Picknick am Vulkanstrand: Pucón

ziehen sich die Residenzen und Anlagen – wer hier eine Ferienwohnung oder ein Haus sein Eigen nennt, gehört zur In-Crowd.

In dem ganzen Trubel nimmt sich das traditionelle Luxushotel Antumalal, zwischen Waldsaum und Seeufer platziert, so dezent aus, dass man es kaum bemerkt. Hier übernachtete einst Queen Elizabeth II., lange bevor die Hype um Villarrica einsetzte.

Pucón 2

Normalerweise leben in **Pucón** 14 000 Menschen, in der Ferienzeit zählt man vermutlich das Zehnfache – zumindest fühlt es sich so an, wenn man ab 18 Uhr in den Geschäftsstraßen bummelt oder später am Abend eine

Bar für einen Drink sucht. Pucón wirkt vertraut: Selbst die üppig in den Ort gestreuten *galerías* und die Ferienapartments pflegen einen Mixturen-Look aus Kitzbühel und deutschem Bauernhaus, das es in der Umgebung von Pucón ja durchaus einmal gab. Die reichen Chilenen nennen es ›Chalet‹.

Die Lage unter dem Vulkan Villarrica und dem See mit seinem schwarzen Lavasand-Strand ist schlicht unschlagbar. Bis in die späten 1980er-Jahre hinein schlief Pucón seinen Dornröschenschlaf, dann wurden die Sportmöglichkeiten der Umgebung entdeckt. Sie ist vielseitig und eignet sich blendend für Rafting, Paragliding, Trekking, Wassersport und Reiten. Ein Höhepunkt ist sicherlich die Besteigung des aktiven Vulkans Villarrica, der allmorgendlich dekorativ seine Rauchzeichen in den Himmel bläst. Das sollten allerdings nur Geübte unternehmen.

Neben betuchten chilenischen und argentinischen Familien lieben auch nordamerikanische und europäische Sporttouristen diesen Ort. Abends verwandeln sie die Avenida O'Higgins in die Flaniermeile von Pucón. Die Rafter warten auf das Video, das der Veranstalter von ihrem Ausflug gedreht hat, die jungen Argentinierinnen und Kanadierinnen gehen in den Boutiquen einkaufen. Die Nähe zu so viel Natur lockt auch das Umweltbewusstein hervor: Man trifft sich auf der kleinen Holzterrasse der Tetera oder im Garten der Hostería ¡Ecole! und diskutiert bei frisch gepresstem Orangensaft über Umweltschutz, Holzeinschlag, Trekkingziele und Politik.

Kaum zu glauben, dass das nette Pucón sich aus einem Militärlager entwickelt hat, welches 1883 angelegt wurde. An der Plaza, wo heute Familien auf Tandems radeln und ihre Eistüten spazieren führen, rasselten damals die Säbel. Wenig später gelangte mit den Herren Hilke, Martin und Holzapfel eine Vorhut deutscher Holz- und Lederhändler nach Pucón, denen bald weitere deutsche Kolonisten folgen sollten, die sich im Norden des Río Trancura ansiedelten. Über den kleinen Seehafen La Poza wurde der Vieh- und Feldfruchthandel abgewickelt, und im Jahr 1924 stand das erste Hotel, das es

Die chilenische Schweiz

heute äußerlich unverändert immer noch gibt, das dunkelbraune Bauernhaus Gudenschwager.

Der ehemalige Seehafen **La Poza** dient jetzt als Yachtclub, und die Playa Grande begibt sich in den Ferienmonaten Januar und Februar in Konkurrenz zur Party-Playa von Reñaca – zumindest was die Anzahl und die Schönheit der jungen Gäste betrifft.

Infos

Casa del Turista: Brasil 115, Tel. 45-44 16 71, www.puconturismo.cl.
Auch die Stadtverwaltung hat ein Auskunftsbüro: **Municipalidad:** Brasil, Ecke Caupolicán, Tel. 45-44 33 38. Steht auch Sa und So vormittags offen.
Información Turística: Brasil/Caupolicán, Tel. 45-44 16 71, www.pucon.cl.

Übernachten

Intimer Luxus mit Seeblick ▶ Hotel Antumalal: km 2 Pucón, Tel. 45-44 10 11, Fax 45-44 10 13. Das von einem Park umgebene Traditionshotel liegt versteckt hinter einem Waldzaun am See. Es wurde 1945 im Bauhausstil errichtet und komplett renoviert und umgebaut. Die Reduziertheit der Innenausstattung behielt man bei. Die 22 Zi., mit Naturstein und Naturholz verkleidet, haben jeweils einen eigenen Kamin. Spa-Bereich. Ausflugsvermittlung, eigener Strand, Yogakurse, Segeln. DZ mit Frühstücksbüffet 240 US-\$.

Gran Hotel mit Animation ▶ Gran Hotel Pucón: Clemente Holzapfel 190, Tel./Fax 45-91 33 00, www.granhotelpucon.cl; 145 Zi.

Tipp: Gästezimmer

Viele Privatleute haben Gästezimmer im eigenen Haus eingerichtet – da kann man viel Glück haben, aber leider auch Pech. Die Preise liegen stark unter dem Niveau der offiziellen Anbieter, aber nicht immer bekommt man einen eigenen Schlüssel. Es lohnt sich, Ausschau zu halten, wenn das Reisebudget eher klein ist – Pucón kann in der Hochsaison Ende Dez.–März extrem teuer sein!

Schöne Mischung aus Grandhotel und Familienferienstimmung. Italienisch inspirierte Innengestaltung, bequeme Zimmer, Pool, schöner Garten; direkt am Strand. Es wird ein reichhaltiges Animateur-Programm geboten. DZ ab 140 US-\$ mit Halbpension. Nur mit Frühstück 110 US-\$. In Packages und bei Wochenbuchungen günstiger!

Tradition ▶ Hotel & Spa Araucarias: Caupolicán 243, Tel. 45-44 19 63, www.araucarias.cl; 20 Zi. Einer der ›Oldtimer‹ in Pucón: renoviert im 1960er-Jahre-Stil, schlichte, nette, recht große Zimmer; freundliche Gastgeber. Das Museum mit Kunstgegenständen der Mapuche ist sehenswert! Das DZ bekommt man für 120 US-\$.

Restauriertes Haus ▶ La Casona de Pucón: Lincoyán 48, Tel.45-44 31 79; 16 Zi. Kleines, frisch restauriertes Hotel: holzgetäfelte Zimmer, private Atmosphäre. DZ ab 75 US-\$.

Familiär ▶ Hostería La Poza: Clemente Holzapfel 11, Tel. 45-44 13 20, Fax 45-44 19 58; 20 Zi. Hübsch gestaltet, Garten, schöne Terrasse, *cabañas;* die Zimmer sind hell, freundlich, aber klein und etwas hellhörig. DZ 35 000 CLP.

Heiter und gut ▶ Hostal Gerónimo: Gerónimo de Alderete 665, Tel./Fax 45-44 37 62, www.geronimo.cl (auch Deutsch); 14 Zi. Ein sehr hübsches, sommerliches, kleines Hotel, das ruhig und trotzdem zentral liegt, Holz dominiert hier die Innenarchitektur. Die Doppelzimmer kosten zwischen 32 000 und 34 000 CLP.

Heimelig ▶ Hostal Pucón Sur: Blanca Encalada 145, Tel. 45-444597, www.hostalpuconsur.cl; 12 Zi. Heimelig ausstaffiertes, nettes, gepflegtes Haus mit einem guten Service. DZ ab 30 000 CLP.

Klassiker für Traveller ▶ La Tetera: Urrutia 580, Tel. 44 14 62, www.tetera.cl, 6 Zi. Nettes, gepflegtes und gemütliches Hostal mit schönem Garten, bietet Sport- und Ausflugsprogramme an. DZ mit eigenem Bad zwischen 25 000 und 38 000 CLP.

Ökologisch und im Trend ▶ Hostería ¡Ecole!: Gral. Urrutia 592, Tel. 45-44 16 75, www.ecole.cl; 14 Zi. Sehr beliebtes, gutes

Besonders beliebt bei Nachtschwärmern: die Termas Los Pozones

und deswegen oft ausgebuchtes Traveller-Hotel. Der kleine Garten ist den ganzen Tag über Treffpunkt; Bibliothek, kommunikative Atmosphäre, nettes Restaurant; behilflich bei jeder Form von Exkursion (Rodrigo, Tel. 45-44 28 09). DZ ab 25 000 CLP. Hat auch Dorms.

Eine super Qualität ▶ Hostal Donde Germán: Las Rosas 590, Tel. 45-44 24 44, www.dondegerman.cl Gepflegte Anlage mit großßem Garten und gut eingerichteten Zimmern, Küchenbenutzung, aber auch Verpflegung auf Wunsch. 6000–12 000 CLP pro Person.

Wohngemeinschaft! ▶ Hostal El Refugio: Palguín 540, Tel. 45-44 15 96, www.hostalelrefugio.cl. In dieser gemütlichen Herberge mit Garten und Patio kann man Wohnen wie in einer Wohngemeinschaft. Die Zimmer sind klein, blitzsauber und funktional. 18 US-$ mit Frühstück pro Person.

Unsere kleine Farm ▶ Kila Leufu: s. Tipp S. 162.

Essen & Trinken

Fonduetempel ▶ La Esquina de la Marmita: Fresia 300, Tel. 45-44 24 31, So abends geschl. Restaurant im Schweizer Look, gemütlicher und familiärer Stil. Die Spezialität sind sowohl Fondues als auch Nachtisch. 10 000 CLP.

Gut für Fisch ▶ En Alta Mar: Urutia 315, Tel. 45-44 26 42. Unter den überdekorierten Restaurants in Pucón eine Ausnahme: vom Styling eher nüchtern, vom Essen aber lobenswert. Fischkarte und viele Weinempfehlungen. Nicht billig, ein Hauptgericht kostet ab 6500 CLP.

Steaktempel ▶ La Maga: Geronimo de Alderete 276, Tel. 45-44 42 77. Stimmungsvoller, rustikaler Grilltempel mit guten Fleischgerichten. Hauptgerichte 6000 CLP.

Die chilenische Schweiz

Peruanisch ▶ **Viva Perú:** Lincoyán 372, Tel. 45-44 40 25. Hier wird der Kampf ausgetragen, wer den besseren Pisco hat: Peru oder Chile. Gemütlich-heiter eingerichtetes kleines Restaurant mit peruanischer Küche, die immer beliebter wird: z. B. Ceviches, Hühnereintopf ají de Gallina für 4500 CLP.

Wildgerichte ▶ **Patagonia Plaza:** Pedro de Valdivia 333, tgl. geöffnet. Eines der beliebtesten Restaurants an der Hauptstraße, Wildschweinbraten und Fondue in einem verwegen konstruierten Holzhaus. Gerichte ab 3500 CLP.

Treffpunkt ▶ **Mamas 'n' Tapas:** O'Higgins 587, tgl. geöffnet. Auch für später abends geeignet, denn es ist mehr Bar als Restaurant. Serviert Tapas und Drinks. Tapas ab 2500 CLP.

Für Pralinenfans ▶ **Chocolates Patagonia:** Fresia 223, Tel. 45-44 31 65. Gutes Eis, Kuchen und Pralinen aus eigener Herstellung und in ausgezeichneter Qualität; Café, Bistro, ständig gut besucht.

Klassisches Bistro-Café ▶ **Café de la P.:** O'Higgins 213, Tel. 45-44 20 18. Französischer Bistro-Charme bei der Einrichtung, große Kuchenauswahl, kleine Gerichte, bis spät abends geöffnet.

Einkaufen

Pralinen, Schokolade ▶ **Bäckerei Holzapfel,** Clemente Holzapfel 524, Tel. 45-44 46 01, und **Chocolates Patagonia** (s. o.) verkaufen Pralinen und Schokolade aus eigener Herstellung. Mit kleinem Café, in dem man auch salzige Köstlichkeiten verzehren kann.

Kunsthandwerk ▶ **Kunstgewerbemarkt:** Fresia, zwischen Pedro de Valdivia und Gerónimo de Aldarete (nur in der Hochsaison); auch Tattoos, Piercing, Hippieschmuck und Batikkleider. Gibt es auch auf der Piazza.

Outdoor-Kleidung ▶ Mehrere Läden mit **Sportkleidung** internationaler Marken (z. B. Helly Hansen, Patagonia) finden sich auf der Fresia.

Malls ▶ **Einkaufsgalerien** liegen am Boulevard O'Higgins. Auch nette Geschäfte an der Nordseite der Plaza.

Abends & Nachts

Zum Ausgehen gibt es eine überwältigende Auswahl an Bars, die Moden wechseln, z. B. **Vagabundos,** Fresia 135; **Krater,** O'Higgins 447, mit Karaoke. Schöne Treffpunkte für tagsüber sind die Gärten von **École** und **La Tetera.**

Aktiv

Empfehlenswerte Reiseveranstalter ▶ Die Veranstalter offerieren ein **relativ homogenes Programm:** Bergbesteigungen des Villarrica, des Osorno und Llaima, Rafting auf dem Río Trancura in mehreren Schwierigkeitsgraden, Verleih von Skiausrüstung und Fahrrädern, Trekking, Touren zu den Thermalbädern und eine breitgefächerte Palette von Reitausflügen. **Anden Sport** (mehrtägige Raftingausflüge zum bekanntesten Wildwasserfluss Chiles, dem Bío Bío), **Sol y Nieve,** und besonders empfehlenswert: **Politur,** weil sie Sicherheitsstandards einhalten, z. B. beim Canopy dem absoluten Lieblingssport der jungen Chilenen. Off Limits (auch Kurse im Fliegenfischen). Zu speziellen Touren erteilt die Hostería ¡Ecole! (s. S. 160) qualifiziert Auskunft.

Verkehr

Flüge: Der Flughafen liegt 5 km außerhalb der Stadt, Direktflüge von Santiago nur in der Hochsaison.

Busse: Terminal Buses JAC, Palguin/ Engler; halbstdl. Verbindungen nach Villarrica, häufige Verbindungen nach Temuco, mehrmals tgl. nach Valdivia und Santiago.

Mietwagen: Hertz, Gerónimo de Alderete 324, www.hertz.cl. Avis, Arauco 302, Tel. 45-46 53 28, www.avischile.com.

Ausflüge von Pucón

Am Rand des Parque Nacional Huerquehue liegt der schmale Waldsee **Caburgua** 3 . Auf dem Weg dorthin werden auf 25 asphaltierten Kilometern zunächst Felder und Wiesen, dann Lavafelder *(pedregales)* durchstreift, schließlich mündet die Zufahrtsstraße in ein lichtes Waldstück aus *mañío, coigüe* und vielen dekorativen Farnen. Die **Playa Negra** 4 besteht aus grobem, schwarzem Vulkansand. Die von zimtfarbenen *arrayanes* gesäumte **Playa Blanca** an der westlichen Seeseite ist das krasse Gegenteil: Ihr weißer, aus kristallinem Gestein gemahlener Untergrund stammt eigentlich vom Bergland an der Küste, aber die Auffaltung der Andenkordillere hat Felsschichten abgetragen und hierher transportiert. Der Lago Caburgua liegt auf 700 m – somit 500 m höher als der Villarrica-See und das Wasser ist recht frisch.

Ein schöner Stopp auf dem Rückweg sind die Wasserfälle **Ojos de Caburgua,** die inmitten des Waldes liegen und bei schönem Wetter beeindruckend in intensiven Tuschkastenfarben leuchten. Der dunkle Gesteinsuntergrund bringt dieses besondere Strahlen hervor. Kleine Pfade schlängeln sich zwischen moosbedeckten Steinen durch den unberührt wirkenden Wald, und Mutige benutzen ins Wasser gestürzte Äste als Sprungbrett.

Parque Nacional Huerquehue 5

Der **Parque Nacional Huerquehue** ist nicht groß, aber ausgesprochen malerisch mit seinen 12 500 Hektar Fläche und seinen Spazier- und Wanderwegen der unterschiedlichsten Grade. Der Parkeingang liegt 31 km nordöstlich von Pucón, der Weg dorthin ist gut ausgeschildert.

Einen schnellen Überblick verschafft der **Sendero Ñirrico,** der durch dichten Ñirre-Wald und Dickichten voller Fuchsien führt, etwas anstrengender und wunderschön ist der **Sendero Los Lagos** durch Coigue- und Mañío-Dickichte und mit dem schönen Wasserfall Nido de Aguilas. Richtig anspruchsvoll wird es auf dem **Sendero San Sebastián,** wofür auch Kletterkünste benötigt werden, ein sehr gutes Übungsgelände für alle, die sich auf den Villarrica wagen wollen.

Der Park ist zweigeteilt, auf einem privaten Gelände am Strand des dunkelblauen Vul-

---

Tipp: Landhaus San Sebastián – exzellent

Die Stimmung, die Gabriela und Andreas in ihrem Hotel ›Landhaus San Sebastian‹ als Gastgeber verbreiten, ist perfekt. Die Lage zwischen Pucón (18 km entfernt) und den Wasserfällen Ojos del Caburgua stimmt – das schöne, ruhige, gartenhafte Anwesen mit einem kleinem Teich und bald auch einem kleinen Schwimmbad ist ein Krafttank für die Sinne.

Gabriela kocht gleichermaßen unkonventionell und traditionell und verwendet dabei ausschließlich Produkte aus ökologischem Anbau. Jeden Tag steht eine neue Küchenkreation auf dem Tisch. Wer nicht im Landhaus logiert, kann auf dem Rückweg von einem Ausflug zum Lago Caburgua, zu den Ojos oder zum Nationalpark Huerquehue im Landhaus Station machen. Komfort und Service setzt sich in selber Qualität in den Zimmern der exquisit ausgestatteten Hotellodge und in den schönen Bungalows fort. Für das DZ zahlt man je nach Standard zwischen 66 und 96 €.

Wer noch mehr von der Region sehen möchte, für den stellt Andreas Tourentipps zusammen und ist auch bei der Gestaltung einer Reise durch ganz Chile hilfreich.

Landhaus San Sebastián: von Deutschland aus Tel. 00 56-45-197 23 60, www.landhauschile.com.

Der König von Patagonien

Er hat es weit gebracht für einen ganz gewöhnlichen Sterblichen, Orllie-Antoine de Tounens aus La Chèze im französischen Périgord. Es war ihm nicht an der Wiege gesungen worden, dass er einmal zum König von Patagonien ausgerufen werden würde – mit einem Mapuche als Außenminister.

Der Monarch von eigenen Gnaden hatte sich schon von der ersten Minute seines Lebens im Jahr 1826 an mit dem Ignorantentum der Bürokraten herumärgern müssen. Sein ungewöhnlicher Vorname entsprang nicht den kapriziösen Vorstellungen seiner Eltern, sondern den bedauernswert schlechten Orthografiekenntnissen eines Standesbeamten im heimischen La Chèze. Gedacht war an Aurélie ...

Aber Orllie war klug und gewitzt. Er studierte Jura und bewies in sieben Jahren währenden Rechtsstreitigkeiten, dass seine Familie adligen Ursprungs und auf den galloromanischen Senatoren und Präfekten namens Tonentius Fereolus zurückzuführen sei. Von da an hieß er ›de‹. Aber warum hatte er sich ausgerechnet das so weit entfernte Patagonien für seine royalen Pläne ausgesucht? Hier waren bei Orllie bürgerliche und adlige Seelen in einer Brust vereint. Er verehrte das mutige Volk der Mapuche, von dem er in der Schule gehört hatte, und dessen Kampf um die Unabhängigkeit von Chile. Aber seine Liebe bedeutete nicht, dass er das Volk so frei belassen wollte, wie es ihm wohl selbst am besten gefiel. Nein, er wollte versuchen, es für die französische Krone zu gewinnen.

1858 war Orllie-Antoine 32 Jahre alt, Mitglied der Freimaurerloge und Passagier auf einem Dampfer von Southampton nach Südamerika. In La Serena lernte er Spanisch und kümmerte sich um die Kupferpreise, denn der Handel mit diesem Metall sollte seinen Le-

bensunterhalt finanzieren. Als dies nicht gelang, reiste Orllie-Antoine de Tounens 1860 direkt in das Land der Mapuche.

Diese Region dehnte sich südlich des Bío-Bío-Flusses aus. Nur wenige Weiße hatten sich getraut, sich in der *frontera* – dem Grenzgebiet, das auch heute noch diesen Namen führt – niederzulassen. Die Inka unter Tupac Yupanqui mussten im 15. Jh. in ihren Eroberungsgelüsten vor den Araukanern, wie sie das Volk nannten, kapitulieren, und Pedro de Valdivia fand in dem Heerführer Caupolicán 1451 seinen Meister. Nirgendwo sonst in ganz Lateinamerika konnte ein indianisches Volk die spanische Kolonialmacht stoppen – hier schon. Über 300 lange Jahre.

Erst die chilenische Regierung unter Manuel Montt (1851–61) vertrieb die Mapuche mit grob gefälschten Landverträgen von ihrem fruchtbaren Land und sperrte sie in Reduktionen. Die Mapuche ließen sich die Enteignung nicht gefallen. Ihr Protest gipfelte in einen Aufstand unter Führung des legendären Nicolás Tirapegui.

Nun platzt Orllie-Antoine in die Geschichte. Der Thronaspirant trifft sich mit Quilapán, dem Sohn des berühmten Kaziken Manil. Er hat sich die Haare auf Schulterlänge wachsen lassen und kleidet sich in einen Poncho. Seine in den Gerichtssälen von Périgueux geschulte Rhetorik und seine stählerne Willenskraft lassen Orllie-Antoine überzeugend wirken und das Husarenstück ge-

Das Denkmal am Lago Panguipulli erinnert an die Mapuche

lingt tatsächlich: Die Mapuche akzeptieren ihn als ihren König. Quilapán macht er zu seinem Kriegs- und Außenminister, lässt eine Hymne komponieren und Münzen prägen.

Den Chilenen war ein Unruhestifter in diesem Landstrich natürlich mehr als unlieb. Der selbst ernannte König von Patagonien landete im Gefängnis. Um einen Zusammenprall mit Frankreich zu vermeiden, entschloss man sich, die Militärpolizei von den Untersuchungen zu entpflichten und ließ den ›König‹ für geisteskrank erklären: »Sires, seine Pläne sind eine Romanvorlage, aber kein Delikt«.

Zunächst reist Orllie-Antoine de Tounens am 28. Oktober 1862 an Bord eines französischen Kriegsschiffes aus. Noch zwei weitere Male versuchte er, in sein Königreich zu gelangen. Er hielt in den Pariser Cafés Hof und umgab sich mit Fantasie-Adligen. Er annoncierte in Zeitschriften und bot »allen Enterbten, die in ihrer Heimat keine Chance hätten, ihre Kraft und Intelligenz einzusetzen«, Plätze in seinem Königreich an.

Doch eine ernsthafte Erkrankung beendet seine royalen Höhenflüge. Eine Operation lehnt der Todkranke, zurück in Frankreich, ab. Am 17. September 1878 stirbt der erste König von Patagonien. Einen Freund hat der kinderlose Orllie-Antoine zu seinem Nachfolger bestimmt, der sich allerdings nie für sein Königreich interessierte.

Was geblieben ist von der Geschichte? In einer Halle einer Bank unweit des Regierungspalastes La Moneda in Santiago sind die Münzen des Königreiches von Patagonien ausgestellt …

Die chilenische Schweiz

kankratersees **Lago Tinquilco** kann man zelten oder in dem gemütlichen Refugio Tinquilco übernachten. Empfehlenswert! Der Refugio hat auch eine schöne Sonnenterrasse, bietet eine leckere Küche und frische Säfte (www.tinquilco.cl, Tel. 562-777 76 73).

Thermen, Thermen, Thermen …

Wo es Vulkane gibt, sprudeln auch Thermen, und so gibt es in der Umgebung von Pucón eine ganze Menge warmes Heilwasser. Auf der Strecke zum Lago Caburgua gabelt sich die Straße, eine rechte Abzweigung, der Camino Internacional nach Argentinien, führt zu verschiedenen Thermen. Der Weg ist beschildert. Zunächst gelangt man zu einer Adobe-Ruine, die spanischen Kolonialzeiten entstammen und belegen soll, dass es hier eine *encomienda* zur Ausbeutung der Goldadern im Río Liucura gab. Damit wäre dies die älteste spanische Niederlassung, die auf chilenischem Boden überlebt hat. Rund 20 km hinter Pucón ist in **Cañi** 6 ein privates Wiederaufforstungsgebiet erreicht. Eine Stiftung schützt die noch vorhandenen Wälder

Wen wundert's: Die Seenlandschaft heißt auch chilenische Schweiz

aus *coigüe*, Araukarien und der Südbuchen-
art *lenga* und veranstaltet Seminare zum Umweltschutz (Auskunft über Besuche und
Kurse erteilt die Hostería ¡Ecole! in Pucón).

Die gut ausgebauten **Termas de Quimey-
Co 7** liegen ein wenig abseits der Straße
und sind mit einem Campingplatz, einem Hotel und einem Restaurant ausgestattet (Tel.
45-44 19 03; tgl. 9–22 Uhr; Schwimmbecken,
Schlammbäder, Restaurant).

Zurück auf der Straße nach Caburgua
mit ausgeschilderter Abzweigung erreicht
man die stattlichen und bekannten **Termas**

de Huife 8 . Wer hier über Nacht bleiben
möchte, quartiert sich in dem recht luxuriösen Hotel ein. Die Badeanlage wurde mit
dem Holz der umgebenden Wälder ausge-
legt. Es gibt zwei unterschiedlich tempe-
rierte Becken am Flussufer des Liucura und
viele Kabinen für die Anwendungen und
Massagen sowie Einzelbecken (Tel. 800-20
81 11, www.huife.cl).

Rustikaler geht es in den **Termas Los Pozones 9** 3 km oberhalb der Termas de Huife
zu. Die mit Steinen eingefassten Becken liegen ebenfalls am Flussrand, zu denen man
hinabsteigt. Sie sind nicht nur originell, sondern auch besonders beliebt, weil man den
Sommer über hier auch nachts ins warme
Wasser tauchen kann, sie öffnen von 20 Uhr
abends bis zum Morgengrauen. Unmissver-
ständlicher Hinweis an Partygänger: Alkohol
darf man nicht mitbringen und Sex ist auch
nicht erlaubt … (Eintritt 3500 CLP). Ein Bus
fährt von Pucón direkt zu den Termas.

Weitere Thermalbäder liegen an der Straße
nach Curarrehue zur argentinischen Grenze.
Die **Termas San Luis 10** bestehen aus zwei
großen überdachten Thermalschwimmbe-
cken und zwei weiteren unter freiem Himmel,
dazu Becken für Unterwassermassagen und
Schlammanwendungen (Informationen, auch
über Spezialpackages während des Wo-
chenendes oder in der Nebensaison erteilt
www.sanluis.pucon.com).

10 km entfernt, umgeben von einem großen Park, befinden sich die repräsentativen
Termas Menetué 11, wo man auch in wunderbaren Bungalows mitten im Wald übernachten kann. Deren luxuriöses Spa gibt sich
fernöstlich, das Restaurant und das Kaminzimmer strahlen britische Behaglichkeit aus
(www.menetue.cl).

Zwischen dichten Wäldern versteckt liegen die **Termas de Panqui 12**, die nur per
Allradantrieb und mit etwas Ausdauer zu erreichen sind. Von Pucón aus sind es 58 km,
am besten also, man plant einen ganzen Tag
ein und nimmt das gesamte Angebot der
Thermen in Anspruch, z. B. Massage, Yoga,
Meditation. Das gelingt in dieser wildroman-
tischen Umgebung besonders gut. Für Über-

Die chilenische Schweiz

nachtungsgäste wurde eine kleine Anlage mit nordamerikanischen Tipi-Zelten gebaut (Tel. 45-44 20 39, 5000 CLP).

Curarrehue 🔢

Das rund 40 km von Pucón entfernte 5200-Einwohner-Dörfchen **Curarrehue** kurz vor der Grenze zu Argentinien ist eigentlich eine Mapuche-Gründung, wurde aber im Jahr 1901 neuen Siedlern übergeben, nachdem die Mapuche dort vertrieben worden waren. Doch jetzt haben sie es wieder bezogen, machen etwa 80 % der Einwohner aus und haben ein besuchenswertes Kultur- und Begegnungszentrum geschaffen, den **Centro Cultural Aldea Indigena Trawupeyüm.** Der Komplex besteht aus einem Kulturmuseum, einem gut sortierten Geschäft für Kunsthandwerk und einem Restaurant, in dem ausschließlich Mapuche-Küche auf den Tisch kommt.

Wichtig ist es den Betreibern, nicht nach der Anzahl der Ausstellungsobjekte bewertet zu werden, sondern die Besucher dazu anzuregen, sich mit der Kultur und der Lebensweise der Mapuche auseinanderzusetzen. Sie leben auch an diesem, ihnen zugedachten Platz, trotz aller offiziellen Gesten der Wiedergutmachung, in großer Armut.

Termine

Feria Walumg: jeweils im Feb. Präsentation der Mapuche-Kultur, dazu Workshops und kulturelles Beiprogramm.

Region der Siete Lagos

▶ D 27

Karte: S. 156

Die ›Sieben Seen‹ am Fuß der Anden bilden eine geografische Einheit, doch die Grenze zu Argentinien schließt einen davon aus: Der Lago Lacar liegt auf argentinischem Territorium bei San Martín de los Andes. Interessant sind die Unterschiede: Die gesamte Region auf chilenischer Seite ist Pionierland, denn sie gehört den Mapuche, und seit Beginn der 1950er-Jahre wird hier massiv Holz einge-

schlagen. Davon blieb die Infrastruktur recht unberührt. Die Kapuzinermission in Panguipulli entstand 1903, die Eisenbahn erreichte Riñihue 1910, und ein Dampfschiff verband zur selben Zeit Coñaripe mit Lican Ray, das damals nichts als eine Mole war.

Hier sind wir im Herzen der Vulkanregion angelangt. Das Zusammenspiel zwischen Wäldern, farbensprühenden Gebirgsseen, Wasserfällen und Vulkanen ist zauberhaft. Vieles ist – wenn überhaupt – nur über rutschige, feuchte Pisten erschlossen.

Auf argentinischer Seite dagegen bildet der Parque Nacional Lanín mit dem gleichnamigen Vulkan (3747 m), den beiden Seen Lacar und Lolog und den Touristenorten Junín de los Andes und San Martín de los Andes eine sehr beliebte Ferienregion mit einer überwältigenden touristischen Infrastruktur. Von der Ortsmitte in Villarrica (s. S. 155) zweigt eine Straße nach Lican Ray am Vulkansee Calafquén ab.

Lican Ray 🔢

Lican Ray, das 1965 aus dem satten schwarzen Boden gestampfte Ferienziel am Seeufer, strahlt eine sehr bodenständige Atmosphäre aus. Keine Extravaganz, kein Glamour, keine Sport-Hippies: Lican Ray zieht mit seinen Ferienhäusern, den wenigen Hotels, den Bungalowanlagen und den an der Hauptstraße aufgereihten Restaurants vor allem Familienurlauber an. An den schwarzsandigen Stränden kann man Ruderboote mieten.

Übernachten

Bungalows Complejo Turístico ▶ **El Conquistador:** Gral. Urrutia 855, Tel. 45-43 13 36, Fax 45-43 10 19. Von einem weiten, baumbestandenen Garten umgebene Bungalowanlage (42 Einheiten); modern eingerichtet; mit Restaurant und Swimmingpool. DZ ab 65 US-$.

Familiär ▶ **Hotel Refugio Inaltulafquén:** Cacique Punulef 510, Tel./Fax 45-43 11 15. Gemütliches Haus mit fünf Zimmern, Kaminzimmer, empfehlenswertem Restaurant am Strand. DZ ab 40 US-$.

Essen & Trinken

An der Hauptstraße Gral. Urrutia gibt es mehrere **Terrassenrestaurants** mit chilenischer *comida corrida* (Fast Food) und Sandwiches.

Verkehr

Busse: Buses JAC, an der Gral. Urrutia/ Plaza; häufige Verbindungen nach Villarrica und Coñaripe, mehrmals tgl. nach Panguipulli.

Coñaripe 15 und die Termas Geométricas

Gerodetes Land, Waldflächen und Lavafelder begleiten auf 20 km die asphaltierte Straße am Uferrand bis nach **Coñaripe** (›Kriegspfad‹ in der Mapuche-Sprache). Dort gibt es einen verschilften Strand, die gepflegte Hauptstraße Guido Beck de Ramberga mit einem Hotel sowie einige kleine Pensionen. Richtig interessant wird es außerhalb des Örtchens: Hier liegen die als Geheimtipp gehandelten **Termas Geométricas,** die sich ihren Ruf als spektakulärste Symbiose zwischen Landschaftsarchitektur und natürlicher Umgebung wohl verdient haben. Der bekannte chilenische Architekt Germán del Sol bettete seine Thermalanlagen zwischen steile Bergwände und Nischen, verband sie durch hölzerne Laufstege und schuf damit einen einzigen Augenfang. Es stehen 20 Becken zur Verfügung, 16 mit warmem, vier mit kaltem Wasser. Die Becken sind überdacht, die Dächer mit Gras bedeckt.

Von Coñaripe aus nimmt man die recht abenteuerliche Straße zum Parque Nacional Villarrica, nach 16 km ist die Abzweigung ausgeschildert. Kenner preisen die Anlage vor allem im Winter bei Schnee und Regen, dann sei sie besonders schön (Infos: www.termasgeometricas.cl).

Wenn man weiter in Richtung Parque Nacional Villarrica fährt, kommt man zu den einfachen und wilden **Termas El Rincón** mit vier Thermalbecken, Massagekabinen und einer Cafeteria. Der Weg dorthin ist nur zwischen November und Mai im guten Zustand, also besser mit 4WD unterwegs sein.

Infos

Información Turística: an der Plaza in Coñaripe.

Übernachten

Thermalzentrum ▶ Hotel Termas de Coñaripe: Tel. 45-41 11 11, www.termasconaripe.cl; 10 Zi, 3 Bungalows. Liegt ca. 18 km von Coñaripe auf dem anspruchsvollen Weg (Schotterstrecke) nach Liquiñe; Thermalzentrum mit Massagen, Sauna; hübschem Hotel ganz aus Holz, Bungalows, Restaurant; bieten auch Ausflüge an. Die DZ kosten 130 000 CLP, aber es gibt viele Sonderangebote, danach fragen!

Verkehr

Busse: häufige Verbindungen nach Lican Ray (JAC); tgl. nach Villarrica und Panguipulli (Buses San Pedro).

Von Coñaripe zur Reserva Biológica Huilo Huilo

Am südlichen Ortsausgang von Coñaripe führt eine Schotterstraße in nordöstliche Richtung auf den Vulkan Quetrupillán zu und passiert im Tal des Río Llancahue einige Campingplätze. Wer in südliche Richtung weiterfährt, erreicht nach 7 km dichte *raulí*-Wälder und die schroffen Bergfalten, die zum **Lago Pellaifa** abfallen. Im Mai und Juni besternen die Blüten der rubinroten Nationalblume *copihue* das undurchdringliche Grün. Der kleine dunkelgrüne See versteckt sich zunächst, bis die **Cuesta Los Añiques** 16 einen spektakulären Ausblick gewährt. Die kurvenreiche und anspruchsvolle Strecke setzt sich dann am Tal des Río Cuacu in Richtung Lago Neltume fort.

Diese Schönheit blieb nicht unentdeckt: 6 km vor **Neltume** ist die 100 000 ha umfassende **Reserva Biológica Huilo Huilo** 17 entstanden, ein privater Naturpark zu Füßen des Vulkan Choshuenco mit 250 km Wanderpfaden. Den Namen hat sie sich vom schönen **Salto Huilo Huilo** geborgt. *Raulí*-Wälder und Vulkangestein haben den Río Fuy an dieser Stelle schmal zusammengepresst und lassen ihn im freien Fall 37 m in die Tiefe spru-

Tipp: Unterwegs nach Argentinien

Wer nach Argentinien reisen möchte, benutzt die Autofähre, die anderthalb Stunden bis Puerto Pirihueico braucht. Im Sommer legt sie um 8 und um 15 Uhr ab. Vor dem Übertritt nach Argentinien mit dem **Mietwagen** (nur von wenigen Verleihern gestattet) müssen einige Formalitäten erledigt werden; es gibt keine Busverbindung nach Argentinien. Info: www.panguipulli.cl.

deln. Im Park besteht die Möglichkeit auf sorgfältig angelegten Wegen zu wandern, Kajak zu fahren, Vögel zu beobachten, zu reiten, zu angeln, in Thermen zu baden, Canopy zu praktizieren oder mit dem Mountainbike unterwegs zu sein.

Da es sich um ein privates Projekt handelt, wird ein Parkeintritt verlangt, unabhängig davon, wie lange man bleibt oder was man sich ansehen möchte. Auch der kurze Weg zum Wasserfall muss am Eingang bezahlt werden. Übernachtungsmöglichkeiten bestehen in zwei Häusern, die der Parkeigentümer, der Holzbaron Victor Petermann, hat entwerfen lassen.

Übernachten

Origineller Luxus ▶ **Hotel Montaña Mágica:** Camino Internacional Panguipulli, km 60, Tel. 63-197 01 22, in Santiago: Av. Vitacura 2909, Of. 1112, Tel. 2-334 45 65, www.huilohuilo.cl, magica@huilohuilo.cl; 13 Zi. Einem Berg soll die Konstruktion nachempfunden sein, das Hotel sieht aber ein bisschen so aus wie das Hexenhäuschen aus Hänsel und Gretel. Innen ein Traum an Behaglichkeit, Stille, mit viel Platz. DZ ab 65 000 CLP (über Veranstalter buchen wird billiger, Tel. 63-197 01 23).

Kapriziös ▶ **Baobab Hotel & Spa:** Camino Internacional Panguipulli, km 55, Tel. 63-197 01 22, in Santiago: Av. Vitacura 2909, Of. 1112, Tel. 2-334 45 65, www.huilohuilo.cl, magica@huilohuilo.cl. Gehört demselben Be-

sitzer wie das Montaña Mágica (s. o.) und ist genauso originell – diesmal ist das Haus einem Baumhaus nachgebildet. Innen vielleicht noch eine Spur luxuriöser ausgestattet. Preise je nach mitgebuchtem Programm.

Schlicht ▶ **Hotel El Roble:** Neltume, Tel. 63-31 18 49; 10 Zi. Sehr schlichte Unterkunft in Neltume, dem Dorf der Sägewerke. DZ 15 000 CLP.

Nach Puerto Fuy

Die Strecke nach **Puerto Fuy** **18** ist nicht stark befahren. Einige wenige Holztransporter schaukeln unter den Laubkathedralen auf den Hafen zu, um am schwarzkörnigen Strand des Lago Pirihueico entladen zu werden. Das Kreischen der Sägewerke begleitet die Fahrt. In Puerto Fuy drängeln sich Wellblechhäuser und einige Holzbauten an einer melancholischen Bucht für gut 300 Einwohner. Schweine und Gänse tummeln sich in den zumeist aufgeweichten ungeteerten Straßen.

Wer will, kann am Strand zelten; an der Anlegestelle der Fähren gibt es ein nettes Café-Restaurant und im Ort findet man noch zwei Unterkünfte, eine kleine Speisegaststätte und ein paar Provisionen. Im Hafen wird das Holz nach Argentinien verschifft, und die sanften Kurven des Lago Pirihueico verschwinden hinter den kuppelförmigen, steilen Massiven Lipinza und Huirahueye.

12 km weiter befindet sich die Zollstation Paso Huahum. Von dort führt eine geschotterte Straße oberhalb des Lago Lacar durch Zypressen- und Myrtenwälder nach San Martín de los Andes in Argentinien, das nach 54 km erreicht ist. Hier dramatische Bergwelt, dort Viehweiden und liebliche Kräuter- und Blumenwiesen; dahinter beginnt die berühmte argentinische Pampa – der Kontrast ist stark.

Übernachten

Stilvoll und großzügig ▶ **La Marina del Fuy:** Tel. 63-197 24 26, www.marinadelfuy.com; 12 Zi. Direkt über dem See gelegenes, großzügig geschnittenes und für die winzige Ortschaft äußerst auffälliges Holzhaus im Chaletstil mit großen Glasflächen. Die heimeligen und sehr hübsch ausgestatteten Zimmer sind holzgetäfelt und haben einen super Blick auf den See. Schönes Kamin-Restaurant und kleiner Shop. Kajakmiete. DZ ab 100 US-$.

Essen & Trinken

Restaurantszene in Puerto Fuy ▶ Essen gehen kann man in den **Hotelrestaurants** des Ortes und in einigen kleinen **Strandrestaurants.**

Zum Lago Panguipulli

Dass das winzige **Choshuenco** 19 an den Ufern des Río Llanquihue sich als Strandort einiger Beliebtheit erfreut, erschließt sich bei seinem Anblick nicht sofort. Aber es hat einige Ferienbungalows zum Mieten und kleine Holzhotels sowie hübsche Blumengärten und Geschäfte für den Angelbedarf. Das Allerschönste aber ist die Sicht auf den schneebemützten Vulkan Choshuenco.

Die hat man auch von Panguipulli aus. Auf 44 km folgt eine gut ausgebaute, geschotterte Straße den lang gestreckten Konturen des verzweigten **Lago Panguipulli,** der, wie so viele Seen in dieser Gegend, nur an einer Seite erschlossen ist, und landet in Panguipulli. Der Blick vom dortigen Strand ist einfach wunderbar – wenn sich der Choshuenco nicht gerade in Wolken versteckt.

Panguipulli 20 war Holzhafen und Eisenbahn-Frachtstation. Aus seiner hübschen Lage lässt sich touristisch Profit schlagen. Einige Hotels und Restaurants stehen für Gäste bereit, die diese nur mäßig bekannte und ausgesprochen reizvolle Region näher kennen lernen wollen. Bunt bepflanzte Blumengärten verleihen den unverschnörkelten Holzhäusern einen heiteren Anstrich. Höhepunkt im Festkalender des 16 000-Einwohner-Städtchens ist dann logischerweise auch die alljährlich in der ersten Februarwoche abgehaltene Wahl der ›Miss Rose‹.

Infos

Informacion Turística: in der Stadtverwaltung (Municipalidad), oberhalb der Plaza Prat, Tel. 63-31 13 11.

Übernachten

Standard ▶ El Francés: Martínez de Rosas 880, Tel 63-31 24 96; 11 Zi. Alle Zimmer liegen in der 1. Etage überm Restaurant, ganz gemütlich und sauber. DZ ab 35 000 CLP.

Eigene Note ▶ Hostal España: O'Higgins 790, Tel./Fax 63-31 11 16; 8 Zi. Hier regiert Plüsch bei der Inneneinrichtung der kleinen Zimmer; warme Atmosphäre, typisch chilenische Küche; der Besitzer organisiert auch gerne Ausflüge. DZ gibt's für 25 000 CLP.

Einfach und gut ▶ Residencial Ruca Mew, Pedro de Valdivia 304, Tel. 63-31 17 74, 11 Zi, und **Eva Ray,** Los Ulmos 62, Tel. 63-31 14 83, 7 Zi, sind schlichte, aber saubere Unterkünfte und kosten ca. 10 000 CLP pro Person mit Frühstück.

Camping ▶ El Bosque: Tel. 63-31 14 89.

Essen & Trinken

Hausmannskost ▶ Hotel España: O'Higgins 790. Kleiner Speisesaal mit chilenischen Hausmannskost-Menüs ab 5500 CLP.

Ausprobieren ▶ La Escuela del Liceo Gastronómico: Ramón Freire 394. Hier kochen die Fachschüler der Berufschule für Gastronomie. Gerichte gibt es ab 2500 CLP, kleine Menüs für 5500 CLP.

Aktiv

Ausflüge ▶ Touren in die Region Siete Lagos, die man entweder selbst organisiert oder über das Hotel España (s. o.) bucht. Auskünfte erhält man auch bei der Touristeninformation, die selbst alljährlich in der dritten Januarwoche eine **Vier-Tages-Tour** in diese Region veranstaltet.

Termine

Semana de las Rosas: erste Feb.-Woche, mit Wahl der ›Miss Rose‹.

Verkehr

Busse: Busbahnhof Mistral/Portales; häufige Verbindungen nach Osorno, Puerto Montt, Santiago, Temuco und Valdivia; 2 x tgl. nach Puerto Fuy über Choshuenco und Neltume und nach San Martín de los Andes in Argentinien.

Valdivia, Osorno, Nationalpark Puyehue

Zwei der bedeutendsten Städte des Südens spiegeln den unterschiedlichen Geschichtsverlauf: Die eine bezaubert mit ihrem Großstadtflair, die andere mit ihrer Bäuerlichkeit. Beide, Valdivia und Osorno, wurden von deutschen Einwanderern besiedelt. In der Nähe liegt der Parque Nacional Puyehue mit unterholzreichem immergrünem Feuchtwald aus Farnen, Südbuchenarten und *coigüe*.

Valdivia ▶ C 27

Die Einfahrt zieht sich in die Länge, aber dann ist die Überraschung perfekt: Das 140 000 Einwohner zählende **Valdivia** ist eine der hübschesten Städte Chiles und zeigt sich zunächst von seiner Schokoladen-, nämlich der Villenseite am Fluss. Sie ist die Hauptstadt der Provinz de los Ríos.

Pedro de Valdivia ließ 1552 eine Siedlung just an dieser Stelle bauen, weil sie ihm strategisch günstig erschien: In der Nähe des Meeres und mit ihm durch einen gut schiffbaren Fluss verbunden, aber trotzdem geschützt. Das hat Valdivia einen Ring von Befestigungsanlagen eingebracht, die zu den Besichtigungsattraktionen der Stadt und ihrer Umgebung gehören. Viele derartige Anlagen, die man sich anschauen könnte, sind nämlich in Chile nicht geblieben.

Das heutige Straßenbild jedoch modellierten die Deutschen in einem solchen Ausmaß, dass Reisende zu Beginn des 20. Jh. erstaunt notierten, hier sei alles deutsch. Für viele Emigranten boten sich Möglichkeiten, in den erlernten Berufen zu arbeiten. Gerbereien, Ziegeleien, Destillen, Schuh- und Seifenfabriken sprenkelten bald Valdivias historischen Boden, und die landwirtschaftlichen Erzeugnisse aus dem Landesinnern konnten schnell umgeschlagen werden Auch das Bier übrigens, eine Erfindung des aus Calau stammenden Apothekers Carl Anwandter, der es

seiner Gattin zuliebe rezeptlos zusammenbraute. Damit hat er dann später ein Vermögen gemacht, denn sein deutsches Bier wurde bis hinauf nach Panama gehandelt. Valdivia prosperierte – das sieht man der Stadt an. Auch kürzlich wurde wieder einmal umgestaltet: Über dem Fluss türmt sich das Kasinohotel Dreams in die Höhe und setzt einen unverwechselbaren Akzent; für das eher kleinteilige, behagliche Stadtbild ist es eine ziemlich riesige gläserne Konstruktion.

Den Fluss entlang

Die Fußgängerbrücke Pedro de Valdivia klammert im Innenstadtbereich die beiden Teile Valdivias zusammen. Die Stadt liegt über dem Río Valdivia, in dem sich die Flüsse Río Calle Calle und Río Cau Cau vereinigen.

Auf der grünen **Isla Teja** liegen die bedeutende Universidad Austral, ruhige Wohnviertel und einige sehenswerte Relikte aus den Anfängen der deutschen Kolonisation.

Attraktion der Isla Teja sind neben dem ausladenden Park mit dem **Jardín Botánico** der Universidad Austral (tgl. 8–20 Uhr) das **Museo Austral** in dem ehemaligen Wohnhaus der Familie Anwandter am Flussufer. Der gepflegte Garten öffnet sich zum Flussrand, und in der Villa gibt es viel zum Thema deutsche Kolonisation und zum recht luxuriösen Lebensstil dieser Einwanderer zu sehen. Es existiert auch eine wichtige anthropologische Abteilung, die der Belgier Maurice van de Maele zusammengestellt hat, und eine hauptsächlich aus Porträts und anderen Gemälden bestehende Sammlung zur Kolonialgeschichte, **Museo Austral, Histórico y Antropológico ›Mauricio van der Maele‹** (Los Laureles 47, Isla Teja, 15. Dez.–15. März tgl. 10–13, 14–20, 15. März–15. Dez. Di–So 10–13, 14–18 Uhr, 1000 CLP).

In die alte Anwandter-Brauerei nebenan ist der **Museo de Arte Contemporáneo** eingezogen (Di–So 10–13, 14–18, im Sommer bis 20 Uhr). Der **Museo de la Exploración R. A. Philippi** in der restaurierten Casa Schüler würdigt in sieben Sälen die naturwissenschaftliche Arbeit des Forschers, der sich besonders um die Erfassung des chilenischen Nordens verdient gemacht hat. Sein Bruder Bernard war wesentlich an der Erschließung des Südens für deutsche Emigranten beteiligt. Die Bundesrepublik hat sich am Aufbau beteiligt (Los Laureles s/n, Tel. 63-29 37 23, www.fundacionraphilippi.cl, Di–So 10–18, im Sommer 10–20 Uhr).

Das ebenfalls am Flussufer gelegene Grundstück der Familie Prochelle ist durch den Brückenschlag geteilt worden. Nördlich davon liegt die Villa mit dem Aussehen einer Sommerdatscha, im Süden ein kleiner Koniferenpark. Es gibt noch zwei weitere Parks hier, den Savalpark westlich des Jardín Botanico und den Parque Guillermo Harnecker.

Auf der gegenüberliegenden Flussseite firmiert ein restauriertes Wohnviertel an der Calle General Lagos aus den 40er-Jahren des 19. Jh. als **Conjunto Histórico.** Dabei handelt es sich um repräsentative Steinbauten, die den Wohlstand der Deutschen spiegeln. Der **Museo Cultural El Austral** an der Calle Yungay ist ein wunderschöner Bau von 1870, reine Industriearchitektur, der jetzt für Ausstellungen und als Sitz von Kunstwerkstätten dient (Gral. Lagos s/n, Wanderausstellungen, kulturelle Veranstaltungen, Di–So 10–13, 16–19 Uhr).

Der Mercado Fluvial

Eine besondere Attraktion hat Valdivia mit seinem am Flussufer großzügig ausgebreiteten **Mercado Fluvial,** der ein wenig nördlich der General Lagos und des Conjunto Histórico abgehalten wird. Früher regierte hier der Tauschhandel: Die Fischer kamen mit ihren Booten und handelten mit Meeresfrüchten und Fischen, die Bauern mit Kartoffeln, Obst und Gemüse. Die Palette hat sich erweitert, hinzugekommen sind Kunstgewerbe und Haushaltswaren, aber interessanter dürften für den Besucher die ungewöhnlichen Fruchtsorten und vor allem die getrockneten Algen und Muscheln sein, die hier als ledrige Perlenstränge von den Budendächern baumeln. Sie werden auf Vorrat gekauft und im Winter zu Suppen gekocht (tgl. 8–14.30 Uhr). Schön ist auch der himmelblau gestrichene, alte Lebensmittelmarkt mit seinen Galerien und dem Springbrunnen in der Mitte, an dem sich früher die Händler das Wasser holten. Heute ist viel Kunsthandwerk eingezogen und kleine Marktrestaurants bieten preiswerte Mittagsmenüs an.

An der benachbarten **Muelle Schuster** dümpeln die Ausflugsboote zur Flusserkundung. Die drei Blocks entfernte, mit vielen Bäumen geschmückte **Plaza** öffnet die Geschäftszone Valdivias mit den lebhaften Straßenzügen Picarte, Arauco, Pérez Rosales und Henríquez. Gepflegte Residenzviertel gibt es nicht nur auf der Isla Teja; hier liegen sie nördlich der Plaza zwischen der Ufer-Avenida Arturo Prat und der Avenida Carlos Anwandter.

Infos

Sernatur: Yerbas Buenas 181, Edificio Seminario, Tel. 63-23 90 60. Hilfsbereit, viel Material.

Conaf: Los Castaños, Isla Teja, Tel. 63-24 52 00.

Übernachten

Großzügig ▶ Puertas del Sur Resort: Los Lingues 950, Isla Teja, Tel. 63-22 45 00, Fax 63-21 10 46, www.hotelpuertadelsur.com; 40 Zi. Direkt am Fluss gelegen. Modern, großer Garten, großer Pool, Tennisplätze, Fahrradmiete, Kinderspielplatz; viel Glas, sympathische Atmosphäre. DZ ab 187 US-Dollar.

Grandhotel ▶ Hotel Pedro de Valdivia: Carampangue 190, Tel. 63-21 29 31, Fax 63-20

Valdivia – Pause im Park

38 88, www.hotelpedrodevaldivia.telsur.cl; 77 Zi. Hotelklassiker im Grandhotel-Stil, schattiger Garten mit Swimmingpool; erlesene Qualität, zwei Restaurants; für Behinderte geeignet. DZ ab 140 US-$.

Persönliche Note ▶ Villa Paulina: Yerbas Buenas 389, Tel. 63-21 24 45, Fax 63-25 63 72; 22 Zi. Kleines Haus mit ausgesprochen persönlicher Note, gemütliches Restaurant und Kaminzimmer. Im 1. Stock liegen an einer Galerie die ›altdeutsch‹ möblierten Zimmer; Swimmingpool im Garten. DZ ca. 40 000 CLP.

Gepflegter Villenstil ▶ Hotel di Torlaschi: Yerbas Buenas 265, Tel. 65-26 41 03, www.hotelditorlaschi.cl; 16 Zi. Schöne geräumige Zimmer, wie das ganze Haus im britischen Villenstil möbliert. Freundlicher Service. Das DZ kostet 77 US-$.

Gute Lage ▶ Hotel Palace: Chacabuco 308, Tel. 63-21 33 19, 31 Zi. Liegt gut und zentral zwischen Plaza und Fluss, hat sonnige, hübsche geräumige Zimmer, Internet gratis und freundliche Wirte. DZ 28 000 CLP.

Großbürgervilla ▶ Hotel Jardín del Rey: Gral. Lagos 1190, Tel. 63-23 36 90, Fax 63-21 85 62; 19 Zi. Wohnen wie in einer alten Großbürgervilla: Repräsentationshaus in buntem Blumengarten. Geräumige, individuell gestaltete Zimmer. DZ ab 20 000 CLP.

Hostal ▶ Totem Guesthouse: Carlos Anwandter 425, Tel. 63-29 28 49. Sauberes gepflegtes Hostal mit Tourenvermittlung und Fahrradverleih. DZ ab 33 US-$.

Sehr gutes Preis-Leistungs-Verhältnis ▶ Hotel und Cabañas Casa Kolping: Gral. Lagos 1608, Tel. 63-21 29 21, Fax 63-22 40 83, www.hoteleskolping.net/valdivia; 60 Betten. Schön gelegene Alternative zu größeren Häusern, gemütliche Zimmer, gutes Preis-Leistungs-Verhältnis. DZ ca. 15 000 CLP.

Essen & Trinken

Die Küche des Südens ▶ Kau Patagonia: Esmeralda 693, Tel. 63-23 30 12, Di–Sa ab 19 Uhr, So abends geschl. Hier genießt man in einem warm gestalteten Rahmen Wildschwein und Lamm, dazu Pisco-Sour-Kreationen mit Myrte und Heidelbeeren. Gerichte um 7000 CLP.

Traditionshaus ▶ Café Haussmann: O' Higgins 394. Fast erwartet man ältere Damen mit Hut in diesem altmodischen und typischen Kaffeehaus. Zur Mittagszeit werden auch Snacks. Kleines Mittagsmenü 6000–7000 CLP.

Deutsch ▶ La Cervecería Kunstmann: Camino Valdivia Niebla, km 5, Tel. 63-29 29 69, www.lacerveceria.cl. Auf dem Weg nach Niebla wird die deutsche Brauereikunst gepflegt. Serviert werden Fleischgerichte und deutsche Küche. Gerichte zu 5000 CLP. Mit Bierverkostung und kleinem Brauereimuseum.

Cajun-Küche ▶ New Orleans: Esmeralda 682, tgl. geöffnet. Man sitzt angenehm, auf der Speisekarte findet man gute Cajun-Küche, Fisch und Fleisch in ausgewogener Mischung, das Lokal hat Bar-Atmosphäre. Gerichte ab 4500 CLP.

Romantisch ▶ La Calesa: Yungay 735, Tel. 63-22 54 67, So abends geschl. Meeresfrüchte-Spezialitäten auf peruanische Art und dazu ein schöner Blick auf den Fluss. Fischeintöpfe zu 4000 CLP.

Hat Stil ▶ Camino de Luna: Av. Prat nördlich der Puente Pedro de Valdivia, Tel. 63-21 37 88, So abends und Mo geschl. Bootsrestaurant: Romantischer Platz, man diniert bei Kerzenschimmer. Gerichte ab 3500 CLP.

Meeresfrüchte ▶ Entre Ríos: im Mercado Muncipal. Meeresfrüchte-Restaurant zum Mittagessen gegenüber vom Fischmarkt. Leckere *pastel de Jaiva,* eine Krebsmousse-Pastete. Preiswert.

Klassiker ▶ Café Entrelagos: Pérez Rosales 640. Für die ganze Familie: Teesalon, Eissalon, Kaffeehaus, Pralinen und Marzipan aus eigener Herstellung; aber auch sehr nett für Drinks, kleine Gerichte, Sandwiches; stilvoll möbliert. Sandwiches zu 3000 CLP.

Klein, aber quirlig ▶ Café Fertil Provincia: San Carlos 169. Kleine und nette Cafébar mit Buchladen. Hier kann man auch abends auf einen Drink hingehen. Kulturelles Programm.

Abends & Nachts

Eine gute Ausgehadresse ▶ Die Calle Esmeralda ist ein guter Tipp fürs informelle

Ausgehen: **El Legado,** Esmeralda 657, ist ein beliebter Treff für Drinks, und **Papadakis** ein Lokal mit Livemusik. In der empfehlenswerten **Bar Última Frontera,** Pérez Rosales 787, sitzt man im Garten oder auf der Terrasse unter Bäumen und genießt seinen Drink oder Kaffee.

Aktiv

Flussfahrten ▶ Halbstündige Rundfahrten vom Flusshafen aus **um die Isla Teja** bieten verschiedene Veranstalter an. Es gibt acht unterschiedliche Anbieter für Halbtagestouren (Mittagessen an Bord) nach Niebla, Corral und zur Isla Mancera einschließlich des Besuchs beim Historien-Spektakel. Verschiedene Anbieter für eine **Fahrt zum Santuario de la Naturaleza.**

Termine

Expo Arte y Cultura Mapuche Williche: erstes Dezemberwochenende, im Centero de Ferias de la Saval.

Festival Internacional de Cine: internationales Kinofestival im Oktober, www.ficv.cl, vom 9. bis 25 Februar internationale Kunsthandwerksmesse.

Noche Valdiviana: am letzten Samstag im Februar, Feuerwerke, nächtliche Bootsregatten.

Verkehr

Flüge: Flughafen Pichoy, 32 km nordöstlich der Stadt; Shuttle-Service der Fluggesellschaften; wird 8 x tgl. angeflogen; Verbindungen nach Puerto Montt, Temuco und Santiago. Stadtbüro Lan, Maipú 271, Tel. 60 05 26 20 00 (zentrale Rufnummer). Sky Airline, Walter Schmidt 303, Tel. 63-27 23 93.

Flughafen-Shuttle über Transfer Valdivia, Tel. 63-22 55 33.

Busse: Busbahnhof Anfión Muñoz s/n; Verbindungen nach Osorno, Puerto Montt (stdl.), Temuco (häufig), Puerto Varas, Santiago (mehrmals tgl.).

Fähren: Verbindungen nach Niebla, Isla Mancera und Corral; 2 x tgl. (um die Mittagszeit).

Mietwagen: Hertz, Ramón Picarte 640, Tel. 63-21 83 16, und im Flughafen.

Tipp: Niebla empfiehlt sich für einen Besuch

In **Niebla** liegen die beliebtesten und entsprechend erschlossenen Fluss-Badestrände der *valdivianos*. Gut Fisch und Meeresfrüchte essen kann man hier auch: Die Playa Los Molinos hat einige Strandrestaurants aufzuweisen. In der Hochsaison (Jan./Feb.) hat man die Qual der Wahl zwischen den Fischbuden, dazu gibt's Folkloremusik und Tanz. Von Valdivia aus verkehren dann auch abends Busse nach Niebla.

Ausflüge von Valdivia

► C 27/28

Niebla

Der **Castillo de la Pura y Limpia Concepción de Montfort de Lemus** in Niebla 18 km von Valdivia entfernt, hat einen langen Namen und eine ebensolche Geschichte, denn errichtet wurde die Befestigungsanlage bereits 1671, um ein Jahrhundert später während der britischen Südpolarmeer-Expeditionen weiter ausgebaut zu werden. 1992 zur 500-Jahr-Feier der Eroberung Amerikas restauriert, verfügt sie nun über einen kleinen **Museo del Sitio** mit einer Schau zur Kolonial- und Baugeschichte (Dez.–März tgl. 10–19, April–Nov. Di–So 10–17 Uhr, 800 CLP).

Übernachten

Hier herrscht Ferienstimmung ► **Hotel El Castillo de Niebla:** Antonio Ducce 750, Tel. 63-28 20 61, www.hotelycabanaselcastillo. com. Aus einer Traditionsvilla des 19. Jh. entstand ein charmantes Hotel mit Swimmingpool und überdachter Laube im Garten, dazu gibt's auch Bungalows. DZ kosten 30 000 CLP.

Solide ► **Cabañas Villa Santa Clara:** Camino Niebla a Los Molinas, Tel./Fax 63-28 20 18. Kleine nette Bungalows in einem schönen gepflegten Garten vermitteln Ferienstimmung. Pro Person (inkl. Frühstück) zahlt man etwa 30 US-$.

Essen & Trinken

Kastilische Küche ► Restaurant Los **Castellanos:** Antonio Ducce 875, Tel. 63-28 20 82. Die ›Kastilier‹ haben auch Paella auf der Speisekarte, sonst aber viele chilenische Gerichte. Preise ab 3500 CLP.

Verkehr

Fähren: Bootsverbindung zwischen Niebla und Corral; 8–21 Uhr halbstdl., im Winter bis 18.30 Uhr.

Corral

Corral, ein kleines Dörfchen am Niebla gegenüberliegenden Flussufer, klettert dekorativ über einen gewölbten Felsenrücken. Per Boot ist es recht schnell zu erreichen. Der Landweg von Valdivia aus (62 km) ist nur anfangs asphaltiert, der umfangreichere, geschotterte Teil führt durch Flusswälder an der Isla del Rey vorbei. Traditionell der wichtigste Ausfuhrhafen von Valdivia, nutzten ihn später die ersten Kolonisten.

Attraktion ist der **Castillo San Sebastián de la Cruz,** der wie das in Niebla 1992 frisch aufpoliert wurde. Zweimal täglich versinkt er in Pulverdampf und Getöse, dann nämlich, wenn eine Schlacht zwischen Spaniern und Chilenen in historischen Kostümen nachgespielt wird (tgl. 9–19 Uhr, Kostümspektakel um 16.15 u. 18.15 Uhr. Besuch des Forts 500 CLP, mit Show zusätzlich 1000 CLP).

Der **Museo de Corral** ist ein kleines Geschichts- und Heimatmuseum mit Fotos zum Erdbeben von 1960 (Do–Di 10–13, 14–18 Uhr).

Verkehr

Fähren: Bootsverbindung zwischen Niebla und Corral; 8–21 Uhr halbstdl., im Winter bis 18.30 Uhr.

Isla de Mancera

Die Flussinsel Mancera hat mit dem **Castillo de San Pedro de Alcántara** auch ein Fort aus dem 17. Jh. aufzuweisen, das neben Mauern und Verliesen einen prächtigen Ausblick auf die Fluss- und Meerlandschaft liefert. Unter ausladenden Bäumen verstecken sich die alten Sommervillen gut betuchter

Valdivianer (1. Dez.–15. März tgl. 10–14, 15–19, sonst Di–So 10–13, 14–18 Uhr, 500 CLP).

Santuario de la Naturaleza del Rio Cruces

Aus dem verheerenden Erd- und Seebeben von 1960, das die halbe chilenische Küste auffraß, ist das **Santuario de la Naturaleza del Río Cruces** entstanden, ein Zusammenspiel von Unterwasserflora und immergrünen Wäldern, das heimischen Vögeln herrliche Nistplätze schuf. Mit ihren Kolonien beleben sie jetzt diesen geschützten Platz. Im Rahmen einer halbtägigen Bootstour kann man es besuchen. Die Festung **Fuerte San Luis de Alba de Cruces** lässt sich von diesem Standort aus ebenfalls von außen besichtigen. Im 18. Jh. gebaut, verfiel das Fort komplett, bis sich 1967 die Universidad Austral seiner Restaurierung annahm. In Valdivia kann man eine mehrtägige Kajaktour bis zum Fuerte buchen, inklusive Besuch des Naturschutzgebietes.

Osorno ► C 28

Osorno ist eine der ältesten Gründungen der spanischen Konquistadoren. Doch erinnert die 145 000-Einwohner-Stadt heute vor allem an deutsche Ländlichkeit der 1960er-Jahre. Reklameschilder für landwirtschaftliches Gerät, Traktoren und Zündkerzen begleiten neben Kuhweiden und bescheidenen, vom Wetter imprägnierten Einzelgehöften die Panamericana auf ihrem Weg nach Osorno. Baumstümpfe ragen aus den Wiesen. Vom Konsumtempel-Rausch der anderen Südstädte blieb Osorno bislang verschont, und das liegt vermutlich schlicht daran, dass der Hauptanziehungspunkt der Stadt ein Viehmarkt ist (s. Tipp rechts).

Auch die in einem geräumigen Schuppen untergebrachte **Feria Libre de Rahue** (Concepcion/Chillán, Mo–Sa 7–19, So 9–15 Uhr) verdient Aufmerksamkeit, denn hier verkaufen die Kleinbauern der Region ihre Erzeugnisse. Kleine Imbissbuden versorgen den hungrigen Gast.

Calle Mackenna

Ansonsten konzentriert das ruhige Osorno deutsches architektonisches Erbe von solcher Anmut, dass ein Straßenblock an der Calle Juan Mackenna zum *Monumento Nacional* deklariert wurde. Er befindet sich südlich der netten Plaza mit ihrer neogotischen Beton-Kathedrale von 1961, die, ein Jahr nach dem Erdbeben gebaut, ein merkwürdiges durchbrochenes Oval ziert.

Zwischen den Straßen Calle Freire und Cochrane schmücken die zierlichen, pastellfarben getönten **Casas Mohr Pérez, Schüller, Surber** und **Stückrath** die Calle Juan Mackenna, allesamt mit säulengestützten Veranden und mit von Giebeln verzierten Fassaden. Die älteste ist die Casa Mohr Pérez aus dem Jahr 1876, die jüngste eine der drei Casas Stückrath von 1930; die mittlere der drei Casas Stückrath dient als Kunstgewerbegeschäft.

Läuft man ein wenig weiter, stößt man an der Ecke Bilbao/Matta auf eine schöne alte Steinvilla mit dem sehenswerten **Museo Histórico Municipal,** dessen Exponate sich auf zwei Schwerpunkte stützen: die Kultur der Mapuche – Untergruppe Huilinche – und die Kolonisation durch die Einwanderer aus

Tipp: Feria Ganadera de Osorno

Viele landwirtschaftliche Märkte werden im bäuerlichen Süden Chiles abgehalten, aber die Feria Ganadera in Osorno mit ihren Tierversteigerungen ist etwas ganz Besonderes. Die hochinteressante Feria Ganadera de Osorno ist **der bedeutendste Viehmarkt des gesamten Südens,** und jeden Morgen finden auf dem Gelände am Río Rahue Versteigerungen statt. Die Garküchen liegen ebenso wie die Schlachthäuser und Fleischverarbeitungsbetriebe an der Calle Inés de Suárez gleich nebenan. Sogar in den Metzgereien der Innenstadt bekommt die Hausfrau halbe Schweine, die sie als gestandene Bäuerin auch fachgerecht zu zerlegen weiß.

Tipp: Kaffee und Kuchen

In Osorno findet man eine ganze Reihe netter Cafés, beispielsweise das beliebte Café Central in der O'Higgins 610 sowie das Café Hojas del Sur in der Mackenna 1011 und das Café Urbano in der Mackenna 939.

Deutschland (Av. Matta 809, Tel. 64-23 86 15, Mo–Fr 9.30–18, Sa, So 11–19 im Sommer, sonst Mo–Fr 9.30-17.30, Sa, So 14.30–18 Uhr).

Die Calle Juan Mackenna führt in westlicher Richtung zum Fluss und zum **Fuerte María Luisa,** von dem nur noch ein paar Mauern übrig geblieben sind. Ein wenig weiter südlich liegt der attraktive ehemalige Bahnhof so einsam wie in einer unbenutzten Westernfilmkulisse.

Infos

Sernatur: O'Higgins 667, Edificio Gobernación, 1. Etage, Tel./Fax 64-23 75 75, info-sorno@sernatur.cl. Effektiv und hilfsbereit.
Conaf: Martínez de Rozas 430, Tel. 64-22 13 01, Fax 64-22 13 10.

Übernachten

Business-Stil ▶ Hotel Sonesta: Av. Ejercito 395, Tel. 64-555 0 00, www.sonesta.com; 106 Zi. Klassisch-elegant, diskret, gepflegt. DZ 135 US-$.
Gepflegt ▶ Hotel García Hurtado de Mendoza: Mackenna 1040, Tel. 64-23 71 11, Fax 64-23 71 13, www.hotelgarciahurtado.cl; 31 Zi. Gepflegte Kolonialstil-Kopie; diskreter, zuvorkommender Service; ruhig, schön gegenüber dem historischen Ensemble gelegen. DZ ca. 85 000 CLP.
Tradition ▶ Hotel Waeger: Cochrane 816, Tel. 64-64 38 00; 45 Zi, www.hotelwaeger.cl. Das frisch renovierte Hotel im 1960er-Jahre-Stil macht einen bodenständigen Eindruck. Man kann den Pool des Hotel del Prado mitbenutzen. DZ kosten etwa 70 000 CLP.
Hell ▶ Hotel Pedro: Bulnes 639, Tel. 64-31 41 26. Familiäres Haus. Beim Bau wurde viel Holz eingesetzt; die Zimmer sind geräumig und hübsch eingerichtet. Die DZ kosten rund 40 000 CLP.
Mit Garten ▶ Residencial Riga: Amthauer 1058, Tel./Fax 64-29 45; 12 Zi. Mehrere Bungalows mit eigenen Terrassen liegen in einem Blumengarten, dort sind die etwas hellhörigen Zimmer untergebracht. Die netten Wirtsleute servieren ein üppiges Frühstück. DZ kosten ab 25 000 CLP.
Ein Klassiker unter den Residenciales ▶ Residencial Schulz: Freire 530, Tel. 64-23 72 11, Fax 64-24 64 66; 10 Zi. Die Pension in einem betagten, verschachtelt gebauten Holzhaus hat Antiquitäten-Charme, ist allerdings nicht besonders bequem. DZ zu 15 000 CLP.

Essen & Trinken

Grillrestaurant ▶ Fogón Copahue: Santiago 506, Tel. 64-23 85 21. Ein Restaurant für Fisch-Verächter: Hier gibt's Fleisch am Spieß und gebraten. Gerichte ab 4500 CLP.
Steak-Spezialist ▶ Fogón Rehuenche: Concepción 258, Barrio Rahue, Tel. 64-23 72 61. Familiäres Ambiente, karierte Tischdecken. Eine sehr gute Wahl in der Viehmarktstadt, um Steaks zu essen. Leckere Pisco Sours. *Parilla* für zwei Esser zu 10 000 CLP.
Chilenisch-deutsche Mixtur ▶ Bavaria: O'Higgins 743, Tel. 64-23 13 02. Eine Filiale der solide, behaglich eingerichteten Restaurantkette gibt's auch hier. Auf der Speisekarte findet sich nichts Überraschendes, sondern chilenische Hausmannskost. Sandwiches ab 2200 CLP.

Abends & Nachts

Guter Mix ▶ Pub La Pinte: Freire 677. Eine Mischung aus Kneipe und Bar.

Verkehr

Flughafen: Carlos Hott Siebert, 7 km östlich von Osorno. Stadtbüro Lan, Ramírez 802, Tel. 60 05 26 20 00 (zentrale Rufnummer); Sky Airline, Galería Centrosorno, Cochrane 651, Tel. 64-23 01 86.
Busverbindungen vom Flughafen Siebert nach Temuco und Santiago jeweils 2 x tgl.

Busbahnhof: Av. Errázuriz s/n; häufige Verbindungen nach Puerto Montt, Puerto Varas, Temuco und Valdivia; mehrmals tgl. nach Santiago. Buses Pirihueco fährt zum Lago Ranco, nach Entre Lagos und Puyehue.
Mietwagen: Ecarent Car Rental, O'Higgins 863, Tel. 64-23 53 03. Scalfa Sur, Av. Fuschlocher 1000, Tel. 64-24 01 24.

Parque Nacional Puyehue
▶ D 28/29

Nach 50 km hinter Osorno auf der internationalen Straße in Richtung Argentinien öffnet sich der 157 km^2 große Lago Puyehue. Die Umgebung des Sees rodeten die Chilenen von 1900 an. Der Uferrand ist kaum erschlossen. Zwischen den abgeholzten Flächen schlagen Pfade Schneisen in den heimischen Wald aus *coigüe* und *pitra,* der so dicht ist, dass man getrost bei Regen ohne Mantel darin spazieren könnte, ohne nass zu werden. Farne und Fuchsien wachsen baumhoch. Der Duft von Pilzen aromatisiert die Luft.

Auf dem Weg dorthin gelangt man an das erste Automobilmuseum von Chile, **Museo Moncopulli,** wo man Schönheiten wie Studebakers bewundern kann. Dazu gibt es noch etwas fachfremde Exponate wie Spielzeug und alte Fotoapparate (tgl. 10–18, im Sommer 10–20 Uhr, Tel. 64-20 42 00, 2000 CLP).

Eines der renommiertesten Thermalhotels Chiles befindet sich einige Kilometer vor dem Parkeingang. Die verschiedenen Trakte des **Termas de Puyehue** liegen attraktiv über einen Hügel drapiert. Da der geräumige, in Glas und Holz gehaltene Badebereich auch für Tagesgäste geöffnet ist, lässt sich die Fahrt hier angenehm unterbrechen (Spa geöffnet Mo–Fr 9–20 Uhr, Schwimmbecken bis 21 Uhr, Sa, So 8–21 Uhr, Tagespass für alle Einrichtungen etwa 20 000 CLP).

Einen erloschenen Vulkan auf Skiern herunterrauschen – das ist die Spezialität des **Centro Turístico Deportivo Antillanca** mit verschiedenen Aufstiegshilfen zu leichten bis sehr schweren Pisten. Er ist über eine geschotterte Straße vom Thermalhotel aus zu erreichen (22 km). Der Centro mit Skischule verfügt über ein uriges Holzhotel und liegt mitten im Nationalpark.

Doch leichter erschließt sich der Parque Nacional Puyehue über den *Camino Internacional* nach Argentinien, der Osorno mit dem Grenzbereich Complejo Aduanero Cardenal Samoré verbindet. Links und rechts der Straße öffnet sich ein immergrüner Wald aus den weiß blühenden Ulmen, der lorbeerblättrigen *tepa* und *mañío,* während im oberen Stockwerk die Südbuchen *(lengas)* regieren. Behangen mit Lianen, besteckt mit Bromelien, emporragend aus einem dichten Unterholz, ist es ein richtiger Wunderwald, den Spazierwege verschiedenster Längen entschlüsseln helfen. Nicht weit entfernt von der Conaf-Station plätschern die Wasserfälle **La Princesa** und **Indio.**

Infos
Conaf-Station: in der Nähe des Salto La Princesa. Informationsbüro mit kleinem Umweltmuseum, Camping möglich, weitere Stationen im Sector Aguas Calientes und im Sector Antillanca, tgl. 8.30–18.30 Uhr.

Übernachten
Renommiert ▶ **Hotel Termas de Puyehue:** Ruta 215, km 76, Tel. 600-29 36 00, www.puyehue.cl. Trotz seiner Größe ein ausgesprochen anheimelndes Hotel mit gemütlich eingerichteten Zimmern und viel warmem Holz. Es wurde komplett umgestaltet. Das große Restaurant im gehobenen Turnhallenstil mit Panoramafenstern bietet internationale Küche; die gepflegten Badeanlagen sind im hübschen schwedischen Design, mit Innen- und Außenbecken; schöner Garten und 117 000 ha Parkanlagen. All-inclusive-Pakete mit Spa und Vollpension ab 120 000 CLP.
Skihütte de luxe ▶ **Hotel Antillanca:** Ruta 215, km 98, Tel./Fax 64-24 20 10, www.antillanca.cl; 41 Zi. Aufgemacht wie eine Skihütte de luxe. Holz dominiert bei der Innengestaltung; offene Galerien, Restaurant mit Hüttenstimmung, Bar, Fernsehzimmer; Skizentrum. DZ gibt's für 65 US Dollar.

Die wildschöne Landschaft um den 860 km² messenden Lago Llanqui-hue gehört zu den Kleinodien für Sportfans: Den Vulkan Osorno kann man besteigen, man kann aber auch mit dem Mountainbike hinauf-radeln, in den Küstenfjorden sind Rafting und Kajak fahren ein Genuss, und für alle anderen stehen typische Sommerfrischen mit Kultur-programm bereit.

Im Jahr 1842 gelang es Bernhard Philippi, den Lago Llanquihue als Siedlungsgebiet für deutsche Einwanderer zugesprochen zu be-kommen. Die Chilenen hatten fast vergessen, dass es den See noch gab: Pedro de Valdi-via hatte ihn 1552 erreicht, García Hurtado de Mendoza 1558.

Danach trauten sich die Spanier nicht mehr in dieses Gebiet, das die Mapuche so kräftig verteidigten. Doch die Vulkanausbrü-che des Osorno und des Calbuco 1735, 1780 und 1834 schlugen die indianische Bevölke-rung in die Flucht.

Und so ließ 1850 Francisco Geisse einen Weg von Osorno zum Lago Llanquihue bren-nen. So dicht war damals der Urwald, dass er ein Durchkommen kaum gestattete. Zwölf Monate später versuchte der Kolonisations-beauftragte der chilenischen Regierung, Vi-cente Pérez Rosales, auf diesem Weg die Seespitze zu erreichen und brauchte volle drei Tage für die 53 km.

Die heutigen Ortschaften rund um den See sind aus deutschen Niederlassungen ent-standen, mitunter auch nur aus einer Hafen-mole. Deren landwirtschaftliche Erzeugnisse wurden über den See gehandelt oder über die Eisenbahn. Puerto Varas und Frutillar ra-gen als kleine Stars heraus, das erste als Lieblingsziel für Outdoor-Begeisterte, das zweite als Bade- und Kunstort: Ende Januar locken die Semanales Musicales viele Be-sucher an.

Route um den Llanquihue-See ▶ D 29

Karte: S. 185

Puerto Octay 1

Das Koordinatennetz der Touristenpfade hat das 2500-Einwohner-Örtchen **Puerto Octay** im Norden des Sees nicht richtig eingefan-gen. Es schlummert immer noch ein wenig vor sich hin. Hier dominieren betagte, sorg-sam präparierte Wohnhäuser und sorgen für nostalgische Ansichten. Die Eisenbahn hat Puerto Octay nie erreicht, und aus diesem Grund blühte es auch früher – in den ersten Jahrzehnten des 20. Jh. – nicht im selben Maße auf wie seine Nachbarn am See, ob-wohl es einst ein prosperierendes Kleinstäd-chen war, weil sich hier Kleinindustrie und Manufakturen konzentrierten. Lustig ist seine kolportierte Namensentstehung, denn salopp ließe sich Octay mit ›Ochs hat's‹ übersetzen: Der Name entstammt der Zeit, als ein gewis-ser Christian Ochs einen derart wohlsortier-ten Laden führte, dass 1859 dieser kleine Slo-gan als Taufname akzeptiert und eingesetzt wurde.

Das charmante, altmodische Puerto Octay lässt sich bequem durchstreifen. Häuser mit

Über dem Lago Llanquihue erhebt sich der schneeweiße Kegel des Osorno

Lago Llanquihue und Umgebung

deutscher Kolonialvergangenheit gibt es in den Straßen Calle Wulf, Amunátegui, Muñoz Gamero und Pedro Montt. Besondere Aufmerksamkeit sollte man dem Hotel Haase in der Pedro Montt 344 widmen. An der Straßenecke La Esperanza und Amunátegui stößt man auf die Villa **Casa de la Cultura Emilio Held Winckler** mit Zeugnissen aus der deutschen Vergangenheit, Fotografien und Dokumenten (Av. Independencia 59, tgl. 10–13, 15–17 Uhr, 500 CLP). Ein weiterer **Museo del Colono** schwebt ein wenig oberhalb der Stadt auf dem Weg zur Halbinsel Centinela in der Calle Independencia 591. Er verfügt über eine Sammlung landwirtschaftlicher Maschinen und ist liebevoll mit Möbeln der Gründerzeit ausgestattet (Independencia 591, Di–So 9–13, 15–18 Uhr).

5 km südlich von Puerto Octay liegt die Strandzone der dicht bewaldeten **Halbinsel Centinela** mit einer Berühmtheit auf einem kleinen Hügel: dem Hotel Península Centinela, in dem schon der englische Prinz Edward mit Wallis Simpson übernachtete. Als Chiles teuerstes und exklusivstes Hurenhaus soll es auch einmal gedient haben. Es war das erste Sommerferienhaus überhaupt am Lago Llanquihue und hat heute Gesellschaft von mehreren Bungalowanlagen bekommen.

Infos

Oficina Municipal de Turismo: Esperanza/Plaza de Armas, Tel. 65-39 14 91 (nur in den Sommermonaten geöffnet).

Übernachten

Luxus-Landgasthof ▶ Península de Centinela: Península de Centinela, Tel./Fax 65-39 13 26, www.hotelcentinela.cl; 26 Zi. Romantisch-ländliche geräumige Holzvilla mit Erkern und Türmen; Bungalows im gepflegten, großen Garten. Ausflugsprogramme, Wanderungen, Seetouren. DZ ca. 130 US-$.

Vielseitig ▶ Hosteria Zapato Amarillo: Tel. 64-21 07 87, www.zapatoamarillo.cl. 2,5 km von Puerto Octay entfernt auf der Straße nach Osorno. Geräumiges Holzhaus, Küche, Internetcafé, viele Ausflugsangebote, Fahrradverleih, Vermietung von Zelten, Speziali-

tät der Küche: Käsefondue. Die Gäste werden auf Wunsch von Puerto Octay abgeholt. DZ mit eigenem Bad 63 US-$, im Mehrbettzimmer 17 US-$.

Essen & Trinken

Deftig ▶ Fogón de Anita: am Ortseingang, Tel. 65-39 14 55. Rustikal eingerichtetes Restaurant mit leckerer *parilla* ab 6000 CLP. Vermietet auch Zimmer.

Solide Hausmannskost ▶ Restaurant Baviera: Germán Wulf 582, Tel. 65-39 14 60. Deftige chilenische Spezialitäten, Bratwürste und Fisch. Gerichte ab 2500 CLP.

Verkehr

Busse: mehrmals tgl. nach Frutillar, Llanquihue und Puerto Varas.

Frutillar 2

Frutillar ist in zwei Hälften geteilt. Es begann 1856 auf Seeniveau als Hafenmole, um die sich später Destillen, Gerbereien und Mühlen gruppierten. Als die Eisenbahn den Süden erschloss, entstand 1907 das hochgelegene **Frutillar Alto** als Bahnstation. Dort befindet sich auch heute noch der Terminal für Überlandbusse. 4 km weiter östlich entfaltet sich am Uferrand ein kleines Disneyland auf Deutsch.

Frutillar Bajo besteht aus drei lang gestreckten Häuserreihen, dicht gerahmt von rasant ansteigenden, bewaldeten Hängen, hat einen langen, feinsandigen Strand und die grandioseste Sicht auf den Vulkan Osorno, die man sich vorstellen kann. Hier regiert der Tourismus – und er regiert auf Deutsch. Die Bierstube serviert Eisbein und Tartar *(pernil, crudo alemán),* und bei Frau Holle werden Gästebetten ausgeschüttelt. In Frutillar Bajo erwarten den Touristen eine kunstvoll wiederbelebte schweizerisch-süddeutsche Holzarchitektur, Begoniengärten, Schwarzwälder Kirschtorte und Apfelkuchen, mit Herzchenmustern bedruckte Tischdecken und Butzenscheiben, dazu eine Menge Kunstgewerbegeschäfte. Für die chilenischen Sommerfrischler ist dies alles höchst exotisch, für Deutsche eine Zeitreise in die

1950er-Jahre. Die schön gestaltete Uferpromenade – eigentlich ist es der Strand des Sees – wird von dem Musikpavillon des **Teatro del Lago** dominiert, in dem die Semanales Musicales (s. Tipp rechts) stattfinden, der aber auch das gesamte Jahr über für Konzerte und Veranstaltungen genutzt wird.

Die Chilenen sind sehr stolz auf den **Museo de la Colonización Alemana,** ein dekoratives Freiluftmuseum mit luxuriösen Holzbauten, das ausnahmslos Wohlhabenheit, Ordentlichkeit und Disziplin abbildet, aber nichts über die Mühen der Kolonisation preisgibt. Nur einige ausgestellte Briefe verraten etwas über die damaligen Lebensumstände (Tel. 65-42 23 87, im Sommer tgl. 10–19 Uhr, März–Dez. 10–14, 15–17 Uhr, 1800 CLP).

Ein Streifzug durch das Städtchen, dessen Einwohnerschaft von 10 000 im Sommer auf ein Mehrfaches wächst, schließt einen Besuch der **Reserva Forestal Edmundo Winkler** ein, auf deren 33 ha die Universidad de Chile einen Lehrpfad durch den nahezu unberührten Wald angelegt hat. Gegenüber am Strand liegt der alte Friedhof (Av. Caupolicán s/n, Tel. 65-42 23 07, tgl. 8–18 Uhr; im Jan. und Feb. geführte Spaziergänge).

Ist Frutillar schon während der gesamten Sommerferiensaison recht turbulent, so meldet es Ende Januar regelmäßig Überfülle, denn dann finden die *Semanas Musicales* statt. Orchester und Ballettkompanien aus dem ganzen Land reisen an, um in zehn Tagen ihre oft recht anspruchsvollen Erfolgsproduktionen zu zeigen.

Infos

Oficina de Información Turística: im Gebäude der Stadtverwaltung, Av. Philippi 753.

Übernachten

Zwar gibt es in Frutillar eine große Auswahl an Übernachtungsangeboten, trotzdem ist in der Hochsaison oft kein Bett mehr frei.

Erholsam ▶ Hotel Salzburg: Camino Playa Maqui s/n, Tel. 65-42 15 89, www.salzburg.cl; 31 Zi. und Bungalows, mit Spa-Betrieb. Liegt nördlich von Frutillar Bajo und ist von Wald umgeben, im Schwarzwälder Stil gestaltet.

Tipp: Semanales Musicales Frutillar

Zehn Tage Ende Januar beherrscht die Kultur die Sommerfrische Frutillar. Nationale Kompanien geben Konzerte, das Nationalballett ist auch immer dabei. Wer ein Ticket ergattern möchte, sollte im Voraus buchen.

Zu den Freizeitangeboten gehören Pool, Paddle-Tennis. DZ ab 150 US-$.

Boutiquehotel ▶ Hotel Serenade: Pedro Aguirre Cerda 50, Tel./Fax 65-42 03 32. Das weiße Boutique-Hotel wirbt mit Franz Schubert, die sechs Zimmer sind im Laura-Ashley-Stil eingerichtet, sehr bequem. DZ 100 US-$.

Gepflegt ▶ Hotel Bauernhaus: Av. Philippi 663, Tel. 65-42 00 03, www.bauernhaus.cl; 8 Zi. ›Altdeutsch‹ ausgerichtete Innenausstattung in einer schönen, sommerlichen Holzvilla, die Zimmer sind unterschiedlich geschnitten. Hat einen großen Garten und ein gutes Café mit leckeren Torten. DZ gibt's für 95 US-$.

Familiär ▶ Hospedaje Las Dalias: Av. Philippi 1095, Tel. 65-42 13 93; 12 Zi. Gepflegte Großbürgervilla im Dahliengarten. DZ ab 55 US-$.

Holzvilla ▶ Hotel Frau Holle: A. Varas 54, Tel. 65-42 13 45, frauholle@frutillarsur.cl. In einer recht ruhigen Seitenstraße gelegen. Hübsche, gediegene, verschachtelt gebaute Holzvilla mit großem blumengeschmückten Garten; familiär, freundlich. DZ ab 50 US-$.

Gemütlich ▶ Los Maitenes: Camino Costero a Pto. Octay (2,5 km nördlich von Frutillar Bajo), Tel. 65-33 91 30, www.interpatagonia.com/losmaitenes. Vier Bungalows und mehrere Zimmer, betagtes Landhaus auf einem 16-ha-Grundstück am Seeufer; holzgetäfelte Innenausstattung, Privatstrand, die Besitzerfamilie organisiert Angeltouren und Ausflüge. DZ ab 45 US-$.

Privat und nett ▶ Hospedaje Winkler: Av. Philippi 1155, Tel. 65-42 13 88; 15 Zi. Man wohnt wie in einem Privathaus, im Garten gibt es einige Bungalows; kleine, aber schöne

Zimmer, kommunikative Atmosphäre. DZ ab 40 US-$.

Essen & Trinken

Gemütlich ▶ Selva Negra: A. Varas 24, Tel. 65-42 16 25. Schwelgt in Butzenscheiben und deutscher Gemütlichkeit, hier bekommt man Wildgerichte, z. B. Wildschwein *(jabalí)* für rund 7000 CLP.

Steaks ▶ Don Carlos: Balmaceda 40, Tel. 65-42 17 09. Der Besitzer ist Argentinier, und so kommen hier köstliche Steaks und Grillplatten auf den Tisch. Man kalkuliert zwischen 5000 und 8000 CLP.

Altmodisch-gediegen ▶ Club Alemán: San Martín 22, Tel. 65-42 12 49. Gehobene, deutsch inspirierte Küche, aber es gibt auch frischen Fisch. Gerichte ab 3500 CLP, mittags Menü für 6500 CLP.

Essen in der ›Vogelscheuche‹ ▶ Pájaro Espantuoso: Adresse s. Unterkunft, Los Maitenes, S. 183. In einer umgebauten Scheune wird jeden Mittag ein lohnendes, wohlschmeckendes All-you-can-eat-Büfett aufgetischt, mit Spezialitäten der Region, aber auch der deutschen Küche – was kein Wunder ist, die Besitzersfamilie heißt Prenzlau. Empfiehlt sich als Stopp, wenn man am See unterwegs ist. Abends isst man à la carte.

Preiswert ▶ Club Bomberos: Av. Philippi 1065, Tel. 65-42 15 88. Den ganzen Tag über voll; gute, preiswerte Küche und große Kuchenauswahl. Kleine Gerichte ab 2500 CLP.

Gute Kuchen ▶ Salón de Té Trayen: Av. Philippi 963. Beliebt für wahre Tortenschlachten; zum Nachmittagskaffee und zur *Once*-Zeit immer voll.

Theatercafé ▶ Café Cappuccino: Av. Philippi 1000. Freundliches Café, das auch abends für Drinks und Snacks geöffnet hat.

Einkaufen

Kunsthandwerk ▶ Mehrere **Artesanía-Märkte** an der Av. Philippi.

Termine

Semanas Musicales de Frutillar: s. S. 183, Av. Philippi 1000, Tel. 65-42 29 00, www.teatrodellago.cl.

Verkehr

Busse: Minibusse von Frutillar Bajo nach Frutillar Alto an der Manuel Montt. Von Frutillar Alto Verbindungen nach Puerto Varas (alle 2 Std.), nach Llanquihue, Puerto Octay, Osorno und Puerto Montt (mehrmals tgl.).

Puerto Varas 3

Puerto Varas ist ein guter Ausgangspunkt für sportliche Aktivitäten. Freizeiteinrichtungen gibt es in der Umgebung des Ortes mehr als genug, und auch die Infrastruktur ist vielfältig: Hotels im Chalet-Stil mit Privatjacuzzi im Badezimmer bedienen die Bedürfnisse gut situierter nordamerikanischer Touristen, und es gibt Restaurants, in denen ausschließlich vegetarische Gerichte die Teller füllen oder tadelloses Fusion Food gekocht wird.

Traveller und junge Sporttouristen erkoren Puerto Varas unter der Kulisse des perfekt geformten Vulkans Osorno ebenfalls zu ihrem Darling. Das verhalf den sympathischen Hippie-Märkten und einer alternativen Kunstszene zu neuer Blüte. Bei den jungen Chilenen der Region ist ökologisches Bewusstsein kein Fremdwort, und das macht sie bei der internationalen, auf Naturerlebnisse versessenen Kundschaft besonders beliebt, denn die reist meist aus Ländern an, in denen die Natur bereits empfindlich geschädigt ist. Puerto Varas ist ein Ort, in dem man vor der Kulisse des Osorno noch ein bisschen von der internationalen Solidarität träumen kann.

Doch der Tourismus, der hier umweltverträglich gestaltet sein soll und möchte, wirft auch Schatten. Traditionelles Kleingewerbe wird verdrängt, die Preise klettern, und die altmodischen Läden mit selbst gemachten Spitzengardinen in den Schaufenstern weichen Supermärkten und teuren Sportausrüstern. Der Charme von Puerto Varas könnte in einer stromlinienförmigen Ausrichtung verblassen.

Die Geburtsstunde des Ortes schlug 1854 als Seehafen und Verbindung zum Handelszentrum Puerto Montt, in dem die landwirtschaftlichen Produkte der Region grenzübergreifend vermarktet werden konnten. Auch in

Lago Llanquihue

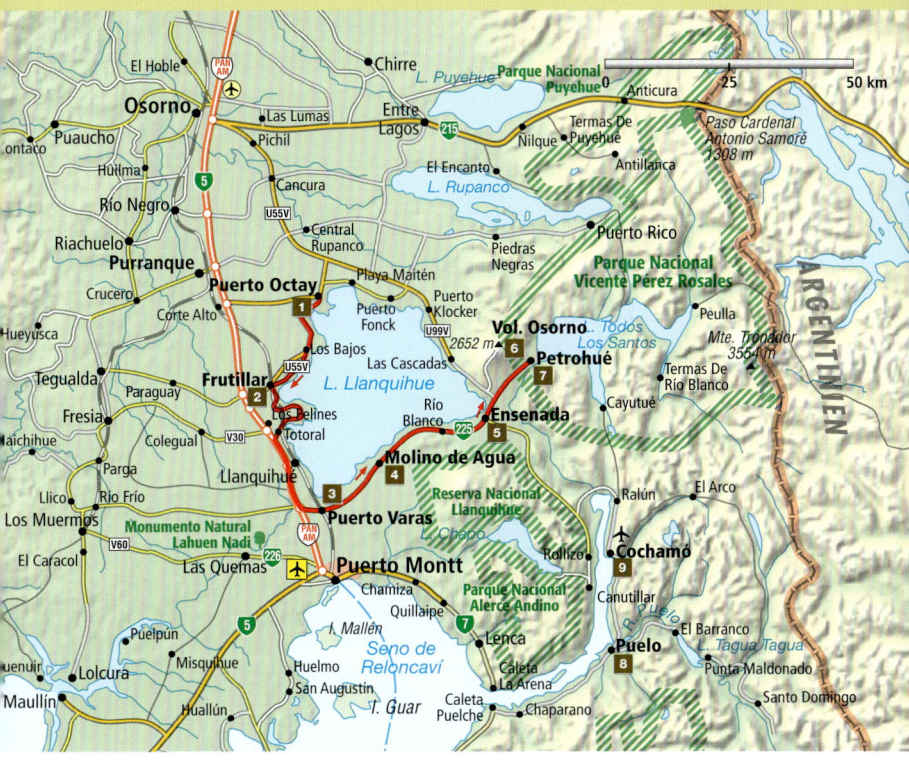

Argentinien waren europäische Einwanderer damit beschäftigt, ihre Ernten zu verkaufen. Der Weg zu den argentinischen Atlantikhäfen führte durch die Pampa Patagoniens; für die in Andennähe siedelnden Bauern lag Chile mit seinem Ausfuhrhafen Puerto Montt wesentlich näher. Der Deutsch-Argentiner Carlos Wiederhold kam um die Wende zum 20. Jh. auf die Idee, die Kette der Andenseen als Handelsweg zu nutzen. Ausgangspunkt bildete auf argentinischem Gebiet der Lago Nahuel Huapi, es folgten der Lago Todos Los Santos in Chile und dann sein Nachbar Lago Llanquihue. Diese Handelsroute besitzt wegen ihrer landschaftlichen Schönheit jede Menge touristisches Potenzial, und heute gehört der gemächliche Grenzübergang per Boot zu einem beliebten Klassiker der Reiseagenturen. Puerto Varas liegt als Endpunkt auf der chilenischen Seite.

Die in auffallendes Rot und Cremeweiß getauchte und nachts angeleuchtete **Iglesia del Sagrado Corazón** überragt die Stadtsilhouette wie ein Wahrzeichen. Einige der alten Wohnhäuser deutscher, meist wohlhabender Familien aus den Anfängen des 20. Jh. sind heute noch zu besichtigen: geschindelte schöne Holzvillen mit fantasievollen Balkonen, Erkern und kunstvoll gegliederten Fassaden. Die **Casa Kuschel** von 1930 an der Calle Turismo krönt sogar ein bayrisch-barockes Zwiebeltürmchen, die vier Pionierhäuser an der Ausfallstraße Nuestra Señora del Carmen sind rund 20 Jahre älter.

Neben dem Tourismus und der deutsch inspirierten Holzarchitektur dominiert die frühere kommerzielle Zweckbestimmung das Aussehen von Puerto Varas. Die steinernen Fassaden um die ufernahe Plaza herum umweht ein Hauch Großbürgerlichkeit. Dahinter

185

Tipp: Seakajaking

Kajaking im Meer lohnt sich sehr, wenn man die Fjordlabyrinthe südlich von Puerto Montt für ein, zwei Tage erkunden möchte. Die Logistik und Infrastruktur des Veranstalters müssen dafür allerdings vom Feinsten sein. In **Puerto Varas** gibt es einige empfehlenswerte Adressen dafür (s. S. 187, 188).

residieren wie früher Bankniederlassungen und Handelsvertretungen.

Infos

Información Turística: am zentralen Bootssteg. Verfügt über eine Fülle an Material, Stadtplänen, übernimmt auch Reservierungen und organisiert den Flughafentransport. Hat sonntags geöffnet.
Secretaria de Turismo: San Francisco 411, Tel. 65-32 13 30, Fax 65-23 24 37.
Geldumtausch: Travelsur, San Pedro 451, Exchange, Del Salvador 257.

Übernachten

Gehobener Standard ▶ **Hotel Colonos del Sur:** Del Salvador 24, Tel. 65-23 55 55, www.colonosdelsur.cl; 98 Zi. Außen ein mittlerer Koloss im Alpenstil, mit viel Holz, innen raffinierte Architektur mit viel Licht; trotz der Größe intime Wirkung. Sehr hübsche Zimmer mit komfortablen Bädern; Lieblingshotel der US-Touristen. DZ ab 130 000 CLP.
Vulkan-Blick ▶ **Hotel Bellavista:** Vicente Pérez Rosales 060, Tel. 65-23 20 11, Fax 65-23 20 19, www.hotelbellavista.com; 71 Zi. Der Blick über den See und auf den Osorno ist unschlagbar, die Lage auch, das Hotel hat einen ein wenig nüchternen Alpenlandstil, große Zimmer, Standardmöblierung. DZ ab 130 US-$.
Tadellos ▶ **Hotel Puelche:** Imperial 695, Tel. 65-23 33 50, www.hotelpuelche.com; 35 Zi. Gepflegt, elegant-rustikal, geräumige Zimmer, sehr gutes Restaurant. Das DZ kostet 60 000 CLP.

Gepflegt und freundlich ▶ **The Guesthouse Vicki Johnson:** O'Higgins 608, Tel. 65-23 15 21, www.vicki-johnson.com; 9 Zi. Sehr gepflegte, geräumige alte Holzvilla. Die individuell gestalteten Zimmer und Bäder sind riesig; es gibt mehrere gemütliche Aufenthaltsräume, einen mit Kamin, und ein gutes Frühstücksbuffet. Kleine Bibliothek, Internetzugang gratis. DZ ab 85 US-$.
Travellerziel ▶ **Hospedaje Casamagouya:** Santa Rosa 318, Tel. 65-23 76 40, www.margouya.com. Etagenpension, unterschiedlich geschnittene Zimmer mit/ohne Bad, Küchenbenutzung, Internet, typische Travellerpension, freundlich. DZ 45 US-$.
Handfest ▶ **Hotel Outsider:** San Bernardo 318, Tel./Fax 65-23 29 10, www.turout.com; 8 Zi. Ein gemütliches Traveller-Hotel, klein, freundlicher Service. Internetzugang in jedem Zimmer. DZ ab 25 000 CLP.
Übernachten im Denkmal ▶ **Hostal Opapa Juan:** Arturo Prat 107, Tel./ Fax 65-23 22 34, www.opapajuan.cl; 11 Zi. Übernachten im Monumento Nacional. Dieses repräsentative Holzhaus gehörte einem deutschen Einwanderer. Ausgezeichnetes Preis-Leistungs-Verhältnis, behagliche Atmosphäre. DZ für 18 000–20 000 CLP.
Nett ▶ **Ellenhaus:** San Pedro 325, Tel. 65-23 35 77, www.ellenhaus.cl. Super zentral gelegene Herberge in einem der Traditionsholzvillen untergebracht, nette Atmosphäre, einfache Zimmer, Küchenbenutzung, Tourenorganisation. Kostet 10 000 CLP pro Person.
Freundlich ▶ **Casa Azul:** Manzanal 66, Tel. 65-23 29 04, casaazul@telsur.cl; 8 Zi. Gemütliche, sehr freundliche Adresse für Backpacker, mit Garten und Küchenbenutzung. Informationen über Touren und Sportmöglichkeiten. Pro Person ab 8000 CLP.

Essen & Trinken

Fischspezialitäten ▶ **Chamaca Inn:** Del Salvador s/n, Tel. 65-23 28 76. Eine empfehlenswerte, klassische Adresse für Fischliebhaber. Gerichte ab 5500 CLP.
Fusion Food ▶ **Color Café:** Av. Los Colonos 1005, Tel./Fax 65-23 43 11. Einfallsreiches, gut zubereitetes Fusion Food, nimmt

japanische und italienische Einflüsse auf, unkonventionelles Ambiente, Galerie, Billard-Salon und Weinbar. Eine Empfehlung. Kleines Degustationsmenü für 8000–10 000 CLP.

Für Steakliebhaber ▶ Puro Toro: Ruta 225, km 1, Tel. 65-23 72 72. Liegt ebenso wie La Olla in dem neuen Restaurantviertel etwas außerhalb des Stadtkerns. Die Fleischportionen sind absolut sehenswert. Gerichte für 6000 CLP.

Schöner Platz ▶ Restaurant Mediterráneo: Santa Rosa 068 (Costanera), Tel. 65-23 72 68. Meeresfrüchte und Fisch beherrschen die Speisekarte, es gibt auch für chilenische Verhältnisse ausgefallene Salatkreationen. Man sitzt sehr nett auf der Terrasse. Salate für 5000 CLP.

Bodenständig ▶ Restaurant La Rada: Santa Rosa 040, Tel. 65-71 83 16. Rezepturenmix aus Fischküche, mediterran und chilenisch, serviert in einem traditionellen Holzhaus mit Veranda direkt am Ufer. Sonntags gibt es Paella für 5000 CLP.

Rustikal ▶ Donde Gordito: San Bernardo 560, Tel. 65-23 34 25. Im Marktgebäude (auch abends zugänglich); empfehlenswerter *curanto* und große Auswahl an frischen Meeresfrüchten. Ein Restaurant für die ganze Familie. Fisch gibt's ab 4500 CLP.

Für den großen Hunger ▶ La Olla: Vicente Pérez Rosales 1071, Tel. 65-23 35 40. Spezialiät sind Meeresfrüchte: Seeigel, Krebse, Austern, Muscheln, die in großen Portionen in eher nüchternem Ambiente serviert werden. Freundlich. Gutes Preis-Leistungs-Verhältnis. Fischgerichte ab 4500 CLP.

Bistro ▶ El Barrista Caffe: Walker Martínez 211A, Tel. 65-23 31 30, Mo–Sa 8–22 Uhr. Schlichter Bistro-Stil, ausführliche Karte – über Lachsgerichte und Salate bis zu Torten und italienischem Kaffee. Tellergerichte für 4000 CLP.

Schick für Veggies ▶ Govinda: Av. Santa Rosa 218, Tel. 65-23 30 80. Vorzügliche fleischlose Vollwertküche, die jedes Öko-Vorurteil elegant widerlegt: schönes gepflegtes Restaurant, leicht esoterische Atmosphäre, gute Weine. Mit Terrasse und Osorno-Blick. Kleine Gerichte ab 3000 CLP.

Einkaufen

Kunsthandwerk ▶ Artesanías Claudio Caro: San Pedro 422. Große Auswahl, recht fein und nicht billig.

Kunsthandwerk, Pralinen und Schokolade ▶ Artesanía Vicky Johnson, Santa Rosa 318, Tel./Fax 65-23 22 40. Ausgesuchtes Kunstgewerbe, Stolen aus Alpaka, Marmeladen, eingelegte Früchte und selbst gemachte Pralinen (Spezialität: Trüffel).

Hippie-Märkte ▶ Mit Kunstgewerbe an der Plaza und vor dem Informationspavillon.

Abends & Nachts

Angesagt ▶ Urbano Restobar: San Pedro 418, Tel. 65-23 30 81. Zur Zeit beliebteste Mischung aus Bar, Pub und Kneipe. Es gibt auch Tapas und Fusion Food.

Gut besucht ▶ Barometro: in der Walker Martínez.

Für Spielernaturen ▶ Kasino: Costanera, gegenüber dem Hotel Colonos del Sur.

Aktiv

Ausflüge ▶ Tagestouren nach Ensenada, zum Lago Todos Los Santos und nach La Burbuja auf dem Vulkan Osorno veranstalten viele Reiseagenturen, z. B. **Andina del Sud:** Del Salvador 243, Tel. 65-23 25 11.

Touren ▶ Alsur Expediciones: Aconcagua/Imperial, Tel. 65-23 23 00. Interessantes Tourenangebot mit zahlreichen sportlichen Aktivitäten; die Agentur betreut den Parque Pumalín.

Reiten und Kanu ▶ Campo Aventura: San Bernardo 318, Tel./Fax 65-23 29 10. Empfehlenswerte, gut geführte Reittouren in die Anden oder auf den Spuren der Jesuiten an den Lago Todos Los Santos, Verknüpfungen mit Kajaktouren. Eigenes, sehr malerisches Camp in Cochamó.

Umfangreiches Angebot ▶ Secretpatagonia: San Pedro 311, Tel 65-23 48 92, www.secretpatagonia.cl Zusammenschluss mehrerer zuverlässiger Anbieter für Sporttouren, Kajaking, Rafting, Reiten, Fliegenfischen. Hier kann man Mountainbikes mieten und Touren buchen. Ziel ist die nördliche Carretera Austral, Puelo, Cochamó.

Tipp: Ko'Kayak

Veranstaltet Rafting, Canyoning und Kanufahren auf dem Río Petrohue und Sea Kayaking im Lago Todos Los Santos, auch mehrtägig in Verbindung mit Trekking; Paddeln im Lago Llanquihue und im Reloncaví-Fjord; sprechen Englisch und Französisch (San José 320, Tel. 56-9-93 10 52 72, www.ko kayak.com).

Zuverlässig und erprobt ▶ Travel Art: Imperial 0661, Tel. 65-23 21 98, www.travel art.cl. Umfangreiches Programm im ganzen Land.

Bei schlechtem Wetter ▶ Spa Aguanativa: Av. Los Castanos 5, im Stadtteil Puerto Chico, Tel./Fax 65-31 07 07. Für Schlechtwettertage oder nach anstrengenden Ausflügen gibt es hier eine ansprechende Alternative: in Terrakotta und viel Glas gehaltenes Spa, Massage, Unterwasser-Shiatsu, Aqua-Fitness und Aerobic.

Verkehr

Flüge: Stadtbüro Lan, Av. Gramado 560, Tel. 60 05 26 20 00 (zentrale Rufnummer); Sky Airline, San Bernardo 430, Tel. 65-23 10 39.
Busse: Minibusse nach Puerto Montt (alle 20 Min.); verschiedene Haltestellen an der Hauptstraße Del Salvador, an der San José und der Avenida Gramado. In Puerto Montt halten sie auch am Busbahnhof. Busse nach Llanquihue, Frutillar und Puerto Octay ab San José/San Bernardo (etwa alle 2 Std.), nach Nueva Braunau in der Avenida Gramado.
Cruz del Sur: Portales/San Pedro, mehrmals tgl. Verbindungen über Puerto Montt zur Isla de Chiloé.
Terminal de Buses Varmontt, San Francisco s/n; Verbindungen nach Puerto Montt, Santiago (mehrmals tgl., nach Santiago gibt es auch eine Nachtfahrt).

Nach Ensenada

Die Straße schmiegt sich östlich von Puerto Varas eng ans Seeufer und streift die nicht besonders ausladenden Strände Niklitschek und Hermosa, bevor sie **La Poza** erreicht, einen kleinen, grün schillernden Teich mit einer noch winzigeren Insel, der per Boot zu erkundenden Isla Loreley. Der 5 km entfernte Río Pescado trägt seinen Namen zu Recht, denn gleich nebenan befinden sich Fischzuchtbecken.

In ein Schwarzwälder Bergtal fühlt man sich beim Anblick der **Molino de Agua** `4` versetzt: Zwischen duftenden Kräuterwiesen klappert tatsächlich eine Mühle neben einem imposanten Holzhaus mit Giebeldach. Passenderweise hat sich hier der Club Alemán mit einem Restaurant niedergelassen und offeriert Forelle, Kuchern und andere Köstlichkeiten (Molino de Agua, Camino Ensenada 21, Tel. 65-33 01 40).

Die nächste Wassermühle liegt bei Kilometer 31 hinter Puerto Varas, diesmal aus dem prächtigen Alerce-Holz der Region konstruiert, das es heute nicht mehr gibt. Sie wurde 1921 gebaut und 1950 zu einem Museum umfunktioniert.

Ensenada `5` entstand, wie so viele kleine Ortschaften rund um den See, aus einem Hafen. Von seinem Ufer ist der Blick auf den Osorno geradezu atemberaubend, und genau dort haben clevere Wirtsleute ihre Fleischgrills aufgebaut, um zur Fahrtunterbrechung zu laden. Oder man stoppt an dem alten Hotel Ensenada, das aussieht wie aus einem altdeutschen Bilderbuch und mit Antiquitäten vollgestopft ist.

Übernachten

Gut ausgestattet ▶ Hotel Ensenada: 45 km von Puerto Varas entfernt auf der Ruta International 225, Tel./Fax 65-21 20 28, www.hotelensenada.cl; 20 Zi, 4 Apartments. Geräumige, 100 Jahre alte Holzvilla mit Garten und eigenem Strand am Lago Llanquihue. Verschieden geschnittene und ausgestattete Zimmer mit und ohne Bad. Einige haben noch eine Original-Ausstattung aus den 1960er-Jahren. Tennisplätze, Hallenbad, Sauna, Kinderspielplatz. Ausflüge werden organisiert: Trekking, Reiten, Kajaking, Rafting, Tagesausflüge nach Cochamó und Besuch von Puerto Montt und dem Fischerhafen Angelmó. DZ ab 100 US-$.

Auf den Osorno

Um zur **Skistation La Burbuja** auf dem **Vulkan Osorno** zu gelangen, fahren wir von Ensenada zur nebelverhangenen **Laguna Verde,** deren Grün von einer besonderen Mikrobenart im Wasser herrührt. Die Straße klettert auf etwa 1800 m und überquert ein riesiges Lavafeld, das seine Ströme wie Gravuren über die erodierte Ebene gebreitet hat. Die Aussicht ist beeindruckend.

Parque Nacional Pérez Rosales ▶ D/E 29

Die Route zum Parque Nacional Pérez Rosales verlässt den See und begleitet den Río Petrohue zum ältesten Nationalpark Chiles, den US-Präsident Theodore Roosevelt mit dem Yosemite-Nationalpark verglichen haben soll, so wird es kolportiert. Auf gut 2500 km² umschließt er die prächtige Vulkanlandschaft des Osorno. Einer seiner Eingänge liegt unmittelbar bei einer seiner schönsten Sehenswürdigkeiten, den Wasserfällen des Río Petrohue. Hier hat die staatliche Forstbehörde Conaf eine Parkwächterstation eingerichtet.

Saltos del Petrohue

Durch seine Eruptionen hat der Osorno diese Region geprägt. Die Lagos Llanquihue und Todos Los Santos waren ursprünglich einmal miteinander verbunden. Ein Lavastrom trieb einen trennenden Keil zwischen die Seen, und just dieses dunkle Feld bildet heute das bizarre Bett des Petrohue. Zweimal ist dort die glühende Masse geflossen, hat sich verfestigt, zerbrach und wurde erneut von einer Schicht Lava bedeckt. Der Fluss durchschneidet dichten Wald, bildet Wasserfälle, die schönen **Saltos del Petrohue,** sprudelt

Nervenkitzel inbegriffen: Rafting auf dem Río Petrohue

aktiv unterwegs

Die Bankräuber-Route

Tour-Infos

Start: Cochamó **9** (s. S. 192)
Dauer: 3 Tage
Veranstalter: Campo Aventura (s. S. 193), Secretpatagonia (www.secretpatagonia.cl)
Wichtige Hinweise: Die chilenischen Pferde sind normalerweise zahm. Trotzdem sollte man für den Ritt Reitkenntnisse vorweisen und geeignete Kleidung mitbringen können.

In den Satteltaschen geraubtes Geld und die Versicherungsagentur Pinkerton auf den Fersen, die ihnen geplünderte Banken hinterhergeschickt hatten – so stellt man sie sich vor, die nordamerikanischen Banditen Butch Cassidy und Sundance Kid. Wer vermutete die beiden als brave Viehfarmer im letzten Winkel der Welt? Keiner. Genau dies muss den beiden auch durch den Kopf geschossen sein, als sie sich in den ersten Dekaden des 20. Jh. in den Reigen der immigrierten Bauern einreihten, die das selbst den offiziellen Landesbehörden weitgehend unbekannte Land beackerten. Sie tauchten unter im anonymen Strom der Italiener, Deutschen, Portugiesen, Syrer, Spanier und Kroaten, die gekommen waren, um hier ihr Glück zu machen. Butch Cassidy und Sundance Kid kauften Vieh, bauten ein Blockhaus im argentinischen, grenznahen Cholila, das bis auf den heutigen Tag noch steht.

Butch Cassidy und Sundance Kid züchteten Rinder für den Verkauf. Wie so vielen Viehbauern der Gegend lagen ihnen die chilenischen Pazifikhäfen näher als die argentinischen am Atlantik. Und so stellten sie den Antrag, einen Knüppeldamm auszubauen, der von ihrem Wohnort, dem argentinischen Cholila, über die Anden und den Paso León nach Cochamóund weiter zum Verschiffungshafen nach Puerto Varas führte. Ihn gibt

es immer noch, und wir können auf ihm reiten.

Clark Stede, der heute im Kleinen Norden eine Pferdefarm leitet verwandelte diesen Trail über den Knüppeldamm in ein touristisches Programm zu verwandeln. Gute Idee: Die gesamte Region von Cochamó, die etwa 2500 km^2 umfasst, bietet nur 85 km Schotterpiste, keinen Meter Asphalt, aber 600 km Reitwege. Zu dem Kitzel, die Pfade der Bankräuber aufzustöbern, gesellt sich der Reiz, ein wildes Land zu durchstreifen. 4000 Bauern leben hier zwischen prächtigem valdivianischem Regenwald und den Granitdomen der Anden, an Flussläufen, deren Becken mit glatt geschliffenen Steinen gefüllt sind.

Unterwegs nach Cochamó, der damals letzten Station des Butch Cassidy- Trails vor Puerto Varas: Zuerst geht es durch den silbrigen, schnell sprudelnden Río Cochamo. Der Pfad schlängelt sich unter Ulmenkuppeln, Haselnusssträuchern, Eichen und coigües entlang und ist mitunter so eng durch den Nebelwald gelegt, dass Farne die Schultern streicheln und Blüten auf den Reiter herabflattern. Kommt man durch die Haine der *arrayanes,* sinkt augenblicklich die Temperatur, denn die glatten, weiß gefleckten Stämme strahlen Kälte ab.

Ab und an blitzen die bunt bemalten Stöcke der Bienenzüchter auf, Fuchsien und rubinfarbene *copihues* tupfen die ziselierten Laubwände. Starke Regenfälle weichen die Erde oft halbmetertief durch, und die unbefestigten Knüppel, die den Damm bilden, rutschen dann schnell auseinander. Die Pferde müssen sich den Grund suchen, auf dem sie gehen können. Da ist man als Reiter gefragt – am besten die Zügel lang und das Pferd den richtigen Weg suchen lassen und nicht denken, man müsse hier das Tier dominieren. Der Weg nach Cochamó wird immer noch als Viehtrail benutzt. Im behutsamen

Zeitlupentempo schleusen die chilenischen Viehtreiber, ihre Herden durch die schulterschmalen Schneisen, die in den Wald geschlagen wurden. Begegnen sich zwei, springen die Kühe die steilen, dicht verholzten Böschungen hinauf, denn für zwei Kühe nebeneinander bietet der Trail nicht genug Platz.

In La Junta befindet sich die erste Übernachtungsstation. Der Name bezeichnet nicht viel mehr als eine schöne grüne Kräuterwiese, auf denen sich die Pferde nach dem etwa sechsstündigen Ritt aalen, unterhalb des Andenpasses und ein paar weit verstreute Gehöfte. In einem davon übernachten die Gäste. Die Betreiber braten bestes patagonisches Lamm *a fuego lento,* ganz ganz langsam, dazu gibt es selbstgemachte Empanadas, chilenischen Rotwein und frisch gebackenes Brot.

Am folgenden Tag wandern wir durch den Valdivianischen Nebelwald, erholen uns an Staubecken von Wasserfällen. Danach geht's auf derselben Strecke wieder zurück.

Das Pferd ist gesattelt: Es kann losgehen auf dem Butch Cassidy Trail

Lago Llanquihue und Umgebung

in tiefgrüne Becken, höhlt die Felsen aus. Mehrere Pfade von unterschiedlicher Länge erschließen seine Umgebung.

Lago Todos Los Santos

Wie ein Kleinod ruht der smaragdfarbene **Lago Todos Los Santos** inmitten schillernder Wälder aus den im Sommer weiß blühenden *ulmos*, *coigües* und immergrünen *olivillos*. Darüber schimmern die schneebedeckten Gipfel der Vulkane Osorno, Puntiagudo und Tronador.

Petrohue 7 besteht aus einem Strand am ›Allerheiligensee‹ mit einer sehr gemütlichen Hotel-Bungalowanlage, einer weiteren Conaf-Station und einem idyllischen Hafen, in dem man zwischen verschiedenen Bootsausflügen wählen kann: Einstündige Rundfahrt, Halbtagesfahrt zur Isla Margarita und ein Tagesausflug nach **Peulla** ans gegenüberliegende Ufer. Hier beginnt auch die beliebte Seentour hinüber nach Argentinien zum Lago Nahuel Huapi, den Endpunkt bildet Bariloche. Dieser **Cruce de Lagos** wird von nahezu allen Reiseveranstaltern in Puerto Varas angeboten. Organisiert ist er nicht billig, man kann ihn auch auf eigene Faust unternehmen.

Infos

Conaf-Stationen: an den Saltos de Petrohue und in Petrohue.

Übernachten

Luxushotel ▶ Hotel Petrohue: am Strand des Lago Todos Los Santos, Tel./Fax 65-21 20 25, www.petrohue.com. Luxuriös, bequem, stilvoll; geräumige, schöne Zimmer. Das Kaminzimmer sieht aus wie aus einem britischen Club, dazu sehr ansprechend ausgestattete, geräumige und großflächig verglaste Bungalows im Garten. Das Hotel verfügt über ein gut ausgetüfteltes Tourenprogramm – vom Canyoning bis zum Fliegenfischen. Der Schweizer Hausherr persönlich begleitet Bergsteiger auf den Vulkan Osorno. DZ ab 200 US-$.

Klassiker ▶ Hotel Peulla: Peulla, Tel./Fax 65-889 10 31; 20 Zi. Komfortabel und gut ausgestattetes Hotel; Zimmer ca. 100 US-$.

Aktiv

Kreuzfahrten auf dem See ▶ Andina del Sud: Puerto Montt, Varas 437, Tel. 65-25 77 57, oder in Puerto Varas, Del Salvador 243, Tel. 65-23 28 11, www.andinadelsud.com.

Nach Cochamó ▶ D 29

Auf der Strecke von Puerto Varas ins 95 km entfernte Cochamó verändert sich die Landschaft dramatisch: zunächst liebliche Ferienidylle bis nach Ensenada, dann Viehweidengelände und später das enge Tal des Gletscherflusses Río de los Palos, das von kühn aufsteigenden Bergen eingefasst wird. So pompös wie schön thront der Vulkan Yate (2111 m) über dem Sund **Seno de Reloncaví.** Die Asphaltierung endet hier, danach folgt eine gut ausgebaute Schotterpiste.

Der Sund steckt das Areal für die Lachszuchtfarmen ab, die den gesamten Großen Süden von Puerto Montt aus inklusive der Isla de Chiloé beherrschen. Die Zuchtkäfige bilden Muster auf dem Wasser wie andernorts Ackerflächen auf dem Boden. Die Einwohner von Cochamó lebten traditionell von der Viehwirtschaft und unterhielten Schlachthäuser für das Vieh, das von Argentinien aus über den Paso León nach Chile getrieben wurde. Das Rodeo im nahe gelegenen **Puelo** 8 zieht regelmäßig viel sachverständiges Publikum an.

Cochamó 9 selbst bildet die Eingangspforte zu einer nahezu unberührten Landschaft, die lediglich zu 10 % erforscht und besiedelt wurde, der **Selva Cochamó.** Üppiger valdivianischer Regenwald, Myrtenhaine, Farnbüsche, Labyrinthe von Flussausläufern und Wasserfälle, die über Granitfelsen sprühen, umgeben eine Insel aus 3000 Jahre alten Alerce-Bäumen. Nur 4000 Bauern leben hier. Sie benutzen wie ihre Großväter Ochsenkarren zum Transport ihrer Feldfrüchte.

Infos

Municipalidad de Cochamó: Santiago Bueras s/n, Tel. 65-25 57 47. Informationen über Exkursionen, Kartenmaterial.

Übernachten

Luxuscamp ▶ **Campo Aventura:** Valle Concha s/n, zu buchen über: Outsider, San Bernardo 318, Puerto Varas, Tel./Fax 65-23 29 10, www.campo-aventura.com; 14 Zi. Großzügig gestaltetes, sehr schönes Camp im gehobenen Pionierstil; gute Küche, eigenes Restaurant mit – auch – vegetarischen Gerichten, viele Ausflugsmöglichkeiten, auch über mehrere Tage, Kombinationen mit Kayaktouren sind möglich. Nur in Packages buchbar. Camper können das Zelt auf einer Wiese aufschlagen.

Einfach und gut ▶ **Hospedaje Llaguepe:** Borde Costero s/n, Tel. 9-89 29 53 25 (Handy). Einfaches Holzhaus auf Stelzen mit familiären Zimmern. Auf Wunsch wird Abendessen serviert. Das DZ kostet 10 000 CLP.

Essen & Trinken

Gute Meeresfrüchte ▶ **Club Náutico,** Costanera, und ▶ **Restaurante Reloncaví,** Catedral 16. Meeresfrüchte der Region zu vernünftigen Preisen, Fisch zu 4000 CLP.

Aktiv

Bootstour ▶ **Motorboote** für Ausflüge auf den Seno de Reloncaví kann man von Fischern mieten (halber Tag ca. 40 US-$).

Termine

Pferderennen: im Sommer (Dez.–März) fast jeden Sonntag.

Verkehr

Busse: Verbindungen nach Puerto Varas und Puerto Montt; Abfahrt 3 x tgl.

Pferderennen sind eine Spezialität in Cochamó

Puerto Montt ► D 29

Cityplan: rechts
Bei gutem Wetter ist die Ansicht hinreißend: Jenseits der imposanten Vulkankulissen von Osorno und Calbuco führen schmale Straßenzüge zu einer weiten Bucht hinab, im Hintergrund lassen sich weitere hohe Gipfel erahnen. Die Holzhäuser haben Wind und Regen patiniert, die Schiebefenster klappern, und irgendeine Stelle ist immer mit Pappe und Rollband geflickt. Die Hafenstadt Puerto Montt liegt wie Valparaíso einem Amphitheater gleich an der Küstenkordillere.

Anlaufstelle für Kreuzfahrtschiffe

Lachszucht, Export von Meeresfrüchten und Hölzern und Kreuzfahrttouristen haben Puerto Montt zu neuem Aufschwung verholfen. Von der schwankenden Mole, auf der der damalige Regierungsbeauftragte für Einbürgerung, Vicente Pérez Rosales, 1853 deutsche Kolonisten begrüßte, zur modernen Boomtown ist Puerto Montt einen turbulenten Weg mit vielen Aufs und Abs gegangen.

Glitzernde Shopping-*galerías* und einige neue Hotels konterkarieren das Kleine-Leute-Stadtbild in den westlichen Bezirken der Stadt und in Hafennähe. Dort gibt es Nachtclubs in Kleinsthütten und *lomo à lo pobre* (Steak mit Spiegelei) zu einem auch für Matrosen erschwinglichen Preis. Die behagliche Ästhetik der gediegenen Handelshäuser aus der Zeit um 1900 und die fast großbürgerli-

Tipp: Gut Fisch essen in Pelluco

Canta Luna mit Blick auf den See (probieren: Sopa Luna y Miel, die ›Flitterwöchnersuppe‹), **Los Tocones de Pelluco** und **Pazos,** Liborio Guerrero 1, Tel. 65-25 25 52. Sieht ein bisschen aus wie Omas unrenoviertes Wohnzimmer, trotzdem: die Meeresfrüchte sind eine Empfehlung, besonders die *chupe de ostras* zu 8000 CLP, Meeresfrüchte-Vorspeisen zu 4000 CLP. Gute Weinauswahl.

chen Kramläden findet man nur noch selten. Die architektonischen Neuerungen haben die Stadt nicht unbedingt interessanter für den Besucher, aber auf alle Fälle bequemer für den Bewohner gemacht.

Der Hafen und Angelmó **1**

Puerto Montt mit seinen 175 000 Einwohnern war schon immer zweigeteilt: Die Innenstadt schloss neben den Handelsgebäuden den Bahnhof ein, der 1912 errichtet wurde und auch dem transandinen Verkehr diente. Der **Hafen** wurde westlich vom Zentrum aufgeschlagen und umgab sich mit seinem eigenen Kosmos, **Angelmó.** Hier befinden sich die Büros der Schiffsagenturen, Handelskontore und das Büro der Linie Skorpios, die in mehrtägigen Touren die schönsten Fjorde und Gletscher an der Carretera Austral entlangschippert. In kleinen Restaurants, die aussehen wie die Esszimmer von Fischerfamilien, werden Meeresfrüchte und Fisch aufgetischt.

Diese Möglichkeit hat durchaus ihren Reiz, aber noch rustikaler lässt es sich in den *marisquerías* des Fischmarktes speisen (Mercado de Mariscos y Pescados Angelmó, großer Fisch- und Meeresfrüchtemarkt am Hafen, tgl. 10–20 Uhr, s. auch S. 198).

Eingerahmt von den nach dem Jod der Meeresfrüchte duftenden Verkaufsständen reihen sich hier die winzigen Essstuben aneinander, die, von geschäftstüchtigen Kellnerinnen regiert, von hungrigen Großfamilien bevölkert werden. In einem gusseisernen Topf, der *olla,* simmert der *curanto* vor sich hin. Dieses außergewöhnliche Meeresfrüchte-Speck-Gericht wird auch am häufigsten verlangt. An der **Caleta Angelmó,** an der man Boote zur gegenüberliegenden Isla Tenglo mieten kann, wurden in einer Art Restaurantgalerie einige ›bürgerlichere‹ Essplätze eingerichtet.

Hingebungsvolles Herumstöbern erlauben die Kioske der **Feria Artesanal 2**, die sich an Angelmó östlich Richtung Stadtkern anschließt. Sie hat eine derart große Reputation erlangt, dass die Nachfrage das Angebot verbreitete: Von Industrieware bleibt man hier nicht verschont, aber es gibt auch viele ortstypische Arbeiten in Leder und Holz und die

Puerto Montt

Sehenswert

1 Angelmó
2 Feria Artesanal
3 Pueblito Artesanal Melipulli
4 Museo Juan Pablo II
5 Costanera
6 Museo de Piedras Monte Verde

Übernachten

1 Gran Hotel Don Luis
2 Hotel Vientosur
3 O'Grimm Hotel
4 Hotel Le Mirage
5 Residencial Urmeneta
6 Hostal Tren del Sur

Essen und Trinken

1 Club de Yates
2 El Cuento del Mar
3 El Piso Catalán
4 Marisquerías
5 Centro Español
6 Dino's
7 Café Real

Einkaufen

1 Paseo del Mar

---

berühmten Strickpullover von der Isla de Chiloé (tgl. 9–19 Uhr). Gegenüber dem Busbahnhof hat der **Pueblito Artesanal Melipulli** 3 seine Zelte aufgeschlagen (tgl. 9–19 Uhr).

Der Microcentro – das Zentrum

Niemand kann behaupten, dass die Exponate im **Museo Juan Pablo II** 4 besonders kunstvoll präsentiert wären – im Prinzip hat man in das obere Stockwerk der stadteige-

nen Bibliothek alles hineingestopft, was zur Geschichte, zur Flora und Fauna von Puerto Montt und Chiloé zu bekommen war – aber wie alle Stadtmuseen ist es einen Besuch wert (Av. Diego Portales 991, Mo–Fr 9–19, Sa, So 10–18 Uhr).

Grüne Parkanlagen säumen die **Costanera** 5 von Puerto Montt, und an der ehemaligen Mole kann man sich den scharfen Wind um die Nase wehen lassen. An der

Lago Llanquihue und Umgebung

zentralen Plaza de Armas erklimmt die O'Higgins die Kordillere hoch zum Aussichtspunkt **Mirador de la Intendencia**. Daneben liegt der **Museo de Piedras Monte Verde** 6 mit einer Ausstellung von indianischen Gerätschaften aus zurückliegenden Epochen (Mirador Manuel Montt, Luis A. Mansilla 173).

Infos

Sernatur: San Martín 80, Tel. 65- 25 80 87, außerdem Informationskiosk an der Av. Varas, gegenüber der Plaza an der Costanera.

Conaf: Ochagavía 458, Tel. 65-48 61 02, Fax 65-48 61 03, loslagos@conaf.cl.

Geldumtausch: Casa de Cambios Afex, Talca 84. Exchange, Av. Diego Portales 516.

Übernachten

Gepflegte und nüchterne Anlage ▶ Gran Hotel Don Luis 1 **:** Urmaneta/Quillota, Tel. 65-25 90 01, Fax 65-25 90 05, www.hotel donluis.cl; 60 Zi. Behaglich eingerichtetes Haus, komfortable Bäder; zentral gelegen, beliebt bei US-Touristen. Für Behinderte ge-

Nicht nur Fisch als Handelsware – Markt in Puerto Montt

eignet. Zu buchen auch über Best Western. DZ ca. 115 US-$.

Ungewöhnliche Anlage ▶ **Hotel Vientosur** **2** : Ejercito 200, Tel./Fax 65-25 87 01; 27 Zi. Sehr malerisch oberhalb der Innenstadt gelegen; attraktive, historisierende Anlage, helle, eher kleine Zimmer, aufmerksame Betreuung. DZ ab 110 US-$.

Individuell ▶ **O'Grimm Hotel** **3** : Gmo. Gallardo 221, Tel. 65-25 28 45, Fax 65-25 86 50, www.ogrimm.com. Zentral gelegenes, gepflegtes Hotel mit relativ kleinen Zimmern, gemütlichem Restaurant und netter Bar. DZ kosten etwa 100 US-$.

Ordentlich ▶ **Hotel Le Mirage** **4** : Rancagua 350, Tel. 65-25 51 25, 24 Zi. Nüchternes und funktionales Drei-Sterne-Hotel im Businessstil zu einem akzeptablen Preis, nämlich 75 US-$ fürs DZ.

Gutes Familienhostal ▶ **Residencial Urmeneta** **5** : Urmeneta 290, Tel. 65-25 32 62; 10 Zi. Etagenpension mit ansprechend eingerichteten Zimmern und gut ausgestatteten Bädern; manche Zimmer liegen zum Hausgang, eine Empfehlung. DZ etwa 50 US-$.

Originell ▶ **Hostal Tren del Sur** **6** : San Pablo 670, Tel. 65-34 33 39; 8 Zi. Rustikal und originell eingerichtetes Haus mit bequemen, kleinen Zimmern, Internet, Parkplatz, Tourenvermittlung. DZ etwa 50 US-$.

Privatzimmer ▶ Viele Familien bieten am Busbahnhof Zimmer zur Übernachtung an; Glück und Pech sind leider nicht voraussagbar.

Essen & Trinken

Gediegen ▶ **Club de Yates** **1** : Juan Soler Manfredini 200, Tel. 65-28 40 00, So geschl. Das Restaurant ragt dekorativ auf einer Mole ins Meer, man speist guten Fisch für durchschnittlich 7000 CLP.

Hat Tradition ▶ **El Cuento del Mar** **2** : Av. Angelmó 2476, Tel. 65-27 15 00, tgl. geöffnet. Recht schickes und geräumiges, traditionelles Fischrestaurant, in dem man auch Wildschwein bekommt, aber die Spezialität sind Langusten, die man sich noch lebend aussuchen kann. Aufmerksamer Service. Fischgerichte zu 7000 CLP.

Tipp: Geführte Unternehmungen

Veranstalter für eine sportbegeisterte Klientel (Vulkanbesteigung, Trekking) sind: **Travellers,** Av. Angelmó 2456, Tel./Fax 65-25 85 55, die auch eine informative Website gestaltet haben: www.gochile.cl, gochile@entel chile.net.
Alsur, www.alsurexpeditions.com, veranstalten Touren in den Parque Pumalín von Douglas Tompkins (s. S. 228) Kajaktouren, Trekking und Fliegenfischen.
Lahuen-Tur, Mercado Artesanal Pueblito de Melipulli, arbeitet mit der ökologisch orientierten Hostería !Ecole! in Pucón zusammen. Informationen über den **Parque Pumalín** (s. S. 227) von Douglas Tompkins erhält man bei: Buin 356, Tel. 65-25 00 79, www.parquepu malin.cl.

Spanische Rezepte ▶ **El Piso Catalán** **3** : Quillota 185, So abends geschl. Für den, der keinen chilenischen Fisch mehr sehen kann: spanische Küche und eine umfangreiche Wein- und Sektkarte. Gerichte für 6000 CLP.

Authentisch und gut ▶ **Marisquerías** **4** : Angelmó. Eine Speisekarte existiert nicht, aber hier gibt es den authentischsten *curanto* von Puerto Montt. Speisen zwischen 4000 und 6000 CLP (s. auch S. 198).

Klassiker in Puerto Montt ▶ **Centro Español** **5** : O'Higgins 233, Tel. 65-28 28 70. Mo geschl. Empfehlenswerte Küche, gepflegtes Styling, spanische Rezepte. Gerichte ab 4500 CLP.

Bistro-Cafeteria-Stil ▶ **Dino's** **6** : Pedro Montt 550, Tel. 65-25 27 87, tgl. geöffnet. Den ganzen Tag über ein Treffpunkt, Snacks, Salate, Kaffee, Sandwiches ab 3000 CLP.

Altmodisch ▶ **Café Real** **7** : Rancagua s/n (gegenüber der Post). Richtiger Cappuccino, starker Espresso und Sahnetorten im Wiener Kaffeehaus-Stil.

Internetcafés ▶ Diese Adressen sind am häufigsten in **Angelmó** und in der **Calle Varas** anzutreffen.

Tipp: Fisch essen in Angelmó

Man muss sich nur hineintrauen: Die urigsten Essbuden, ›**marisquerías**‹ , liegen direkt im Fischmarkt von Angelmó. Auf dem Weg dorthin hat man schon viele Restaurants gestreift, die den Mund wässrig machen, von recht bürgerlichen Etablissements mit weiß eingedeckten Tischen bis zu einfachen Buden mit Blechbesteck, aber die originellste Variante befindet sich zweifellos im Markt selbst. Vorbei an rosafarbenen Seeaalen, Lachskoteletts und vanilleweißen Kraken, drängeln sich die potenziellen Gäste in die Budenrestaurants, die aussehen wie kleinbürgerliche, normale Esszimmer. Vor den schmalen Eingängen schmurgelt duftend der *curanto* (s. S. 204) in Kompaniegröße im Kochtopf, den die Köchin lautstark anzupreisen weiß. Die Gehilfin bringt derweil das Gedeck und fingert Rechnungsblock, Besteck und Bindfaden aus ein und derselben Schublade der Küchenanrichte.

Wundern Sie sich nicht, wenn Ihnen der Wein zu Ihrem leckeren *curanto* oder *congrio frito* in Tassen angeboten wird; Alkoholausschank ist hier verboten, und so kann man das schön kaschieren. Fisch muss schließlich schwimmen, und das tut er am besten in chilenischem Weißwein. Abends sind die Restaurants leider geschlossen (Mercado de Mariscos y Pescados Angelmó, Fisch- und Meeresfrüchtemarkt am Hafen, tgl. 10–20 Uhr, Speisen zwischen 4000 und 6000 CLP).

Nicht ganz so urig und nicht ganz so außergewöhnlich, aber auch sehr nett sind die verschiedenen kleinen Restaurants in der *galería* des **Mercado Pesquero;** sie sind auch abends geöffnet.

Auf dem Fischmarkt kann man nicht nur Fisch und Meeresfrüchte einkaufen, sondern auch ausgezeichnet essen gehen

Einkaufen

Shopping Mall ▶ **Paseo del Mar** **1** : Großes, modernes Einkaufszentrum.

Kunsthandwerk und mehr ▶ **Feria Artesanal** **2** und **Pueblito Artesanal Melipulli** **3** , s. S. 195.

Aktiv

Schiffstouren ▶ **Ausflüge zur Carretera Austral** und **Isla de Chiloé** s. unten, Fähren.

Verkehr

Flüge

Der **Flughafen El Tepual** wird tgl. mehrmals von Lan und Sky Airlines aus südl. und nördl. Richtung angeflogen: Verbindungen nach Balmaceda, Punta Arenas und Santiago.

Cielo Mar Austral und **Aerotaxis del Sur** fliegen tgl. nach Chaitén, bzw. nach Futaleufú und Palena an die Carretera Austral (Terminplan nicht fixiert).

Stadtbüros der Fluggesellschaften

Lan, O'Higgins 167, Local 1B, Tel. 60 05 26 20 00; Sky Airline, San Martin 189, Tel. 67-43 75 55; Cielo Mar Austral, Quillota 245, Tel. 65-26 40 10, cielomaraustral@surnet.cl; Aerotaxis del Sur, Antonio Varas 70a, Tel 65-25 25 23, www.aerotaxisdelsur.cl; Aero Puelche, Copiapó 106, Tel. 65-43 58 27.

Busse

Busbahnhof: Av. Diego Portales s/n, zentraler Busbahnhof mit Imbissstuben, Internet, Gepäckaufbewahrung, Toiletten, häufige Verbindungen nach Santiago (Cruz del Sur, InterSur,TurBus); 18 x tgl. nach Ancud, Castro/Isla de Chiloé (Cruz del Sur); 13 x tgl. nach Temuco, Osorno und Valdivia (TurBus); 5x tgl. nach Chonchi und Quellón/Isla de Chiloé (Cruz del Sur); 2 x tgl. nach Chillán, Concepción und Talcahuano (InterSur); tgl. nach Viña del Mar und Valparaíso (Condor Bus), nach Osorno, Panguipulli, Valdivia und Lanco (Buses Pirihueico); tgl. Verbindungen in folgende Orte in Argentinien: Bariloche, Neúquen, Bahia Blanca, Trelew, Puerto Rawson, Buenos Aires (AndesMar). Busverbindungen nach Hornopirén: Buses Jordan und Buses Kemal, jeweils Mo–Sa 6 x tgl. So 15, 17.30, 18 Uhr.

Mietwagen

Avis, Benavente 670, Tel. 65-36 78 40, und im Flughafen; Budget, Antonio Varas 162, Tel. 65-28 62 77, und im Flughafen; Hertz, Antonio Varas 126, Tel. 65-25 95 85; First, Urmeneta 252, Tel. 65-25 20 36.

Fähren und Schiffsreisen

Navimag: Angelmó 1735, Tel. 65-43 23 60, Fax 65-27 66 11, www.navimag.com. Rundtouren nach Chaitén, Quellón und Puerto Chacabuco in verschiedenen Streckenabschnitten (›Alejandrina‹); Reisen zur Laguna San Rafael (›Evangelistas‹) und nach Puerto Natales (›Magallanes‹).

Transmarchilay: Angelmó 2187, Tel. 65-27 00 00, Fax 65-27 04 30, www.transmarchilay.cl. Fährverbindungen zwischen Pargua und Chacao auf der Isla de Chiloé.

Motonaves Skorpios: Angelmó 1660, Tel. 65-27 56 46, www.skorpios.cl. Mehrtägige Luxuskreuzfahrten zur Laguna San Rafael und zum größten Gletscher Chiles, dem Pio XIII. Eine zweite Route führt von Punta Arenas (Einschiffung Pto.Natales) zu Gletschern des Campo Hielo del Sur.

Andina del Sud: Antonio Varas 347, Tel./Fax 65-577 97, www.andinadelsud.com. Veranstaltet Schiffsreisen über die Seenplatte hinüber nach Argentinien. Beginn ist am Lago Todos Los Santos im Parque Nacional Vicente Perez Rosales.

Naviera Austral: Av. Angelmó 2187, Tel. 65-27 04 00, www.navieraustral.cl. Fähre von Puerto Montt nach Chaitén.

Tipp: Vorab reservieren

Ausnahmslos alle **Fährverbindungen** und **Touren** sind in der Hochsaison im Sommer (Mitte Dez.–Ende März) sehr gut gebucht. Ob man die wellenreiche und turbulente – aber schöne – Strecke hinunter nach Puerto Natales riskieren, den Cruce de Lagos nach Argentinien mitmachen möchte oder zur Caleta Gonzalo will – großzügig im Voraus reservieren ist ein Muss!

Die Fähre zwischen dem chilenischen Festland und Chiloé benötigt nur etwa 30 Minuten, um das seichte, algenreiche Wasser zu überqueren, aber dazwischen liegt eigentlich eine ganze Welt. Die Chilenen halten die Chiloten für starrköpfig und dumm, weswegen sie einen Dummkopf früher auch nicht Dummkopf, sondern ›Chilote‹ nannten, und die Chiloten pflegen lieber ihre eigene reiche Kultur als sich mit den überheblichen Chilenen herumzuärgern.

20 km entfernt nur, und doch ganz anders: Die chilotische Kultur hat sich unabhängig von chilenischen Einflüssen entwickelt. Die Unterschiede machen nicht einmal vor den Rezepten halt. Auf dem Inselarchipel gräbt man ein Loch in die Erde, füllt die Mulde mit heißen Steinen, kleidet sie mit Nalca-Blättern aus und legt dann alles hinein, was es auf der Insel gibt: Speck, Kartoffeln, Fleisch, Huhn und Meeresfrüchte. Im geselligen Chiloé wird diese Festspeise *curanto* (s. S. 204) gerne gemeinschaftlich zubereitet, und auch bei den Haus-Umzügen hilft jeder kräftig mit: Die zierlichen Pfahlbauten (*palafitos*) werden dabei einfach auf eine hölzerne Plattform gewuchtet und von Ochsenkarren weggezogen. Welchen herausragenden Stellenwert die gemeinschaftlich geleistete Arbeit auf Chiloé genießt, verdeutlicht, dass es ein besonderes Wort für diese Form der Kooperation gibt: *la minga*.

Legendenschätze

Weitere wichtige kulturelle Botschaften von der Insel: die mit Schindeln kunstvoll bedeckten Holzkirchen der Franziskaner- und Jesuitenmissionen aus dem 17. und 18. Jh., die zum Weltkulturerbe der UNESCO gehören, und der Legendenschatz.

Und so ist für die Schöpfung der Isla de Chiloé auch nicht Gott zuständig, sondern die Erdschlange Tentenvilú und die Wasserschlange Caicaivilú. Tentenvilú schuf die Menschen; Caicaivilú entführte sie. Tentenvilú bemerkte den Raub und entfachte einen Zweikampf, der nicht enden wollte. Tentenvilú ließ Berge entstehen, um die Menschen vor der Wasserschlange zu schützen und Caicaivilú versenkte im Gegenzug die Erde, riss Buchten in die Küste, um sie wiederzubekommen. Durch den Kampf weise geworden, einigten sich die beiden schließlich, und die Landschaft Chiloés verewigt diese Geschichte: Sie ist von Hügeln übersät, und es gibt kein noch so kurzes Küstenstück, das nicht von Buchten und Landzungen besetzt wäre. Man braucht gar nicht erst zu fragen: Chile kommt in diesem Schöpfungsmythos nicht vor.

Brückenprojekte

Was von dieser Eigenwilligkeit bleiben kann, wenn die seit Jahren geplante Brücke in Angriff genommen wird, die Pargua und Chacao miteinander verbinden soll – oder gar das Flughafen-Projekt – ist nicht so ganz klar. Die einen befürworten das milliardenschwere Prestigeprojekt, weil es die Transferreisen verkürzt, die anderen befürchten einen Ausverkauf der chilotischen Kultur. Zurzeit sind größere Fähren im Einsatz, um die Passage schneller zu gestalten.

Fischer in Quellón
im Süden der Isla de Chiloé

Tipp: Ferias Costumbristas

In den Sommermonaten wird in nahezu jedem Flecken eine **Brauchtumsmesse** veranstaltet. Die exakten Termine erfährt man aus der Tagespresse und aus Flyern. Zu den verlässlichen Größen im Programm dieser *ferias costumbristas* gehören die *carrera á la chilena,* die chilenischen Pferderennen, die oft ohne Sattel ausgetragen werden, die *cueca,* der Volkstanz, Darbietungen der chilotischen Sagengestalten und kulinarische Kostproben. Hinter den melodischen Namen *milkau, chapalele, chuchoca* und *pulmay* verbergen sich Kartoffelgerichte nach Hausmacherart, die in Restaurants oft von der Speisekarte verschwunden sind.

Die 210 km lange und 80 km breite Insel ist in weiten Gebieten unbesiedelt. Eine gut ausgebaute Straße verbindet die nördliche Hafenstadt Ancud mit der Hauptstadt Castro und führt bis hinunter nach Quellón an der Südspitze. Der fluss- und buchtenreiche Westen blieb unerschlossen. Zwei Nationalparks ziehen sich vom Nordwesten bis in die Inselmitte.

Die zweitgrößte Insel des Kontinents

Chiloé ist nach Feuerland die zweitgrößte Insel des südamerikanischen Kontinents und von der Fläche her vergleichbar mit Korsika. Vor ihrer eng geschnürten Taille sprenkeln eine Vielzahl kleiner Inseln auf der dem Festland zugewandten Seite den kalten Pazifik, und die tief eingeschnittenen Seen Cucao und Huillinco brechen sie fast entzwei.

Die Isla de Chiloé erinnert viele Urlauber an Irland: grün vom Regen, sanft gerundet, reich an Fjorden und an Wäldern, hügelig. Die Küstenkordillere Chiles setzt sich in den Gebirgsmassiven Pichué und Pirulillas fort, die nicht einmal 1000 m Höhe erreichen.

Forstwirtschaft kontra Naturschutz

Die Insel wurde gnadenlos abgeholzt. Bereits die spanischen Konquistadoren benutzten die heimische *alerce* zum Bootsbau. Später brauchten die Chilenen Holz, um Schwellen für Eisenbahnschienen herzustellen, die den minenreichen, aber baumlosen Norden erschlossen. Die *arrayanes, canelos* und *avellanos* oder der *ciruellilos,* die man zur Möbelherstellung, zur Hauskonstruktion und zum Instrumentenbau verwenden konnte, wurden massenweise geschlagen. Bis auf die *alerce,* die auf dem Festland unter Naturschutz steht, kann man die nativen Hölzer aber durchaus noch antreffen. In jüngeren Forstprogrammen werden sie wieder angepflanzt.

Kartoffeln und Meeresfrüchte zählen zu den wichtigsten Handelsartikeln der Insel, doch seit die Regierungen ausländischen Fangflotten Lizenzen erteilt haben, geraten die Chiloten stark ins Hintertreffen; ihnen fehlt die Lobby, um gegen die Vernichtung der Fisch- und Muschelgründe wirksam zu protestieren. Seit fast zwei Jahrzehnten haben Wirtschaftsprogramme die Lachszucht rund um die Insel verankert, das hat zwar Arbeitsplätze geschaffen, aber die Fischexkremente mindern die Wasserqualität und schädigen die Mollusken – und zwar so nachhaltig, dass bestimmte Sorten gar nicht mehr existieren.

Trotzdem: Für die Besucher strahlt die sanfte Insel einen ganz besonderen Reiz aus. Chiloé gehört zum Pflichtprogramm chilenischer Studenten, die mit Rucksack und Zelt ausziehen, die idyllischen Nationalparks und Städtchen zu erobern.

Der Norden ▶ C 30/31

Karte: S. 207

Chacao **1**

Chiloé begrüßt seine Besucher in dem ordentlichen kleinen Bauernort **Chacao** , der ein paar gemütliche Restaurants über dem Meeresufer und einige nette geschindelte

Häuser vorweisen kann. Seine hell leuchtende Kirche hat zwei himmelblaue Turmspitzen.

Caulín 2

Etwa 4 km südlich zweigt eine Straße in Richtung Puerto Elvira nach **Caulín** ab. Dort gibt es eigentlich nichts richtig Sehenswertes außer einem Sandstrand und Schwarzhalsschwänen, doch ein Restaurant hat diese kleine Siedlung bekannt gemacht: Das ›Las Ostras de Caulín‹ des energischen Señor Ramón Molina, wo man sich die Austern noch selbst aus den Zuchtbecken aussucht. Neben berechtigten Attacken gegen die japanischen ›Austernabrasierer‹, wie er sie nennt, betreibt der Besitzer auch Heimatpflege: Die außergewöhnlichen Holzkirchen der Insel gibt es bei ihm in Modellen zu bestaunen. Zu dem ›Las Ostras de Caulín‹ haben sich noch weitere kleine Meeresfrüchte-Restaurants gesellt, und eine Caulín Lodge hat Holz- und Glasbungalows für Übernachtungsgäste.

Übernachten, Essen

Idyllisch ▶ **Caulín Lodge:** Tel. 9-93 30 12 20, www.caulinlodge.cl. Eine Holzlodge direkt am Strand, die Zimmer verteilen sich auf mehrere Bungalows. Ausflugsprogramm mit Ausritten und Wanderungen, Spa und Thalassotherapie. Steht unter deutscher Leitung. Cabañas ab 70 US-$ pro Nacht für 2 Pers.

Traditionswächter ▶ **Las Ostras de Caulín:** am Strand von Caulín, 9 km nördlich von Chacao, Tel. 9-643 70 05 (Handy); bäuerlicher Bistro-Stil, karierte Tischdecken und schönes Glas; Austern, Champagner und Wein – ein echter Tipp. Dort kann man auch übernachten. Kleinere Gerichte ab 4000 CLP. Mittagsmenü für 6000 CLP.

Ancud 3 ▶ C 30

Das lebhafte **Ancud** mit seinen 30 000 Einwohnern ist eine exponierte Zeitzeugin der wechselhaften Geschichte Chiloés, das sich im 18. und 19. Jh. zu einem wichtigen Stützpunkt für Robbenschlächter und Walfänger auf dem Weg in das Südpolarmeer entwickelte. Diese lukrative Einnahmequelle galt es

vor vagabundierenden Piraten anderer Länder zu schützen, was einen regelrechten Bauboom an Festungsanlagen einleitete. Stadt und Umgebung haben da einiges vorzuweisen.

Um den seeweiten **Río Pudeto** am Ortseingang versammeln sich die Fischer. Von dort holpert die Hauptstraße Avenida Prat ins quirlige **Zentrum** hinein. Begleitet von Geschäften und Cafés, mündet sie schließlich in die Plaza, mit einem bunt bemalten Musikpavillon, um dann zwei *cuadras* weiter hinunter ins Meer zu fallen.

Eine fast latinische Atmosphäre bestimmt die Viertel um den Markt und an der **Hafenmole,** die bis in die Mittagsstunden den Schauplatz für den Verkauf von Fisch und Meeresfrüchten bildet. Die Luft schmeckt nach Algen und Salz.

Wer sich mit der Stadt vertraut machen will, muss klettern. Der neu eingerichtete und sehr übersichtliche **Mercado Municipal** zwischen den Straßen Pedro Montt und Arturo Prat bietet gleichermaßen etwas fürs Auge und für den Magen. In ihren kleinen Buden stricken Frauen Pullover aus dicker, wasserabweisender Wolle. Skulpturen aus dem Sandstein *cancagua* stellen die Hauptfiguren der chilotischen Legenden dar. Auch nützlich: Wer den Markt besucht, weiß anschließend, woraus die chilotische Hausfrau ihre Menüs kocht: Karotten, Kartoffeln, Knoblauch, *ají*, Korianderkraut, Fische und Schnüre aus getrockneten Muscheln vermischen ihre Aromen zum unverwechselbaren Bukett (Mo–Sa 8–20 Uhr). Im ersten Stockwerk befinden sich die Restaurants ›El Chilotito‹ und ›Los Artesanos‹; da kann man das gleich ausprobieren.

Jeder lobt den **Museo Azul de las Islas de Chiloé** an der Libertad wegen der makellosen Kopie der ›Ancud‹, eines Holzschiffes, das an der chilenischen Inbesitznahme der Magellanstraße 1843 beteiligt war. Sie ist jetzt wieder hergestellt und thront in einem der beiden mit Muschelschalen übersäten Patios des frisch renovierten, attraktiven Holzhauses. In seinem Inneren wartet eine umfangreiche Schau chilotischer Volkskunst sowie

Curanto essen!

Isabel Allende verlegt den *curanto* ins ferne Polynesien – woher ja bekanntlich die Bewohner der zu Chile gehörenden Osterinsel kamen – und lässt ihn über diese Zwischenstation nach Chile wandern.

Auf der Isla de Chiloé sollte man den *curanto* probieren. Allenfalls die Fischerbüdchen auf dem Markt in Angelmó sind noch als Konkurrenten zugelassen. Die aber garen den *curanto* nicht dort, wo er hingehört, nämlich in der Erde, dem *ollo*, sondern in einem großen gusseisernen Suppentopf, der *olla*. Der *curanto* ist ein typisches Gemeinschaftsessen, das traditionell zu bestimmten Gelegenheiten gemeinschaftlich zubereitet und verzehrt wird. Unmöglich, dass eine kalorienbewusste Single-Köchin in Santiago einem ebensolchen Single vorschlägt, abends mal schnell einen *curanto* zu kochen. Dazu müsste sie im Garten neben ihrem Apartmenthaus ein Loch buddeln, heiße Steine hineinlegen, jene mit einer Schicht der rhabarberähnlichen Nalca-Blätter auskleiden und den derart präparierten Erdofen mit Speck, Huhn, Dörrfleisch, Wurzelgemüsen, Kartoffeln, geräucherten Würsten und frischen Pfahl-, Venus- und Miesmuscheln füllen. Zusätzlich hat sie in ihrer Einbauküche Kartoffel-Käseknödel zubereitet, die sie auf den *curanto* platziert, die Nalca-Blätter darüber zusammenschließt und mit heißen Steinen abdeckt. Nun muss sie nur noch die halbe Nacht auf gutes Gelingen warten – misslingen kann er eigentlich nur, wenn die Zutaten nicht gut sind. Aus so vielen Ingredienzen besteht ein *curanto,* und er schmeckt mit seiner langen Garzeit einfach unvergleichlich, denn er ist eine Mischung aus reichlich, gewöhnlich und unglaublich fein – ein kulinarisches Fest, das der Erde huldigt.

Stammsitz des *curanto* ist die Erde der Isla de Chiloé

historischer und religiöser Objekte (Di–Fr 10–17.30, Sa, So 10–14 Uhr, 600 CLP).

Einen Block weiter westlich kurvt die **Costanera** am Meer entlang, aus städtischen Geldtöpfen mit Kugellaternenlampen aufgepeppt. Ein Spaziergang auf der Muschelschalenpromenade ist eine windige Unternehmung.

Über dem Meer schwebt der **Fuerte San Antonio** im Nordwesten von Ancud. Die Festung entstammt dem Jahr 1770 und hatte einen unterirdischen Zugang zum gut erhaltenen Pulverturm. Einen glänzenden Ausblick auf die Stadt, auf die stark gegliederte Küstenlinie und die winzigen Felseneilande Doña Sebastiana und Cochinos genießt man vom **Mirador Cerro Huaihén**. Bei gutem Wetter macht man es wie alle anderen und stattet dem **Balneario Arena Gruesa** einen Besuch ab. Zwischen Klippen eingeklemmt, präsentiert sich dann der leicht erreichbare Stadtstrand von Ancud meistens überfüllt.

Infos

Sernatur: Libertad 665, Tel. 65-62 28 00, Fax 65-62 28 00, infochiloe@sernatur.cl. Ausgesprochen freundlich, das Prospektmaterial fließt allerdings spärlich.

Übernachten

Witzige Architektur ▶ Hotel Galeón Azul: Libertad 751, Tel. 65-62 25 67, Fax 65-62 25 43; 16 Zi., galeonazul@surnet.cl. Ungewöhnliche Architektur – auffallend wie ein Leuchtturm: die (kleinen) Zimmer wirken wie Schiffskabinen; sehr gepflegt und originell, Restaurant eher prosaisch; Hafenblick. DZ zu 120 US-$.

Stilvoll ▶ Hostería Ancud: San Antonio 30, Tel. 65-62 23 40, Fax 65-62 23 50, www.panamericanahoteles.com, 24 Zi. Weiträumige Anlage; warme, von Holz dominierte Innenausstattung; oberhalb der Stadt gelegen, mit Blick aufs Meer. DZ etwa 90 US-$.

Allrounder ▶ Hostal Mundo Nuevo: Costanera 748, Tel. 65-62 83 83, www.newworld.cl. Eine empfehlenswerte Option, unterschiedlich geschnittene, helle Zimmer, teilweise mit Gemeinschaftsbad, alle mit Meer-

blick. Gutes Restaurant und üppiges Frühstück. Organisieren Ausflüge und verleihen Mountainbikes. Das DZ kostet etwa 28 000 CLP.

Freundlich ▶ Hostal Lluhay: Cochrane 458, Tel. 65-62 26 56. In einem typischen Holzhaus untergebrachte gepflegte Pension mit Bar und Restaurant, freundlichem Service. DZ 24 000 CLP.

Toll gelegen ▶ Hostería Ahui: Av. Costanera 906, Tel. 9-379 21 43, 19 Zi. Helles, großzügiges Holzhaus an der Costanera; gemütliches Restaurant mit freundlichen Wirtsleuten. Für das DZ zahlt man 20 000–28 000 CLP.

Für Familien ▶ Las Golondrinas: Baquedano s/n, Tel./Fax 65-62 28 23. Platz für 40 Pers., Bungalows mit rot geschindelten Mauern, viel Holz und Glas, funktionell eingerichtet, für 4–6 Pers., zwischen Zentrum und Strand Arena Gruesa. Bungalows 35 000–40 000 CLP für 4 Pers.

Schlicht und gut ▶ Polo Sur: Av. Salvador Allende 630, Tel. 65-62 22 00; 7 Zi. Einfache Unterkunft in einem gemütlichen, großzügig geschnittenen Holzhaus direkt am Meer, mit Restaurant, freundliche Besitzer. DZ für 15 000 CLP.

Essen & Trinken

Traditionsreich ▶ Hostería Ancud: San Antonio 30, Tel. 65-62 23 40. Charmantes Restaurant mit lohnendem Blick über die Bucht; traditionelle chilenische Küche. Fischgerichte zwischen 5000 und 7000 CLP.

Meeresfrüchte-Spezialist ▶ La Pincoya: Prat 61, 65-62 25 11. Super Aussicht auf den Hafen von der ersten verglasten Etage aus, super frische (rohe) Seeigel in Weißwein sind die Spezialität. Gerichte um 7000 CLP.

Klassiker für Curanto ▶ Restaurant Kuranton: A. Prat 94, Tel. 65-62 22 16. In dem beliebten, kleinen, stilecht altmodischen Restaurant soll der beste *curanto* von Ancud aufgetischt werden. Für etwa 4000 CLP.

Kunstcafé ▶ Café Art Nerudiano: Maipú 650, 2. Etage. Liebevoll eingerichtetes Café, das sich auch als Kunstzentrum versteht. Guter Treffpunkt.

Isla de Chiloé

Lecker ▶ Botica del Café: Pudeto 277. Hier gibt es richtig guten Kaffee, dazu Kuchen und Torten, Eiscafé und Sandwiches, alles sehr schmackhaft zubereitet. Angenehmes, modernes Styling.

Einkaufen

Vielerlei Kunstgewerbe ▶ Galería Artesanal Quepuca: Pudeto 279, Tel. 65-62 90 48, www.quepuca.cl. Kunstgewerbe aus verschiedenen Ortschaften und von den Inselchen des Archipels. Kunsthandwerk findet man auch auf dem Markt und im Hof des Museums.

Wolle fair gehandelt ▶ Wolldesign Kelgwo: Ramírez 359, Tel. 65-62 80 21. Faire, schöne Kleidung: In diesem stimmungsvollen Laden wandert ausschließlich von Chilotinnen selbst gefärbtes und gesponnenes anspruchsvolles Wolldesign über die Theke. Große Auswahl an weichen Pullovern, Kleidern und Schals.

Abends & Nachts

Treffpunkt ▶ Retro's Pub: Maipu 615, Tel. 65-62 64 10, ab 22 Uhr. Lieblingstreff der Leute aus Ancud, es gibt TexMex Food und gute Drinks.

Aktiv

Großes Tourenangebot ▶ Ausflüge zur Playa Lechagua, zur Península Lacuy, nach Caulín, zum Golf von Quetalmahue, zur Playa Brava, zum spanischen Fort Faro Corona und zur Pinguinbeobachtung auf den Islotes de Puñihuil bieten die Taxifahrer an der Plaza Ausflüge an; Auskunft in größeren Hotels.

Vielseitiger Veranstalter ▶ Turismo Ancud: Blanco Encalada 730, Tel. 65-62 11 26. Ganztagesausflüge mit tgl. wechselndem Programm.

Bootstouren ▶ Austral Adventures: www.australadventures.com für Bootsausflüge und Exkursionen.

Termine

Im Januar finden verschiedene **Folklorefeste** und eine chilotische **Gastronomiemesse** statt, im Februar gibt es **Open-Air-Kino-Veranstaltungen.**

Verkehr
Busse

Busbahnhof an der Los Carrera/Cavada etwas außerhalb vom Zentrum mit einem Café, Läden und Warteraum. Verbindungen mit Cruz del Sur halbstdl. nach Puerto Montt und Castro; mit Queilén Bus 8 x tgl. nach Castro und Puerto Montt, Mo, Fr nach Punta Arenas; mit Buses Transchiloé tgl. nach Puerto Montt und Concepción. Der **Busbahnhof für Landbusse** (z. B. nach Chepu und Cucao) liegt unterhalb des Mercado Municipal und des Full-Fresh-Marktes im Zentrum von Ancud.

Sammeltaxis

Viele Verbindungen auf der Insel, oft mit den gelben **Sammeltaxis** (colectivos) die man an der Plaza nehmen kann.

Nach Quetalmahue und zum Fuerte Agüi ▶ C 30

Karte: rechts

Die Alternative zum Balneario Arena Gruesa heißt **Playa Lechagua** und liegt ein wenig weiter entfernt und lässt sich gut mit einem Besuch der Islotes de Puñuhuil, der Halbinsel Lacuy und eines weiteren Forts, des Fuerte Agüi, verbinden. Am Wegesrand residieren die alteingesessenen Familien in großzügig geschnittenen mansiones, die mit schiefergrauen, vom Alter patinierten Schindeln bedeckt sind. Die Pastellfarben, mit denen heute oft das Schnitzwerk der tejuelas bemalt ist, deutet man hier als chilenischen, europäischen, nordamerikanischen Einfluss. Niedrig wachsende maqui und Brombeerhecken säumen die Lehmstraße, Bungalowanlagen und Campingplätze ziehen sich Richtung Strand, der hier schön lang und hellsandig ist.

Anschließend führt die Strecke ein wenig landeinwärts zur **Laguna Quetalmahue** 4, ein sehr guter Platz zur Vogelbeobachtung (Veranstalter bieten Touren an, z. B. auch im

Isla de Chiloé

aktiv unterwegs

Die Holzkirchen der Isla de Chiloé

Tour-Infos

Start und Einschiffung: in Dalcahue **10** (s. S. 210) oder Chonchi **15** (s. S. 218)
Dauer: 2 Tage
Wichtige Hinweise zu Transportmitteln, Unterkunft, Veranstalter: Man ist mit dem Mietwagen und der Fähre unterwegs. Fähren finden sich in Dalcahue und in Chonchi. Übernachtungsmöglichkeiten gibt es in Dalcahue und in Castro. Die Fahrt wird auch von Pehuén Turismo in einer Drei-Tages-Tour angeboten.

Die chilotischen Holzkirchen aus dem 18. Jh. genießen Weltruhm – sind sie doch die einzigen aus diesem Material, die neben deutschen und skandinavischen Kirchen den Zeitenwandel überstanden haben. 70 Kapellen und Kirchlein sind in der ›Escuela Chilota de Arquitectura Religiosa‹ zusammengefasst – und sie sind wunderschön. 16 von ihnen wurden zum Weltkulturerbe der UNESCO erklärt.

Zunächst befanden sich die Missionskirchen der Jesuiten und später – nach deren Vertreibung im Jahr 1767 – der Franziskaner isoliert in Küstennähe, mit einem Ordenshaus an der Seite und einem Patio für Prozessionen und katholische Zeremonien. Erst im Laufe der Zeit wuchsen Dörfchen um sie herum. Die *indígenas* lebten nicht in Städten oder größeren Dorfgemeinschaften und so hatten sich die Jesuiten entschlossen, Wandermissionen einzurichten. Die Kirchen dienten dabei als sichtbares Symbol des Ordens – und entsprechend groß sind sie mitunter ausgefallen.

Prunk und Protz wird man hier allerdings vergeblich suchen – denn die Missionen waren arm. Dafür ist die Bauweise jedoch wunderbar graziös. Allein die von Hand sorgfältig geschnitzten Schindeln, mit denen die Kirchen gedeckt wurden, sind eine Kostbarkeit.

Eines der schönsten Holzkirchen-Exemplare findet man gleich zu Beginn der Route im Hafenort **Dalcahue,** die Nuestra Señora de los Dolores. Mit ihrem Entstehungsjahr 1858 ist sie relativ jung – sie ersetzt eine Kapelle aus dem 17. Jh. Dafür ist sie besonders hübsch ausgefallen, ihre neunbogige Arkade und der schlanke Turm über dem Mittelschiff dominieren den Bau. In Dalcahue schlendert man zur Costanera, probiert eine Meeresfrüchte-Empanada im Marktgebäude Dalca, stöbert im Kunsthandwerksangebot, schaut ins angrenzende historische Museum und bricht anschließend auf nach Tenaun (33 km).

Die abwechslungsreiche Route führt den Fjord entlang, stets hat man die sanften In-

Hostal NuevoMundo) und zum Museo de Puente Quilo. Dieser Platz ist einen Besuch wert, sieht man dort doch Fossilien, alle möglichen Fundstücke und bearbeitete Steinwerkzeuge, die der aufmerksame Señor González über Jahrzehnte gesammelt hat. Im Jahr 2008 wurden sie untersucht – und ins vierte vorchristliche Jahrtausend datiert. Das Museum in Ancud hat mittlerweile die wissenschaftliche Patenschaft übernommen.

Nach wenigen Kilometern folgt eine Abzweigung zum **Leuchtturm Corona 5**.

Festung Agüi **6**

Umgeben von saftigen Kuhweiden und den Trockengestellen für Agar-Agar wirkt der **Fuerte Agüi** sehr friedlich, und auch die auf das Meer gerichtete Parade der Kanonen schüchtert nicht gerade ein. Das Fort ist nicht vollständig ausgegraben worden, wesentliche Gebäudeteile lagern immer noch unter der selsilhouetten des Archipels und die dramatischen Vulkane des Festlandes im Blick. **Tenaun** ist winzig, die Kirche aber ein Knüller. Hier hat man die Schindeln in Knallblau und Weiß bemalt und ein dreigestufter Turm erhebt sich über dem Mittelschiff, mitternachtsblaue Bethlehemsterne schmücken den Dachgiebel. Sie ist die einzige Holzkirche, die drei Türme aufweist; über den beiden Seitenschiffen gibt es jeweils noch ein Türmchen.

12 km in Richtung Quemchi führt uns der Weg durch Weideland, bis **San Antonio de Colo** erreicht ist, dessen Kirche in schlichtem Grau gehalten ist.

Dann geht's zurück nach Dalcahue, wo wir uns auf die **Insel Achao** einschiffen (häufige Abfahrten 7–23 Uhr, 10 Min. Fahrtdauer). Von Achaos Hafen aus verkehren die Fähren zu weiteren Inselchen, hier wird mittwochs und freitags die malerisch-bäuerliche Feria de las Islas abgehalten, die nicht versäumt werden will. Einst Jesuitenmission, werden von Achao jetzt Teile des Archipels verwaltet. Hier steht die älteste noch erhaltene Kirche, die Santa Maria de Loreto. Deren Inneres wird als das schönste aller Kirchen-Interieurs angepriesen, mit einem nachthimmelblauen Deckengewölbe und einem barocken Altar. Ein Museum schließt sich an (im Sommer 11–19, im Winter 11–13, 14–16 Uhr).

Am 8. Dezember erlebt **Quinchao** (nach 37 km) am Südzipfel Achaos die Pilgerfahrt zur Virgen de la Gracia, die in der größten chilotischen Kirche verehrt wird. (Anschließend Rückkehr nach Dalcahue und Übernachtung.)

Am nächsten Morgen geht es auf der Panamericana über die Inselhauptstadt Castro nach **Chonchi,** einem der atmosphärischsten Orte auf der Insel. Er fließt quasi in mehreren Stufen hinab bis ans Meer. Gleich oben am Ortseingang thront die Iglesia de San Carlos de Borroneo von 1754 ganz in Vanillegelb und Azurblau mit einem fünfschiffigen Portal und einem himmelblauen Deckengewölbe – ganz wie ein Himmelszelt. Die zentrale Calle Centenario ist mit ihren alten, kostbar geschindelten Häusern Zona Típica.

In Puerto Huicha legt die Fähre zur Isla Lemuy an (7–21 Uhr, 30 Min. Fahrtdauer), und dort wartet mit **Detif** ganz an der Inselspitze noch einmal eine besonders attraktive Vertreterin der Holzkirchen. Wenn sie nicht offen steht, fragt man die Nachbarin, sie schließt gerne auf. Vom Gewölbe hängen Votivschiffchen, die Heiligen sehen aus wie in Brokatkleider gewandete barocke Puppen. Auch die Fahrt nach Detif ist wunderschön und führt durch Wälder voller Zypressen, Lorbeerbäume und Arrayanes.

kleebewachsenen Erde. Erstaunlich, dass an der Ausstattung des spanischen Forts auch holländische Piraten mitgewirkt haben sollen; die Batterie ist 360 Jahre alt und stammt von ihnen. Als Aussichtspunkt ist es faszinierend, weil linker Hand die Islas Cochinos und Doña Sebastiana aus dem Meer ragen, der Leuchtturm La Corona in den Himmel blitzt, genau unterhalb die Isla de los Cangrejos liegt und sich rechts Ancud ausbreitet. Besonders toll ist es zur Dämmerung. Aus *cancagua* hat man

diese Festung errichtet und Muschelkalk als Klebemittel benutzt.

Zu den Pinguinkolonien in der Bahía Puñihuil

Eine weitere Attraktion sind die Pinguinkolonien der **Islotes de Puñihuil** 7: Dazu muss man sich hinter der Playa Lechagua links halten und gelangt an der **Laguna Guchupulli** vorbei (schön zur Beobachtung von Meeresvögeln) zum **Sector Pumillahue,** dem ›Ort

Isla de Chiloé

des Goldes‹. Katzengold ist hier zwischen den Sanddünen gefunden worden, das können wir im Museum in Chonchi dann noch einmal sehen. Eingerahmt von Weiden und Kartoffel- und Karottenfeldern, an *ulmos*, Fuchsien und Stechginster vorbei, kommt man zur **Bahia Puñihuil,** einem feinsandigen, weiten Strand. Drei rabenschwarze Felseneilande ragen aus dem Meer, voll besetzt mit Pinguinen, Seerobben und vielen verschiedenen Kormoranen, Ibissen und Wasservögeln. Am Strand kann man Boote für die Exkursionen bekommen. Verschiedene Anbieter haben sich zu Ecoturismo Puñihuil zusammengeschlossen. Sie arbeiten eng mit CCC zusammen, dem Centro de Conservación Cetacea, einem chilenischen Forschungszentrum zur Walbeobachtung, das dort nachhaltigen Tourismus entwickeln will. Das kreisrunde gemütliche Restaurant Bahía Puñihuil oberhalb vom Strand serviert *curanto* und gebratenen Fisch.

Essen & Trinken

Strandlokal ▶ **Bahía Puñihuil:** am Strand, Tel. 9-655 67 80. Das Lokal ist bis 20 Uhr geöffnet, bei Bedarf auch länger.

Nach Chepu

Nördlich des Nationalparks Chiloe an der Westseite der Insel liegt ein versunkener Wald im Tal des Río Chepu, der durch einen Tsunami geflutet wurde. Ein ganz besonderes Mikroklima entstand, und nun findet sich hier ein kleines Vogelparadies. Man erreicht es über eine Abzweigung der Panamericana etwa 35 km südlich von Ancud.

In diesem flach gewellten, grünen Fleckchen Erde haben sich vor einigen Jahren Naturfreunde aus Santiago niedergelassen. Coipomo und Chepu heißen die gepflegten, zwischen lichten Wäldern platzierten Dörfchen. Von Chepu aus führt ein Sendero de Chile in einer Tagesetappe bis zum Parkeingang des Parque Nacional Chiloe.

Übernachten, Aktiv

Paradiesisch ▶ **Mirador de Chepu:** Tel. 9-93 79 24 81, www.chepuadventures.com. Kajakfahren, Vögel beobachten und über-

nachten kann man bei Amory und Fernando. Beide engagieren sich im Naturschutz. Sie haben einen Campingplatz, Dorms und geräumige Bungalows. In einer Cafeteria mit Veranda kann man sich das Frühstück servieren lassen. Kajakverleih und Organisation von Touren.

Quemchi 8

Die Carretera 5 führt zur Hauptstadt und in den Süden. Eine Abzweigung holpert über 22 km an fruchtbaren kleinen Feldern entlang nach **Quemchi.** Der Strandpromenade gebührt wie fast überall in diesen kleinen Küstenorten der erste Besuch, schließlich regelte man den Verkehr auf Chiloé früher hauptsächlich übers Wasser. Hier ist ständig etwas los, und selbst wenn mal kein Boot an der Mole liegt und ein wenig Abwechslung bringt, schaut man vorsichtshalber doch lieber einmal nach. Die Bewohner von Quemchi sind stolz auf die Vielfalt der fantasievoll gestalteten Holzhäuser, die als architektonisches Erbe der Insel bewertet werden. Sie wirken wie kleine bunte Schiffe in ihren Gärten aus blau blühenden Hortensien und Johannisbeersträuchern.

In Quemchi gehen die Bewohner der umliegenden Einzelgehöfte einkaufen – und das sind nicht wenige. Die Erwerbsmöglichkeiten in der Lachszucht, die einen Mindestlohn von umgerechnet etwa 350 Dollar pro Monat garantiert, haben die Sozialstruktur nachhaltig verändert – nicht nur zum Guten, denn seit ein Virus die Lachszucht bedroht, haben viele ihre sicher geglaubten Arbeitsplätze verloren.

4 km weiter südlich verbindet eine 600 m lange Holzbrücke **Aucar** 9 mit einer kleinen Insel, die nur aus einem Friedhof und einer Kirche besteht. Nur dreimal im Leben, sagt man hier, soll sie tunlichst benutzt werden: zur Taufe, zur Hochzeit und zur Beerdigung.

Dalcahue 10

Eine malerische Schotterpiste, die teilweise die Küste begleitet, endet 57 km hinter Quemchi in **Dalcahue** , dem Ausgangspunkt für Schiffsausflüge in die Inselwelt und zur Insel Quinchao mit ihrer Hauptstadt Achao.

Die Körbe von Chiloé   Thema

Korb ist gleich Korb – mag man als Mitteleuropäer denken. Es gibt große und kleine, Körbe mit Henkeln und Mustern oder Körbe, die das eben nicht haben, Körbe zum Einkaufen oder Körbe für die Strandklamotten. Und damit ist das Thema beendet. Weit gefehlt! Die Chiloten haben aus dem Korbflechten eine Wissenschaft gemacht, und wer in Dalcahue auf dem Sonntagsmarkt oder auf den Märkten in Achao die Verkäuferinnen nach ihren Produkten befragt, wird das bestätigt finden.

Die drei Schwestern Remolcoy aus Puerto Ichuac, Clementina Mancilla aus Chulchuy und Gladys Aguero aus Puchilco sind Meisterinnen ihres Fachs.

Die *señoras* von den Inseln arbeiten auf Bestellung, brauchen mindestens vier Stunden Zeit für das leichteste Muster und für ein schwereres benötigen sie manchmal einen gesamten Tag. Mitunter verkaufen sie die Waren auch gar nicht, die sie produziert haben, denn wenn die Arbeit allzu hart war, ist sie unbezahlbar. Dies ist ihre eigenwillige, sympathische, ganz und gar unkapitalistische Logik: Die Produkte behalten sie in diesem Fall lieber selbst.

Zum Flechten werden die Fasern des frisch geschnittenen *junquillo* oder des *manila*, zweier Binsenarten, verwendet, die man nachts im Freien gelagert hat, damit sie Feuchtigkeit aufnehmen und elastisch werden. Und dann geht es los: Für jede landwirtschaftliche Arbeit gibt es ein unterschiedliches Korb-Modell und für dieses dann auch einen unterschiedlichen Namen.

Den grob geflochtenen *llole de papas* benutzt man für die Kartoffelernte, die fein geflochtene, biegsame *canasta* für die Aufbewahrung von Weizen, die *lita* zum Säubern des Weizens und den harten, flachen *piso* nimmt man, um Meeresfrüchte zu trocknen. Die *llole* ist fein und leicht porös, denn sie verwendet man zum Ernten von Muscheln und Austern.

Es gibt Körbe, die so dicht geflochten sind, dass sie dem Wasser trotzen und welche mit Durchbrüchen so groß wie eine Faust. Für diejenigen, denen diese Unterschiede nicht differenziert genug sind, haben die Flechterinnen von der Insel noch eine ganz besondere Weisheit parat: Sie teilen die Körbe ein in männlich – diese heißen *canastos* – und weiblich – die entsprechende Bezeichnung lautet *canastas.*

Die männlichen Körbe sind grün, also ungehobelt und roh, die weiblichen hell und schön delikat, die männlichen fast durchsichtig, also sind sie ›öffentlich‹, die weiblichen undurchsichtig, was Privatheit signalisiert. Die männlichen sind schwächlich, noch nicht trocken, also verformbar und leicht zu verbiegen, die weiblichen stark. Und zum guten Schluss: Die männlichen sind flüchtig und damit ersetzbar, die weiblichen dauerhaft und damit unersetzlich.

Und so verblüffen die Korbflechterinnen auf dem Markt von Dalcahue und all den anderen Märkten auf der Isla de Chiloé, auf denen man eigentlich nur ein Mitbringsel erstehen wollte, ihre Kunden mit ihrer Lebensklugheit: Ein Korb ist eben doch nicht nur ein Korb, sondern er ist nichts weniger als Ausdruck eines ganzen Kosmos.

Isla de Chiloé

Dalcahue ist ein typisches chilotisches Städtchen mit Erdstraßen, die im Regen aufweichen, und einer blitzblanken Costanera. Dort hat auch die **Feria Artesanal** ihre Zelte aufgeschlagen. Sie pflegt eine lange Tradition, denn früher reisten jeweils donnerstags und sonntags die Bauern und Hausfrauen von den vorgelagerten Inseln an und boten ihre Körbe (s. S. 211), Holzschnitzereien und Strickwaren feil. Heute wendet sich der Markt an Touristen und hat damit leider seine Originalität etwas eingebüßt. Auch die offenen Marktküchen gibt es nicht mehr.

Heute wird die Costanera von der witzigen Architektur einer Dalca dominiert, eines Holzgebäudes in der für Chiloé typischen Schiffsform, einer *dalca* eben. Hier gibt es auch Kunstgewerbe zu erstehen und man kann die chilotische Küche ausprobieren. Der leicht ›schlampige‹, rustikale Charme dieses Teils von Dalcahue ist dabei auf der Strecke geblieben, aber höchstwahrscheinlich nehmen vor allem ausländische Gäste das Angebot ungezwungener wahr als zuvor – und für die Köchinnen, sofern sie hier noch arbeiten können, ist es natürlich auch viel bequemer.

Gleich nebenan hat der **Museo Histórico Etnográfico** einen hölzernen Stelzenbau bezogen. Wie sein Pendant in Ancud besticht das Museum durch die stimmungsvolle Präsentation der Exponate, einer kleinen Schau zur ursprünglichen Bevölkerung, interessanten Fotos aus dem Alltag und einer Fülle an Anschauungsmaterial zur chilotischen Kultur (Costanera s/n, Mo–So 8–18, im Sommer bis 20 Uhr, im chilenischen Winter tgl. 9–13 Uhr).

Es geht hoch her bei einer ›cueca‹ auf der Feria Costumbrista

Die 1858 erbaute **Holzkirche Nuestra Se-ñora de los Dolores** liegt an der Plaza und gehört zu den größten der Insel – sie ist eine Vorzeigeschönheit. Auf zehn zierlichen Säulen balanciert ein tief gezogenes, vorgebautes Dach mit neun zarten Bögen, die in einen hohen, schlanken Turmaufbau münden. Komplett aus Holz besteht auch die Innenausstattung. Der höchst kunstvoll konstruierte und doch so einfach anmutende Bau ist wunderschön.

Übernachten

Schön und großzügig ▶ Hotel La Isla: Av. Elias Navarro 420, Tel. 65-64 12 41; 18 Zi. In einem großen Garten gelegene Holzvilla; komfortabel, großzügig und gemütlich eingerichtet, hübsche Details wie Sofas, Kronleuchter und Kamine. DZ 33 000 CLP.

Rustikal ▶ Residencial Playa: Manuel Rodríguez 9, Tel. 65-64 13 97; 10 Zi. Dem gleichnamigen kleinen Meeresfrüchte-Restaurant angeschlossen; schlicht, Zimmer mit und ohne Bad. Pro Person bezahlt man 7000 CLP.

En famille ▶ Vistalmar: Ramón Freire 745, Tel. 65-64 13 00. Das gepflegte Holzhaus liegt gegenüber von Fjord und Hafen und bietet Zimmer und Bungalows in einem schönen Garten. Gemeinschaftsbäder. Pro Person 6000 CLP.

Essen & Trinken

Deftig chilotisch ▶ Residencial Playa: Manuel Rodríguez 9, Tel. 65-64 13 97. Empfehlenswert sind Lammbraten *(asado de cordero)* und Meeresfrüchtepfanne *(paila marina).* Gerichte gibt's ab 2500 CLP.

Aktiv

Unternehmungen mit dem Schiff ▶ Aitue Excursiones: O'Higgins 13, Tel. 65-64 12 51. Schiffsausflüge zu den vorgelagerten Inseln bieten sich an.

Verkehr

Sammeltaxis nach Castro fahren von der Freire/O'Higgins ab.
Fähren zur Insel Quinchao etwa halbstdl. 7.30–22 Uhr.

Isla Quinchao ▶ C 30/31

Karte: S. 207
An der Mole von Dalcahue liegen Boote bereit, um die vorgelagerte Inselwelt zu erkunden. Das hügelige Quinchao liegt wie ein Pfeil nahe der chilotischen Küste und lebt vom Ackerbau und der Viehzucht.

Achao 11

Der bäuerliche Hauptort von Quinchao, **Achao**, geht auf eine Jesuitenmission von 1743 zurück und nennt eine der schönsten Missionskirchen Chiloés sein Eigen. Die ausgewogenen Proportionen der 1998 komplett restaurierten **Iglesia Santa María,** der ältesten Kirche der Insel, und ihre prächtige barocke Innenausstattung unter einer nachthimmelblauen Decke in Blau und Gold machen sie zu einer Augenweide. Außen schlicht in anthrazitfarbene Schindeln gekleidet, mit dem typischen vorgezogenen, von zierlichen Säulen gestützten Dach, wirkt das kostbare Innere wie eine Schmuckschatulle. In der Kirche ist ein **Museo de la Evangelización** untergebracht (tgl. 10–18 Uhr, 500 CLP).

Diese Attraktion an der baumgeschmückten Plaza passt gut zum sanften Reiz von Achao. Seine Erdstraßen verschluckt oft der Regen; und in den Schaufenstern der schiefgezogenen Holzhäuser an der Hauptstraße liegen Haarföne, Shampoos, Konserven und samtbezogene Kleiderbügel aus – die allernotwendigsten Schätze des bescheidenen Konsums.

Die Hauptstraße führt an Plaza und Kirche vorbei und läuft direkt auf die Mole, den kleinen Fischerhafen und die Küstenlinie zu, wo jeweils donnerstags und sonntags die Bewohner der umliegenden Inselchen Chaulinec und Quenac lautstark in ihre Händlerrollen schlüpfen, denn hier verkaufen ihre Feldfrüchte und Fische. Dieser Markt hat dem von Dalcahue an Originalität den Rang abgelaufen, nur Souvenirs gibt's hier natürlich nicht. Ein regelmäßiger Fährdienst hält die Verbindungen zu den Inseln aufrecht.

Jeweils im Februar bringt eine Landwirtschaftsmesse viel Trubel nach Achao: Auf dem Festgelände werden Tiere prämiert, Anbaumethoden diskutiert sowie demonstriert, und die *chicha,* der Apfelwein, fließt in Strömen. Honoratioren der Insel und chilotische Folkloregruppen reisen an. Jeden Abend wird ordentlich gefeiert. Die mit Plastikmobiliar ausgestatteten Restaurants und *residenciales* können dann über Nachfrage kaum klagen.

Übernachten

Angenehm ▶ **Hostería La Nave:** Pablo Cárdenas Vivar, s/n, Tel. 65-66 12 19. Es gibt nicht viele Übernachtungsmöglichkeiten in dem pittoresk-melancholischen Achao, diese hier ist angenehm. DZ mit eigenem Bad gibt es für 30 000 CLP.

Einkaufen

Ein quirliges Vergnügen ▶ **Markt** findet Do und So ab 9.30 Uhr statt.

Termine

Landwirtschaftsmesse: in der ersten Feb.-Woche.

Castro ist berühmt für seine Pfahlbauten

Verkehr

Fähren: Verbindungen nach Dalcahue etwa halbstdl. 7.30–22 Uhr.

Castro ▶ C 31

Karte: S. 207

Es ist nie weit zum Wasser in der Inselhauptstadt **Castro** 12. Eingebettet zwischen zwei tief eingeschnittenen Fjorden gleicht die drittälteste Stadtgründung Chiles (1567, nach Santiago und La Serena) einem Brückenkopf. Die Lage bestimmt die Architektur: Hier konzentrieren sich die typisch chilotischen *palafitos* mit ihren komplett geschindelten Wänden und Dächern. Die auf Bohlenplattformen errichteten zweigeschossigen Häuser balancieren auf Pfählen; dazu gehört meist noch ein weiteres für die Waschküche und Küche.

Isla de Chiloé

Das obligatorische Boot findet zwischen den Pfählen Platz.

Sehenswertes

Die bescheiden-freundliche Innenstadt Castros prunkt mit einer ausladenden, hübschen und zu jeder Tageszeit beliebten **Plaza.** Die Straßen San Martín und O'Higgins klingeln förmlich vor Umtriebigkeit. Die im Jahr 1906 erbaute **Iglesia San Francisco** stiehlt hier jedem anderen Bauwerk die Schau: Ganz in Gletschereisblau und Hellapfelsine getaucht, ragen zwei spitze Türme hoch in den Himmel, nimmt der prachtvolle verzinkte Eisenkörper eine halbe *cuadra* ein. Innen ist sie komplett von lokalen Künstlern aus warmem Holz gestaltet worden: die Säulen, die Wandverkleidungen, der Fußboden, die Seitenaltäre.

Der **Museo Regional de Castro** liegt auf der San Martín, einen halben Block südlich der Plaza. Dicht gedrängt, zeigen die Exponate von allem etwas: Webstühle aus *alerce*-Holz, Apfelpressen, Fotos vom Seebeben 1960, das halb Castro verschlang, ein mit Robbenfellen bedecktes Modell eines Chono-Zeltes, Modelle chilotischer Boote und Instrumente, Fotos der kümmerlichen Reste des spanischen Forts Trauco und eine kleine Extraschau zum Thema: ›Wie sah Chiloé auf alten Landkarten aus?‹ (Tel. 65-63 59 67, im Sommer Mo–Sa 9.30–20, So 10.30–13, sonst Mo–Sa 9.30–13, 15–18.30, So 10.30–13 Uhr).

Im Parque Municipal befindet sich auch das ambitionierte Museo de Arte Moderno de Chiloé, das nur im Sommer geöffnet ist (Jan., Feb. tgl. 10–18 Uhr, Nov., Dez., März 11–14 Uhr). Es besitzt eine feste Sammlung moderner Kunst und zeigt auch Wanderausstellungen.

Steil hinunter zur Küste führen die beiden malerischen Straßen Thompson und Lillo. Sie rahmen die sehenswerte **Gran Plaza Ferial** an der **Costanera del Puerto** ein. Andines und typisch Chilotisches, Haushaltsgegenstände, Schnitzereien, Lederarbeiten und Gestricktes quellen aus den zahlreichen Verkaufsbuden heraus. Im geräumi-

gen Inneren des Holzbaus macht sich ein schöner Lebensmittelmarkt mit Imbissbuden breit. Eine Reihe netter Essbuden säumt die gegenüberliegende Straßenseite; ausländische Touristen ziehen allerdings zum Fischerverkosten das nicht ganz so rau aussehende ›Palafito‹ neben der Feria Artesanal vor.

Infos

Información Túristica: Kiosk an der Plaza; freundlich.

Informationen im Internet: www.chiloeweb.com (auf Spanisch), www.chiloestories.org, eine poetische Sammlung von Videos und Fotos zum chilotischen Alltag (auf Spanisch und Englisch).

Conaf: Gamboa 424, Tel. 65-53 25 01, Fax 65-53 25 08.

Übernachten

Originell ▶ Hotel Unicornio Azul: Av. Pedro Montt 288, Tel. 65-63 23 59, Fax 65-63 28 08; www.hotelunicornioazul.cl. Ein originell gestaltetes, altes und schön restauriertes Holzhaus mit gemütlicher und gepflegter Möblierung, wenngleich nicht mehr so ganz taufrisch. Die DZ sind für 130 US-$ zu haben.

Gelungen ▶ Hostería de Castro: Chacabuco 202, Tel. 65-63 23 01, Fax 65-63 56 88, www.hosteriacastro.cl; 29 Zi. Gemütlicher Holzbau mit verglastem Restaurant; komfortabel eingerichtete Zimmer, blendende Lage oberhalb des Meeres. Das Castro verfügt über ein sehr gutes Restaurant. Hier zahlt man 130 US-$ für das DZ.

Boutique-Palafito ▶ Palafito 1326: Ernesto Riquelme 1326, Tel. 65-53 00 53; 12 Zi. Sorgfältig einem traditionellen Stelzenbau nachempfundenes und mit Originalmaterialien gebautes Haus. Eine Wohlfühladresse mit gemütlichen Zimmern und umlaufenden Terrassengalerien. DZ für 55 000 CLP; es gibt auch Dorms.

Familiär und gut ▶ Hostal Kolping: Chacabuco 217, Tel./Fax 65-63 32 73; 15 Zi. Helle und großzügig geschnittene Holzvilla mit geräumigen Zimmern und Bädern;

freundliche, familiäre Atmosphäre, empfehlenswert. Für das DZ zahlt man etwa 20 000 CLP.

Ordentliche Qualität ▶ **Hotel Casita Española:** Los Carrera 308, Tel./Fax 65-63 51 86; 21 Zi. Die Atmosphäre ist familiär, die Zimmer sind eher klein, aber gepflegt, gemütlich und blitzsauber. Nette Atmosphäre. DZ etwa 18 000 CLP.

Schöne Lage ▶ **Hospedaje El Mirador:** Sotomayor extension Barros Arana 127, Tel. 65-63 37 95, maboly@yahoo.com. 14 nette und saubere Zimmer im gepflegten Haus mit Meerblick, familiäre Atmosphäre. Das DZ kostet 20 000 CLP mit Bad, sonst zahlt man 7000 CLP pro Person mit Gemeinschaftsbad.

Essen & Trinken

Anerkannt gut ▶ **Sacho:** Thompson 213; Tel. 65-63 20 79. Auf zwei Stockwerke verteiltes Spezialitätenrestaurant für leckere Muscheln, Taschenkrebse und Austern. Gerichte ab 3000 CLP. Fisch und Meeresfrüchte kosten ca. 6000–8000 CLP.

Sehr lecker ▶ **Hostería de Castro:** Chacabuco 202, Tel. 65-63 23 01. Trotz des sehr hübschen Settings dominiert ein nüchterner Einrichtungsstil, aber die Küche ist vom Feinsten, was Castro zu bieten hat. Kleine Menüs für 7000 CLP.

Frisch ▶ **Restobar Qui'lu:** Sotomayor/San Martín, Tel. 65-63 57 82. Offene Angebotsskala von guten Mittagsmenüs und Käse-Schinken-Kartoffelchips-Hühnchenplatten (pichangas) für den abendlichen Drink. Sehr groß und gestylt, offene Küche, guter Treffpunkt. So geschl. Das Mittagsmenü kostet 5000 CLP.

Rustikal ▶ **Palafito:** Lillo 30, Tel. 65-63 54 76. Stelzenbau direkt am Meer gelegen; etwas turnhallenhaft, aber rustikal und nett. Die Spezialität sind rohe Seeigel (erizos), es gibt natürlich auch Gekochtes und Gegrilltes aus dem Meer. Gerichte für etwa 4000 CLP.

Gutes chilenisches Fastfood ▶ **La Brújula:** O'Higgins/Los Carrera, Tel. 65-63 32 29. Treffpunkt für alle an der Plaza, Jugendliche, Familien.Videoclips, gute Sandwiches, Eisbecher, Fruchtsäfte. Sandwiches für 2500 CLP.

Einkaufen

Kunsthandwerk und Lebensmittel ▶ **Gran Plaza Ferial:** Costanera. Breites Angebot regionalen Kunstgewerbes; besonders originell sind die typisch chilotischen Strickwaren und dicken Pullover; tgl. geöffnet.

Wolle ▶ **Artesanía Mitos:** Blanco Encalada 78, Tel. 65-63 29 61. Ungewöhnliche Accessoires und Kleidung aus Wolle und Filz, ein bisschen feenhaft und originell.

Termine

Das gesamte Jahr über traditionelle Feste, die meisten im Januar und Februar: Kunst-Kunstgewerbe- und Gastronomie-Schauen, Folklore- und Musikfestivals.

Festival Costumbrista de Chiloé: in der dritten Februarwoche im Parque Municipal ist das wichtigste Fest.

Aktiv

Sehr empfehlenswerter Veranstalter ▶ **Pehuén Turismo:** Esmeralda 198, Tel. 65-63 52 54, www.turismopehuen.cl. Bootsausflüge rund um die Insel und in den Nationalpark Chiloé, Reitausflüge unter dem Motto: Das ländliche Chiloé. Der Besitzer Renato Arrancibia legt Wert darauf, dass auch Chiloten etwas vom Tourismus haben. Bei seinen Touren werden z. B. Restaurants von comunidades besucht, indianische Gemeinden. Im Moment arbeitet die Agentur an der Erstellung einer grenzüberschreitenden Reise quer durch Patagonien. Einschiffhafen ist Quellón, in Chaitén geht es weiter bis hinunter nach Chile Chico an den Lago General Carrera. Bei Los Antiguos wird die Grenze zu Argentinien gequert. Es folgen Chaltén mit einem Besuch des Fitz Roy Massivs, Calafate und der Nationalpark Los Glaciares mit dem Perito-Moreno-Gletscher. Dort geht es wieder zurück nach Chile in den Parque Nacional Torres del Paine.

Vielfältiges Aktivangebot ▶ **Chiloetnico:** Ernesto Riquelme 1228, Tel. 9-913 54 48. Das Unternehmen sitzt auch in Puerto Varas – und

Isla de Chiloé

bietet eine Mischung aus Kultur, Abenteuer und Natur an.

Ausflüge ▶ **Chiloé Insular:** Gamboa 387, Tel. 65-53 16 09.

Verkehr

Flüge: Lan, Blanco 299, Tel. 60 05 26 20 00 (zentrale Rufnummer); Sky Airline, Blanco 251, Tel. 65-53 46 43.
Busse und Sammeltaxis: Busbahnhof, Sotomayor/San Martín; halbstdl. Verbindungen nach Puerto Montt und Ancud, 8x tgl. nach Quellón. Sammeltaxis in die kleineren Städtchen wie Chonchi, Queilén, Dalcahue fahren ab Calle Ramírez; Lokalbusse ab Calle Aldea.
Schiffe: Von Navimag gibt es jetzt das Angebot, von Castro zur Laguna San Rafael zu schippern, Endpunkt der mehrtägigen Kreuzfahrt ist Puerto Chacabuco an der Carretera Austral. Infos über www.navimag.cl
Mit Naviera Austral im Januar und Februar nach Chaitén: www.navieraustral.cl, über Pehuen Turismo (s. S. 217).

Durch die Inselwelt

Von Castro (Einschiffung Dalcahue) aus kann man sich auf einem organisierten Streifzug durch den Archipel chauffieren lassen. Das Boot steuert zunächst auf den Canal Quicavi zu, eine friedliche Passage in einem Fjordlabyrinth, das mit Lachszuchtkäfigen regelrecht vollgestopft ist. Saftige Viehweiden spiegeln sich in dem glatten Wasser. **Mechuque 13**, ein von Brombeerhecken eingefasster Bauernort mit regenverzogenen Holzhäuschen in den Gassen, besticht durch Gänseparaden und zwei kleine Restaurants, in denen die Wirtinnen *curanto* oder die Winternahrung allererster Güte auftischen: Räucherfleischsuppe mit Koriander. Mechuque besitzt auch ein kleines Heimatmuseum. Alle zwei Tage setzt ein Boot aus Dalcahue über, aber es ist nicht so einfach, dort zu übernachten. Nachfragen kann man bei Pehuén Turismo (s. S. 217) oder bei Patricio Alvarez (über Palafito Hostel; s. S. 216).

Das Ausflugsboot schlingert ein kurzes Teilstück der Fahrt über Ausläufer des Golfo Corcovado, der schon manches Schiff zur Schiffsschaukel hat werden lassen. Dabei hat man einen wundervollen Blick auf die eisigen Vulkane an der Carretera Austral.

Abschließend ist die Kirche von **Tenaún 14** zu besichtigen. Die mitternachtsblaue Zinkkonstruktion wurde 1837 erbaut und hat zwei golden leuchtende Sterne an der Giebelfront. Anders als die meisten chilotischen Kirchen gibt es hier nicht nur einen zentralen Turm in der Giebelmitte, sondern zwei kleinere Seitentürme.

Der Süden ▶ C 31/32

Karte: S. 207

Chonchi 15

Das von Castro in 20 km leicht mit einem *colectivo* erreichbare **Chonchi** türmt sich Aufsehen erregend in drei Esplanaden vom Meer hinauf. Wie so viele andere Orte auf Chiloé ist es aus einer jesuitischen Mission entstanden. Seine Bewohner erreichten im 19. Jh. bescheidenen Wohlstand durch ihren Holzausfuhrhafen und die Viehzucht. Aus dieser Epoche hat sich ein Ensemble besonders eindrucksvoller, farbig gestalteter Holzschindelhäuser erhalten, die als *conjuncto histórico* unter Denkmalschutz stehen. Chonchi ist einer der hübschesten Orte der Insel.

Gleich am Eingang steht die über lange Zeit unvollendet gebliebene **Iglesia de San Carlos de Chonchi,** eine typisch chilotische Schönheit mit ausladenden Proportionen und einem dunkelblau gemalten Tonnengewölbe wie ein Himmelszelt. Wo die Hauptstraße Centenario auf die malerische Küstenlinie zurutscht, residiert in einem der traditionellen Häuser der **Museo de las Tradiciones Chonchinas,** der von den 4500 Einwohnern Chonchis liebevoll eingerichtet und ausgestattet wurde. Zu sehen sind auch typische Werkzeuge der Insel wie z. B. die Schlösser aus Holz und Körbe (Centenario 116, Mo–Sa 10–13 und 14.30–19, So 10–13 und 15–18 Uhr). Das Haus gehörte einst dem ›Zypressenkönig‹ Ciriaco Álvarez, der in Caleta Tortel zu Ruhm kam (s. S. 258).

Mit der Ruhe, die über Chonchi schwebt, ist es allerdings während der gut besuchten *Fiesta Criolla de Chonchi* in der ersten Februarwoche vorbei. Die Chiloten feiern gerne und ausgiebig. Alle fünf Minuten braust dann ein vollbesetzter *colectivo* aus Castro zum Festplatz, wo der *curanto* schon seit dem Morgengrauen in seinem Erdaushub vor sich hin simmert. Die Köchinnen betten zum Abschluss Kartoffelklöße auf die Nalca-Blätter, und man bekommt sofort seine *chicha* in die Hand gedrückt. Ohne chilotische Volksmusik und den Nationaltanz *cueca* geht auch dieses Fest nicht über die Bühne.

Übernachten

Gute Lage ▶ Posada Antiguo Chalet: Irrarázabal s/n, Tel. 65-67 12 21; 12 Zi. Schöne Lage oberhalb der Capitanía del Puerto; renoviertes, lauschiges Holzhaus mit einfachen Zimmern. Für das DZ zahlt man 30 000 CLP.

Herzlich ▶ Hospedaje Esmeralda By the Sea: Irarrázabal 8, Tel. 65-67 13 28, www.esmeraldabythesea.cl, 10 Zi. Der Gast hat die Wahl zwischen gemütlichem DZ mit eigenem Bad für 20 000 CLP oder einem Mehrbettzimmer mit Gemeinschaftsbad für 5000 CLP pro Person. Die Besitzer haben eine Meeresfrüchtefarm und bieten viele Exkursionen an, auch Anglertrips. Internet gratis, Radverleih.

Typisch ▶ Hotel Huildin: Centenario102, 65-67 13 88, www.hotelhuildin.cl; 12 Zi, Bungalows im Garten. Einfache, saubere Zimmer. DZ für 10 000 CLP.

Essen & Trinken

Preiswert ▶ Die **Costanera** hat ein auffällig gelb gestrichenes Marktgebäude bekommen, in dem jetzt die Garküchen untergebracht sind. Hier zu essen lohnt sich.

Termine

Fiesta Criolla de Chonchi: erste Februarwoche, Folkloregruppen und typisch chilotisches Essen.

Verkehr

Sammeltaxis *(colectivos)* nach Castro halten an der Kirche und an der Stadtverwaltung.

Zur Isla Lemuy [16]

Von Chonchi aus erreicht man über die Avenida O'Higgins an der Municipalidad vorbei die Straße nach Queilén und zum Fährhafen **Puerto Huicha** für Passagen zur **Isla Lemuy**. Das hügelige Eiland wurde schon sehr früh besiedelt. Es ist eine Art Mini-Chiloé: noch grüner, noch idyllischer, weniger abgeholzt, noch ländlicher. Am besten ist man mit dem eigenen Wagen unterwegs. Lemuy hat interessanterweise einige der ältesten Kirchen des Archipels vorzuweisen: die *iglesia* des alten Fährhafens Ichuac, die allerdings neoklassizistisch überbaut wurde, und die *capilla* von Aldachildo, die mit ihren sieben Portalen eine Miniausgabe der Kirche von Dalcahue ist. Allesamt haben sie Deckengewölbe, die wie Himmelszelte bemalt sind. Die Hauptstraße von Lemuy mündet nach 12 km in Detif an der äußersten Inselspitze. Das Innere der Kirche wartet mit einer Überraschung auf: Von der Decke baumeln Votivschiffchen.

Übernachten, Essen

Gemütlich und lecker ▶ Los Yayanes: 12 km hinter Puqueldón, der Weg ist ausgeschildert. Hier hat Jaime Pérez sich einen Traum erfüllt: einen eigenen Park mitten im Wald mit angelegten Wegen, ein gemütliches Restaurant, das hervorragendes regionales Essen in riesigen Portionen anbietet (4500–6000 CLP), und angenehme Bungalows.

Parque Nacional Chiloé

Der zweigeteilte Nationalpark schützt auf 43 000 ha eine malerische Wald-, Dünen- und Lagunenlandschaft und ist von der Carretera 5 aus am einfachsten über **Huillinco** [17] zu erreichen. 20 km sind es zur kleinen Dorfidylle am gleichnamigen See, und richtig sehenswert ist hier der von Blumen und Gräsern überwucherte Friedhof, denn die Gräber sind exakte Miniaturversionen der chilotischen Holzschindelhäuser. Von der Mole kann man sich auch nach Cucao einschiffen, früher übrigens die einzige Anbindung, über die Cucao verfügte.

Die Schotterstraße erklimmt die waldreichen **Tetas de Cucao,** und mitten in diesem

Isla de Chiloé

Hänsel- und Gretelwald aus dem lorbeerblättrigen *tepu*, dem *arrayán* und dem *mañío* hat eine Nachfahrin der berühmten Sängerfamilie Trapp komfortable Bungalows aus frischer Alerce anzubieten, vervollständigt durch einen großen runden Quincho-Pavillon direkt am Seeufer, in dem man Lamm *a fuego lento* und Fisch bekommen kann.

Aufgrund seiner Nähe zum Nationalpark ist das Dörfchen **Cucao** 18 nach 20 km schön in die Breite gegangen, es ist aber immer noch höchst lieblich. Direkt am Ufer des Lago Cucao gibt es gute Übernachtungsmöglichkeiten, auf dem Weg zum Pazifikstrand und Parkeingang befinden sich noch weitere, sodass sich auch für Bequemlichkeit Suchende ein mehrtägiger Aufenthalt lohnt. Im Nationalpark Chiloé selbst liegen bei der Conaf-Station Karten mit Wegbeschreibungen vor, es gibt Lehrpfade, Routen für mehrtägiges Trekking und Campingplätze (in der Hochsaison unbedingt bei der Conaf anmelden, s. Castro). Der Eingang befindet sich in **Chaquín** 19 mit dem Besucherzentrum, das ein kleines Museum unterhält und über Aktivitäten im Park informiert. Von hier aus fädeln sich Lehrpfade durch den Wald und zur weit gespreizten, herrlichen Dünenlandschaft.

Infos
Besucherzentrum der Conaf, in Chaquín.

Übernachten
Mitten im Wald ▶ **Cabañas Huillinco:** Camino a Cucao, Tel. 9-128 73 27 und 9-946 83 98 (Handys), www.cab-huillinco.cl. Attraktive Bungalows aus Alerce mit eigenem Kamin, voll ausgestatteter Küche, Terrassen, schön im Wald verteilt, Sauna. Ab 140 US-$.

Holzvilla ▶ **El Fogón de Cucao:** liegt fast am Strand beim Eingang zum Nationalpark, ein wirklich luxuriöses Holzhaus mit großen Fenstern, jedes der individuell gestalteten, schönen Zimmer hat Terrasse oder Balkon, großer Garten. Viele Ausflugsangebote (Wassersport, Reiten) und ein kreisrundes Restaurant mit bodenständiger chilenischer Küche. Sehr gutes Preis-Leistungs-Verhältnis. DZ ab 30 000 CLP. Zelten auf Anfrage.

Bunt und freundlich ▶ **Parador Darwin:** Bahía de Cucao, 09-799 99 23 (Handy), paradordarwin@hotmail.com. Susie und Rolando Quirland haben hier ein wunderbares Ausflugs-Restaurant mit wirklich außergewöhnlicher chilotischer Küche, z. B. Salat aus der Alge *cachayuyo*, kleiner Garten. Vier bunte nette Zimmer im Anbau mit Gemeinschaftsbad. Sehr herzlicher Empfang. Das DZ kostet 10 000 CLP.

Quellón 20

Quellón am Ende der Panamericana und an der Südspitze von Chiloé, hat lange Zeit von der Alkoholdestillierung und der Holzausfuhr gelebt. Die Spuren dieser Zeit sind getilgt, heute dient seine Hafenanlage dem Fährverkehr zur Carretera Austral nach Chaitén und Puerto Chacabuco. Es sieht ein bisschen so aus wie am Ende der Welt, obwohl es nur das Ende der Isla de Chiloé ist. Die Bevölkerung verdient in der Fischverarbeitung und mit der kargen Molluskenernte ihren Lebensunterhalt. Zwei Museen widmen sich der Geschichte: Im kleinen **Museo Municipal** (Mo–Fr 8.30–13, 14.30–18 Uhr) wird die Stadtgeschichte dokumentiert, im **Museo Inchin Cuivi Ant** die der Mapuche-Gruppe Huiliches: Zu sehen sind Kultobjekte, Holzschnitzereien und Alltagsgegenstände wie Körbe aus *junquillo*-Fasern (Ladrilleros 225, im Sommer Mo–So 10–13, 14–20 Uhr, 500 CLP).

Hier ist das Ende der Insel Chiloé erreicht, von der die Seefahrer des frühen 16. Jh. annahmen, sie begrenze die südliche Welt. Denn die wesentlich weiter südlich liegende Straße des Magellan, 1520 von ihm durchfahren, ist danach für nahezu 50 Jahre nicht mehr aufgefunden worden. Man hielt sie für ein Traumgebilde und Feuerland auf der anderen Seite der Passage für eine von den wütenden Orkanen losgerissene Insel, die im Meer herumtaumele. Erst Francis Drake hat die Passage 1578 wieder vollends durchsegelt – in einer Rekordzeit von 16 Tagen.

Infos
Camera de Turismo: Agustin Gómez, Feria Artesanal Llanquil, Local 4.

Übernachten

Elegant und stimmungsvoll ▶ Hotel Patagonia Insular: Av. Juan Ladrilleros 1737, Tel. 65-68 16 10; 30 Zi. Das erste Vier-Sterne-Hotel der Insel: in Rot und Gelb getauchte moderne Holzkonstruktion in Hafennähe. Stimmungsvoll eingerichtet mit gutem Restaurant, einer Bar, und hübschen Zimmern. DZ 100 US-$.

Solide ▶ Hotel Tierra del Fuego: Pedro Montt 445, Tel. 65-68 20 79; 14 Zi. Gepflegtes Haus, am meisten gelobt aber wird die Küche des Restaurants mit curanto und weiteren regionalen Schmankerln. DZ etwa 60 US-$.

Familiär ▶ Hostería Quellón: Av. Pedro Montt 369, Tel. 65-68 12 50, Fax 65-68 13 10; 20 Zi. Holzvilla an der Costanera, freundlicher Service, gemütlich eingerichtet. DZ 25 000 CLP.

Schlicht ▶ Hostería de Pe a Pa: Ladrilleros 1508, Tel. 65-68 36 70; 7 Zi. Schlicht und sauber. DZ ab 20 000 CLP.

Essen & Trinken

Vielseitig ▶ Los Suizos: Ladrilleros 399, Tel. 65-68 17 87. Hier gibt's auch Pasta und Schweizer Rezepte für den, der sich an Meeresfrüchten satt gegessen hat. Gerichte kosten 4500 CLP.

Chilotische Küche ▶ Hotel El Leo Chico: Pedro Montt 325, Tel. 65-68 15 67. Das Restaurant des kleinen und netten Hotels serviert sehr schmackhafte Gerichte zu guten Preisen. Die Gerichte kosten um 4500 CLP.

Chilotische Hausmannskost ▶ Fogón Onde Agüero: Av. de la Paz 307, Tel.65-68 36 53. Das Lokal bietet einen rustikalen und hübschen Rahmen für eine chilotische Hausmannsküche: Die Theke ist ein Holzschiff. Es gibt *milkau, curanto* und Fischeintopf. Ab 3000 CLP.

Einkaufen

Kunsthandwerk ▶ Feria Artesanal Llauquil: Gómez García; Kunstgewerbestände mit Holzschnitzereien, Strickwaren und Körben.

Verkehr

Busse: mehrmals tgl. Busverbindungen nach Castro und Ancud. Die Gesellschaften befinden sich alle in der Pedro Aguirre Cerda: Buses Cruz del Sur, Nr. 52, Buses Toto Bus, Nr. 374, Quellen Bus, Nr. 215.

Fähren: nach Chaitén. **Fährgesellschaften:** Naviera Austral: Pedro Montt 457, Tel. 65-68 22 07, www.navieraustral.cl. Die Gesellschaft Fähre Alejandrina verkehrt zweimal pro Woche nach Chaitén, außerdem Sa nach Puerto Chacabuco über Melinka und Puerto Cisnes, Dauer 19 Std.

Parque Tantauco 21

Wer kann schon von sich behaupten, in einer Einrichtung des Staatspräsidenten einen Natururlaub verbracht zu haben? Nun, seit 2005 gibt es das **Projekt Parque Tantauco** im Südwesten Chiloés, und deren Präsident ist seit 2010 auch der Präsident Chiles, der Ex-LAN-Eigner Sebastian Piñera. Mit seiner Fundación Futuro (Stiftung Zukunft) hat er den Parque Tantauco geschaffen, um die dortige Natur zu schützen und den Menschen aus Quellón und der Region Arbeit und eben eine Zukunft zu geben. Kritiker werfen ihm vor, ein Luxusrefugium für Reiche zu bauen, sein naturschützerisches Engagement sei nur ein modisches, wohlfeiles Deckmäntelchen, um Geld zu scheffeln. Seine Freunde hingegen finden es gut, dass er den strukturschwachen Süden Chiloés unterstützt und dabei auch noch Naturschutzprojekte fördert.

Der Park umfasst Sandstrände, felsige Küsten, wunderschönen dichten Naturwald. Wegen seiner Unzugänglichkeit ist dieser Teil Chiloés nicht so stark von Abholzungen betroffen gewesen wie nördlichere Regionen.

Am besten ist, sich selbst ein Bild zu machen unter: www.parquetantauco.cl. Zu erreichen ist der Park entweder mit dem eigenen Wagen oder über eine abwechslungsreiche Schiffsverbindung von Quellón aus, die aber wetterabhängig ist und fünf Stunden dauert. Im Park stehen Schützhütten und Campingplätze bereit, es wurden bislang sieben Wanderwege markiert. Es wird auch Tierbeachtung und Kajaking angeboten.

Arriero mit Viehherde in der Nähe des Lago General Carrera

Kapitel 3

Die Carretera Austral

Er sieht ziemlich unwegsam aus, dieser Landstrich. Doch seit dem Jahr 1983 rutscht und schlingert eine Straße auf bisher 1182 km zwischen Gletschern und haushohen Baumfarnen hinunter in den feuchten, kalten Süden Chiles, die Carretera Austral. Wälder aus glutroten Fuchsiensträuchern, Dickichte aus der bambusgleichen ›quila‹, Gebirge von Hölzern türmen sich am Wegesrand, von Libellen umschwirrte Lagunen schmiegen sich an die Schotterpiste und ein unbekannter Nationalpark reiht sich an den nächsten. Über allem thronen mit Eiskappen bedeckte Vulkane von über 3000 m Höhe, die sich, wenn man Glück hat, auch einmal sehen lassen. Darauf ist allerdings kein Verlass: Die Carretera Austral hüllt sich oft in Regenschleier.

Kilometerweit dehnen sich allerdings auch die Spuren verzweifelter Urbarmachung aus: Die Pioniere brannten Wälder nieder, um Felder anzulegen. Dass in der abgeschiedenen Region Zustände wie einst im Wilden Westen Nordamerikas herrschten, lässt sich im Museo Regional in Coyhaique sehen.

Die einsame Carretera Austral hat sich zum Liebling aller Naturfreunde entwickelt. Mountainbiker spornt die Piste zu Höchstleistungen an, Fliegenfischer, Gletschertrekker, Spaziergänger und Reiter kommen voll auf ihre Kosten.

Villa O'Higgins markiert das gegenwärtige Ende der Carretera Austral, deren Erweiterung bis nach Puerto Natales projektiert ist.

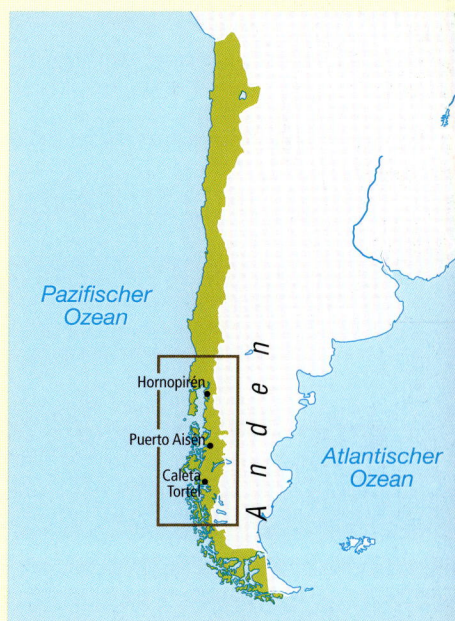

Pazifischer Ozean

Hornopirén

Puerto Aisén

Caleta Tortel

Anden

Atlantischer Ozean

Die Carretera Austral

Sehenswert

Parque Nacional Queulat: Man blickt aus dem Busfenster und sieht ihn plötzlich: ein zwischen den Baumwipfeln schwebender Gletscher. Ein Wunder der Natur, gleich neben der Straße. Nach einer anderthalbstündigen Wanderung steht man der Attraktion des Parkes zu Füßen (s. S. 236).

5 **Lago General Carrera:** Der zweitgrößte See Lateinamerikas hat blaue Grotten, grüne Lagunen, Berge, die wie Schlösser Draculas aussehen, und viele Wanderwege (s. S. 248).

6 **Caleta Tortel:** 100 Jahre lang war dieses Dorf an einem Seitenarm des Fjordo Steffens bis auf wenige Schiffs- und Flugverbindungen abgeschottet vom Rest der Welt. Jetzt kann man es besuchen (s. S. 258).

Schöne Routen

Kleine Carretera Austral (Von Puerto Montt bis Cochamó): Den Namen Kleine Carretera Austral hat sich die Strecke verdient, weil sie landschaftlich dem nördlichen Abschnitt der Carretera Austral ähnelt. Eine Alternative, falls man nicht über Chaitén reisen kann, bzw. nicht genügend Zeit für die gesamte Strecke hat (s. S. 226).

Von Coyhaique nach Puerto Bertrand: Vom Tafelbergland geht es hinunter in die Walddome, an riesigen jadegrünen Flüssen und dem Lago General Carrera vorbei ins Reich der Fliegenfischer (s. S. 240).

Puerto Montt
Kleine Carreterra Austral · Cochamó
· Hornopirén
Ancud

Isla de Chiloé
Chaitén · ■ *Rafting auf dem Futaleufú*

CHILE

Hotel Termas de Puyuhuapi ■

Parque Nacional Queulat ■

**Pazifischer
Ozean**

Puerto Aisén
■ *Hotel El Reloj*
Coyhaique

Von Coyhaique nach Puerto Bertrand
aktiv Die Marmorkathedralen bei Puerto Tranquilo   5 **Lago General Carrera**

*Península
de Taitao*
Chile Chico

Puerto Bertrand

aktiv Reserva Nacional Tamango
Caleta Tortel 6 · Puerto Yungay

ARGENTINIEN

Villa O'Higgins ·

Meine Tipps

Rafting auf dem Futaleufú: Viele Abschnitte des Flusses sind nur etwas für Geübte, aber man kann auch einfachere Strecken finden. Schön: anschließend in den Flussauen zu zelten (s. S. 234).

Hotel Termas de Puyuhuapi: Die Konkurrenz im Land hat nicht geschlafen, aber es gibt in ganz Chile kein malerischer gelegenes Thermalhotel. Dazu viele Ausflugsmöglichkeiten (Queulat, Laguna San Rafael), ein angenehm wohliges Spa, gute Küche – und Schwarzhalsschwäne vorm Zimmer (s. S. 238).

Hotel El Reloj: Wer auf der Carretera Austral unterwegs ist, braucht ein liebevoll betreutes, behagliches Heim. Dazu noch ein Top-Restaurant – fertig ist das Hotel El Reloj (s. S. 241).

aktiv unterwegs

Die Marmorkathedralen bei Puerto Tranquilo: Kapelle oder Heiligtum … Beim Anblick dieser Marmorgrotten im See werden religiöse Bilder assoziiert (s. S. 252).

Reserva Nacional Tamango: Mit dem Conaf-Begleiter auf der Suche nach *huemules,* den kleinen Andenhirschen, die unter Naturschutz stehen (s. S. 257).

225

Die nördliche Carretera Austral

Für manche Chilenen endet Chile bei Puerto Montt. Da fehlt allerdings noch fast die Hälfte ihres Landes bis zur Südspitze. Der Weg dorthin ist für manche ein weißer Fleck auf der Landkarte. Doch die wild-schöne Carretera Austral zwischen Vulkanen, Gletschern, tiefen Wäldern und leuchtenden Seen etabliert sich allmählich als eine der Hauptattraktionen des Landes, besonders für Sportler.

Noch in den Kinderschuhen stecken Regierungspläne, die Fjorde südlich Puerto Montts bis nach Hornopirén mittels Brücken zu überwinden und die Carretera bereits dort beginnen zu lassen. Einstweilen schaukeln die Autofähren wie gehabt sechs Stunden lang unter den Bergen und Gletschern zwischen La Arena und der Caleta Gonzalo dahin.

Kleine Carretera Austral
▶ D 29–31

Karte: rechts

Von Puerto Montt bis Cochamó
Die Kleine Carretera beginnt jenseits von **Puerto Montt** ❶ mit einer recht unspektakulären, (noch) asphaltierten Küstenstrecke, deren Pluspunkte aber die rasanten Kurven und die Ausblicke auf die hoch aufragenden Vulkane des Südens sind. Nach etwa 20 km führt sie in eine dicht bewaldete Gebirgslandschaft und vor La Arena zweigt ein Zugang zum **Parque Alerce Andino** ab. Die *Alerce Andino* bildete einst den Schatz und später den Reichtum dieser Gegend. Dieser Baum braucht Jahrhunderte, um zu wachsen, entsprechend dicht und hart ist sein Holz. Man vermutet, dass sich 3000 Jahre alte Bäume in diesem Gebiet befinden. Doch fiel er immensen Abholzungen zum Opfer und steht erst seit 1970 unter Naturschutz.

Bei **La Arena** wartet der Estuario de Reloncaví darauf, überquert zu werden. Es braucht etwa eine halbe Stunde mit der Autofähre, dann ist die **Caleta Puelche** erreicht (Fähre regelmäßig bis gegen 20 Uhr). In La Arena gibt es Empanada-Buden für den Hunger, in der Caleta Puelche gibt es nichts, außer den Muschelnetzen der Fischer und grünen Kuppelbergen. Felsen fingern ins Meer, Holzbrücken überwinden Wasserläufe. Hier wachsen *arrayanes* (Myrte) und *lumas,* ein Obst. Überall sieht man die Käfige der Lachskultur. Der nächste Orientierungspunkt in dieser einsamen Gegend heißt **Yate.** Eine auffallend blau gestrichene Kirche thront auf einer Blumenwiese, auf der sich Schafe gütlich tun. In dem winzigen Flecken gibt es eine einfache Hospedaje.

Ein weiteres dieser typischen Viehzüchterörtchen, deren Höhepunkte im Festkalender die Rodeos sind (wenn man den richtigen Zeitpunkt erwischt: hingehen!) ist **Río Puelo.** Flach ausgebreitet liegt es am Ufer des Gletscherflusses, der ihm den Namen gegeben hat. Hier finden sich zwei Supermärkte und eine Kirche, die mit kostbaren Alece-Schindeln bedeckt ist. Die Straße wird besser – hier geht es den Fluss entlang nach Argentinien, und zwar über den Lago Tagua Tagua, der von steilen, verbrannten Bergen gerahmt wird. 1980 brach hier ein Feuer aus, das jahrelang loderte, es konnte nicht gelöscht werden.

Vor **Cochamó** 2 wird die Strecke noch einmal ziemlich wild. Man passiert Schluchten – ein Dorado für Felskletterer! – im Wechsel mit Wiesen. Zäune aus Pappeln weisen auf Gehöfte hin, die auf Stelzen im sumpfigen Gelände stehen. Viehzucht macht nicht reich, wie man schnell sieht, und es nimmt nicht wunder, dass so viele Chilenen in der Lachszucht ihr Geld verdienen wollten.

Übernachten

Luxus-Lodge ▶ Andes Ecolodge: Tel. 65-23 44 54, www.andeslodge.com; 8 Zi. Liegt kurz vor Río Puelo. Edelster Landhausschick: pures Holz, Sofas, Kamine, Weißstickerei auf der Bettwäsche. Sehr große Zimmer und Bäder. Bauen Gemüse und Obst ökologisch im Garten an. Wenden sich an Fliegenfischer, aber auch Kajakfahrer, Reiter und Trekker. Nur in Packages buchbar.

Luxus-Zelt ▶ Domos Tique: Rio Puelo Alto, Tel. 09-95 49 10 69, www.andespatagonia.cl. Übernachten im komfortablen, großen Kuppelzelt mit eigenem Ofen direkt im Wald unter Blätterdächern, naturverbundener geht's nicht. Extrazelt für Bad und Toilette. Hot Tub. Schlafsack muss mitgebracht werden. Gemütliches Restaurant mit superfrischer asiatisch-chilenischer Fusionsküche. Ein Zelt kostet 30 000 CLP.

Supercamp ▶ Campo Aventura: Valle Concha s/n, Cochamo, Tel. in Puerto Varas 65-23 29 10, www.campoaventura.com. Sehr schönes Camp, besonders für Reitfans. Kleine, fein ausgestattete Holzbungalows, gute Küche. Liegt direkt am Fluss. Mehrtägige Ritte, aber auch Kajak, Trekken. Campen auf dem Gelände möglich. Nur Packages.

Hornopirén 3

Eine rote Kirche, breite schottergraue Straßen, Pferde auf dem Bürgersteig, schneebedeckte Berge im Nebel, tiefblaue Fjorde: Der 1200-Seelen-Ort hat den gottverlassenen Charme all dieser sparsam gesetzten Orte an der Carretera Austral. Man kommt an und fährt weiter. Hier gibt es sogar eine Tankstelle. Und Fähren zur Caleta Gonzalo, dem Eingang zum Parque Pumalín.

Kleine Carretera Austral

Einige Höhepunkte aber liegen noch davor und sind übers Meer zu erreichen: die **Thermen Porcelana** am Fjordo Comau und Llancahué. Die erste Therme liegt richtig weit entfernt, damit es sich lohnt, sollte man dort auch ein Essen bestellen. Die zweite – 20 Min. mit dem Boot von Hornopirén aus – besitzt richtige Schwimmbecken und Becken unter freiem Himmel. Eine Überraschung halten die **Thermen von Pichicolo** bereit, nur 9 km von Hornopirén entfernt: Sehr schön gerahmt von Garnen und Bambushainen und über hölzerne Stege zu erreichen sind drei große natürliche Becken. Wer sich für die Ausflüge interessiert, fragt im Ort in den Unterkünften nach.

In den Park Pumalín ▶ D/E 30

Karte: S. 230

An der **Caleta Gonzalo** 1 betritt man das Land, das seit nahezu zwei Jahrzehnten die

Douglas Tompkins und der Parque Pumalín

Der Mann ist ein Phänomen: Er polarisiert seit über anderthalb Jahrzehnten halb Chile und ist bekannter als mancher Politiker. Der heute 65 Jahre alte Mitbegründer der beiden Sportmodefirmen Esprit und North Face Douglas Tompkins aus San Francisco rettet den patagonischen *alerce*-Wald. Und er hat es gründlich getan.

Das Land, das Douglas Tompkins zusammen mit seiner Frau Kristine erworben hat, umfasst mittlerweile eine Fläche von 825 000 ha und liegt im gesamten Patagonien und auf Feuerland verteilt. Mit derselben Präzision, mit der seit der Ära Pinochet zusammenhängende Waldgebiete von der Größe Bayerns dem Kahlschlag ausländischer Firmen preisgegeben werden, kauft er bestehenden Wald, Stück für Stück, um ihn vor den Häckselmaschinen zu schützen. Die einen vernichten Natur, der andere versucht sie zu retten.

Die Gegner halten dem Kalifornier wahlweise vor, für internationale Holzkonzerne zu arbeiten oder auch für die Israelis, die ihn in geheimer Mission Land kaufen lassen, um einen neuen Staat Israel zu errichten – das gelobte Land an der Carretera Austral. Sie verdächtigen ihn, Chile an Argentinien zu verraten – oder warum lägen fast alle Flächen in Grenznähe zum Nachbarn? Er verhindere infrastrukturelle Projekte, die das weitgehend unbesiedelte und unwegsame Gebiet fit für wirtschaftliche Nutzung machen könnten, indem er gegen den Straßenbau votiere, der durch seine Ländereien geführt werden soll. Was für ein Quatsch, sagen die Leute vom Parque Pumalín in Chaitén, diese geplanten Straßen würden durch pure Felsen gelegt werden und brächten überhaupt keinen Nutzen.

Vom Ausverkauf der nationalen Identität ist die Rede. Auf argentinischer Seite haben Luciano Pavarotti, Sylvester Stallone, der Medienmogul Ted Turner und die italienische Modefirma Benetton riesige Landsitze erworben – doch dort regt sich offenbar nirgends Protest. Abseits dieser Gruselgeschichten: Den Chilenen – und auch den Argentiniern – kaufen die Ausländer das Land unter dem Hintern weg, aber die neoliberalen Wirtschaftsgesetze erlauben dies nun einmal …

Douglas Tompkins ist ein konzentrierter, schweigsamer Cowboy mit dem stählernen Charme eines Clint Eastwood. Sehr zum Ärger seiner politischen Feinde, die ihm vorwerfen, die Chilenen aus ihren Bauernhäusern zu vertreiben, eignet er sich leider blendend als Identifikationsfigur. Er schafft Arbeitsplätze und stellte in den einsamen Gebieten seines stolzen Besitzes eine Schule hin – was die Regierungen über Jahrzehnte hinweg nicht für nötig befunden hatten. An der Eingangspforte zur Carretera Austral, an der Caleta Gonzalo, wo früher die Reisenden auf Fähren mit unsicheren Fahrplänen warten mussten, entstanden nacheinander ein schönes Café-Bistro, eine Schutzhütte, ein Campingplatz und zwei kleine gemütliche Bungalowanlagen.

Seit August 2005 trägt ein etwa 85 000 ha umfassender Teil des Parks den staatlichen Titel des Naturparks Corcovado. Dieses Filetstück schenkte Douglas Thompkins dem Land Chile mit der Auflage, es als Naturpark unter Schutz zu stellen.

Andere Initiativen definieren sich in Abgrenzung oder in Anlehnung zu ihm. Stiftun-

Thema

gen erhalten staatliche Fördermittel, wenn sie die wirtschaftliche Erschließung ihrer Projekte billigen, Arbeitskräfte z. B. an strukturschwache Gebiete binden oder einer touristischen Verwertung zustimmen. Hier zieht der Parque Pumalín seine Grenzen. Tompkins versteht sich als *deep ecologist*. Im Park hat sicherlich der sanfte Tourismus Einzug gehalten, aber er wird stark gelenkt. Nur ein kleiner Ausschnitt der Ländereien steht für diese Nutzung zur Verfügung. Es gibt markierte Wanderwege und eine Baumschule. Den Parque Pumalín zu besuchen, ist nicht grade billig. Trotzdem: Den naturversessenen Nordamerikanern und Mitteleuropäern ist eine attraktive Alternative entstanden – die strukturschwache Region erhält wirklich neue Impulse. Mittlerweile hat Thompkins' Engagement gezündet, das ökologische Bewusstsein blüht überall im Süden Chiles auf. Sei es die massiv auftretende Bewegung ›Patagonia sin represas‹, die sich gegen den ge-

planten und von Regierungsseite bereits abgesegneten Bau von Staudämmen und Wasserkraftwerken wehrt, sei es, dass Landbesitzer mit nativen Bäumen aufforsten, um im Zuge dieser Entwicklung nicht enteignet zu werden. Douglas Thompkins unterstützt diese Bewegung, sie unterhält ein großes Büro in Coyhaiques bester Geschäftslage.

Seine nimmermüden Gegner, die sich hauptsächlich im rechten Parteienspektrum konzentrieren, finden weitere Gründe zur Beunruhigung: Gattin Kristine hat für die von ihr gegründete Umweltstiftung *Conservación Patagónica* die 70 000 ha umfassende Hacienda Chacabuco im gleichnamigen Tal nahe des Río Baker gekauft. Sie und Tompkins wurden überdies auch noch wandernd auf den Gipfeln der Cordillera Darwin gesichtet, am Lago Fagnano – der liegt bekanntermaßen auf Feuerland, und zwar gleichermaßen länderverbindend auf chilenischer und auf argentinischer Seite …

Unterwegs im Parque Pumalín

Nation polarisiert, den **Parque Pumalín** 2 des Nordamerikaners Douglas Tompkins. Seit August 2005 führt der ca. 750 000 ha große Privatpark den Status eines staatlichen *Sanctuario Nacional* mit all den sich daraus ergebenden Mechanismen zum Schutz der wenigen noch auf chilenischem Boden verbliebenen Alerce-Wälder, die teilweise über tausend Jahre alt sind. Im Park findet man zahlreiche Naturlehrpfade und einige gut gepflegte Campingplätze, dazu Trekkingpisten und Besucherstationen. Die sind immer beides zugleich: Informationszentren und Verkaufsstätten regionaler Erzeugnisse, die die im Park verbliebenen Siedlerfamilien selbst produzieren.

Auch im heimeligen Café-Restaurant an der tief eingeschnittenen Bucht, die faktisch die Eingangspforte zum Parque Pumalín bildet, erhält man auf recyceltem, braunem Papier Informationen zum Parkprojekt. Regionale Spezialitäten füllen die Speisekarte, und passend zur Tompkins'schen Ideologie, kleine regionale Märkte zu schaffen als Antwort auf die großen, globalisierten, werden Kunstgewerbeprodukte der Isla de Chiloé und der Carretera ausgestellt und verkauft.

Infos
Centro de Visitantes: im Café/Restaurant, www.parquepumalin.cl.

Übernachten
… in Hornopirén:
Einladend ▶ Hostería Catalina: Av. Militares s/n, Tel. 65- 21 72 56, 10 Zi. Sehr gemütliches, einladendes Holzhaus mit einfachen, aber großen und hellen Zimmern, behagliches Restaurant. Das DZ kostet 28 500 CLP. Frühstück extra, Ausflugsorganisation.
Bungalows ▶ Cabañas Rehbein: Av. Militares s/n, Tel. 65-21 73 50. Lohnt sich, wenn man zu mehreren Leuten unterwegs ist: saubere, schlichte, aber funktionale Holzbungalows. 35 000 CLP für 5 Pers.
Ordentlich ▶ Hotel Hornopirén: Carrera Pinto 388, Tel. 65-21 72 56; 12 Zi. Recht einfache, aber weitläufige Anlage mit ordentli-

chen Zimmern und Gemeinschaftsbädern, gutes Restaurant. Ca. 15 US-$ pro Pers.

… im Parque Pumalín:

Empfehlenswert ▶ Cabañas Caleta Gonzalo: Tel. in Caleta Gonzalo 9-256 66 24 (Handy), www.parquepumalin.cl. Sieben attraktive, geräumige und schön eingerichtete Holzbungalows des Pumalín-Projektes von Douglas Tompkins, keine Küche – Essen gibt's im schönen Café mit Gerichten ab 3500 CLP. Cabañas 115 000 CLP für 4 Pers.

Schöne Lage ▶ Cabañas Fundo Río Gonzalo: Fjordo Reñihue, Tel. 65-23 23 00, reservasalsur@surnet.cl. Zwei ausgesprochen gemütliche, kleinere Einheiten mit eigener Küche, die schön im Wald liegen. Ab 75 000 CLP.

Zelten ▶ Camping Río Gonzalo: s. o. Vermietung von Feuerstellen, Verkauf von Holzkohle und frisch geschlachteten Lämmern zum Grillen durch die Infobörse, dort gibt es auch einen Kiosk. Ca. 1800 CLP pro Pers. Übernachten im Quincho mit Schlafsack 5000 CLP.

Essen & Trinken

Empfehlenswert ▶ Café-Restaurant: im Parque Pumalin, s. links.

Verkehr

Fähren: Hornopirén–Caleta Gonzalo, Jan.–Feb. tgl. 16 Uhr, Reservierung unbedingt empfehlenswert. Information bei Transmarchilay, in Santiago: Av. Providencia 2653, Local 24, Tel. 2-234 14 64, Fax 2-234 48 99; in Puerto Montt: Angelmó 2187, Tel. 65-27 04 20, Fax 65-65 04 30, www.transmarchilay.cl; Naviera Austral, www.navieraaustral.cl.

Busse: Puerto Montt–Hornopirén, Jan./Feb. vom Terminal in Puerto Montt aus: Buses Fierro, Tel. 65-25 30 22, Mo–Sa 3 x tgl., So

Ankunft in Chaitén: Noch ist die Fähre die wichtigste Verbindung nach Puerto Montt

Die nördliche Carretera Austral

2 x tgl., dann mit der Fähre weiter nach Caleta Gonzalo; Hornopirén–Puerto Montt, Mo–Sa 3 x tgl., So 2 x tgl.

Nach Chaitén

Auf dem Weg nach Chaitén erhält man einen ersten Eindruck von den Landschaftserlebnissen, die einen weiter südlich in Hülle und Fülle erwarten. Die glänzende schwarze Erde knirscht unter den Rädern, Farne streicheln die Wagenfenster, Baumwipfel bilden einen Hohlweg, Orchideensträucher so groß wie Einfamilienhäuser säumen die Straße. Deren Qualität entspricht hier einem besseren Feldweg. Reinigt man sie nicht permanent, sinkt sie in ihren Urzustand zurück – und der ist undurchdringlich.

Nicht weit hinter der Caleta Gonzalo schimmern linker Hand der von steilen Berghängen gerahmte Lago Negro, dann der Lago Blanco. Von dichtem Wald und dem Morro Vilcún eingefasst liegt die sichelförmig ge-

Tipp: Blick auf Chaitén

So muss Pompeji ausgesehen haben, vermutete man, alles unter dichtem grauen Staub verborgen, eine surreale Dorflandschaft wie ein Mahnmal, das dazu aufruft, sich zu erinnern, was einmal war. Die damalige Regierung unter Michelle Bachelet entwarf Hilfsprogramme, viele *chaiteninos* ließen sich in Coyhaique nieder und erhielten finanzielle Unterstützung beim Aufbau einer neuen Lebensperspektive.

Doch einige sind im Dorf geblieben – und kämpfen um Anerkennung ihrer Leistung. Die jetzige Regierung von Sebastián Piñera plant, Chaitén in der Bucht von Santa Barbara neu aufbauen lassen, die Agrupación Hijos y Amigos de Chaitén fordert dagegen, dass in die Infrastruktur des alten Chaitén investiert wird. Während die Menschen nach Futaleufú zurückkehren konnten, leben in Chaitén derzeit nur knapp 400 Menschen. Die Region ist seit eines erneuten Vulkanausbruchs 2009 nicht sicher, kann aber mit privaten Mitteln besucht werden.

schwungene Bucht **Bahía Santa Bárbara** `3` mit einem kleinen Campingplatz da. Hier soll nach Regierungsplänen das neue Chaitén entstehen. Tautropfen und Muscheln leuchten auf dem schwarzen Strand um die Wette. Fischer fangen hier den *robalo,* den Wolfsbarsch. Zwölf weitere Kilometer sind es nach Chaitén, die Straße begleitet das Meeresufer.

Chaitén ▶ D 31

Bevor die Vulkanausbrüche von 2008 und 2009 die damals 4000 Einwohner zählende Kleinstadt unter sich begruben, beschritt man dort gerade den Weg aus der Einsamkeit einer Pioniersiedlung, die **Chaitén** `4` 70 Jahre lang gewesen war. Es begann mit fünf Häusern in einer natürlichen Bucht, die jahrelang auf Gesellschaft warteten. Unter der nadelspitzscharfen Silhouette des Vulkans Corcovado schienen sie von der Natur geradezu erdrückt zu werden.

Genau dieses Übermaß an purer, prachtvoller Natur hat Chaitén dann zum Portal für die Gäste der Carretera Austral werden lassen. Die an Entbehrung und Mangel gewöhnten Chilenen des Südens rieben sich anfangs ungläubig die Augen, als sie all die Teilnehmer der modernen Industrienationen diese kurvige, rutschige Schotterstraße entlangradeln sahen, blind gegenüber jeglicher Bequemlichkeit, die sie in ihrem eigenen Leben so vermissten. Eine schönere Dusche als eiskalte Gletscherwasserfälle konnten sich die Besucher sich nicht vorstellen. Und das selbst gemachte dicke *pan amasado,* die Brötchen mit dem »eingebackenen Großmama-Aroma«, schien diesen Fremden in ihren bunten Strampelanzügen der Himmel auf Erden. »Por algo será« titelte die staatliche Tourismuswerbung ein wenig perplex auf ihren Werbeplakaten – wegen irgendwas werden die Fremden schon hier sein … Dass es ein so kleines, einsames Holzdorf mit Dahliengärten, Pferden in den Straßengräben, unzuverlässigen Busverbindungen und ab und an mal frischem Gemüse im einzigen Geschäft am Ort sein könnte, das überrumpelte sie dann doch. Eine Infrastruktur entstand, Marita Estrella kochte ihren Fisch jetzt auch für ausländische Besucher, und Hotels entstanden entlang der Uferpromenade. Touren wurden ausgeheckt, Hippieschmuck wurde an der Uferpromenade verkauft.

Aus der Traum. Chaitén wird nie wieder werden, was es war. Aber vielleicht klappt ja der Neubeginn? Man würde es dem Ort so wünschen. Es gibt keine Stromversorgung, die 400 Verbliebenen haben Generatoren. Noch kann man Chaitén über die Straße nur schwer ereichen, das geht derzeit nur über Palena und Futaleufú und natürlich vom Süden aus Coyhaique kommend, mit dem Schiff von Puerto Montt und von der Isla de Chiloé.

Übernachten, Essen

Traditionell ▶ **Hotel Schilling:** Av. Corcovado. Gemütliches Holzhaus mit Kaminzimmer und Restaurant einer Pionierin der Region. Man zahlt 30 000 CLP fürs DZ.

Am Meer ▶ **Cabañas Brisas del Mar:** Av. Corcovado 278. Mit Restaurant. Im Aufbau.

Heimelig ▶ **Hospedaje Don Carlos:** Riveros/Prat. Eine freundliche, familiar geführte Pension. Das DZ kostet 15 000 CLP.

Verkehr

Flüge: von Puerto Montt nach Santa Bárbara (Chaitén). AeroTaxis del Sur, Riveros 479 A, Tel. 65-73 13 15.

Fähren: Naviera Austral fährt: 5 x wöchentl. von Puerto Montt nach Chaitén, 1 x wöchentl. von Castro und Quellón (Isla de Chiloé) nach Chaitén, 3 x wöchentl. von Hornopirén nach Chaitén.

Busse: 4 x wöchentl. nach La Junta, dort übernachten und weiter nach Coyhaique via Puerto Puyuhuapi. Donnerstags direkt nach Coyhaique. 5 x wöchentl. nach Futaleufú.

Aktiv

Veranstalter: Chaitur, O'Higgins 67, Tel. 8-746 85608. Organisieren alle Ausflüge und Fahrten sofern durchführbar, Lago Yelcho,

Termas Amarillas, Playa Santa Bárbara, Trekking, Reiten, Rafting auf dem Futaleufú. Und entlang der Carretera Austral.

Zwischen Lago Yelcho und Futaleufú ▶ E 31

Kurz vor **Puerto Cárdenas** `5` am Lago Yelcho, der Kennern als einer der schönsten Seen in Chile gilt, stößt man auf die Silla del Diablo (*silla,* span. Sessel), eine imposante Bergformation, die tatsächlich aussieht wie ein bequemer Sessel, ausgepolstert mit einem daunenfederweißen Kissen aus Schnee.

Die Carretera verlässt nun für eine Weile den smaragdgrünen, 110 km² großen Lago Yelcho. Nach weiteren 11 km sollte man aussteigen und sich die Beine vertreten, denn hier stürzt der eisblau gestreifte Gletscher **Ventisquero Yelcho** `6` geradewegs auf die Straße. Eine einstündige Wanderung neben dem Flussbett führt zu einem attraktiven Aussichtspunkt.

Gerodete Pampas umgeben **Villa Santa Lucía** `7`, dessen Existenz 1982 als Militärstützpunkt begann. Das einfache, 81 km von Chaitén entfernte Städtchen mit bunter Dahlienzier in den Hausgärten kann mit Benzin und einem Lebensmittellager mit Tierfutter sowie Linsen im Zehn-Kilo-Pack dienen und bietet mehrere kleine, windschiefe *hospedajes,* die ein wunderbares Frühstück mit dem selbst gebackenen *pan amasado* servieren, dicken, hausgemachten Brötchen.

Im windigen Villa Santa Lucía scheiden sich die Wege. Kajakbegeisterte wählen die Abzweigung nach Futaleufú, ins Tal des ›Großen Flusses‹. Von Laubkuppeln beschattet, finden sich dort in den von kleinen Wasserläufen üppig durchfeuchteten Wäldern immer wieder Einzelgehöfte, die den Busverkehr auch als Warentransportmittel nutzen: Eine Kiste Avon-Kosmetik reist mit, eine Stereoanlage und ein Postsack – und alles erreicht den richtigen Empfänger. Unübersehbar sind die Täler von den Spuren zahlreicher Brände gezeichnet.

Die nördliche Carretera Austral

Der **Río Futaleufú** indes schäumt blau und königlich wie ein Lapislazuli zwischen saftigen Wiesen und fordert auch erfahrene Kajakfahrer heraus. Eine ganze Reihe von Campingplätzen nehmen die Sportler auf. Touren kann man in Santiago buchen, aber auch in Puerto Varas (KoKayak) und in Coyhaique.

Futaleufú 8

Im 2000-Einwohner-Örtchen **Futaleufú** kann man gut ausruhen und verschnaufen. Es ist kaum vorstellbar, dass es bis 1982 nur per Flugzeug zu erreichen war. Die Anbindungen ins nahe Argentinien lagen damals in jeder Hinsicht näher. Jenseits der Grenze wiesen das schmucke Städtchen Esquel, der beliebte Nationalpark Los Alerces und die walisische Gründung Trevelín geteerte Straßen und eine entwickelte Infrastruktur auf. Für die Argentinier bedeutete ein Ausflug nach Futaleufú eine Reise ins Exotische, ins Indianische.

Doch damit ist es längst vorbei. Kajaktouristen und Angler haben in dem stromschnellenreichen Fluss einen neuen, exklusiven Punkt auf der Weltkarte gefunden, und die Hotellerie zieht nach. Wo es anfangs lediglich ein paar gemütliche, schlichte *hospedajes* für Grenzgänger gab, nehmen jetzt bequeme *cabañas* und Hotels die Reisenden auf. Auch wer sich nicht auf den tosenden Fluss wagt, findet gute Gründe zu bleiben. Die malerische Umgebung zwischen Andenflüssen und Gebirgszügen lässt sich beschaulich erwandern.

Tipp: Besser Bargeld mitnehmen

Zwischen Chaitén und Coyhaique gibt es **keine Bankautomaten!** Wer mit Bussen reist, in Restaurants isst oder einkaufen möchte, sollte ausreichend chilenische Pesos dabeihaben. Packages in Hotels lassen sich mit US-Dollar oder Euro bezahlen – am besten vorher erkundigen!

Infos

Oficina de Información Turística: O'Higgins 536, nur im Sommer geöffnet.

Übernachten

Einladend ▶ Hotel El Barranco: Bernardo O Higgins 172, Tel. 65-72 13 14, www.elbarrancochile.cl. 10 Zi, eines davon behindertengerecht. Im Western-Chile-Cowboystil gestyltes Haus. Viel Holz kam bei der Einrichtung zum Einsatz, behaglich und einladend. Es werden Ausflüge angeboten. DZ 99 000 CLP inkl. Fahrradmiete.

Super gemütlich ▶ Hostal Antigua Casona: Manuel Rodríguez 215, Tel. 65-72 13 11; 4 Zi. Von außen sieht's aus wie ein Pioniersiedlerhaus, innen super gemütlich mit sauberen, netten Zimmern. Das Hostal wird auch als Ausflugsvermittlung tätig. Das DZ für 42 000 CLP.

Schönes Haus ▶ Hostería Río Grande: O'Higgins 397, Tel. 65-72 13 20; 20 Zi. Großzügiges, weiträumiges, geschindeltes Holzgebäude mit hübsch ausgestatteten großen Zimmern, aufmerksamer Service; Veranstaltung von Touren, auch Kajaking. DZ 40 000 CLP.

Bungalows ▶ Hostería La Casa de Campo: am Lago Espolón, südlich von Futaleufú, Tel. 77 21 92 39 oder 83 73 47 64 (Handy), 4 cabañas, www.lagoespolon.cl. Neue Bungalows direkt am See 8 km außerhalb, man kann auch Pferde mieten, die engagierten und aufmerksamen Pächter organisieren Angelausflüge und Trekking, sowie Touren in die Umgebung selbst. Bungalow für 6 Pers. 90 US-$.

Einfach, aber nett ▶ Hospedajes: Es gibt mehrere schlichte, aber ansprechende *hospedajes*, wie Hospedaje Aldolfo, O'Higgins 302, Tel. 65-72 12 56, pro Person 7000 CLP.

Essen & Trinken

Typisch ▶ Café Restaurant Futaleufú: Pedro Aguirre Cerda 407, Tel. 9-76 22 74 06. Nettes, freundliches Restaurant mit Frühstück und Mittagstisch, abends gibts ein kleines Menü für 6000 CLP.

Herausforderung für Kajakfahrer: der tosende Futaleufú

Tradition ▶ **Skorpios:** Calle Mistral 255. Familiäres Restaurant; es gibt Forelle, Salat, gefüllte Avocado, Hühnchen – und darüber hinaus nicht viel mehr. Kleine Gerichte ab 2500 CLP.

Aktiv

Auf dem Wasser ▶ **Altue Travel:** Santiago, Gral. Salvo 159, Tel. 2-235 15 19, Rafting und Kajaktouren.

Kurse und Camp ▶ **Expediciones Chile:** www.exchile.com. Haben neben Rafting- und Kajakkursen noch viel mehr im Angebot, eigenes Hostal und wunderschön gelegenes Camp.

Diverses ▶ **Austral Excursiones:** Carrera s/n, Tel. 92 21 06 21 (Handy), auch Fliegenfischen.

Alteingessener Kajakveranstalter ▶ **Kayak Chile:** Mistral 296, Tel. 65-72 14 79. Sie sind am längsten am Platz.

Verkehr

Busse: nach Chaitén, 5 x wöchentl. nach Chaitén, nach Osorno und Puerto Montt über Argentinien (Di, Do).

Tipp: Ein Thermalhotel der Sonderklasse

Die Lage ist sein Potenzial: Die Kulisse für das Hotel Termas de Puyuhuapi hätte ein Bühnenbildner nicht effektvoller erfinden können. Laubgewölbe türmen sich in allen erdenklichen Grünschattierungen lotrecht in die Höhe, und auf dem einzigen kleinen Stück schwarzsandigen Lavastrandes, das die Baumdome übrig gelassen haben, breitet sich eine rustikal-elegante Holz- und Glaskonstruktion im Chalet-Stil aus. Graziöse Schwarzhalsschwäne umflattern die Bucht. Sonst gibt es nichts – kein Haus, keine Straße; das Thermalhotel erreicht man nur per Boot.

Die Weltabgeschiedenheit des Hotels verlangt nach einem wohl abgestimmten Programm. Im verglasten Thermalbereich werden Thalassotherapien und Massagen angeboten. Malerisch in die verschwenderische Natur platziert sind die drei Außenthermalbecken, für Abkühlung sorgt ein Sprung in den Fjord. Wer länger bleiben möchte, pickt sich aus einer Fülle von Wander- und Trekkingmöglichkeiten das Passende heraus. Deren Attraktivität sucht ihresgleichen, schließlich liegt der Parque Nacional Queulat mit dem Ventisquero Colgante gleich um die Ecke. Auch Angler und Fliegenfischer finden ein reiches Betätigungsfeld (Infos s. S. 238).

Parque Nacional Queulat und Umgebung ▶ E 32/33

Karte: S. 230

Las Juntas 9

Das landwirtschaftlich intensiv genutzte Gebiet um das kleine, malerisch gelegene **Las Juntas** ist erst seit den 1950er-Jahren besiedelt. Seit 1992 gibt es einen Grenzübergang nach Argentinien. Mittlerweile leben hier über 2000 Menschen. Man kann bequem die Erkundung der Carretera Austral unterbrechen, die netten Besitzer der wenigen Hotels stellen Ausflugsprogramme zusammen.

Fliegenfischen, Besuche des gletschermilchgrünen Lago Rosselot oder eine Bootsfahrt zum Puerto Raúl Balmaceda, einer vom gleichnamigen Fluss und dem Meer geformten, winzigen, sandigen Insel mit Hafen, deren kleine Einwohnerschaft vom Fischfang und der Molluskenernte lebt, verschönern den Aufenthalt.

Übernachten, Essen

Feine Lodge ▶ **Espacio y Tiempo:** Carretera Austral s/n, Tel. 67-31 41 41, Fax 67-31 41 42, info@espacioytiempo.cl, www.espacio-y-tiempo.cl; 9 Zi. Gemütliches Hotel im feinen Lodge-Stil mit geräumigen, attraktiven Zimmern. Viele Ausflugsangebote in die Umgebung, auch ins argentinische Esquel. Im Restaurant schlemmt man lokale Spezialitäten: Hirsch und Lachs. Abends versammeln sich alle vor dem Kamin. Internet gratis. Man kann Touren und Aufenthalte in den Thermalbädern des Südens buchen. DZ 69 000 CLP.

Lago Risopatrón und Ventisquero Colgante

Der **Lago Risopatrón** begleitet die Carretera und markiert den nördlichen Abschnitt des **Parque Nacional Queulat** 10. Die 1550 km² dieses Nationalparks sind zum überwiegenden Teil unerforscht, nie begangen, ursprünglich. Selbst die schwierigkeitserprobten, eifrigsten Kolonisten hatten niemals einen Fuß in die dichten Urwälder gesetzt. An der Carretera Austral befindet sich eine Hütte der Conaf, und die Parkwächter geben gerne Auskunft über die – in der Anzahl beschränkten, aber schön abwechslungsreichen – Spazier- und Wandermöglichkeiten.

Der hängende Gletscher **Ventisquero Colgante** 11 ist *die* Attraktion des Parks; Wanderwege führen über Hängebrücken zu ihm. Eine Lagunenfahrt, die die Conaf organisiert, bringt einen an den Fuß des Gletschers, der in zwei schmalen langen Wasserfällen die Lagune speist. In seinem Bett aus Schnee und Fels scheint er förmlich ins Wasser zu kippen. Wenn man den Canal de

Puyuhuapi befährt, ist er auch von weitem leicht zu erkennen und sogar aus der Entfernung ein erstaunlicher Anblick. Der Nationalpark ist von Puerto Puyuhuapi aus zu erreichen.

Puerto Puyuhuapi 12

Das Dörfchen **Puerto Puyuhuapi** geht auf die vier Deutschen Augusto Grosse, Walther Hopperdietzel, Otto Übel und Ernesto Ludwig zurück. Im Jahr 1935 waren sie auf den Spuren des deutschen Geologen Hans Steffen gereist, der Ende des 19. Jh. im Auftrag der chilenischen Regierung den Süden des Landes auf Besiedlungsmöglichkeiten hin un-

tersucht hatte. Die vier erreichten den Fjord-Strand mit dem Schiff und gründeten Puerto Puyuhuapi.

Während eines Großteils des Jahres versinkt die Landschaft im Regen, und so sann der Textilingenieur Hopperdietzel auf einen Erwerbszweig, der nichts mit Landwirtschaft zu tun hat. Eine Teppichmanufaktur wurde eingerichtet. Die ältestgedienten und treuesten Mitarbeiterinnen stammen von der Isla de Chiloé.

Puerto Puyuhuapi wirkt ein wenig melancholisch, trotz der üppigen, hoch gewachsenen Bäume, der Kühe in den oft verschwenderisch mit Blumen geschmückten Gärten

**Ideales Zusammenspiel von Natur und Architektur:
Hotel Termas de Puyuhuapi**

Tipp: Lodge im Parque Nacional Queulat

Idyllisch, einsam und zünftig wohnen kann man in der **Lodge Fjordo Queulat,** dort bekommt man auch ein komplettes Ausflugsprogramm zusammengestellt (über Aisén Bridges Travel, in Coyhaique Tel. 67-23 33 02, lbridges @aisen.cl, www.aisen.cl).

und der schwedisch anmutenden Holzarchitektur mit den fast trapezförmigen Giebelkonstruktionen.

Die kleine **Teppichfabrik** wird von einem einzigen Kohleöfchen beheizt, an der Stechuhr hängen 14 Meldeschildchen. Fabrik und Verkaufsraum stehen zur Besichtigung offen. Die Teppichknüpferinnen genießen einigen Ruhm: Ihre Erzeugnisse aus pflanzengefärbter Wolle werden auch über das Internet verkauft, die Touristen, die die Fabrik besuchen, verlassen sie meist begeistert und mit einem Auftragszettel in der Tasche. Filialen wurden in Santiago und in Puerto Varas eröffnet (www.puyuhuapi.com, Laden: Mo–Fr 8.30–13, 15–19.30 Uhr, geführte Besichtungen Mo–Fr 10.30–16, Sa, So, Fei um 11 Uhr, 1000 CLP).

Oft gewinnt man an der Carretera Austral den Eindruck, die Reise sei hier eigentlich zu Ende. Puerto Puyuhuapi hat genau diesen weltverlorenen Charme. Und doch prangt 30 Schiffsminuten weiter südlich am gegenüberliegenden Ufer des Fjords eines der malerischsten Luxushotels Chiles, das Termas de Puyuhuapi, das über den Landweg nicht zu erreichen ist.

Übernachten

Wunderbare Lage, Komfort ▶ **Termas de Puyuhuapi:** Bahía Dorita, Canal Puyuhuapi, Tel. 67-32 51 03 u. 67-32 51 17, www.patagonia-connection. com, zu buchen über Patagonia Connection, Fidel Oteiza 1921, of. 1006, Santiago, Tel. 2-225 64 89, Fax 2-274 81 11 (auch viele deutsche Reiseveranstalter haben die ›Termas‹ im Programm);

41 Zi. Exklusives, sympathisches Badehotel in unschlagbarer Lage. Thalassotherapie, Massagen, Thermalquellen, viele Ausflugsmöglichkeiten und ein ganz besonderes Restaurant. DZ 180 US-$ (ohne Frühstück). Die meisten buchen Packages, z. B. 3 Tage/Nächte inklusive Ausflug zur Laguna San Rafael für 1140–1400 US-$ pro Pers. mit Vollpension.

Herzliche Unterbringung ▶ **Cabañas El Pangue:** Carretera Austral km 240, Tel./Fax 67-32 51 28, in Santiago 2-1 96 95 77, cpangue@entelchile.net; 13 Zi. Am Nordufer des Lago Risopatrón; anheimelnde, sehr gut ausgestattete Bungalows liegen in einer üppigen, gartengleichen Landschaft. Die herzlichen Gastgeber bieten auch Ausflüge mit Pferd und Boot an. Den Gästen steht außerdem ein Clubhaus, eine Sauna und ein beheiztes Schwimmbad zur Verfügung. DZ ab 105 US-$.

Behaglich ▶ **Casa Ludwig:** Otto Übel 6, Tel. 67-32 52 20, www.casaludwig.cl. Bietet in der Saison zwischen November und März zehn gemütliche, unterschiedlich gestaltete und geschnittene Zimmer an. Die Besitzerin Luisa Ludwig gehört zu den Pionierfamilien. Sehr nette, kommunikative Atmosphäre, Ausflugsorganisation. DZ ab 42 000 CLP.

Gepflegt ▶ **Hotel La Casona:** Carretera Austral s/n, Tel. 67-32 52 21; 8 Zi. Behagliches, großes altmodisches Holzhaus mit geräumigen und gepflegten Zimmern. DZ ca. 55 US-$.

Attraktive Holzvilla ▶ **Hostal Alemana:** Av. Otto Übel 450, Tel. 65-32 51 18; 6 Zi. Das Hostal liegt mitten im Ort; eine attraktive Holzvilla ganz in Weiß, umgeben von einem schönen Garten, mit sehr ansprechendem Restaurant, gutes Preis-Leistungs-Verhältnis. DZ 55 US-$.

Essen & Trinken

Tradition ▶ **Café Rossbach:** gegenüber der Teppichfabrik, hübsches Restaurant in imposantem Holzhaus mit dem Puyuhuapi-typischen, altmodischen Charme. Kleine Gerichte ab 2500 CLP, auch Kuchen.

Aktiv

Badekur ▶ Thermalbäder: im Hotel Termas de Puyuhuapi, Tageskarte ca. 10 000 CLP, Überfahrten 3 x tgl., Tel. 67-32 51 03.

Ausflug ▶ Unterwegs zur Laguna San Rafael: Fahrt mit dem Patagonia Express vom Hotel Termas de Puyuhuapi aus, www.patagonia-connection.com.

Verkehr

Busse: Mehrere Busgesellschaften stoppen an der Plaza auf der Route Chaitén-Coyhaique, derzeit 4 x wöchentl.

Puerto Cisnes 13

Am südlichen Rand des Parque Nacional Queulat und durch einen Abstecher von der Carretera Austral leicht zu erreichen, liegt am Canal de Puyuhuapi und an der Mündung des Río Cisnes das winzige **Puerto Cisnes**. Es ist zwar klein und abgeschieden, aber für die Aufnahme von Übernachtungsgästen gerüstet. Eine Italienerin, die es aus dem sonnigen Südeuropa in eine Region verschlagen hatte, die aussieht wie eine eiskalte Karibiklandschaft, kam auf die Idee, ein Internat mit landwirtschaftlicher Hochschule zu gründen und dort Waisenkinder aufzunehmen, die dann die Gegend besiedeln helfen sollten. Man hat sie später aus Dankbarkeit zur Bürgermeisterin des malerischen kleinen Ortes gemacht. Hauptattraktion ist natürlich der schöne Hafen, den man mindestens einmal täglich besucht, um die Schiffe vorbeiziehen zu sehen.

Übernachten

Ordentlich ▶ Hostal Michay: Gabriela Mistral 112, Tel. 67-34 64 62; 8 Zi. Nette, saubere Pension, ordentliche Zimmer. 10 000 CLP pro Pers. mit Frühstück.

Bungalows ▶ Cabañas Portal del Mar: Mistral/Sotomayor, Tel. 67-34 64 39. Komplett ausgestattete Holzbungalows für 40 000 CLP.

Essen & Trinken

Sehr empfehlenswerte Fischküche ▶ El Guairao: Pardo s/n. Das El Guairao ist das beste Restaurant am Ort, Fischgerichte ab 4500 CLP.

Verkehr

Busse: tgl. Busverbindungen nach Coyhaique.

Lago Las Torres 14

Der Río Cisnes steht bei den meist nordamerikanischen Fliegenfischern hoch im Kurs. Der ›Schwanenfluss‹ gab früher ein brauchbares Gewässer für Viehtransporte aus Argentinien ab, doch die felsige Unterlage ließ viele Tiere straucheln. Man baute eine dieser schwankenden Hängebrücken über den Fluss, die allerorten an der Carretera zu finden sind. *Mañío, tepa* und *coigüe* hüllen die Abhänge des zacken-, erker- und spitzenbesetzten Cerro Catedral in eine grüne Decke, während der **Lago Las Torres** in Dickichten aus fedrigem Bambus versinkt. Schneebedeckte Berge schweben über frisch gerodeten Feldern, die in dem fruchtbaren Tal von den spärlichen Siedlern künden. Sie wohnen in geschindelten Häusern mit tief gezogenen Dächern als Regenschutz, halten Truthähne und Hühner, bauen Kirschen, Salat, Bohnen, Erbsen und Birnen an und unterhalten kleine Sägewerke.

Auch Viehzüchter haben sich hier niedergelassen. Auf der Strecke werden einem immer wieder die *arrieros,* die chilenischen Viehtreiber, begegnen, die mit ihren *pilcheros,* den Lastpferden, und vielleicht einem geschlachteten Lamm über dem Sattel ihrer Wege ziehen. Das Lamm entspricht dem Arbeitslohn für einige wenige Tage. Um sich vor dem starken Unterholz der Wälder zu schützen, tragen sie Überhosen aus Ziegenfell, die *pierneras.*

Mañihuales 15 ist der Treffpunkt der *huasos,* und zur Samstagsdisco wird angeritten. Rote Fahnen wehen allerorten. Sie signalisieren, dass frisch geschlachtet wurde und man Fleisch verkauft – ebenso wie eine weiße Fahne gehisst wird, wenn frisch gebackenes Brot vorrätig ist. Aber es gibt auch einen kleinen Supermarkt und – wichtig! – eine Tankstelle.

Hier stößt die Carretera Austral ins echte Pionierland vor: Hier und da wurde es im 19. und 20. Jh. besiedelt, und neben den ausgedehnten Rinderfarmen finden sich auch Kirschgärten und Gemüsefelder. Der von Gletschern eingefasste Lago General Carrera gehört zu den landschaftlichen Höhepunkten Chiles.

Coyhaique und Umgebung

▶ D/E 34–36

Karte: S. 246

In die Provinzhauptstadt Coyhaique gelangt man über den **Valle Río Emperador Guillermo** (›Kaiser-Wilhelm-Tal‹), den der deutsche Forschungsreisende Hans Steffen just am Geburtstag des deutschen Kaisers Wilhelm I. entdeckte. Dass das Tal einmal von Dschungel überzogen war, lässt sich bei seinem traurigen Anblick heute kaum noch erahnen: Einen Baumfriedhof könnte man es nennen, denn die ersten Siedler haben das Gelände in den 1940er-Jahren gründlich abgebrannt, um es in Viehweiden zu verwandeln. Mitunter, so wird kolportiert, schwelten die Brände monatelang.

Coyhaique 1

Das von den binsenbestandenen Flüssen Coyhaique und Simpson gerahmte **Coyhaique** liegt in einer weiten, bunt gestreiften Tafelberg-Landschaft. Meistens pfeift der Wind recht kalt durch seine breiten Straßen, doch wenn die Sonne wärmt, erhalten die hohen, Schatten werfenden Bäume der sechseckigen, hübschen Plaza durchaus eine Aufgabe. Gegründet wurde der Ort im Jahr 1906 mit dem Ziel, für die wenigen Siedler und die Sociedad Industrial de Aisén, die Erschließungsgesellschaft von Aisén, ein Zentrum zu schaffen, und 1974 lief es dem wirtschaftlich weniger bedeutenden, älteren Puerto Aisén den Rang der Provinzhauptstadt ab.

Dass sich die Carretera Austral einmal zu einer Touristenattraktion entwickeln würde, hätte vor einigen Jahren wohl kaum einer vermutet. Aber nun gibt es auch eine gute touristische Infrastruktur in Coyhaique, hübsche Hotels, viele *hospedajes,* nette Restaurants, Geldwechselstuben und (Internet-)Cafés. Das Zentrum wurde im Pionier-Wildwest-Blockhüttenstil gehalten.

Coyhaique selbst hat nichts Wesentliches an Attraktionen zu bieten außer seiner angenehmen Atmosphäre und dem netten Äußeren. Hier treffen sich die Fliegenfischer, die Besucher der Laguna San Rafael und die Wanderer zum Informationsaustausch. Man kann im Café Ricer über die nächsten Exkursionspläne sinnieren, warten, bis die Aerotaxis wieder über die Anden fliegen, zum Fels Piedra del Indio laufen, es bei Sommersonnenwetter den Bewohnern nachtun und sich in den Flussauen sonnen oder der **Museo Regional** besuchen. Es versammelt Zeugen der ersten Besiedlung, z. B. eine Landkarte, auf der die Grenze zwischen Chile und Argentinien noch gar nicht existiert, und zahlreiche Fotos von Militärparaden – eine deutliche Geste, denn in dem so grenznahen Coyhaique wollte man es den Argentiniern schon zeigen, wem das Land denn nun gehört. Die Führungen sind gut – auf Spanisch (Lillo 23, Jan–Feb. tgl. 9–20 Uhr, März–Dez. Mo–Fr 9–18 Uhr, 500 CLP).

Reserva Nacional Coyhaique [2]

Eine Ausflugsmöglichkeit bietet die 25 km²
große **Reserva Nacional Coyhaique** (3 km
Richtung Puerto Aisén) mit angelegten Wald-
Spazierwegen zu verschiedenen sehr schönen Lagunen, Picknickplätzen, einer Baumschule und einem kleinen Baummuseum. Die
schönste Lagune heißt Venus – und dort kann
man sein Zelt aufschlagen oder in Holzbungalows der Conaf übernachten. Über deren
Verfügbarkeit am Parkeingang erkundigen.

Infos

Sernatur: Bulnes 35, Tel. 67-23 17 52, Fax
67-23 39 49, infoaisen@sernatur.cl. Mit einer
Fülle an gutem Prospektmaterial ausgestattet, hilfreich; zusätzlicher Informationskiosk
an der Plaza. **Conaf:** Av. Ogana 1060, Tel. 67-
21 21 09, Fax 67-21 21 01.

Geldumtausch: Casa de Cambio Emperador, Bilbao 222; nur Wechsel von US-Dollar,
keine Reiseschecks. Turismo Prado, 21 de
Mayo 417.

Übernachten

Klassiker ▶ Hosteria Coyhaique: Magallanes 131, Tel. 67-23 11 37, www.hotelcoyhai
que.cl; 40 Zi. Hat eine ehrwürdige Tradition
und besitzt einen gepflegten Garten mit Pool,
repräsentativem Restaurant und geräumigen
Zimmern. DZ etwa 140 US-$.

**Sehr ordentlich ▶ Hotelera San Seba-
stián:** Baquedano 496, Tel. 67-23 34 27.
Freundliche Aufnahme, gemütliche Zimmer,
Gartenblick, der Frühstücksraum ist klein. DZ
ca. 50 000 CLP.

**Freundliche Atmosphäre ▶ Hostería Beli-
sario Jara:** Bilbao 662, Tel./Fax 67-23 41 50;
8 Zi. Hübsche, helle Zimmer; köstliches Frühstück; leider ist die recht fantasievoll ver-
schachtelte Konstruktion etwas hellhörig. DZ
100 US$.

Nette Bungalows ▶ Hotelera San Rafael:
Moraleda 343, Tel. 67-23 37 33. Zimmer und
gepflegte und hübsche Bungalows mit kleinen Terrassen. Das DZ kostet 47000 CLP, der
Bungalow 45 000 für jeweils 2 Pers.

Freundlich ▶ Hostal Araucarias: Obispo
Vielmo 71, Tel. 67-23 27 07. Gutes Preis-Leis-

Tipp: Behagliches Heim

Das ruhig gelegene **Hotel El Reloj** besitzt behagliche, gut ausgestattete Zimmer, ein Kaminzimmer, aufmerksame Gastgeber, ein
Restaurant mit international ausgezeichneter
Köchin und feiner Weinkarte. Das DZ kostet
etwa 90 US$ (Baquedano 828, Tel./Fax 67-
23 11 08, www.elrelojhotel.cl, 20 Zi.).

tungs-Verhältnis für ein ordentliches, kleines
Hostal mit freundlicher Atmosphäre. Pro Person 10 000 CLP.

Multitalent ▶ Hostal Las Salamandras:
Camino Teniente Vidal, 2,5 km, Tel. 67-21 18
65. 8 Zi mit Gemeinschaftsbädern. Außerhalb
von Coyhaique, einfaches Holzhaus aber mit
Bibliothek, Internetzugang und Küchenbenutzung. Pro Person zahlt man 8000 CLP.

Essen & Trinken

Fantasievoll ▶ Restaurant Dalí: Lautaro
82, Tel. 67-24 54 22. Der Küchenchef Cristian
Balboa serviert fantasievolle, bodenständige
Rezepte, auch Wild ist dabei. Die Karte ist
klein. Behagliches Wohlfühl-Restaurant. Die
Gerichte kosten etwa 7000–8000 CLP.

Gepflegt ▶ Hostería de Coyhaique: Magallanes 131, Tel. 67-23 11 37. Die Küche ist
traditionell und international angehaucht, das
Restaurant hat ein gepflegtes Ambiente, guter Service. Gerichte ab 6500 CLP.

Gediegen ▶ La Casona: Obispo Vielmo 77.
Neben der Hostería Coyhaique gelegen; be-
liebtes und gediegenes, recht kleines Res-
taurant mit einer guten Auswahl an Fisch und
Meeresfrüchten; freundliche Bedienung.
Hauptgerichte 5500–7000 CLP.

Komfortabler Treffpunkt ▶ Café Ricer:
Horn 28, Tel. 67-23 33 06, Fax 67-23 33 86.
Originelles Restaurant im ersten Stock mit
chilenischer Küche, Fisch und Meeresfrüchten ab 5000 CLP für kleinere Gerichte; historische Dekoration aus der ersten Kolonisten-
zeit. Im Parterre auch abendlicher Treffpunkt
bei Eis und Kuchen, manchmal werden Konzerte veranstaltet. Die Terrasse ist bei Son-

nenschein der beliebteste Platz von Coyhaique. Angeschlossen sind eine kleine Buchhandlung und ein Souvenirshop.

Preiswert und gut ▶ Casino de Bomberos: Gral. Parra 365. Ein unschlagbarer Tipp für ein preiswertes und schmackhaftes Mittagessen. Deftige Hausmannskost, nette Kantinenatmosphäre. Ab 4500 CLP.

Gutes Bistro ▶ Café Confluencia: 21 de Mayo 548, Tel. 67-24 50 80, So geschl. Bistrot mit patagonischer Küche und köstlichen Mittagsmenüs, Lachs, *ceviches,* Eintöpfe. Abends gibts Veranstaltungen, ein gelungener Treffpunkt.

Omas Charme ▶ Café Oriente: Condell 201, Tel. 67-23 16 22. Ein Ort, der ein wenig Omas Charme vermittelt: Es werden deutsch-chilenische Apfelpasteten serviert, dazu gibt es Mittagsmenüs, Empanadas, Kasseler mit Kraut.

Einkaufen

Kunsthandwerk ▶ Kunstgewerbemarkt: an der Plaza (zwischen den Straßen Horn und Dussen). Viel regionales Kunsthandwerk (Leder- und Kuhfelltäschchen, Holzschnitzereien) aus der gesamten Region: Puerto Cisnes, Puerto Aisén, Puerto Ibáñez, Cochrane.

Bücher ▶ Librería Rincón del Poeta: Moraleda 543, Tel. 67-24 18 68. Kleine feine Buchhandlung mit schönen Bildbänden der Region.

Ausstatter ▶ Outdoor-Kleidung findet man in mehreren Geschäften in der Peatonal Horn.

Aktiv

Bootsausflüge ▶ Zur Catedral de Mármol: Vermietung von Booten für 6 Personen in Puerto Tranquilo, vom Wetter abhängig (s. auch S. 252).

Angelausflüge ▶ Werden von den **Lodges** der näheren Umgebung angeboten.

Tagestouren ▶ In die nähere Umgebung: Infos bei Sernatur (s. S. 243).

Erfahrene Veranstalter ▶ Geoturismo Patagonia: Condell 117, Eusebio Lillo 315, Tel.

Landschaft bei Coyhaique – ein richtiges Idyll

67-23 74 56, www.geoturismopatagonia.cl. Lucy und Alejandro Puchi sind erfahrene Pioniere in Sachen Tourismus in Coyhaique, zuverlässig und vielseitig. Lucys Vater war Pionier.

Touren & Bungalows ▶ Andes Patagónicos: www.ap.cl, www.pata goniachile.cl/ap. Marcela Rios gehören die rustikalen Bungalows an der wunderbaren Bahia Catalina und sie bietet auch Touren an – sehr empfehlenswert, sie ist hier groß geworden! Kontakt nur über E-Mail.

Vielseitiger Veranstalter ▶ Expediciones Lucas Bridges: Tel.67-23 33 02, www.aisen.cl, lbridges@aisen.cl. Viele Ausflüge, Wandern und Fliegenfischen stehen in der Lodge der Expediciones Lucas Bridges im PN Queulat auf dem Programm (s. S. 236; vier Bungalows, das Restaurant serviert Fische und Krebse auf dem Holzkohlenfeuer).

Termine
Rodeo Oficial: 11./12. Okt.

Verkehr
Flüge
Flughafen: Der ›richtige‹ Flughafen von Coyhaique liegt in Balmaceda, ca. 50 km südöstlich der Stadt; mehrmals tgl. Verbindungen mit allen großen Gesellschaften. Flughafen Shuttle mit T&T, Cochrane 387, Tel. 67-25 60 00, 09-3123 9 39, und Andrés Velasquez, Tel. 67-25 04 13. Platz im Minibus am Tag vorher bestellen, man wird abgeholt. 1 Std., 4000 CLP.

Don Carlos: Subte. Cruz 63, Tel. 67-23 19 81, www.doncarlos.cl. Flüge nach Chile Chico, Cochrane und Villa O'Higgens.

Stadtbüros: LAN Express: Moraleda 402, Ecke Parra, Tel. (zentrale Rufnummer) 67-60 05 26 20 00, www.lan.com.

Sky Airline: Arturo Prat 203, Tel. 67-24 08 27, www.skyairline.cl.

Busse
Es gibt ein **Terminal** an der Lautaro/Magallanes. Hier fahren ab: Acuario 13, Buses Gobbi, Bus Sur und Turibus (Stationen entlang der Carretera Austral.)

Die südliche Carretera Austral

Verbindungen: 3 x wöchentl. nach Cochrane, 3 x wöchentl. nach Villa O'Higgins: (Acuario 13) 3 x wöchentl. nach Cochrane (Buses Don Carlos), 2 x wöchentl. nach Puerto Murta und Puerto Tranquilo (Transporte Bellavista), 1 x wöchentl.nach Puerto Guadal (Transporte Seguel), 3 x wöchentl. nach Villa Cerro Castillo und Puerto Ibáñez (Buses Freddy), stdl. nach Puerto Aisén (Buses Sao Paolo).
Buses Don Carlos: Subte. Cruz 63, Tel. 67-23 19 81, www.doncarlos.cl.

Mietwagen
Automundo AVR, Bilbao 510, Tel. 67-23 16 21. **Automóvil Club de Chile,** Simón Bolívar 194, Tel. 67-23 16 49, und im Flughafen von Balmaceda. **Ricer,** Horn 28, Tel. 67-23 29 20. **Geoturismo Patagonia,** Balmaceda 334, Tel. 67-57 34 60, die auch zahlreiche Touren zuverlässig und kenntnisreich organisieren.

Abstecher: Zu Laguna und Ventisquero San Rafael

Schon bald wird ein Ableger der Carretera Austral den Hafenort Puerto Tranquilo mit der Bahía de los Exploradores verbinden und damit eine Straßenverbindung zur Laguna San Rafael gelegt sein, aber bis dahin gilt: Der riesige, unberührte Nationalpark San Rafael westlich des Lago General Carrera mit seinem 3000 km^2 großen Campo de Hielo Norte ist nur per Schiff erreichbar – oder man überfliegt ihn, was ein kostspieliges und umweltschädliches, aber außergewöhnliches Unternehmen ist. Von Coyhaique aus lässt sich beides organisieren, aber mit der gebotenen Vorlaufzeit – denn Lagune und Gletscher gehören zu den Attraktionen des Südens, die man gesehen haben muss, entsprechend rege ist die Nachfrage nach einem Platz im Boot.

Herzstück des Eisfeldes ist der Gletscher San Rafael, der äquatornächste der Welt, der in ein Meer mündet. Man erreicht ihn über den Canal de los Témpanos, einen schmalen, mit Eisbergen besetzten und von grüner Vegetation üppig eingefassten Kanal. Wissenschaftler warnen vor dem Abschmelzen des Gletschers und den sich daraus ergebenden Folgen; für den Laien überwältigt der Anblick jedoch ohne Zweifel: Seine Breite misst immerhin majestätische 3 km. Die Eiswand befindet sich in ständiger Bewegung, alle 20 Minuten – so verzeichnet eine Statistik – bricht ein haushohes Stück ab und stürzt unter Getöse und hohem Wellenschlag in die Lagune.

Wer mit dem Katamaran von dem Hotel Termas de Puyuhuapi (s. S.236) aus anreist, wird in Schlauchboote verfrachtet, um das Spektakel aus nächster Nähe zu beobachten. Die Gäste des Kreuzfahrtschiffes Skorpios übernachten sogar in der Lagune, sind aber nicht ganz so hautnah dran (Auskunftsadressen s. Coyhaique).

Tal des Río Simpson

Die attraktive Straße entlang des Río Simpson führt durch den einzigen Tunnel der Carretera, den 1985 in den Fels gesprengten Farellón. Das breite Tal wurde zur Viehebene gerodet, in der windgebeugte Kiefern und Zypressen unregelmäßige Muster bilden. Unter der verschneiten Kulisse der Präkordillere breiten sich einige kleinere Naturreservate aus, wie z. B. die **Reserva Nacional Coyhaique,** anschließend auf der gegenüberliegenden Seite des Tales die **Reserva Nacional Río Simpson.** Von der Straße erreicht man auch den privaten **Naturpark Pali Aike,** den das Hotel Loberías del Sur in Puerto Chacabuco eignet und verwaltet.

Die Wanderwege hier sind vorbildlich ausgestattet und beschildert – in ihnen könnte sich kein Mensch verlaufen. Besuche lohnen sich. Diese Region ist übrigens eines der ältesten Viehzüchtergebiete des Südens. Auf der gegenüberliegenden Seite sprühen Wasserfälle die felsigen Bergwände hinunter, zunächst der Velo de la Novia, der ›Brautschleier‹, und dann der zweigestufte Salto La Virgen, die ›Jungfrau‹, der in strengen Wintern manches Mal einfriert. Bambus, Südbuchen und Fuchsien begrenzen die Kuhweiden.

Ein atemberaubender Anblick: der Ventisquero San Rafael

Südliche Carretera Austral

Übernachten

Im Grünen ▶ **Patagonia Green:** Tel./Fax. 67-33 67 96, www.patagoniagreen.cl. Geräumige, gut ausgestattete Bungalows und ebensolches Haupthaus. Gartenpark, Spielplatz für Kinder, Organisation von Ausflügen. DZ 45 000 CLP.

Puerto Aisén ⬛3

Neblige Sümpfe fassen das melancholische Flusshafenstädtchen **Puerto Aisén** ein. Architektonisch verrät es mehr chilenische Tradition als Coyhaique, aber die Straßen wirken ein wenig vernachlässigt. Seine Häfen Aguas Muertas und Los Palos, die früher die einzige Verbindung zwischen den Kolonisten und dem Rest von Chile herstellten, sind verlandet, die Flüsse von Sedimenten verstopft, welche die gewaltigen Abholzungen mit sich brachten. Trotzdem vermittelt eine Stippvisite dorthin noch etwas von der Atmosphäre, die einmal hier geherrscht haben muss: Bauern benutzen Aguas Muertas noch und verschiffen hier ihre Lämmer.

Eine imposante Hängebrücke verbindet das 17 000-Einwohner-Städtchen mit dem 14 km entfernten Puerto Chacabuco, dem neuen Meereshafen. Das In-Café im Ort heißt Porvenir, ›Zukunft‹, und am Stadtrand entstehen *cabañas* im Chalet-Stil von Coyhaique.

Infos

Oficina de Turismo: in der Municipalidad, Plaza de Armas, Tel. 67-33 25 62.
Conaf: Teniente Merino 520, Tel. 67-33 27 43.

Übernachten

Freundlich und originell ▶ **Puerto Viejo Lodge:** Simpson 435, Tel./Fax 67-67 33 30. Dieses behagliche Hotel mit 6 Zi. liegt am Ufer des Río Aysén mit Blick auf die Berge. Die Zimmer sind unterschiedlich gestaltet und extrem gemütlich. Für ein DZ zahlt man 50 000 CLP in der Hochsaison.
Bungalows ▶ **Turismo Queitao:** Carrretera Austral, Gral. Marchant 6, Tel. 67-33 66 35. www.queitaopatagonia.cl. Angeboten werden Holz-Bungalows für bis zu sieben Personen mit Kaminen im Wohnzimmer, gut aus-

gestatteten Bädern. Für 2 Personen. 45 000 CLP.

Essen & Trinken

Beliebt ▶ **Restaurante Isla Verde:** Tte Merino 1109, Tel. 67-33 45 83, So abends geschl. Ist das beste in Puerto Aisén, elegant-rustikal eingerichtet, sehr gutes patagonisches Lamm.

Typisch patagonisch ▶ **Munich:** Eleuterio Ramírez 1267, Tel. 67-33 37 28, So abends geschl. Diese einfachen, sauberen preiswerten patagonischen Restaurants haben Charme! Karierte Tischdecken, bodenständige Küche.

Verkehr

Flüge: Stadtbüro Lan Airlines, Sgto. Aldea 701, Tel. 60 05 26 20 00 (zentrale Rufnummer).
Busse: häufige Verbindungen nach Coyhaique und Puerto Chacabuco mit Buses Saray, E.Ramírez s/n, und Buses Sao Paolo, Serrano s/n.

Puerto Chacabuco ⬛4

16 km von Puerto Aisen entfernt liegt der große Hafen der Carretera Austral, **Puerto Chacabuco**. Er ist sehr schön zwischen halbrunden Hügeln im Meer platziert, die von sattem Grün strotzen. Als rein funktionaler Ort zur Versorgung der Containerschiffe der Reederei Navimag und Haupthafen der Kreuzfahrtschiffe zu den malerischen Fjorden und Kanälen ist er leider bar jeglicher Attraktion.

Übernachten

Bessere Optionen hat man in Puerto Aisén.
Schmuckstück ▶ **Hotel Loberías del Sur:** M. Carrera 50, Tel. in Santiago 2-3 32 01 81, in Puerto Chacabuco 67-35 11 12, www.catamaranesdelsur.com; 60 Zi. Wirklich ein Schmuckstück von einem Hotel – besonders zu schätzen weiß das jeder, der die Schiffstouren hinter sich hat. Große elegant-behagliche Zimmer und komfortable Bäder, kompetenter Service und ein gutes Restaurant, Sauna, Internetzugang. DZ 200 US-$.

Die südliche Carretera Austral

Schlicht ▶ **Hostal Moraleda:** O'Higgins s/n, Tel. 67-35 11 55; 10 Zi. Liegt direkt am Hafen und ist nett, aber schlicht. 7000 CLP pro Pers.

Verkehr

Busse: häufige Verbindungen mit Puerto Aisén und Coyhaique.

Schiffe: In Puerto Chacabuco beginnt eine Fjordreise nach Puerto Natales durch die patagonischen Kanäle. Anbieter ist Navimag. Allerdings sollte man seine Reise im Voraus gebucht haben; wer in der Saison unterwegs sein will, sogar weit im Voraus. Buchung bei Navimag, in Santiago: El Bosque Norte 0440, Tel. 2-442 31 20, Fax 2-203 50 25; in Puerto Montt: Angelmó 2187, Tel. 65-43 23 00, Fax 65-27 66 11; in Coyhaique: Pres. Ibáñez 347, Tel. 67-23 33 06, Fax 67-23 33 86, in Puerto Chacabuco: Terminal de Transbordadores, Tel. 67-35 11 11, Fax 67-35 11 92, www.na vimag.cl.

5 Lago General Carrera

▶ E/F 35/36

Karte: S. 246

Eine Attraktion des Südens ist der Lago General Carrera, der zweitgrößte See Südamerikas, der sich in touristischer Hinsicht allmählich und völlig zu Recht aus seinem Dämmerschlaf löst. Die riesige, in den verschiedensten Grün- und Blautönen schimmernde Wasserfläche von 1840 km² erstreckt sich beidseits der chilenisch-argentinischen Grenze, 980 km² gehören zu Chile. Von Coyhaique braucht man etwa vier Stunden bis zu dem kleinen Hafen Puerto Murta, dem ersten Ort am See, wenn man die Carretera Austral hinunterreist. Diese Strecke bis hinunter nach Puerto Bertrand, bereits südlich des Sees, gehört zu den schönsten Streckenabschnitten der Carretera. Eine kürzere Fahrtstrecke zweigt östlich bei La Bajada ab und führt nach Puerto Ibáñez, das nach rund zwei Stunden und 115 km auf durchweg geteerter Straße erreicht ist. Wer lieber fliegt oder schneller unterwegs sein muss, besteigt in Coyhaique das Flugzeug nach Puerto Ibáñez, Chile Chico oder Cochrane. Dies ist eine wirklich spektakuläre Angelegenheit über und zwischen lagunengeschmückten Andenzacken.

Villa Cerro Castillo 5

Villa Cerro Castillo ist eines der jüngsten Viehzüchterdörfchen der Region und fällt alljährlich im Februar durch eine sehr gut besuchte Feria Costumbrista auf, auf der die *vaqueros* und *huasos,* die chilenischen Cowboys, ihre Kunstfertigkeiten vorführen. Zu Füßen des Cerro Castillo gelegen, ist es plan und besteht aus nicht viel mehr als einigen im rechten Winkel zugeordneten Straßen. Aber es ist Versorgungsstation, hat mehrere Geschäfte, zwei Tankstellen, ein Telefonzentrum mit Internetzugang und mehrere einfache, höchst gemütliche Hospedajes, wie sie für die Gegend typisch sind.

Übernachten

Freundlich ▶ **La Querencia:** O'Higgins 522, Tel. 67-41 92 00 (öffentliches Telefon). Kleine, gepflegte Pension mit ebensolchem Restaurant, das gute, gesunde Mittagsmenüs für 3500 CLP anbietet. Wer mag, hilft beim Kartoffelschälen.

Puerto (Ingeniero) Ibáñez und Cerro Castillo

Puerto (Ingeniero) Ibáñez 6 büßte in den vergangenen Jahren seine strategische Bedeutung ein, als die Carretera Austral immer weiter in den Süden vordrang. Doch neue Querverbindungen durch abwechslungsreiches und sehr schönes Gelände rücken das 2000-Einwohner-Örtchen wieder näher an die touristische Landkarte heran. Bergsteigen, Trekking, Sportangeln, Tierbeobachtungen und Ausflüge zu Wasserfällen bilden das nötige Attraktionspotenzial.

Als Standort für eine Besteigung des **Cerro Castillo** 7 ist es nahezu ideal. Die Geisterschlosskulisse des 2675 m hohen Berges fordert immer mehr Bergsteiger heraus. Hier hat sich außerdem schon früh Leben eingeschrieben, doch nur wenige wissen darüber Bescheid. Zu seinen Füßen erstreckt

Tipp: Mit dem Flugzeug in die Anden

In Chile waren die Gedanken nicht immer frei, aber zumindest war die Luft rein. Und das wurde und wird ausgenutzt. Wo Straßenführungen nicht hingelangen, in unbewohnbar anmutenden Gebieten zwischen Sechstausender-Vulkanen und Gletschern, gewährleisten Aerodrome die Verbindung zur Außenwelt.

Aufregend sind Flüge von Coyhaique und Punta Arenas nach Villa O'Higgins, über das Kap Hoorn oder nach Puerto Williams – hinein in das Zackenlabyrinth der Kordillere. Die Fluggeräte bieten Platz für höchstens ein gutes Dutzend Passagiere. Jeder hilft sich selbst mit eingezogenem Kopf ins Kabineninnere und klemmt sich auf den engen Sitz. Der Kapitän mustert seine Kundschaft und nickt freundlich: Nur ein bisschen Wind, kaum mehr als normal. Keine Stewardess, keine Tagespresse und auch keine Bonbons. Es brummt und wackelt und rauscht, und das Geschlingere kann beginnen.

Im Prinzip kommt man sich vor wie auf einer Eislaufbahn nach 20 Jahren Praxisentzug. Dass das Maschinchen nicht rückwärts fliegt, wundert einen nach all den Richtungswechseln, die der Wind vorschreibt. Der Pilot würde auch als Reiseleiter eine gute Figur machen, sämtliche Kleinst-Lagunen zwischen den Andennadeln sind ihm namentlich bekannt. Und es ist wunderschön, zwischen den braunen und grauen Granitdomen herumzusausen und das Gefühl zu haben, dass man in die dunkelblauen Lagunen hineinspringen könnte, so nah und greifbar erscheinen sie.

Auskunft: Don Carlos, www.doncarlos.cl (s. S. 254), Aerovias Dap, www.dap.cl.

Aufregend: hoch über den Anden schweben mit Blick auf Felsnadeln und Lagunen

Tipp: Cueva de las Manos ⑧

Noch ist die Höhle ein Geheimtipp. Vielleicht verändert sich mit steigender Bekanntheit das Bewusstsein für ihren Wert: Die Zehntausende von Jahren alten Handabdrücke der Tehuelche, die wie Fresken die Wände eines kleinen Höhlensystems bedecken, genießen keinerlei Schutz, weder vor Sonneneinstrahlung oder Blitzlichtern noch vor Räubern. Sie sind ein Gegenstück zur weitaus berühmteren, ebenfalls **Cueva de las Manos** genannten Höhle am Río Pinturas in der argentinischen Provinz Santa Cruz. Wolf Staub und Patricia Ramos, die Besitzer der Cabañas Shehen Aike in Puerto Ibáñez, haben einen Besuch in ihr Ausflugsprogramm aufgenommen. Der Weg von Villa Cerro Castillo ist ausgeschildert (Monumento Nacional Manos de Cerro Castillo; s. S. 248).

sich die **Cueva de las Manos** ⑧ , eine Höhle, die als Zwilling der viel berühmteren und wesentlich aufwendiger präsentierten, aber auch viel besser geschützten gleichnamigen Höhle in Argentinien gelten kann. Ein kurzer Spazierpfad bringt den Besucher zu einer von Felshängen überschatteten Galerie. Man sieht rote Handabdrücke, die Archäologen ins 10. vorchristliche Jahrtausend datieren. Ein roter kreidiger Stein liegt hier überall herum. Ist es der, den die Tehuelche vor Tausenden von Jahren benutzten?

Von Puerto Ibáñez gelangt man über eine schöne Rundstrecke dorthin. Zunächst werden auf dem Weg nach Villa Cerro Castillo die azurblauen Lagunen Morales, Sepúlveda und González gestreift, bei km 42 überquert eine Brücke den ziemlich wilden Wasserfall des Río Ibáñez, und kurz nach Cerro Castillo nimmt man eine Piste hinauf zum Nationalmonument, hier findet man einen angelegten Lehrpfad hinauf zur Felsengalerie.

Auf einer unbefestigten Strecke entlang des Sees kann man in die entgegengesetzte Richtung von Puerto Ibáñez auch die Grenze

zu Argentinien erreichen. Das ist besonders schön, denn gerade auf diesem Verlauf entlang des Lago ändert das Wasser ständig seine Farbe von Dunkelgrün zu Kristallblau. Wer von dort aus nach Chile Chico am Südrand will, schifft sich ein.

Übernachten

Allrounder ▶ Cabañas Shehen Aike: Av. Luis Risopatrón 55, Tel./Fax 67-42 32 84. Funktional eingerichtete, geräumige Holzbungalows (mit richtiger Küche) für insgesamt 28 Gäste, 100 m vom Ufer des Lago Carrera entfernt. Dazu gibt es ein Haupthaus, ein eigenes Grillhaus, einen Spielplatz und einen Garten. Patricia Ramos und Wolf Staub engagieren sich sehr, damit die Gäste sich wohlfühlen, und bieten viele interessante Ausflüge an. Auch für Rollstuhlfahrer geeignet. *Cabaña* für 2 Pers. ca. 50 US-$, *cabaña* für 4–6 Pers. 76–91 US-$, Frühstück 7 US-$, Abendessen 16 US-$.

Weitere Unterkünfte ▶ Es gibt im Ort außerdem drei einfache, **familiäre Residenciales,** Ibáñez, María und Vientos del Sur, und einen Campingplatz. Die Residenciales bieten auch Essen für ihre Pensionsgäste an und kosten etwa 7000 CLP pro Pers.

Verkehr

Busse: tgl. nach Coyhaique.
Fähren: über den Lago General Carrera nach Chile Chico, in der Hochsaison Jan./Feb. 2 x tgl. Informationen und Buchungen, in der Saison am besten im Voraus, wenn man ein Fahrzeug hat: Naviera Mar del Sur.

Nach Puerto Tranquilo

Von Puerto Ibáñez durchmisst die Carretera Austral zunächst wieder Wälder und Viehweiden. Als 1991 der Vulkan Hudson ausbrach, erstickte er mit seinem Aschenregen das Tal des Río Ibáñez, das sich nur langsam von seiner verwüstenden Umklammerung erholt.

Hinter der Laguna Cofre und dem Río Cajón Cofre hat man von einem Mirador aus einen guten Ausblick auf die dichten Wälder entlang des Río Murta. Die Fahrt von **Puerto Murta** ⑨ aus ans südliche Seeufer konzentriert dann wie in einem historischen Längsschnitt die Fortschritte der Zivilisation. Die in den starken Fels gesprengten Streckenteile, die immer wieder von Steinschlag übersät sind, knüpfen an Wegführungen vom Anfang des 20. Jh. an, als Siedler versuchten, das dicht bewaldete Gebiet am Río Simpson zu roden. Eine kilometerlange Spur verbrannter, fahler Baumstämme bezeugt, dass dieses Gelände den Urbarmachungen widerstand; die Siedler haben es verlassen.

Von Puerto Murta aus kommt man auf einer frisch angelegten Schotterpiste hinauf nach **Puerto Sánchez** 10, einem Geister-Städtchen – vor allem wegen der Ausblicke ist diese kleine Fahrt empfehlenswert.

Eine kurze Wegstrecke später erreicht man das malerische Örtchen **Puerto Tranquilo** 11 (228 km ab Coyhaique). Die größte und auch außergewöhnliche Attraktion sind die ›Marmorkathedralen‹, tief ins Steilufer geschnittene Höhlen mit wasserpolierten Marmorwänden, die leuchtende blau-weiße Spiegeleffekte erzeugen. Hier kann man sich einschiffen, um sie zu besichtigen.

Übernachten, Essen

Mit Stil ▶ **El Puesto:** Pedro Lagos 500, Tel. 188-21 96 45 54. Super anheimelndes Holzhaus, schön ausgestattet, hat aber nur 3 Zimmer. Also vorbestellen. DZ 50 000 CLP. Bietet Exkursionen an.

Familiär ▶ **Hostal Los Pinos:** Dagoberto Godoy 51, Tel. 67-41 15 76. Saubere, gemütliche Zimmer mit Heizung in einer familiär geführten Pension. Gutes Essen im Restaurant, Lachs für 6000 CLP. Angeschlossen ist ein kleiner Laden, in dem man sich mit Proviant eindecken kann. Internetzugang. Das DZ kostet 14 000 CLP.

Freundlich ▶ **Hostería Carretera Austral:** Carretera Austral s/n, Tel. 67-41 95 00. Vergleichbarer Standard, kleine Zimmer, nettes Restaurant. Übernachtung DZ 13 000 CLP.

Ruta de los Ventisqueros

Wer sich auf die Spuren der Pioniere begibt, entdeckt so manche landschaftliche Kleinodien wie auch diese Strecke durchs Gletschertal des Río Exploradores. Höhepunkt ist der Blick auf den mit 4080 m höchsten Berg des Südens, des **Monte Valentin** – hier beginnt das unüberwindliche gigantische Nördliche Eisfeld.

Der Deutsche Augusto Grosse, der Puerto Puyahuapi mitbegründete, war in den 1930er Jahren der Erste (bekannte), der dieses Tal betrat. Heute ist sogar ein Streckenverlauf bis zur Bahia de Elefantes an der Laguna San Rafael projektiert, und damit wären Lagune sowie Gletscher auf dem Landweg zu erreichen. Das nahezu windstille Tal liegt eingebettet in den sanften unteren Hängen der Anden, überthront von Felsenzacken und eisgekrönten Bergen und Gletschern. Kleine Halbinseln wechseln mit reißenden Gletscherbächen, Wasserfällen, Flussstränden und dichten Wäldern aus Riesenfarnen und machen die Region zum Naturparadies. Ausgangspunkt dieser Strecke ist Puerto Tranquilo. Zurzeit kann man etwa 60 km weit fahren und anschließend durch kalten Nebelwald zum Mirador Glaciar Los Exploradores wandern; von hier ergibt sich bei gutem Wetter ein atemberaubender Blick auf den Monte San Valentin.

Übernachten

Rustikal und naturnah ▶ **Albergue Campo Alacaluf:** Camino Exploradores km 44, www.backpackerschile.com Gemütliche, einladende Herberge im Tal, guter Ausgangspunkt für Trekking. Das DZ mit eigenem Bad kostet 24 000 CLP.

Nach Puerto Guadal 12

Rot wie die Golden Gate Bridge und genauso schön überspannt eine schimmernde Stahlbrücke den Zusammenfluss des Lago Bertrand mit dem Lago Carrera. Die Carretera Austral leitet weiter in den Süden, eine zweite Wegverbindung schlängelt sich am Südufer des Sees entlang über Puerto Guadal nach Chile Chico und ins Schafs-Estancia-Land von Argentinien. Wer hier Glück mit dem Wetter hat, sieht den immerhin 4058 m hohen San-Valentín-Gletscher, einen Boten des Campo de Hielo Norte, über den See blitzen.

aktiv unterwegs

Die ›Marmorkathedralen‹ bei Puerto Tranquilo

Tour-Infos

Start: Puerto Tranquilo **11** (s. S. 251)
Dauer: mind. 2 Std.
Wichtige Hinweise: Im Boot werden Regenponchos und -planen ausgegeben. Die Tour kann man in den Hosterías in Puerto Tranquilo, in Coyhaique, in den Lodges Hacienda Tres Lagos, Terra Luna und Mallin Colorado buchen. Oder man geht einfach zum Strand – dort warten die Anbieter. Die Tour wird das ganze Jahr über vormittags angeboten, am Nachmittag bläst der Wind zu kräftig.

Der wunderbare Lago General Carrera ist nicht nur riesengroß und unverwechselbar, er zeigt auch aufgrund von Algenkonzentrationen und Lichteinfall ein Farbenkaleidoskop von dunklem Tannengrün bis zum durchsichtigen Smaragd. Dazu gesellen sich in der Nähe des Seehafens Puerto Tranquilo noch jede Menge Weißnuancen: Dann nämlich, wenn man von hier aus die Capilla de Mármol, die ›Marmorkathedralen‹, besichtigt. Sie sind so einzigartig, dass sie als ›Santuario de la Naturaleza‹ , als Naturdenkmal, geschützt werden.

Dieses Naturschauspiel kann man in einem offenen Boot verfolgen. Die Fahrt beginnt am Puerto Cherlenko, etwa 1,5 km südlich von Puerto Tranquilo, dann geht es in etwa 20 Minuten zu den Marmorhöhlen. Über 3 Mio. Jahre haben die Wassermassen den Kalkstein ausgehöhlt, geformt und poliert und dabei rosa, grauweiße und blaue Marmoradern freigelegt. Die glatt geschliffenen, vielfach strukturierten Marmorwände spiegeln sich im Grün des Wassers in türkisblauen, eisgrünen und funkelnden weißen Strukturen. Mit einem offenen Boot kann man hinein- und dann dort herumfahren – aber nur, wenn die Wellen nicht zu hoch schwappen.

Am schönsten ist ein Besuch im Sommer bei Sonnenschein und am besten vormittags, dann bläst der Wind noch nicht stark und die Wellenbewegungen sind nicht so kräftig. Wenn der Wasserstand entsprechend niedrig ist, kann man das Boot verlassen und vorsichtig in den Kathedralen herumlaufen – natürlich nur unter Anleitung.

Vom Wasser modelliert und ein Fest der Farben: die Capilla de Mármol

Das 289 km von Coyhaique entfernte **Puerto Guadal** hat viele libanesisch- und türkischstämmige Einwohner. Die fette Erde und die reichen Flüsse liefern Lebensmittel im Überfluss, Gänse watscheln über die Plaza, Pferde und Kühe lagern auf den regenfeuchten Wiesen, Schwäne umflattern die Pfützen. Der Ort ist überschwemmt mit Rosen- und Hagebuttenbüschen, und der Leuchtturm auf einer kleinen Halbinsel nördlich des 500-Einwohner-Örtchens blinkt die ganze Nacht über. Bevor die Carretera nach Puerto Guadal gelegt wurde, war der See die einzige Transport- und Handelsverbindung. Er hat eine gute touristische Infrastruktur mit Supermärkten, Restaurants, Tankstellen, einer Post, einer Telefonzentrale und Hotels. Die schöneren liegen in der Umgebung.

Übernachten

Superluxus-Hacienda ▶ Hacienda Tres Lagos: Carretera Austral, km 274, Cruce El Maitén, Tel 67-41 12 32, in Santiago für Reservierung oder Auskunft 2-333 41 22, www. haciendatreslagos. com. Urlaub machen wie auf einer luxuriösen, riesigen Hacienda mit Komfort-Hotelbetrieb in einer zuvorkommenden, sehr freundlichen Atmosphäre. Eigenes Spa, Wandern, Reiten, Kajakfahren auf dem Lago Negro, Angeln, Fliegenfischen und viele Ausflugsangebote. In Packages buchbar. DZ mit Vollpension 280 US-$.

Gastfreundlich ▶ Mallín Colorado Ecolodge: Camino Austral Sur km 273, Tel./Fax in Santiago 2-274 18 07, www.mallincolorado.cl. Auf dem Weg nach Puerto Guadal, gepflegtes Waldanwesen mit sehr behaglichen, luxuriösen Bungalows. Familiäre, ausgesprochen gastfreundliche Atmosphäre (Englisch), Ausflüge, Reiten, Wandern, Fischen und viele gelungene Packages (3–8 Tage). Man kann auch nur nächteweise buchen. DZ 160 US-$.

Unschlagbare Lage ▶ Terra Luna Lodge: 1,5 km von Puerto Guadal entfernt, Tel. 67-43 12 63, Fax 67-43 12 64, www.terra-luna.cl, Buchung in Santiago über Azimut 360, General Salvo 159, Providenica, Tel. 2-235 15 19, Fax

Tipp: Extraurlaub

Die **Hacienda Tres Lagos,** die **Mallín Colorado Ecolodge** und die **Terra Luna Lodge** (s. links) bieten sich als Standorte für einen kleinen Extraurlaub an der Carretera Austral geradezu an. Alles, was auf eigene Faust nur mit einigem Aufwand organisiert werden kann, lässt sich bei ihnen problemlos buchen.

2-235 30 85, www.azi mut.cl. Anheimelnde, gut ausgestattete Lodge in einem großen Garten, Haupthaus mit zweistöckigen Doppelzimmern und mehrere Bungalows, Grillplatz, eigener Badestrand, direkt am Lago General Carrera gegenüber dem San-Valentín-Gletscher; Rundum-Betreuung bei der Organisation; Ausflüge nach Wunsch; ungewöhnliche Trekking-Angebote, auch über den Campo de Hielo Norte und zum Cerro San Lorenzo, Jetboat zu den Gletschern, Voranmeldung notwendig (Spanisch, Englisch und Französisch). Ab 80 US-$ pro Pers; üblich sind Packages.

Essen & Trinken

Kleine Auswahl ▶ Es gibt nicht viele Restaurants, weil die meisten Gäste in ihren Lodges essen. Über dem sehr gut ausgestatteten Supermarkt La Plaza öffnet ein Restaurant seine Pforten – nur tagsüber. Es gibt Lachs, Lamm, Eintopf, Salat. **La Frontera,** Los Lirios 399. Einfaches Restaurant mit Mittagsmenüs für 5000 CLP.

Chile Chico 13

Rund 112 hochdramatische Kilometer sind es von Puerto Guadal nach Chile Chico am Lago General Carrera entlang. Die Straße passiert einige winzige Seehäfen und führt durch altes Schaffarmgelände. Am Paso de los Llaves mussten 30 km Straße aus dem Fels gesprengt werden, der Weg klettert auf eine felsige, vegetationslose Meseta hinauf, die ganz besondere Ausblicke gestattet. Die nach 84 km tief in den Fels gegrabene Garganta del Diablo, die ›Teufelsschlucht‹, macht ihrem

Die südliche Carretera Austral

Namen alle Ehre: Wie ein mythischer Erdspalt wirkt sie, so, als könne man hier getrost das Orakel von Delphi befragen.

Die rund 4000 Einwohner des bäuerlichen Kirschenstädtchens **Chile Chico** leben in einem betriebsamen, typisch patagonischen Handels- und Landwirtschaftsort. Flach ist es und windig. Hier legen die Fähren von Puerto Ibáñez an, zusätzliche Gäste bringt der Grenzverkehr mit Argentinien über Los Antiguos, das nur 12 km entfernt liegt. Aufgrund eines günstigen Mikroklimas entstand hier der großzügig ausgebreitete Obst- und Gemüsegarten der Region. Bis hinauf nach Coyhaique wurden früher die landwirtschaftlichen Produkte gebracht. Die verbesserte Straßenanbindung an Zentralchile verschlechterte jedoch die Konkurrenzfähigkeit der hiesigen Erzeugnisse, sodass die Bewohner sich jetzt vermehrt der Schafzucht zuwenden. Auch die 1995 in Betrieb genommene Goldmine Fachinal, 30 km von Chile Chico entfernt, schuf neue Arbeitsplätze. Die Attraktion des Ortes ist die **Casa de la Cultura** (Lautaro/O'Higgins) mit einem angeschlossenen Heimatmuseum, in dem das erste Dampfschiff zu bestaunen ist, das den Lago General Carrera kreuzte.

Infos

Oficina de Información Turística: O'Higgins 333, in der Stadtverwaltung, Tel. 67-41 11 23. **Conaf:** Blest Gana 121, Tel. 67-41 13 25.

Übernachten

Schöner Familienbetrieb ► **Hostería de la Patagonia:** Camino Internacional s/n, Sector las Chacras, Tel. 67-41 13 37. Etwas außerhalb gelegen, ist diese restaurierte Holzvilla mitten im Grünen das ehemalige Wohnhaus einer belgischen Einwandererfamilie. Ruhig und gemütlich eingerichtete Zimmer; vermitteln auch Touren. Für das DZ zahlt man 25 000 CLP.

Typisch patagonisch ► **Residencial Don Luis:** Balmaceda 175, Tel. 67-41 13 84; 8 Zi. Einfache und saubere Pension mit einem freundlichen Empfang. Man zahlt 9500 CLP pro Pers.

Essen & Trinken

Tradition ► **Café-Restaurant Loly y Elizabeth:** an der Plaza. Klein und gemütlich; recht preiswerte Menüs aus der Regionalküche, z. B. Lachs für 6000 CLP.

Auf einen Drink ► **Café Refer:** O'Higgins 424. Hier trifft man sich gerne, um den Claro de Luna zu probieren, den Spezialdrink des kleinen, schlichten und netten Restaurants. Salut!

Verkehr

Flüge: Don Carlos, O'Higgins 264, www.doncarlos.cl, fliegt mit kleinen Maschinen 5 x wöchentl. nach Coyhaique.

Busse: 5 x wöchentl. nach Puerto Guadal (Fahrtdauer: ca. 2 Std.), dort Anschlüsse zu

Bussen, die die Carretera Austral befahren, z. B. nach Coyhaique und Cochrane; die Busfahrer halten auf Wunsch auch am Flughafen von Balmaceda. mehrmals tgl. Verbindungen nach Argentinien (über Los Antiguos, Acotrans, Augusto Grosse 150).

Fähren: Verbindungen mit Puerto Ibáñez (Dauer: 2.15 Std.): Ferry Chelenco, Manuel Rodríguez 253, Tel. 67-41 11 64; Baquedano 146, Coyhaique, Tel. 67-23 34 66 am Di, Do u. So; Ferry Pilchero, Portales 99, Coyhaique, Tel. 67-23 42 40, ganzjährig Abfahrt von Chile Chico Di 15, Do 10, Fr 17, So 12 Uhr, Abfahrt von Puerto Ibáñez Di, Mi, Fr, Sa 12 Uhr (nimmt auch Autos mit). Man muss diese Abfahrten unbedingt überprüfen, am besten in der Touristinformation oder im Museum.

Den Río Baker entlang
▶ D 35/36

Karte: S. 246

Breit ausgebaut klettert die Carretera Austral von Puerto Guadal über sanft geschwungene, grünbraune Hügel hinaut und lenkt den Blick auf den Zusammenfluss des Río Nef mit dem Río Baker. Mehrere Aussichtsplattformen stehen hier völlig zu Recht: Der Blick über die verschiedenfarbig getönten Flüsse unterhalb der Gletscher- und Bergkulisse des Campo de Hielo Norte ist schlicht grandios und lohnt einen ausführlichen Fotostopp.

Fischer haben in dieser Gegend ihr Dorado gefunden, denn sämtliche begehrten Forel-

Kontrastprogramm am Río Baker: grün-braune Hügel und weiße Berggipfel

Die südliche Carretera Austral

lenarten tummeln sich im Lago Bertrand. Der ehemalige kleine Viehumschlagplatz **Puerto Bertrand** 14 hat sich darauf eingestellt, Gästen einen angenehmen Aufenthalt zu bieten und ist dabei selbst auch ganz schnuckelig geworden. In Gärten mit *lenga, coigüe* und *ñirre* verstreut, blitzen saubere gepflegte Bungalowanlagen, die mit ihren Angeboten auf Schiefertafeln werben: Trekking, Angeln, Bootfahren und natürlich Fliegenfischen.

Noch ein *cañon* ist zu überqueren, dann begleitet die Straße den tiefgrünen, über Felsen und Steine strudelnden Río Baker. Der stromschnellenreichste Fluss Chiles ist eine echte Augenweide und führt auf das ordentliche Cochrane zu. Wie überall im tiefen Süden sind Geschichte und Lage des Städtchens – wenn man Glück hat, lässt sich einer der höchsten Gipfel Patagoniens blicken, der Cerro San Lorenzo (3706 m) – eindeutig spannender als der Anblick. Lucas Bridges, einer der Söhne des berühmten Anglikanerpaters Thomas Bridges, der als erster Weißer im argentinischen Teil Feuerlands ein Wörterbuch der indianischen Selk'nam verfasste, reiste 1908 im Auftrag der Sociedad Exploradora an, um dort Schaffarmen einzurichten.

Übernachten

Luxusclub ▶ Patagonia Baker Lodge: 3 km südlich von Puerto Bertrand, Tel. 67-41 19 03, www.pbl.cl, 6 Zi. Gelobtes Restaurant, im Mittelpunkt steht das Fliegenfischen, nur in Packages buchbar.

Im Wald ▶ Green Lodge Baker: 3 km südlich von Puerto Bertrand, Tel. 2-196 04 09 in Santiago. Liegt im Wald direkt am Río Baker, jeder der sieben Holz-Bungalows hat seinen Zugang, Terrasse, Kamin. Haupthaus im Cottage-Stil mit 5 Zi. Packages für Fliegenfischer, viele Tourenangebote, z. B. Reiten, Raften.

Familiär ▶ Hostería Puerto Bertrand: Costanera s/n, Tel. 67-41 99 00; 7 Zi. Witzig aussehende Holzvilla in Puerto Bertrand, die Zimmer sind einfach. DZ 17 000 CLP.

Cochrane 15

Cochrane entwickelte sich 1934 aus einem Gemischtwarenladen und einer Schule. Es ist ein bisschen langweilig und sehr sauber, aber es gibt alles, was die Schafs-*Estancieros* der Region brauchen. Bleistiftgerade sind die Straßen gezogen, eine Plaza unter hohen Bäumen, drumherum gruppieren sich wie überall die Bank, die Post, die Stadtverwaltung und die Kathedrale. Wer sich ein wenig über die Region informieren möchte, ist im **Museo Cochrane** (Calle San Valentin s/n, in der Casa La Cultura) gut aufgehoben. In mehreren kleinen Zimmern sind Schauen zu Flora und Fauna und zur Besiedlungsgeschichte aufgebaut (Mo–Fr 9–13, 15–19 Uhr). Die Straßen sind geteert, das ist einmal eine nette Abwechslung nach all den Schotterpisten.

Infos

Sernatur: Plaza de Armas, Tel. 67-52 21 15, im Sommer normalerweise geöffnet Mo–Sa 9–13, 14.30–20 Uhr. Sonst gibt es Infos in der Stadtverwaltung. www.cochrane patagonia.cl.

Conaf: Río Nef, Tel. 67-52 21 64; nur unregelmäßig geöffnet; es gibt aber eine ständig besetzte Conaf-Station am Eingang zur Reserva Nacional Tamango (s. rechts) an der Bootsanlegestelle; begleitete Bootsausflüge und Wanderungen, Anmeldung obligatorisch.

Übernachten

Tradition ▶ Hostería Wellmann: Las Golondrinas 36, Tel./ Fax 67-52 21 71; 12 Zi. Geräumiges, nettes Haus mit Restaurant, auch Ausflüge und Ausritte. DZ ca. 75 US-$.

Freundlich ▶ Hostería Ultimo Paraíso: Lago Brown 455, Tel. 67-52 23 61; 12 Zi. Hosteria in einem typischen Haus, Zimmer mit Privatbädern. DZ für 50 US $.

Familiär ▶ Hostal Latitud 47 Sur: Lago Brown 564, Tel. 67-52 22 80. 6 kleine und gemütliche Zi., drei Gemeinschaftsbäder. Das reichliche Frühstück nehmen die Gäste gemeinsam ein. Vermitteln auch Touren und Ausritte. Das DZ kostet 20 000 CLP.

Authentisch ▶ Residencial El Fogón: San Valentín 651, Tel. 67-52 22 40. Einfach und sauber, die Zimmer sind eher dunkel und liegen alle an einem Gang, Gemeinschaftsbad; mit gutem Restaurant, das die für die Region

aktiv unterwegs

Reserva Nacional Tamango

Tour-Infos

Start: Cochrane **15** (s. links)
Länge: 4 km Schotterstraße von Cochrane zur Anlegestelle am Río Cochrane, eine halbe Stunde Bootsfahrt, dort Parkverwaltung. Spaziergänge.
Dauer: ein halber Tag
Wichtige Hinweise: Organisiert werden die Ausflüge über die Conaf in Cochrane (s. links) sowie von den Lodges nahe Puerto Guadal für die jeweiligen Gäste.

Die ›Andenhirsche‹ *huemules,* die im dicht bewaldeten Süden von Chile und Argentinien ihr natürliches Habitat vorfinden, sind vom Aussterben bedroht. Daher ist es nur allzu verständlich, dass jeder Chilene in Entzücken ausbricht, wenn er einmal einen *huemul* erspäht. Da die scheuen Andenhirsche mittlerweile unter Naturschutz stehen und sich der Bestand erholt und vergrößert hat, kann das sogar passieren, wenn man von Coyhaique hinunter an den Lago General Carrera fährt und ein Tier aus den Wäldern an den Straßenrand schlüpft. Richtig schön aber ist eine Tierbeobachtung in der **Reserva Nacional Tamango** südlich des Lago General Carrera. Ausgangspunkt ist Cochrane. Im Conaf-Büro nach den Windverhältnissen erkundigen. Bläst der Wind zu stark, kann das Boot auf dem Río Cochrane nicht starten.

Die Fahrt ist schon der erste kleine Höhepunkt. Ausstieg ist an der Parkverwaltung. Die Spazierpfade sind ausgeschildert und führen durch den dichten Wald aus *coigüe* und *lenga.* Es gibt zwei verschiedene, der eine ist 8 km, der kürzere 3,5 km lang. Die Parkwächter kennen natürlich die besten Plätze zur Beobachtung der *huemules,* die sich vor allem im Sommer zeigen. Es lassen sich aber auch Kondore und Guanakos sehen. Das Reservat ist mit Campingplätzen und einer Schutzhütte ausgestattet – um sie zu nutzen, muss man sich aber auf jeden Fall bei der Conaf anmelden.

typischen cazuelas auf der Speisekarte führt, gehaltvolle Eintöpfe. 9000 CLP pro Pers.

Essen & Trinken

Hausmannskost ▶ Restaurant Rogeri: Tte. Merino 502, Tel. 67-52 22 64. Eine Alternative, wenn man nicht nur in seinem Hotel essen will. Kleine Gerichte und Menüs 3000–7500 CLP.
Heiter ▶ Café Tamango: Plaza de Armas. Hübsche Villa, heitere Stimmung, kleine Gerichte, Kaffee und Kuchen.

Verkehr

Busse: 4 x wöchentl. Verbindungen nach Coyhaique mit Acuario 13 und Buses Sao Paolo. 5 x wöchentl. nach Villa O'Higgins mit Los Nadis, Acuario 13 und Buses Don Carlos. 2 x wöchentl. nach Chile Chico (Buses Ale). Los Ñadis, Turismo Interlagos und Buses Don Carlos.
Mietwagen: Marcial E. Moya Díaz, Dr. Steffens 147, Tel. 67-52 22 76.

Ans Ende der Carretera Austral ▶ D/E 37

Karte: S. 246

Puerto Yungay **16**

Südlich von Cochrane ist die Welt in Chile fast zu Ende. Durch die schattigen dichten Wälder kurvt sich die steinige Piste regelrecht hindurch. Mutige Pioniere werden noch gesucht, die etwa 135 km entfernte Gegend um

Die südliche Carretera Austral

Puerto Yungay zu besiedeln. Es gibt einen Militärstützpunkt und viele importierte Schafe. Damit setzt sich die Tradition der Landnahme und -verwertung fort. »Wer nicht auf eigenen Füßen auf den Markt gelangen kann, hat hier keine Absatzchance«, hat ein Spötter schon früh über die Nutzungsmöglichkeiten des Landes an der Carretera Austral behauptet.

Verkehr

Fähren: In Puerto Yungay setzt die Fähre über den Río Bravo, im Sommer 3 x tgl., sonst vorher in Cochrane erkundigen (Fahrtdauer ca. 1 Std.), in der Hochsaison trifft man am besten frühzeitig ein, denn sie ist schnell voll und öffentlicher Transport hat Vorrang.

▣6 Caleta Tortel

Von Puerto Yungay aus ist 2003 eine Seitenstrecke in das zauberhafte Caleta Tortel gelegt – bzw. gebombt – worden. Es schmiegt sich eng an hohe Bergwände und ist von Bergen eingeschlossen, so dass erst das Militär den Bau einer Straße dorthin in Angriff nahm, privaten Investoren wäre das zu mühselig und kostspielig gewesen. Zuvor konnte man das Örtchen nur mit dem Schiff oder mit einem Kleinflugzeug erreichen.

Im Gegensatz zu Puerto Yungay hat das 110 km entfernte Caleta Tortel aber schon seine Bewohner, 400 nämlich, eine Poststation und ein öffentliches Telefon, das die winzige, sechseckige Plaza de Armas schmückt – die hier aus einem Holzpavillon besteht – dazu ein Funktelefon für die gesamte Kommune. Erhält ein Einwohner einen Anruf, ruft die Dienst habende Angestellte einfach seinen Namen aus dem Fenster, der Adressat wird sich dann schon ins Büro sputen.

Der wesentliche Wirtschaftszweig von Caleta Tortel war der Zypresseneinschlag, nahezu sämtliche Häuser wurden aus dem duftenden Holz gebaut. Wie bunt bemalte Schuhkartons lagern sie übereinander, verbunden durch Treppen, Steigen und Galerien, denn für normale Straßen ist der Berg viel zu steil. Wer mit dem Auto anreist, lässt es auf dem Parkplatz oberhalb des Dörfchens ste-

hen. Von da an wird gelaufen und gestiegen. Salat, Gurken, Koriander, Stachelbeeren und Tomaten gedeihen in den aus Plastik gebauten Wintergärten, Fische und Meeresfrüchte holt man aus dem Pazifik, Hühner laufen zwischen den Häusern im Klee herum, Brot wird selbst gebacken, alles Weitere kommt über Land oder das Meer: Shampoo, Radios, Geschenkpapier, Feuerzeuge, Erbsen, Reis, Fleisch, Nudeln, Öl; den Transport übernimmt die EMAZA.

Den immensen Waldabholzungen wurde schon vor einiger Zeit gesetzlich Einhalt geboten, und nun setzt man in Caleta Tortel auf die Neugierde von Touristen, ein Dorf am Ende der Straße entdecken zu wollen. Eine noch bescheidene Infrastruktur mit Pensionen und kleinen Restaurants steht den Besuchern zur Verfügung, und der Bürgermeister hilft kräftig mit, die Reize von Caleta Tortel zu propagieren, denn von hier aus lässt sich einiges unternehmen. Mit dem Schiff, selbstverständlich, z. B. kann man durch den Jardín de los Témpanos, den ›Garten der Eisberge‹, zum Gletscher Pedro Montt fahren.

Für eine etwas gruseligere Attraktion braucht man ebenfalls ein Schiff. Die **Isla de los Muertos** ist der Friedhof von Caleta Tortel. Ihn umweht das Gerücht, dass der mit dem Zypresseneinschlag berühmt gewordene ›Zypressenkönig‹ Ciriaco Álvarez (sein Haus ist in Chonchi zu besichtigen, s. S. 207) hier seine Holzfäller ermorden ließ, um die Gehälter nicht auszahlen zu müssen. Andere behaupten, die Arbeiter seien an einer Epidemie gestorben.

Infos

Información Turística: Pavillon beim Eingang auf dem Parkplatz, Nov.–April.

Übernachten

Komfortabel ► **Entre Hielos Ecolodge:** in Santiago: 2-195 02 71, www.ecolodgechile. cl. Die schönste Wahl in Caleta Tortel: schön eingerichtete Zimmer, behagliches Hotel. Bietet Ausflüge an. Das DZ kostet 180 US-$.

Typisch ► **Hospedaje Brisas del Sur:** Sector Playa Ancha, Tel. 67-21 18 76 (öffentliches

Telefon). Typisches Holzhaus, das DZ mit Privatbad kostet 50 US $, mit Gemeinschaftsbad 35 US-$.

Schlicht ▶ Residencial Costanera: Sector Base. Mit Frühstück, aber etwas klapprig und windschief gebaut, kleine Zimmer, Gemeinschaftsbäder. 10 000 CLP pro Pers.

Essen & Trinken

Authentisch ▶ El Mirador: Sector Base. Gemütliches, familiäres Restaurant mit Meerblick. Essen bekommt man nur auf Vorbestellung, man muss also vorher vorbeigehen. Menü 6500–8000 CLP.

Schön gemacht ▶ El Rey del Ciprés: Sector Base. Man sitzt wie im Wohnzimmer und schaut auf den Fjord. Die Küche ist gut, man muss ebenfalls vorbestellen. Fisch für 6000 CLP.

Aktiv

Ausflüge ▶ Im Hafen kann man sich nach Ausflügen zum Ventisquero Montt und Steffens erkundigen. **Bootsfahrten** zur Isla de los Muertos.

Verkehr

Flüge: Mi nach Coyhaique mit Don Carlos, www.doncarlos.cl.

Villa O'Higgins 17

Der 2000-Einwohner-Ort **Villa O'Higgins**, der derzeit südlichste Punkt der Carretera, liegt ruhig und flach unter dem Mosco-Gletscher; schöne Spaziergänge durchziehen den Wald. Die nahe gelegenen Seen machen mittlerweile als Anglertreffpunkte Furore, denn aus ihnen kann man hervorragende Regenbogenforellen befördern, z. B. aus dem Lago Cisnes. Das hat Villa O'Higgins eine für den Ort beachtliche, funktionierende touristische Infrastruktur mit hübschen Pensionen beschert. Seine Bewohner engagieren sich mit ihren bescheidenen Mitteln stark dafür, dass es dem Gast hier schön und bequem hat. Der Ausbau des Sendero de Chile wurde bereits in Angriff genommen, und über die Laufstege und Aussichtsplattformen im Parque Cerro Santiago erreicht man den Sendero Río Mosco, der auf 10 km durch abwechslungsreiches Gelände bis zur Zunge des Mosco-Gletschers klettert. Abenteuerlichere Touren macht man per Schiff: z. B. einen Tagesausflug zur Gletscherwand des Glaciar O'Higgins über Candelario Mansilla von Bahia Bahamondez im Süden von Villa O'Higgins oder eine kombinierte Bus-Schiffs-Fahrt hinüber nach Argentinien ins Bergsteigergebiet Chaltén, das ähnlich schöne Granitdome hat wie der Parque Nacional Torres del Paine. Diese Tour kann man auch bei Pehuén Turismo (s. S. 217) buchen. Informationen erhält man über die ausführliche website www.villaohiggins.com, auf Spanisch. Auskunft: in der Stadtverwaltung (Municipalidad) an der Plaza, Tel. 67-21 18 49.

Übernachten

Gut ausgestattet ▶ Cabañas San Gabriel: Camino Austral Sur 1,5 km, Tel. 67-23 48 13. Die *cabañas* liegen in einem Gartengrundstück am Río Mosco, mit voll ausgestatteter Küche, gut möblierten Zimmern, Kamin und für den, der es braucht, Fernsehern im Wohnbereich. Etwa 25 000 CLP pro Pers.

Wildwest ▶ Hostería Río Mosco: Carretera Austral, Acceso Norte, Tel. 67-43 18 21; 6 Zi. und Dorms. Der Wildweststil des Hauses passt gut zur Lage. Ordentliche Zimmer, freundliche Atmosphäre. Das DZ kostet 40 000 CLP. Im Garten kann man zelten.

Gepflegt ▶ Hostal Runin: Pasaje Vialidad, hostalrunin@yahoo.es. Große, behaglich ausgestattete Zimmer, großer Aufenthaltsraum, Grillpatz. Das Essen, das die Mutter des Besitzers kocht, ist sehr gut. Wirt Alfredo Runin engagiert sich im Tourismus. DZ 30 000 CLP mit Frühstück.

Einfach übernachten & essen ▶ Einfache Residenciales: Apocalipsis, Ice Blue und Patagonia. Sie bieten auch Mahlzeiten an.

Verkehr

Bus: 4 x wöchentl. mit dem Bus nach Cochrane, Flüge 2 x wöchentl. nach Coyhaique mit Transporte Aereo Don Carlos. Bei den Buchungen haben Einwohner von Villa O'Higgins Vorrang.

Lupinenwiese im Nationalpark Torres del Paine

Kapitel 4

Magallanes und Feuerland

Magallanes und Feuerland sind voller außergewöhnlicher Landschaften und verrückter Geschichten. Die Granitkathedralen der Torres del Paine mit den gletscherblauen Lagunen und jadegrünen Seen, die Herden graziler Guanakos auf Feuerland, die vergletscherte Darwinkordillere und der großbürgerliche Prunk von Punta Arenas am südlichen Rand der Welt – das sind Bilder von schier unglaublicher Ausdruckskraft.

Blickt man auf die Landkarte, dann sieht der südlichste Teil Chiles aus wie ein zerborstener Kometenschweif. Einer der berühmtesten Seefahrer der Geschichte hat der Region seinen Namen gegeben, Fernando de Magallanes. Als er die Seepassage zwischen Atlantik und Pazifik 1520 endlich gefunden hatte, sah er ein von Rauch verschleiertes Gebiet, die Tierra del Humo, das ›Land des Rauches‹ im Süden, das später in Tierra del Fuego, ›Feuerland‹, umgetauft werden sollte. Magallanes hatte die Feuer erblickt, die die nomadischen Yaghan in ihren Kanus nie ausgehen ließen.

Das Südpolarmeer war in der Folge reichlich belebt. Denn wer den Seeweg zwischen den Weltmeeren beherrschte, war Wegbereiter für die Entstehung neuer Kolonien. Vom 18. Jh. an machten Robben- und Walfänger die Fjorde zu ihren Stützpunkten. Die Briten nutzten die weiten Steppen zur Schafzucht. Dann fand man 1880 Gold auf Feuerland – und wahre Heere von Glücksrittern durchwühlten den eisenoxidhaltigen Sand der Flüsse.

Magallanes und Feuerland

Sehenswert

7 **Punta Arenas:** So tief im Süden erwartet man so viel gediegene Behaglichkeit eigentlich nicht: Punta Arenas – (fast) die südlichste Stadt der Welt (s. S. 264).

Cueva del Milodón: So ist das in Patagonien – man geht in eine Höhle und macht einen Zufallsfund, in diesem Fall die Überreste eines längst ausgestorben gewähnten Riesenfaultiers (s. S. 280).

8 **Parque Nacional Torres del Paine:** Der glaziale Nationalpark gehört zu den Höhepunkten jeder Chilereise, auch wenn man nur ein paar Tage dort verbringen kann (s. S. 280).

Schöne Route

Von Porvenir zum Lago Fagnano: Durch die windigen Kältesteppen im Norden bis zu den Almwiesenlandschaften zu Füßen der Darwinkordillere – auf dieser Route präsentiert sich ein fantastischer Querschnitt Feuerlands (s. S. 290).

Meine Tipps

Ins Museum gehen: Zwei Museen geben Aufschluss über die wechselvolle Geschichte dieses Landstrichs am Ende der Welt, das Salesianermuseum in Punta Arenas (s. S. 267) und das Regionalmuseum in Porvenir (s. S. 289).

›Centolla‹ essen!: Diese köstliche Meeresfrucht gehört nicht gerade zu den preiswertesten Lebensmitteln des Landes. An der Nordküste Feuerlands sieht man häufig die Reusen lagern. Im gekochten Zustand hummerrot, schmeckt sie am besten pur (s. S. 269).

Unterwegs mit Juan Bahamonde: Der Taucher und Fischer aus Porvenir kennt Tierra del Fuego wie seine Westentasche. Ihm kann man die Ausflugsorganisation getrost anvertrauen (s. S. 289).

aktiv unterwegs

Nach Kap Hoorn und zurück: Kap Hoorn zu sehen, ist ein ganz besonderes Erlebnis – aber nicht das einzige, das man auf einer Kreuzfahrt zum Kap haben kann. Gletscher, die in Fjorde münden, Pinguine, Robben, See-Elefanten und eine uralte Vegetation am Rande der Welt präsentiert sich dem neugierigen Auge (s. S. 274).

Gletscherfahrt in den Nationalpark Torres del Paine: Auf der Landstraße in den Park fahren, das kann jeder. Bei gutem Wetter kann eine Schiffspartie eine schöne Alternative sein (s. S. 284).

Magallanes

Diese einst so abgelegene Region hat die größte touristische Karriere hingelegt: Vom Standort der Robbenschlächter und Strafgefangenenlager für Schwerverbrecher hat sie sich zu einer der beliebtesten Gegenden im ganzen Land entwickelt. Die bedeutendsten Trümpfe sind die schöne Hauptstadt und der Gletscher-Nationalpark Torres del Paine, der nahezu jeden Chile-Prospekt ziert.

7 Punta Arenas ▶ G 43

Cityplan: S. 266

Das Auffälligste für den, der zur Sommerzeit von Santiago kommend in Punta Arenas einfliegt, ist die Kälte, doch für den, der von der südlichen Carretera Austral oder von der Isla de Chiloé aus anreist, ist es der Prunk der Häuser: Sie sind aus Stein und ziemlich voluminös – keine fragilen hölzernen Schiffe, die im Regen schwimmen.

Punta Arenas schmückt sich und seine 125 000 Einwohner mit dem Etikett ›südlichste Stadt der Welt‹, obwohl jeder, der die Landkarte zur Hand nimmt, sofort erkennt, dass das eine unhaltbare Behauptung ist: Das argentinische Ushuaia und das chilenische Puerto Williams liegen wesentlich weiter südlich. Doch bei Punta Arenas handelt es sich im Gegensatz zu dem argentinischen Ushuaia und dem chilenischen Puerto Williams um eine ›wirkliche‹ Stadt, auch wenn ihre Anfänge – zwei Stadtpaläste an einer schneebedeckten Plaza – eher kläglich ausgefallen waren.

Der ehemalige Gefängnisort Ushuaia gilt den Chilenen trotz seines heutigen touristischen Auftriebs nicht als richtige Stadt, und auch die akkurate Wellblechhäuschenversammlung Puerto Williams sei doch eher eine Siedlung, sagen sie, obwohl sie widerstandsfähige 2700 Einwohner zählt. Doch Punta Arenas ist schön, ohne jeden Zweifel.

Es ist sogar noch schöner geworden, seitdem die zentrale Plaza Muñoz Gamero erweitert wurde. Ehrwürdige Handelskontore mit goldblitzenden Türgriffen, hübsche Wohnviertel, die sich wie Schichten einer Zwiebel im rechteckigen Straßenmuster bis ans Wasser und die Hügel der Präkordillere entlangziehen, strahlen einen sauberen, großbürgerlichen Reiz aus. Steril wirkt Punta Arenas trotzdem nicht: Auf den Plätzen und Grünstreifen treffen sich im Sommer junge Leute zu Spontandiscos.

Die Stadt verfügt über zwei Häfen, seit die Kreuzfahrtschiffe nach oder vor ihren Antarktisexpeditionen hier Anker werfen. Einer hat nicht mehr ausgereicht. Denn Punta Arenas ist weiterhin wichtiger Handelshafen für die Frachtschiffe der Magellanstraße, Marinestützpunkt für Antarktis-Operationen und natürlich traditioneller Handels- und Versorgungsmittelpunkt für die umliegenden Industrieansiedlungen.

Plaza Muñoz Gamero und Umgebung

Die meisten Sehenswürdigkeiten konzentrieren sich in wenigen Straßenzügen um die **Plaza Muñoz Gamero** 1. Sie ist ein prachtvolles Exemplar mit ausgesuchten Zypressen und sommerbunt zusammengestellten Blumenrabatten, einem attraktiven hölzernen Musikpavillon und einer zentralen Allegorie aus Bronze, die einer der Schafbarone und reichsten Männer des *Cono Sur,* José Menéndez, 1920 zum 400. Jahrestag der Entdeckungsfahrt Magellans aufstellen ließ. Eine heroische Positur nimmt darin der Seefahrer ein, zu dessen Stiefelspitzen zwei Selk'nam kauern. Ihre Zehen soll man streicheln, wenn man nach Punta Arenas zurückkehren möchte. Und sie sind tatsächlich ganz blank geschrubbt. Kunsthandwerker stellen hier ihre Ware aus und sorgen für Leben unter den Blätterdomen.

Das gesamte Ensemble aus Platz und umgebendem Häuserrund ist zur *Zona típica* deklariert worden. Wie man sich auch dreht und wendet: Ringsherum herrscht architektonische Pracht. Der **Palacio Sara Braun** 2 präsentiert seinen Wintergarten zur Plaza-Seite. Darin befindet sich das schönste Restaurant von Punta Arenas – es ist im Wintergarten eingerichtet worden. In den Palast selbst ist das Hotel José Nogueira eingezogen. Respektvoll wurde der ganze zaristische Prunk aus dem Jahr 1895 restauriert, sogar die cognacfarbenen Samtportieren mit ihren Seidentroddeln hat man behandelt wie sonst nur einen Rembrandt

(Plaza Muñoz Gamero 716, Tel. 61-24 14 89, Mo–Fr 10.30–13, 17–20.30, Sa 10.30–13, 20–22 Uhr, 1000 CLP).

Aus Montevideo kamen die Backsteine zum Bau des **Palacio José Menéndez** gleich nebenan. Heute macht sich darin der *Club Militar* breit, deswegen kann man ihn nicht besichtigen. Eine grunderzeitliche Steinfassade schmückt die **Sociedad Menéndez Behety,** die diesen Straßenblock zur Calle Hernando de Magallanes abschließt.

Palacio Braun Menéndez und Teatro Municipal

Der **Palacio Braun Menéndez** 3, ebenfalls eine hinreißende Mischung aus Glas und Stein, wurde von dem Architekten Antonio Beaulier 1905 konzipiert. Er zeichnete auch andere Entwürfe, was den Ensemblecharakter der Gebäude aus der Zeit um 1900 erklärt. Der Palast wird heute als **Museo Regional de Magallanes** genutzt und gibt einen spannenden Überblick über die atemberaubende Stadt- und Besiedlungsgeschichte, der die Beweise der mühsam errungenen Zivilisation in den Mittelpunkt der

Vielleicht nicht die ›südlichste Stadt der Welt‹, doch einen Besuch wert: Punta Arenas

Betrachtung rückt: Ausgebreitet sind Telefone, Opernkarten und Ballkleider. In einem Nebentrakt stehen einige restaurierte Prunkgemächer voller europäischer Möbel und Teppiche offen (Magallanes 949, Tel. 61-24 42 16, Fax 61-22 13 87, museoregional1001@chilnet.cl, Okt.–April Mo–Sa 10.30–17, So 10.30–14, sonst tgl. 10.30–14 Uhr, 1000 CLP, So freier Eintritt). Eine Straßenecke weiter konnten ehemals die Opernkarten eingelöst und die Ballkleider ausgeführt werden: Der **Teatro Municipal** von 1899 zeigt hell leuchtenden Gründerzeit-Schick.

Museo Naval y Marítimo 5

Im **Museo Naval y Marítimo** findet man eine kleine, sehenswerte Ausstellung mit Modell-schiffen, Exponate zur Geschichte der Yaghan und zur Entdeckung der Antarktis, was hochinteressant ist (Pedro Montt 981, Juni–Sept. Di–Sa 9.30–12.30, 14–17, Okt.–Nov. 9.30–12.30, 14–18 Uhr, 1000 CLP). Zurück zur Plaza. Auf der gegenüberliegenden Seite hat ebenfalls der Architekt Beaulier gewirkt und die Stadtvillen von Alejandro Menéndez Behety, José Montes und das Stammhaus der *Sociedad Braun y Blanchard* entworfen.

Mirador Cerro La Cruz 6

Zwei *cuadras* östlich der Plaza beginnt bereits die Hafenzone an der Magellanstraße, die auch sehr schön vom **Mirador Cerro La Cruz** aus zu sehen ist, der in westlicher Richtung liegt. Ein paar Treppen sind zu erklim-

Punta Arenas

men, und schon überblickt man die wohl geordnete Ansammlung bunt gestrichener Dächer mit zaungefassten Rosengärten und dahinter das schillernde Meer, das einmal das Ende der Welt markierte.

Museo Salesiano Maggiorino Borgatello 7

Das lohnendste Museum des Südens ist ein Missionsmuseum. Das nimmt nicht wunder, wenn man die Geschichte von Magallanes kennt. Die Salesianermission von Punta Arenas glich einem Wärme spendenden Sammelbecken für alle an ihrer Pforte Gestrandeten, besonders für die Selk'nam und Tehuelche. Allerdings mehrten sich in jüngster Vergangenheit die Stimmen, die den Missionaren vorwerfen, die indianischen Völker ihren rigiden Umerziehungsprozessen unterworfen zu haben und dadurch auch mitverantwortlich für deren Verlöschen zu sein. Trotzdem: Die ethnologischen und historischen Sammlungen im **Museo Salesiano Maggiorino Borgatello** – darunter auch recht grausame Fotos von der Vertreibung der Indianer – im ersten Stock berühren sehr.

Seeleute brachten von ihren Entdeckungsfahrten merkwürdige Felsbrocken oder seltsame, unbekannte Tiere mit, die sie zur Präparation daließen. Beispielsweise ein Stück Haut jenes Tieres, das Bruce Chatwin laut seiner Reportage »In Patagonien« an die Südspitze Südamerikas gelockt hatte. Es stammte von dem Riesenfaultier Mylodon, das ca. 300 km nordöstlich von Punta Arenas gefunden wurde (Av. Bulnes 336, Tel. 61-22 10 01, musborga@net.cl, Di–So 10–13, 14.30–18 Uhr, 2000 CLP).

Friedhof 8

Das prunkvolle Gegenstück zu den Plaza-Palästen befindet sich hinter hohen Zypressen verborgen an der Avenida Manuel Bulnes: der **Friedhof**. Ein Stein und Marmor gewordener Wettstreit der Grabarchitektur verherrlicht den Reichtum der Schafbarone, Kroaten, Briten, Deutsche. Manche Gruften erinnern mit ihrer Zierde an Minipaläste. In einer verlorenen Ecke steht die kleine, stilisierte Bronzeskulptur eines Indianers – eine merkwürdige, zynisch anmutende Huldigung an diejenigen, deren Vertreibung und Tod diesen Reichtum überhaupt erst möglich gemacht hat (im Sommer tgl. 7.30–20, im Winter tgl. 8–18 Uhr).

Infos

Senatur: Lautaro Navarro 999, Tel. 61-28 47 90. Informationskiosk an der Plaza, Tel. 61-20 06 10.

Conaf: Av. Bulnes 0309 Piso 4, Tel. 61-23 85 54, Fax 61-23 85 70, magallan@conaf.cl.

Geldumtausch: Sur Cambios, Lautarro Navarro 1001. Bus Sur, Colón/Magallanes. Die Banken haben Geldautomaten.

Magallanes

Übernachten

Die Tarife in der Hotellerie variieren stark zwischen der Haupt- und der Nebensaison. Die Nebensaison ist zwischen April und September. Die Preise liegen dann mitunter um 30 % unter dem in diesem Buch genannten Tarif.

Im Stadtpalast wohnen ▶ **Hotel José Nogueira** 2 : Bories 959, Tel. 61-71 10 00, www.hotelnogueira.com; 25 Zi. Bestimmt die außergewöhnlichste Wohnmöglichkeit der Stadt: in dem restaurierten Stadtpalast der Sara Braun vom Beginn des 20. Jh., der so schön ist, dass man darin sogar Führungen veranstaltet. Die Zimmer sind allerdings nicht sehr groß. DZ 190 US-$.

Beeindruckender Klassiker ▶ **Hotel Cabo de Hornos** 1 : Plaza Muñoz Gomero 1025, Tel. 61-71 50 01, www.hotelesaustralis.com; 90 Zi. Außen neoklassizistisch, innen individuell gestaltet, mit Stein und Marmor in vielen Schattierungen, gebürstetem Stahl, einem Wasserfall in der Lobby und sparsam eingesetzten Licht- und Farbeffekten. Die schönen, ruhigen Zimmer sind groß, elegant-komfortabel und mit ebensolchen Badezimmern ausgestattet, Internetzugang in jedem Zimmer, vorzügliches, allerdings teures Restaurant. DZ ab 180 US-$.

Stilvoll ▶ **Hotel Tierra del Fuego** 2 : Av. Colón 716, Tel. 61-22 62 00, Fax 61-22 62 00; 46 Zi. Ein kleines, feines und mit Stilmöbeln eingerichtetes Haus – also genau das, was man heute unter Boutique-Stil versteht. DZ 140 US-$.

Eine Villa ▶ **Hotel Patagonia Pionera** 3 : Arauco 786, Tel. 21-22 20 45, 10 Zi, www.hotelpatagoniapionera.cl. Die repräsentative Villa einer wohlhabenden Einwandererfamilie wurde in ein schönes Boutique-Hotel umgewandelt. Elegant, mit viel Stil renoviert und ebenso ausgestattet. Für das DZ zahlt man 130 US-$.

Zentral ▶ **Hotel Savoy** 4 : José Menéndez 1073, Tel./Fax 61-24 79 79, www.hotelsavoy.cl, 42 Zi. Ein nettes, kleines, schickes Innenstadthotel in einem historischen Haus, sehr beliebt bei chilenischer Kundschaft. DZ 60 000 CLP.

Gediegen ▶ **Hostal Art Nouveau** 5 : Lautaro Navarro 762, Tel. 61-22 81 12, www.hostalartnouveau.cl; 12 Zi. Ein super gepflegtes, hübsches Hostal mit gediegener Ausstattung. Die Zimmer sind nicht groß. Das DZ kostet 80 US-$.

Gemütlich ▶ **Hostal del Centro** 6 : Armando Sanhueza 555, Tel. 61-22 10 09, www.hostaldelcentro. cl, 4 Zi. Richtig gemütlich, heller ein bisschen plüschiger Stil, den man in der kalten Umgebung gut vertragen kann. Gepflegte, blitzsaubere Pension mit sehr freundlichen und hilfsbereiten Gastwirten. Zwei Zimmer haben ein eigenes Bad. DZ 40 000 CLP.

Schöne Zimmer ▶ **Hostería de la Patagonia** 7 : O'Higgins 730, Tel. 61-24 99 70, Fax 61-22 36 70, www.ecotourpatagonia.com; 13 Zi. Verwinkelt gebautes, gemütliches Haus, nette Stimmung; kleine Bibliothek und Ausflugstipps, gehobene Traveller-Klasse. DZ 35 000 CLP.

Freundlich ▶ **Residencial La Estancia** 8 : O'Higgins 765, Tel. 61-24 91 30, 8 Zi. Kürzlich renoviertes Haus von 1920 mit schlichten, aber sauberen und gemütlichen Zimmern, Gemeinschaftsbädern. Küchenbenutzung ist möglich, es gibt einen Internetraum. DZ 22 500 CLP, *dorms* 10 000–12 000 CLP.

Familiär ▶ **Dinka's House** 9 : Caupolicán 169, Tel. 61-24 42 92, www.dinkaspatagonia.com; 7 Zi. Seit Jahren ein Dauerbrenner bei Rucksack-Reisenden, sauber und schlicht, gutes Preis-Leistungs-Verhältnis. DZ 15 000 CLP.

Essen & Trinken

Traditionsreich ▶ **Sotito's Bar** 1 : O'Higgins 1138, Tel. 61-24 35 65. Gemütlichelegantes Restaurant mit den besten *centollas* und *ostiones* in Punta Arenas – sagt man; die Kenner bestellen sie natürlich naturell und bezahlen ordentlich je nach Gewicht und Größe. Aber es gibt natürlich auch etwas preiswertere Fischzubereitungen ab etwa 10 000 CLP.

Fleischspezialitäten ▶ **El Estribo** 2 : Carrera Pinto 762, Tel. 61-24 47 14, www.chileaustral.com/elestribo. Die Speisekarte dieses originellen Restaurants ist nichts für Vegetarier: Straußensteak, Lammbraten, Kaninchen im Ofen und Guanakofleisch. Hauptgerichte ab 9000 CLP.

Patagonisches Lamm ▶ El Mesón del Calvo 3 **:** Jorge Montt 687, Tel. 61-22 50 15. Das Lokal ist bekannt für sein Lamm am Spieß – eine Empfehlung. Hauptgerichte ab 9000 CLP.

Großbürgerlich ▶ La Pergola 2 **:** im Hotel José Nogueira, Bories 959, Tel. 61-24 43 74, www.htlnogueira.com. Zum Aperitif pflückt man sich die Trauben von den Weinranken der namengebenden Pergola; stilvoller kann man nicht tafeln in Punta Arenas. Gerichte ab 8000 CLP.

Treffpunkt ▶ La Luna 4 **:** O Higgins 974, Tel. 61-22 85 55, lalunachile@mail15.com. Man sitzt sehr angenehm in diesem schön dekorierten und in Punta Arenas sehr beliebtem Restaurant mit seiner empfehlenswerten und nicht zu teuren Küche. Es werden auch kleinere Gerichte serviert. Ein Muss: *chupe de marisco*s – ein Eintopf aus Meeresfrüchten.

Hausmannskost ▶ Restaurant Casino Sociedad de Empleados 5 **:** Chiloé 944, Tel. 61-22 01 53. Eine bemerkenswerte Adresse für den großen Appetit auf normale chilenische Hausmannskost. Menü ab 6000 CLP.

Urig ▶ El Mercado 6 **:** Mejicana 617. Ein uriges Restaurant im gepflegten Turnhallenstil über dem Marktgebäude und ein Tipp für Fisch und Meeresfrüchte. 5000 CLP für ein Hauptgericht.

Fabelhaftes Fastfood ▶ Lomit's 7 **:** José Menéndez 722. Hier trifft sich ganz Punta Arenas auf einen Kaffee, ein Sandwich, eine gefüllte Avocado: über mehrere Ebenen angelegtes Fastfood-Restaurant mit guter Stimmung.

Cafés

Vielseitig ▶ Santo Remedio: Bulnes 40. Tagsüber Café mit frischem Kuchen, abends gibt's Wein und Käseplatten.

Verführerisch ▶ *La Chocolatta:* Bories 852, Tel. 61-248150. Eigene Schokoladen- und Pralinenherstellung, mit puppenstubenhafter Innenausstattung, super leckerer Kuchen, nicht billig.

Populär ▶ Cyrano Café: Bulnes/Maipu. In dem beliebten Café werden Schokolade, Kaffee, Tee und Torten serviert.

Einkaufen

Freihandelszone ▶ Zona Franca (Freihandelszone): Av. Bulnes, bei der Universidad (im Norden der Stadt); Mo–Sa 10–12.30, 15–20.30 Uhr. Vor allem Elektrogeräte, aber auch Alkoholika und Parfüm.

Einkaufsmeile ▶ Calle Bories 1 **:** einige Outdoor-Ausstatter (z. B. Rockford).

Kunstgewerbe ▶ Arte Patagonia 2 **:** Calle Fagnano 712. Hochwertigeres Kunsthandwerk. **Chile Típico** 3 **:** Ignacio Carrera Pinto 1015, Tel. 61-22 58 27. Ein buntes Sammelsurium von Kunstgewerbe aus dem ganzen Land.

Abends & Nachts

Bar im Clubstil ▶ La Taberna 2 **:** im Club de la Unión des Hotels José Nogueira (s. links, Eingang an der Plaza Muñoz Gomero, Tel. 61-24 13 17. Schöne, stilechte Bar im verwinkelten Kellergewölbe; gemütliche Atmosphäre, gute Drinks und spanische *tablas.*

Tipp: Ausgezeichnet ›Centolla‹ essen

Die Königskrabbe oder – uncharmanter – Seespinne, zählt zu den Delikatessen von Magallanes und Feuerland. Dort wird sie in Reusen gefangen, die man an den Stränden aufgetürmt liegen sieht. Frischer kommt sie also nirgends auf den Teller, daher sollte man sie auch hier genießen, denn das rosa getönte Fleisch ist, ehrlich gesagt, sonst ein wenig faserig-wässerig und verliert an Geschmack. Eine Adresse für *centolla* bester Qualität sei hier genannt: Das dezent-elegante Restaurant **Sotito's Bar** in Punta Arenas (s. links) serviert die Königskrabben ausgezeichnet zubereitet.

Erbsen für Puerto Edén

Was für die einen wunderbar, ist für die anderen kaum aushaltbare Einsamkeit: In Chile gibt es viele, nur äußerst spärlich besiedelte Regionen, die meist von Siedlern mit Pioniergeist oder indianischen Gruppen bewohnt werden. Der Staat versorgt sie mit dem Nötigsten.

Durch das Büro von Germán Muñoz in der Calle Mejicana in Punta Arenas pfeift auch im chilenischen Südsommer der scharfe Magellanwind. Ein Ofen bullert in einer Ecke vor sich hin. Der Schreibtisch sieht aus wie ein ungepflügter Acker, aber darauf thront modernste Technologie. Aus den dunklen Holzregalen quellen Schriftstücke und Aktendeckel, und Muñoz selbst hängt ein wenig erschöpft in seinem ledernen Chefsessel.

Gerade ist er aus Puerto Williams zurückgekehrt, war in Caleta Tortel und in Puerto Edén, wo noch zwölf *Alacalufes* inmitten purer, grüner Einsamkeit leben, und hat Draht und getrocknete Erbsen, Stromgeneratoren und tiefgefrorene Hähnchen abgeladen. Señor Muñoz ist Gebietsleiter der EMAZA (Empresa de Abastecimiento de Zonas Aisladas), des staatlichen Unternehmens zur Versorgung weit abgeschiedener Regionen. Wie weit abgelegen, davon macht man sich kaum eine Vorstellung. Nicht allein die tatsächlichen Entfernungen fallen ins Gewicht, sondern die Erreichbarkeit – und die ist in manchen Fällen erbarmungslos schlecht. Unbefestigte Pisten aus Erde verknüpfen winzigste Flecken von vielleicht 20 Häusern. Manchmal ist nur noch eines davon bewohnt, ein paar Siedler leben weit verstreut in der Umgebung. Aber alle Plätze, an denen die EMAZA ihre Dienste tut, sind umringt von atemberaubender Natur.

Germán Muñoz hat sich in diese Gebiete verliebt und zeigt Fotos. Die Caleta Tortel sieht darauf aus wie ein verführerischer Garten Eden, eine perfekte Mondsichelbucht mit kunterbunten Holzhäuschen wie übereinander gestapelte Schuhkartons vor einer hohen, grün überwucherten Gebirgsschranke, und Puerto Williams hat die verschneite Darwinkordillere als zauberhaften Prospekt zu bieten. Dort ist es noch kälter als in Punta Arenas, dort gibt es Wale und rachitische Bäume, die sich zum Schutz gegen den heftigen Wind in der dünnen Erde festkrallen, und sonst herzlich wenig.

EMAZA bringt ihre Güter mit Schiffen und Fahrzeugen der Marine und des Militärs auf die Inselsplitter und zu den tief gezackten Buchten des Südens. Die meisten Bewohner dort leben vom Verkauf geräucherter Muscheln und von Taschenkrebsen, die *Alacalufes* basteln winzige Schiffchen aus Seehundsfell für die Touristen. EMAZA nimmt sie mit. Nach Puerto Yungay hat sie gerade 350 Schafe transportiert, die eine vernünftige Lebensgrundlage schaffen sollen, Siedler mit energischem Pioniergeist werden noch gesucht. Man rechnet mit Bewerbungen aus Puerto Montt und von der Isla de Chiloé. Bislang gibt es in Puerto Yungay nichts außer einer Militärstation mit einem Häftling und den Plan, einen Hafen aufzubauen.

In Caleta Tortel hilft die gesamte gehfähige Einwohnerschaft, EMAZA-Kisten mit frischen Pfirsichen und Speiseeis über die duftenden Zypressensteige und -treppen zu schleppen, die das Örtchen erschließen, für Straßen haben die Berge hier nämlich keinen Platz gelassen. Die kleine Prozession gleicht einem Festakt: Speiseeis und frische Pfirsiche, das gibt es hier nicht jeden Tag.

Bis in die zahlreichen öden und fast menschenleeren Regionen des Landes reicht das Versorgungsnetz der EMAZA

Die EMAZA versteht ihre Arbeit gleichermaßen als Sozialdienst und als Unterstützung der Besiedlung abgelegener Regionen. Außerdem werden Ansiedlungen besucht, die sich aufgrund klimatischer Bedingungen nicht ganzjährig allein versorgen können und deren landwirtschaftliche Erzeugnisse in den EMAZA-eigenen Läden verkauft werden, wie z. B. Kartoffeln von den Juan-Fernández-Inseln. Die Gesellschaft betrachtet sich auch als Helfer ethnischer Minderheiten, die weit verstreut im Altiplano im äußersten Norden des Landes leben. Sie – die Statistik vermeldet genau 8413 – werden mit Verkaufsmobilen versorgt. Bankgeschäfte und Postdienste können ebenfalls über EMAZA abgewickelt werden. Insgesamt unterhält die Organisation in Chile ein Netz von 58 Lebensmittellagern; zusätzlich laufen die Verkaufsmobile 108 An-siedlungen an. Aber wie für so viele Initiativen tröpfelt das Geld des zuständigen Ministeriums für Wirtschaft und Finanzen nur spärlich. Nicht so sehr die Bereitstellung der Waren und Werkzeuge verursache Kopfzerbrechen, sondern der Transport, sagt Muñoz. Noch vor ein paar Jahren habe man die Flugzeuge des Militärs verwenden dürfen, das sei vorbei. Nun dauere alles länger.

Trotzdem: Die Plackerei, die schwierigen Verkehrsverhältnisse, der Einsatz, der kein Wochenende und keine Überstundenrechnung kennt, machen ihn nicht verrückt. Für Germán Muñoz ist seine Arbeit alleine eine Frage der Solidarität. Und manches Mal beneidet er die einsamen Siedler auch um ihr Leben, das sie doch führen könnten wie ihre eigenen Herren, voller Selbstbestimmung und Autonomie.

Magallanes

Sehr beliebter Treffpunkt ▶ Jekus 1:
O'Higgins 1021, Tel. 61-24 58 51. Originell
eingerichtet ist diese Restaurant-Bar, gut für
einen Drink abends. Gerichte für 5000–6000
CLP.

Aktuell angesagte Location ▶ Olijoe 2:
Errázuriz 970, Tel. 61-22 37 28. Das Olijoe ist
zurzeit eines der beliebtesten Ausgehziele
von Punta Arenas..

Italienisch ▶ Santino Bar e Cucina 3:
Av. Colón 657, Tel. 61-22 05 10. Pasta und
Pizza als kulinarisches Angebot; auch als Bar
beliebt.

Aktiv

Ausflugsfahrten ▶ Zu den Inseln, Kanälen
und den Glaciares Agostini und Marinelli:
Barcaza Melinka, über **Turismo Comapa**
(größter Veranstalter am Ort), Magallanes
990, Tel. 61-20 02 00.

Weitere Touranbieter ▶ Darüber hinaus
gibt es eine Vielzahl von weiteren Touran-
bietern, z. B. **Coiron,** Waldo Seguel 532, Tel.
61-22 18 21; **Polos Sur,** Chiloé 873, Tel. 61-
24 31 73. **Turismo Pehoe,** José Menéndez
918, Tel. 61-24 45 06, Fax 61-24 80 52, vermittelt Touren auf dem ›Catamarán Campo de

Hielo Sur‹ und weitere Schiffsausflüge. Attraktionen sind vier- bis siebentägige Schiffsreisen in die Antarktis, zu den Pinguinkolonien auf der Isla de Magdalena und in die Fjorde Feuerlands.

Verkehr

Flüge

Der Flughafen Carlos Ibáñez del Campo bildet das Sprungbrett nach Feuerland und in die Antarktis.

Verbindungen: DAP fliegt 3 x wöchentl. (Mo, Mi, Fr 9.15 Uhr) nach Río Grande und Ushuaia in Argentinien, 6 x wöchentl. nach Puerto Williams, 15 x wöchentl. nach Porvenir. Mehrmals tgl. Verbindungen mit Lan Chile Express nach Santiago über Puerto Montt, 1 x wöchentl. nach Concepción.

DAP: O'Higgins 891, Tel. 61-61 61 00, www.aeroviasdap.cl. Nach Tierra del Fuego, Puerto Natales (in der Hochsaison) und nach Argentinien; **Lan:** Bories 884, Tel. 61-24 12 32, www.lan.com; **Sky Airline:** Roca 935, Tel. 61-71 06 45.

Busse

Einen zentralen Busbahnhof gibt es in Punta Arenas nicht. Folgende Busunternehmen bieten Verbindungen an:

Buses Austral: Pedro Montt 966, Tel. 61-24 44 75, 2 x tgl. nach Puerto Natales; **Buses Fernández:** Sanhueza 745, Tel. 61-24 16 84, 7 x tgl. nach Puerto Natales; **Buses Pacheco:** Colón 900, Tel. 61-24 21 74, 3 x wöchentl. (Mo, Mi, Fr 7.15 Uhr) nach Río Grande/Argentinien und nach Ushuaia über Punta Delgada; **Bus Sur:** José Menéndez 565, Tel. 61-61 42 24, 5 x tgl. nach Puerto Natales, tgl. nach Osorno, Puerto Montt, Mo nach Coyhaique, Puerto Aisén; **Buses Turibus:** Armando Sanhueza, Tel. 61-22 79 70, 3 x wöchentl. (Mo, Do, Sa 9.30 Uhr) über Argentinien nach Osorno, Puerto Montt, von dort weitere Verbindungen nach Ancud, Castro, Chonchi, Quellón, Concepción, Santiago; **TecniAustral:** Lautaro Navarro 975, Tel. 61-22 20 78, fährt nach Argentinien (Río Grande, Ushuaia); **Queilen Bus:** Lautaro Navarro 975, Tel. 61-22 27 14, Verbindungen nach Chiloé.

Mietwagen

Große Auswahl an Anbietern, die meisten haben ihre Büros im Flughafen, z. B. **Alamo Rent a Car, Avis, Budget Rent a Car, Hertz.**

Fähren

Transbordadora Austral Broom: Av. Bulnes 05075, Tel. 61-21 81 00, www.tabsa.cl. Fährt bis auf Mo tgl. nach Porvenir sowie ebenfalls tgl. zwischen 8.30 und 23 Uhr über die Punta Delgada nach Argentinien. Mi Verbindung nach Puerto Williams. Die ›Cruz Australis‹ braucht 36 Std. und kehrt jeweils Sa aus Puerto Williams zurück.

Ausflüge von Punta Arenas ▶ G 43

Karte: links

Reserva Nacional Magallanes [1]

Nirgendwo sonst auf der Welt kann man mit Blick auf die Magellanstraße Ski fahren – das sollte Grund genug sein, den Cerro Mirador zu erklimmen, entweder mit der Gondelbahn oder zu Fuß. Auch im Sommer ist die Aussicht natürlich fabelhaft, bei gutem Wetter blickt man bis nach Feuerland. Während der Sommersaison muss man sich im Café-Restaurant Cerro Mirador für die Seilbahn anmelden, erst dann wird sie in Bewegung gesetzt. Dort kann man auch Pferde und Mountainbikes mieten.

Die Skistation **Centro de Esquí Cerro Mirador** liegt inmitten der **Reserva Nacional Magallanes** auf 600 m Höhe. Mehrere, unterschiedlich lange, mitunter recht steile Pfade erschließen das Naturreservat, in dem hauptsächlich der Bestand an *Lenga*-Hölzern geschützt wird, aber auch die *Coigüe*-Wälder sind sehr imposant. Die Reserva liegt rund 9 km von Punta Arenas entfernt.

Puerto Hambre, Fuerte Bulnes und Faro San Isidro

Die südlichste Straße auf dem chilenischen Festland führt von Punta Arenas auf geschotterter Landstraße zum 60 km entfernten Fuerte

aktiv unterwegs

Nach Kap Hoorn und zurück

Tour-Infos

Start: Punta Arenas (S. 264)
Dauer: 3–7 Tage
Veranstalter: Cruceros Australis, www.australis.com (s. S. 119); SIM Expeditions, www.simexpeditions.com (s. S. 293)

Es gibt nichts Erhebenderes, als im Morgengrauen eine grüne Steilküste vor sich auftauchen zu sehen, ein merkwürdiges ›Etwas‹ darauf. Das Wasser ist ruhig, die Sonne geht auf und glitzert über diesem Denkmal, einer Art Metallrhombus mit einem Riss in der Mitte – und man weiß: das ist Kap Hoorn. Jetzt heißt es, die grünen Matten besteigen, das Leuchtturmwärterhäuschen und die kleine Kapelle besuchen, über die Stege zum Kap-Hoorn-Denkmal laufen, stets gegen den Wind. Das **Cabo de Hornos** ist magisch – oder vielleicht ist es auch nur die Vorstellung davon, das Wissen, an einem ganz außergewöhnlichen Ort zu sein.

Kap Hoorn, Tag zwei der Schiffsreise durch Gewässer, die sehr, sehr unruhig werden können und die als Friedhof ungezählter Träume in die Geschichte eingegangen sind. Fernando de Magallanes hat hier die Verbindung zwischen den Weltmeeren gesucht, Robbenfänger, Piraten und Kaufleute durchsegelten sie. Heute sind es die sagenhaften Schätze die Natur, die die Menschen zur Passage anstiften.

Punta Arenas ist der Einschiffungshafen, mit Kurs auf Ainsworth Bay und Marinelli-Gletscher. Auch dieses Gebiet, der **Parque Nacional O'Higgins,** steht unter Naturschutz. Bei Landgängen unbedingt auf den Wegen bleiben, denn hier läuft man an Flechten und Moosen, Südbuchen und Calafate-Sträuchern vorbei. Kondore sind zu sehen, Unmengen von Pinguinen, Kormoranen, Robben und mit etwas Glück See-Elefanten.

Am nächsten Tag taucht die **Allee der Gletscher** auf, so unwirklich wie eine Fata Morgana. Alemán, Francés, Italia ziehen vorbei, Momentaufnahmen ewigen Eises, das sich von den Kordilleren majestätisch in die Wasserstraßen schiebt.

Als letzten Hafen vor der Ankunft im argentinischen Ushuaia läuft das Schiff die **Wulaiabucht** an, sie liegt gleich gegenüber der Isla Navarino. Ein natürliches Hafenbecken, durch gelbe Felsen und orangefarbene Klippen geschützt, macht das Anlanden zum Kinderspiel. Das war auch 1834 schon so, als Charles Darwin mit Kapitän Fitzroy auf der ›Beagle‹ durch diese Gewässer segelte und später die feuerländischen Selknam und Yaghan als wenig menschenwürdig beschreiben sollte. Grausamkeit der Geschichte: Von diesen Ethnien künden nur noch Fotos, die der Breslauer Anthropologe Martin Gusinde zu Beginn des 20. Jh. machen durfte. Sie sind im Museum der Bucht, dem einzigen Haus hier, ausgestellt. Ein einstündiger Wanderweg führt auf die Hügelspitze zum Aussichtspunkt, der einen schönen Überblick über die Inseln und Inselchen, Buchten und Fjorde verschafft.

Im argentinischen **Ushuaia** am Beaglekanal pflegen die Hotels einen heimeligen Chalet- und Kitzbühel-Stil und tausend Shopping-Mall-Halogenlämpchen glitzern gegen die Hagelschauer an, die auch im Sommer niedergehen können. Darüber thront bildschön gezackt die Darwinkordillere, glänzend verpackt in einem Mantel aus Schnee und Eis. Einst war Ushuaia das Sibirien Argentiniens, der Ort, an den Schwerverbrecher und auch politische Häftlinge verbannt wurden. Heute ist die Stadt ein touristisches Zentrum: Das Zuchthaus ist ein spannendes Museum, der Nationalpark Tierra del Fuego und einige zum Museum umgewidmete Estancias liegen ganz in der Nähe.

Bulnes und von dort aus zum letzten Leuchtturm auf dem chilenischen Festland, dem Faro San Isidro (insgesamt rund 105 km). Der letzte Streckenabschnitt an der Magellanstraße ist eine schöne Herausforderung für einen 4WD, besonders bei dem üblichen regnerischen Wetter (soll aber neu gebaut werden).

Nichts ist mehr übrig von **Puerto Hambre** ◪ (auch **Port Famine** oder **Ciudad del Rey Felipe),** das man auf dem Weg dorthin besuchen kann. Diesen sagenhaften Ort einer unglücklichen spanischen Kolonie erreicht man nach 53 km (ausgeschildert). In den Wirren der Entdeckungen, Eroberungen, Piraterien und Überfälle sollten im Jahr 1580 103 hilflose Spanier den königlichen Gebietsanspruch auf dieses umkämpfte Gelände erfüllen. Nur hat die magallanische Natur mit der spanischen rein gar nichts gemein, und die auf sich gestellten Kolonisten erhielten weder Hilfsmittel noch Unterstützung, um die Erde zu bearbeiten. Sie verhungerten. Als sieben Jahre später der britische Korsar Thomas Cavendish die Magellanstraße kreuzte, rettete er den einzigen Überlebenden und taufte die stolze ›König-Philipp-Stadt‹ um in ›Hungerhafen‹. Heute gedenkt eine Plakette dieser traurigen Geschichte.

Der **Fuerte Bulnes** ◳ wurde 1843 mit dem Ziel errichtet, chilenische Ansprüche auf den tiefen Süden zu manifestieren. Das Fort ist komplett restauriert worden und präsentiert sich seitdem in neuem Glanz, um seine einsame Geschichte zu erzählen.

Haben landwirtschaftliche Güter immer einmal wieder die Straße gesäumt, so umkurvt diese jetzt immer einsamer werdend die Buchten der Magellanstraße. Umso schöner, dass im letzten Winkel der Welt eine Hostería auftaucht: die Hostería **Faro San Isidro** (www.hosteriafarosanisidro.cl), die zwischen die für die Gegend so typischen grünen Matten platziert ist. Der Leuchtturm **San Isidro** ◰ thront auf der Halbinsel Brunswick am Cabo Forward.

Übernachten, Essen

Am Ende der Welt ▶ **Fundo San Fernando:** auf dem Weg zwischen Punta Arenas und Faro San Isidro, Tel. 61-24 70 92, www.fundosanfernando.cl. Der Fundo bietet auf seinem großen Gelände Campingplätze an und serviert nach Absprache ein sehr gutes Essen. Es werden auch Wanderungen und Canopy angeboten.

Parque Nacional Pali Aike ◱

Fast an der Grenze zu Argentinien liegt der **Parque Nacional Pali Aike**, eine steppenartige Vulkanlandschaft, die ehemals von Tehuelche besiedelt worden war. Man erreicht ihn in einer zweistündigen Fahrt von Punta Arenas aus. Anschließend wird gewandert: Die Lavafelder, die spiegelglatte, salzhaltige Laguna Santa Ana und die bizarren Vulkankegel sind von seltsamer Schönheit und werden von Ñandús und Guanakos, Flamingos und Füchsen bevölkert, die man hier gut beobachten kann.

Puerto Natales ▶ F 41

Karte: S. 272

Rund 254 km erstrecken sich entlang endloser Schafssteppe zwischen Punta Arenas und dem recht attraktiven ›Touristen-Bienenkorb‹ **Puerto Natales** ◲. Das einstmals unscheinbare Puerto Natales mauserte sich vom fleißigen, aber langweiligen und ereignislosen Schlachthaus zum gut ausstaffierten bunt-lebendigen Ausgangsort für die Erkundung des Parque Nacional Torres del Paine. Damit man aber nicht nur deswegen anreist, wurden auch weitere landschaftliche Schönheiten in seiner Nähe mit einer touristischen Infrastruktur versehen. Seine Lage am **Seno Última Esperanza** mit der gleißenden **Cordillera Riesco** und den Gletschern des Campo de Hielo Sur ist schlicht hinreißend, doch dies zählte lange für diesenigen nichts, die die Region auf Besiedlungsmöglichkeiten oder auf die Existenz von Dinosauriern hin untersuchten, wie das in den Jahren um 1900 geschah.

Die Küstenstraße **Costanera** am Ufer des Meerbusens ›Letzte Hoffnung‹ mit Blick in die gezackten, spitzen Eisfelder wurde zur Fla niermeile umgekrempelt. Im Ort treffen neugierige Luxus-Kreuzfahrt-Touristen auf handfeste Bergsteiger, Backpacker auf gut situierte Familien, eine internationale Sportlergemeinde auf Tagestouristen – und für alle gibt es ein unterhaltsames und lohnendes Plätzchen. Das macht Puerto Natales zu einem sehr netten Städtchen. Die Preise variieren, die Palette der Unterkünfte reicht vom kostbar aufgemachten Fünf-Sterne-Hotel bis zur schlichten, blitzsauberen Pension.

Sehenswertes

Bauliche Extravaganzen wie in Punta Arenas kann man von einer 19 000-Seelen-Stadt, deren Bewohner jahrelang davon lebten, Schafe zu schlachten, zu häuten und das zerteilte Fleisch einzufrieren, nicht erwarten, aber ein Stück Industriearchitektur ist mit dem robusten **Frigorífico Bories** erhalten.

Die aus dem Jahr 1913 stammenden Kühlhäuser etwa 4 km außerhalb der Stadt kann man zum Teil besichtigen. Einige Bereiche, wie die Wollwaschanlagen, die Gerbereien und die Fettverarbeitungsstätten, sind allerdings geschlossen. Einen Besuch lohnen der **Museo Municipal** mit einer Schau zur Besiedlung und zur Archäologie (Bulnes 285, im Sommer Mo–So 9–12.45, 15–19, sonst Mo–Fr 8.30–12.30, 14.30–18, Sa, So 15–18 Uhr, 1000 CLP) sowie die **Costanera** mit dem kleinen Hafen. All jene, die die stürmische Passage von Puerto Montt nach Puerto Natales mitgemacht haben, wird es in Erstaunen versetzen, zu erfahren, dass früher lediglich ein Kutter diese Strecke befuhr.

Infos

Sernatur: Pedro Montt 19, Tel./Fax 61-41 21 25, infonatales@sernatur.cl.

Das einst unscheinbare Puerto Natales hat sich zu einem attraktiven Ort gemausert

Conaf: Baquedano 847, Tel. 61-41 18 43. Für Informationen zum Nationalpark Torres del Paine.

Geldumtausch: Casa de Cambios Gasic, Bulnes 692, Latino América, Bulnes 513, Banco de Estado an der Plaza.

Übernachten

Luxuriös-originell ▶ Hotel Indigo Patagonia: Ladrilleros 105, Tel. 61-41 36 09, www.indigopatagonia.com, 29 Zi. Das ehemalige Hostal ist neu erstanden. Mit einer originellen Außen- und Innenarchitektur für die Holz, Glas und andere Naturmaterialien verwendet wurden. Luxuriös-reduziert und komfortabel eingerichtete Zimmer. Mit eigenem Spa auf dem Dach und gutem Restaurant. DZ ab 200 US-$.

Repräsentativ ▶ Costaustralis: Pedro Montt 262, Tel. 61-41 20 00, www.hoteles australis.com; 74 Zi. Ferienhotel der gehobenen Klasse, komfortable Zimmer, frühlingshaft gehaltenes Design und ein sehr netter Service. Mit Bar und einem Café in der Lobby. DZ 200 US-$.

Charmant ▶ Hostal Lady Florence Dixie: Bulnes 659, Tel. 61-41 11 58, www.hotelflorencedixie.cl; 19 Zi. Ein charmantes, kleines Hotel mit zuvorkommendem Service, sehr hübschen Zimmern und in zentraler Lage. Mit gutem Preis-Leistungs-Verhältnis. DZ 110 US-$.

Elegante Zimmer ▶ Hotel Martin Gusinde: Bories 278, Tel./Fax 61-41 27 70, hotel@martingusinde.cl; 28 Zi. Klein, aber fein und trotzdem eine richtige Hotelatmosphäre. Das etwas verwinkelt geschnittene Haus hat sehr gemütliche, elegante Zimmer, relativ große Badezimmer und einen guten Service. DZ ca. 90 US-$.

Gastfreundlich ▶ Hostería Sir Francis Drake: Philippi 383, Tel./Fax 61-41 15 53, francisdrake@chileaustral.com; 8 Zi. Die gastfreundlichen und sehr hilfsbereiten Wirtsleute bringen einen in ihrem gepflegten und hübschen Haus unter wie nette Freunde. DZ ca. 90 US-$.

Sehr nett ▶ Casa Cecilia: Tomás Rogers 54, Tel. 61-41 35 60, www.casaceciliahostal.com, 16 Zi. Eines der (bei Deutschen) beliebtesten Residenciales mit gepflegten, gut ausgestatteten Zimmern, Küchenbenutzung; sehr freundliche Wirtsleute, kommunikative Atmosphäre und viele Tipps für den Nationalpark und weitere Ausflugsziele. DZ 25 000 CLP.

Behaglich ▶ Residencial Oasis: Señoret 332, Tel 61-41 16 75, resoasis@hotmail.com; 19 Zi. Gehobene Residencial-Qualität mit freundlichem Service. Die recht behaglich eingerichteten Zimmer sind unterschiedlich geschnitten. Die Wirte sind den Gästen bei der Tourenorganisation gerne behilflich. DZ 35 US-$.

Familiär ▶ Residencial Bernadita: O'Higgins 765, Tel./ Fax 61-41 11 62. Nette Pension mit kleinen plüschigen Zimmern, die Gäste können die Küche benutzen. Pro Person 15 000 CLP.

Tipp: Bootstouren in Magallanes

Mit seiner Lage an der Magellanstraße verfügt Punta Arenas über viele interessante Ausflugsmöglichkeiten zu Wasser. Eine Halbtagstour führt zur **Isla Magdalena** und dem **Monumento Natural Los Pingüinos,** einem der schönsten Nistplätze der Magellanpinguine, die hier eine Kolonie von bis zu 62 000 Paaren stellen. Durch diesen Platz schlängeln sich Spazierpfade, die man nicht verlassen sollte, denn in den flachen Höhlen links und rechts der Wege wird gebrütet. Die Insel bietet auch den Kormoranen und vielen weiteren Wasservögeln eine Heimat. Schon der Weg dorthin ist interessant: Die stark gegliederte Meerenge Segunda Angostura wird gekreuzt, um an den mitten im *estrecho* schwimmenden Ölplattformen vorbeizugleiten.

Eine weitere Pinguinkolonie liegt 65 km nordwestlich von Punta Arenas, am **Seno Otway.** Ein Spazierpfad schmiegt sich etwa 2 km die Küste entlang; von dort aus kann man die Tiere beoachten.

Wesentlich aufwendiger ist ein Ausflug zu den Gletschern **Glaciar Marinelli** und **Glaciar Perry** unterhalb der eisigen Darwinkordillere. Die Fahrt dauert etwa elf Stunden. Schlauchboote setzen die Teilnehmer für einen kleinen Rundgang durch die Tundra-Landschaft ab.

Relativ jung ist der **Parque Marino Francisco Coloane,** der die Isla Carlos III im Estrecho de Magallanes umgibt – übrigens der erste marine Nationalpark des Landes. Buckelwale halten sich hier auf, und Spezialreiseveranstalter bieten Schlauchbootausflüge von der Isla Riesgo aus an.

Informationen und Anbieter der Touren s. rechts.

›Wachposten‹ an der Magellanstraße: die Pinguine auf der Isla Magdalena

Essen & Trinken

Edel ▶ Cormoran de las Rocas: Miguel Sánchez 72, Tel. 61-61 51 31. Gepflegtes Ambiente in einem Holz- und Steinbau, die Panoramafenster blicken Kordillere und Meer. Regionale Spezialitäten wie Fisch und Lamm, *parillas.* Hauptgerichte ab 6000 CLP, die ungewöhnlichen Nachtische kosten ca. 1500 CLP.

Regionaltypisch ▶ El Marítimo: Baquedano 379 A, Tel. 61-41 49 95. Das Lokal ist umgezogen, der Stil ist geblieben: die Einrichtung ist schlicht, aber das Essen empfehlenswert, klassische chilenische Fischrezepte für 6000–9000 CLP.

Solide ▶ La Tranquera: Bulnes 579, Tel. 61-41 10 39. Gemütliches Restaurant mit empfehlenswerter Küche, freundlicher Service, kommunikative Atmosphäre. Fisch 5000–7000 CLP.

Meeresfrüchte-Spezialist ▶ Última Esperanza: Eberhard 354, Tel. 61-41 36 26. Man sitzt schön in diesem gediegenen Restaurant mit guter und ausführlicher Fisch- und Meeresfrüchte-Karte. Gerichte ab 4500 CLP.

Für Pizzafans ▶ Mesita Grande: Arturo Prat 196, Tel. 61-41 15 71. Super gemütlich und freundlich ist es in Puerto Natales' beliebtester Pizzeria. Pizzas gibt's ab 2300 CLP.

Für Veggies ▶ El Living: Arturo Prat 156, Tel. 61-41 10 39. Halb Café, halb Wohnzimmer-Treffpunkt, und ein gutes vegetarisches Restaurant.

Super gemütlich und ein Treffpunkt ▶ El Rincón de Tata: Prat 236, Tel. 61-41 38 95. Ebenfalls mit Treffpunkt-Qualität, hier gibt's auch Pizza, kleine Gerichte und gute Salate, sehr nett, auch abends für ein Bier oder einen Wein.

Abends & Nachts

Tanzen ▶ Disco Ibiza: Ramírez 390.
Spielen ▶ Kasino: Bories 314.

Aktiv

Bootsausflüge ▶ Zum Glaciar Balmaceda und durch die Fjorde von Magallanes, z. B. mit ›Alberto d'Agostini‹ und ›Cutter 21 de Mayo‹

(s. u., Anbieter). Nach Puerto Bories, Puerto Consuelo, Fjordo Eberhardt, Estancia Margot, Colonia de Cormoranes, Estancia Perales, Colonia de Lobo Marinos, Glaciar y Monte Balmaceda, Paso de los Toros–Río Serrano, und von dort weiter mit dem Tragflügelboot in den Parque Nacional Torres del Paine (je nach Wetter). Anbieter:

Durch patagonische Kanäle ▶ Navimag: Pedro Montt 308, www.navimag.cl, befährt 2 x wöchentl. die patagonischen Kanäle über den Glaciar Pio XI. und Puerto Edén nach Puerto Montt. Diese Tour ist sehr beliebt, also frühzeitig reservieren!

Reitausflüge und Fliegenfischen ▶ Criollo Expeditions: Huerto 157 B, Tel. 09-85 28 42 25, www.crilloexpeditions.com.

Bergsteigen ▶ Eine Empfehlung für Bergsteiger- und Trekkingtouren in den Torres del Paine, für Gletscherüberquerungen und auch für Touren im Norden (Ojos del Salado, Sajama) ist die deutschsprachige Agentur **Moser active Patagonia**, Tel. 61-41 44 89, www.moseractive.cl.

Verkehr
Busse
Ein zentraler Busbahnhof ist gebaut, war aber zum Zeitpunkt der Drucklegung noch nicht eingeweiht.

In den Parque Nacional Torres del Paine: Buses JB, Prat 258, Tel. 61-41 28 24; Buses Gómez, Prat 234, Tel. 61-41 17 00; Buses Transfer, Bulnes 518, Tel. 61-41 26 16; Buses JBA, Tel. 61-41 26 16. Abfahrten jeweils gegen 7.30 Uhr, Rückfahrt aus dem Park gegen 15 Uhr.

Nach Punta Arenas (häufig): Buses Fernández, Ramírez 399, Tel. 61-41 11 11; Buses Pacheco, Ramírez 224, Tel. 61-41 45 13.

Nach El Calafate/Argentinien (tgl.): Zaahi, Arturo Prat, Tel./Fax 61-41 22 60, und Buses Cootra, Baquedano 244, Tel. 61-41 27 85; auch eintägige Trips zum Perito-Moreno-Gletscher in Argentinien; Cootra verbindet auch mit **RíoTurbio** (Argentinien). Bus Sur, Baquedano 668, Tel. 61-41 07 84, fährt tgl. außer Mo nach Punta Arenas, Río Grande und Ushuaia (Argentinien).

Von Puerto Natales zur Cueva del Milodón ► F 41

Karte: S. 272

Der 20 km von Puerto Natales entfernt gelegene **Puerto Prat 7** wurde als erster Hafen der Region 1897 von dem Deutschen Hermann Eberhard angelegt, der das gesamte Gebiet auf seine Vermarktung und Anbindung hin zu untersuchen hatte. Er ist das veritable historische Eingangsportal zum Schafzuchtgebiet zwischen der argentinischen Grenze und Punta Arenas. Einige Bauernhäuser und Fischerkaten sind an dieser Stelle zwischen sumpfigen Wiesen erhalten geblieben.

Ein weiterer Fund von Hermann Eberhard hat für ungleich mehr Trubel gesorgt. In einer gut zugänglichen, nicht sehr tiefen Höhle einige Kilometer weiter stieß er auf Tierexkremente und die Reste eines urzeitlichen Wesens. Es handelte sich um die Überbleibsel eines Mylodons, eines knapp 12 000 Jahre alten Riesenfaultiers. Eine Rekonstruktion des Fundes wurde am Eingang der **Cueva del Milodón 8** aufgestellt. Das *milodón* inspirierte Anfang des 20. Jh. ganze Forscherheere zu den köstlichsten Theorien – u. a., dass es solche Tiere in diesem so urweltlichen Gebiet durchaus noch geben müsste. Sowohl argentinische als auch chilenische Museen stellen Stücke der Haut aus (s. S. 266).

8 Parque Nacional Torres del Paine ► E/F 40/41

Karte: S. 282

Erkundungsmöglichkeiten

Der Nationalpark Torres del Paine kann von Puerto Natales aus auf einer organisierten zwölfstündigen Rundfahrt besucht werden, die alle Höhepunkte des gut 1800 km² großen Biosphärenreservats einschließt. Dies könnte ein Trostpflaster für alle sein, die während der Hochsaison von Dezember bis März ohne Reservierung eine der chronisch ausgebuchten *hosterías* im Nationalpark besuchen wollen. Campingplätze und *refugios* nehmen Wanderer und Zeltreisende auf. Dennoch: jeder, der Zeit hat, sollte mindestens drei Tage mitbringen, um die Schönheit des Parks genießen zu können.

Im Park sind einige gut ausgestattete Conaf-Stationen eingerichtet. Die vorgeschlagenen Wandertouren sind abwechslungsreich und vielgestaltig: Angelegt wurden etliche Varianten vom Naturlehrpfad bis zur Erwanderung der Basisstation der Torres del

›Hörner‹ aus Vulkangestein, Granit und Kalk: Cuernos del Paine

Paine, von zweistündigen Spaziergängen bis zu geführten Acht-Tage-Touren auf einem Wegenetz von insgesamt 250 km Länge. Jeder kann sein Programm mit dieser Hilfe maßschneidern, der eigenen Kondition und den außergewöhnlichen Wetterbedingungen des Parks auch kurzfristig anpassen. Kopfzerbrechen bereitet der Parkverwaltung allerdings der Ansturm der Bergsteiger, die die Granitnadeln der Torres del Paine erklimmen wollen, denn diese gehören zu den schwierigsten alpinen Routen der Welt. Mittlerweile ist der Aufstieg streng geregelt.

Landschaft, Flora und Fauna

Die gesamte Gestalt des Parks ist glazialen Ursprungs. Die expressive Schönheit der *cuernos* und der *torres,* der ›Hörner‹ und ›Türme‹ des aus Vulkanschichten, Granit und Kalk bestehenden Gebirges, bebildern das auf dramatische Weise. Unablässig arbeitende Eismassen, die das Paine-Massiv teilweise verbargen, gruben sich in den Stein, schliffen den Fels und sprengten ihn auf. Die Gipfelregionen waren vom Eis unberührt geblieben und sind daher dunkler gefärbt als der Körper des Massivs. Die wilden Zacken

281

Parque Nacional Torres del Paine

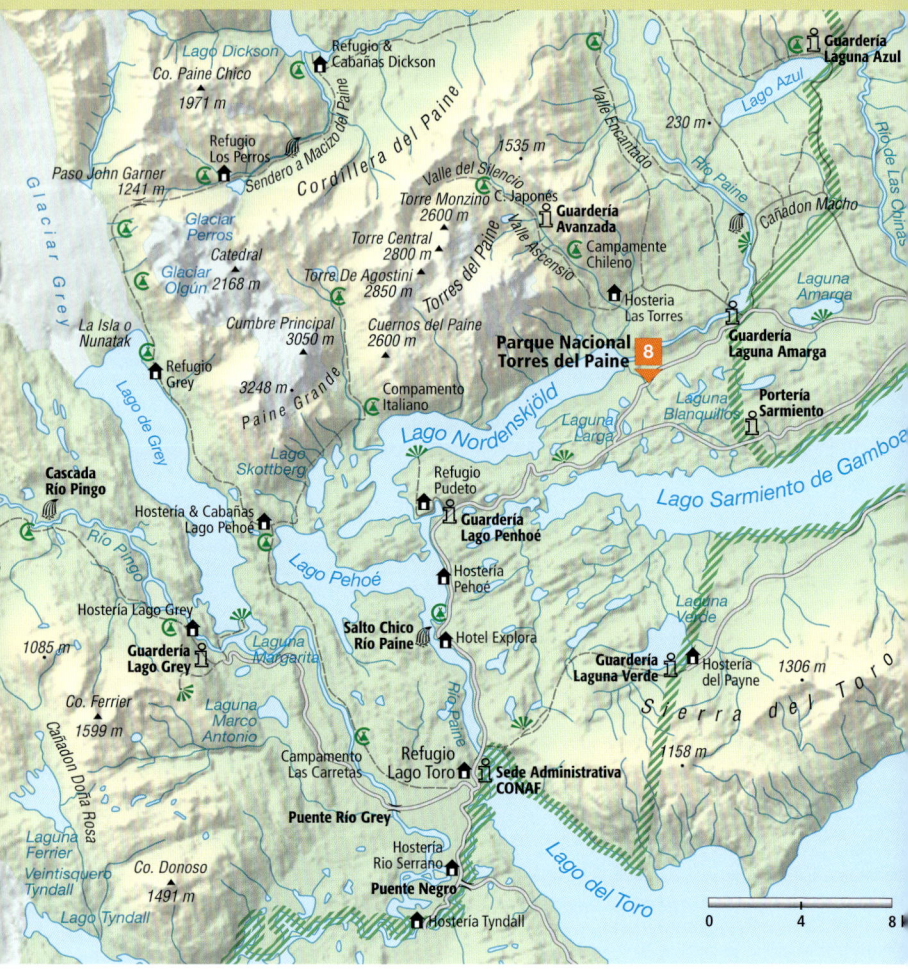

der *cuernos* wurden durch Gletscher ausge-schliffen. Gut sichtbar bettet sich der Glaciar Francés zwischen die Falten des östlichen Abhangs des **Paine Grande** (3248 m). Schneefelder schraffieren das Labyrinth der Hänge.

Auch die Täler sind von großem Reiz. Sämtliche Flüsse und Seen gehen auf die Gletscherschmelze zurück. Der wichtigste Fluss im Park, der **Río Paine,** entspringt dem Dickson-Gletscher und knüpft eine Perle an die andere: Wasserfälle unterbrechen eine

Seenplatte, deren Farbenspektrum der Aus-lage eines Juwelenladens Konkurrenz ma-chen könnte. Von Nordwesten züngelt der **Grey-Gletscher** aus dem Campo de Hielo Sur in den Park, dessen mit blau schim-mernden Eisbergen besetzter See zu den reizvollsten Kurzwanderzielen zählt.

Da hier die Pazifikwinde ungehemmt an die Andenkordillere prallen, regnet es häufig, und die Windgeschwindigkeit erreicht schnell 120 km/h. Die Wetterwechsel sind erheblich; ein Tagesverlauf kann alle vier Jahreszeiten durcheilen. Dichte Nebel und Wolkenbildungen trüben mitunter tagelang die Sicht. Auch im Südsommer kommt es zu Graupelschauern, dafür aber hat sich hier ein Mikroklima etabliert, das wesentlich höhere Temperaturen erzeugt als vergleichbare Lagen auf dem übrigen Festland.

Erstaunte Parkwanderer werden allerorten über die Herden von Guanakos stolpern, und auch die Ñandús und die *bandurrias* mit ihren kurios gebogenen Schnäbeln haben ihre Scheu vollständig verloren – ganz im Gegensatz zu vielen anderen Vogelarten, derer es 115 im Park geben soll. Einzig Blaubussarde und Wasservögel sind leicht zu beobachten. Mit etwas Glück kann man einen Huemul, einen Magellan-Specht oder einen Kap-Hasen sehen.

Jede Höhenlage zwischen 20 und 3050 m wird durch ein besonderes Pflanzenkleid ausgewiesen. Der magellanische Wald setzt sich aus verschiedenen Südbuchenarten zusammen, es gibt die typischen Strauchgewächse der Anden, wie die Berberitze, den *calafate* und die nach Honig duftende *ñirre,* die aus verschiedenen Moosarten bestehende und mit Veilchen- und Orchideenblüten besternte *tundra Magallánica* und in den oberen Höhen inselhafte Strauchvegetation. Sehr schön ist der feuerrot blühende Feuerbusch.

Die besten Standorte

Wer nicht mit dem eigenen Wagen anreist, kann von den Wandermöglichkeiten im Umkreis der gewählten Unterkunft profitieren. Der Komplex um *hostería, refugio* und Camping **Las Torres,** in der Nähe der Eingangsstation Laguna Amarga, bietet sich als Standort für alle Torres-Besteiger an, denn von dort aus sind es etwa acht anstrengende, aber sehr abwechslungsreiche Stunden zu den beiden Basislagern.

Weiter im Parkinnern gelegen, ermuntert die Hostería Pehoe zu kurzen Spaziergängen zu zwei Wasserfällen und zum Aussichtspunkt Pehoe sowie zur Bootsfahrt über den grün schimmernden **Lago Pehoe,** die bei unruhigem Wetter allerdings nicht unternommen wird.

Am gegenüberliegenden Ufer des Sees, zu Füßen der Cuernos del Paine, liegt das gut ausgestattete *refugio* und Camping Pehoe; von dort aus rechnet man etwa zweieinhalb Stunden entlang des Lago Skottsberg mit einer grandiosen Sicht auf den Paine Grande zur Spitze des Glaciar Francés.

Der **Valle del Francés,** ein typisches Gletschertal zwischen dem Paine Grande und den Cuernos del Paine mit leuchtend grünen Flecken dichter Wälder, erschließt eine etwa achtstündige Wanderung (hin und zurück zum Campamento Británico). Starke Winde und die Überwindung einiger Steilabhänge machen sie beschwerlich und anstrengend.

Eine weitere Option bietet der **Lago Grey.** Von der Hostería Lago Grey zweigen mehrere Wanderrouten ab, eine beliebte Minitour führt am Eisfeld des gleichnamigen Gletschers und am Seeufer entlang. Pferde können in den Hosterías Grey, Río Serrano, Lazo und Las Torres gemietet werden. Ein umfangreiches Ausflugsprogramm mit eigenen Bussen bietet das Hotel Explora am Lago Pehoe an.

Wanderungen im Park

Die Conaf-Administrationen an der Laguna Amarga und an der Posada Río Serrano sowie an der Laguna Azul registrieren die Parkbesucher; wer zu mehrtägigen Wanderungen aufbricht, muss sich hier vorher anmelden. Der Circuito Torres del Paine beispielsweise umrundet innerhalb von sieben Tagen das gesamte Paine-Massiv. Ausgangspunkt ist die Guardería Laguna Amarga am Parkein-

Tipp: Unterkunftsbuchung

Der **Parque Nacional Torres del Paine** hat auch im chilenischen Winter seine Reize, doch sollte man sich vorab erkundigen, welche Unterkünfte das ganze Jahr über geöffnet haben. Will man in der Hochsaison anreisen, sollte man unbedingt rechtzeitig reservieren!

aktiv unterwegs

Gletscherfahrt in den Nationalpark Torres del Paine

Tour-Infos

Start: Puerto Natales **6** (s. S. 275)
Dauer: 4 Std.
Wichtige Hinweise: Die Organisation übernimmt 21 de Mayo, Eberhard 560, Tel./Fax 61-41 19 78, www.turismo21demayo.cl. Weitere Anbieter s. S. 287.

Das Wetter sollte schon mitspielen, sonst wird es eine ziemliche Schaukelpartie: die Bootsfahrt des Kutters ›21 de Mayo‹ von Puerto Natales aus über den Seno Última Esperanza zu den beiden Gletschern Balmaceda und Serrano. Auch bei Regen ist sie imposant, aber nur halb so schön. Die Fahrt entführt in ein Labyrinth aus Wasser und Eis, gleitet vorbei an schillernd bewaldeten Bergrücken. Bereits von der Costanera in Puerto Natales sieht man die beiden Gletscher Balmaceda und Serrano vielversprechend in der Ferne aufblitzen. Sie liegen etwa 60 km nordwestlich des Ortes und sind Ausläufer des Campo de Hielo Sur. Die Aussicht ist fast durchgehend traumhaft, weil man auf die Gletscherkulissen zusteuert. Schwarzhalsschwäne und zahlreiche weitere Seevögel begleiten die Fahrt.

Die Bootsanlegestelle Puerto Toro markiert den südlichsten Punkt des nahezu unerforschten Parque Nacional O'Higgins. Seine 35 000 km^2 erstrecken sich über die zahllosen unbewohnten Inseln entlang der Carretera Austral, ein Refugium des Huemul-Hirsches (s. S. 257). Von der Bootsanlegestelle am Ende des Sunds nimmt man den Pfad zum See des Serrano-Gletschers und sieht mit ein wenig Glück die majestätischen Cuernos del Paine in der Ferne schimmern. Von hier aus geht's wieder zurück nach Puerto Natales. Einige Reiseveranstalter bieten auch an, auf ein Tragflügelboot zu wechseln und den Río Serrano hinauf zum Nationalpark Torres del Paine zu fahren; übernachtet wird dann in der Hostería Río Serrano. Ein Besuchsprogramm des Nationalparks lässt sich gleich anschließen – das ist eine super schöne Alternative zum Landweg.

Immer ein Abenteuer: eine Bootsfahrt in die magellanische Gletscherwelt

gang, dann folgt der Weg dem Río Paine flussaufwärts zum Lago Paine und dem Lago Dickson, klettert auf den Paso John Gardner hinauf und endet am Glaciar Grey. Die anstrengende und anspruchsvolle Wanderung führt durch teils schwieriges Gelände und erfordert entsprechende Kondition und Kenntnis.

Die W-Wanderung

Diese Tour zählt zu den anstrengendsten, die man im Park machen kann und erstreckt sich am Südrand der Torres. Aus der Vogelperspektive sieht sie wie ein ›W‹ aus. Man beginnt an der Hostería Las Torres und wandert zum Valle Francés und zur Base Las Torres (s. rechts), von der aus man einen sagenhaften Blick auf die Türme hat. Vom Refugio Paine Grande läuft man zum Grey-Gletscher – auch das eine abwechslungsreiche Route mit grandiosen Ausblicken. Die Tour nimmt fünf Tage in Anspruch, alle Unterkünfte (Schutzhütten) muss man im Voraus buchen.

Infos

Niederlassungen der staatlichen Forstbehörde **Conaf** liegen leicht erreichbar an der Laguna Amarga, der Laguna Verde, dem Lago Sarmiento, dem Lago Pehoe, dem Lago Grey und an der Laguna Azul, die Sede Administrativa mit kleinem Naturkundemuseum und einem Relief der Torres del Paine befindet sich gegenüber der Posada Río Serrano an der Endhaltestelle der Busse von Puerto Natales; es gibt sechs weitere Stationen im Park.

Übernachten, Aktiv

Luxus ▶ Explora Hotel Salto Chico: Sector Salto Chico, Tel. in Santiago: 2-395 25 33, www.explora.com; 50 Zi. Das luxuriöseste Haus unter den hiesigen Hotels, innen toll, von außen nicht so schön, All-Inclusive-Packages auch über viele deutsche Reiseveranstalter buchbar.

Viehfarm mit Programm ▶ Lodge Cerro Guido: 40 km nördlich des Eingangs Laguna Amarga, Tel. in Santiago 2-196 48 07, www.cerroguido.cl. Ein funktionierender Estancia-

Betrieb mit eigenem Ausflugsprogramm. Reiten, Kajak und natürlich verschiedene Programme in den Nationalpark Torres del Paine. Nur in Packages von 1990 US-$ für vier Tage mit vollem Programm und allen Mahlzeiten buchbar.

Modernes Hotel ▶ Hotel Río Serrano: beim gleichnamigen Fluss am Parkeingang, Tel. 61-240528, www.hotelrioserrano.cl. Großzügiges, modernes Hotel im zurückhaltend rustikalen Stil, mit eigenem Ausflugsangebot, nur in Packages buchbar. Für drei Tage mit Vollpension und Program ab 1000 US-$.

Das Einzige am Grey-Gletscher ▶ Hostería Lago Grey: Lago Grey, Tel./Fax 61-41 01 72, www.lagogrey.cl; 30 Zi. Die einzige Unterkunft am Lago Grey liegt wirklich erstklassig. Die Fenster blicken auf den Grey-Gletscher und den eisbergbesetzten Fluss. Es gibt sehr ordentliche und gepflegte Zimmer; außerdem wird ein eigenes Ausflugsprogramm angeboten. DZ 250 US-$.

Ehemalige Hacienda ▶ Hostería Las Torres: westl. der Laguna Amarga, Sector Almirante Nieto, in Punta Arenas Tel./Fax 61-36 36 36, www.lastorres.com; 29 Zi. Die Hacienda liegt unterhalb der Torres del Paine in einem 5900 ha großen Park und verfügt über elegant-rustikal gestaltete Aufenthaltsräume, Zimmer z. T. im alten Estancia-Gebäude. Aufsehen erregend gute Küche, zuvorkommendes Personal, eigenes Ausflugsprogramm. Ungewöhnlich: Tagesausflüge zu Schäfern, Mitarbeit im Stall möglich, Lamm-Grillabend. DZ 180 US-$.

Toll gelegen ▶ Hostería Pehoe: km 387 Ruta 9 Norte, Tel. 2-395 25 33 (in Santiago), www.pehoe.com, 32 Zi. Unschlagbare Lage unterhalb der Cuernos del Paine auf einer Insel im Lago Pehoe, doch enttäuschen Zimmer und Anlagen ein wenig; es wird ein eigenes Ausflugsprogramm angeboten. DZ 175 US-$.

Heimelig ▶ Hostería Lago Tyndall: Sector Río Serrano, Tel. 61-61 46 82, www.hoteltyndall.cl; 24 Zimmer und fünf Bungalows in malerischer Umgebung. Mit heimelig eingerichteten, aber recht kleinen Zimmern; umfangreiches Ausflugsangebot, eigenes Refugio. DZ 170 US-$.

Attraktiv ▶ Hostería Mirador del Payne: Tel. 61-22 87 12 u. 61-22 69 30, Calle Fagnano 585, in Punta Arenas, hosteria@miradordelpayne.com; 20 Zi. Gästehaus der Rinder-Estancia Lazo, originelle und praktisch eingerichtete Zimmer. Wer Lust hat, kann auf der Farm mithelfen, eigenes Ausflugsprogramm, Trekken, Reiten, Sportfischen. DZ 160 US-$.

Solide ▶ Posada Río Serrano: km 339, Ruta 9, Norte, Tel. 61-41 29 11; 6 Zi. Abgesehen von den Schutzhütten (s. u.) ist dies die preiswerteste Übernachtungsmöglichkeit im Nationalpark. Den Gast erwarten einfache Zimmer, z. T. Gemeinschaftsduschen, alles recht ordentlich. DZ 74 000 CLP.

Igluzelte mit Umweltzertifikat ▶ Ecocamp: Tel. 2-232 98 78 (in Santiago), www.cascada.travel. Igludorf mit Umweltmanagement-Zertifikat in der Nähe der Hostería Las Torres. Die Standardzelte haben 4 m Durchmesser bei 2 m Deckenhöhe; mit Bad. Bieten Pakete mit Ausflügen an.

Schutzhütten und Campingplätze

Es gibt zwölf Schutzhütten *(refugios)* und ebenso viele Campingplätze im Park, in teilweise landschaftlich wunderschöner Lage; die Ausstattung variiert stark.

Die *refugios* und Campingplätze bei der Hostería Las Torres und der Posada Río Serrano haben Minimärkte und sind entsprechend teuer.

Zwei weitere Lodges mit Campingplätzen liegen 3 bzw. 5 km von der Hostería las Torres entfernt. **Chilean Camp Lodge** (36 Zi.) und **Los Cuernos Lodge** (28 Zi.), beide sind im Landhausstil mit viel Holz und Glas gehal-

Reizvolle Alternative zur Wanderung: die Erkundung des Nationalparks zu Pferd

ten (8000–11 000 CLP/Pers., Vollpension zusätzlich 21 000 CLP; Camping 2000 3000 CLP/Pers., Zelt- und Schlafsackverleih). Informationen bei der Agentur Fantástico Sur, Magallanes 960, 2. Stock, Punta Arenas, Tel. 61-36 03 61.

Die **Refugios Grey** und **Dickson** organisiert man über Andescaper in Puerto Natales, www.andescape.cl, Tel 61-41 25 92. **Vértice Patagonia** organisiert die Übernachtungen in der **Lodge de Montaña Paine Grande** für 70 US-$ Vollpension, 35 US-$ nur für die Übernachtung, Tel. 61-61 35 50, www.verti cepatagonia.cl.

Essen & Trinken

Von ausgezeichnet bis einfach ▶ Top-Restaurants gibt es in der Hostería Las Torres und im Hotel Explora (s. S. 285) gute Kost in den übrigen Unterkünften; das Res-

taurant in der Posada Río Serrano ist recht einfach.

Einkaufen

Kunstgewerbeladen ▶ Bei der **Conaf-Verwaltung,** gegenüber Posada Río Serrano.

Aktiv

Über die vielfältigen **Wander- und Trekkingtouren** informieren die Mitarbeiter der Conaf. Die ausführlichste Information erhält man in der Sede Administrativa. Wer klettern will, braucht eine Genehmigung der Dirección de Fronteras y Límites del Ministro de Relaciones Exteriores Difrol, Bandera 52, Santiago Tel. 2-671 41 10, www.difrol.cl.

Viele Reiseveranstalter haben Torres del Paine im Programm; empfehlenswert sind: **Touren ▶ Azimut 360:** Gral. Salvo 159, Providencia, Santiago, Tel. 2-236 38 80, in Puerto Natales: Ovejero 770, Tel. 61-41 04 08, www.azimut360.com.

Naturtouren ▶ Protours: Walker Martínez 430, Puerto Varas, Tel. 65-23 49 10, www. protours.cl. Engagierte und kompetente Veranstalter für Touren in die Natur.

Bergsteigen und Trekking ▶ Moser active Patagonia: s. S. 279.

Hoch zu Ross ▶ Reiten: Pferde können an der **Hostería Las Torres** (kleinere Ausritte, auch Halbtagesritte) und an der **Estancia Lazo/Mirador del Payne** (Pferdetrekking, Ganztagesausflüge) gemietet werden.

Geländewagentouren ▶ Buchbar bei allen Hotels (Ganztagesausflüge).

Verkehr

Busse: Start- bzw. Endpunkt der Verbindungen nach Puerto Natales ist die Conaf-Administration, bei der Posada Río Serrano; Abfahrt von Puerto Natales tgl. gegen 7.30 Uhr, Ankunft etwa gegen 11 Uhr bei der *guardería* an der Laguna Amarga; Stopps bei allen *hosterías* (außer Estancia Lazo/Mirador del Payne und Hostería Lago Grey) und bei Bedarf auch an der Straße; Rückfahrt von der Conaf-Verwaltung gegen 14.30 Uhr, aber man sollte sich auf jeden Fall besser vorher erkundigen, da die Zeiten variieren können!

Feuerland

Die Insel im äußersten Süden Amerikas verwirrte mit ihrem eisenoxidhaltigen Sand die Magnetnadeln der ersten Seefahrer. Diese verfingen sich zwischen zersplitterten Steilküsten, Halbinseln, grünen Buchten und ellipsenförmig aus dem Meer aufstrebenden Bergzinnen. Wunderbar: Feuerland verspricht auch heute noch Abenteuer und Wildnis.

Charles Darwin hat auf seiner 1829 unternommenen ›Reise um die Welt‹ seine Eindrücke von Feuerland unmissverständlich dargelegt: Die indianische Bevölkerung galt ihm als zweitklassig. Sein vernichtendes Urteil über deren ›Zivilisationsgrad‹ passte sehr gut zu den menschenverachtenden Ideologien der kaufkräftigen späteren Herren des Landes, die es mit ihren Schaffarmen bedeckten. Doch bis 1879 der chilenische Marineleutnant Ramón Serrano Montaner Feuerland auf seine Verwertbarkeit hin untersuchte, blieb es unberührt von den Kolonisationseffekten der Europäer.

Starke Gegensätze kennzeichnen die Landschaft Feuerlands: Überthronen im Süden Gletscherspitzen steile, dicht bewaldete Täler, so dehnt sich im Norden der Horizont endlos in die Ferne. Genau so sah es auch im Süden von Magallanes aus: Der hatte sich schnell den Viehzüchtern empfohlen. Verschiedene Gesellschaften unter Führung der bereits bekannten Familien Menéndez, Nogueira und Braun, die sich dort goldene Nasen verdienten, richteten auf Feuerland ihre *estancias* und *fundos* ein. Die Konsequenz war grausam, denn die Gesellschaften ließen die indianische Urbevölkerung abschlachten, weil sie ihnen im Wege stand. Offizielle Begründung: Die an Privateigentum nicht gewöhnten Nomaden hatten sich durch die Zäune geschlichen und Schafe gestohlen. Als der Breslauer Pfarrer und Anthropologe Martin Gusinde 1920 Feuerland erreichte, traf er noch 276 überlebende Selk'nam an, alle anderen waren in einem Zeitraum von nur 30 Jahren getötet worden oder eingeschleppten Krankheiten erlegen.

Es ist bestimmt nicht übertrieben zu sagen, dass es das Verdienst von Martin Gusinde war und ist, uns überhaupt mit Bildern von der Lebensweise der Ona und Yaghan versorgt zu haben. Mit seinen ethnologischen Forschungen gewann er das Vertrauen der Gruppen, die ihn sogar ihre Zeremonien fotografieren ließen und ihn persönlich in die Riten einweihten. Diese Bilder sind ein unermesslicher Schatz, denn heute gibt es keine Überlebenden mehr.

Erst von der Mitte der 1960er-Jahre an enteignete die chilenische Regierung die Wollbarone und verteilte das Land an Kleinzüchter, die sich in Kooperativen organisierten. Der Großgrundbesitz existierte weiter, selbstverständlich in einem anderen Rahmen. Wenn man heute auf einen *estanciero* trifft, dann entsteht nicht der Eindruck, einen überheblichen Lackschuhträger vor sich zu haben, sondern einen, der mit anpackt. Seit 1955 wird Erdgas gefördert, der Staat erleichtert mit Steuervergünstigungen den Zuzug von Firmen; und so zieht der Arbeitsmarkt die Chilenen hinunter in den tiefen Süden.

Porvenir ► H 43

Karte: S. 291
Von Punta Arenas erreicht man die gut 5000 Einwohner zählende Verwaltungshauptstadt

Porvenir [1] mit der Fähre oder einem Klein-flugzeug. Das Schönste an dem Ort ist seine Lage an einer sanft geschwungenen Bucht mit lang gezogener Mole – besonders reiz-voll im gleißenden Licht der Südsonne. Die Küstenlinie bevölkern grazile Schwarzhals-schwäne und rosa Flamingos.

Umgeben von windigen Steppen, be-herrscht ein mutiger Wille zur Schönheit die Ortschaft. An der Costanera wurden ganze Inseln aus widerstandsfähigen Sträuchern gepflanzt, und zu Hauben und Ellipsen be-schnittene Bäume umstehen die Plaza de Armas. Die Straßen von Porvenir sind blitz-sauber, die pastellfarbenen Häuser gepflegt. Aus Zink und Holz gebaut, erinnert die Kirche an die Konstruktionen um den Lago Llanqui-hue – auch sie eine echte Einwandererkirche.

Museo Provincial Tierra del Fuego

Das sehenswerte und liebevoll ausstaffierte **Museo Provincial Tierra del Fuego** blättert die Provinzgeschichte auf: Hochinteressante Stationen sind die Selk'nam und Yamana, die Goldsuche und -funde und die Schaffarmen. Eine Ahnengalerie zumeist jugoslawischer Einwanderer bedeckt die Wände, für jeden wurde eine Biografie erstellt. Sogar die Kopie eines Gemischtwarenlädchens ist aufgebaut worden. Ein komplettes Walskelett gehört zu den neuesten Errungenschaften und baumelt unübersehbar im zweiten Stock (Padre Mario Zavattaro 402, Tel. 61-581 18 00, www.muniporvenir.cl, Mo–Do 9–17, Fr 9–16, Sa/So 10.30–13.30, 15–17 Uhr).

Infos

Información Turística: Mario Zavattaro 402, Tel. 61-58 00 94. Freundliche Auskünfte und ein wenig Prospektmaterial in Pionierqua-lität.

Übernachten

Schön ▶ Hostería Yendegaia: Croacia 702, Tel. 61-58 19 19; 8 Zi. Alles ist schön in Gelb gehalten – von der Fassade bis zu den Wän-den, einfache, helle und nett eingerichtete Zimmer. DZ 50 US-$.

Tipp: Unterwegs mit Juan Bahamonde

Juan Bahamonde kennt Tierra del Fuego wie seine Westentasche, und als passionierter Fi-scher und Taucher weiß er auch um die bes-ten Plätze fürs **Angeln.** Ihm und seinen **Tou-ren** kann man sich getrost anvertrauen, z. B., wenn es an den idyllisch gelegenen Lago Blanco geht (s. S. 291). Außerdem haben er und sein Kompagnon Rundreisen, Delfinbe-obachtung, Ausritte, Estancia-Besuche, Gletscherfahrten, Fliegenfischen und **wei-tere Ausflüge** ins unbekannte Feuerland im Programm (mobil 9-888 63 80, www.cordilleradarwin.com).

Gepflegt ▶ Hotel Rosas: Philippi 269, Tel. 61-58 00 88; 6 Zi. Sauber und gepflegt, die Zimmer sind allerdings ein wenig düster. DZ 21 000 CLP. Gutes Restaurant.

Heimelig ▶ Hotel Central: Philippi/Croacia, Tel. 61-58 00 77; 6 Zi. Gutes Preis-Leistungs-Verhältnis; sehr gemütliche, etwas altmodi-sche Zimmer, was aber sehr gut zu der oft rauen Umgebung und dem Wetter passt. Aus-gezeichnetes Frühstück. DZ 16 500 CLP.

Familiär ▶ Hospedaje Shinka: Santos Mardones 333, Tel. 61-58 04 91; 7 Zi. Ge-mütliche Unterkunft für den kleinen Geld-beutel, die Zimmer (mit und ohne Bad) sind in freundlichen Farben gehalten. 7000 CLP pro Pers.

Essen & Trinken

Ganz gediegen ▶ Club Social Croata: Se-ñoret 542, Tel. 61-58 00 53. Ganz gediegene Atmosphäre, die Spezialitäten sind Fisch und Meeresfrüchte. Kleine Gerichte ab 3000 CLP.

Hausmannskost ▶ Restaurant El Chispa: Señoret 202, Tel. 61-58 00 54. Ein ganz schlichtes Restaurant um einen Bullerofen, mit deftiger Hausmannskost wie Lammein-topf für 4500 CLP.

Treffpunkt ▶ South End Café: Riobo 21. Eher ein Restaurant als ein Café, serviert fri-schen Lachs und gute Meeresfrüchte.

Verkehr

Flüge: Aerovías Dap, Señoret s/n (Costanera), Tel. 61-58 00 89, www.aeroviasdap.cl; fliegt Mo–Sa nach Punta Arenas.

Busse: tgl. außer So Busse von Punta Arenas nach Río Grande (Arg.), die über Porvenir und San Sebastián fahren.

Fähren: Barcaza Melinka, Señoret s/n (Costanera), Tel. 61-58 00 89; tgl. Fährverbindung nach Punta Arenas. Ferry Bahía Azul–Punta Delgada, zwischen 8.30 und 21.30 Uhr.

Von Porvenir zum Lago Fagnano ▶ H–K 43/44

Karte: rechts

Von Porvenir gelangt man auf geschotterter, fahrerisch anspruchsvoller Strecke zum **Río de Oro,** dem ›Goldfluss‹, an dem noch immer Goldwäscher leben und arbeiten. Einige im weiten, leicht welligen Gelände verteilte *dragas* (Goldwaschanlagen) sind restauriert worden und dokumentieren damit eine vergangene, sehr raue Episode in der Geschichte der Insel. Nur noch wenige Goldwäscher gehen dieser Berufung nach – denn eine Berufung muss man schon dafür empfinden, will man in dieser oft von eisigen Winden und Regenstürmen beherrschten Ödnis nach dem wenigen Gold suchen, das noch übrig geblieben ist.

Die Route geleitet ein Stück die **Bahía Inútil** entlang, wo sich früher ausgedehnte Schaffarmen erstreckten. Die ›nutzlose Bucht‹ verdankt ihren Namen den mühseligen Suchfahrten der Expedition unter Fernando Magallanes, eine Ost-West-Passage zwischen dem Atlantik und dem Pazifik zu finden – diese große, ellipsenförmige, flache Bucht führte auf dem Weg zum Pazifik zweifellos in die Irre.

Wer einmal die Bahía Inútil vor der Kulisse der Sierra Carmen Sylva umrundet, die der berühmteste und skrupelloseste aller Goldsucher, Julius Popper, als Hommage an seine rumänische Königin so taufte, hat die ehemaligen Besitzungen der Sociedad Explotadora de Tierra del Fuego von José Nogueira in

Augenschein genommen. Sie sind einfach riesig! Nach 103 km ist der Sektor **Onaisín** [2] erreicht, das aus der 1893 gegründeten Estancia Caleta Josefina entstand. Die monotone Steppenlandschaft wird von riesenhaften Steinformationen unterbrochen, die ehemals bis zum Meer reichende Gletscher hier deponierten.

Ein Zaun weist in dieser Einsamkeit auf den **Cementerio de los Ingleses** hin, in dem Steinplatten und -stelen einiger gegen Ende des 19. Jh. verstorbener Engländer gedenken, Pioniere auf dem Gebiet der Schafzucht. Auch eine Frau ist unter den Begrabenen. Der kleine, von Gras und Klee überwucherte Friedhof ist heute *Monumento Nacional*. Viehwirtschaften regierten einst das Land; es gab keine Schule, keine Kirche, kein Dorf, keinen Laden, keine Kneipe. Das Gemeinschaftsleben wurde auf den Farmen selbst geregelt. **Camerón** [3] zeigt das deutlich, denn das Dörfchen mit seinen farbig gestrichenen, einfachen Holzhäusern besteht praktisch aus dem ehemaligen Verwaltungssitz einer Schaffarm – mit Laden, Schule und Kirche.

Übernachten, Essen

Alles in einem ▶ Im **Supermercado Patyta** in Camerón kocht Señora Ruth ausgezeichnet, und dort kann man auch übernachten.

Lago Blanco und Lago Fagnano

Danach ist der **Cordón de los Guanacos** [4] erreicht, und Herden dieser grazilen Tiere stürmen immer wieder an den Straßenrändern entlang und verlieren sich in den Sommerweiden der Schafe. Die Nutztiere werden im Winter hinunter an das Meerufer getrieben, denn dann fällt Schnee auf Feuerland und erschwert die Nahrungssuche.

Die Landschaft ändert sich, Südbuchenwälder und Calafatesträucher rahmen den Weg, die Parasitenpflanze *Barba de Viejo* tropft spinnwebfein von den Ästen. Um den dunkelblauen **Lago Blanco** [5] herum beginnen auch die federnden *turbales,* die Torfmoore, in denen sich die verschiedenen Vegetationsschichten mit Wasser vollgesogen

haben und auf denen man wie auf Polstern geht. Im Sommer blühen allerorten magellanische Fuchsien, dazu Margariten und Klee auf den Wiesen. Der von Bergen gefasste idyllische Lago Blanco mit seiner **Isla Victoria** in der Mitte ist voller guter Fischgründe, und wenn genug Platz vorhanden ist, kann man im Club der Sportfischer an der Südseite des Sees übernachten (Tel. 61-24 11 97).

Hinunter zum **Lago Fagnano** ⑥ geht es durch Estancia-Gelände. *Esquiladoras,* die Schafscherhallen, und Sägewerke begleiten den Weg. Die Strecke befindet sich noch im Bau. Zurzeit ist die Fahrt dorthin anstrengend, aber – bei gutem Wetter – wunderschön: Die vergletscherte Darwinkordillere grüßt über die grüne Seelandschaft.

Puerto Williams ▶ K 44

Karte: oben

Am Ufer des **Beagle-Kanals** liegt die Hauptstadt und der Verwaltungssitz des chilenischen Teils der Antarktis, das von dicht bewaldeten Bergen gerahmte **Puerto Williams** ⑦. Den Besuch versüßt die Gewissheit, nun wirklich am südlichsten Zipfel bewohnten Landes angekommen zu sein, denn auch das argentinische Ushuaia ist auf der gegenüber-

Feuerland

Mitten durch den Beagle-Kanal verläuft die Grenze zu Argentinien

liegenden Küste platziert. Der Weg allerdings ist wesentlich attraktiver als das Ziel, besonders, wenn man bei gutem Wetter mit dem Flugzeug über die Darwinkordillere oder mit dem Schiff über den Beagle-Kanal anreist. Die Bewohner des Ortes ernähren sich wie ihre Nachbarn auf argentinischer Seite vom Fang der *centolla,* der nur teuer zu erwerbenden Seespinne. Interessant ist der **Museo Martín Gusinde,** in dem die Arbeit des Anthropologen und Missionars (s. S. 288) mit den Selk'nam dokumentiert wird und Exponate zur Naturgeschichte ausgestellt sind (Di–Fr 10–13, 15–18 Uhr, Sa, So nur vormittags, Eintritt frei).

Man kann Puerto Williams auch gut als Sprungbrett für spannende Ausflüge nutzen, etwa für einen Flug oder eine Schiffspassage zum Kap Hoorn, für Trekkingtouren auf der Isla Navarino oder auch für Angel- und Reitausflüge.

Infos

Oficina de Turismo Municipal: O'Higgins 189.

Conaf: Carabinero Mario Leal 106, Tel. 61-621 3 03.

Übernachten

Komfort-Lodge ▶ Hotel Lakutaia: Teniente Muñoz 118, Tel. 61-62 10 92, 24 Zi. Außen strahlend gelbes Holz, innen behaglich eingerichtete Zimmer und gemütliche Aufenthaltsräume, Bibliothek und Restaurant. Das DZ kostet etwa 200 US-$.

Freundlich ▶ Hostal Akainij: Austral 22, Tel. 61-62 13 27, www.turismoakainji.cl. Warme, kleine, blitzsaubere Zimmer, gutes Essen und Organisation von Wanderungen, Trekking- und Reittouren, Bootsauflügen. Die DZ kosten 30 US-$.

Super ▶ Hostal Refugio Coiron: Maragano 168, Tel. 61-62 11 50; 8 Zi. Gemütliche Un-

terkunft, Gemeinschaftsbäder, Küchenbenutzung; sehr freundlicher und effektiver Service, eine Empfehlung. Ca. 15 US-$ pro Pers.

Essen, Ausgehen

Ein paar Tipps ▶ Restaurants gibt es an der Costanera, und die Bar am Hafen von Puerto Williams, der **Club de Yates Micalvi,** ist eigentlich eine ausgediente Fähre.

Aktiv

Naturpfad mit Wanderlehrpfaden ▶ Parque Etnobiológico Omora.

Touren ▶ Es existiert eine Vielzahl von Möglichkeiten, diesen besonderen Teil Feuerlands zu erkunden, z. B. auf Reit-Exkursionen oder Wanderungen. Neben den genannten Unterkünften vermitteln Anbieter oder Veranstalter auch selbst Erkundungstouren.

Unterwegs zum Kap Hoorn ▶ Turismo Navarino: im Centro Comercial, Tel. 61-62 10 50. Veranstaltet Exkursionen; auch Buchung von Flügen, z. B. zum Kap Hoorn (Cabo de Hornos). Ab Punto Arenas, s. auch S. 274.

Vielseitig ▶ SIM Adventures: Maragaño 168, Tel. 61-62 11 51, Fax 61-62 12 27, www.simltd.com. Tagestouren, Trekking, Transporte, Aufsehenerregendes wie Törns zum Kap Hoorn, Trekking über die Darwinkordillere und Bootsfahrten auf dem Beagle-Kanal und in die Antarktis, deutsch- und englischsprachig.

Verkehr

Flüge: DAP fliegt tgl. außer So nach Punta Arenas; in der Hochsaison Reservierung ratsam.

Fähren: Fuegino, wöchentl. Verbindung mit Punta Arenas (Dauer: ca. 36 Std.), frühzeitige Vorausbuchung notwendig. Fähre El Patriota nach Ushuaia, tgl.

Sonnenuntergang am Pazifik:
ausgewaschene Felsküste bei Chañaral.

Kapitel 5

Der Kleine Norden

Der Kleine Norden besticht durch einen landschaftlichen Dreiklang: Rund 70 % aller chilenischen Sechstausender findet man zwischen La Serena und Chañaral! Der Ojos del Salado (6893 m) gehört dazu, der höchste Berg Chiles, gefolgt von einem ganzen Reigen weiterer Riesengipfel an der Grenze zu Argentinien. Einer liegt fantastischer als der andere und die blanke, bunte Wüstenlandschaft mit ihren im Sonnenlicht schillernden Lagunen verzaubert. Der Kontrapunkt liegt an der Küste, an der sich feinsandige Strände über viele Kilometer ziehen.

Die fruchtbaren Flussoasen des Kleinen Nordens haben einen ganz besonderen Reiz. Wie grüne Bänder durchziehen sie die Sand-, Gold- und Anthrazit-Schraffierungen der nackten Berg- und Hügellandschaften, hier erblühen die Obstgärten der Region. Der Valle del Elqui ist zudem ein Ziel für Astronomiefans. Im Tal hat sich eine gute, alternativ angehauchte touristische Infrastruktur herausgebildet. Ein weiteres Naturphänomen macht den Kleinen Norden unverwechselbar: die blühenden Wüsten nach herbstlichen Regenfällen, die eng an das Wetterphänomen El Niño geknüpft sind.

Im Kleinen Norden Chiles beginnt die klassische Minenregion des Landes. Die koloniale Besiedlung gehorchte dem Zufall: War eine Mine oder fruchtbarer Boden entdeckt, wuchsen Städtchen, entstanden ein Hafen, eine Verwaltung, eine Kirche. Diaguita, Chango und später die Inka schätzten die Fruchtbarkeit des Bodens.

Der Kleine Norden

Sehenswert

La Serena: Das Zentrum von La Serena strahlt Kolonialästhetik aus, dazu gibt's eine sehr hübsche Plaza, interessante Museen und feine Sandstrände (s. S. 298).

Barrio Inglés: Das englische Viertel in Coquimbo ist restauriert und herausgeputzt worden. Tagsüber schön zum Schlendern, abends zum Ausgehen klasse (s. S. 305).

Sternwarte El Pangue: Eine fabelhafte Gelegenheit, den südlichen Sternenhimmel kennenzulernen (s. S. 310).

9 ▼ **Parque Nacional Tres Cruces:** Voller Sechstausender-Gipfel, einsam und zauberhaft: der Nationalpark umschließt den Ojos del Salado, den höchsten Berg Chiles (s. S. 319).

Schöne Routen

Durch den Valle del Elqui: Die Kontraste zwischen sattgrünem Tal und steil aufsteigenden Halbwüstenbergen sind schlicht grandios. Malerisch gelegene Dörfchen, Pisco-Destillerien, Observatorien, dazu gute Wander- und Reitmöglichkeiten in die Anden – und ein Besuch des Geburtsortes der Literaturnobelpreisträgerin Gabriel Mistral (s. S. 307).

Zum Ojos del Salado und an die Küste: Gemächliche Landschaftswechsel und dann plötzlich eine Szenerie wie aus einem surrealen Traum: bunt gestreifte, mit Schnee bedeckte Berge und dunkelblaue Lagunen. Die Route erreicht 4500 Höhenmeter. Zum Abschluss: der Nationalpark Pan de Azúcar mit feinem weißem Sandstrand (s. S. 317).

Parque Nacional Pan de Azúcar

Chañaral

Zum Ojos del Salado und an die Küste

Ojos del Salado

Copiapó

aktiv In die Reserva Nacional Pingüino de Humboldt

9 Parque Nacional Tres Cruces

Huasco

Copiapó

Huasco

ARGENTINIEN

Pazifischer Ozean

A n d e n

La Serena

Elqui

Fischrestaurants in Coquimbo

Coquimbo

Durch den Valle del Elqui

Pisco Elqui

Barrio Inglés

Sternwarte El Pangue

Corral Los Andes

Parque Nacional Fray Jorge

Ovalle

Meine Tipps

Fischrestaurants in Coquimbo: Einfach einmal in den Hafen gehen und eines ausprobieren. Urig und original (s. S. 305).

Corral Los Andes: In der Nähe von Hurtado liegt dieses Pferdecamp, in dem man prima Urlaub machen kann – die Reittouren sind sorgfältig ausgewählt, die Pferde auf eine besonders sanfte Weise trainiert (s. S. 313).

Parque Nacional Fray Jorge: Moose, Flechten und Orchideen mitten in der Halbwüste – dieser schöne Park am Meer überrascht in seiner trockenen Umgebung und ist eine Erkundung wert (s. S.313).

aktiv unterwegs

In die Reserva Nacional Pingüino de Humboldt: Nicht nur Humboldtpinguine gibt es zwischen drei vorgelagerten Inselchen zu erleben, sondern eine Delfinkolonie und viele Meeresvögel und Seerobben (s. S. 304).

La Serena und Umgebung

Das hübsche La Serena bietet ein touristisches Kompaktangebot: Mit seinem historisierenden Stadtkern und den ausgedehnten Stränden ist es ein guter Erholungsort und gleichzeitig dient es als Sprungbrett für Ausflüge in die reizvollen Halbwüstentäler mit ihrer indianischen Vergangenheit.

La Serena ► D 16

Cityplan: rechts; **Karte:** S. 308

Eine neokoloniale Puppenstube im Zentrum und eine ausgedehnte Strandzone, die mit den weiter südlich gelegenen Pazifikbädern konkurriert – das sind die Höhepunkte der 200 000-Einwohner-Stadt **La Serena** 1, der zweitältesten spanischen Gründung auf chilenischem Boden. Damals hatte sie erbitterte indianische Attacken provoziert, die 1544 zu ihrer Zerstörung führten, doch die Spanier wollten diesen strategisch günstigen Ort nicht wieder aufgeben und ließen ihn erneut errichten. Der spanische (Handels-)Verkehr zwischen Peru und dem Land im Süden, *Chili,* erforderte schließlich einen sicheren Stützpunkt. Auch die katholischen Orden waren darauf angewiesen, denn dort brachten sie Missionare unter, die in den Süden weiterreisten. Das hat der Stadt 29 Kirchen und der mit Grünanlagen besetzten Avenida zum Meer den Namen Francisco de Aguirre eingebracht.

Dank der Minenfunde in den ersten Dekaden des 19. Jh., die die Gegend reich machten, erlangte La Serena architektonisch eine für das Land ungewöhnliche Eleganz. Später bedachte Staatspräsident Videla (1946–1952) seine Geburtsstadt großzügig mit staatlichen Mitteln zur Erhaltung des Stadtbildes. Der *Plan Serena* beinhaltete die Umgestaltung einiger öffentlicher Gebäude im kolonial-spanischen Stil. Heute sorgt der sommerliche Tourismus für ein solides Wachstum.

Plaza de Armas

Die Ergebnisse des *Plan Serena* lassen sich rund um die heitere, sorgsam bepflanzte **Plaza de Armas** bewundern, beispielsweise die **Municipalidad** 1 mit ihren weiß gestrichenen Mauern, den schweren, verzierten Balkoneinfassungen aus rotem Stein und den mächtigen roten Steinsäulen, die das Portal rahmen. Auch die **Casa González Videla** 2 am westlichen Rand der Plaza huldigt diesem Stilempfinden. Das zweigeschossige Wohnhaus des Präsidenten besteht aus Holz und Adobe und bewahrt Memorabilien aus seinem Leben, Fotos, Zeitungsausschnitte und auch einige Originalmöbel auf, außerdem gewinnt man einen Überblick über die regionale Geschichte (Matta 495, Di–Fr 10–18, Sa, So, Fei 10–13 Uhr, 1000 CLP).

Zwei hübsche kleine Plazas rahmen das Haus ein. Auf der nördlichen schlägt zeitweilig ein Kunstgewerbemarkt seine Zelte auf, die südliche geleitet zur **Iglesia Padres Carmelitas** 3, einer schwergewichtigen, verschlossen wirkenden Konstruktion aus dem Jahr 1755 mit einem schiefen hölzernen Glockenturm von 1912.

Iglesia de San Francisco 4

Die älteste und bedeutendste Kirche der Stadt liegt zwei Blocks von der Plaza entfernt an der Straßenkreuzung Balmaceda/Eduardo de la Barra. Wie früher die Iglesia Padres Carmelitas den Dominikanern, so gehörte die **Iglesia de San Francisco** dem

La Serena

Sehenswert

1 Municipalidad
2 Casa González Videla
3 Iglesia Padres Carmelitas
4 Iglesia de San Francisco
5 Museo Arqueológico
6 Mercado La Recova
7 Museo Ignacio Domeyko
8 Faro Monumental

Übernachten

1 Hotel Costa Real
2 Hotel Campanario del Mar

3 Hotel Los Balcones
  de Aragon
4 Hotel Francisco de Aguirre
5 Hostal El Punto
6 Hostal Matta
7 Hostal Casa María

Essen und Trinken

1 El Granero
2 Donde El Guatón
3 La Mía Pizza
4 Donde Elbita
5 Casino de Bomberos

6 Café del Patio

Einkaufen

1 El Mall Plaza
2 Shopping Center
  Puerta del Mar

Abends & Nachts

1 Eduardo de la Barra
2 Libert. Bernardo O'Higgins

Aktiv & Kreativ

1 Chile Safari Expeditions

La Serena und Umgebung

Franziskanerorden. Sie entstand zwischen 1585 und 1627 als Renaissance-Bauwerk mit einer barock verzierten weißen Steinfassade. Ihr im Mudéjar-Stil ausgestattetes Inneres birgt der zurzeit geschlossene **Museo de Arte Religioso**, das kostbare Stücke aus den damals maßgeblichen und besten Cuzqueñer und Quiteñer Schulen versammelt. In den beiden kolonialspanischen Kunstschulen im (heute) ecuadorianischen Quito und im peruanischen Cuzco wurden besonders begabte *indígenas* dazu angeleitet, zu malen und zu schnitzen, ohne Entgelt versteht sich. Viele dieser Kunstwerke sind nicht signiert, sondern anonym (Mo–Sa 10–13, 16–20, So 10–13 Uhr).

Museo Arqueológico 5

Der viel gerühmte **Museo Arqueológico** beschäftigt sich ausführlich mit der Diaguita-Kultur. Die um die Jahrtausendwende aus Argentinien in die fruchtbaren Täler des Kleinen Nordens eingewanderten Ackerbauern waren Künstler der Tonkultur und hinterließen eine harmonisch proportionierte, schön bemalte Keramik. Außerdem werden Fundstücke der El-Molle-Kultur (1.–7. Jh.) aus dem Valle del Elqui gezeigt. Sie verschrieb sich der Tierzucht und kannte die Kupferbearbeitung. Eine Extra-Abteilung widmet sich der Stadtgeschichte von La Serena (Cienfuegos/Córdovez, Di–Fr 9.30–17.50, Sa, So, Fei 10–13 Uhr, 600 CLP).

Mercado La Recova 6

Einen Block weiter nördlich nimmt der von Arkaden gesäumte Patio-Bau des **Mercado La Recova** eine halbe Straßenseite ein. Man meint, einen farbenfrohen Bonbonladen zu betreten, denn hauptsächliches Verkaufsgut ist die Papaya in sämtlichen Verarbeitungszuständen – von roh und leuchtend gelb bis zu Marmelade und Konserve, bunt eingepackt als Gelee, Konfekt, Fruchtgummi und Sirup. Hier und auch in den Galerien des zweiten Stocks wühlt man im Kunstgewerbe, und wer hungrig ist, wird in den Marktrestaurants gut bedient.

Das hübsche Viertel lädt zum Herumstreifen ein. Das Stadttheater liegt hier, ebenso die Iglesia San Francisco, älteste Kirche der Stadt (Eduardo de la Barra).

Museo Ignacio Domeyko 7

In entgegengesetzter Richtung an der Calle Benavente hat der **Museo Ignacio Domeyko** mit einer mineralogischen Sammlung erster Güte seine Pforten geöffnet. Das mineralogische Museum zeigt tausenderlei verschiedene Exponate aus der Region (Benavente 980, nicht während der Sommermonate geöffnet, sonst Mo–Fr 9.30–12.30 Uhr, 500 CLP).

Zum Faro Monumental 8

Geruhsamkeit wird groß geschrieben in La Serena. Die Innenstadt-Straßen Prat, Los Carrera, Balmaceda, Matta und Córdovez ermutigen zum gemütlichen Einkaufsbummel. Ganz schön ist auch der Kunstgewerbemarkt um die Plaza und die Kirche Santo Domingo herum, der allsommerlich mit selbst gemachten Perlenketten, kunstvollen indianischen Ohrringen, Hausfrauen-Marmeladen und Kunsthandwerk lockt. Und dann gibt es ja noch die vielen Kirchen, die im Stadtbild verstreut sind.

Zur Strandzone geleitet die Avenida Francisco de Aguirre, die mit einem ansehnlichen Baumschmuck sowie vielen Allegorien und Brunnen ausstaffiert wurde. Kurz vor dem Strand liegt der Japanische Garten **Kokoro No Niwa.** Endstation ist der stattliche, 28 m hohe **Faro Monumental,** das Wahrzeichen der Stadt. Er wurde in den 1950er-Jahren gebaut. Der weiße Sandstrand von La Serena wird zurzeit auf mehreren Kilometern mit Hotels, Ferienbungalows, Tankstellen, Restaurants und Spielplätzen gesäumt. Und der Ausbau schreitet prächtig voran.

Infos

Sernatur: Matta 461, Tel. 51-22 51 38. Die weiteren Informationsbüros im Busterminal und an der Av. del Mar sind nur in der Sommersaison geöffnet.

Bauten im Kolonialstil: Municipalidad und Kathedrale in La Serena

La Serena und Umgebung

Geldumtausch: sechs verschiedene Banken sowie sieben Casas de Cambio, z. B. Intercam, Eduardo de la Barra 435, und in der Mall La Plaza Serena.

Übernachten

Gute Qualität ▶ Hotel Costa Real **1** **:** Av. Francisco de Aguirre 170, Tel. 51-22 10 10, www.costareal.cl, 52 Zi. Ganz elegant eingerichtet, liegt fast am Strand. Für das DZ zahlt man 59 000 CLP.

Sommerlich ▶ Hotel Campanario del Mar **2** **:** Av. del Mar 4600, Tel. 51-24 55 61, www.drupalgardens.com, 24 Zi. Durch seine architektonischen Kolonialstilzitate hebt sich das Hotel Campanario del Mar von den üblichen, dünnwandigen Strandhotels ab. Große, klassisch eingerichtete Zimmer, guter Service. DZ 53 000 CLP.

Ordentlich ▶ Hotel Los Balcones de Aragon **3** **:** Cienfuegos 289, Tel. 51-221 24 19, 25 Zi. Typisches Stadt-Mittelklasse-Hotel, bequem, gepflegt, die Zimmer sind eher klein. DZ für 40 000 CLP.

Klassiker ▶ Hotel Francisco de Aguirre **4** **:** Córdovez 210, Tel./Fax 51-22 29 91, 85 Zi. Das Hotel ist der Klassiker in La Serena: ein geräumiges Haus, stilistisch zwischen kleinem Grandhotel und Landhaus angesiedelt, allerdings in die Jahre gekommen. DZ 75 US-$.

Sehr freundlich und kompetent ▶ Hostal El Punto **5** **:** Andrés Bello 979, Tel./Fax 51-22 84 74, www.punto.de, 15 Zi. Villa Kunterbunt mit Garten unter deutscher Leitung, hübsches kleines Hostal mit zwei Patios, in denen Frühstück, Kuchen und kleine Gerichte serviert werden. Fachkundig organisierte Ausflüge und Exkursionen. DZ 25 000 CLP mit eigenem Bad, Dorms 7500 CLP pro Bett.

Tipp: Fischrestaurants

Im ersten Stock des **Mercado La Recova** **6** gibt es einige einfache, gute Fischrestaurants. Frische Produkte, recht niedrige Preise, z. B. Paila Marina ab 3500 CLP.

Fröhlich ▶ Hostal Matta **6** **:** Matta 234, Tel. 51-21 00 14; 14 Zi. In einem renovierten, traditionellen Wohnhaus untergebrachte Pension mit sauberen Zimmern. Das DZ kostet 20 000 CLP.

Nett ▶ Hostal Casa María **7** **:** Las Rojas 18, Tel. 51-22 92 82, 8 Zi. Einfache, saubere, fröhlich bunt gestrichene Pension (Nähe Busbahnhof). Option für Reisende ohne dicken Geldbeutel. Gemeinschaftsbäder, Küchenbenutzung, Vermittlung von Ausflügen und Kursen (Englisch). Man zahlt pro Person ab 8000 CLP.

Essen & Trinken

Für Fleischfans ▶ El Granero **1** **:** Colón 360, Tel. 51-22 42 69. Hier wird hauptsächlich Fleisch geboten (5000–8000 CLP) in einem lichten, rustikalen, ländlichen und sehr dekorativen Ambiente.

Grill ▶ Donde El Guatón **2** **:** Brasil 750, Tel. 51-21 15 19. Hier pflegt man die regionale Küche, beliebt für gigantische Grillteller (4000–8000 CLP).

Luftig ▶ La Mía Pizza **3** **:** Av. del Mar. Dieses Restaurant hat noch eine Filiale im Stadtzentrum. Hier ist es ein typisches schönes Strandlokal mit Rundum-Verglasung. Es gibt eine Riesenauswahl an Pizzen, aber wesentlich origineller und sehr schmackhaft sind die Meeresfrüchte und der Fisch für 4500–7500 CLP.

Fisch ▶ Donde Elbita **4** **:** Av. Costanera 7. In Penuelas, zwischen La Serena und Coquimbo, direkt am Meer. Guter Fisch zu sehr annehmbaren Preisen, z. B. *congrio frito* (frittierter Seeaal) zu 3800 CLP. Gute Atmosphäre.

Bodenständig ▶ Casino de Bomberos **5** **:** Av. Francisco de Aguirre/Balmaceda. Nur mittags geöffnet. Preiswerte und gute Mittagsmenüs.

Treffpunkt den ganzen Tag lang ▶ Café del Patio **6** **:** Prat 470. Openair-Café, Treffpunkt, Bar, Café, Restaurant und Live-Musik: Hier ist man zu keiner Uhrzeit falsch. Allerdings lässt der Service manchmal zu wünschen übrig. Sandwiches gibt es ab 1900 CLP.

Blickfang am Strand von La Serena: der Faro Monumental

Einkaufen

Kunsthandwerk, Papaya ▶ **Mercado La Recova** 6 : Der touristisch ausgerichtete Markt ist eine Fundgrube für Papaya-Fans; große Auswahl an andinischem Kunstgewerbe.

Shopping Malls ▶ **El Mall Plaza** 1 : Av. Alberto Solari 1400, Shopping Mall mit Restaurants und Kinos. **Shopping Center Puerto del Mar** 2 : Av. Francisco de Aguirre 01. Große, moderne Shopping Mall mit Food Parlour.

Abends & Nachts

Empfehlenswerte Treffpunkte ▶ Im Sommer ist die Auswahl in La Serena groß. Der Treffpunkt schlechthin ist am **Strand.** Ansonsten: Bars und Kneipen zwischen **Eduardo de la Barra** 1 und **Libertador Bernardo O'Higgins** 2 .

Spielen ▶ **Casino Peñuelas:** Av. Peñuelas Norte 56, zwischen La Serena und Coquimbo, mit Spieltischen, Bars und Restaurants.

Aktiv

Touren ▶ Ausflüge in den Valle del Elqui bieten viele Reiseveranstalter an, z. B. **Ingservtur,** www.ingservtur.cl, und **Talinay Expediciones,** www.talinaychile.com.

Safaris und mehr ▶ **Chile Safari Expeditions** 1 : Matta 367, Tel. 51-55 04 34, www.chilesafari.com. Safaris, Surftrips, Trekking, Biking.

Verkehr

Flüge: Flughafen La Florida, ca. 7 km südöstlich; häufige Verbindungen mit den wichtigsten chilenischen Airlines (Lan, Lan Express, Sky Airline) nach Antofagasta, Arica, Copiapó, El Salvador, Iquique (2–3 x tgl.) und Santiago (2x tgl.). Stadtbüro Lan: Balmaceda 406, Tel. 60 05 26 20 00 (zentrale Rufnummer), und in der Shopping Mall Plaza La

aktiv unterwegs

In die Reserva Nacional Pingüino de Humboldt

Tour-Infos

Start: La Serena **2** (s. S. 298)/Punta Choros
Länge: 232 km, zusätzlich Bootsfahrt
Dauer: Tagesausflug von La Serena aus (man kann auch übernachten)

Wichtige Hinweise: Die Fahrt wird u. a. angeboten von: Ingservtur und Talinay Expediciones in La Serena, Adressen s. S. 303. Oder man kümmert sich vor Ort um eine Überfahrt, die Fischer sind dazu autorisiert. In Punta Choros bietet das Centro Turístico Memo Ruz Einmietung in Bungalows und Tauchlehrgänge an: www.puntadechorosmemoruz.cl, Tel. 09-534 36 44. Weitere Cabañas gibt es am Strand.

Es gibt nur drei Delfinkolonien auf der Welt: eine in Australien, eine in Kalifornien und eine vor der Isla Damas. Grund genug, der Isla Damas einen ausführlichen Besuch zu widmen, vor allem, weil man in der Reserva Nacional Pingüino de Humboldt, die sie einschließt, auch noch jede Menge Pinguine, Robben, Seevögel und mit etwas Glück sogar Seelöwen sieht. Zum Einschiffungshafen für diesen Bootsausflug bei Punta Choros sind es von La Serena 116 km. Die Panamericana ist eng an den Küstenverlauf angelehnt. Früher haben hier die Chango vom Muschelsammeln und vom Fischfang gelebt, den sie mit Booten aus luftgefüllten Seehundfellen betrieben, heute bildet Los Hornos einen ausgezeichneten Ausgangspunkt für den Fang von Seezungen. Wer mit dem eigenen Auto unterwegs ist, kann einen Badestopp an der schönen, sandigen Playa Chungungo einlegen. Ansonsten ist die Fahrt durchs flache Land relativ eintönig.

Punta Choros ist ein freundliches Fischerörtchen mit einer extravaganten, blau-weiß gestreiften Kirche. Die Gewässer sind reich an Seehecht, Sägefisch und Seeaal. Geernte Seeigel, Miesmuscheln, Krebse und *picorocos* wandern direkt auf den Markt von Santiago. Auch der begehrte *loco,* die Abalonemuschel, wird hier gezüchtet. Punta Choros bietet sich nach dem Ausflug auf die Inseln für eine Pause zum Fischessen an.

Im Hafen unterhält die Conaf ein Naturkundemuseum, ein kurzer Einführungsvortrag wird gerne erteilt. Wer auf der Isla Damas zelten möchte, muss sich hier anmelden.

Zwischen den drei vorgelagerten Inselchen La Gaviota, Choros und Damas erstreckt sich dann die Reserva Nacional Pingüino de Humboldt, ein Revier mit etwa 80 Delfinen, die mit den Ausflugsbooten anmutig Fangen spielen. Das Wasser ist hier nicht gerade ruhig, und wer nach 12 Uhr mittags losfährt, muss seegangtauglich sein und mit stürmischen Überfahrten rechnen.

Von Wind und Wellen zerklüftet, bietet die Isla Choros Pinguinen, Robben und Seelöwen, den rotschnäbeligen *pilpines,* einer Stelzvogelart, und Kormoranen besten Aufenthalt. Die Isla Damas hat weichere Proportionen und ist die einzige des Naturschutzgebietes, die betreten werden darf. Zwei kleine Strände mit schneeweißen Sandsäumen und ein malerischer Rundweg über die mit Erdrissen und Spalten überzogene Insel lohnen die kleine Wanderung.

Ein Wermutstropfen fällt auf dieses Idyll: Leider ist auch dieser Küstenabschnitt zum Austragungsort der ewig gleichen Interessenskombattanten geworden. Ökonomie und Fortschritt contra Ökologie: Fischer und Besucher entsetzt gleichermaßen der geplante Bau verschiedener Kraftwerke, die den Tierreichtum empfindlich schädigen würden. Die Fischer erwarten das Aus ihrer Erwerbsmöglichkeiten und die Zerstörung des ökologischen Gleichgewichts. Umweltschützer und Besucher rechnen damit, dass die Tierparadiese verloren gehen.

Serena, Alberto Solari 1400. Sky Airline, Eduardo de la Barra 495, Tel. 60-06 00 28 28 (zentrale Rufnummer).

Busse: Der Busbahnhof liegt südlich der Stadt, Amunátegui 107, Tel. 51-22 45 73. Busverbindungen nach Copiapó, Vallenar (stdl.), Antofagasta (9 x tgl.), Santiago (8 x tgl., darunter eine Nachtverbindung), El Salvador (5 x tgl.), Calama (3 x tgl., darunter eine Nachtverbindung), Arica, Iquique (2 x tgl.) und Punta Choros, 10 Uhr. In den Valle del Elqui fahren Serenamar, Pullman Carmelita und Turbus vom Busterminal aus.

Mietwagen: Avis, im Flughafen, Tel. 51-54 53 01; **Hertz,** Av. Francisco de Aguirre 225, Tel. 51-21 89 25, und im Flughafen.

Coquimbo ▶ D 16

Karte: S. 308

Die natürliche Bucht von **Coquimbo** ▐2▐ rund 10 km südlich von La Serena verlockte schon früh zum Bau eines Hafens, und auch vor der Conquista unter Pedro de Valdivia, der den Ort 1550 eroberte, war die Gegend besiedelt. Zeugnisse davon kann man in einem kleinen Museum in der heutigen Innenstadt besichtigen. Nach vielen Hochs und Tiefs in seiner Geschichte – Piratenüberfälle, Plünderungen, Naturkatastrophen, Aufblühen in der Mitte des 19. Jh., doch zuletzt Vernachlässigung – prosperiert Coquimbo seit geraumer Zeit als Ausfuhrhafen von landwirtschaftlichen Produkten und Bodenschätzen (Kupfer, Eisen und Gold). Dafür war es schon immer zuständig gewesen, doch formell erhielt der Ort erst 1867 den Status einer Stadt. Auch der Tourismus wurde wiederbelebt, seitdem die Stadt einer Verschönerungskur unterzogen worden ist.

Das Bild von Coquimbo, das sich über einen felsigen Hügel ausbreitet, wirkt rauer als das liebliche La Serena – aber das hat auch seinen Reiz. Es gibt einige gut restaurierte Straßenzüge, die Studenten der Universität sorgen für das nötige Leben in den Straßen. Besonders hübsch kann man im Barrio Inglés im Zentrum herumschlendern. Seinen Namen

– englisches Viertel – verdankt es der Einwanderungswelle von Engländern in der Mitte des 19. Jh., die sich im Minengeschäft engagierten und sich komfortable Großbürgerhäuser bauen ließen. 2004 wurde es unter einen besonderen architektonischen Schutz gestellt, und das vormals nicht sehr gut beleumundete Viertel erhob sich wie ein Phönix aus der Asche. Der Fischereihafen ist eine Attraktion für sich.

Cruz del Tercer Milenio – Mezquita

Besonders stolz sind die Bewohner auf ihr **Cruz del Tercer Milenio,** das seit der 2000-Jahr-Wende über der Halbinsel auf dem Cerro Vigia erstrahlt. Im sonnigen Tageslicht ist das ›Kreuz des Dritten Jahrtausends in seinem Betongrau ziemlich unattraktiv, aber abends – vom Scheinwerferlicht umhüllt – macht es sich sehr schön. Man hat von der dritten Plattform einen Panoramablick über die gesamte Bucht bis nach La Serena (tgl. 9–18 Uhr).

Über das alles überragende Kreuz sprechen die Einwohner Coquimbos gerne im Zusammenhang mit einem Moscheebau, dem ein schönes dreigestuftes Minarett von 40 m Höhe beigestellt ist und der u. a. aus den Töpfen der Stadt und der marokkanischen Regierung bestritten wurde. Die **Mezquita** von Coquimbo hat auch ein kleines Museum und ist Sitz eines Kulturzentrums (Centro Mohammed VI para el Dialogo de las Civilizaciones, Granados 500, Villa Dominante, Mo–Do 9.30–13, 14.30–17, Fr 9.30–16 Uhr).

Plaza de Armas – Barrio Inglés

Zwischen der Plaza Vicuña Mackenna und der **Plaza de Armas** erstreckt sich das Zentrum Coquimbos und das Boheme-Viertel **Inglés,** abends super zum Ausgehen. In viele der Häuser sind zwischenzeitlich auch Galerien und feine Lädchen eingezogen. Ein bisschen weiter südlich kommt man zum **Parque O'Higgins** und zum bunten, stimmungsvollen **Fischerhafen,** einem Anziehungspunkt für sich: Hier liegt ein gutes Restaurant

La Serena und Umgebung

neben dem anderen. Wer weiterläuft, landet irgendwann an der Avenida del Mar von La Serena.

Im Norden des städtischen Zentrums, an der Spitze der dreieckigen Halbinsel, auf der Coquimbo sich ausbreitet, liegt der **Fuerte Lambert,** eine Befestigungsanlage aus dem 18. Jh., die einst Schutz vor den zahlreichen Piratenüberfällen bieten sollte. Auch im Salpeterkrieg hat sie eine wichtige Rolle gespielt. Heute ist das stark restaurierte Fort vor allem als Aussichtspunkt schön, es gibt ein Café und Kinderspielplätze.

Infos

Städtische Info-Büros an der Plaza de Armas, Museo in Situ.

Conaf: Regimiento Arica 901, Tel. 51-24 43 06.

Übernachten

In Coquimbo herrscht keine große Auswahl, die Hotelzonen liegen am Strand von La Serena oder in La Herradura.

Komfort ▶ Hotel de la Bahía: Av. Costanera 5351, Tel. 51-42 30 00, www.enjoy.cl, 111 Zi. Das einzige Fünf-Sterne-Hotel im Kleinen Norden gehört zum Kasinokomplex direkt am Strand. Interessanter Pool, recht kleine Zimmer, viel Komfort. DZ 90 000 CLP.

Wohnvilla ▶ Hostal Nomade: Calle Regimiento Coquimbo 5, Tel. 51-31 86 65. In einer ehemaligen Wohnvilla untergebrachtes, einfaches Hostal. Unterschiedlich geschnit-

Ideal für die Himmelsbeobachtung: die klare Luft im Valle del Elqui

tene und ausgestattete Zimmer, mit und ohne Bad, manche groß, manche klein. Tourenvermittlung. Garten, Fahrrad-Verleih, Küchenbenutzung. DZ mit eigenem Bad 28 000 CLP.

Essen & Trinken

Das Angebot im Fischerhafen unbedingt nutzen. Für abends obligatorisch: der **Barrio Inglés**.

Durch den Valle del Elqui

▶ D/E 16

Karte: S. 308

Der klassische Tagesausflug von La Serena aus führt in den Valle del Elqui. Die Gesamt-

strecke umfasst 262 km auf überwiegend asphaltierter Straße. Das ist für jeden, der nicht viel Zeit mitbringt, in Ordnung, um einen Überblick zu bekommen. Alle anderen sollten mindestens ein, zwei Tage investieren, denn je weiter man kommt, desto hübscher wird das Tal, desto malerischer werden die Dörfchen. Dem Elqui-Tal werden besondere Vibrationen nachgesagt, denn es soll auf einem der Weltmeridiane *(chakras)* liegen und kosmische Strahlungen anziehen. Das hat ihm den belächelten Ruf eingehandelt, auf der Esoterikwelle mitzuschwimmen. Leichter nachvollziehbar ist, dass sein oft sternenklarer, weder von Nebel noch Staub getrübter Himmel vorzügliche Bedingungen für die Beobachtung der Gestirne an durchschnittlich 330 Tagen im Jahr zulässt. Die **Sternwarte Tololo** ruht auf einem der 3000 m hohen Berge, die sich um das Elqui-Tal erheben.

Im halbwüstenhaften Kleinen Norden nimmt der Valle del Elqui eine bedeutende Stellung ein: Er versorgt das ganze Land mit Papaya, aber auch mit *chirimoya* (Zuckerapfel), Tomaten, Feigen, Knoblauch, der als Tierfutter verwendeten Alfalfa und der Pisco-Traube, die vorwiegend zu Trester verarbeitet wird. Destillerien lassen sich auf dem Weg durch das Tal besichtigen.

Der Río Elqui sprudelt nicht gerade üppig, weil die Hälfte des Wassers zur Versorgung der Hafenstadt Coquimbo abgezapft wird, aber die Verpflichtung für das Experiment hat in der Wüstenerde zu erstaunlichen Ergebnissen geführt. Diese Region versorgt schließlich große Teile des Nordens mit frischem Obst und Gemüse; da waren Wissenschaftler der Universitäten gefragt, beispielsweise nach Bewässerungsmethoden und Auswahl von geeigneten Sorten zu forschen. Mitunter sind ein Drittel der nackten, hellbraunen Berghänge in die Bewässerung einbezogen und dunkelgrün grundiert. Je enger das Tal, desto außergewöhnlicher ist dieser Anblick.

Die erste Gelegenheit zur Besichtigung des Himmelszeltes ergibt sich 36 km hinter La Serena auf dem **Cerro Mayu** 3 (Abzweigung nach Talca nehmen). Hier unterhält der

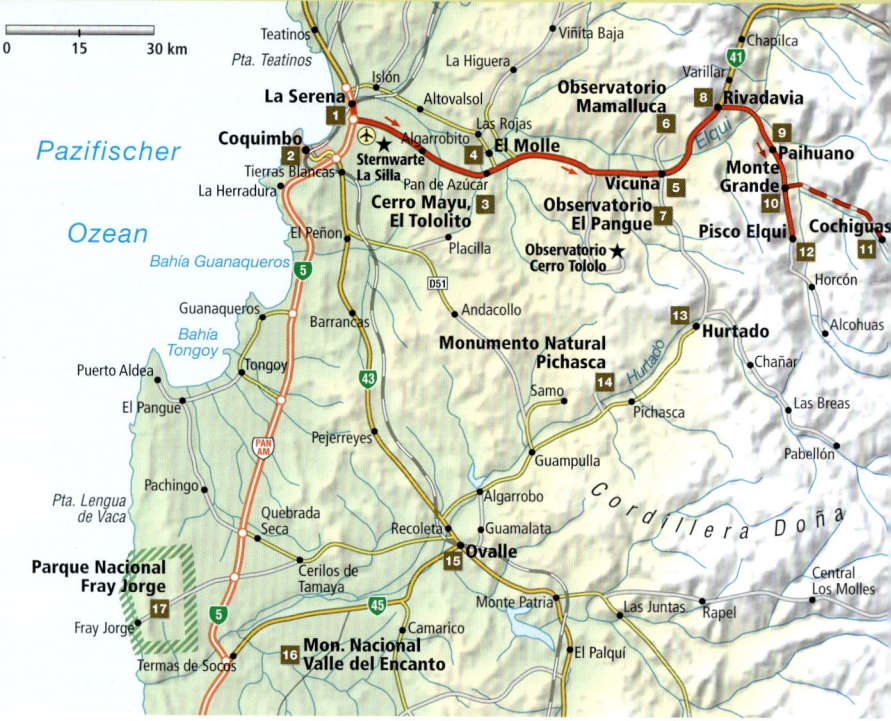

Colegio Seminario Conciliar von La Serena die Sternwarte Tololito – in Anlehnung an die große und berühmte Anlage Tololo, die noch folgen wird (Informationen unter: infor maciones@cerromayu.cl, Büro in La Serena in der Calle Manuel Rodríguez 650, Tel. 51-22 45 08).

An ausgedehnten Pflanzungen vorbei erreicht die Hauptstraße nach 44 km das kleine Ferienörtchen **El Molle** 4, bei dem die prähispanische Kultur Taufpate stand. Ein wenig später unterbricht ein Stausee die Idylle. Statt der ehemaligen romantischen Straßenführung entlang des Flusslaufs gibt es nun ein asphaltiertes Band oberhalb des Tales.

Vicuña 5

Nächste Station ist das leicht alternativ angehauchte ländliche und schöne Städtchen **Vicuña**, Geburtsort der Literatur-Nobelpreis-trägerin Gabriela Mistral. Sie wird hier gleich zweimal geehrt: Den Brunnenboden der zentralen Plaza schmückt ein Gesichtsrelief der Lyrikerin, und der elegante **Museo Gabriela Mistral** stellt Bilder, Bücher, Preise und persönliche Gegenstände aus. Neben dem Eingang wurde eine Kopie ihres Geburtshauses platziert (Gabriela Mistral s/n, im Sommer Mo–Sa 10–19, So 10–18, sonst 10–13, 15–18 Uhr, So nur vorm., 1000 CLP).

Einige Schritte entfernt liegt der **Solar de las Madariaga,** der darüber Auskunft gibt, wie eine Großbürgerfamilie in Vicuña um 1870 wohnte. Die Villa wurde zum privaten Museum erklärt (Gabriela Mistral 683, Jan./ Feb. tgl. 10–19, März–Dez. 11–13, 14.30–17.30 Uhr)

Die Schule, in der Gabriela Mistral einst lernte, nimmt heute der **Museo Entomológico y de Historia Natural** auf, ein kleines naturhistorisches Museum, in dem eine

Schneckenschau, fossile Funde aus ganz Südamerika und Insekten ausgestellt sind (Plaza de Armas, Jan.–März tgl. 10.30–21.30, sonst 10.30–13.30, 15.30–19 Uhr, 500 CLP).

Ein mutiger Stilmix ist an der hübschen, baumbeschatteten Plaza zu bewundern. Die **Iglesia Immaculada Concepción** sieht alt aus, ist es aber nicht: Sie wurde mit ihren archaisch anmutenden Adobe-Mauern erst im Jahr 1909 gebaut. Daneben wirkt die **Torre Bauer** wie frisch aus einer Spielzeug-Ritterburg entwendet, denn das 1906 in Ulm fabrizierte und nach Chile gebrachte Unikat imitiert einwandfrei deutsches Mittelalter.

Sternwarte Mamalluca 6

Hobby-Astronomen werden sich auf jeden Fall für die eigens für Besucher eingerichtete Sternwarte **Observatorio Comunal Cerro Mamalluca** 6 km nordöstlich von Vicuña interessieren (über die Calle San Isidro zu erreichen). Das Teleskop wurde von der Sternwarte Tololo gespendet, es gibt Videovorführungen und auch nächtliches Gucken (Av. Gabriela Mistral 260, vorher anmelden unter Tel. 51-41 13 52, Fax 51-41 12 55, www.mamalluca.org, Jan./Feb. 9–22, sonst 9–20 Uhr, nächtliche Führungen 8 x zwischen 20.30 und 3 Uhr morgens).

Infos

Información Turística: an der Plaza de Armas, Tel. 51-20 91 25.

Übernachten

Bungalows im Garten ▶ Hostería Vicuña: Sargento Aldea 101, Tel. 51-41 13 01, Fax 51-41 11 44, www.hosteriavicuna.cl; 15 Zi. Liegt mitten im Ort und strahlt trotzdem eine private Atmosphäre aus. Die Bungalows sind großzügig im Garten verteilt, die Zimmer ein bisschen muffig. Mit Swimmingpool. Sehr erholsam. DZ 54 000 CLP.

Ein bisschen plüschig ▶ Hotel Halley: Gabriela Mistral 542, Tel. 51-41 20 70; 12 Zi. Swimmingpool und Gebäude im Kolonialstil mit Patios bedeuten hier keine Gegensätze; altmodisch eingerichtete Zimmer. DZ ca. 35 000 CLP.

Sehr nett ▶ Hostal Donde Rita: Condell 443, 4 Zi. Sehr gemütliche, gepflegte kleine Pension unter deutscher Leitung. Internetanschluss, Küchenbenutzung, Ausflüge werden organisiert. DZ 18 000 CLP.

Sympathisch ▶ Hostal Valle Hermoso: Gabriela Mistral 706, Tel. 51-41 12 06; 8 Zi. Sympathisches Hostal in einem regionaltypischen, restaurierten Wohnhaus, mit einfachen, ordentlichen, großen Zimmern für 20 000 CLP.

Essen & Trinken

Am besten speist man in der **Hostería Vicuña** (s. links) zu sehr moderaten Preisen, z. B. ein Fischgericht für 3500 CLP.

Volkstümlich ▶ Restaurant Halley: Gabriela Mistral 404. Nicht zu verfehlen, liegt direkt an der Plaza de Armas, hat eine nette und volkstümliche Atmosphäre. Die Hauptgerichte variieren zwischen 4500 und 7000 CLP.

Verkehr

Die **Busse** halten an der O'Higgins/Prat; mehrmals. tgl. Verbindungen nach Pisco Elqui und La Serena.

Sammeltaxis verkehren auf der Prat gegenüber der Bushaltestelle nach La Serena und in den Valle de Elqui.

Tipp: Pisco verkosten in Pisco Elqui

Nomen est omen: Natürlich hat der Ort etwas mit Pisco zu tun, dem typischen andinen Tresterschnaps, den neben Chile ja auch Peru produziert. Aus diesem Grund wurde Pisco Elqui auch so getauft: um den Gebietsanspruch zu bekräftigen. Da der Valle del Elqui zu drei Vierteln mit Weinspalieren vollgestellt ist, man auf dem Weg zum Ort also quasi an der Quelle entlang gereist ist, ist es ein Vergnügen, eine Pisco-Destillerie auch einmal von innen kennenzulernen z. B. **Los Nichos,** hinter Pisco Elqui auf dem Weg nach Algocuaz, oder **Tres Erres** in Pisco Elqui (Infos bei der Touristikinformation).

La Serena und Umgebung

Observatorium El Pangue 7

Für alle, die sich für den nächtlichen Sternenhimmel interessieren, ist hier eine gute Option entstanden. Die Sternwarte El Pangue zwischen Vicuña und Hurtado erlaubt es auch Laien, für zwei Stunden in den Genuss eines solchen Blickes zu kommen; die wissenschaftlicher ausgerichteten Observatorien wie El Tololo, das ganz in der Nähe liegt, gestatten den Besuch nur bei Tage, die Nacht ist den Forschern vorbehalten. In El Pangue beginnen die Führungen im Winter um 18, im Sommer um 21 Uhr. Bei den Teleskopen handelt es sich um einen Schmidt Cassegrain Reflector Meade und einen Dobson Type Reflector, Letzterer ist das größte der Öffentlichkeit zugängliche Teleskop der Welt. Für Amateurastronomen wird auch ein kompletter Nachtaufenthalt angeboten (Oficina Observatorio El Pangue, San Martín 233, Vicuña; dort geht es los. Die Tour kann man auch bei Veranstaltern in La Serena buchen, s. S. 303).

Nach Cochiguas

Bei **Rivadavia** 8 machen Fluss und Straße eine scharfe Biegung. Danach wird es malerisch und wild, denn das Tal verengt sich, und die Streckenführung ist teilweise so weit oberhalb gelegt, dass man auf den mit Pisco-Reben bewachsenen Grund wie von einem Balkon hinunterblickt. Die Bergspitzen staffeln sich bis in die Unendlichkeit.

Der wachsende Tourismus hat auch das Dörfchen **Paihuano** 9 ergriffen. In dem winzigen, eng von steil aufragenden Bergflanken eingeschlossenen **Monte Grande** 10 gibt es nach 102 km dann wieder etwas zur Literaturnobelpreisträgerin zu sehen: das stets blumengeschmückte Grabmal der Gabriela Mistral und die ehemalige Schule, in der sie unterrichtete. Sogar das Mobiliar und Landkarten aus jener Zeit sind noch erhalten (Di–So 10–13, 15–18 Uhr, 500 CLP). Auf der gegenüberliegenden Seite des Tals haben Bergsteiger zum 100. Geburtstag der Dichterin ein Denkmal in den steilen Hang gesetzt, das sie als Lehrerin mit Kind an der Hand darstellt.

Kurz hinter Monte Grande zweigt eine Schotterstraße in östlicher Richtung ab und klettert auf **Cochiguas** 11 zu, über das man sich in La Serena einiges zuflüstert. Tatsache ist, dass sich dort schon vor Jahrzehnten einige Hippie-Kommunen niedergelassen haben und alternative Psychotherapien ausprobieren. Dort sollen ganz besondere geomagnetische Energien von der Erde ausstrahlen, die sich bis zu ihrem Antipoden im Himalaya ausdehnen – und diese Fantasie wirkt angesichts der wild-sanften, grandiosen Gebirgsgegend gar nicht einmal so weit hergeholt.

Übernachten

In **Cochiguas** gibt es einige Übernachtungsmöglichkeiten.

Ländlich-schön ▶ **Hotel Los Pleyades:** gegenüber der Casa de la Cultura in Paihuano, Tel. 51-45 11 07; 5 Zi. Hübsches kleines Haus mit angenehm eingerichteten Zimmern, schöne Atmosphäre, Pool und Zugang zum Elqui-Fluss. DZ 75 US-$.

Pisco Elqui 12

In **Pisco Elqui** endet die asphaltierte Straße. Die reellen oder ›behaupteten‹ geomagnetischen Energien haben auch das einst verschlafene Pisco Elqui aufblühen lassen, seine touristische Infrastruktur hat sich gut entwickelt, allerorten gibt es hübsche Kneipen und Restaurants. Es liegt malerisch auf einem steil aufragenden Hügelufer über dem Río Elqui auf 1200 m Höhe und bietet sich als Standort zum Reiten, Wandern und Erholen geradezu an. Ruhebedürftige sollten nicht die chilenischen Sommerferien wählen, da ist es in Pisco Elqui richtig voll, was es aber auch wieder interessant macht.

Die farbigen kleinen Häuschen, die so typisch für das winzige Pisco Elqui sind, und die erstaunliche **Capilla Nuestra Señora del Rosario** mit ihren spielkartenbunten Fenstern sind die größten Attraktionen im Dorf – abgesehen von seinem unverwechselbaren Hippie-Esoterik-Andendorf-Charme.

Fruchtbares Tal und Wüstenberge: der Valle del Elqui

Tipp: Noch mehr Ziele für Sterngucker

Die reine Luft der wüstengleichen Präkordillere gilt unter Astronomen als eine der besten Regionen zur Stern- und Himmelsbeobachtung. Gleich mehrere Observatorien mit Riesenteleskopen wurden auf den Bergkuppen errichtet. Der Zugang ist für die Wissenschaft reserviert.

Die Sternwarte **Tololo** (s. S. 307) kann man nach mind. zweimonatiger Voranmeldung besuchen, allerdings nur Sa um 9 und 13 Uhr. **La Silla** wird von der ESO betrieben, der europäischen Forschungsgemeinschaft (Führungen Sa 13.30 Uhr). Man muss sich vorher bei der ESO-Zentrale in Santiago (Tel. 2-463 31 00) angemeldet haben. Ein Trost für Laien wartet ganz in der Nähe von Vicuña: die Sternwarte **Mamalluca** ▮6▮ (s. S. 309) führt didaktisch in das Gebiet der Astronomie ein und ist natürlich auch nachts geöffnet.

Der gegenüberliegende **Elqui Tres Erres** ist die älteste Destillerie des Tales, allerdings befindet er sich nicht mehr in Familienbesitz, sondern gehört jetzt zur Compañía Pisquera Chilena, in der die größten Schnapsbrennereien des Tals zusammengefasst sind (tgl. Führungen, im Sommer stdl. 11.30–21, sonst 10.30–18 Uhr, Eintritt/Verkostung 5000 CLP).

Übernachten

Unterm Zelthimmel ▶ **Elqui Domos:** Camino Pisco Elqui Horcón km 3,5, Sector Los Nichos, Tel 7-709 28 79. 7 komfortable Igluzelte mit eigenem Bad, Wohn- und Schlafbereich im ersten Stock, Terrasse, Massage, Reiki, Himmelsbeobachtung, Ausritte. Iglu 120–145 US-\$.

Sehr gepflegt ▶ **Refugio Misterios de Elqui:** Prat s/n, Tel./Fax 51-45 11 26; 16 Zi. Folkloristisch gestylte, schön gelegene und gut gepflegte Bungalowanlage. Pool, Garten, Massagen. DZ in Cabaña 60 000 CLP.

Schön und gepflegt ▶ **El Tesoro de Elqui:** Prat s/n, Tel./Fax 51-45 10 69, www.tesoro-elqui.cl; 12 Zi. Schöne, gepflegte Lehmziegel-Cabañas im Garten mit Swimmingpool; deutsche Leitung, hervorragende, auch deutsche Küche; kulturelle Veranstaltungen. DZ im Bungalow ca. 37000 CLP.

Auf rustikal gemacht ▶ **Hostería Los Dátiles:** Prat s/n, Tel. 51-45 12 66; 12 Bungalows. Rustikal gestylte Hostería, liegt am Hang des Valle del Elqui. Cabaña für 4 Pers. 50 000–70 000 CLP.

Bunt ▶ **Hostería Don Juan:** Prat s/n, Tel./Fax 51-45 11 97; 5 Zi. Hier wird man in einem Haus von 1910 untergebracht; mit lustiger Möblierung wie vom Flohmarkt – eher unkonventionell; mit nettem Garten. DZ 15 000 CLP.

Essen & Trinken

Gutes Essen ▶ Eine leckere Küche gibt es in der **Hostería El Tesoro de Elqui** (s. links). **El Ranchito de Don René,** neben der Kirche, serviert typische Regionalküche.

Aktiv

Touren etc. ▶ In allen größeren *hosterías* werden **Ausritte** und andere **Ausflüge** organisiert. Es gibt im Ort gute Reiseagenturen, die Wanderungen und geführte Reittouren anbieten.

Durch den Valle del Río Hurtado ▶ C/D 16/17

Karte: S. 308

Eine interessante Variante führt quer durch die Präkordillere über Viehzüchterland zu einem Küstennebelwald, wie es ihn sonst so weit nördlich nicht gibt, den Parque Nacional Fray Jorge. Ausflüge in die Archäologie und Wanderungen sind auch dabei. Dazu nimmt man südlich von Vicuña eine recht abenteuerliche Schotterpiste, die nach 43 km und wundervollen Ausblicken das naturbelassene Tal **Valle del Río Hurtado** erreicht. Im Gegensatz zu den unbestrittenen Reizen des Valle del Elqui genießt man hier eher Ursprünglichkeit, unverbrauchte, vielleicht auch etwas ruppige Schönheit.

Hurtado und Umgebung 🔳13

Hurtado ist mit seinen 500 Einwohnern ein hübsches, typisches Andenbauerndorf mit Häusern aus traditionellen Adobe-Ziegeln. Entlang der Straße werden lokal angebaute Produkte verkauft. Auch der sonnige Valle Hurtado wird landwirtschaftlich genutzt, Viehweiden begleiten den Flusslauf und dehnen sich bis in die Berge aus, die oft nur mit einem Buschkleid bedeckt sind. Pappeln im Talgrund künden von den weit verstreuten Haciendas.

Die kleinen Ortschaften Seron, Fundina und Pichasca haben hübsche bemalte Adobe-Kirchlein.

Übernachten, Aktiv

Hacienda-Stil ▶ Hacienda Los Andes: Hurtado, Tel. 53-69 18 22, www.haciendas losandes.com. Die schöne alte Obst-Hacienda ist oberhalb des Flusses gelegen. Stilvoll restauriert. Viele Ausflugsmöglichkeiten – auch mehrtägige Touren, z. B. ins Valle del Elqui, Wanderungen, Reittouren. 27 000– 45 000, Campen 5000 CLP pro Person.

Für Pferdeliebhaber ▶ Corral Los Andes: www.naturalhorsemanshipchile.com. Manuela Paradeiser und Clark Stede haben bereits die Hacienda Los Andes und das Campamento Aventura in Cochamó gegründet, jetzt bieten sie Urlaub an für Reiter, die den sanften Umgang mit Tieren schätzen. Es gibt nur zwei Zimmer in der hübschen gemütlichen Lodge, aber die Besitzer haben viele Reitausflüge im Angebot. Nur in Paketen über das Internet buchbar – kein Telefonempfang.

Monumento Natural Pichasca 🔳14

Rund 7 km hinter Pichasca gelangt man über eine Abzweigung zum **Monumento Natural Pichasca,** wo die ältesten Zeugnisse indianischer Besiedlung aufgespürt wurden. Ein Pfad steigt zunächst zu einem versteinerten Wald an, dann kommt man zur **Casa de Piedra,** mit Besiedlungsresten aus dem 8. Jt. v. Chr. (Jan./Feb. 9–18, sonst 9–17 Uhr, 1600 CLP).

Ovalle 🔳15

Ab Samo Alto ist die Straße asphaltiert. Von hier sind es noch 41 km nach **Ovalle,** einem netten Landwirtschaftsstädtchen. Interessant ist allerdings der **Museo del Limarí** mit seiner ausführlichen Darstellung der Diaguita-Keramik (alte Eisenbahnstation in der Calle Covarrubias/Antofagasta, Di–Fr 9–18, Sa, So, Fei 10–13 Uhr, 600 CLP).

Monumento Nacional Valle del Encanto 🔳16

Hinter Ovalle gabelt sich die Straße, wir nehmen die Ruta 45, um den **Valle del Encanto** zu besuchen. Der **Monumento Nacional** liegt an einer Abzweigung, 5 km sind es von dort zum Eingang, wo man Infos bekommt; auch Führer bieten ihre Dienste an. In einem felsigen Gelände von etwa 2 km spaziert man an den bedeutendsten Petroglyphen Nordchiles vorbei. Sie entstammen der Molle-Kultur (2.–7. Jh.). Am besten erkennt man sie, wenn die Mittagssonne ihnen harte Konturen verleiht (tgl. 9–16.30 Uhr, 300 CLP).

Parque Nacional Fray Jorge 🔳17

Wieder auf der Panamericana, geht es in nördlicher Richtung etwa 20 km weiter. Nach all dem Halbwüstenglanz lassen sich die Augen im **Parque Nacional Fray Jorge** erfrischen, denn hier ist's so grün wie weiland nur im Süden. Ein Inselchen Valdivianischen Nebelwaldes hat sich hier aufgrund besonderer klimatischer Verhältnisse und starker Küstennebelbildung mitten in der Halbwüste am Meeresrand aufgebaut, und Spazierwege erschließen ihn. Zwischen Südbuchen, Feuerbüschen, Farnen und Moosen verstecken sich 120 Vogelarten. Das Hinkommen ist allerdings ein wenig abenteuerlich, die Strecke hinunter entschädigt aber dafür. Wer länger bleiben möchte, sollte sich Proviant einpacken, es gibt dort keine Verpflegung. Die Conaf verwaltet einige Campingplätze und eine Hütte, in der man übernachten kann. Man erkundigt sich am besten vorher nach der Verfügbarkeit. Den Park hält die Forstbehörde täglich zwischen 9 und 17 Uhr offen.

Von Copiapó nach Chañaral

Die Gegend ist entrückt, urweltlich schön – dem Reisenden präsentiert sich die einsame, verzauberte Welt der Berge, Lagunen und Wüsten. Durchlöchert wie ein Schweizer Käse, urteilte Charles Darwin auf seiner südamerikanischen Forschungsreise und meinte damit die Minenöffnungen in den Bergen. Zuletzt lenkte die glückliche Rettung der 33 Arbeiter aus der Goldmine San José im November 2010 das Augenmerk auf diese Ecke und das noch stets knochenharte Leben der ›mineros‹.

Copiapó ▶ D 13

Karte: S. 316

Seine Nähe zur Silbermine Chañarcillo hat das hübsche, sonnenverwöhnte **Copiapó 1** aufblühen lassen. Vor deren Erschließung, so schreibt Darwin, befand es sich in einem erbarmungswürdigen Zustand, denn es war durch ein Erdbeben vollständig »über den Haufen geworfen worden«.

Die 130 000-Einwohner-Stadt räkelt sich entlang des grünen Flusslaufes, braunrote und anthrazitfarbene Berge schließen sie fest ein. Copiapó, das ehemalige Conpayapu, das ›grüne Tal‹ der Diaguita, lag schon lange bevor Pedro de Valdivia es 1540 besetzte, in einer intensiv genutzten und belebten agrarischen Region.

1832 entdeckte der Bauer Juan Godoy die Silbermine Chañarcillo, das damals immerhin drittgrößte Silbervorkommen der Welt. Daraus erwuchs eine mächtige Industrie, bei der – so sagt man – kein Ausländer die Hände mit im Spiel hatte, und im 73 km entfernten Copiapó siedelten sich die wohlhabend gewordenen chilenischen Familien an.

Die Mine war reich, aber schnell ausgebeutet. Copiapó wandelte sich von einer Minen- zur Früchtestadt. Das gesamte Tal ist mit *parranales,* Spalieren zum Traubenanbau, besteckt. Es gibt Pflanzungen von Wassermelonen und Pfirsichen, und in Richtung Pazifik werden Oliven angebaut. Die Kupfermine Candelaria und immer mehr neue Erzfunde in jüngster Zeit indes halten die Minentradition aufrecht.

Parks und Grünanlagen durchziehen die Stadt und Spuren einstiger Größe lassen sich leicht an einigen stattlichen Gebäude-Ensembles aus der Gründerzeit ablesen. Ein schöner, ruhiger Standort für die anstrengenden Exkursionen in die Anden oder ganz einfach für die Weiterreise.

Rund um die Plaza Prat

Als Minenstadt verfügt Copiapó über einen reichhaltigen **Museo Mineralógico** mit einer ausführlichen Präsentation nicht ausschließlich chilenischer Erze, Steine und Mineralien, sowie einem Meteoriten im Garten. Die Sammlung steht unter der Verwaltung der Universidad de Atacama (Rodríguez/Colipí, Mo–Fr 10–13, 15.30–19, Sa 10–13 Uhr, 500 CLP).

Das Museum liegt einen Block von der heiteren **Plaza Prat** entfernt, die pfefferbaumbeschattet Allegorien aus der Zeit der Silberblüte zeigt. Schön antikisierend, schön üppig: Das war der Stil, den die chilenische *upper class* 1850 als sehr französisch und ausgesprochen *chic* empfand.

Aus derselben Zeit stammt die **Kathedrale.** Neoklassizistische Giebelfront, Säulen und darüber ein dreigestufter Glockenturm aus Holz bilden eine verblüffende Komposition, »eine Caprice, wie sie nur ein Engländer entwerfen und ausführen kann«, amüsierte sich der deutsche Maler Otto Grashof 1854. Einen Block südlich der Plaza führt die Calle Atacama auf die kurze, grüne Avenida Matta zu, auf der sich weitere Skulpturen aus der Gründerzeit bestaunen lassen und wo in einem schönen, restaurierten klassizistischen Gebäude die staatliche Minenbehörde (Servicio Nacional de Geología y Minería) residiert.

Weitere Sehenswürdigkeiten

Ebenfalls imponierend neoklassizistisch thront der Familiensitz der Matta an der Rancagua/Atacama einen Block vor der Avenida, die ihren Namen trägt. Heute beherbergt dort der **Museo Regional de Atacama** Exponate zur Vorgeschichte, zur Minengeschichte, eine Bibliothek und einen Salon aus dem 19. Jh. sowie regionale Malerei (Atacama/Rancagua, Mo 14–18, Di–Fr 9–18, Sa, So 10–13, 15–18 Uhr, 600 CLP).

Der unterhaltsame **Museo Estación de Ferrocarril** zeigt Fotos, Schwellen und Gerätschaften aus der Pionierzeit der Eisenbahn. Untergebracht ist das Museum in dem ehemaligen Bahnhofsgebäude, einem Holzbau aus dem Jahr 1854. Das ist schon eindrucksvoll: 19 Jahre nach der ersten Eisenbahnfahrt zwischen Fürth und Nürnberg war das gleiche fauchende Technikwunder zwischen Copiapó und Caldera unterwegs. Leider ist es nur unregelmäßig geöffnet (Atacama s/n).

Infos

Sernatur: Los Carrera 691, Tel. 52-21 28 38, Fax 52-21 72 48, infoatacama@sernatur.cl. Sehr engagiert.
Conaf: Martínez 55, Tel. 52-23 70 42, Fax 52-23 70 42, atacama@conaf.cl.

Übernachten

Freundliche Stimmung ▶ Hotel Chagall: O'Higgins 760, Tel. 52-35 29 00, www.chagall.cl; 88 Zi. In optimistischen Farben gehaltenes modernes Hotel, dessen Wände heitere Chagall-Reproduktionen schmücken; kleine, feine Zimmer. DZ ca. 120 US-$.
Schön ▶ La Casona: O'Higgins 150, Tel./Fax 52-21 72 78; 12 Zi. Schönes Haus im Kolonialstil, sorgfältig ausgesuchte Wohnaccessoires; gemütliche, nicht sehr große Zimmer; ausgesprochen freundlicher und hilfsbereiter Service; Restaurant mit Hausmannskost. DZ 39 000–49 000 CLP.
Typisch Mittelklasse ▶ Hotel Montecatini: Infante 766, Tel. 52-21 13 63, 12 Zi. Gepflegte Anlage mit ebensolchem Patio und einem kleinen Pool. DZ 50 US-$.
Zwei gute Optionen für Traveller ▶ Residencial Nuevo Chañarcillo: Rodríguez 540, Tel. 52-21 23 68; 7 Zi.; **Hostal Palace**, Atacama 741, Tel. 52-21 28 52. Viele einfache Unterkünfte der Stadt haben kein sehr ansprechendes Niveau, diese Häuser sind schlicht, aber sauber. DZ 12 000 CLP (mit Bad 15 000 CLP).

Essen & Trinken

Angenehm ▶ Hostería Las Pircas: Av. Copayapu 95, Tel. 52-21 32 20. Angenehmes, der sympathischen Hostería angeschlossenes Restaurant ein wenig außerhalb des Stadtkerns von Copiapó. Mit internationaler Küche und regionalem Essen, kleine Gerichte ab 2500 CLP, Fisch ab 5800 CLP.
Chilenische Hausmannskost ▶ El Corsario: Atacama 245,Tel. 52-21 53 74. Deftige Speisen nach chilenischen Rezepten werden in diesem Haus mit Patio serviert. Die Preise für den Pastel del Choclo (Maisauflauf) und das Kaninchen liegen recht niedrig, ab 3500 CLP.
Ordentlich ▶ Bavaria: Chacabuco 487, Tel. 52-21 34 22. Cafeteria und Restaurant; gute, solide Qualität, Sandwiches zu 1800 CLP. Auch gut fürs Frühstück.

Aktiv

Ausflüge ▶ Sehr guter Standort für **Ausflüge in den Altiplano** und zum **Ojos del Salado,** z. B. zu buchen bei: Azimut 360, General Salvo, Providencia, Santiago, Tel. 2-235 30 85, www.azimut.cl, oder: Atacama, Maipú 580, Tel. 52-21 11 91.

Verkehr

Flüge: Der Flughafen Chamonate liegt 15 km westlich von Copiapó. Lan bietet einen Shuttle-Service an. Mehrmals tgl. Flüge nach Antofagasta und Santiago, an Werktagen nach El Salvador. PAL fliegt Ziele im Großen Norden an.

Stadtbüros Fluggesellschaften: Lan, Colipí 484, Tel. 60 05 26 20 00 (zentrale Rufnummer); **Sky Airline,** Colipí 526, Tel. 52-21 46 40; **PAL,** Colipí 484, Tel. 52-52 46 03.

Busse: Busbahnhof der Gesellschaften Flota Barrios, Expresos Norte, TurBus und Libac an der Chanarcillo 650, Terminal von Pullman Colipí/Ramón Freire. Copiapó liegt an der zentralen Nord-Süd-Achse, daher gibt es viele Verbindungen. Für Fahrten nach Caldera: Chacabuco 112.

Autovermietung: Avis, im Flughafen und Rómulo Pena 102, Tel. 52-52 45 91; **Budget,** Av. Ramón Freire 50, Tel. 52-23 37 03; und **Econorent,** Av. Ramón Freire 21, Tel. 52-23 37 03.

Caldera und Umgebung

▶ D 12

Karte: oben

Aus einem Klecks an der Küste mit 50 Einwohnern erwuchs 1849 **Caldera** 2, der Ausfuhrhafen für das Silber aus Chañarcillo. 21 Jahre später hatte Caldera schon fast zum Hafen von Valparaíso aufgeschlossen, denn nur der war damals noch größer und bedeutsamer. Caldera wuchs im Gleichschritt mit Copiapó.

Eisenbahnen gibt es hier längst nicht mehr – nur noch Schienen und einen ehemaligen Bahnhof, der in jüngster Zeit der Vergessenheit entrissen und restauriert wurde, wie auch einige Gebäude aus der Blütezeit des 19. Jh., die das hübsche Städtchen als Relikte einer vergangenen Epoche sprenkeln. Die im neogotischen Stil gestaltete **Iglesia San Vicente** an der Plaza haben britische Zimmerleute hinterlassen. Einen Block weiter, an der Calle Carvallo, befindet sich die **Casa Mackenzie** aus derselben Ära. Am Paseo Wheelwright, der die Strandlinie begleitet, liegen der Bahnhof und das alte Zollhaus, das in ein *Centro Cultural* mit Wanderausstellungen umgewandelt wurde. Ist der Name Wheelwright schon ungewöhnlich, dann ist es Siggelkow erst recht. So hieß ein deutscher Konsul, der 60 lange Jahre in Caldera in einem Haus an der Strandpromenade residierte. Auch dieses mit einer säulchenbestandenen Veranda geschmückte Haus wurde flugs zur Sehenswürdigkeit deklariert. Ein Museum gibt es auch: den gut ausgestatteten **Museo Paleontologico,** der die reiche Fossilienwelt Chiles und vor allem dieser Zone präsentiert (Av. Wheelwright 001, Di–So 10–13, 16–18 Uhr).

Übernachten

Sommerlich ▸ **Hotel Puerta del Sol:** Wheelwright 750, Tel. 52-31 52 05, www.hosteriapuertadelsol.com; 18 Zi. Am Ende der Costanera gelegen; hat eine Terrasse und einen Pool, die Zimmer sind hell und freundlich. DZ 45 000 CLP.

Holzhaus ▸ **Hotel Costanera:** Wheelwright 543, Tel. 52-31 60 07; 11 Zi. Ein malerisches Holzhaus; recht niedriger Standard, aber große Zimmer. DZ 30 000 CLP.

Einfach ▸ **Residencial Palermo:** Cifuentes 150, Tel. 52-31 72 29; 10 Zi. Einfaches sauberes Haus im Zentrum. DZ ca. 10 000 CLP.

Essen & Trinken

Ambitioniert ▸ **El Teatro:** Gana 12, Tel. 52-31 67 68. Schick und ambitioniert; auf der Karte viele Meeresfrüchte-Zubereitungen. Spezialisiert auf *ceviche,* 5500–7000 CLP, gute Krabbenmousse für etwa 7000 CLP.

Gediegen ▸ **Nuevo Miramar:** in einem Pavillon am Ende der Fischermole, Tel. 52-31 53 81. Hier wird der beste *congrio* und *corvina* serviert; man speist recht elegant bei Kerzenschein. Salate ab 2500 CLP, Hauptgerichte ab 5000–6000 CLP.

Verkehr

Busse: Das Busterminal mehrerer Gesellschaften liegt an der Gallo 149; für Verbindungen nach Copiapó: Cifuentes/Varas.

Bahía Inglesa 3

Seit einiger Zeit versucht man nun energisch, Caldera eine neue Bestimmung zu verleihen. Das ist eigentlich kein Problem, denn es hat eine malerische Bucht mit ausgedehnten Sandstränden; und 6 km weiter südlich liegt die **Bahía Inglesa,** ein gepflegter, schöner Badeort, allerdings voller Apartmentanlagen, Ferienanlagen und Eigentumswohnungen. Der Strand hat Bilderbuchformat. Abseits der Hauptsaison wirkt Bahía Inglesa eher schläfrig, angenehm ist es aber immer.

Die touristische Infrastruktur potenziert sich im Sommer. In der Nebensaison ist nicht alles geschlossen: Es gibt einige Übernachtungsmöglichkeiten und Zeltplätze sowie geöffnete Restaurants.

Zum Ojos del Salado und an die Küste ▸ D–F 11–13

Karte: links

Die außergewöhnlich reizvolle Kordillerenlandschaft um den höchsten Berg Chiles und den zweithöchsten Vulkan der Welt, den Ojos del Salado (6893 m), zählt nicht gerade zu den bekanntesten Reisezielen des Landes. Man hat an vielen Punkten den Eindruck, Pionier in einer unberührten, vollkommen einsamen und lautlosen Gipfellandschaft zu

Tipp: Nur gut ausgerüstet reisen

Wer die einsame Strecke zum Ojos del Salado und an die Küste befahren will, muss einen geländegängigen Wagen nehmen und Ersatzreifen und Benzinvorräte mit sich führen. In den Schutzhütten der Conaf (Laguna Santa Rosa, Laguna Verde, Laguna de Negro Francisco) gibt es keine Ausstattung, d. h. genügend Wasser, Lebensmittel, warme Kleidung und ein Schlafsack sind mitzunehmen. Im Büro der Conaf in Copiapó vor Reisebeginn nach der Verfügbarkeit von Schlafplätzen in den Schutzhütten erkundigen.

Von Copiapó nach Chañaral

sein – in der man hier aber nicht ist, denn in den Minen Marte und Pepita de Oro wird auf 5000 m Höhe Gold gefördert. Modernste Technologien kommen in dünnster Luft zum Einsatz.

Da die Strecke von Copiapó zum Complejo Fronterizo San Francisco weiter nach Argentinien führt, reist man auf dem *Camino Internacional.* Benzin gibt es in Copiapó und in Potrerillos. Die Verbindung ist gut, weil sich die Minengesellschaft um ihren Erhalt bemüht. Sie fabriziert den Straßenbelag aus den in großer Menge vorhandenen Grundstoffen Lehm, Salz und Erde und kündigt kurz hinter Copiapó auf einem Straßenschild an: *Refugio en 225 km,* also ›Schutzhütte in 225 km‹.

Hier in der Nähe befindet sich auch die Gold- und Kupfermine San José, die von August bis Oktober 2010 wegen eines der schwersten Grubenunglücke der Geschichte Schlagzeilen wie am Fließband produzierte – und zum guten Ende auch die einer glücklichen Rettung aller 33 verschütteten Kumpel.

Nach Puquios 4

Bald beginnt die Herrschaft der bunt gestreiften, hier zunächst noch recht niedrigen Berge. Die **Quebrada de Paipote** durchfurcht diese Massive. Nach 60 km weisen lehmfarbene Ruinen auf einen verlassenen Ort hin: **Puquios**, zum Zeitpunkt seiner Gründung im 19. Jh. wegen der Kupferberge in seiner Umgebung der am weitesten in die Wüste vorgeschobene Punkt Chiles. Bis nach Puquios konnte die Eisenbahn gelegt, für den weiteren Verlauf musste das Material mit Kutschen und Karren weitertransportiert werden.

Aufgegebene Gehöfte sind ein häufiges Bild an der von unterirdischen Wasseradern durchzogenen Quebrada. Wie Konfetti sprenkeln grüne Areale die Kupfer- und Lehmfarben, und in den plötzlich so fetten Weidelandschaften grasen Pferde, Maultiere, Ziegen und Schafe. Aber die Qualität des Bodens ist nicht gut, er eignet sich nicht zur Feldwirtschaft, denn das Wasser ist stark arsenhaltig. Die an Bambus erinnernde *cola de zorro* fressen die Ziegen,

die einzigen anderen Baumarten sind *algarrobo, chañar* und *pimiento*.

Im **Valle Chico** lebt seit 20 Jahren Mario Diáz Ordenes alias El Sherpa in einer schief gezogenen Hütte mit Wellblechdach. 40 Jahre hat er bei der multinationalen Minengesellschaft Andescopper gearbeitet und bietet jetzt

Die Straße zum Ojos del Salado führt in verschneite Einsamkeit

seine Ortskenntnisse an. Er kennt alle Lagunen und Vulkane und er weiß, wann der gefürchtete *viento blanco* droht, der ›weiße Wind‹ voller Schneekristalle, der den Wanderer orientierungslos werden lässt. Ordenes verkauft auch selbst gemachten Ziegenkäse, Brot und Salbei.

9 Parque Nacional Tres Cruces ▶ F 12

Nach 149 km öffnet sich die Landschaft zu einem weit geschwungenen Altiplano-Becken, das den Beginn des knapp 600 km² großen **Parque Nacional Tres Cruces** markiert. An der äußersten Südspitze des weiß

319

Tipp: Durch den Büßerschnee

Wie Haifischzähne ragen sie in die Höhe, die Schneeformationen an der **Laguna Verde** zu Füßen des Ojos del Salado, durch die man wie in einem Labyrinth läuft. Die starke Sonneneinstrahlung auf einer Höhe von 4500 m zersägt förmlich den Schnee zu diesen Figuren, die ›Büßer‹ getauft wurden, weil ihre Konturen sie ein bisschen so aussehen lassen. Aufwärmen kann man sich anschließend in den sehr rustikalen Thermalbecken (s. rechts).

glänzenden, 83 km² umfassenden **Salar de Maricunga** wird die tintenblaue **Laguna Santa Rosa** 5 von einem Passepartout aus lauter verschneiten Fünftausendern gerahmt, darunter das wild gezackte Massiv der Tres Cruces, das in einem Gewirr von Gipfelfalten zahlreiche Lagunen verbirgt. Flamingos spazieren das Lagunenufer entlang. Es ist traumhaft schön und eisig kalt, denn die Laguna liegt bereits auf 3700 m Höhe. Hier kann man in einer winzigen, ziemlich winddurchlässigen Schutzhütte der Conaf übernachten.

Bei der Weiterfahrt zur Laguna del Negro Francisco, im südlichsten Teil des Nationalparks, passiert man das Massiv der Tres Cruces und gelangt auf das Gelände der **Goldmine Marte** 6. Wer hier oben, auf 5000 m Höhe, acht Tage arbeitet, hat danach acht Tage frei. Die Durchreisenden werden registriert, was in dieser stillen Einsamkeit doch irgendwie tröstet. Vikunjas und Lamas grasen bei den schwefelhaltigen, eiskalten Wasseradern. Der nackte Vulkan Copiapó (6052 m) beherrscht mit seinen Aubergine- und Aprikosenfarben die gesamte Landschaft.

Laguna del Negro Francisco 7

85 km sind es zur olivgrünen **Laguna del Negro Francisco**. Spätestens hier ist es vorbei mit dem Gefühl, Pionier zu sein, denn hier sind richtige Pioniere am Werk. Die Lagune

mit ihren schneeweißen Salzrändern und einem dunkelroten Flimmern über der Wasseroberfläche ist Gegenstand geologischer Forschungen. Die Wissenschaftler bohren nach unterirdischen Wasseradern, haben Fossilien und Knochen von Dinosauriern gefunden und festgestellt, dass unter den Strahlen der unerbittlichen Altiplano-Sonne pro Sekunde etwa 1500–2000 l Lagunenwasser verdampfen. Die Laguna besteht aus einem Salzwasser- und einem Süßwasseranteil, der von Flamingos besucht wird. Die Conaf betreibt eine geräumige Schutzhütte.

Laguna Verde 8

Um zur Laguna Verde und zu der Basisstation für die Besteigung des Ojos del Salado zu gelangen, muss man dieselbe Strecke bis zur Einmündung des *Camino Internacional* in Richtung Argentinien zurückfahren. Die Gebirgsmassive weichen dort einer offenen Hochebene, der **Planicie Piedra Pómez,** aus der isolierte Vulkangipfel herausragen.

Die **Laguna Verde** liegt wie eingebrannt in dieser beeindruckenden Landschaft, in der jede Erhebung über 6000 m misst. Bis in die 1960er-Jahre hinein wurden argentinische Rinder über die Andenpässe getrieben. Zahlreiche bleiche Knochen liegen über die Hänge verstreut. Hier sind einige Thermalquellen mit 34 °C in einfachen steingefassten Becken eine beliebte – und die einzige – Möglichkeit, sich ein bisschen zu wärmen. Allerdings kostet es schon Überwindung, sich in der Kälte überhaupt badereif zu entkleiden.

Ojos del Salado 9

Pflicht für alle Besteiger des **Ojos del Salado** ist es, günstige Wetterverhältnisse abzuwarten und eine Akklimatisationsperiode auf 4600 m von etwa zehn Tagen mit leichtem Trekkingprogramm einzukalkulieren. Danach folgt eine erste Etappe auf 5200 m Höhe mit abendlicher Rückkehr ins Lager. Wer diese Feuerprobe nicht besteht, sollte sich nicht an die Besteigung wagen.

In Richtung des Ojos del Salado ragen auf einem geschwungenen Hang Büßerschneefelder auf, so genannte *penitentes*. Die Sonne und der starke Wind haben die Schnee- und Eisdecke des Hochplateaus zu Platten zersägt und je nach Intensität der Bestrahlung und des Strahlungswinkels bis zu 20 m hoch aufragende Gebilde daraus geformt, die von weitem an überdimensionale Eiszapfen oder eben an Büßer in ihren Ku-Klux-Klan-ähnlichen Gewändern erinnern.

Übernachten

Es gibt eine Schutzhütte der **Conaf,** die über mehrere kleine Zimmer, Schlafsäle und eine geräumige Gemeinschaftsküche verfügt. Möglichkeiten zum Campieren sind vorhanden.

Vom Salar de Pedernales an die Küste

Einsame gute 100 km nördlich des Complejo Fronterizo San Francisco ist der 300 km^2 umfassende **Salar de Pedernales** 10 erreicht. Hier wird Borax abgebaut, und in den Lagunen finden Flamingos Nahrung. Die Straße verlässt nun das Gebiet der Kordillere, die Chile von Argentinien trennt, führt in einem weiten Schwung Richtung Westen und überquert stark gekurvt und gebogen die braune, wilde, wunderschöne **Cordillera de Domeyko**. Wo die ausgebaute Straße Platz lässt für einen Aussichtshalt, sollte man ihn einlegen.

Bei der Abzweigung zur Minenstadt **Potrerillos** 11 beginnt erneut die Asphaltierung. Wie vom Himmel auf die Erde gefallen sieht der Ort aus. Er ist ein Relikt aus vergangener Zeit. Von 1922 an wurden hier Kupfer und Gold verarbeitet, doch die dafür eingesetzten Chemikalien haben den Boden und die Luft so stark verseucht, dass die Bewohner umgesiedelt worden sind. Trotzdem ist ein Spaziergang durch die Ortschaft attraktiv: Die alten Gebäude, die Geschäfte, die Kirche und das Kommissariat bilden ein interessantes Freilichtmuseum. Wer Potrerillos besuchen möchte, muss sich vorher bei Codelco in El Salvador (s. u., Dirección de Comunicaciones, Division Salvador) eine Genehmigung besorgen und einen Führer

mitnehmen, ohne den das Gelände nicht betreten werden darf. Die Verhüttungsanlage ist 2006 modernisiert worden und steht in Betrieb.

Etwa 32 km weiter liegt die Kupfermine **El Salvador** 12 mit ihrer gleichnamigen Schlafstadt (10 000 Einwohner) auf 2300 m Höhe. Säuberlich in Reich (El Salvador) und Arm (Portal del Inca) geteilt, ist sie von der Anlage her wie ein Amphitheater konzipiert, hat breite nordamerikanische Avenidas, einen zentralen Platz, einen Flughafen und recht wenig Leben.

Danach verlässt die Route die Welt der Kordilleren, Hochplateaus, Vulkane, Minen und Lagunen und klettert atemberaubend schnell die **Cuesta El Jardín** hinunter. Mit dem schäbig wirkenden Minenarbeiterörtchen **Diego de Almagro** 13 ist wieder der Talgrund erreicht, auf dem es noch 68 km zum Meer sind.

Chañaral 14

Der sympathische 13 000-Einwohner-Ort **Chañaral** behauptet sich energisch, wenn auch nicht unbedingt schön, schon lange als Ausfuhrhafen. Zunächst war es nichts als eine kleine Bucht, in der die Handelsschiffe zum Laden der landwirtschaftlichen Produkte anlegten, die in der Oase Finca de Chañaral geerntet wurden. Als 1824 Diego de Almeyda die Mine Las Ánimas eröffnete, wurde die Bucht zum Hafen ausgebaut und 1833 eine kleine Siedlung angelegt. Die reichen Minen im Altiplano ließen den Hafen während des 19. Jh. wachsen. Die Hafenanlagen beherrschen dann auch die Silhouette der sich einen Hügel hinaufstemmenden Stadt. Von jedem Punkt aus sind sie gut sichtbar. Einsam ist es hier und ein bisschen bizarr.

Hauptanziehungspunkt von Chañaral dürfte es sein, die Hauptstraße **Merino Jarpa** entlangzuflanieren, sich die Hafenanlagen zu besehen, den Mähnenrobben und dann dem Fischmarkt einen Besuch abzustatten – und natürlich dem **Museo Histórico y Natural Rudolfo Philippi** in der Merino Jarpa 801 (Mo–Fr 9–13, 15–17 Uhr), einem Heimatmuseum mit naturwissenschaftlichen und paläontologischen Fundstücken.

Tipp: Picknick an der Playa Blanca

Der Sand könnte pudriger nicht sein, die Bucht nicht perfekter geschwungen: Die **Playa Blanca** im Nationalpark mit dem schönene Namen Pan de Azúcar, ›Zuckerbrot‹, ist wirklich eine Augenweide. Kein Wunder, dass es hier einige kleine einfache Pavillons gibt, in denen man ein Picknick machen kann, komplett ausgestattet mit Grill und Sitzbänken. Den Proviant ersteht man auf dem sehenswerten Fischmarkt in Chañaral, auch der ist ein Vergnügen. Wer das aber nicht mehr geschafft hat: Es gibt im Park aber auch Imbissbuden.

Infos

Touristeninformation: in der Merino Jarpa 801.

Übernachten

Gepflegt ► **Apart Hotel Portal Atacama:** Merino Jarpa 1420, Tel. 52-48 97 99; Das modernste und bequemste Hotel am Ort ist mit hübschen, aber kleinen Zimmern ausgestattet. DZ 57 US-$.

Freundlich ► **Hotel Aqua Luna:** Merino Jarpa 521, Tel. 52-52 38 68; 10 Zi. Um einen Innenhof gruppierte, relativ kleine Zimmer, fröhliche Farben, freundlich. Das DZ kostet 30 000 CLP.

Schöne Lage ► **Hostería Chañaral:** Miller 268, Tel. 52-48 00 50, Fax 52-48 05 54; 34 Zi. Hübsch oberhalb des Ortes gelegen, helle Zimmer, ein wenig hellhörig gebaut. DZ 28 000 CLP.

Essen & Trinken

Auf der **Calle Merino Jarpa** gibt es einige einfache Restaurants.

Fisch ► **Alicanto:** Panamericana Sur 49, Caleta de Pescadores. Restaurant mit Panoramablick, oberhalb des Fischerhafens; viel Fisch auf der Speisekarte. 4000–5000 CLP.

Chilenische Küche ► **Hostería Chañaral:** Miller 268. Bodenständige Küche ohne Raffinessen und zu recht günstigen Preisen ab 3800 CLP.

Verkehr

Busse: Terminal Pullman Bus, Los Baños 200, Destino Norte Los Baños 203, TurBus, Merino Jarpa 1187, Flota Barrios, Merino Jarpa 567. Häufige Verbindungen in den Norden und Süden bis nach Santiago. Busse in den Nationalpark Pan de Azúcar: Turismo Chango, Jarpa/Los Baños, 2 x tgl.

Parque Nacional Pan de Azúcar 15

Ein schönes Ausflugsziel von Chañaral ist der 31 km entfernte **Parque Nacional Pan de Azúcar**, der die seltenen, vom Aussterben bedrohten Humboldtpinguine und Seelöwen schützt. In der Traumbucht der Playa Blanca kann man in Fischerhüttchen essen, sich zur Pinguinkolonie schippern lassen (Betreten verboten!) oder picknicken. Die sanften Sandhügel sind mit 20 verschiedenen, nur hier vorkommenden Kakteenarten überzogen.

Infos
Conaf: an der Caleta de Pan de Azúcar.

Übernachten
Einfache Unterkünfte ▶ Conaf: einige *cabañas,* Auskunft über Conaf in Copiapó, Juan Martínez 55, Tel. 52-23 70 42; einige Möglichkeiten zum Zelten.

Ausflugsziel mit Picknickmöglichkeiten: Parque Nacional Pan de Azúcar

Besonders schön bei Sonnenuntergang:
der Valle de la Luna

Kapitel 6

Der Große Norden

Helle, steinige Wüsten, Hochebenen und bunte Vulkane – das ist der Große Norden. Eine schmale, zerklüftete Küstenlinie liegt zu Füßen des Küstenberglandes, das hier schnell Höhen von bis zu 1000 m erklimmt wie bei Iquique, um bald darauf eine vegetationsarme Hochebene folgen zu lassen, die sich gen Osten in den 4000 m hohen Altiplano auflöst. Kleinste Oasen liegen dort, in tiefen Canyons. Eine Reihe von Salaren begleitet die Grenzen zu Argentinien und Bolivien. Zu Füßen 6000 m hoch aufragender Vulkane lagern in die Erde gebrannte Lagunen.

Diese Region war einst kaum bewohnt. Lediglich an der Küste befanden sich winzigste Fischersiedlungen, die indianische Bevölkerung lebte seit Jahrtausenden in den Anden. Indianische Handelspfade vernetzen sich entlang der Schmelzwasserflüsschen der Gebirge.

Und doch sind hier Städte entstanden, richtig schöne sogar: In den Bergen ruht erheblicher Reichtum, der in der Mitte des 19. Jh. das Land in einen Spieltisch für Abenteurer, aber auch für ›ganz normale‹ Kapitalisten verwandeln sollte. Kupfer, Gold, Silber und später Salpeter wurden hier nach und nach abgebaut. An der Küste entstanden quasi aus dem Nichts heraus Handelsstädte. Heute begegnet man immer wieder den Spuren des Salpeterabbaus, niedrigen Steinhaufen und Friedhöfen mit Gräbern aus weiß gestrichenen Holzlatten.

Der Große Norden stellt seine Herausforderungen: an Wanderer und Surfer, an Mountainbiker und an … Sternegucker.

Auf einen Blick
Der Große Norden

Sehenswert

10 **Valle de la Luna:** Das ›Mondtal‹ gehört zu den größten Schönheiten der Atacama-Wüste, vor allem, wenn man bei Sonnenunter- und Sternenaufgang dort sein kann (s. S. 345).

11 **Tatio-Geysire:** Auch wenn die Zeit nur für einen einzigen Ausflug von San Pedro de Atacama aus reicht, diesen sollte man sich nicht entgehen lassen – zum morgendlichen Naturschauspiel der höchstgelegenen Geysire der Welt (s. S. 349).

12 **Gigante de Atacama:** Das beeindruckendste Scharrbild Chiles zeigt einen Gottkönig und ist mit 96 m die größte menschliche Abbildung, die je gefunden wurde (s. S. 366).

13 **Parque Nacional Lauca:** Eine fremdartig faszinierende Vulkan- und Lagunenlandschaft auf 4000 m Höhe (s. S. 379).

Schöne Routen

Von den Tatio-Geysiren nach Calama: Die Route führt durch altes indianisches Siedlungsgebiet und ist mit landschaftlichen Höhepunkten und Überraschungen reich gesegnet, z. B. einem alten Brauchtumsmuseum und einem Kultort (s. S. 351).

Von Arica in den Parque Nacional Lauca: Von Meereshöhe geht es auf 4750 m hinauf, dazu sollte man sich unbedingt Zeit lassen. Diese Route beginnt mit fruchtbaren Flusstälern und nimmt mit jedem Kilometer an Dramatik zu. Höhepunkt ist die Laguna Chungará zwischen Sechstausender-Vulkanen. Am Rand der Route konzentrieren sich kulturelle und geschichtliche Sehenswürdigkeiten (s. S. 374).

PERU

13 Parque Nacional Lauca

Arica
Fischmarkt ● Laguna Chungará

Von Arica in den Parque Nacional Lauca

BOLIVIEN

Pazifischer

12 Gigante de Atacama

Iquique

Ozean

aktiv Salpeter-Oficinas und Industriekultur

Pukara de Lasana

Von den Tatio-Geysiren nach Calama

Calama ● **11** Tatio-Geysire
Caspana/Aiquina

● San Pedro de Atacama

10 Valle de la Luna

Antofagasta
Fischmarkt

aktiv In die Sterne gucken

Observatorio Paranal

ARGENTINIEN

Meine Tipps

Fischmärkte in Antofagasta und Arica:
Pelikane zählen zu den treuesten Besuchern der bunten Fischmärkte, die sich gleich jenseits der bunten Boote etabliert haben. Jod und Salz hängen in der Luft: das ist Landeskunde live (s. S. 332 und S. 373).

Caspana und Aiquina: Zwei indianische Dörfchen in den Falten des Altiplano. Die Fahrt dorthin und die Lage sind absolut eindrucksvoll, die Geschichten aus den uralten Ortschaften ebenfalls (s. S. 351).

Pukara de Lasana: Dass Chile auch eine reiche indianische Kultur hat, ist nicht stark im Bewusstsein verankert. Die prä-inkaische Festungsanlage in der Schlucht von Lasana gehört zu den eindrucksvollsten (s. S. 352).

aktiv unterwegs

In die Sterne gucken: Die staubfreien Wüsten Nordchiles sind prädestiniert für die Erforschung des Weltalls. Das Observatoruim Paranal wird von der ESA betrieben und hat das zurzeit größte Teleskop der Welt. Ein Erlebnis – man muss sich nur frühzeitig anmelden (s. S. 329).

Salpeter-Oficinas und Industriekultur: Mal ein ganz anderer Aspekt einer Chile-Reise: die Lebensbedingungen der ersten Fabrikarbeiter kennenlernen. Die Oficina Chacabuco diente Pinochet in den 1970er-Jahren als Lager für politische Gefangene (s. S. 337).

Von Taltal nach Antofagasta

Hinein in die Welt des Salpeters und in die wechselvollen Zeitläufte des Nordens: Rund um Taltal und Antofagasta lässt sich nachspüren, wie die Region besiedelt und bearbeitet wurde. Antofagasta bietet sich als Sprungbrett für Ausflüge an, im Norden und Süden der Stadt kann man sich an langen Sandstränden erholen.

Taltal ▸ D 10

Karte: S. 334

Beginnen wir dort, wo Chile früher endete: Der Ort **Taltal** **1** an der zerklüfteten Pazifikküste durchlebte den größten Boom seiner Geschichte rund 18 Jahre nach seiner Gründung durch José Antonio Moreno, als im *Cantón* Taltal 25 Salpeter-*oficinas* die Produktion aufnahmen. Den Rohstoff transportierte man in Loren ab, bis 1889 The Taltal Railway von einer Londoner Firma in Betrieb gesetzt wurde. 150 km Schienen verbanden sämtliche *oficinas* mit der Muelle Salitrero in Taltal.

Was ist von der Schönheit der Stadt übrig geblieben? Die Avenida Francisco Bilbao führt zwischen eisenglänzenden Porphyrfelsen schnurgerade in den 11 000-Einwohner-Ort hinein und endet am *mirador*-gekrönten **Cerro La Virgen.** Östlich erstreckt sich die Industriezone, westlich liegt die ganze Pracht von etwa fünf Straßenzügen in der Länge und neun in der Breite am weit geschwungenen Pazifikstrand. Kinder vergnügen sich an den kurzen Sandstränden. Ruhe herrscht in den Straßen, die Hitze brütet über dem Asphalt. Selbst in den Hotels am Ort gibt man sich schläfrig. Taltal hat durchaus noch einige der verspielten Holzhäuser mit säulengestützten Veranden aus der Salpeterepoche vorzuweisen – melancholische Reminiszenzen zwischen den fröhlich bunt bemalten Mauern der neueren Gebäude. Man findet sie an der Straßenkreuzung Merced/Prat und in den Straßen Ramírez und Martínez.

Wer nach klassischen Sehenswürdigkeiten Ausschau hält, muss sich in Taltal bescheiden. An der Avenida Prat gibt der **Museo de la Municipalidad** Auskunft über archäologische Stätten und Fundstücke, über Schmuck und Keramik der Atacameño-Kultur sowie über Jagd- und Fangmethoden der indianischen Chango, aber die Sammlung ist nicht gerade sensationell (Mo–Fr 9.30–13, 16–19 Uhr; Eintritt frei). Die **Plaza** von repräsentativen Ausmaßen wird von dem 1921 eingeweihten Stadttheater und der Kirche gerahmt und auch die Plaza del Muelle ist mit ihren Pastellfarben nicht zu verachten.

Drei Stadtstrände rahmen Taltal ein, doch besonders aufregend oder schön sind sie nicht. Dafür ist es einer weiter im Süden, die **Playa Cifuncho.**

Übernachten

Funktional ▸ Hotel Gali: San Martín 641, Tel. 55-61 13 20; 29 Zi. Kleine, funktionale Zimmer in einer attraktiven traditionellen Holzvilla im oberen Bereich von Taltal. Mit Restaurant, Bar, Sauna. DZ 35 000 CLP.

Hell und freundlich ▸ Hostería Taltal: Esmeralda 671, Tel. 55-61 16 25, www.taltal hosteriagaleon.com, 22 Zi. Schön am Meer gelegene Bungalow-Anlage im Hibiskusgarten, gepflegte Zimmer, sommerliche Atmosphäre, gutes Restaurant. DZ 25 000 CLP.

Essen & Trinken

Panoramablick ▸ Las Brisas: Esmeralda s/n. Von hier hat man einen schönen Blick

aktiv unterwegs

In die Sterne gucken

Tour-Infos
Start: Cerro Paranal
Dauer: 2,5 Std.
Wichtige Hinweise: Führungen werden kostenlos an den letzten beiden Wochenenden eines jeden Monats angeboten (außer im Dezember), samstags um 12.30 Uhr, sonntags um 9.30 und 13.30 Uhr. Da die Anzahl der Besucher beschränkt ist, muss man sich vorher auf der Website anmelden: www.eso.org. Dies ist obligatorisch. Der Cerro Paranal liegt etwa 110 km von Taltal entfernt und 130 km südlich von Antofagasta. Es gibt keine öffentlichen Verkehrsmittel und auch keine Verpflegungs- oder Übernachtungsmöglichkeiten.

Wer sich für eines der modernsten und mit bestem Hightech ausgestatteten Observatorien der Welt interessiert, für den ist ein Besuch des überaus beeindruckenden Observatoriums Paranal obligatorisch. Auf 2644 m Höhe hat dort die ESO (European South Observatory) ein Prachtstück von Observatorium gebaut, es ist das wissenschaftlich produktivste der Welt. Das ›Very Large Telescope‹ aus vier Spiegeln mit jeweils 8,2 m Durchmesser sowie weitere kleinere Teleskope ermöglichen eine bahnbrechende Raumerfassung ferner Galaxien. 2010 wurde übrigens ein weiteres Vorhaben der ESO beschlossen: Das European Extremely Large Telescope soll auf einem benachbarten Berg gebaut werden, bis 2018 soll es installiert sein.

Sieben Jahre wurde nach einem geeigneten Standort gesucht. Der Cerro Paranal in der Wüste von Nordchile schlug alle anderen Möglichkeiten, die zur Diskussion standen, um Längen: 350 Nächte im Jahr ist es hier im wahrsten Sinne des Wortes sternenklar. Für die Astronomie herrschen also beste Bedingungen. Die vier Hauptteleskope tragen übrigens Namen aus dem Vokabular der Mapuche: ›Antu‹ für Sonne, ›Kueyen‹ für Mond, ›Melipal‹ für das Kreuz des Südens und ›Yepun‹ für den Morgenstern.

Wie Leben im Weltall entsteht und wie es sich verändert, Forschungsergebnisse zu Planetensystemen – all das lässt sich bei einer spannenden Führung erfahren. Und natürlich jede Menge technische Daten zu den Teleskopen.

aufs Meer, aus dem auch die hier servierten Meeresfrüchte und Fische kommen. Ab 4000 CLP. Benachbart weitere einfache Lokale.

Verkehr
Busse: TurBus, Arturo Prat 631, mehrmals tgl. Verbindungen nach Antofagasta, Chañaral und Calama.

Antofagasta ► D 8

Cityplan: S. 330; **Karte:** S. 334
Antofagasta 2, die wichtigste Hafenstadt Nordchiles mit 400 000 Einwohnern, boomt wieder. Minen wurden neu geöffnet, Arbeitsplätze entstanden. Und schon drängen sich neue, glitzernde Einkaufstempel, in denen auch tagsüber Kaskaden aus künstlichem Licht über Rolltreppen und Interieurs rieseln, zwischen stinkende Hühnerfarmen. Alles scheint hier kunterbunt zusammengemixt: Geschichte und moderne Schnelllebigkeit, gründerzeitliche Stattlichkeit und rustikaler Fischerhafen-Charme, so präsentiert sich die Hauptstadt der Zweiten Region.

Antofagasta erstreckt sich auf einem rund 20 km langen Küstenstreifen am Fuß der rasch aufsteigenden, braungoldenen Küstenkordillere. Die besseren Stadtviertel liegen

Antofagasta

im Süden, im Norden befand sich das Revier der ärmlichen Fischerkaten. Doch anlässlich der Umgestaltung zur Boomtown schieben sich jetzt auch einige gepflegte Kleinbürgerhäuschen dazwischen.

Die Hafenanlagen Antofagastas arbeiten vor allem für die Minen Chuquicamata, Santa Elena, Pedro de Valdivia und El Abra – das rückt die Bedeutung als Fischereihafen in den Hintergrund. Antofagasta ist auch Boliviens größter Export- und Importhafen. Genau so hat es im Grunde genommen angefangen.

Entwicklung der Stadt

Der im bolivianischen Hafen Cobija logierende chilenische Minen-Entrepreneur José Santos Ossa entdeckte in der Pampa von Antofagasta Salpeter und machte dabei die Bekanntschaft des einzigen Bewohners der Zone, eines gewissen Juan López, der sich mit dem Sammeln von Guano über Wasser hielt. So zumindest will es die Legende. Er kaufte von der bolivianischen Regierung 300 000 m² Land und schaffte den Salpeter an die Pazifikbucht, wo ein überdimensionaler, auf die Felsen gemalter

Anker den Schiffen den Weg wies. Antofagasta gab es damals noch nicht, dafür aber die Möglichkeit, hier zu prosperieren, was auch englische, bereits im peruanischen Salpetergeschäft tätige Gesellschaften sehr reizte.

Auch der Silberabbau bei Caracoles in der Nähe von Calama verlangte nach einem Verschiffungshafen, und so wuchs das bolivianische Antofagasta, das damals noch Peñablanca hieß, 1870 auf stattliche 300 Einwohner an – acht Jahre später waren es bereits 8500, darunter 6500 Chilenen. Offenbar hatten die Bolivianer die wirtschaftlichen Verflechtungen Chiles mit Europa, primär mit England, unterschätzt und ihren eigenen salpeterreichen Pampas keine große Bedeutung beigemessen. In der weit entfernt liegenden Hauptstadt La Paz ignorierte man die Chilenisierung dieses Landstrichs. Mit der Besetzung Antofagastas am 14. Februar 1879 initiierte Chile den Salpeterkrieg (s. S. 364).

Die Industrialisierung der Zone erhielt nach Kriegsende rasch Auftrieb, als man die Eisenbahnstrecke von Antofagasta nach Bolivien baute. Silber aus bolivianischen Minen wurde in die ehemals bolivianische, jetzt chilenische Silberscheideanstalt Huanchaca südlich von Antofagasta gebracht und dort geschmolzen.

Von nun an ging es Schlag auf Schlag: Eine zweite Eisenbahnlinie zu den Salpeterlagerstätten enthob Iquique seiner Bedeutung als Ausfuhrhafen. 1911 wurde die Kupfermine Chuquicamata (s. S. 356) in Betrieb genommen und 1922 die Eisenbahnstrecke zwischen dem argentinischen Salta und Antofagasta vorangetrieben, um sämtlichen Minen des reichen Altiplano raschere Vermarktung zu garantieren. Das Bauvorhaben entwickelte sich zur schwierigsten Eisenbahnkonstruktion der Welt, und allein für das Teilstück zwischen Salta und der Grenzstation Socompa brauchte man 23 Jahre. Eine fiebrige Goldgräberatmosphäre beseelte diese Gegend, und ein wenig davon ist in dieser Wüstenstadt auch heute noch zu spüren.

Antofagasta heute

Antofagasta ist schnelllebig. Alter Plunder wird nicht restauriert; wer hier frisches Geld macht, identifiziert sich nicht mit den hölzernen oder steinernen Bauschönheiten aus der Zeit um 1900. Hier blüht, wie in ganz Chile, der Kommerz. In die älteren, oft mit fantasievollen Fassaden versehenen Gebäude entlang der Straßen Prat, Matta, Condell und Sucre zogen Geschäfte ein, und der Kontrast zwischen übermaltem Gründerzeitbarock, purem Art déco, Sportswear-Reklameschildern und Drogeriemärkten beherrscht das Antlitz der heißen, lauten Innenstadt. Schicke Malls wuchsen in die Höhe. Abgase pusten grauen Staub in die Erker und Balkonverzierungen. Eines ist sicher: Antofagasta vibriert.

Plaza Colón [1]

Wer nicht wüsste, dass Antofagasta multikulturelle Wurzeln hat, würde es spätestens auf der zentralen **Plaza Colón** bemerken. Den repräsentativen Platz schmücken ein ausladender weißer Musikpavillon der slawischen Gemeinde und ein mit bunten Kacheln belegter Glockenturm der Engländer – der Glockenton soll den von Big Ben imitieren. Die hübschesten Häuser im Zuckerbäckerstil beherbergen die **Post** und den **Banco Sudamericano,** die die **Kathedrale [2]** in ihrer Neogotik nicht übertrumpfen kann.

Barrio Histórico

Ein sepiafarbenes Schild kündigt den **Barrio Histórico** drei Blöcke von der Plaza an der Avenida Balmaceda an. Die Stadt hat einiges investiert, doch einen aufgeputzten Museumskomplex darf man nicht erwarten, alles ist trotzdem – oder vielleicht genau deshalb – sehenswert. Einige attraktive Gebäude aus den Anfängen des 20. Jh. im für diese Zeit typischen luftigen Stil mit ausladenden Holzveranden sind zu Museen umgewandelt worden, wie z. B. das ehemalige Zollhaus, in dem das Regionalmuseum von Antofagasta untergebracht ist. Doch nicht nur dort, sondern in dem gesamten Ensemble zwischen den Avenidas Balmaceda/Pinto, den Straßen Washington und Bolívar in der Nähe des alten

Von Taltal nach Antofagasta

Hafens ersteht die Atmosphäre der Gründerzeit wieder, auch wenn nicht alle Gebäude das Zeug zu offiziellen Sehenswürdigkeiten haben. Ein verblasster Schriftzug, eine stillgelegte Eisenbahntrasse, ein Haus vom Zuschnitt eines Handelskontors beschäftigen schnell die Fantasie.

Museo Regional de Antofagasta 3

Der zweistöckige **Museo Regional de Antofagasta** ist eine Augenweide aus Pinienholz und widmet sich mit großer Hingabe der geschönten Darstellung des Salpeterabbaus. In Räumen, die mit dem groben Leinen der *caliche*-Säcke ausgeschlagen sind, wird hier jeder Berufszweig der Salpeterindustrie erläutert, das Modell der Oficina Chacabuco gezeigt und der Luxus der Salpeterbarone ausgebreitet. Über die Arbeitsbedingungen in den Fabrikationsanlagen erfährt man hier allerdings nichts (Bolívar 188, Di–Fr 9–17, Sa, So, Fei 11–14 Uhr, 600 CLP).

Am Hafen

Auf der Avenida Balmaceda rauscht der Verkehr an den übrigen historischen Gebäuden und Anlagen vorbei. Dieses Gelände befand sich im Besitz des José Santos Ossa (s. S. 330). So auch die **Muelle Salitrero** 4 aus dem Jahr 1872, erbaut von der Melbourne Clark Company, die Mole, an der die Salpeterfrachtschiffe vertäut wurden. In zwei weiteren historischen Gebäuden in unmittelbarer Nachbarschaft residierte damals die Hafenverwaltung. Nur von außen betrachten lassen sich die Gebäude der **Ferrocarril de Antofagasta a Bolivia** 5, echte gründerzeitliche Industriearchitektur mit einem attraktiven Bahnhof auf dem Gelände. Die Waggons werden immer noch zum Transport von Kupferplatten eingesetzt.

Gegenüber der leicht verwahrlosten **Feria y Terminal Pesquero** 6 (Fischmarkt) befinden sich die Ende des 19. Jh. errichteten Gebäude der Salpetergesellschaft Soquimich (Sociedad Química y Minera de Chile). Der opulente und interessante Fischmarkt wurde in der letzten Zeit ziemlich verkleinert und mit einem lauten **Mercado Persa** zusammengelegt, einer Art Billigwaren-Markt. Dadurch hat er an Attraktivität eingebüßt; trotzdem: hingehen.

Mercado Central 7

Repräsentativer und fast ein bisschen luxuriös wirkt da der blassrosa **Mercado Central**. Wie ein ausladendes Herrenhaus über einer Plattform zur Straße errichtet, auf der sich Kunstgewerbestände unter Palmenkronen ausbreiten, erstaunt er mit einem reichhaltigen Angebot exotischer Früchte. Die Marktrestaurants sind hier nicht gerade billig und zählen zu den besseren Adressen der Stadt.

Sehenswertes in der Umgebung

Bekanntestes Ausflugsziel, Wahrzeichen von Antofagasta und *Monumento Natural* ist die **Portada,** ein einzeln stehender Felsbogen im Meer, der aus Lagen versteinerter Muscheln und Vulkangestein besteht. Von oben hat man einen herrlichen Ausblick, ein Restaurant mit Rundumverglasung bietet Fisch an, und man kann sich gut am Sandstrand sonnen.

Weitere gute **Strandzonen** liegen, gesäumt von modernen Residenzvierteln und dem Universitätsgelände, im Süden der Stadt. Noch weiter südlich befinden sich die Ruinen der **Silberscheide Huanchaca,** einst Arbeitsstätte von mehr als 1000 Arbeitern. Nach 19 Jahren Betrieb und einem monatlichen Ausstoß von 20 t feinsten Silbers wurde sie aufgegeben und demontiert. Sie steht nun als mächtiger Steinklotz am Strand – eine grandiose, rätselhafte Kulisse aus Treppen, Plattformen und Kanälen. In ihrem Innern wurde ein Museum zur Geschichte von Huanchaca eingerichtet (Di–So 14–19.30 Uhr, 2000 CLP).

Infos

Sernatur: Prat 384, Ed. Intendencia, Tel. 55-45 18 18, Fax 55-45 18 20, infoantofagasta@sernatur.cl.
Conaf: Av. Argentina 2510, Tel. 55-38 33 32, Fax 55-38 33 34, antofa@conaf.cl.
Geldumtausch: im Telebanco sowie dem Banco Sudamericano, in der Calle Prat.

Übernachten

Gute Qualität ▶ Hotel Radisson `1` **:** Av. Ejército 01151, Tel. 55-35 04 00; 140 Zi. Dieses Haus ist für Behinderte geeignet; von außen im Streifendesign und recht schmucklos, innen komfortabel, zeitlos-elegant eingerichtete Zimmer, Pool, eigener Strand, Internet gratis. 80 000 CLP.

Klassiker ▶ Hotel Antofagasta `2` **:** Balmaceda 2575, Tel./Fax 55-22 88 11, www.hotel antofagasta.cl, 159 Zi. Das Grandhotel der Stadt am klippengesäumten Strand; repräsentativer, klassischer Bau mit vielen Annehmlichkeiten, sehr ordentliche, elegant möblierte Zimmer unterschiedlichen Zuschnitts. DZ 70 000 CLP.

International ▶ Holiday Inn Express `3` **:** Av. Grecia 1490, Tel. 55-22 88 88, www.hiex press.com. Recht fantasievoll bemalter Bettenturm an der Küste (nur Steinstrand) mit den Holiday-Inn-üblichen Leistungen: Fitnessraum, Schwimmbad, Internetzugang. DZ 120 US-$.

Komfortabel und zentral ▶ Apart Hotel Diego de Almagro `4` **:** Condell 2624, Tel. 55-26 83 31. Im spanischen Kolonialstil eingerichtet, viel dunkles Holz; die komfortablen Zimmer sind nicht groß; zentrale Lage. DZ ca. 90 US-$.

Im Business-Stil ▶ Hotel Marsal `5` **:** Prat 867, Tel. 55-26 80 63; 18 Zi. Nicht grade große, aber gepflegte Zimmer, zentral gelegen, kleines Business-Stil-Haus. Das DZ gibt's für 70 US-$.

Ordentlich ▶ Ancla Inn `6` **:** Baquedano 516, Tel. 55-22 48 14; 67 Zi. Ein typischer Kasten für Geschäftsreisende mit ordentlicher Qualität, Pool und Restaurant. DZ ca. 35 000 CLP.

Schlicht ▶ Hotel San Marcos `7` **:** Latorre 2946, Tel. 55-25 17 63, Fax 55-22 14 92. In der Nähe der Busterminals gelegen; recht einfache, ordentliche Unterkunft mit sauberen Zimmern und einem kleinen Restaurant. DZ 27 000 CLP.

Einfaches Hostal ▶ Hostal del Norte `8` **:** Latorre 3162, Tel. 55-25 12 65. Schlicht, sauber, etwas hellhörig, aber annehmbare Qualität. 10 000 CLP pro Pers.

Essen & Trinken

Edel ▶ Club de Yates `1` **:** am alten Hafen, neben dem Hotel Antofagasta, Zugang von der Avenida Balmaceda aus. Tel. 55-48 55 53, Fax 55-28 41 16. Hervorragende Lage am Meer, verglaste Panoramafront. Im edlen Ambiente werden Fisch und Meeresfrüchte ab 6500 CLP serviert. Hauptgerichte um 10 000 CLP.

Gut für Fisch ▶ Puerto Caliche `2` **:** Av. Ejército 0809, Tel. 55-24 10 48. Schickes und beliebtes Restaurant, spezialisiert auf Meeresfrüchte und Fisch: den Seeaal *congrio* gibt's in vielen Varianten. Das Menü kostet etwa 12 000 CLP.

Gutes Grillrestaurant ▶ El Arriero `3` **:** Condell 2644, Tel. 55-26 43 71. Das neben dem Aparthotel Diego de Almagro gelegene

Ni pena ni miedo – weder Leiden noch Angst

So lautet das Mantra eines Überlebenden. Der Dichter **Raúl Zurita** hat die Folter unter der Diktatur Pinochets überlebt, als er mit 1000 weiteren Gefangenen auf einem Marineschiff zusammengesperrt war. Der überzeugte Linke war schnell in das Fahndungsraster der Militärs geraten. Sobald er frei war, gründete er ein künstlerisches Aktionszentrum. Die sichtbarste Frucht blüht in der Nähe der Mine **La Escondida** südlich von Antofa-

gasta; ein nach Art indianischer Scharrbilder, die in dieser Region beheimatet sind, gestalteter Ausruf »Ni pena ni miedo«, der sich über 3,5 km hinzieht. Mit Bulldozern schuf Zurita dieses Mahnmal.

Die Bewohner der umliegenden Dörfchen treffen sich jeden Sonntag, um den Schriftzug in Ordnung zu halten. Er dürfte der größte der Welt sein. Richtig sehen und wahrnehmen kann man ihn nur aus der Luft.

Taltal und Antofagasta

Hornitos

0   20   40 km

Mejillones
Of. Chacabuco
Carmen Alto
Aeropuerto Cerro Moreno
Baquedano
Monumento Natural La Portada
Juan López
Cerro Green 1870 m
Antofagasta
Cerro Púa 1527 m
Cerro Cristales 2135 m
Caleta El Cobre
C. Pan de Azúcar 2221 m
C. Ventarrones 2622 m
C. La Chira 2559 m
C. Amazonas
Cerro Los Trigos 2189 m
Observatorio 3064 m
Cerro Paranal 2664 m
C. del Muerto 2617 m
Cerro Cebada 2140 m
Cerro Buenos Aires 2180 m
Cerro Cometa 2374 m
Cerro Peñafiel 3159 m
Paposo
Cerro Campana 3082 m
Cerro Matancilla 1866 m
Taltal
Cerro Catedral 2289 m

und im selben gepflegten spanischen *tasca*-Stil gehaltene Restaurant serviert empfehlenswerte parillas, Meeresfrüchte (gute Jakobsmuscheln) und Weine. 4000–6000 CLP.

Authentisch ► Fischmarkt 6 : In der gekachelten Fischhalle am Hafen kann man allerfrischeste, rohe Meeresfrüchte probieren.

Empfehlenswerte lokale Küche ► Mercado Central 7 : Im Markt selbst und auch davor gibt es sehr gute Restaurants mit lokaler Küche.

Fusion Food und Drinks ► Wally's Pub 4 : Antonino Toro 982, Tel. 55-22 36 97. Hier versucht man sich ein bisschen mit Fusion Food, kocht aber auch chilenische Gerichte, nett für abends, denn manchmal gibt es Live-Musik. Ab 4000 CLP.

Fast Food ► Spell Café 5 : Boulevard del Mar, in der Mall Plaza Antofagasta, 2. Level. Pizza, Burger und Soft Drinks, schmackhaft zubereitet und nicht teuer, Pizza z. B. 4500 CLP. In einem angenehmen Ambiente.

Huhn mit Pommes ► Don Pollo 6 : Ossa 2594. Grillhuhn und Pommes frites bestreiten das Menü, aber sie sind sehr lecker und preiswert. Das Restaurant hat eine Dachterrasse.

Einkaufen

Kunsthandwerk ► Mercado Artesanía: im Mercado Central 7 , z. B. in Artesania's Angel.

Kaufhaus ► Falabella 1 : chilenisches Traditionskaufhaus mit Parfümerieabteilung.

Abends & Nachts

Ausgehtipps ► An der **Playa Huascar,** dem Ausgehzentrum im Süden von Antofagasta, liegen viele Discos und Karaoke-Bars. Hin und wieder Live-Konzerte im **Parque Croacia** im Süden der Stadt.

Disco ► Casino Enjoy 1 : Av. Angamos 1455. Kasino, hat auch eine Diskothek, Konzertbühnen.

Independent-Szene ► Café del Sol 2 : Esmeralda 2013. Gut für abends, veranstalten kleine Konzerte.

Aktiv

Touren ► Ausflüge nach La Portada: Kleinbusse warten an Latorre 2727 auf Ausflügler.

Verkehr

Flüge: Flughafen Cerro Moreno, 25 km außerhalb im Norden der Stadt, von allen Fluglinien bedient; häufige Verbindungen nach

Die Küste bei Antofagasta mit dem Felsbogen La Portada

Arica, Calama, Copiapó, Iquique und Santiago. **Stadtbüro Lan,** Prat 445 und José Miguel Carrera 1447, Tel. 60 05 26 20 00 (zentrale Rufnummer). Es gibt auch einen Flughafen-Shuttle. **Stadtbüro Sky Airlines,** Gral. Velásquez 890, Tel. 55-45 90 90, 60 06 00 28 28 (zentrale Rufnummer), Fax 55-45 90 91, und Washington 2548, www.skyairline.cl.

Tipp: La Portada

Das Tor aus Vulkangestein im Pazifik ist Antofagastas Wahrzeichen und leider von Erosion bedroht. Den perfekten Felsbogen sollte man sich also einmal anschauen (s. Foto oben).

Von Taltal nach Antofagasta

Stadtbüro PAL, Sucre 3757, Tel. 55-56 97 58, www.palair.cl.

Busse: Der **zentrale Busbahnhof** liegt an der Calle Aguirre Cerda/Paihuano, alle großen Gesellschaften wie TurBus und Pullman fahren von hier ab, viele Verbindungen in den Norden und Süden: Antofagasta liegt an der Panamericana. **Kleiner Terminal:** Av. Radomiro Tomic/Ruiz Tagle, nach Calama, Tocopilla, aber auch Santiago.

Mietwagen: Avis, im Flughafen und Balmaceda 2556, Tel. 55- 22 61 53; Budget, Aguirre Cerda 13358, Tel. 55-21 44 45; Business Rent A Car, Zujovic 5554, Tel. 55-28 35 52. Und im Flughafengebäude.

Rund um Antofagasta
▶ **D 8**

Karte: S. 334

Mejillones ❸

Die Strecke von Antofagasta hinauf nach Mejillones versetzt einen mühelos in einen Westernfilm. Aus dem tellerflachen Sanduntergrund gerissenes, dünnes Gestrüpp fegt der Wind zu Rädern zusammen und treibt es über die glühende Straße.

Mejillones liegt im Norden einer breiten Landzunge in einer perfekt geschwungenen Bucht mit ebensolchen Sandstränden. Seine 9000 Einwohner leben in einfachen Fischerhäusern entlang breiter Straßen. Das schläfrige, sonnendurchflutete Städtchen war nach einem kurzen Boom der Vergessenheit, dem Sand und den Pazifikwellen anheimgefallen und erwartet jetzt mit dem Bau des Superhafens den nächsten Frischeschub. Die über die argentinisch-chilenischen Pässe Jama und Sico transportierten Handelsgüter sollen hier verladen werden und argentinisches Erdgas aus Salta. Der in einem alten Holzhaus untergebrachte **Museo de Mejillones** zeigt einige Fundstücke der ersten indianischen Bewohner, Fotos aus der Zeit der vergangenen Prosperität und Reste einer spanischen Galeone, die in der Nähe gestrandet war (Di–Sa 10–18, So 10–14 Uhr, 300 CLP).

Aufgepeppt wurden der verwinkelte und mit Erkern geschmückte Holzbau der Municipalidad, den man auch besichtigen kann, und die Capitanía del Puerto. Diese schönen Gebäude gehören zu einem Ensemble aus der Zeit um 1906, als die Ferrocarril de Antofagasta a Bolivia (FCAB) Mejillones zu einem ihrer Ausfuhrhäfen erkor und Fabriken, Hafenanlagen sowie Verwaltungsgebäude errichten ließ.

Übernachten

Sommerlich ▶ **Hotel Mejillones:** Manuel Montt 86, Tel. 55-62 15 90, www.hotelmejillones.cl; 24 Zi. Neu, ordentlich und sauber, architektonisch lässt das Hotel Anleihen an den mexikanischen Pueblo-Stil erkennen. Empfehlenswertes Restaurant. DZ ca. 28 000 CLP.

Ordentlich ▶ **Hostería Miramar:** Av. San Martín 650, Tel. 55-62 16 38. Ein nettes, ordentliches, sauberes Haus, die Zimmer münden auf einen zentralen Patio. DZ ca. 20 000 CLP.

Hübsch ▶ **Hotel Capitanía:** Av. San Martín 410, Tel./Fax 55-62 15 42; 17 Zi. Ein freundliches Hotel, schöner Blick auf die Küste; angenehme, kleine Zimmer mit großen Fenstern, ruhig. DZ 18 000 CLP.

Essen & Trinken

Tipp für guten Fisch ▶ **Costa del Sol:** Manuel Montt 086. Das Hotelrestaurant serviert die besten Fischgerichte. Ab etwa 4500 CLP. Lohnenswert ist ein Besuch am Fischmarkt.

Verkehr

Busse: mehrmals tgl. Verbindungen nach Antofagasta von der Latorre 799.

Baquedano ❹

Auf halber Strecke nach **Baquedano** überquert die Panamericana den Wendekreis des Steinbocks. Nach 69 ziemlich eintönigen Kilometern zwischen Wüstensand und in der Ferne schimmernden Kordillerenzügen macht ein bunt bemaltes Ensemble aus Kleinsthütten mit einer vorgelagerten Station

aktiv unterwegs

Salpeter-Oficinas und Industriekultur

Tour-Infos

Start: Oficina Chacabuco

Dauer: Es werden vier verschiedene Führungen (neben Spanisch auch auf Deutsch und Englisch) angeboten, die kürzeste Tour dauert anderthalb Stunden, die längste drei Stunden.

Wichtige Hinweise: Chacabuco steht Mi–So von 10 bis 17 Uhr offen, jeden zweiten Sonntag von 10 bis 19 Uhr, am Montag und Dienstag auf Anfrage. www.corpracionchacabuco. cl, Website auf Deutsch. Panamericana Norte km 1464, Comuna Sierra Gorda.

Die Salpeter-Abbaustädte rücken allmählich wieder ins chilenische Bewusstsein – als Wiegen der Arbeiterbewegung, als Geburtsstätten des Proletariats; Wohnhäuser und Produktionsstätten sind einzigartige Zeugnisse der Industriekultur. Seit Beginn der 1990er-Jahre wird die **Oficina Chacabuco** **5**, 1971 noch unter der Unidad-Popular-Regierung Salvador Allendes zum historischen Monument erklärt, restauriert. Auch das Goethe-Institut in Santiago hatte sich stark dafür eingesetzt.

Ungefähr dort, wo sich die Panamericana hinauf nach Iquique und die Route nach San Pedro de Atacama trennen, liegt die Oficina Chacabuco, mitten in der Pampa Salitrera, in der Salpeterpampa. Was im Klartext heißt: in der Mitte vom Nichts. Und so liegt sie auch

heute noch da: eine verlassene Geisterstadt, die als einzigen Nachbarn die Einsamkeit hat. Zwischen 1922 und 1924 entstanden dort Wohnblocks, ein Krankenhaus, Schulen, Kirche, Fußballstadion, Läden, Hotel und auch ein Theater – im Stil des Art déco. Rund 6000 Menschen lebten in Chacabuco. Seine Geschichte endet aber nicht mit dem Niedergang der Salpetergewinnung gegen Ende der 1930er-Jahre, vielmehr wurde sie unter der Diktatur Augusto Pinochets fortgesetzt: er benutzte Chacabuco im traditionell roten (Arbeiter-) Norden als Lager für politische Gefangene.

Seit 2003 kümmert sich die Corporación Chacabuco um die Salpeter-Oficina. Vier verschiedene Führungen werden angeboten, darunter auch eine in das Lager der politischen Gefangenen, in dem 1500 Häftlinge zusammengepfercht leben mussten. Man besichtigt die verschiedenen Wohnviertel, das Krankenhaus, das Theater und die Konzertbühne, die Lebensmittelgeschäfte und die Schule. Die Produktionsstätte kann ebenso besichtigt werden wie das Viertel der Angestellten und der Verwaltung.

Chacabuco soll ein Ort bleiben, in dem Geschichte lebendig wird – so lautet das Credo der Gesellschaft: Konzerte und Ausstellungen halten das Interesse an dieser außergewöhnlichen Geschichtszeugnissen wach.

der Straßenpolizei auf sich aufmerksam: Baquedano. Für Eisenbahnfans ist es ein interessanter Ort, denn hier sind betagte, aus der Mode gekommene und aus dem Verkehr gezogene Waggons auf verrosteten Schienen zu bestaunen.

Der **Museo Ferroviario** zeigt alte nordamerikanische und deutsche Eisenbahnwaggons. Der Stolz ist eine Dampflok, die man

immer noch in Betrieb setzen könnte. Die Erklärung für diesen Schatz liegt in der Vergangenheit: Das 500-Einwohner-Örtchen befand sich im Koordinatenkreuz der Verbindungen Iquique – Argentinien und Chuquicamata – Potrerillos, die auch Handels- und Minenwege waren (im Sommer tgl. 8–12.30, 14–19 Uhr, im Winter tgl. 9–12.30, 14–18 Uhr, freier Eintritt).

San Pedro de Atacama und Umgebung

Alle wollen nach San Pedro de Atacama: Hippies, Wüsten- und Extremsportfans, Archäologen – und alle anderen auch. Aus einer winzigen Oase zu Füßen einer berauschend schönen Vulkanlandschaft am Rand der trockensten Wüste der Welt wurde einer der größten Publikumsmagnete des Landes. Eine gut funktionierende Infrastruktur ermöglicht eine Vielzahl von Ausflügen sowie Vulkanbesteigungen und Flamingo-Beobachtung.

San Pedro de Atacama ►

F 7

Karte: S. 341

Flöhe und Bettwanzen seien hier unbekannt, stellte nüchtern der Professor der Zoologie und Botanik Rudolf Amandus Philippi fest, als er 1853 den Flecken **San Pedro de Atacama** **1** besuchte, um im Auftrag der chilenischen Regierung zu erkunden, wie diese Gegend denn nun wirklich beschaffen sei, die man einfach *desierto* oder *despoblado de Atacama* nannte, ›Wüste‹ oder ›die entvölkerte Atacama‹. Was muss der aus Kassel stammende Biologe, der nach der gescheiterten Revolution von 1848 als politisch Verfolgter zusammen mit seinem Bruder geflüchtet war, empfunden haben, als er diese Landschaft voller surrealer Wucht sah? Gesteine wie frisch gefallener Schnee, zusammengebackene Bodenkrusten, eine gedörrte Erde, seltsame Türme aus Sand und Salz, aber auch saftige Wiesen und eine Kette eisgekrönter, in Erzgesteinsfarben gestreifter Vulkane vermaß und beschrieb er, und das alles lag vollkommen abgeschieden auf 2500 m Höhe bei sommerlichen Tagestemperaturen von 40 und nächtlichen Werten um minus 10 °C.

Die landschaftlichen Schönheiten von San Pedro, das sich am Rande der trockensten Wüste der Welt zu Füßen des Vulkans Licancabur (5916 m) erstreckt und von einer wundersamen Salzkrustenkordillere abgegrenzt wird, sind so außergewöhnlich, dass es zum absoluten Shooting-Star unter den Reisezielen in Chile avancierte. Es wird mitunter so voll und rummelig, dass man am liebsten gleich wieder abreisen möchte, denn eigentlich sucht man ja die Abgeschiedenheit einer Wüstenoase. Doch das ist die Janusköpfigkeit der touristischen Entwicklung: Wo es schön ist, will auch jeder hin – und San Pedro und seine Umgebung sind einfach zauberhaft schön.

Alter Siedlungs- und Handelsknotenpunkt

Dank seiner Lage am gleichnamigen Flüsschen, umgeben von einer nahezu vegetationslosen Landschaft, die nur Pilze, Flechten, Kakteen und besonders hartfaserige Grasgewächse zulässt, entwickelte sich San Pedro schon früh zu einem Siedlungs- und Handelsknotenpunkt. Man geht davon aus, dass es hier früher viel mehr Wasser gab als heute. Das Atacameño-Volk der Cunza lebte in 15 kleinen Gemeinden *(ayllos)* entlang des Flusslaufs. Der Verteidigung diente die Festung Quitor aus dem 12. Jh. hoch über einem leicht zu kontrollierenden Taleinschnitt. Als die Inka ab 1470 die Cunza unterwarfen, beschrieben die historischen Quellen ihre Herrschaft als tolerant: Die Atacameños konnten ihre eigenen Götter weiter verehren und waren lediglich zu Tributzahlungen verpflichtet.

Gotteshaus in der Wüstenoase: Iglesia de San Pedro

Sie fuhren fort, zu Füßen ihrer heiligen Berge Licancabur, Juriques, Sairécabur und Volcán Colorado ihre Riten zu vollziehen – man bat um Wasser und unterstützte diese Bitte mit Goldopfern, wie neuere Funde belegen. Ganz anders lag der Fall, als 1540 Francisco de Aguirre die Atacameños in der *pukara* von Quitor besiegte. Schnell erhielt Atacama La Grande eine Pfarrkirche. Und dann stockte der Fluss der Geschichte.

In dieser Zeit muss sich das Stadtbild von San Pedro de Atacama herausgeprägt haben. Die Häuser aus getrockneten Lehmziegeln wurden mit Dächern, Türen und Fenstereinrahmungen aus Kaktusholz ausgestattet, die Dachbalken mit Schnüren aus

San Pedro de Atacama und Umgebung

Lamaleder miteinander verknüpft. Die einfache, effiziente Architektur dieser nahezu niederschlagslosen Gegend sah weder große Fensteröffnungen noch Türen vor; es galt die große Mittagshitze fernzuhalten und die Kühle der Nacht zu bewahren. Bis auf den heutigen Tag hat sich dieses Prinzip als das tauglichste für das Gebiet erwiesen. Und so sehen die neuen Häuser in dem heute knapp 5000 Einwohner zählenden Ort kaum anders aus als die aus dem 17. Jh. stammenden.

Sehenswertes

Die ›offiziellen‹ Sehenswürdigkeiten des Dörfchens sind rasch aufgezählt: Zu der ländlichen, schönen **Iglesia de San Pedro** mit ihrer beeindruckenden Decke aus Kaktusholz aus dem Jahr 1744, einem archaisch anmutenden Lehmglockenturm von 1964 und einem Inneren wie eine kleine Theaterbühne mit bunten Heiligenpuppenmodellen gesellt sich der international gerühmte **Museo Arqueológico Padre Le Paige.** 380 000 Exponate sind hier katalogisiert und der Wissenschaft zugänglich gemacht, neuerdings auch Goldfunde und Objekte aus einem indianischen Friedhof der Tiwanaku-Kultur; doch für den Laien bedeutsamer ist die tadellose didaktische Präsentation und Darstellung der 11 000 Jahre alten Atacameño-Geschichte. Mit dem Namen des Museums wird der Nestor der nordchilenischen Archäologie geehrt, der belgische Pfarrer Gustave Le Paige, der 1955 in San Pedro eingetroffen war und bei seinen ausgedehnten Spaziergängen auf Fundstücke der indianischen Vergangenheit stieß, die seine Neugier weckten. So zumindest besagt es die Anekdote (Calle Padre Le Paige 380, Tel. 55-85 10 02, Mo–Fr 9–18, Sa, So 10–12, 14–18 Uhr, 2500 CLP).

Es lohnt sich, in den Gässchen von San Pedro herumzustreifen und der **Casa Incaica** an der Plaza einen Besuch abzustatten, die aus dem 16. Jh. stammen soll, aber ihren Nachbarn ähnelt wie ein Ei dem anderen, auf dem **Kunstgewerbemarkt** in einer kleinen Fußgängerpassage neben der *municipalidad* herumzustöbern oder vielleicht zu einem *ayllo*

zu wandern, aber besser nicht während der Mittagszeit!

Infos

Información Turística: Toconao/Padre Le Paige, an der Plaza; Auskünfte auch in der Municipalidad an der Plaza, z. B. nach dem Zustand von Straßen.

Geldumtausch: Casa de Cambio, Toconao s/n, und Vulcano, Caracoles 259. Die Kurse sind meist schlecht, Geldautomaten mitunter nicht bestückt.

Übernachten

Das **Preisniveau** ist generell hoch! Zwar ist jedes zweite Haus ein Residencial, ein Hotel, ein Restaurant oder eine Reiseagentur, trotzdem kommt es in der Hochsaison zu Engpässen. Besser die Unterkunft vorher reservieren.

Luxus-Lodge ▶ Hotel Awasi: Tocopilla 4, Tel. 55-85 14 60, www.awasi.com; 8 Bungalows. Die Luxus-Version der heimischen Architektur aus Stein, Adobe und Holz mit sparsamen farblichen Akzenten und edlen Details. Der Safari-Stil hat seinen Preis: 1300 US-$ für den Bungalow (2 Pers., 2 Tage und Nächte) inkl. Programm und Vollpension, Transfers.

Puristisch ▶ Hotel Kimal: Domingo Atienza s/n, Tel./Fax 55-85 10 30; 19 Zi. Der reduzierte Stil entstammt der Landschaft: rote Lehmwände, Lehmziegel-Fußböden, sparsam eingesetztes Kunsthandwerk; kühl und schlicht. Mit kleinem Swimmingpool. DZ ca. 185 US-$.

Edel reduziert ▶ Hotel Terrantai: Tocopilla 19, Tel. 55-85 10 45, Fax 55-85 10 37, www.terrantai.com; 21 Zi. Purismus auf Atacameño-Art wird hier zelebriert: Glas, Steine, Platten und Holz vereinen sich zu einem archaisch anmutenden Hort architektonischer Askese, der Ruhe ausstrahlt; freundliches Haus mit gutem Service; Veranstaltung von Touren. Das DZ kostet ab 180 US-$.

Solide Leistung ▶ Hotel Casa de Don Tomás: Tocopilla s/n, Tel. 55-85 10 55; 25 Zi. Das auch bei Reisegruppen beliebte Hotel

Umgebung von San Pedro de Atacama

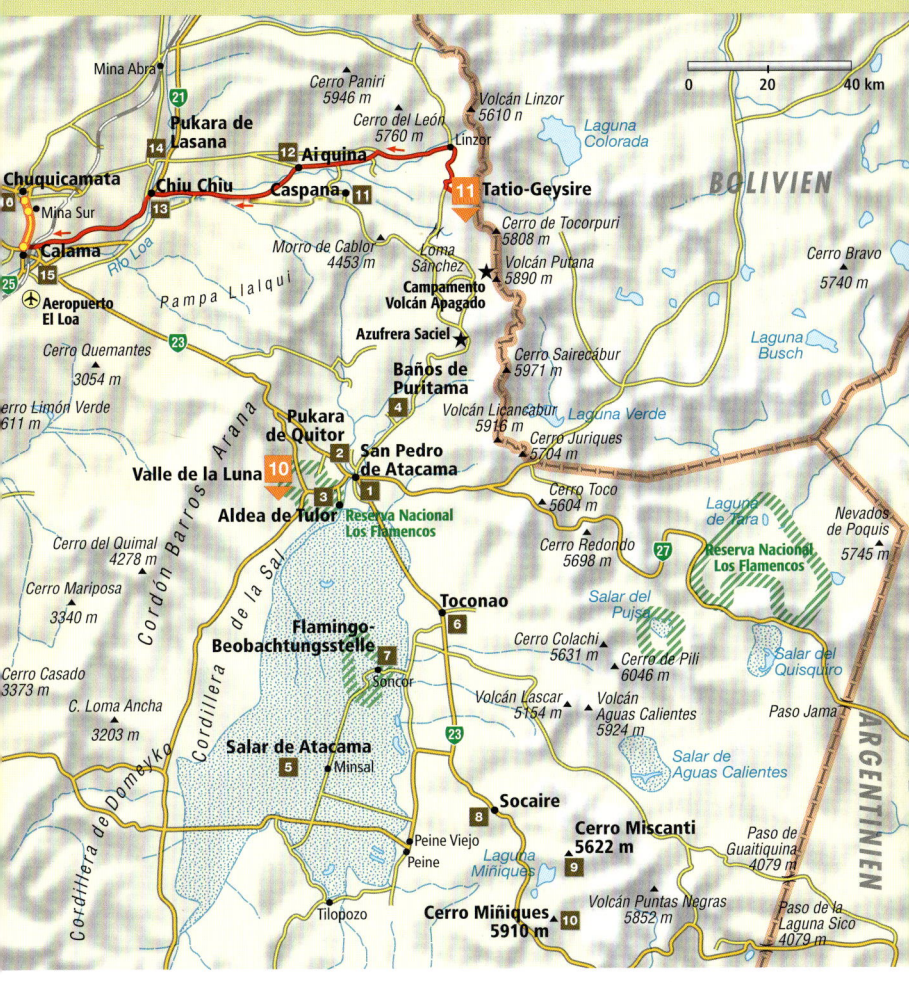

bietet Komfort und eine angenehme Atmosphäre, hat große gepflegte Zimmer und einen Pool. DZ 130 US-$.

Gepflegt ▶ Terrakotta Inn: Tocopilla 517, Tel. 55-85 16 12; 8 Zi. Sauber, licht und gepflegt. Jedes Zimmer hat eine kleine Terrasse zum Garten. Gutes Preis-Leistungs-Verhältnis. DZ 42 US-$.

Pionier ▶ Residencial und Camping Takha Takha: Caracoles 101, Tel. 55-85 10 38. Eines der ersten Residenciales von San Pedro, acht saubere, sehr schlichte Zimmer

in einem schönen, großen Malvengarten, in dem man sich auch nett aufhalten kann, angeschlossen ist ein kleiner Campingplatz. DZ 40 US-$.

Kommunikativ ▶ Hostal Mamatierra: Pachamama 615, Tel. 55-85 14 18. Gemütliche Unterkunft mit neun gepflegten schlichten Zimmern, Küchenbenutzung. Im Patio Hängematten für die Siesta. DZ 30 000 CLP mit eigenem Bad. Dormitory 8000 CLP pro Pers.

Licht ▶ Hostal Elim: Palpana 6, Tel. 55-85 15 67; 12 Zi. Einfaches und schönes Hostal,

Von der stillen Oase zum Touristenmagneten

Thema

Wenn man heute nach San Pedro de Atacama reist, kann man sich kaum vorstellen, dass dieser Ort vor nicht allzu langer Zeit nur wenig Beachtung fand. Einzig die Tatio-Geysire zogen einige wenige Gäste an, und die mussten sehen, wie sie auf eigene Faust dorthin gelangten. Heute ist San Pedro in nahezu jedem Routenprogramm fest verankert: ein ›Must-See‹.

San Pedro de Atacama schlief seinen Dornröschenschlaf bis vor rund zwei Jahrzehnten. Die mittägliche Hitze lastete schwer auf der pfefferbaumbestandenen Plaza, und die Atacameños suchten Schatten und Ruhe in ihren weiß gestrichenen Würfelhäusern aus Kaktusholz und Adobe. Kürbisse, Pfefferschoten, Kartoffeln, Karotten, Salat und Zwiebeln gediehen in den feuchten Flussauen, der *chañar*-Baum lieferte Stärke, es gab Rindfleisch und im einzigen Kioskgeschäft am Platz ab und an Biskuitkuchen. Zweimal in der Woche erreichte als Bote aus einer lärmigen, lauten, ganz anderen Welt ein Bus aus dem nur 90 km entfernten Calama den Ort San Pedro de Atacama. *Pozo Tres,* ein kleines Schwimmbad, für das oft kein Wasser da war, stellte die einzige Zerstreuung dar. Die Strecke hinauf zu den Tatio-Geysiren war nicht ausgeschildert – dort wollte ja auch niemand hin, der in San Pedro lebte. Das Menü im einzigen Restaurant am Ort bestand aus Dosensuppe und gebratenen Kartoffeln. Und wen das Angebot in den kleinen Provisionsläden nicht zufrieden stellte, der kaufte im *supermercado* der *Hostería* ein – dort gab es auch Benzin.

Doch plötzlich hatte die internationale Schar der Rucksacktouristen, die aus Peru und Bolivien einreisten, San Pedro de Atacama auf ihrer Traveller-Landkarte entdeckt, und kurze Zeit später hielten auch die chilenischen Touristen Einzug. Die geringe Bettenkapazität war bald erschöpft, und die Wasservorräte waren es ebenfalls. Heute ist San Pedro de Atacama so beliebt, dass man sich fragt, wann hier eigentlich ein Flughafen eingerichtet wird.

Mittlerweile rollen ständig Busse in San Pedro ein – und alle sind sie schön voll. An den Rändern des Dörfchens liegen neue Hotels, geschmackvoll der Landschaft angepasst – bis auf das ›Explora‹, dessen Besitzer einen ehemaligen indianischen Friedhof aufkauften und das Hotel auf diesem Gelände errichteten. Ein Zaun schützt es vor neugierigen Blicken. Unzählige Reiseagenturen sind in die Kaktusholz- und Adobe-Häuschen eingezogen, und alle bieten das gleiche Exkursionsspektrum an. *Atacameños* selbst sind an diesem Geschäft längst nicht mehr beteiligt. Zu allem Überfluss hat sich eine ganz besonders verwerfliche Tourismusvariante entwickelt: die Plünderung indianischer Gräber.

Trotz allem: Der Eindruck, in einer der Archaik verhafteten Zeit zu leben, in Bildern aus einem angehaltenen Film, der sich längst weiter bewegt hat, ist geblieben. San Pedro hat sich seinen Schein der Versunkenheit bewahrt, was zur außerordentlichen Anmut des Dörfchens beiträgt. Wer durch die weißen Gassen streift, wird auch weiterhin rot bestäubte Schuhe tragen und keinen Schatten finden. Auf viele Besucher übt die leicht hippiehafte, unkonventionelle Atmosphäre zusammen mit der Archaik des Dorfbildes und seiner indianischen Färbung den größten Reiz aus.

mit gepflegtem Garten, Privatbäder. DZ für 20 000 CLP.

Lehmarchitektur ▶ Hostal Sonchek: Gustave Le Paige 170, Tel. 55-85 11 12, www.hostalsonchek.cl; 12 Zi. Die sauberen Zimmer liegen um einen schönen Patio gruppiert, Lehmarchitektur. DZ 16 000 CLP.

Schlicht ▶ Hostal Puritama: Caracoles 113, Tel. 55-85 15 40. Das Haus ist ganz aus Adobe gebaut und hat schlichte Zimmer, mit und ohne Bad. 8000 CLP pro Person.

Essen & Trinken

Chilenische Küche ▶ La Casona: Caracoles 195, Tel. 55-85 10 04. Im typischen Adobe-Stil von San Pedro eingerichtet, rustikal-gepflegt, Feuerstelle in der Mitte; chilenische Küche, auch Drinks. Gerichte ab 4500 CLP.

Ambitioniert ▶ Blanco: Caracoles 195, Tel. 55-85 11 64, tgl. ab 18 Uhr. Komplett in Weiß gestylt und auf dem Teller Sushi und Tunfisch – sehr ambitioniert. Teuer.

Grillgerichte ▶ Casa de Piedra: Caracoles 225, Tel. 55-85 12 71. Fleisch und *cazuelas* gibt's in diesem rustikalen, beliebten Restaurant, nicht billig. Mitunter Live-Musik.

Nettes Ambiente ▶ Restaurante Ckunna: Tocopilla 359, Tel. 55-85 19 99. Patio-Restaurant mit freundlichem Eindruck. Auch mal indianische Gerichte, nämlich mit *quínoa*. Gerichte für 4000 CLP.

Immer im Trend ▶ La Estaka: Caracoles s/n, Tel. 55-85 12 01. Die vielen Nachahmer

Indio-Frau in einem Dorf nahe San Pedro de Atacama

San Pedro de Atacama und Umgebung

Synchrone Nahrungssuche: Flamingos an einer Wasserstelle in der Atacama-Wüste

des Estaka können das Original nicht übertrumpfen; im dunklen Lehmsaal speist man an langen Tischen bei Kerzenlicht; auch vegetarische Menüs; Atmosphäre leicht flippigszenig, als Café und Treffpunkt ebenfalls sehr schön zu jeder Tageszeit. Essen gibt's ab 2800 CLP für eine Suppe.
Behaglich ▶ Café Export: Caracoles/Toconao, Tel. 55-85 15 47. Kleine schummrige Kaffeebar für das Frühstück, leichte Gerichte.
Hausgemacht ▶ Tierra: Caracoles 271, Tel. 55-85 15 85. Das typische Travellercafé serviert Müsli und frische Säfte. Den ganzen Tag. Auch gut: Imbissbuden auf der Feria Artesanal.

Einkaufen

Kunsthandwerk ▶ Feria Artesanal: neben der Municipalidad in einer Passage. Strickwaren, Ponchos, Hüte, bestickte Westen und Taschen, Rucksäcke, Schmuck, Figuren.
Kunstgewerbeläden ▶ Galería La Mono Arte: Caracoles 211; **Mallku:** Caracoles 190.

Aktiv

Ausflüge ▶ Zahlreiche **organisierte Touren** in die nähere und weitere Umgebung. Der Standard für den Erstbesuch sind die Tatio-Geysire, der Valle de la Luna und der Salar de Atacama mit seinen Flamingo-Kolonien; weitere Angebote: Besuch der *pukara* von Quitor, zur Ausgrabungsstätte von Tulor; wunder-

anbieten (Caracoles/Calama, Tel. 55-85 12 89.) Cosmo Andino, Tocopilla/Caracoles, Tel. 55-85 10 69, genießt ebenfalls einen guten Ruf. **Turismo La Yana,** Tocopilla 289, veranstaltet die gängigen Exkursionen und hat Mountain Bikes.

Fahrradverleih ▶ In mehreren der kleinen **Reisebüros** kann man auch Fahrräder mieten.

Verkehr

Busse: Tur Bus, Licancabur 294, nach Antofagasta, Iquique, Arica. Frontera, Atacama, Licancabur: fahren nach Calama, Socaire, Toconao. Busse nach Salta (Arg.) 4 x wöchentl. von Andesmar, Calle Licancabur, und Geminis, Toconao.

Rund um San Pedro de Atacama ▶ F 7/8

Karte: S. 341

10 Valle de la Luna

Wer aus Calama angereist ist, hat sie schon gesehen: Die imposante Cordillera de la Sal türmt sich zu beiden Seiten der Straße in tausenderlei beeindruckenden Berg- und Tal-Formationen auf. Nach 27 km von San Pedro aus öffnet sich der Valle de la Luna. Es gibt auch eine geschotterte Direktverbindung, die in die Calle Caracoles in San Pedro einmündet. Aber Laufen oder Radfahren ist anstrengend, besonders in der Wüstenhitze.

Am schönsten ist das ›Mondtal‹ bei Sonnenuntergang von der großen Sanddüne aus betrachtet, wenn das schwächer werdende Licht der Wüstenerde die schönsten Farbnuancen entlockt – von Gold über Purpur bis Ockerbraun. Dann spielt es mit den tausenderlei Erdkrusten, Vertiefungen, Nischen, Zacken, Domen und Becken, aus denen das Valle de la Luna besteht. Sein bizarres Aussehen verdankt der frühere Grund eines Sees tektonischen Senkungen und der Erosion: Scharfe Winde, extreme Sonneneinstrahlung und kräftige Temperaturschwankungen gruben, sägten, hobelten und formten dieses

schöne Ausflüge in den Altiplano zu hoch gelegenen Lagunen, auch verbunden mit mehrtägigen Exkursionen nach Bolivien zum Salar de Uyuni. Es gibt **Trekking** und **Pferdetouren.** Azimut, www.azimut360.com, veranstaltet neben dem Standardprogramm hochinteressante Zwölf-Tages-Trekkings, die man auch portionieren kann.

Veranstalter ▶ Die zahlreichen Agenturen stehen im harten Wettkampf. **Desert Adventure,** Caracoles/Tocopilla, Tel. 55-85 10 67, www.desertadventure.cl, gehört zu den alteingesessenen. Gelobt werden die Exkursionen, die das Hotel Terrantai veranstaltet. **Turismo Colque** sind die einzigen, die die Tagestour zur Laguna Verde nach Bolivien

Kleinod zurecht. Der Boden ist mit Salzkristallen übersät, deren sanft leuchtende Transparenz an Quarze erinnert. Eine Fahrt zum **Valle de la Luna** gehört zu den Höhepunkten für die Besucher von San Pedro, alle Veranstalter im Ort bieten sie an.

Ganz in der Nähe befindet sich das **Valle de la Muerte,** das mit seinen steilen Sanddünen bei Sandboardern und Mountainbikern besonders hoch im Kurs steht. Am besten, man lässt sich den Platz zeigen. Es gibt keine ausgeschilderten Wege in der Wüste!

Pukara de Quitor 2

Die 3 km von San Pedro entfernte **Pukara de Quitor** lässt sich am besten während eines Vormittagsausflugs erkunden, weil dann der Weg dorthin durch den gleichnamigen *ayllo* und seine Bewässerungskulturen im Schatten verläuft. Die restaurierte Festung thront hell und leuchtend über dem *barranco* (Eintritt 1000 CLP).

Aldea de Tulor 3

Mühsamer erschließt sich dem Besucher die **Aldea de Tulor** im Süden von San Pedro. Sie ist die älteste Besiedlungsanlage dieser Gegend und lässt sich ins 8. Jh. v. Chr. datieren. Ein rekonstruiertes Modell am Beginn des Rundgangs veranschaulicht die Bauweise der Atacameño-Gemeinde: fensterlose Rundhäuser mit einem tiefgezogenen Torbogen, zwischen dem praktisch keine Straßen lagen. Laufstege führen an einigen wenigen freigelegten Mauerfragmenten entlang. Von oben betrachtet gleichen sie einem kleinen Kreislabyrinth.

Der Wüstensand und die Trockenheit haben die Mauern vor den Spuren der Zeit geschützt, doch eine effektive Konservierung steht noch aus. Die Anlage wird von der Conaf verwaltet (Eintritt 2000 CLP). Eine Tour zu der Aldea von Tulor kann man in San Pedro buchen.

**Salzausblühungen säumen
das Ufer der Laguna Miscanti**

Baños de Puritama 4

Für eine überraschende Abwechslung inmitten all der Wüstentöne sorgen die **Baños de Puritama**. Es gibt zwei Möglichkeiten, die auf 3200 m Höhe gelegenen Thermalbäder zu besuchen, z. B. auf der Fahrt zu den Tatio- Geysiren. Wer sie unabhängig davon besuchen möchte, fährt auf gut ausgebauter Piste in nordöstliche Richtung am Friedhof und später an der Schwefelmine Azufera Polán vorbei. Nach 28 km leitet links eine Abzweigung in die Schlucht Quebrada Río Grande hinab. Die Bäder liegen in einer schmalen, sanftroten Erdspalte und werden von saftig grünen Vegetationsbändern gerahmt.

Die natürlich geformten Thermalbecken (etwa 37 °C) und einen Miniaturwasserfall hat die Familie Ibáñez del Campo, der auch die Explora-Hotels gehören, einer indianischen Gemeinde abgekauft und in eine Badeanlage mit Umkleidekabinen und Laufstegen verwandelt. Der Eintrittspreis ist allerdings mit 10 000 CLP, etwa 21 US-$, so hoch, dass die früheren Bewohner der Region ihn sich nicht mehr leisten können.

Salar de Atacama und Reserva Nacional Los Flamencos

Das Attribut ›trockenste Wüste der Welt‹ für die Atacama-Wüste mag manchen verblüffen, denn eine Wüste stellt man sich gemeinhin immer trocken vor. Doch die Meteorologen verzeichnen auch den kaum nachvollziehbaren Niederschlag aus Verdunstung und den feuchten Flaum auf Steinen als messbare Größe. Nicht einmal diese winzigen Feuchtigkeitsspuren finden sich in der Atacama-Wüste, denn ihr Becken wird von der steil aufsteigenden Wand des Küstengebirges von den Nebelbildungen des Meeres abgeschirmt.

Der **Salar de Atacama** 5, ein riesiger, unter Schichten vulkanischen Materials begrabener unterirdischer Salzsee, liegt auf 2300 m Höhe und bedeckt 300 km². Seine Reichtümer sind unterschiedlichster Natur. Etwa 40 % aller Lithiumreserven der Welt sollen sich hier konzentrieren, ebenso lagern große

San Pedro de Atacama und Umgebung

Vorkommen an Pottasche und Borax unter der tischebenen, gließenden Oberfläche. Doch spielt der See als Tierrefugium eine bedeutsame Rolle, und dies verträgt sich nicht mit den wirtschaftlichen Interessen. Und so stehen nur Teile des Salars unter Naturschutz. Sie gehören zur Reserva Nacional Los Flamencos.

Man erreicht sie über **Toconao** 6. 38 km sind es bis zu dem prähispanischen Oasendörfchen. Es gleißt im Glanz des kreidig weißen Liparits, eines vulkanischen Gesteins, aus dem die Häuser und die alte **Iglesia San Lucas** mit ihrem dreigestuften Glockenturm aus dem Jahr 1750 gebaut wurden. Der Liparit lagert in den sanften Höhenzügen vor dem 600-Einwohner-Ort, und jede Familie hat ihren eigenen kleinen Steinbruch, in dem sie je nach Bedarf arbeitet.

Toconao wird von fruchtbaren Feldern gerahmt, am hübschesten ist jedoch ein Besuch der **Quebrada de Jere** (1500 CLP). Mitten in der Wüste plätschert ein von hohen Bäumen beschattetes Flüsschen, und unter dem dichten Blattwerk verstecken sich die Gärten der Bauern. Aprikosen und Kirschen werden hier angebaut, Kürbisse und andere Früchte. Die Bewohner stauen den Fluss auch gern zum Swimmingpool.

Die **Flamingo-Beobachtungsstelle** 7 bei Soncor, 67 km hinter San Pedro de Atacama, liegt nicht weit von Toconao entfernt. Die Conaf-Begleiter halten dazu an, sich möglichst vorsichtig und ruhig zu bewegen, dann lassen sich die *Flamencos andinos, Flamencos chilenos* und *Flamencos James* am besten beobachten. Wer zur Dämmerung eintrifft, bekommt das Glitzern und Funkeln der Salzkrusten gratis dazu geliefert.

Die *Reserva Nacional* verspricht den Schutz der Flamingo-Kolonien, aber sie kann ihn leider kaum sichern. Das liegt auch an der touristischen Vermarktung. Der Salar de Atacama garantiert mit den Vorräten an Krill und Mikroorganismen in seinen Lagunen das Überleben zahlloser Altiplano-Vögel, die vor dem Einbruch des bolivianischen Winters (während des chilenischen Sommers im Januar und Februar) und seinen heftigen Gewitterstürmen auf chilenisches Terrain flüchten, das davon nur abgeschwächt heimgesucht wird.

Doch in den letzten Jahren finden die Tiere in ihrem angestammten Revier am Atacama-Salzsee immer weniger Ruhe und immer weniger Platz – und es gibt tatsächlich immer noch Menschen, die meinen, die verbliebenen Flamingos für ein Fotomotiv durch Händeklatschen zum Auffliegen bewegen zu müssen. Sie haben hier eigentlich nichts verloren (Zugang an der Conaf-Station, 3000 CLP).

Zu den Vulkanen Miscanti und Miñiques ▶ G 8

Karte: S. 341

Ungefähr 16 km trennen die Abzweigung zum Salar de Atacama vom Oasendorf **Socaire** 8, das wie San Pedro schon in der prähispanischen Geschichte von Bedeutung war. Daraus hat sich auf 3218 m Höhe ein 285-Einwohner-Dörfchen mit einer ganz besonderen Architektur entwickelt. Zum Hausbau wurden nicht die Altiplano-Materialien Adobe und Kaktus oder wie in Toconao Liparit verwendet, sondern graue, grob behauene Steine. Geschickt aufeinander getürmt und ineinander verkeilt bilden sie die ungefügen Wände. Die jüngeren Häuser wirken ungleich besser konstruiert, aber auch monotoner. Überall im Ort finden sich einzeln stehende Öfen, in denen Brot oder *empanadas* gebacken werden.

Socaire liegt vor einer imposanten Gebirgskulisse in einem weit geschwungenen Tal, über das sich Terrassen für den Feldbau stapeln. Mais baut man an, Weizen, Bohnen, *ají*, Knoblauch, und – besonders hübsch – Sonnenblumen. Die zahlreichen aufgegebenen Terrassen lassen erkennen, wie viel Arbeit im Anbau steckt, denn sie sind mit Felsbrocken übersät.

Ein steiniger, anstrengender Weg erklimmt das Gebiet der Vulkane **Miscanti** 9 (5622 m) und **Miñiques** 10 (5910 m) und ihrer gleichnamigen Lagunen. Von Ferne gleißt der Sa-

Brodelndes Wasser und Dampfschwaden in über 4000 m Höhe: die Tatio-Geysire

lar de Atacama wie eine Luftspiegelung. *Algarrobo, chañar,* Pfefferbaum, *paja brava* und Kakteen tupfen die grauen, ockerfarbenen, rot gestreiften Berghänge. Tiefblau oder dunkelgrün und weiß gerändert leuchten die Seen im Hochplateau, die von Flamingos und Puna-Enten als Refugien erkoren wurden. Etwa 31 km sind es von Socaire in diese raue, seltsame, wunderschöne Altiplano-Landschaft.

 Tatio-Geysire   ▶ F 7

Karte: S. 341

Wer die äußerst beliebten Tatio-Geysire sehen will, wenn sie am höchsten steigen, muss etwa um halb fünf Uhr in der Früh aufstehen. Als Alternative wäre eine spätnachmittägliche Abfahrt von San Pedro und eine Übernachtung bei den höchstgelegenen Geysiren der Welt vorzuschlagen, was einem ein wenig

349

San Pedro de Atacama und Umgebung

Weltabgeschiedenes Dorf mit 800-jähriger Geschichte: Caspana

vom Touristenrummel erspart. Man kalkuliert für die 95 km in den Altiplano auf etwa 4300 m Höhe dreieinhalb Stunden ein. Die Piste ist gut ausgebaut, aber teilweise kurvenreich und mühselig zu fahren.

Die ausgeschilderte Straße steigt zunächst leicht an und erreicht nach 28 km die Abzweigung zu den Baños de Puritama (s. S. 347). Ein Feld aus Lava und vulkanischem Gestein ist an der Cuesta del Diablo (›Teufelsschlucht‹) zu überqueren. Bei Kilometer 73 bietet der höchste Punkt der Route, die Loma Sánchez (4500 m) den besten Blick über die ganze Region. In den mit *paja brava* überzo-

genen Hängen leben Vikunjas und die kleinen, flinken Viszachas, Verwandte der Chinchillas. Bei genauerem Hinsehen sind auch die salbeigrünen Flechten der *llareta* auf den braunen Steinen erkennbar. Nicht weit davon entfernt sendet der Vulkan Putana seine Dampfwölkchen in den Himmel.

Das weite, tundrafarbene Feld der Tatio-Geysire bietet bei Tagesanbruch den schönsten Anblick. Die unterirdischen warmen Quellen gefrieren während der Nacht und ziehen sich in schwefelgefärbte kleine Mulden zurück, denen die Kälte dünne Eishauben überstreift. Schmilzt das Eis in der starken

Höhensonne, explodiert das gestaute, warme Wasser und zischt seinen Dampf bis zu 20 m in die Höhe. Feuchtigkeitsschwaden durchziehen die Luft. Das ganze Talbecken pfeift, grollt, faucht und knistert, während die dünnen Eisschichten über dem Lehmgrund zerbrechen. Beim Durchwandern des Geländes ist Vorsicht geboten, denn schnell ist man auf einer Erdkruste gelandet, die unter dem Tritt schmilzt und nachgibt.

Von den Tatio-Geysiren nach Calama ▶ E/F 7

Karte: S. 341

Auf einer Strecke von rund 120 km erschließt eine über große Strecken atemberaubende, aber nicht sehr komfortable Piste den Altiplano bis hinunter nach Calama. Informationen über den Straßenzustand erhält man in der *municipalidad* von San Pedro de Atacama. Während des stürmischen bolivianischen Winters ist diese Route nicht zu empfehlen. Von den Geysiren aus umrundet die Piste links den Cerro Cablor und landet in der Cuesta Chita. Nach 41 km zweigt rechts ein fast verborgener Weg nach Caspana ab.

Caspana 11

Das auf 3300 m Höhe gelegene **Caspana**, ist ein 800 Jahre altes Dörfchen, wie es unberührter von spanischen Einflüssen nicht wirken könnte – ein kleiner, wundersamer Flekken, der aussieht, als habe man seine Häuser willkürlich in eine Felsspalte gestreut. Bei den Bewohnern spielt die Landwirtschaft die Hauptrolle, und so ziehen sich die Häuserreihen an den Anhöhen beiderseits des tief eingeschnittenen Tales entlang, um auch nicht eine Handbreit der fruchtbaren Erde entlang des Flusses für den Hausbau zu vergeuden. Auf den steilen Terrassen gedeihen Birnen, Äpfel, Salat, Kaktusfrüchte, Zwiebeln, Aprikosen, Gemüse und Blumen, doch nicht etwa nur für den Eigenbedarf. Obwohl Caspana so weltabgeschieden wirkt und das Hinkommen mühselig ist, versorgen seine 300 Bewohner die Feria Modelo in Calama mit ihrem Ge-

müse und haben sich früher mit dem Sammeln der *llareta* für die Öfen der Kupfermine Chuquicamata ein Zubrot verdient.

Im Tal befinden sich die zinnoberrote **Iglesia de San Lucas** aus dem Jahr 1611 und das sehenswerte **Brauchtums- und Geschichtsmuseum,** auf das die kleine Gemeinde stolz sein kann. Neben Fotografien von archäologischen Stätten, Pfeilspitzen, steinernen Werkzeugen, Keramik und dem Hinweis auf den einzigen Inka-Altar *(ushnu)* in ganz Chile, der beim Cerro Verde entdeckt wurde, fesselt die effektvoll ausgestattete, unterhaltsame Schau zum Alltagsleben. Bei den Riten und Festen scheint das Trennende zwischen katholischen und indianischen Elementen aufgehoben zu sein.

Wenig Kontakt pflegte Caspana mit den spanischen Konquistadoren, sodass einige interessante indianische Bräuche überleben konnten. Auf vielen Fotos wird die *limpieza de los canales,* die Reinigungszeremonie für die Bewässerungskanäle, gezeigt (an der Plaza, Di–So 10–13, 15–17.30 Uhr, 500 CLP).

Aiquina 12

Kurz vor Aiquina durchfurcht ein tief eingeschnittenes, wildes Tal den Altiplano, dessen Name Cuesta del Diablo (›Teufelsschlucht‹) nicht ganz falsche Assoziationen weckt. Früher wurden die Menschen hier mit einer kleinen Gondel über den Einschnitt gezogen.

Das von mehreren 5000 m hohen Vulkanen umgebene **Aiquina** ist ein wahrer Geisterort. Die holprige Strecke mündet in ein Plateau mit drei papierblumengeschmückten Kreuzen, um anschließend in einen perfekt angelegten Terrassenort abzuzweigen. Unübersehbares Zentrum ist die große, von einem Wellblechdach geschützte, weiß gestrichene **Iglesia Nuestra Señora de Guadalupe** mit zwei mauergefassten Vorhöfen und einem fünffach gestuften, backsteinroten Glockenturm. Wie Logen um eine Theaterbühne gruppieren sich die einfachen Steinhäuser mit ihren Dächern aus dem Stroh der *paja brava* darum herum, doch sie stehen die meiste Zeit des Jahres leer. Nur wenige Menschen – man sagt 50 – halten sich ständig in Aiquina auf. Im

San Pedro de Atacama und Umgebung

Süden endet das leicht abfallende Plateau an einem malerischen Steilhang. Dort sorgt ein Torbogen für den richtigen Bühneneffekt, denn durch ihn erblickt man ein herrlich grünes, fruchtbares, von Felsen umringtes Tal, das sich bis zum Horizont dehnt.

Die Beschaulichkeit allerdings hat ein Ende, wenn die Wallfahrt der Jungfrau von Guadalupe am 7. und 8. September stattfindet (s. S. 41). Mehrere zehntausend Pilger, die teilweise zu Fuß oder auf den Knien Aiquina erreichen, suchen dann in den Steinhäusern eine Herberge, und die Straßen bersten vor Umzügen, Feierlichkeiten und Tänzen.

39 km hinter Aiquina verlässt die Straße die Hochebene und geleitet weiter nach Chiu Chiu.

Chiu Chiu 🔢

Der Weg zwischen Calama und Chiu Chiu ist asphaltiert, weil die nahe gelegene Mine ›El Abra‹ gute Transportmöglichkeiten fordert. Die Weltentrücktheit von Chiu Chiu (300 Einwoh-ner) hat damit ein Ende, und das alte Dörfchen am Zusammenfluss des Río Loa mit dem Río Salado wirkt neu und lebendig.

Chiu Chiu gilt als eine der ersten spanischen Siedlungen in Chile. Seine günstige Lage als Flussoase zog die Atacameños an, die später dann in der engen Schlucht von Lasana, an deren Ausgang sich Chiu Chiu befindet, ihre *pukara* errichteten. Auf dem zur damaligen Zeit belebten *Camino del Inca* (s. S. 375) wurden vielerlei Handelsgüter befördert, und archäologische Ausgrabungen brachten Exotika wie Mollusken und Federn brasilianischer Provenienz ans Tageslicht.

Die fruchtbaren Auen um Chiu Chiu wurden früher mit Rote Bete, Mais, Mangold, Kartoffeln und Karotten bepflanzt, doch die jungen Leute verließen den winzigen Ort, als ein Teil des Río Loa abgezweigt und das Wasser knapper wurde. Den Loa brauchte man für die Kupferwaschanlagen in der Mine Chuquicamata. Das Bewässerungssystem verfiel.

Tipp: Pukara de Lasana

Von Chiu Chiu aus führt ein Weg in das enge Tal des Río Loa mit seinen dicht gepflanzten Gemüse- und Obstkulturen. Die Ackerbauern siedeln zumeist in Einzelgehöften am Talgrund. Nach 12 km taucht auf der linken Seite eine der besterhaltenen prähispanischen Festungsanlagen Chiles auf, die **Pukara de Lasana** 🔢. Hoch über das Tal getürmt, errichtet aus den sandfarbenen Steinen der Region, besteht sie aus 110 übereinander gelagerten Räumen und Speichern, die durch Treppen und Passagen miteinander verbunden sind. Nur die Dächer sind verfallen, und so braucht man lediglich ein wenig Vorstellungskraft, um die Gesamtanlage vor dem inneren Auge zu rekonstruieren.

Mit der Ankunft der Spanier wurde die Pukara aufgegeben. Von ihrem Standpunkt hoch über dem Río Loa erblickt man die Berge und Vulkane Boliviens.

Ein kleines Museum kurz vor dem Eingang zur Pukara informiert über die Geschichte, es ist jedoch nicht regelmäßig geöffnet.

Auch die Piste dorthin ist gesäumt von noch nicht näher dokumentierten Zeugen aus einer langen Vergangenheit. Insgesamt 76 bisher aufgefundene Petroglyphen, die man ins 4. Jh. datiert, bedecken hell leuchtende Felsbrocken aus dem vulkanischen Liparit. Sie lagern ungeschützt am Wegesrand. Man nimmt an, dass sie den Handelsverkehr zwischen der Tihuanaco-Kultur am Lago de Titicaca und den Atacameños bezeugen, also prä-inkaisch sind.

Auf der gut ausgebauten Straße von Chiu Chiu nach Calama wird die **Laguna Inca Coya** passiert. Sie scheint erstaunlich tief zu sein – nicht einmal die Taucher von Jacques Cousteau, erzählt man sich hier stolz, hätten den Grund ermitteln können.

Heute könnte sich Chiu Chiu aufgrund seiner Lage und seiner Atmosphäre zu einem beschaulichen Konkurrenten des turbulenteren San Pedro de Atacama entwickeln: Sämtliche Attraktionen des Altiplano sind von hier aus gut erreichbar, und schön ist der Ort auch: Wenn eine typische Altiplano-Kirche als Postkartenmotiv gebraucht wird, handelt es sich meistens um die weißem Kalk üppig bestrichene Iglesia San Francisco von Chiu Chiu. Neben der Kirche wurde ein rustikaler hölzerner Aussichtsplatz aufgebaut, um einen Ausblick auf die Umgebung zu bieten. Auf einer *feria* können die Bauern der Region ihre landwirtschaftlichen Erzeugnisse verkaufen. Bei nur einem Hotel mit Zimmern in allen Preisklassen, zwei Restaurants und einem Café haben die Besucher allerdings keine große Auswahl.

Mit zwei einfachen Glockenturmaufsätzen und einem kompakten Körper aus dicken Adobe-Mauern wurde die **Iglesia San Francisco** um 1675 errichtet. Für den Innenausbau verwendete man *chañar*- und Kaktusholz, und die Deckenbalken bekamen Schnürungen aus Leder. Kein einziger Nagel wurde bei der Konstruktion benutzt. Das poröse, mit natürlichen Lochmustern verzierte Kaktusholz lässt das Sonnenlicht zart gefiltert wie fein gewirkte Spitze auf den Boden aus rot polierten Lehmziegeln fallen. Zusammen mit den weiß gekalkten Wänden und dem prächtigen Papierblumenschmuck ergibt das einen festlichen Effekt.

Zwei Schätze nennt die Kirche ihr Eigen: Ihr Bildnis des Cristo de la Pasión ist etwas ganz Außergewöhnliches. Dieses in der Kunstgeschichte geläufige Motiv wird hier auf besondere Art dargestellt, denn das Bildnis besteht aus beidseitig bemaltem Leder, entworfen wie die beiden Seiten einer Medaille mit einer Vorder- und einer Rückenansicht. Es stammt aus dem 17. Jh. und ist anonymer Herkunft. Die Christussskulptur hat bewegliche Arme, damit sie ans Kreuz gehängt werden kann und auch in den gläsernen Sarg passt, der während der Osterprozessionen durch den Ort getragen wird (Di–So 9–14, 16–19 Uhr).

Übernachten

Einladend und einfach ▶ **Hotel Tujina**: Esmeralda s/n, Tel. 9-86 89 74 91; 10 Zi. Helles, um einen Patio gebautes Hotel mit ordentlichen Zimmern in verschiedenen Kategorien mit und ohne Bad, auch Apartments; freundliche Wirte. 8000–10 000 CLP pro Pers.

Essen & Trinken

Regionalküche ▶ **Hotel Tujina**: s. o. Schmackhafte Regionalküche, Salate, Gemüse und Fleisch. Gerichte von 2500 bis 7000 CLP.

Andin-deftig ▶ **El Tambo**: Granaderos s/n. Einfache andine Küche, Eintöpfe, Schmorgerichte, *guisos*, Gerichte mit Quínoa, *cazuelas*. 2500–6000 CLP.

Einkaufen

Kunsthandwerk ▶ Ein **Kunstgewerbegeschäft** liegt an der Hauptstraße Granaderos. Gut sortiert.

Calama 15

Von den prähispanischen Zeiten im wahrsten Sinne des Wortes links liegen gelassen, hat das nur 30 km von Chiu Chiu entfernte **Calama** rein gar nichts gemein mit Altiplano-Romantik und versunkener Terrassenkultur. Dieser Punkt auf der Landkarte lag nicht auf den Inka-Handelswegen zwischen Potosí und Cobija, die Chiu Chiu bevorzugten und zu ihrem Zentrum kürten.

Die entscheidenden Besiedlungsimpulse erhielt es von der Mine Chuquicamata, die 1911 mit 400 Arbeitern und Ingenieuren den Betrieb aufnahm. Dort die Arbeit, hier das Vergnügen. In Chuquicamata baute man ordentliche Wohnviertel, legte Spielplätze an, ein Fußballfeld, veranstaltete Sport und Unterhaltung für die ganze Familie; in Calama – heute hat es 180 000 Einwohner – sorgte man sich eher um das Wohl des alleinstehenden Mannes, und die *casas alegres* zogen ihren Kordon um das Städtchen. Das hat sich leicht verändert, seit die komplette Einwohnerschaft von Chuquicamata aus gesundheitlichen Gründen nach Calama gebracht

Chuquicamata – ›Der offene Himmel‹

Der Stolz des Landes liegt auf knapp 3000 m Höhe. Die größte Kupfertagebaumine der Welt, Chuquicamata, ist dem Firmament so nah, dass die Chilenen sie *cielo abierto* (›offener Himmel‹) nennen. Sie dampft und donnert auf dem menschenleeren Altiplano und sieht mit ihren vom Sonnenlicht gleißenden Metalltürmen aus, als sei sie nicht von dieser Welt.

Wie stark sich Chuqui, wie sie die Chilenen freundlich nennen, in die Geschichte, in die Landschaft und die Gesellschaft Chiles eingravieren würde, davon hatte man allerdings bei der Inbetriebnahme im November 1911 noch keinen blassen Dunst. Denn hier beherrscht der Superlativ das Vokabular. Das Gestein, das in den 4,7 mal 3 km umfassenden und 750 m tief reichenden Terrassen abgebaut wird, enthält in fürstlichen Prozentsätzen Kupfer – und davon produziert Chuquicamata 600 000 t jährlich. Chuquicamata ist die einzige Mine des Landes, die der Privatisierungswut unter Pinochet entgangen war. Für die Chilenen bleibt sie etwas Selbstgeschaffenes, Großartiges, auf das das Ausland mit Neid blickt, vor allem, seit die Kupferexporte auf dem internationalen Markt hohe Erlöse erzielen.

Schließlich erhalten die Minenbeschäftigten Spitzengehälter – es liegt durchschnittlich beim Drei- bis Vierfachen eines Normallohns –, die Ingenieure haben eine vielseitige Top-Ausbildung genossen, die sie auf internationaler Bühne begehrt macht.

Doch Chuquicamata produziert extreme gesundheitliche Belastungen – natürlich muss da der Krankenhausaufenthalt gratis ausfallen. Eine Faustregel kursiert, dass man nicht länger als sieben Jahre in Chuquicamata beschäftigt sein sollte. Der durch den Abbau erzeugte Feinstaub verursacht Asthma, Staublunge und ist für verschiedene Krebsarten verantwortlich. Wegen der hohen gesundheitlichen Risiken wurde die Schlafstadt neben der Chuquicamata leer geräumt – die dort Beschäftigten leben jetzt in Calama.

Mit dem Kupferabbau begannen hier aber nicht erst die 400 Arbeiter der nordamerikanischen Kompanie Andescopper, sondern die Fundstätte war schon in prä-inkaischen Zeiten bekannt. 1882 entstand die erste Anlage auf dem nach dem Salpeterkrieg gerade frisch chilenisch gewordenen Gelände, und 1911 hatten sich die Gebrüder Guggenheim in Chuquicamata eingekauft. Vier Jahre später gossen und walzten sie die ersten Kupferbarren und -platten. Bald wurde die Dimension entschleiert, in der hier das Kupfer lagerte – die Quelle ist trotz intensivster Ausbeutung immer noch nicht versiegt. Auch werden heute die Schlackenhalden recycelt, deren Kupfergehalt teilweise immer noch über 50 % beträgt. In der Nähe befinden sich zwei neue Minen, El Abra und Radomiro Tomic.

Fieberhaft stiegen damals die Produktionszahlen, und ebenso fieberhaft wurde der Altiplano nach Elementen durchwühlt, um die gefräßige Mine in Betrieb zu halten. Die spärlichsten Wasservorkommen presste man in Chuquicamata, selbst die geringste Vegetationsspur verwendete man als Brennstoff. Die Säulenkakteen, das traditionelle Baumaterial der Region, und der Pilz *llareta*, der Jahrzehnte braucht, um einen Stein zu

Rund 600 000 t Kupfer werden jährlich in der Kupfermine Chuquicamata produziert

besiedeln, fielen Chuquicamata zum Opfer. In winzige Salzstöcke zwängten sich die Arbeiter hinein, um das Mineral abzuschlagen. Die gesamte Umgebung ist hochgradig arsenverseucht.

Diese Probleme werden bei der öffentlichen Besichtigung angerissen, aber nicht vertieft. Die Besichtigungstour auf dem Werksgelände erschöpft sich im Anhalten an zwei Aussichtspunkten, die einen überwältigenden Anblick bieten. Wenn nicht die häufigen Sprengungen die Sicht vernebeln, sieht man die 50 m hohen Schaufelbagger die Terrassen behutsam und scheinbar lautlos hinuntergleiten, wie ein Spielzeug surrt eine Eisenbahn im Slalom um die Verarbeitungsanlagen und Reinigungsbecken. Wenn die ganzen stinkenden, schwefelgelben, asphaltfarbenen, giftgrünen und toxisch blauen Rückstände nicht wären, könnte man *el cielo abierto* für eine indianische Terrassenlandschaft von überirdischer Schönheit inmitten der graphitschillernden Kuppeln der Schlakkenhalden halten.

355

San Pedro de Atacama und Umgebung

wurde. Die staatliche Betriebsgesellschaft Codelco baute die Familien Häuser außerhalb des Stadtzentrums.

Es ist windig, staubig und tagsüber heiß; wenig Schatten liegt in den von einfachen Häusern flankierten Straßen. Prunkvoll und repräsentativ wurde die **Plaza 23 de Marzo** mit hohen Bäumen und schmiedeeisernen Bänken ausstaffiert, einige hübsche Gründerzeitvillen wurden restauriert, und der wachsende Reichtum der Region durch die Erschließung neuer Minen lässt elegantere Bauten entstehen und die Preise in die Höhe schießen.

Seine gut ausgebaute Infrastruktur und das vielfältige Dienstleistungsangebot weisen das spritzige, laute und ein wenig proletarische Calama als geeignete Station für die Erkundung des Altiplano und des Nordens aus, obwohl in seinen Reisebüros die Nachfrage nach derlei Touren nicht annähernd mit der von San Pedro konkurrieren kann. Das Preisniveau liegt relativ hoch – Calama ist Geschäftsstadt.

Infos

Oficina Municipal de Información Turística: Latorre 1689, Tel. 55-34 53 45.
Conaf: Av. Granaderos s/n, Tel. 55-84 97 49.

Übernachten

Das **Preisniveau** der Unterkünfte in Calama ist generell hoch.

Zentral ▶ **Hotel Lican Antai:** Ramírez 1937, Tel. 55-34 16 21, Fax 55-34 29 70; 50 Zi. Hier macht's die Atmosphäre, der Service ist sehr nett, das Hotel geräumig, stilvoll, frisch renoviert, aber die Zimmer sind recht klein. DZ 140 US-$.

Elegant ▶ **Park Hotel de Calama:** Alcalde José Lira, Tel. 55-71 58 00, www.parkcalama.cl; 60 Zi. Elegantes Hotel etwas außerhalb der Stadt in Flughafennähe, sehr komfortable Ausstattung; Swimmingpool, Tennisplätze. DZ 100 US-$.

Gepflegt ▶ **L&S Hotel:** Vicuña Mackenna 1819, Tel./Fax 55-36 11 13; 20 Zi. Sehr gepflegtes hübsches Hotel mit hellen gemütlichen Zimmern. DZ 49 000 CLP.

Mit Garten ▶ **Hostería Calama:** Latorre 1521, Tel. 55-34 28 17, Fax 3 420 33; 107 Zi. Ein typisches, gepflegtes Innenstadthotel mit leider nicht sehr großen Zimmern; gepflegter Garten. Das DZ kostet 96 US-$.

Historisch-schön ▶ **Hotel El Mirador:** Sotomayor 2064, Tel./Fax 55-34 03 29, 55-31 02 94; 25 Zi. Um zwei gepflasterte Patios herum arrangierte, bequeme Zimmer mit großen Bädern, nette Stimmung in restaurierter Villa des 19. Jh. Das Frühstückszimmer könnte aus Omas Zeiten stammen. DZ 40 000 CLP.

Nüchtern ▶ **Hotel Alfa:** Sotomayor 2016, Tel. 55-34 24 96; 38 Zi. Typisches, nüchternes Hotel für Handelsreisende. DZ 80 US-$.

Nett ▶ **Residencial John Kenny:** Ecuador 1991, Tel. 55-34 14 30. Unter den zahlreichen preiswerteren Unterkünften eine der besten. Saubere, große Zimmer, sogar ein eigener Parkplatz. DZ ca. 40 US-$.

Essen & Trinken

Empfehlenswert sind die Restaurants der Hotels **Lican Antai** und im **Park Hotel** (beide gehobener Standard).

Stilvolles Lokal ▶ **Club Croata:** an der Plaza. Leicht heruntergekommener, aber restaurierter Bourgeois-Schick; große Portionen schmackhaften Essens und Menüs zu recht niedrigen Preisen (z. B. 6500–8000 CLP); keine Raffinessen.

Pizza und Pasta ▶ **Alfredo's:** an der Plaza. Ein zweigeschossiger, properer Vertreter dieser Restaurantkette; Pizza, Pasta und Sandwiches (ab 3000 CLP).

Ordentlich ▶ **Bavaria:** Sotomayor 2093. Restaurantkette mit der gewohnten soliden Qualiät und zivilen Preisen, auch beliebte Cafeteria, Sandwiches, Kuchen, Frühstückskarte. Sandwiches ab 2000 CLP.

Fröhlich, frisch und gut ▶ Einmal die **Marktstände** der Feria Modelo an der Latorre ausprobieren …

Abends & Nachts

Nett ausgehen ▶ Für abends gibt es ein paar nette Bars und Pubs, z. B. das **Barlovento** in der Granaderos 2030, das auch als Restaurant eine Empfehlung ist.

Einkaufen

Shopping Center ▶ Mall Plaza: Av. Balmaceda 3242, Mo–Sa 10–21.30 Uhr. Mit Kino, Food Parlour, Banken und Friseur.

Aktiv

Kupfermine Chuquicamata ▶

Ausflüge ▶ Nach Chiu Chiu, zur Pukara de Lasana, nach Caspana und Aiquina.

Verkehr

Flüge

Flughafen El Loa: ca. 8 km südöstlich; Calama liegt in dem Netz Iquique–Antofagasta–Santiago. Es wird häufig von allen Fluglinien angeflogen.

Stadtbüro Lan: Latorre 1726, Tel. 60-05 26 20 00 (zentrale Rufnummer), www.lan.com.

Sky Airlines: Latorre 1497, Tel. 55-31 01 90, www.skyairline.cl.

PAL: Sotomayor 1814, Tel. 55-59 08 92, www.palair.com.

Busse

Atacama 2000: Abaroa/Antofagasta; tgl. mehrmals nach San Pedro de Atacama, mehrmals wöchentl. nach Toconao, Socaire und Peine.

Tur-Bus und Pullman Bus, gemeinsames Terminal, Granaderos 3048: Ramírez 1802; Verbindungen zu zahlreichen Orten entlang der Panamericana und nach San Pedro de Atacama.

Flota Barrios: Balmaceda 4219, Verbindungen auf der Nord-Süd-Route: Antofagasta, Iquique, Arica, Santiago.

Condor Buses: Balmaceda 1852, tgl. in den Norden und Süden.

Intertrans: Antofagasta 2239, nach San Pedro de Atacama und 4 x wöchentl. nach Salta (Arg.).

Frontera: Antofagasta 2046, mehrmals tgl. nach San Pedro de Atacama, 3 x wöchentl. nach Uyuni (Bol.) über Ollargüe.

Ferrocarriles Antofagasta-Bolivia FCAB: Balmaceda 1777, Tel. 55-34 89 00. Unbedingt reservieren, die Plätze sind sehr begehrt! Der Frachtzug verkehrt nicht mehr regelmäßig. Die Verbindung dauert mind. 20 Stunden. Da der Zug nachts fährt und der Altiplano Höhen über 4500 m erreicht, muss für die richtige Ausrüstung gesorgt sein: Schlafsack und Kleidung müssen für Temperaturen von minus 10 °C geeignet sein. Es gibt keine Versorgung an Bord, aber Toiletten.

Mietwagen

Avis: im Flughafen El Loa und Parque Industrial Apiac, Tel. 55-56 31 52.

Hertz: Granaderos 1416, Tel. 55-34 00 18, und im Flughafen.

Econorent: Latorre 2507, Tel. 55-34 10 76, und im Flughafen.

Tipp: Kupfermine Chuquicamata

Der zweistündige Ausflug zur Mine **Chuquicamata** 16 (s. S. 354) gehört zum Pflichtpensum jedes Calama-Besuchers. Hier verdient der Staat das Geld: Die größte oberirdische Kupfermine der Welt gilt als sichere Bank für die Wirtschaft des Landes, vor allem, seit 2004 die Kupferpreise erneut in die Höhe schnellten. Ein Besuch ist leicht in Eigenregie zu organisieren: Man nimmt eines der vielen gelben Sammeltaxis, die einen vor der Auskunftstelle entlassen. Die Taxis sausen auf den Hauptstraßen an der Plaza entlang und bewältigen die Strecke in etwa 20 Minuten.

Chuquicamata bietet geführte Besuche montags bis freitags um 13 Uhr an. Die Führung besteht aus einem Videovortrag über den Aufbau der Mine sowie über das Leben in Chuquicamata und einer kleinen Rundfahrt über das Werksgelände. Die Besichtigung wird leider kurz gehalten, aber der Blick auf die Mine allein ist schon spektakulär (s. S. 354). Die Verarbeitungsanlagen dürfen aus Sicherheitsgründen nicht betreten werden. (Der Reisepass muss mitgebracht werden. Da die Anzahl der Besucher begrenzt ist, sollte man sich vorher anmelden unter Tel. 55-32 21 22, visitas@codelco.cl.)

Iquique und Umgebung

Die schönste – und am schönsten gelegene – Stadt des Nordens ist eng mit den wirtschaftlichen Erfolgen des Salpetergeschäfts verbunden. Museen und die restaurierten Salpeter-Oficinas erinnern daran. Die kilometerlangen feinsandigen Strände haben sich zum internationalen Surferziel gemausert. Kupferminen in der Umgebung sorgen für zusätzlichen wirtschaftlichen Aufschwung.

Iquique ▶ D 4

Cityplan: S. 361; **Karte:** S. 366

Iquique **1** ist eine junge, alte Stadt mit hohem touristischem Potenzial. Zierliche Villen-Schönheiten aus der Salpeter-Boomzeit konzentrieren sich im restaurierten Barrio Histórico, während die Península Cavancha als Strandzone mit Kasino und Kinderspielplätzen und als Surfrevier herausgeputzt wurde. Und die Lage des lebhaften, blühenden Iquique zu Füßen des Küstenberglandes und des Cerro Dragón, einer riesigen, leuchtenden Sanddüne von über 400 m Höhe und einer unglaublichen Längsausdehnung, ist schlicht spektakulär. Sie ist als Santuario de la Naturaleza geschützt.

Die heute auf etwa 230 000 Einwohner angewachsene Hauptstadt der Ersten Region entstand im 19. Jh. als peruanischer Salpeterhafen. 1855 zählte Iquique 2500 Einwohner, 1878 bereits 10 000. Nahezu rechtlose Hafen- und Industriearbeiter standen einer hauchdünnen Schicht von ausländischen Salpetermagnaten und Eisenbahneignern gegenüber – und die besaßen damals alle Macht. In der Umgebung gab es kein Grundwasser, und während sich die Salpeterbarone in Ballhäusern an der frischen Pazifikküste amüsierten, schufteten ihre Arbeiter zwölf Stunden am Tag in der glühenden, menschenfeindlichen Hochebene, auf der sich zuvor niemand anzusiedeln gewagt hatte.

Wie stark die Ausbeutung der häufig aus Europa eingewanderten Arbeiter wirklich war, verdeutlicht das Massaker in der Schule Santa María im Dezember 1907, bei dem mindestens 2000 Streikende vom Militär erschossen wurden (s. S. 32). Alejandro Jorodowsky hat es literarisch in »Wo der Vogel am schönsten singt« verewigt.

Mit dem Ende des Salpeterbooms im Jahr 1920 erlosch auch der Großbürgerglanz von Iquique, das dann jahrzehntelang den nicht ganz so blendenden Ruf genoss, die größte Fischmehlfabrik des Landes zu beherbergen. Die Verleihung des Status einer freien Handelszone im Jahr 1975 stimulierte Handel und Exportindustrien.

Plaza Arturo Prat und Avenida Baquedano

Die Salzluft des nahe gelegenen Meeres erfrischt das zur Blütezeit der Salpetergewinnung entworfene Zentrum um die großzügig geschnittene **Plaza Arturo Prat** **1**, die nicht einem siegreichen, sondern einem gescheiterten Kriegshelden gewidmet ist, der in der Seeschlacht von Iquique während des Salpeterkriegs der peruanischen ›Huáscar‹ unterlag. Bäume, schmiedeeiserne Bänke und ein schaumweißer Glockenturm aus dem Jahr 1877 schmücken sie.

Ein Relikt der glanzvollen Salpeterepoche ist der durch einen Vorplatz und einen repräsentativen Treppenaufgang architektonisch

Noch heute künden die Bauten der Plaza Prat von der Blüte der Salpetergewinnung

besonders hervorgehobene **Teatro Munici-pal** 2. Er wird bespielt, verfügt aber nicht über ein festes Ensemble (Mo–So 9–21 Uhr, 500 CLP).

Nebenan befindet sich die **Sociedad Pro-tectora de Empleados de Tarapacá** 3, das 1911–1913 erbaute, nicht weniger repräsen-tative Gebäude der ersten Arbeitergewerk-schaft Chiles, in dem heute ein gutes Restau-rant untergebracht ist. Die westliche Seite der Plaza nimmt die Fassade des **Hotels Arturo Prat** 2 (s. S. 362) ein, an der nordöstlichen Ecke liegt der maurisch-andalusisch auf-trumpfende **Centro Español** 2 (s. S. 362). Bei der Umrundung der Plaza streift man die alte Holzvilla des **Banco Central Santiago.** In der Parallelstraße Uribe wird man ebenfalls fündig, was die betagten Häuser aus holz-wurmsicherer Oregonkiefer betrifft.

Südlich der Plaza reihen sich in der **Ave-nida Baquedano** die schönen Holzhäuser aneinander. Pastellfarben gestrichen, mit ho-hen Sprossenfenstern geschmückt und von geschnitzten Veranden und Galerien umge-ben, stammen sie ausnahmslos aus der Zeit

zwischen 1880 und 1920. Sie sind fast alle sehr gut restauriert.

Im **Museo Regional** 4 findet man auf zwei Stockwerken Exponate zur Stadt- und Salpetergeschichte ausgebreitet, darunter die Anlage einer Oficina (Baquedano 951, Di–Fr 9–17.30, Sa 9.30–18 Uhr, 1000 CLP).

Die Fassade des **Palacio Astoreca** 5 (Baquedano/O'Higgins) aus dem Jahr 1904 fällt auf, sie ist dunkelbraun und bildet einen herben Kontrast zu all den Ostereierfarben. Darin kann man sich in 27 Zimmern die Mö-bel ansehen, die sich die Salpeterbarone zu Repräsentationszwecken zusammenge-kauft haben (Di–Fr 10–13, 16–19, Sa, So 11–14 Uhr, 1000 CLP).

Die gesamte Avenida wurde in eine Fuß-gängerzone umgewandelt und mit hölzernen Laufstegen belegt, was dem Flanieren ent-gegenkommt. Und so ist sie mit ihren Bistro-Restaurants, einigen Kunstgewerbeläden und Galerien (Baquedano 930), kleinen Skulpturen und einer alten Salpeter-Eisen-bahnlok für Kinder und Touristen – auch abends – ein beliebtes Ziel.

Iquique und Umgebung

Am Hafen

Nördlich der Plaza Prat wittert man schon Hafennähe. Die überdachte **Muelle de Pasajeros** ist heute nicht mehr zu besichtigen, soll aber restauriert werden. Im kleinen Fischerhafen, der **Caleta Pesquera** 6, suhlen sich Robben zwischen dunklen Klippen. Der **Club de Yates** 3 am südlichen Rand der kleinen Bucht, zu dem auch ein Restaurant mit authentischem Hafenflair gehört (s. S. 363), vermittelt Bootsfahrten, z. B. zu dem Ort, an dem die ›Esmeralda‹ des Arturo Prat damals sank, oder ganz einfach zum Sonnenuntergang ein bisschen aufs Meer hinaus.

An der verkehrsreichen Avenida Centenario liegt das ehemalige Zollhaus, ganz weißer Kolonialstil, in dem der **Museo Naval** 7 dem Andenken des Admirals Arturo Prat huldigt. Stücke von der ›Esmeralda‹, Fotos, Schulzeugnisse, Briefwechsel und Möbel aus der Epoche füllen einen lang gestreckten Raum (Aníbal Pinto s/n; Di–Fr 10–13, 16–19, Sa, So 11–14 Uhr, 200 CLP).

Im **Parque Lynch** entsteht zur Zeit eine historiengetreue Replik der »Esmeralda«, die als Museumsschiff dienen wird. Pünktlich zur Zweihundertjahrfeier im Frühjahr 2011 ist das Museum eröffnet worden.

Im Norden der Stadt

Sehr hübsch sind auch die von Hortensienbüschen umgebene **Kathedrale** 8 mit einem ausgemalten Mittelschiff wie ein Sternenhimmel und die **Estación Central** 9, ein

---

Tipp: Surfen an der Küste von Iquique

Gegen zehn Uhr morgens marschieren die ausgeschlafensten Surfer mit ihren Brettern unterm Arm an den Strand, gegen elf hat sich die erste Fangemeinde eingefunden, und dann wird den ganzen Tag gesurft, was die Pazifikwellen hergeben. Die sind nicht zu unterschätzen, an manchen Tagen weht die rote Flagge. Die Strände **Cavancha, Brava** und **Hantajaya** sind mit dem Bus gut zu erreichen (s. S. 363).

---

zu Zeiten des größten Salpeterbarons, Thomas North, 1883 entstandenes Bahnhofsgebäude aus Holz und Stahl mit neoklassizistischen Stuckelementen (Sotomayor s/n; Mo–Fr 8–13, 15–19 Uhr).

Die Freihandelszone **Zofri** 10 ist mit 240 ha die größte ihrer Art in ganz Südamerika. In 400 Geschäften lässt sich dort das Angebot an elektronischen Waren, Haushaltsgeräten und Kosmetik studieren (Mo–Do 11–21, Fr/Sa 11–22 Uhr).

Die Strände

Im Süden treffen sich Surfer an der **Playa Brava** oder an der recht sanften **Playa Cavancha,** die von der Halbinsel Cavancha geschützt wird. Die gesamte Halbinsel wurde zu einem Ferienzentrum umgemodelt und besteht nun aus Hotels, einem Kasino, Baustellen, Kinderspielplätzen, einem kleinen Zoo und einem Aquarium, mehreren Restaurantzonen für jeden Geschmack und Wohnblöcken für Ferienapartments.

Das Ambiente mag etwas gesichtslos sein, das Strandleben präsentiert sich dafür typisch latinisch: sportlich, jung, laut, quirlig, lustig.

Infos

Sernatur: Serrano 145, 3. Stock, Tel. 57-42 76 86, Fax 57-41 15 23, infoiqui que@serna tur.cl; www.vivaiquique.cl, www.iquique.cl.
Conaf: Juan Antonio Rios 2808 (Cavancha), Tel. 57-43 20 85, tarapaca.oirs@conaf.cl.
Geldumtausch: Banken gibt es an der Plaza, in der Baquedano und in der Zofri.

Übernachten

Komfortabel ▶ Holiday Inn Express 1**:** Av. 11 de Septiembre 1690, Tel./Fax 57-43 33 00; 82 Zi., an der Playa Brava. Im Styling kopiert es die geometrischen, indianischen Architekturen; komfortabel und kühl. DZ ab 140 US-$.
Zentral und gut ▶ Hotel Arturo Prat 2**:** Aníbal Pinto 695, Tel. 57-52 00 00, 94 Zi. Lebhaftes Hotel mit renovierten Zimmern und geräumigen Bädern, kleinem Dach-Swimmingpool, Internet; gutes Frühstücksbuffet. Ange-

Iquique

Maurisch-andalusische Atmosphäre und exzellenter Pisco Sour: Centro Español

schlossenes, hübsches Restaurant und Bar im britischen Club-Stil. DZ ab 36 000 CLP.

Villa! ► **Hotel Atenas** **3**: Los Rieles 738, Tel./Fax 57-43 11 00; 43 Zi. Im Bereich der Península Cavancha; großbürgerliche Villa mit ebenso eingerichteten Zimmern, kleinem Pool und Terrassenrestaurant für Hotelgäste; moderner, nüchterner Trakt im hinteren Teil; freundlicher Service. DZ 35 000 CLP.

Im alten Zentrum ► **Hotel La Florentina** **4**: Gorostiaga 171, Tel. 57-416418. Südlich der Plaza liegt diese kleine, restaurierte Villa mit hübsch eingerichteten, kleinen Zimmern, Apartments gibt's auch. DZ ab 30 000 CLP.

Mit Pool ► **Hotel Barros Arana** **5**: Barros Arana 1302, Tel. 55-41 28 40, 20 Zi. Nicht ganz im Zentrum gelegen, aber gut, modern und nicht laut, zuvorkommender Service und Swimmingpool. Gutes Preis-Leistungs-Verhältnis. DZ ca. 50 US-$.

Stilecht ► **Hotel Carlos Condell** **6**: Baquedano 964, Tel. 57-42 44 67, Fax 57-42 29 20; 12 Zi. Eines der wenigen Hotels in einem stilecht renovierten Patio-Haus aus der Zeit des Salpeterbooms. Das DZ kostet 45 US-$.

Ordentlich ► **Hotel Doña Geñoveva** **7**: Latorre 458, Tel. 57-41 15 78, Fax 57-41 40 58; 15 Zi. Große, lichte Zimmer; ordentlich und gepflegt, gutes Preis-Leistungs-Verhältnis. DZ 22 000 CLP.

Altmodisch ► **Hostal Catedral** **8**: Obispo Labbé 253, Tel. 57-42 63 72. Der Klassiker unter den Hostales – und richtig nett. Die großen, etwas altmodisch eingerichteten Zimmer (mit und ohne Bad) liegen alle zum zentralen Patio hin, freundlicher Empfang. DZ 23 US-$.

Preiswert ► **Residencial Baquedano** **9**: Baquedano 1315, Tel. 57-42 29 90; 10 Zi. Klein und sauber, preiswert, Gemeinschaftsbäder.

Essen & Trinken

Teuer und schick ► **Costa Brava** **1**: Av. Arturo Prat 3002, Tel. 57-32 82 52. Hier werden Spezialitäten der peruanischen Küche und Meeresfrüchte aufgetischt. Gerichte 4500–10 000 CLP.

Klassiker ► **Centro Español** **2**: Plaza Arturo Prat 58, Tel. 57-42 32 84. Britisch anmutende Club-Bar, tolle Meeresfrüchte, z. B. *chupe de jaiva* (Krebseintopf) für 5500 CLP.

Authentisch ▶ **Club de Yates** `3` : Recinto Portuario, Tel. 57-41 33 85. Gegenüber der alten Muelle de Pasajeros; recht rustikal, Hafenatmosphäre; Spezialität auch hier: der Krebsfleisch-Auflauf, etwas preiswerter.

Strandlokal ▶ **El Sombrero** `4` : Los Rieles 704 (Península Cavancha), Tel. 57-41 13 11. Strandrestaurant der vornehmeren Art; luftige Terrasse; Fisch, Meeresfrüchte ab 4500 CLP.

Marktessen ▶ **Im Mercado Centenario** `5` : 1. Etage, schlichte Meeresfrüchtelokale.

Treffpunkt ▶ **Café Boulevard** `6` : Baquedano 790. Terrassencafé auf der Flaniermeile im historischen Zentrum, kleines Restaurant, europäische Küche, Pizza für 4000 CLP. Auch schön abends für ein Glas Wein.

Gut für mittags ▶ **La Protectora** `3` : Thompson 207. Mittags hingehen, denn hier gibt's gute Menüs in einem ehemaligen, stimmungsvollen Arbeiter-Kasino an der Plaza.

Einkaufen

Zollfreie Waren ▶ **Zollfreie Zone Zofri** `10` : s. S. 360.

Andin ▶ **Casa Bolivia** `1` : Thompson 817, Tel. 57-42 63 01. Hat hauptsächlich Andines im Angebot, u. a. farbenprächtige Wollwaren.

Kunsthandwerk ▶ **Centro Artesanal Soronal** `2` : Baquedano 1035. Kunstgewerbe, Schmuck, Papier und Stoffe.

Volkstümlich ▶ **Galeria España** `3` : Vivar/Latore. Eher volkstümliche Einkaufsgalerie, erinnert an ein Warenhaus.

Ausstatter ▶ **Equisub** `4` : Thompson 737. Ein Tipp für alle, die ihre Wassersportausrüstung vervollständigen wollen.

Abends & Nachts

Ausgehmeilen ▶ Am meisten los ist am **Paseo Baquedano** (ruhig), an der **Península Cavancha** mit dem Kasino und den Bars und in **Bajo Molle,** wo man Discos und Kneipen findet (teurer und trubeliger).

Tex-Mex-Stil ▶ **Café Santa Fe** `1` : Mall Las Américas, Av. Los Héroes 2555. Am Wochenende Live-Musik.

Gut für Drinks und Tapas ▶ **Taberna Barracuda** `2` : Gorostiaga 601, Tel. 57-42 79 69. Erinnert an das Kontor einer Salpeter-Oficina.

Aktiv

Allrounder ▶ **Avitours:** Baquedano 997, Tel. 57-41 33 34, www.avitours.cl. Bietet Touren, Stadtrundfahrten, Besuche der Salpeter-Oficinas, Ausflüge zur Oase Pica und den Geoglyphen an, dazu Stadtführungen in Arica und Shopping in Tacna (Peru).

Paragliding ▶ **Puro Vuelo:** Baquedano 1449, Tel. 57-31 11 27, www.purovuelo.cl. Gleitschirmfliegen, auch Tandemflüge.

Motorsport und Surfen ▶ **Vertical Rent and Tour:** Tel. 57-37 60 26, www.verticalstore.cl. Verleih und Verkauf von Body-Surf-Zubehör, Kurse, Motorcrossräder, Touren.

Verkehr

Flüge: Der Flughafen liegt 41 km südlich von Iquique; mehrmals tgl. Flüge nach Arica, Antofagasta, Calama und Santiago. Es gibt mehrere zuverlässige Sammeltaxis für den Transfer zwischen Hotel und Flughafen: Aerotransfer, Tel. 57-31 08 00, Tarapacá 57-41 90 04, Plaza Prat 57-41 33 68. **Stadtbüro Lan,** Tarapacá 465, Tel. 60 05 26 20 00 (zentrale Rufnummer). **PAL,** Paseo Prat 570, Tel. 57-57 66 59, www.palair.com. **Sky Airline,** Tarapacá 530, Tel. 57-45 10 13.

Busse: Das Hauptterminal liegt in der Patricio Lynch s/n. Von hier fahren ab: TurBus, Pullman, Expresos del Norte, Flota Barrios, Ramos Cholele. Nach Antofagasta, Arica, Calama, Santiago. Kleinbusse nach Mamiña und Pica. Am Mercado Central fahren ebenfalls Busse nach Mamiña und Pica ab. Andesmar fährt nach San Pedro de Atacama und Salta (Arg.). Busse nach Bolivien (Oruro, Potosi) vom Terminal Esmeralda/Martínez.

Tipp: Pisco Sour im Centro Español `10`

Die pompöse Umsetzung der Idee, in dem Restaurant maurisch-arabische Größe auferstehen zu lassen, mag auf einige Besucher nicht überzeugend wirken, aber der Pisco Sour des Lokals gilt als einer der besten des Landes. Die Limetten für den National-Drink stammen aus der Wüstenoase Pica (s. S. 367).

Der Fluch des ›weißen Goldes‹

Spärliche Mauerfragmente und einsame Friedhöfe begleiten die Panamericana im Großen Norden. Kaum vorstellbar, dass es sich um Überreste einer einstmals blühenden Industrie handelt, die dem ganzen Land vom Ende des 19. Jh. an rund 50 Jahre lang zu erheblichem Wohlstand und Ansehen verholfen hat: die Salpetergewinnung.

Die auf heutigen Landkarten immer noch auffindbaren Salpeter-*oficinas* waren Abraumhalden und Wohnstätten zugleich. Sie heißen Buena Esperanza und Rica Aventura, ›gute Hoffnung‹ und ›reiches Abenteuer‹, was etwas über die Gewinne aussagt, die sich erzielen ließen, und sie liegen in der Pampa del Indio Muerto, der ›Pampa des toten Indianers‹, was die Bedingungen offenbart, unter denen die Minenarbeiter leben mussten.

Das ›weiße Gold‹, dessen Eignung als Schießpulversubstanz bereits 1528 bekannt war, lagerte in Schichten auf den Steinen im Altiplano; man brauchte es bloß abzukratzen. Dem aus Böhmen stammenden Naturforscher Thaddäus Haenke, der in Südamerika reiste, war aufgefallen, dass es kaum einen Ort gab, »in dessen Maultier- und Viehpferchen man nicht eine bedeutende Menge von Salpeter zur Pulvererzeugung sammeln könnte.«

Haenke gelang es 1809 als Erstem, Natronsalpeter in Kalisalpeter umzuwandeln, indem er ihn mit Asche von Kakteen und Tang auslaugte. Ein Jahr später entstanden in Peru die ersten Salpeter-*oficinas*. Die Bedeutung für die in dieser Zeit kriselnden Kolonialsysteme lässt sich leicht einschätzen: Die königlich-spanischen Regierungen bestellten das Schießpulver gleich tonnenweise bei Haenke.

Wenig später erschloss sich die Bedeutung des Salpeters als Düngemittel. Den Altiplano-Ländern Peru, Bolivien und Chile war ein Exportschlager für das industrialisierte Europa zugewachsen. Dort waren die Böden ausgelaugt, gleichzeitig wuchs die Bevölkerung stark. 1840 betrug die Förderung bereits 73000 t, 1874 mehr als 500 000 t.

Die Chilenen hatten daran den größten Anteil, nicht nur auf peruanischem, sondern auch auf bolivianischem Boden. Die drei Länder hatten sich zu einer gemeinsamen Ausbeutung des Gebietes zwischen dem 23. und 25. Breitengrad entschlossen, einer Region, die damals zu Bolivien und Peru gehörte und nördlich von Taltal beginnt. Bolivien kündigte die Abmachung, als der volle Umfang der Vorkommen bekannt wurde, Chile zog sich bis zum 24. Breitengrad zurück und verlangte im Gegenzug von der bolivianischen Regierung, dass die dort niedergelassenen chilenischen Gesellschaften nicht besteuert würden. Doch Bolivien hielt sich nicht daran.

Als dann Peru die Nationalisierung des peruanischen Salpeters verfügte, suchte Chile die Konfrontation. Um die Interessen der Chilenen, die im bolivianischen Antofagasta bereits 1872 den Stadtrat dominiert hatten, und ihrer Entepreneurs wie José Santos Ossa zu schützen, die gemeinsam mit britischen Gesellschaften Eisenbahnlinien zum Abtransport der Rohstoffe quer über den Altiplano gezogen hatten, initiierte Chile den Salpeterkrieg. In diesem Krieg (1879–1883), der heute noch als nationale Heldentat gefeiert wird, fielen alle salpeterreichen

Gebiete an Chile. Für Bolivien endete er in einem Desaster: Es verlor seinen einzigen Korridor zum Meer.

In den einzelnen *oficinas* schufteten derweil bis zu 3000 Arbeiter unter frühkapitalistischen Verhältnissen. Ihr Lohn bestand aus Spielgeld, den *fichas,* deren Verbreitung und Benutzung der Staat erst 1924 untersagte. Für diese Metall- und Hartgummiplättchen konnte man zu überhöhten Preisen in den Kramläden der *oficinas* einkaufen: Für Wasser verlangte man dort mehr als für Schnaps.

Arbeitszeitregelungen, hygienische Unterbringung oder gar ärztliche Versorgung der Arbeiter, die extrem gesundheitsschädlichen Dämpfen ausgesetzt waren, gab es nicht. Falls die Salpeterbarone sich überhaupt einmal in den *oficinas* aufhielten, gingen sie ins Theater, ins Ballhaus oder Kasino, die für die Ange-

stellten-Elite errichtet worden waren. Selbstverständlich hatten die Arbeiter keinen Zutritt.

Die extreme Ausbeutung beantworteten die Arbeiter mit dem ersten Streik in der Geschichte Chiles. In Iquique versammelten sich im Dezember 1907 etwa 40 000 Menschen, um höhere Löhne und bessere Arbeitsbedingungen zu fordern. Viele der friedlichen Demonstranten trieb man in die Schule Santa María und erschoss sie – darunter Frauen und Kinder der Streikenden. Das Massaker setzte ein Fanal: Die ersten Arbeiterparteien entstanden.

1918, gegen Ende des Ersten Weltkriegs, in dem Europa mit 3 Mio. t Salpeter beliefert worden war, entdeckte der deutsche Chemiker Fritz Haber ein Verfahren zur künstlichen Herstellung von Nitraten und der Boom des Salpeters fand sein Ende.

Begraben in der Einsamkeit: Friedhof an der Panamerica in der Nähe von Iquique

Mietwagen: Alle großen Firmen haben ihre Schalter im Flughafen. **Avis,** im Flughafen und Manuel Rodríguez 734, Tel. 57-47 23 92. **Budget,** Manuel Rodríguez 730, Tel. 600-41 00 00 (zentrale Rufnummer). **Hertz,** Aníbal Pinto 1303, Tel. 57-51 04 32.

Umgebung von Iquique
▶ D/E 4/5

Karte: oben

12 Gigante de Atacama

Zu den sicherlich beeindruckendsten Geoglyphen von ganz Chile und einem der bedeutendsten Zeugnisse prähispanischer Kultur sind es nur wenige Kilometer von Iquique aus: Der **Gigante de Atacama** ist mit 86 m das größte Scharrbild überhaupt und stellt einen König oder Gott dar, der eine Federkrone (oder Sonnenstrahlen?) trägt. Die streng geometrisch komponierte Figur aus dem 9. Jh. wird von einem Herrschaftsstab ähnlich einem Szepter und einem Reptil ge-

rahmt. Der Anblick ist absolut eindrucksvoll. In Iquique werden Touren zum **Cerro Unita** angeboten, auf dem der ›Gigant‹ ruht. In der Nähe sind weitere Scharrbilder zu sehen. Man erreicht ihn auf der internationalen Straße nach Bolivien (Richtg. Colchane). Bei Huara zweigt eine ausgeschilderte Schotterpiste ab.

La Tirana 2

Im Altiplano begegnet man oft Ortschaften, die von großer religiöser Bedeutung sind. Auch **La Tirana**, 19 km südöstlich von Pozo Almonte gelegen, gehört dazu. Die Iglesia de la Virgen del Carmen ist an den Festtagen zu Ehren der Jungfrau Maria Ziel von bis zu 100 000 Pilgern, und das normalerweise von 600 Seelen bewohnte, staubige, heiße Dorf platzt dann aus allen Nähten. Festgelegten Riten und Abläufen folgen wie in Aiquina die *Cofradías de Bailes Religiosos.* Im Museo de la Virgen de La Tirana (auf Anfrage, Info: Almacén Progreso an der Plaza) sind die dabei getragenen Tanzgewänder und Masken sowie Geschenke der Gläubigen ausgebreitet. Exponate aus der Salpeterzeit versammelt der private Museo de La

Tirana gegenüber der Kirche (auf Anfrage, Auskunft s. S. 366).

Termine

Fiesta de la Virgen del Carmen: 12.–18. Juli. Messen, Umzüge, rituelle Tänze. Feste auch während der Karwoche und am 5./6.Januar zum *Pascua de los Negros.*

Pica 3

Im Centro Español in Iquique serviert man den Pisco Sour mit dem ausgezeichneten Limonensaft aus der Oase Pica, die 111 km entfernt liegt. Die 3000 Einwohner von **Pica** leben davon: Limonen, Grapefruits, Apfelsinen, Mangos und Guaven werden in reichen Bewässerungskulturen angebaut und entweder frisch verkauft oder zu Marmelade, Gelee und Konfekt verarbeitet. Nach der Wüste ist Pica ein typisches, heißes, saftig grünes und nettes Oasenstädtchen am Fuß der Kordillere. Dass es als Handelsstädtchen schon einige Tradition aufweisen kann, zeigt das winzige Barrio Histórico. Aber es hat dem Gast noch mehr zu bieten, nämlich ein Bad in seinen gelobten Thermalquellen.

Übernachten

Es gibt einfache **Residenciales** in Pica selbst und **Campingplätze.**
Ferienanlage ▶ Complejo Turístico Santa Rosa: 27 de Abril, Tel. 57-74 16 07, www. santarosa.cl; 12 Zi, mehrere Bungalows. Moderne Ferienanlage mit Garten und Pool. DZ 30 000 CLP. Hat auch ein gutes Restaurant.

Essen & Trinken

Traditionell ▶ Sabor Andino: Esmeralda/San Martín. Spezialität ist das Picante de Conejo, ein Kanincheneintopf.
Freundlich ▶ Los Naranjos: Barbosa 200, Tel. 57-74 13 18. Sommerliches, volkstümliches Restaurant mit preiswerter, guter Küche; Mittagsmenüs; große Auswahl an frischen Fruchtsäften. Gerichte ab 2500 CLP.

Aktiv

Warme Quellen ▶ Badeanlage Cocha Resbaladero, tgl. geöffnet.

Verkehr

Busse: tgl. häufige Verbindungen nach Iquique (6.30–20 Uhr), So ab 8.30 Uhr.

Tipp: Besuch der Salpeterstädte

Das Erste, was man von ihnen sieht, sind ihre Friedhöfe. Areale voller pastellfarben leuchtender Holzgestelle, mit Blumenkränzen aus Plastik oder Papier geschmückt, säumen die Panamericana im Großen Norden Chiles – und geben Rätsel auf: Wo sind die Orte, zu denen diese Friedhöfe gehören? Doch nur einige niedrige Steinlabyrinthe im Sand verweisen auf sie. Die Siedlungen, in denen Ende des 19. und zu Beginn des 20. Jh. der Reichtum des Landes erwirtschaftet wurde, liegen größtenteils in Trümmern. Einzig die Oficina Maria Elena zwischen Antofagasta und Iquique ist noch in Betrieb.

Drei *salitreras* sind mittlerweile restauriert und laden Besucher ein, sich ein Bild von der damaligen Zeit zu machen. Die Oficinas Humberstone und Santa Laura liegen sich nahezu gegenüber und sind von Iquique aus in einer halben Fahrtstunde leicht zu erreichen.

In der im Jahr 1862 in Betrieb genommenen und 1930 komplett umgebauten **Oficina Humberstone** wurde das gesamte Prachtareal konserviert: das Theater, der Kramladen, das Schwimmbad, die Kirche und das Verwaltungsgebäude. Die Wohnunterkünfte der Arbeiter sind nur rudimentär erhalten.

Die **Oficina Laura** gegenüber, die von 1872 bis 1960 in Betrieb war, zeigt hauptsächlich die mächtigen Industrie- und Prozessieranlagen und einen Verbrennungsofen. In der *Casa de la Administración* kann man einige Objekte aus der Zeit besichtigen.

Mehrere Reiseveranstalter (s. S. 363) haben die *salitreras* im Programm, man kann aber auch auf eigene Faust losziehen.

Arica und der Altiplano

Im indianischen Norden des Landes spürt man die unmittelbare Nähe zu Peru oder Bolivien: Vulkane über 6000 m umstehen malerische Hochebenen, einsame Lagunen und archaische Aymara-Dörfchen. Kilometerlange weiße Sandstrände säumen die Küste hinauf nach Peru.

Arica ▶ D 2

Cityplan: S. 370; **Karte:** 377

Chiles nördlichste Stadt und Hauptstadt der Region Arica und Parinacota (15. Region) hatte schwer am Ruf zu tragen, von der Zentralregierung vernachlässigt worden zu sein. 1975 büßte **Arica** **1** seinen Status als Freihandelszone ein, gab ihn an Iquique weiter und hatte damit den Verlust einer touristischen Attraktion zu verschmerzen. Doch im Gegensatz zu Iquique und Antofagasta hat Arica eine lange Geschichte, denn hier gibt es Wasser – und das ist entscheidend.

Als die Silberminen des Cerro Rico im bolivianischen Potosí von den spanischen Eroberern 1545 in Besitz genommen und ausgebeutet wurden, entstand im 850 km entfernten Arica der erste Verschiffungshafen für das Edelmetall, das in solchem Maße gefördert wurde, dass man damit eine Brücke nach Spanien hätte pflastern können – so sagt der Volksmund. Die unmittelbare Umgebung von Arica bis hinauf in den Altiplano war seit Jahrtausenden eine intensiv genutzte Handelsroute – und dementsprechend interessant sind die heutigen Ausflugsmöglichkeiten auf den Spuren der indianischen Vergangenheit.

Mittlerweile ist Arica zum Standort für die Hochsee-Fangflotte avanciert, was erneut Industrien angezogen hat. Und dann kam der Slogan von der ›Stadt des ewigen Frühlings‹ auf. Die Temperaturen sind das gesamte Jahr über hervorragend. Der Humboldtstrom kühlt sie auf ein erträgliches Maß von 20 bis 25 °C ab, mehr feinen Strand gibt es kaum woanders, die Kette der *playas* reicht immerhin geradeaus und schnurstracks bis hinauf zur peruanischen Grenze. Die Wassertemperaturen sind mit 22 °C das ganze Jahr über angenehm. Das Ergebnis: Entlang der Küste entstand eine Flaniermeile mit Strandrestaurants und einigen Apartmenthäusern. Im Süden liegen kleinere, von Klippen umschlossene Strände, die nicht alle zum Baden geeignet sind.

Plaza Colón **1**

Sonnendurchflutet, von frischem, salzigem Wind durchweht: Arica ist vielleicht keine Schönheit, aber angenehm. Das für eine Großstadt mit 180 000 Einwohnern relativ klein ausgefallene Zentrum konzentriert sich um die **Plaza Colón** und die vanillegelb gestrichene, eiserne Konstruktion der **Iglesia San Marcos** **2**, die leicht erhöht über der Ostseite der Plaza thront. Heraldische und florale Motive schmücken die schlichte Kathedrale, im Innern gibt es ein Christusbildnis anonymer Herkunft aus dem 17. Jh. zu sehen. Sie entstand in der Werkstatt von Gustave Eiffel – was unschwer zu erkennen ist.

Als man für einen Hotelneubau an den Füßen des Stadtwahrzeichens Morro (Fels) buddelte, stieß man auf Mumiengräber aus der Chinchorro-Kultur. Das Hotel wurde nicht gebaut, dafür ein **Museo in Situ** **3** an der Calle Colón 10, in dem man die durch Acrylplatten geschützten Mumien besichtigen kann (Di–So 10–18 Uhr, 2000 CLP).

Im Westen geht die Plaza in zwei kleine schattige Parks mit den **Plazas Vicuña Makkenna** und **del Trabajador** über. Darin sind auch die einzigen erhaltenen älteren Gebäude zu besichtigen. Das ehemalige **Zollhaus** **4**, ein repräsentativer Bau aus cremefarbenem und braunrotem Stein mit imposantem Giebel und kunstvoller schmiedeeiserner Markise über dem Eingang, beherbergt heute die **Casa de la Cultura.**

Auch die geraniengeschmückte ehemalige Bahnhof **Estación Ferrocaril 5** gleich nebenan umhüllt sich mit dem behaglichen Charme der Gründerzeit. Leider verkehrt der Bimmelzug hinauf ins bolivianische La Paz nicht mehr, aber hier – wenngleich ein schwacher Trost – ist ein Eisenbahnmuseum eingezogen (Mo–Fr 8.30–17.30 Uhr). Und draußen auf dem Bahnhofsplatz wartet die alte Dampflokomotive aus Esslingen von 1924, die einstmals den Zug zog.

Fischerhafen **6**

Gleich gegenüber vom alten Bahnhof liegt der **Fischerhafen** von Arica (s. auch S. 373), genauso wenig aufgeräumt wie alle Fischerhäfen der Welt, aber auch ebenso unterhaltsam. Zwischen den bunt getünchten Booten warten Pelikane und Seerobben auf Nahrung. Die Hausfrauen aus Arica kaufen in den gefliesten Hallen *cholgas, corvina, reinetas* und die knalloorangefarbene Meeresfrucht *piure*. Ein Mittagsrestaurant bietet gute Fischsuppe.

Die Fußgängerzonen

In den **Fußgängerzonen** der Straßen 21 de Mayo und Thompson regiert das city-übliche Nebeneinander aus Banken, Geschäften und Straßencafés, die Calle Bolognesi ist mit Kneipen, Kunstgewerbekiosken und Büros von Reiseveranstaltern vollgestopft.

Wegen des Verkehrs ist das Flanieren auf der Avenida Máximo Lira entlang der gleichnamigen **Feria** nicht das pure Vergnügen, und damit verlieren leider auch die Büdchen der bolivianischen und peruanischen Marktfrauen ein wenig an Reiz. Besuchen lohnt sich trotzdem: manche verkaufen indianisches Kunstgewerbe, Heilmittel und Kosme-

tika. Schräg gegenüber liegt der **Parque Brasil** mit dem traditionsreichen **Kasino.**

Morro de Arica

Die höchste Attraktion Aricas erklimmt nur, wer geduldig ist, einfacher ist es, sich auf den **Morro** kutschieren zu lassen. Das Wahrzeichen Aricas bietet ein wirklich beeindruckendes Panorama: Im Westen ruht die Halbinsel Alacrán im Meer, deren früheres Inseldasein 1967 endete, als man das 460 m vor der Küste gelagerte Eiland mit dem Festland verband. Auf dieser Insel begruben die Aymara ihre Toten, und noch heute befinden sich dort viele Mumien und Ritualgegenstände. Daneben erblickt man die ausgedehnten Hafenanlagen; ein Blick in Richtung Küstenkordillere erfasst das sensationelle Valle de Lluta, das wie eine grüne Zunge zwischen den sandigen Wüstenbergen an Arica leckt

Der **Museo Histórico y de Armas 7** auf dem Morro beherbergt Exponate zum Salpeterkrieg (s. S. 364) und eine Dokumentation der entscheidenden Schlachten – eine fand vor Arica statt (Dez.–Feb. 8–22, März–Nov. 8–20.30 Uhr, 500 CLP).

Die Umgebung von Arica

Wer keine Zeit hat, die fruchtbaren Täler Azapa und Lluta zu besuchen, aber trotzdem wissen will, was dort alles angebaut wird, sollte den **Terminal Agropecuario** besuchen, denn dort kann man die Bauern aus den Tälern und der Präkordillere treffen, die ihre Produkte anbieten. Er ist riesig und überdacht und man fährt mit seinem Einkaufswägelchen zwischen den grünen Ständen umher wie in einem Supermarkt. Eingelegte Oliven, Kräuter, Mangos, Papayas, Passionsfrüchte, Heilpflanzen, viele Sorten von Kartoffeln und Gemüsen lassen wahrlich nicht das Gefühl aufkommen, man befände sich am Rande einer Wüste. Imbissbuden, Heiler, Friseur und Arzt haben sich hier ebenfalls eingerichtet (Panamericana Sur, auf dem Weg in den Valle de Azapa).

Strände gibt es im Norden und im Süden. Die touristisch erschlossenen (Playa Chinchorro) befinden sich im Norden, die von Klip-

Arica

pen eingefassten im Süden (Playas Laucho und Lisera), an der Playa Corazones sollte man wegen der starken Brandung und Strömung nicht baden. Die Strände lassen sich leicht mit öffentlichen Verkehrsmitteln erreichen.

Infos

Sernatur: San Marcos 101, Tel. 58-23 39 93, Fax 58-25 45 06, infoarica@serna tur.cl. Sehr freundlich, hilfsbereit, viel Material.

Infos im Internet: www.arica.cl., www.info arica.cl

Conaf: Av. Vicuña Mackenna 820, Tel. 58-20 12 09, Fax 58-25 07 50, tgl. 8–18.30 Uhr. Informationen zum Parque Nacional Lauca, zu Camping- und Unterkunftsmöglichkeiten, Prospektmaterial über die Tierwelt.

Geldumtausch: Redbanc in den Banken auf der 21 de Mayo; Casa de Cambio bei Turismo Sol y Mar, Colón 610.

Übernachten

Elegantes Traditionshaus direkt am Meer
► **Hotel Arica** **1**: Av. Cdte. San Martín 599, Tel. 58-25 44 50, Fax 58-23 11 33, www.pan americanahoteles.cl; 114 Zi. und Cabañas. Liegt außerhalb des Zentrums am Strand. Luxushotel mit einer sehr freundlichen Ausstrahlung, elegant-gemütliche, große Zimmer und Bäder; Swimmingpool, Restaurant, Freiluft-Bar, alles schön ruhig, empfehlenswert. DZ ab 55 000 CLP, es gibt viele Spezialangebote für den, der länger als eine Nacht bleibt.

Gartenflair ► **Hotel El Paso** **2**: Gral. Velázquez 1109, Tel. 58-23 08 08, Fax 58-23 19 65; 95 Zi. In einem großen, schattigen Garten gelegenes, hübsch gestaltetes Haus; Terrassenzimmer, Jogging Trails, Tennisplätze, gutes Preis-Leistungs-Verhältnis. DZ 85 US-$.

Nette Zimmer ► **Hotel Americano** **3**: Gral. Lagos 571, Tel. 58-25 77 52, Fax 58-25 11 50; 24 Zi. Bombastische Fassade für ein kleines Innenstadthotel, betont modernistisch, aber freundliche Zimmer. DZ 85 US-$.

Park und Pool ► **Hotel Azapa Inn** **4**: Guillermo Sánchez 660, Valle de Azapa, etwas außerhalb von Azapa, Tel. 58-22 51 91. Das Schönste ist der blumengeschmückte Garten mit Pfauen und einem großen Pool. Sehr net-

tes Openair-Restaurant, geräumige Zimmer, alle mit Balkon und Blick zum Garten – eine kleine Oase. DZ ab 69 US-$.

Typisch Mittelklasse ► **Hotel Savona** **5**: Yungay 380, Tel. 58-23 10 00, Fax 58-25 65 56; 32 Zi. Kleines, kompaktes, mitten im Zentrum gelegenes Haus; sehr freundlicher Service. DZ (35 000 CLP) empfehlenswert, EZ oft nicht leise.

Hell ► **Hotel Costa Pacifico** **6**: Patricio Lynch 750, Tel. 58-23 13 43. Ohne Firlefanz, freundlich und hell. DZ 32 000 CLP.

Am Strand ► **Hotel Bahía Chinchorro** **7**: Av. Luis Beretta Porcel 2031, Tel. 58-24 10 68, Fax 58-24 52 17; 70 Zi. Am Beginn der Strandzone Chinchorro gelegen, mit geräumigen Balkonzimmern; auch Bungalows, kleiner Garten, Restaurant; nüchterne Atmosphäre, aber ordentliches Preis-Leistungs-Verhältnis. DZ 30 000 CLP.

Kolonialstil ► **Hotel Solar de Almagro** **8**: Sotomayor 490, Tel./Fax 58-22 44 44; 17 Zi. Das Hotel kommt im spanischen Castillo-Look daher. Es liegt an einer belebten Straße und ist daher nicht leise. Die Zimmer im hinteren Trakt sind nicht so gut. DZ 30 000 CLP.

Gut ► **Hotel Casa Kolping** **9**: Andres Béllo 1387, Tel. 58-23 21 73, 12 Zi. Im typischen 50er-Jahre-Kolping-Haus-Stil möbliert, gepflegt und sauber, ruhig gelegen, in Sichtweite zum Morro. DZ 60 US-$.

Sehr freundlich ► **Sunny Days** **10**: Tomás Aravena 161, Población Chinchorro, Tel. 58-24 10 38; 8 Zi. Ein Neuseeländer und eine Chilenin führen das familiäre, freundliche Haus. Schlichte und funktionale Zimmer, Küchemitbenutzung, Schlafraum *(dormitorio)*. Pro Person 6000–8000 CLP.

Essen & Trinken

Am Meer ► **Maracuya** **1**: Av. Cdte. San Martín 321, Tel. 58-22 76 00. Geschmackvoll eingerichtetes Terrassenrestaurant, das fast über dem Meer schwebt; einfallsreiche Fisch- und Meeresfrüchte-Karte. 5000–10 000 CLP.

Landhaus-Stil ► **Los Aleros de 21** **2**: 21 de Mayo 736, Tel. 58-25 28 99. Man speist wie in einem gutbürgerlichen Landhaus; chilenische Spezialitäten ab 5500 CLP.

Arica und der Altiplano

Hafen und Costanera von Arica, Chiles nördlichster Stadt

Tipp für Fisch ▶ El Rey del Marisco 3 : Colón/Maipu. Das nüchtern-neutrale Restaurant im zweiten Stockwerk mit Terrasse ist nicht der neueste Schrei, serviert aber einen köstlichen *congrio* für 5000 CLP.

Mediterran ▶ Terra Amata 4 : Yungay 201, Tel. 58-25 90 57, tgl. 12–16, 20.30–3 Uhr, am Wochenende mit Live-Musik. Liegt schön zu Füßen des Morro hinter dem Park, serviert mediterrane Rezepte mit regionalen peruanischen Akzenten, z. B. *quínoa-empanada,* schick ausstaffiert, gute Adresse, nicht billig: ca. 4000–5000 CLP.

Ein typisch chilenisches Lokal ▶ El Arriero 5 : 21 de Mayo 385, Tel. 58-23 26 36. Ein im Hacienda-Stil gestaltetes Lokal mit deftiger chilenischer Hausmannskost und viel gegrilltem Fleisch. Hauptgerichte ab 4000 CLP.

Netter Treffpunkt ▶ Café del Mar 6 : 21 de Mayo. Auch zum Draußensitzen, Sandwiches und Salate, drinnen Spezialtische mit Zeitschriften und Zeitungen, angeschlossen sind ein Internetcafé und eine Reiseagentur, angenehme Atmosphäre.

Kaffee und Wein ▶ Tortas y Tartas 7 : 21 de Mayo 233, Tel. 58-25 85 38. Ein guter Treffpunkt für den ganzen Tag: Von morgens bis abends Kaffee und Kuchen, abends auch schön zum Draußensitzen.

Café-Bistro-Pub ▶ Café Barrabas: 18 de Septiembre 520. Ein Multitalent: Pub, Kneipe, Diskothek und Restaurant in einem.

Einkaufen

Kunstgewerbe ▶ Kunstgewerbemärkte 1 : in der Pasaje Bolognesi. **Feria Sangra:** jeden So Kunstgewerbemarkt an der Costanera.

Authentisch ▶ Marktbuden 2 : Fería Máximo Lira/Parque Brasil. Bolivianerinnen und Peruanerinnen verkaufen Haushaltsgegenstände, Medizin, Kräuter etc.

Abends & Nachts

Casino- und Barbetrieb ▶ Casino de Arica 1 : Parque Brasil. Von Gärten umgeben, gepflegt, bis morgens um 4 Uhr.

Bar ▶ Naif 2 : Colón 342. Beliebter Treffpunkt für jüngeres Publikum. Live-Auftritte.

Abtanzen ▶ Disco Pub Kamikaze: Av. Comandante San Martín/Costanera Sur.

Vielseitig ▶ Soho-Drake: Playa Chinchorro. Disco mit guter Bar/Pub.

Termine
Karneval der Aymara: s. S. 374

Aktiv
Engagierte deutsche Leitung ▶ Clinamen
1 : Sotomayor 361, Tel 58-23 22 81, www.
clinamen.cl. Ausflüge zu den Dörfern der Aymara und auf den Altiplano.

**Vielseitiges Angebot ▶ Parinacota Expe-
diciones 2** : Héroes del Morro 632, Tel. 58-
23 33 05, www.parinacotaexpediciones.com.
Ausflüge und Expeditionen in die Umgebung
und die Nationalparks; Fahrten über Isluga
nach San Pedro de Atacama und nach Bolivien.

Interessante Touren ▶ Vicuña Tours: Germán Riesco 1364, Tel./Fax 58-22 89 16, vic
tours@terra.cl. Ausflüge in den Altiplano, Besuch des Lago Chungará und der Ortschaften Putre, Parinacota, Belén und Socoroma;
außergewöhnlich interessant ausgearbeitete
Touren in die Welt der Aymara (der Betreiber
Gerardo Pérez ist Aymara).

Verkehr
Flüge
Der Aeropuerto Chacalluta liegt ca. 18 km
nördlich der Stadt; häufige Verbindungen
nach Santiago mit den Zwischenstationen
Iquique und Antofagasta, nach Calama und
Buenos Aires. Stadtbüros unterhalten: **LAN**,
Arturo Prat 999. **Sky Airline**, 21 de Mayo 356,
Tel. 58-25 18 16. **PAL**, Colón 375, Tel. 58-58
61 84.

Züge
Nach Peru: Station an der Máximo Lira neben der Feria, Tel. 58-23 11 15, 2 x tgl.

Busse
Busbahnhof: in der Av. Diego Portales; häufige Verbindungen in alle Landesteile und größeren Städte sowie nach Peru, Argentinien
(Salta, Córdoba, Buenos Aires) und Bolivien.
Mit Restaurants, WC, Gepäckaufbewahrung.
Nach Putre: La Paloma, Germán Riesco
2071. In den Valle de Azapa: Kleinbusse an
der Chacabuco/Patricio Lynch. Es fahren
auch Taxis nach Peru und Bolivien.

Mietwagen
Hertz: Baquedano 999, Tel. 58-23 14 87.
Budget: Colón 996, Tel. 58-25 89 11.

Valle de Azapa ▶ D 2

Karte: S. 377
In den fruchtbaren Tälern des Lluta und des
Río San José mit seinem Hauptort San Miguel
de Azapa haben die frühesten Bewohner der
Region gesiedelt. Ausläufer der vom Titicaca-
see ausstrahlenden Tiwanaku-Kultur erreichten die Täler, danach kamen die Inka. Hier ist
seit Urzeiten Ackerbau und Viehzucht in einer
staubtrockenen Umgebung möglich. Das süße Wasser des binsengefassten Río San José
im Valle de Azapa erlaubt vielfältigen Obst-
und Gemüseanbau. Bananen, Oliven, Man-

Tipp: Fischmarkt von Arica 6

Die chilenischen Fischmärkte haben eine
sehr authentische Ausstrahlung. Vielleicht
liegt es daran, dass hier der Fisch teilweise
direkt von den farbigen Booten der Fischer
und vor den wachsamen Augen der bunt bemalten Statue des Petrus, Patron aller Seeleute, verkauft wird. Das Setting ist einfach
Spitze! Pelikane klammern sich an die Boots-
ränder, hungrige Seerobben watscheln zwischen den steinigen Strandlücken herum;

wer den *marineros* 100 Pesos gibt, darf die
Tiere mit den Fischen füttern, die vom Verkauf übrig geblieben sind. Hausfrauen bieten
selbst eingelegte Muscheln in Gläsern an.

Corvina, reinetas, congrio und die knall-
orangefarbene Meeresfrucht *piure* dominieren das Angebot. Wer morgens kommt, ersteht die beste Ware, wer nur die Atmosphäre
schnuppern möchte, kann das auch zu einer
späteren Stunde tun (bis zur Mittagszeit).

Tipp: Karneval der Aymara

Der berühmte Karneval in der bolivianischen Minenstadt Oruro stand Pate für den hochinteressanten Karneval der Aymara in **Arica** (s. S. 368) und **San Miguel de Azapa** (s. u.). Er beginnt eine Woche früher als im christlichen Kalender mit Proben und Darbietungen. Die Paraden und Themen sind seit Jahrhunderten festgelegt, z. B. die Morenada (Tanz der schwarzen Sklaven) oder die Caporales, nicht aber die Choreografie oder die Musik, die von den Gruppen jedes Jahr neu gestaltet und komponiert werden. Und wie beim Karneval in Oruro oder in Río de Janeiro gilt: Die Kostüme werden extra für diesen Anlass geschneidert und verschlingen viel Geld.

gos, Maracuja und Dattelpalmen bestreiten den Löwenanteil der heutigen Kulturen.

Geoglifos de Azapa 2

Wie stark Chiles Norden indianisch geprägt wurde und wie viel davon lebendig ist, davon kann man sich bei einer Reise in die Oasentäler und auf den Altiplano rasch ein Bild machen. Erste Station: die Geoglyphen bei Arica im **Valle de Azapa**. Seine Bewohner haben einst die hellen, glatten Bergeinfassungen des Tales wie eine überdimensionale Leinwand benutzt und Geoglyphen und Scharrbilder von beeindruckenden Formaten erstellt, die vermutlich 600 bis 1000 Jahre alt sind. **Cerro Sombrero**, **Cerro Sagrado** und **Alto Ramírez** sind mit pastoralen Szenen bedeckt. Es werden Cameloiden in naturalistischer Seitenansicht gezeigt, die Handelskarawanen ähneln, daneben gibt es Schamanen- und Sternmotive.

Die Datierung ist noch nicht endgültig geklärt, unterschieden werden kann aber zwischen reliefähnlichen Scharrbildern und Petroglyphen, Zeichnungen auf dem Fels. Allerdings wird das Vergnügen des Betrachtens dadurch beeinträchtigt, dass die Gelände privatisiert und mit Obst- und Olivenplantagen

übersät sind; man kann sich den Geoglyphen also nicht mehr nähern, muss sie aus der Ferne betrachten. Das wundert schon, schließlich ist der Cerro Sombrero ein heiliger Berg der Aymara. Ihre Zeremonien können sie aber noch ungehindert abhalten.

Trotzdem: Die Größe der Bilder erlaubt es, sie bei günstigem Sonnenstand schon von weitem zu erkennen. Die Künstler hatten sich an Webmustern orientiert, die sie maßstabsgetreu auf die Felswände übertrugen.

San Miguel de Azapa 3

Nach 10 km ist über eine kleine Abzweigung die **Pukara de San Lorenzo** erreicht, eine prä-inkaische Befestigungsanlage aus dem 12. Jh. Leider ist sie nicht so gut restauriert.

Im sonnigen **San Miguel de Azapa** mit seinen knapp 1000 Einwohnern hat die Universidad de Tarapacá von Arica den **Museo Arqueológico San Miguel de Azapa** ausgestattet, eines der gelungensten Beispiele für die Präsentation indianischer Kulturen. Prunkstücke sind die über 7000 Jahre alten Mumien aus der Chinchorro-Kultur. Schaukästen verdeutlichen die Lebensweise der hochentwickelten indianischen Verbände (Jan./Feb. tgl. 9–20, sonst 10–18 Uhr, 1000 CLP).

Termine

Karneval der Aymara: s. oben
Allerseelen: s. S. 376

Von Arica in den Parque Nacional Lauca ► D/E 2

Karte: S. 377

Ärzte werden zu dieser Exkursion nicht gerade raten, aber sie ist eine der schönsten, die man im gesamten Land unternehmen kann und dann macht man sie halt, auch wenn die Zeit knapp ist und obwohl sie mit gesundheitlichen Risiken verbunden ist: von Arica an der Küste hinauf auf 4750 m Höhe und wieder zurück. Unterwegs gibt es einiges zu bestaunen – aber leider keinen Ort, der sich für eine Akklimatisierung anbietet – den Valle de Lluta, später die Kandelaberkakteen, die Tambos aus der

Der Camino del Inca   Thema

So gerade wie ein Pfeil durchschneidet ein von Steinen gerahmter Weg die Hochebene von Atacama. Er bildet einen Teil des Camino del Inca, jenes legendären Inka-Pfades, den Ende des 15. Jh. der Herrscher Tupac Yupanqui anlegen ließ, um sein Sonnenreich gen Süden zu erweitern.

Der Camino del Inca verband den Nabel von Tupac Yupanquis Imperium, Cuzco, mit Fährten, die zuvor von heimischen Stämmen in die heutige Gegend des nördlichen Chile gelegt worden waren. Der Inka-Herrscher ließ sie befestigen und mit Rastplätzen für seine Expeditionskolonnen ausstatten. Sein Heer drang, bis zu den Zähnen bewaffnet, in den Kern des heutigen Chile vor, immer auf der Suche nach Gold- und Steinadern und Territorien, die man dem eigenen Herrschaftsbereich einverleiben konnte. Bis zu den Flüssen Mapocho und Maule kam es voran, um dann am Widerstand der Mapuche zu scheitern.

Einige der Rastplätze *(tambos)* im hohen Norden bei Arica sind noch erhalten und re-konstruiert, den eigentlichen Camino del Inca hat man jedoch vernachlässigt. Aber jetzt bemüht sich eine von Museen und Privatunternehmen finanzierte *Corporación Tierras Desconocidas* um seine Wiederbelebung. Bislang hat sie drei Wegstücke restauriert, die durch das Inka-Kreuz *(cruzinca)* gekennzeichnet sind: bei der Mine Bella Esther nahe Copiapó, in einem Seitental des Río de la Sal zwischen El Salvador und Potrerillos und bei San Pedro de Atacama auf dem Weg zum Paso Laguna Sico an der Grenze zu Argentinien. Ganz unscheinbar wirken sie mit ihren simplen Begrenzungen aus Steinhäufchen. Aber in dem unerbittlichen Klima des Altiplano war das Wissen um sie und ihren Verlauf überlebenswichtig.

Der legendäre Camino del Inca durchquert auch den Parque Nacional Lauca

Arica und der Altiplano

Prä-Inkazeit, in Felsspalten der Präkordillere versunkene Aymara-Dörfer. Oben warten mit dem Lago Chungará und dem Zeremonialörtchen Parinacota die Höhepunkte.

Hinweise: Für Kreislauf- oder Herzkranke und Bluthochdruckpatienten birgt dieser Ausflug ein nicht unerhebliches Risiko. Der Höhenkrankheit *soroche* kann man mit dem Kauen von Kokablättern entgegenwirken, oder man schluckt pro 1000 m Höhengewinn eine Aspirin. Manche Veranstalter haben Sauerstoffgeräte dabei, wenn sie diese Route als Tagestour anbieten. Unbedingt danach erkundigen!

Es ist auf jeden Fall ratsamer, sich für diesen Ausflug mindestens zwei bis drei Tage Zeit zu lassen und in Putre (auf 3500 m Höhe) zu übernachten. Warme Kleidung mitnehmen, die Temperaturen sinken nachts stark ab.

Durch den Valle de Lluta

Die asphaltierte Straße von Arica nach Putre durch den grünen **Valle de Lluta** wird von den Gleisen der Eisenbahn begleitet, die den geduldigen Gast früher in 36 Stunden hinauf nach La Paz schaukelte. Am schwefelhaltigen Wasser des Lluta-Tales gedeihen vor allem Alfalfa für die Viehwirtschaft, Mais, Zwiebeln, Rote Bete und Knoblauch, und die schmale Ebene ist mit Hühnerfarmen übersät. In Pferchen werden Fleckvieh und Lamas gehalten.

Tipp: Allerseelen wie in Mexiko

Ein Fest versetzt nach Mexiko: Auf dem Wüsten-Friedhof in **San Miguel de Azapa** (s. S. 374) feiert man ebenso die Nacht der Toten vom 1. auf den 2. November wie in Mittelamerika. Die Familien treffen sich mit Speis und Trank, mit der Lieblingsmusik des Verstorbenen und Blumen an den Gräbern. Besucher sind willkommen. Sie sollten sich nur entsprechend verhalten. Eine Kneipe gibt es am Friedhofseingang übrigens auch: La Pica del Muertito, die ›Kneipe des kleinen Toten‹.

Die schiere Größe des Friedhofs von **Poconchile 4**, der ersten Station nach 35 km, scheint nicht in das kleine, in Alfalfafelder gebettete Dörfchen zu passen, dessen Häuser hauptsächlich aus Spanplatten gefertigt sind. Doch die Erklärung ist recht einfach: Während des Baus der Eisenbahnlinie nach Bolivien wurden viele Arbeiter Opfer der Malaria, und die Verstorbenen fanden hier ihre letzte Ruhe. Nach 40 km schwingt sich die Straße in einer gigantischen Kehre empor und lässt den 700 m hoch liegenden Valle de Lluta wie ein grünes Band hinter sich.

Pukara de Copaquilla und Tambo de Zaphuira

Auf 2500 m Höhe beginnt die Zone der Kandelaberkakteen, die als einzige deutlich sichtbare Zeichen von Vegetation die felsbestreuten Kordillerenflanken sprenkeln. Die Kakteen haben einen stachelbewehrten Sockel, in dem sie Feuchtigkeit aus der Luft speichern, und eine weit verzweigte Krone aus fleischigen, mitunter sonnenverbrannten Ästen.

Das Erstaunlichste an der im 12. Jh. errichteten **Pukara de Copaquilla 5** ist ihre Lage: Die Festung balanciert praktisch auf einem von Abgründen umgebenen Felsen, in den tiefen Schluchten befanden sich die Felder ihrer Bewohner. Von der Universität von Taracapá 1979 in Maßen wieder hergestellt, sind es runde Mauerfragmente mit steinernen Fußböden, die sich über die gewölbte Erde breiten. Die steilen Felswände der gegenüberliegenden Berge reflektieren das Sonnenlicht in allen erdenklichen Erdtönen. Auch heute noch wird der Talgrund als Anbaufläche genutzt.

Der **Tambo de Zapahuira 6** geht ebenfalls auf prä-inkaische Zeiten zurück, und man nimmt an, dass er im Jahr 1000 gebaut wurde. Hier wurden Lebensmittel gelagert, Salz und Kartoffeln getauscht. Die Reisenden haben am Wegesrand kleine Steinpyramiden *(apachetas)* für die Aymara-Erdgöttin Pachamama errichtet und ihre Begegnungen gefeiert. In der Kolonialzeit diente diese Strecke dem Transport von Silber, das auf Lamas geladen wurde.

Abstecher nach Belén 7

Bei Kilometer 111 und dem **Cruce de Zapahuira** hat die Panamericana bereits 3000 m Höhe erklommen. Wenn die Wetterverhältnisse es erlauben, können Liebhaber komplizierter, aber schöner Fahrstrecken und Altiplano-Kirchen auf der alten Straße von Arica nach Potosí einen Abstecher in die Andenortschaft **Belén** unternehmen (77 km).

Das winzige Örtchen liegt auf 3200 m Höhe wie ein Meteoriteneinschlag zwischen nackten Felswänden, Eukalyptushainen, Oregano-Feldern und Viehweiden. Seine 150 Einwohner haben die Möglichkeit, jeden Sonntag zwischen zwei sehenswerten Kirchen zu pendeln: Die Iglesia de Belén ist die kleinste und älteste der Altiplano-Kirchen aus dem frühen 17. Jh.; die im Barockstil gebaute Iglesia de Nuestra Señora del Carmen aus dem 18. Jh. besteht aus Stein und versammelt 22 Heiligenfiguren in ihrem Innenraum. Zahlreiche *pukaras* in der unmittelbaren Umgebung von Belén bezeugen die rege prähispanische Siedlungstätigkeit in dieser Region.

Socoroma 8

Auf der Hauptstrecke zum Parque Nacional Lauca zweigt nach weiteren 9 km ein steiles, kurvenreiches Sträßlein in die Andensiedlung **Socoroma** ab und landet im puren Mittelalter. Das Dorf in der tiefen Schlucht kündigt sich durch halsbrecherisch gelegten Terrassenfeldbau an. Opuntien kraxeln über die steinernen Einfassungen, die Felder werden im Fruchtwechsel mit Kartoffeln und Mais bebaut. Es gibt Blumen und Oregano. Letzterer wird, weil der Gebrauch dieses Krautes in Chile nicht besonders verbreitet ist, nach Spanien und Italien exportiert.

Hinter dem ärmlichen Örtchen – die Häuser haben zum Schutz vor den winterlichen Regenfällen Wellblechdächer – klettern die 3–4 m schmalen Terrassen weiter hinunter in die Schlucht. Die *papa colorada* von Socoroma genießt einen hervorragenden Ruf und findet, obwohl doppelt so teuer wie andere Kartoffeln, immer ihre Abnehmer. Daraus komponiert man ein typisches Andenessen: Kartoffeln aus Socoroma werden mit den Oliven aus dem Valle de Azapa komplettiert.

Putre 9

Wie die prähispanische Oasengründung Socoroma, verdankt auch der 3500 m hoch gelegene 1200-Einwohner-Ort **Putre** seine Existenz dem Umstand, ein wichtiger Knotenpunkt auf den zahlreichen Handelswegen des Altiplano und der *precordillera* gewesen zu sein. Eingefasst von Oregano-Feldern und weitläufigen Weideflächen für Lamas und die Wolle tragenden Alpakas, wirkt Putre, als hätte es eine Welle an die Bergflanke gespült. Es ist der einzige größere Ort an der internationalen, komplett asphaltierten Straße nach Bolivien und mit einer Radiostation und einem Militärlager ausgestattet. Einige der niedrigen Häuser bewahren noch Spuren aus dem 17. Jh., die Mehrzahl entstammt dem 19. Jh. Im *Supermercado Marina* wandern Trauben, Knoblauch, Eis, Suppenknochen und Ölfilter über die hölzerne Theke. Die **Iglesia de Putre** an der zentralen Plaza wurde 1871 restauriert und hat einen typischen, aus früherer Zeit stammenden, zweigestuften Altiplano-Glockenturm aus weiß gekalktem Adobe und Stroh.

Infos

Información Turística: im Kiosk an der Plaza, unregelmäßig geöffnet.

Conaf: Teniente del Campo 301, Tel. 58-58 57 04, enrique.miranda@conaf.cl. Auskunft über den Parque Nacional Lauca; hier meldet man auch seine Übernachtungen in den Nationalparks Lauca, Surire und Isluga an und kann sich erkundigen, ob Platz in den Schutzhütten zur Verfügung steht. Auch Auskunft über die Straßenverhältnisse; der Besuch ist obligatorisch für alle, die eine Tour planen.

Difrol (Dirección de Fronteras y Límites): Carrera 350 (im Gebäude der Gobernación Provincial). Wer Exkursionen und Bergbesteigungen in der Provinz Parinacota plant, muss sich hier anmelden.

Übernachten

Schön und bequem ▶ **Q'antati:** Calle Hijuela 208, Tel. 58-32 87 63. Reservierungen über Vicuña Tours in Arica (s. S. 373). Die schönste und bequemste Übernachtungsmöglichkeit in Putre! DZ ca. 80 US-$.

Nüchtern, bequem ▶ **Hostería Las Vicuñas:** Baquedano s/n, Tel. 58-22 85 64; 100 Zi. Ein großer, niedriger Zimmerkomplex mit einer relativ nüchternen Atmosphäre, aber inmitten eines Gartens. Zuverlässige Qualität. Ursprünglich für die Ingenieure und Arbeiter der Minen und im Straßenbau gebaut. Das DZ kostet 78 US-$.

Guter Treffpunkt ▶ **La Chakana:** Marcapampa s/n, Tel. 9-97 45 95 19. Mountainlodge etwas unterhalb von Putre. Drei gemütlich eingerichtete Bungalows und ein Gemeinschaftsbungalow für 8 Pers. Die Betreiber Kai und Cindy haben ein Museum zur Kultur der Aymara gebaut, führen Projekte durch. Vermittlung von Touren. DZ 32 US-$ pro Person, im Gemeinschaftsbungalow 8000 CLP.

Gemütlich, warm ▶ **Terrace Lodge and Café:** Av. Circunvalación 25, Tel. 58-42 75; 5 Zi. Gemütlich, hell, sauber, warm und hübsch eingerichtet. Organisieren auch Ausflüge. Das DZ kostet 28 500 CLP.

Geräumig ▶ **Hotel Kukuli:** Baquedano 240, Tel. 09-91 61 47 09. Sehr sauber, geräumige Zimmer, freundlicher Service. Haben allerdings keine Heizung! DZ mit und ohne Bad, 30–45 US-$.

Essen & Trinken

Solide Kost ▶ **Hostería Las Vicuñas:** Baquedano s/n. Regionale Küche ab 3500 CLP.

Andenküche ▶ **Kukul Makara:** Baquedano 351. Neu und gemütlich eingerichtet, beliebt wegen seiner guten Küche.

Authentisch ▶ **Rosamal:** an der Plaza. Hat auch Platz für kleine Gruppen. Mittagsmenü, kräftige Eintöpfe.

Aktiv

Vogelbeobachtung ▶ **Birding Alto Andino:** Baquedano 229, www.birdingaltoandino. com. Gut organisierte, engagierte naturkundliche und ethnologische Ausflüge in die Andenwelt, Vogelbeobachtung.

Touren ▶ Tour Andino: Baquedano 340, Tel. 9-011 07 02, www.tourandino.cl. Touren zum Salar de Surire, Expeditionen, Vulkanbesteigungen, Mountainbike.

Verkehr

Busse: häufig nach Arica; Buses Humire fahren nach Visviri und Bolivien.

Parque Nacional Lauca ▶ D/E 2

Karte: S. 377

Das alte Putre bietet sich als Sprungbrett für Erkundungen des Parque Nacional Lauca förmlich an. Eine Rundtour von etwa 112 km auf durchgehend asphaltierter Straße erreicht den höchsten Vulkansee der Welt, den Lago Chungará an der Grenze zu Bolivien, der sich bereits im Parkinnern befindet. Aber auch wer

länger bleiben und die Tour in den Salar de Surire fortsetzen möchte, ist in Putre gut und bequem untergebracht.

Nach etwa 14 km gelangt die Panamericana an den Eingang des **Parque Nacional Lauca** (4400 m). Er wurde 1970 zum Schutz der Vogelwelt geschaffen und umschließt auf knapp 1400 km^2 eine einzigartige Vulkan- und Altiplano-Landschaft. Auf der tellerflachen Hochebene reihen sich zwischen schimmernden Flussläufen funkelnde Lagunen aneinander, deren hoher Salzgehalt ihnen weiße Rahmen beschert. Olivenfarbene Hochmoore *(bofedales),* stellen die Nahrung der Tiere sicher und werden auch als Weide für Lamas und Alpakas genutzt. Eine nicht alltägliche Gelegenheit zum Bad auf 4200 m Höhe bieten die von der Forstbehörde Conaf verwalteten **Termas de Las Cuevas** nach 22 km. Über Lavazungen klettert die Straße dann zu einem Aussichtspunkt über die **Lagunen von Cotacotani** hinauf.

Der ruhige, grüne **Lago Chungará 10** auf 4750 m Höhe und die ihn umgebenden,

Sumpflandschaft der Laguna Cotacotani im Parque Nacional Lauca

schneegekrönten Sechstausender Parinacota, Sajama, Quisiquisini, Guallatiri und Quimsachatas bieten wohl einen der schönsten und entrücktesten Anblicke Chiles. Wellenförmige Muster aus Anthrazit, Ockergelb und Sienarot überziehen die Berge mit ihrem Sockelsaum aus Hochmooren, und die Landschaft scheint sich unendlich zu dehnen. Wäre da nicht der Verkehr, der über die Straße rauscht – man glaubte sich in einem Traum. Conaf-Mitarbeiter verteilen Informationen über die Tierwelt. Im Chungará-See paddeln die Enten, stochern Flamingos nach Nahrung. Wer Glück hat, bekommt Puna-Wachteln und Ñandús, Andengänse und Viszcachas zu Gesicht.

Der Rückweg führt über **Parinacota** 11, einen alten Handelsplatz auf der Strecke von Arica nach Potosí. Die Korräle, in denen früher das Lastvieh gehalten wurde, sind noch erhalten. Versunken fast liegen die kleinen, kalten Steinhäuschen in einem Meer aus Hochmooren. Wie auch Aiquina und Tirana gleicht Parinacota einer Geisterstadt; wie die beiden anderen füllt es sich nur zu Zeiten religiöser Feste mit Leben. Der Virgen de la Natividad wird am 8. September gehuldigt. Hier hat sich auf 4450 m Höhe ein archaisch anmutendes Relikt in einer weltabgewandten Ruhe erhalten, die es praktisch verbietet, profane Fragen wie die nach den Einkommensverhältnissen der 150 Einwohner zu stellen.

Die im französischen Revolutionsjahr 1789 fertig gestellte Kirche ist der wahre Stolz des Örtchens. Eine weiß gekalkte Mauer mit drei bogenkrönten Toren umschließt die Altiplano-Schönheit mit separatem Glockenturm, dessen Absätze Rahmen aus *paja brava* akzentuieren. Schmuckelemente aus rosafarbenem Vulkangestein zieren Turm und Mauer. Erstaunen erregen die sorgfältig gemalten Fresken im Innern, denn sie stellen auf außergewöhnlich eindrucksvolle, drastische Weise die Leiden des Fegefeuers dar. Es gibt noch einen weiteren Schatz: einen wandernden Tisch, der, sobald er sich in Bewegung setzt, den Tod eines Dorfmitglieds ankündigt. Die Einwohner haben ihn vorsichtshalber angebunden, aber sie zeigen ihn gerne.

Von Parinacota aus kann man wieder über die internationale Straße nach Putre (Arica) zurückkehren.

Infos

Conaf: Las Cuevas, NP Lauca, tgl. 8–18.30 Uhr. Mit Informationsmaterial ausgestattet; hier bekommt man außerdem Auskünfte über die Straßenverhältnisse. Weitere Stationen in Parinacota und Chungará; dort kann man auf Anfrage übernachten.

In den Parque Nacional Volcán Isluga ▶ E 3

Karte: S. 377

Eine sehr interessante, aber einsame und nicht unanstrengende Strecke führt weiter in die Vulkanlandschaft nach Guallatire, zum *Monumento Natural* Salar de Surire und von dort in das Dorf Colchane, das fast die Grenze zu Bolivien berührt. Dort kann man in einfachen *hospedajes* übernachten und am nächsten Tag wieder zurück an die Küste bis nach Iquique fahren. Stopps an der Strecke sind überdies möglich, denn die Conaf unterhält mehrere Schutzhütten.

Die Reise lässt sich also ausdehnen. Man muss sich aber vorher bei der Conaf in Arica (s. S. 371) erkundigen, ob die Hütten verfügbar sind. Um Schlafsäcke, Decken und Verpflegung kümmert man sich selbst. Aus Sicherheitsgründen müssen die Reisenden ihre Daten an der Guardería Las Cuevas hinterlassen; während des bolivianischen Winters (Jan./Feb.) ist diese Fahrt wegen starker Regenfälle oft nicht möglich.

Reserva Nacional Las Vicuñas 12

2 km hinter der Guardería biegt man rechts nach Guallatiri ab und kommt am imposanten, über 6000 m hohen Vulkan Guallatire vorbei, der den Altiplano überragt wie ein einsamer König. Nach 51 km auf geschotterter Piste erreicht man die **Reserva Nacional Las Vicuñas**, eine typische weite Landschaft aus moosgrünen *bofedales,* mit dem *llareta*-Pilz

bedeckten Felsen, niedrigen Strauchgewächsen und der Kulturpflanze Quínoa.

Das einsame, wie verzauberte **Guallatiri** hat vorspanische Wurzeln, nennt gleichzeitig aber auch eine sehr schöne, typische Altiplano-Kirche aus Stein und Lehm sein Eigen, die für ihr Fest des San Juan bekannt ist. Dies ist allerdings auch ein indianisches Datum: Der 24. Juni fällt mit der Sonnwendfeier der Aymara zusammen, was zeigt, dass sich katholischer und indianischer Glauben ineinander verschoben haben. Und so erstaunt es auch nicht, dass das weiß getünchte Kirchenportal genau zum Vulkan Guallatire hin ausgerichtet ist. Vulkane sind im Glauben der Aymara nämlich *tatas, señores,* die Herren der Welt.

Übernachten

Rustikal ▶ Die Conaf (tgl. 8.30–13, 14–17.30 Uhr) verwaltet in Guallatiri eine **Hütte für sieben Personen.** Wer übernachten will, muss sich vorher in Arica bei der Conaf angemeldet haben (s. S. 371).

Salar de Surire 🔢

Nach weiteren 55 km ist ein Stopp am Retén de Chilcaya bei den Carabineros obligatorisch, um sich für die Reise anzumelden und den Straßenzustand zum **Salar de Surire** zu erfragen. Wenn sich die Piste befahren lässt, erreicht man bei km 137 die Guardaría Surire der Conaf. Auch hier sollte man sich melden und kann nach vorheriger Anmeldung übernachten (tgl. 8.30–13, 14–17.30 Uhr).

Der von den Schneemützen der Berge Lliscaya, Arintica und Chiguana überthronte Salar selbst erstreckt sich auf 4240 m Höhe und enthält unter seiner glitzernden Oberfläche Borax und Lithium, aber auch die Nahrung für viele Andenvögel, die Ñandús und besonders Flamingos. Selbst für Altiplano-Erprobte und -Erfahrene bedeutet dieser Anblick etwas ganz Besonderes; vielen gilt der Salar de Surire als der schönste des gesamten Hochplateaus. Am besten kann man die Vögel zweifellos zum Sonnenauf- oder -untergang beobachten, aber das lässt sich zeitlich wegen der rar gesäten Übernachtungsmöglichkeiten auf der Strecke nicht so leicht einrichten.

Parque Nacional Isluga 🔢

Der weitere Straßenverlauf ist in keinem guten Zustand, berührt aber einige der Höhepunkte der *precordillera* sowie des Altiplano. Der **Parque Nacional Isluga** wirkt nicht weniger einsam als die gesamte Strecke, und doch stößt man interessanterweise an manchen Plätzen auf Kulturlandschaften, in denen Quínoa und Kartoffeln angebaut werden. In winzigen *comunidades* siedeln hier die Aymara unter den Vulkanen wie vor Jahrhunderten und befolgen ihre eigenen Regeln des Kollektiveigentums und der gemeinschaftlichen Arbeit. Die einzige Ortschaft, **Enquelga,** auf 3800 m Höhe besteht aus genau 90 Steinhäusern und einer Kirche; sie wird von Aymara bewohnt.

Nur 10 km und hundert weitere Höhenmeter sind es nach **Isluga.** Das Wetter sollte mitspielen, denn dieses wunderschön gelegene Zeremonialdorf der Aymara ist eines der beeindruckendsten des Nordens mit einer blütenweiß gekalkten Kirche und einem mit weißen Taubenplastiken verzierten Glockenturm. Das gesamte Zeremonialzentrum um die Kirche und die Plaza herum wird durch einen zartbogigen Mauerzaun umkränzt. Die indianischen Gemeinschaften versammeln sich hier, um Karneval und das Fest des hl. Thomas zu feiern sowie Bestattungen abzuhalten.

Nach wenigen Kilometern hat die Schüttelfahrt hat ein Ende, denn die Grenzstraße zu Bolivien ist erreicht. Das windige **Colchane** bietet ein wenig Infrastruktur zur Unterbrechung der Fahrt, bevor man nach Iquique (s. S. 358) weiterfährt.

Übernachten

Einfache Unterkünfte ▶ Das Büro der Conaf in **Equelga** (8.30–13, 14–17.30 Uhr) verwaltet eine *cabaña,* für die man sich vorher in Arica angemeldet haben muss (s. S. 371). In **Colchane** kann man in drei einfachen Residenciales übernachten, die auch Mahlzeiten anbieten. Sie liegen alle drei an der Hauptstraße. Am besten, man erkundigt sich schon vor Antritt der Reise in Arica bei Sernatur nach deren Verfügbarkeit.

Moai am Ahu Nau Nau

Kapitel 7

Osterinsel und Juan-Fernández-Inseln

Die Isla de Pascua, die von den drei Hauptvulkanen Poike, Rano kau und Maunga Terevaka gebildet wird, gilt als der am weitesten von einem anderen bewohnten Ort entfernte Flecken Land. Ursprünglich von dichter Vegetation überzogen, zeigt sich die als 163,6 km² großes Dreieck aus dem Südpazifik ragende Insel heute als grasbewachsene Hügellandschaft. Die höchste Erhebung, der Berg Maunga Terevaka, ragt 501 m aus dem Meer, doch sein weitaus größerer Teil – 3000 m – ruht unter Wasser.

Der Name Osterinsel stammt vom holländischen Kapitän Jacob Roggeveen, der am Ostersonntag 1722 als erster Europäer die damals ausschließlich von Polynesiern bewohnte Insel entdeckte. Seit 1888 ist die sanfte Osterinsel chilenisches Staatsgebiet und wird offiziell Isla de Pascua genannt, die Einheimischen bezeichnen sie als Rapa nui, als ›großen, weiten Flecken‹ oder auch als ›Nabel der Welt‹, Te Pito o te Henua. Weltbekannt ist sie wegen ihrer riesigen Steinstatuen (›moai‹) und ihrer magischen Vergangenheit. Die Osterinsel ist das exotische Gesicht Chiles.

Wie die Osterinsel sind die Islas Juan Fernández aus vulkanischen Eruptionen entstanden. Diese Inseln haben vielleicht keine magische, so doch aber eine weltberühmte literarische Vergangenheit – sie inspirierten Daniel Defoe zu seinem Roman »Robinson Crusoe«.

Eine prachtvolle Vegetation, die in dieser Komplexität nirgendwo sonst auf der Welt existiert, eine ungewöhnliche Mischung aus schroffer und anmutiger Landschaft, ein unglaublicher Vogelreichtum, die reichen Langustengründe und die abgeschiedene Lage machen aus den Islas Juan Fernández ein ganz eigenes Reiseziel.

I. Alejandro Selkirk

Auf einen Blick

Osterinsel und Juan-Fernández-Inseln

Sehenswert

14 **Osterinsel:** Diese ganz besondere Insel ist Trägerin geheimnisvoller Mythen und Heimat rätselhafter Statuen (s. S. 386).

15 **Isla Robinson Crusoe:** Auf diesem Eiland soll der berühmteste Schiffbrüchige der Welt ausgesetzt worden sein. Glasklare Wasser umgeben eine von dichter Vegetation überzogene Insel (s. S. 405).

Pazifischer Ozean

aktiv Tapati

Osterinsel 14

Anakena

Folkloregruppe Karikari

Archäologischer Sektor Tahai

Hanga Roa

›Umu‹ probieren

Vinapu

Orongo

aktiv Wanderung Te Ara o Rapa Nui

Isla Robinson Crusoe 15

Meine Tipps

Folkloregruppe Karikari: Besuchenswert sind die Vorführungen der Folkloregruppe Karikari. Sie ist mit ihren Tänzen an verschiedenen Orten zu sehen – übrigens nicht nur auf der Osterinsel. Wenn man sie also sehen kann: hingehen (s. S. 389)!

Archäologischer Sektor Tahai: Tahai ist der informativste archäologische Sektor auf der Insel. Die 2500 t Gestein der drei *ahu*-Plattformen sind 1967/1968 unter der Leitung des amerikanischen Archäologen William Mulloy wieder aufgebaut worden. Die Statue mit den Korallenaugen misst 4,75 m und wiegt 20 t. Tahai ist vom Dorfzentrum in 15 Minuten gut zu Fuß erreichbar (s. S. 392).

›Umu‹ probieren: Der Eintopf, der eigentlich ein Festessen ist, wird in der Erde gar und schmeckt wegen seiner Mixtur aus Fisch, Meeresfrüchten und Knollen ganz speziell (s. S. 403).

aktiv unterwegs

Wanderung Te Ara o Rapa Nui: Von einem Moai zum anderen wandern und die Landschaft bewusst in sich aufnehmen – das passt sehr gut zur Osterinsel (s. S. 395).

Tapati: So heißt das 14-tägige Fest, das auf der Osterinsel den Kalender durcheinanderbringt. Viele traditionelle Wettbewerbe stehen auf dem Programm (s. S. 398).

Osterinsel ▶ C 12

von Josef W. Schmid

Von den Einheimischen wird sie als *Rapa nui,* entlegenster Flecken, oder *Te pito o te Henua,* ›Nabel der Welt‹ und *Mata ki te Rangi,* ›Augen, die zum Himmel schauen‹, bezeichnet. Seit 1995 Welterbe, reizte und reizt die Vergangenheit der östlichsten aller Südseeinseln die Fantasie von Literaten und Reisenden. Rund tausend gigantische Statuen und erloschene Vulkane begeistern Geschichts- wie Naturliebhaber.

Entstehung der Insel

Vor 3 Mio. Jahren setzte die erdgeschichtliche Entstehung der Osterinsel ein. 500 km östlich des Pazifikgrabens durchbrach flüssiges Magma die in 3000 m Tiefe ruhende Nazcaplatte. Gewaltige Lavamassen erhoben sich bis 370 m über die Wasseroberfläche und formten eine 12 km² große Insel. 1 Mio. Jahre später baute sich 25 km südwestlich ein zweiter Vulkan aus dem Pazifik auf, explodierte und hinterließ einen 450 m tiefen Krater, der sich mit Regenwasser füllte. Nördlich stiegen weitere Vulkane empor. Lavaströme flossen in den Süden und Osten und verbanden die bereits bestehenden Inseln. Die Osterinsel entstand.

Auf dem mineralienreichen Lavagrund gedieh eine reiche Pflanzenwelt, die sogar Palmen einschloss. Doch die letzte Eiszeit vernichtete den tropischen Pflanzenwuchs. Gräser und Farne überwucherten nun die nur von Seevögeln bewohnte Insel. Kurz vor der Zeitenwende kam die Vulkantätigkeit zum Stillstand und der einsame Landflecken trieb langsam, aber unaufhörlich (2–15 cm pro Jahr) auf den südamerikanischen Kontinent zu.

Besiedlung der Insel

Vor 17 000 Jahren erreichte die Eiszeit ihren Höhepunkt. Als Folge der danach ansteigenden Temperaturen schmolz das zu Eis erstarrte

Wasser und große Teile der südostasiatischen Landmasse wurden überschwemmt. Um der Sintflut zu entkommen, flohen die Austronesier bis zu den Malediven und nach Madagaskar. Die Bewohner von Taiwan erreichten die im Pazifik gelegenen Inselgruppen Fidschi, Tonga und Samoa. Weitere Volksgruppen segelten mit Katamaranen in Richtung Pazifik. Sie nannten sich Maohi. Ihr Entdeckungsdrang trieb sie bis zu den entlegenen Marquesas-Inseln. Zu Ehren ihrer Vorfahren erbauten sie grandiose Megalith-Kultstätten mit meterhohen Steinstatuen aus hartem Basalt.

Überbevölkerung und Hungersnot zwangen zahlreiche Stämme, andere bewohnbare Inseln zu suchen. Der Legende nach träumte der *ariki* (Stammesführer) Hotu Matua von einer fernen Insel hinter dem Horizont. Sieben Kundschafter wurden ausgeschickt und entdeckten tatsächlich nach mehrwöchiger Fahrt in die vom König beschriebene Richtung ein unbewohntes Eiland. Mit einigen hundert Stammesmitgliedern brach Hotu Matua zum isoliertesten und einsamsten Flecken Ozeaniens auf und gab ihm nach der glücklichen Landung kurz nach der Zeitenwende den Namen *Te Pito o te Henua,* ›Nabel der Welt‹.

Bäche oder Flüsse gab es auf der Osterinsel nicht. In den drei größten Kratern hatten sich Regenwasserseen gebildet. Und in den zahlreichen Buchten rund um die Insel sickerte Grundwasser ins Meer. Daher errichteteten die Einwanderer ihre Siedlungen entlang der Küste. Die Höhlen und Grotten in den Lavaklüften dienten als Wohnstätten. Im fruchtbaren Vulkanboden gediehen die mitgebrachten Pflanzen schnell: Süßkartoffeln, die Knollenfrucht taro, Zuckerrohr und Bananen. Die kleinen Nüsse der heimischen Palme ersetzten die gewohnte Kokosnuss. Hühner und Ratten lieferten Fleisch, hochseetüchtige Auslegerboote erlaubten das Fangen großer Raubfische.

Gesellschaft und Kultur der frühen Siedler

Hotu Matua teilte das Land unter seinen Söhnen auf. So entstanden verschiedene Stämme, denen eine selbst ernannte aristokratische Familie vorstand. Die Klasse der hanau eepe unterschied sich mit ihrem korpulenten Körperbau von den schlanken hanau momoko. Nach uralter Tradition durchbohrten sich die Mitglieder der oberen Gesellschaftsklasse die Ohrläppchen und steckten aufgerollte Zuckerrohrblätter in die Öffnung, die bei Festen durch Holzschmuck ersetzt wurden. Der Status entschied über die Hautfarbe: Gegen die arbeitende Bevölkerung mit ihrer von der Sonne verbrannten, dunklen Haut verteidigte die Oberschicht ihre Blässe als Merkmal des Adels. Junge Mädchen wurden monatelang in die Jungfrauenhöhle (Ana o keke) gesperrt, damit sie bleich wurden.

Zu Ehren der Verstorbenen errichtete jede Familiengemeinschaft nahe den Küstenfelsen einen ahu (s. S. 390), eine rechteckige, zum Meer ansteigende Steinrampe. Aus Lavabrocken entstanden die ersten Standbilder, die sagenhaften moai. Die Toten wurden hinter den ahu in eigenen Krematorien verbrannt.

Vor den ahu wurden großflächige, teilweise gepflasterte Versammlungsplätze angelegt. In unmittelbarer Nähe baute man die Hare paenga, bootsförmige Gemeinschaftshäuser, die einen Sockel aus behauenen Steinquadern erhielten. Ein wasserdichtes Geflecht aus Blättern und Gräsern bildete das Dach. Dort fanden die Menschen während der zeit-

aufwendigen religiösen Zeremonien Unterschlupf.

Die Verfeinerung der Kultur wurde von einem immer aufwendigeren Baustil begleitet. Die Herstellung der moai (s. S. 390) dominierte das Inselleben. Am Ranu raraku wurden gleichzeitig mehrere hundert der Steinriesen bearbeitet oder für den Transport fertig gemacht. Weite Teile der Insel hatte man gerodet, um für die zahlreichen Arbeiter kalorienreiche Nahrung anzupflanzen. Doch als die Insel Kuwae im Westpazifik 1450 explodierte und einen gut 10 km großen Krater in den Meeresboden riss, kam es auf Rapa nui zu einem heftigen, lang anhaltenden Klimawechsel, der über Jahre hinweg katastrophale Missernten verursachte. Regenfälle schwemmten den fruchtbaren Humus ins Meer.

Die mächtigen arikis, die angeblich mit übernatürlichen Kräften (mana) regierten, wurden für dieses Unheil verantwortlich gemacht. In der moai-Werkstatt am Rano raraku herrschte plötzlich geheimnisvolle Ruhe. Am Puna pau warteten über 40 Pukao auf ihren Abtransport. Doch die zahlreichen Dorfgemeinschaften hatten etwas Dringenderes zu tun: Sie verteidigten ihre fruchtbaren Küstenabschnitte. Die traditionellen Stammesgebiete zerfielen, zwei rivalisierende Gruppen beherrschten den Osten und den Westen der Insel. Die nun mächtiger gewordenen Priester und Schamanen versuchten den Schöpfergott Makemake mit Opfern zu versöhnen. Sogar Kinder mussten sterben, um den Fruchtbarkeitsgott gütig zu stimmen. Um die Mitte des 15. Jh. gewann der Kult um den Vogelmann große Bedeutung, der durch einen alljährlich zur Brutzeit der Rußseeschwalbe auf den vorgelagerten Felsensplittern Motu nui, Motu iti und Motu Kaokao stattfindenden Wettkampf ermittelt wurde. Schauplatz der Zeremonie war Orongo, eine über 300 m tief ins Meer stürzende Kraterkante am Vulkan Rano kau. Ausgewählte Mitglieder verschiedener Familien schickten eigens trainierte Jungen, die Hopu manu, in den lebensgefährlichen Wettstreit um das erste Ei der Seevögel, die auf den Inseln brüteten. Die Teilnehmer mussten den Steilhang hinabklettern, durch das tosende

Petroglyphen an der Steilküste von Orongo: Die Felsen zeigen Makemake-und Vogelmann-Motive

Wasser zu den Inseln schwimmen, ein Ei finden und es ihrem Auftraggeber bringen, der oben auf der Kraterkante inmitten der Priester und seiner Gefolgsleute das Rennen beobachtete. Dieser war damit zum neuen *Tangata manu* (Vogelmann) gekürt, der mit seinem Stamm ein Jahr über die Insel herrschte.

Die Europäer entdecken Rapa nui

Am Ostersonntag des Jahres 1722 erreichten Schiffe Rapa nui. Die Fremden, weißhäutige Europäer, wurden wie Götter empfangen. Sie führten unbekannte Güter mit sich: Eisenäxte, Nägel, scharf geschliffene Messer, reich ver-

zierte Uniformen aus gewebten Stoffen und Kanonen. Kaum hatten sie den Inselboden betreten, erschossen die vermeintlichen Gottheiten mehrere Insulaner.

Ein halbes Jahrhundert später, 1770, setzte eine spanische Expedition unter der Leitung des Kommandanten Felipe González zur erneuten Kolonisation der Osterinsel an. Kanonenkugeln donnerten an den Felsen Parehe auf der Halbinsel Poike. Mitreisende Priester steckten Holzkreuze in die Erde. Auf einem Papierfetzen bestätigten Stammeshäuptlinge mit malerischen Zeichen die Zugehörigkeit zur spanischen Krone. Die Osterinsel hieß nun nach dem spanischen König Isla Carlos.

1774 erreichte eine von Kapitän James Cook angeführte Expedition die Insel. An Bord

befanden sich die beiden deutschen Naturforscher Reinhold und Georg Forster. Sie er-
kundeten das inzwischen baumlose Eiland auf
ausgedehnten Wanderungen. Land und Leute
hinterließen bei ihnen einen verwahrlosten
Eindruck. Der Zugang zu den zahlreichen
Höhlen und Grotten wurde ihnen strengstens
verwehrt. Viele Statuen lagen vornüber gestürzt und zerbrochen auf den *ahu*-Rampen.
Angebliche Stammesführer genossen nur wenig Respekt. Alle Gemeinschaftshäuser fanden die Forscher unbewohnt vor.

Im Jahr 1782 ankerten zwei Schiffe unter
der Führung des französischen Kapitäns La
Pérouse vor der Osterinsel, Samen und
Schafe wurden den *Rapa nui* übergeben.

Der nächste Kontakt mit den Weißen fiel
weitaus weniger freundlich aus: Amerikani-
sche Walfänger entführten Insulaner unter
Waffengewalt, die Überlebenden versuchten
sich in Höhlen zu retten. Bis zum Jahr 1862
wurden über 2000 *Rapa nui* auf peruanischen
Sklavenmärkten verkauft. Nach internationalen Protesten konnte eine kleine Gruppe mit
dem französischen Missionar Eugène Eyraud
via Tahiti zurückkehren. 1868 ernannte sich
ein skrupelloser Franzose zum Inselkönig,
470 Insulaner verließen daraufhin mit den
Missionaren ihre unglückselige Heimat.

Zwanzig Jahre später kaufte der chilenische
Kommandant Policarpo Toro die Insel von der
katholischen Mission in Tahiti. Doch Chile be-
kundete kaum Interesse an seiner neuen Besitzung. Die Isla de Pascua verpachtete man
an eine irische Gesellschaft, die das gesamte
Gebiet in eine einzige Schaffarm verwandelte.
Die Insulaner wurden in der späteren Dorf-
zone Hanga Roa zusammengesperrt.

Ethnologen auf der Osterinsel

1914 führte die Engländerin Katherine Rout-
ledge eine umfangreiche ethnologische und
archäologische Studie durch. Auch der deutsche Kapuzinerpater Sebastian Englert, der
1937 die kurz zuvor zum Nationalpark erklärte
Insel betrat, um eine Missionsschule einzu-

Tipp: Folkloristische Tänze

Besuchenswert sind die Vorführungen der
Folkloregruppe Karikari. Sie treten mit ihren
Tänzen dienstags, donnerstags und sams-
tags u. a. im Hotel Hanga Roa (Av. Pont) auf.

richten, erforschte die Geschichte des Insel-
volks. Doch die Übernahme der Inselverwal-
tung durch die chilenische Marine im Jahr
1953 verschlechterte erneut die Lage. Mit einem nächtlichen Ausgehverbot sollten die
Dorfbewohner diszipliniert werden. Mehrere
Insulaner versuchten die Flucht aus ihrem
ghettoähnlichen Zustand. Erst seit 1966 ga-
rantierte ihnen die chilenische Verfassung die
gleichen Rechte wie den Festland-Chilenen.

Thor Heyerdahl war elf Jahre zuvor mit seiner Kon-Tiki-Expedition in der Bucht von
Anakena angekommen und hatte die ersten
moai wieder aufgerichtet. Sein Buch »Aku
Aku« machte die Osterinsel auf einen Schlag
weltberühmt. Mitte der 1960er-Jahre errang
erstmals ein Insulaner das Amt des Bürger-
meisters, Amerikaner verwandelten die Flug-
zeugpiste in eine befestigte Landebahn, Was-
serversorgung, elektrischer Strom, Krankenhaus, ein neues Schulgebäude und die erste
Unterkunft für Touristen entstanden.

Kevin Costners Ethnomovie »Rapa nui«
krempelte den Alltag der Insulaner 1993 völlig um. Viele von ihnen – laut Statistik 3900
Einwohner – beteiligten sich als Statisten an
der gigantischen Hollywood-Produktion, stellten ihre traditionellen Riten dar. 1995 wurde
der Nationalpark Rapa nui von der UNESCO
zum Weltkulturerbe der Menschheit erklärt.

Hanga Roa   ► C 12

Karte: S. 392
Der Tagesablauf in **Hanga Roa** ■1, dem rund
3000 Einwohner zählenden Hauptort der
Osterinsel, vollzieht sich in gemächlichem
Tempo. Es ist ein grünes Dorf inmitten anmu-

Rätsel aus Stein und Holz: Moai, Ahu und Rongo Rongo

Geheimnisvolle steinerne Skulpturen finden sich überall auf der Osterinsel verstreut – am spektakulärsten in Tongariki, Anakena und bei der ›moai-Werkstätte‹ am Vulkan Rano raraku. Sie sind Boten einer vergangenen und nicht endgültig entschlüsselten Kultur. Zusammen mit hölzernen Schrifttafeln bewahren sie die Tradition der Rapa nui, der Bewohner der Osterinsel.

Als die Teilnehmer der Osterinsel-Expedition von Kapitän James Cook 1774 die Bewohner des Eilandes nach der Bedeutung der zerbrochenen Steinkolosse fragten, die sie vorgefunden hatten, erhielten sie die Antwort, es handle sich um ariki, Häuptlinge oder Könige.

Alle Osterinsel-Statuen trugen ursprünglich einen Namen, heute sind nur noch wenige überliefert, wie z. B. Ko te Riku, Paro, Piro Piro und Hiave. Aus den Standbildern strömt angeblich mana, eine übernatürliche Kraft, und sie sind Ruhestätten der verstorbenen Stammesführer, manche nennen sie auch ›Lebendes Gesicht‹.

Auf der kleinen Insel sind etwa 1000 Statuen in verschiedenen Größen und Formen bekannt. Aufsehen erregen meist nur die Giganten; die größte von ihnen misst 20,65 m und wird auf 250 t Gewicht geschätzt. Sie liegt, noch mit dem Fels verbunden, aus dem sie gemeißelt wurde, am Außenhang des Kraterbergs Rano raraku. Diese moai-Werkstatt war ursprünglich übersät mit Steinfäusteln aus Basalt. 397 Steinkolosse in den unterschiedlichsten Fertigungsstadien bedecken den Hang.

Die Bildhauer gestalteten aus dem weichen Tuff büstenähnliche Figuren. Angedeutete Ohrpflöcke in den offenen Ohrläppchen und überlange Finger, unter den Bauchnabel gelegt, verleihen den moai ihren unverwechselbaren aristokratischen Ausdruck. Um die bis zu 150 t schweren Kolosse abzutranspor-

tieren, ließ man sie zunächst auf dem Rücken liegend den steilen Berghang hinabrutschen. Unten wurden sie in tiefen Gruben sicher abgestellt und später in einem ihrer Breite entsprechenden Graben auf den Bauch gekippt.

Am Fuß des Rano raraku stecken rund 70 in Transportrichtung blickende Statuen bis zur Brust eingegraben in Gruben. Die Statue 15, die einer Legende nach den Kriegsführer Hiave darstellt, misst 12,40 m, doch nur die Hälfte ragt aus dem Erdreich. Warum die Rapa nui immer größere Skulpturen herstellten, ist nicht bekannt. Inzwischen sind viele moai wieder auf ihrem ursprünglichen Standort aufgerichtet worden.

Die Steinplattformen ahu dienten auch als Basis der moai. Es handelt sich um enorme, rampenförmige Steinaufschichtungen entlang der Küste, die mit meterhohen Stützmauern zur See hin geschützt wurden. Alle sind Bestandteil eines Zeremonialkomplexes, der dem Ahnen- und Totenkult gewidmet war; den Monumenten aus dem 5. bis 18. Jh. ist ein Krematorium angeschlossen. Die letzten ahu entstanden noch im ausgehenden 19. Jh.

Archäologen unterscheiden fünf ahu-Typen: Plattform-ahu, Image-ahu, Halbpyramiden-ahu, Kanu-ahu, Keil-ahu. Die ersten ahu wurden schon kurz nach der Besiedlung im 5. Jh. gebaut. Vom Jahr 1000 an wurden die ersten Kolossalstatuen aufgerichtet; und so entstanden die so genannten Image-ahu. Mit fortgeschrittenen Bautechniken und verfeinerten Methoden zur Steinbearbeitung entwickelte sich auch die Architektur. So weisen die frühen *ahu* hochgestellte, dürftig bearbeitete Stützmauern auf. Später schichtete man an der Sichtfläche fein polierte und teils konvex geformte Steinplatten aufeinander.

Der Zerfall der homogenen Inselgesellschaft im 17. und 18. Jh. veränderte auch die Bauten einschneidend. Über bestehende Gebäude wurden unbearbeitete Lavasteine zu einer Halbpyramide aufgetürmt. Statuen wurden nicht mehr aufgestellt. Als die ersten Europäer die Osterinsel betraten, begegneten sie einer neuen architektonischen Phase: Die Totenkultmonumente erhielten die Form eines Schiffes. Über die letzte *ahu*-Form, die schmalen und keilförmigen, zum Meer gerichteten Steinrampen, ist wenig bekannt. Der Schweizer Erich von Däniken interpretiert sie als Abschussrampen außerirdischer Südseebesucher …

Auf den immensen Plattform-*ahu* standen die kolossalsten *moai*. Während der periodischen Umbauarbeiten wurden sie gestürzt und das Bruchmaterial in die neuen, größeren Bauten gefüllt, Köpfe und Körperteile in die neuen Stützmauern integriert. Unter den letzten umgestürzten *moai,* die heute flach mit dem Gesicht auf dem Boden vor den *ahu* liegen, wurden Gräber eingerichtet.

Viele der älteren Insulaner erinnern sich noch der Begrabenen und respektieren die Kultplätze. So zelebriert häufig ein Pfarrer bei archäologischen Ausgrabungen und Restaurierungsarbeiten die Messe. Heutzutage sind zwölf restaurierte *ahu* zu bewundern. Die ersten Siedlungsplätze liegen wahrscheinlich am Strand Anakena an der Nordküste und bei dem Zeremonialzentrum Tahai an der Westküste.

1846 beschrieb der auf Rapa nui tätige Missionar Eugène Eyraud erstmals längliche, rechteckige Holztafeln, die in fast jedem Haus der Insulaner streng gehütet wurden. 1868 gelangte eine mit geflochtenem Frauenhaar umwickelte *kohau rongo rongo* (Holzbrett mit Schriftzeichen) nach Tahiti. Der dortige Bischof Jaussen entdeckte unter dem 16 m langen Frauenzopf in Linien aufgereihte Zeichen, die aus Fischen, Palmen, Schildkröten, Menschen und phallischen Symbolen bestanden. Viele Forscher zerbrachen sich den Kopf über diese Schrift, die sich jedem Versuch der Entzifferung widersetzte.

Rongo rongo bleibt weiterhin ein Mysterium. Der deutsche Schriftgelehrte Thomas Bartel fand in umfangreichen Untersuchungen heraus, dass das Einritzen aneinander gereihter Symbole auch auf anderen polynesischen Inseln Tradition war.

Gemäß Überlieferungen sind mit den Erstbesiedlern und ihrem Anführer Hotu Matua 67 Schrifttafeln nach Rapa nui gelangt. Bei den jährlich stattfindenden Zeremonien am Strand von Anakena sollen Geschichtenerzähler, so genannte *tangata rongo rongo,* die eingeritzten Texte rezitiert haben. 1882 erklärten die Insulaner dem deutschen Kapitän Geisseler, dass es sich um verschiedene geschichtliche Aufzeichnungen handele. Ein tätowiertes Zeichen, das verheiratete Männer unterhalb des Nabels trugen, war auch auf einer der zwei Schrifttafeln zu erkennen, die auf der Insel verblieben waren. Niemand auf Rapa nui jedoch war in der Lage, die Texte zu übersetzen.

Heute sind 21 *kohau rongo rongo* in verschiedenen Museen über den gesamten Globus verteilt. Auf der Osterinsel ist kein einziges Original verblieben. Die größte, die so genannte *Tahua,* zählt 1825 Symbole und misst 91 x 11,5 x 16 cm.

tiger, tropischer Gärten voller duftender Blütensträucher. In der Dorfmitte befindet sich die **Markthalle** mit Gemüse, Früchten und Fisch. Schon frühmorgens brutzeln Fleischspießchen auf einem selbst gebastelten Grill, und an der Kaffeebar bekommt man mit Fisch gefüllte Teigtaschen und die *sopaipillas,* frittierte runde Teigfladen, die mit Guavenkonfitüre bestrichen sind. Hundertschaften kleiner Souvenir-*moai,* ausnahmslos handgemacht, warten geduldig auf Kundschaft.

Ihre gigantischen Vorbilder stehen nur ein paar Schritte weiter in Richtung Meer. Inseleinwärts gerichtet, überschauen sie bedächtig und stumm das Fußballfeld und das kleine Verwaltungszentrum der Insel mit Gouverneursgebäude, Bank, Gericht, dem Touristenbüro Sernatur und dem von der EU gestifteten Kulturzentrum. An der Einfahrt zum Fischerhafen hat sich der Franzose Gilles eigenhändig sein Restaurant gebaut: Die Taverne du Pêcheur gilt als einer der feinsten

Speiseplätze der Insel. Im Dorf selbst verdient die **Kirche** mit den ausdrucksstarken, von Insulanern geschnitzten Holzstatuen ebenso wie der neu gebaute **Markt** der **Stein- und Holzschnitzer** einen Besuch.

Nördlich von Hanga Roa
► C 12

Karte: oben

Tahai 2

Folgt man der Küstenstraße, gelangt man zunächst zum bescheidenen Inselfriedhof, der zu Allerheiligen in einem Lichtermeer und einem Ozean aus weißen Lilien schwimmt, und nach etwa 700 m zu einer ganzen Schar von *moai,* die über dem Meer thronen. Dies ist ganz außergewöhnlich und als Gast sollte man sich dieser Ehre auch bewusst sein: Hier sind religiöse Symbole frei zugänglich und völlig ungeschützt für den Besuch freigegeben. Die Erosion setzt ihnen zu, aber leider haben auch mutwillige Beschädigungen zugenommen.

Tahai ist der informativste archäologische Sektor auf Rapa nui. Die 2500 t Gestein der drei *ahu*-Plattformen wurden 1967/1968 unter der Leitung des amerikanischen Archäologen William Mulloy wieder aufgebaut. Schon aus weiter Entfernung leuchten die aus weißer Koralle geschnittenen Augen der Statue **Ko te Riku**. Sie ist die einzige ›Sehende‹ der Insel. Ko te Riku ist 4,75 m groß, wiegt 20 t und steht auf einem 20 x 4 m messenden *ahu*. Ihren Kopf krönt ein tonnenschwerer, rot schimmernder *Pukao*. Der Vorplatz wurde teilweise mit geglätteten Lavasteinen gepflastert. Starke Erosionsspuren zeichnen den *moai* auf der mittleren Plattform, dem **Ahu Tahai,** sodass Details am Gesicht und an den Händen kaum mehr zu erkennen sind. Eine mit flachen Steinen markierte Bootsrampe führt in leichtem Gefälle zum Meer. Vor der abschließenden Mauer fließt bei Ebbe Grundwasser aus dem Inselboden.

Auf der dritten Plattform, dem **Ahu Vai uri,** befindet sich eine ganze Gruppe von Statuen aus unterschiedlichen Epochen. 50 m inseleinwärts sieht man auf einer Anhöhe niedrige Mauern aus behauenen Basaltquadern in der für das Gemeinschaftshaus *Hare paenga* typischen elliptischen Form. Die Bedeutung der im Zentrum der Gesamtanlage befindlichen ›Festung‹ ist noch nicht entschleiert.

Museo Antropológico Padre Sebastián Englert **3**

Vom Ahu Vai uri ist der **Museo Antropológico Padre Sebastián Englert** schnell erreicht. Nur wenige originale Artefakte verblieben auf Rapa nui. Trotzdem vermittelt die Ausstellung einiges Wissen über die Geschichte der Insel. Prunkstück ist das 1978 ausgegrabene, fast komplett erhaltene Korallenauge einer Statue. Diese Sammlung des rührigen Missionars Sebastian Englert gilt vielen als Initialfunke für die neuerliche Beschäftigung mit den Kulturschätzen der Insel; sie ist didaktisch gut gemacht (Di–Sa 9–17.30, So 9–13.30 Uhr, 1000 CLP).

Ahu Hanga Kioe und Ahu Te Peu

Einige *moai* sind noch immer der Erosion preisgegeben – nicht jedoch der auf dem **Ahu Hanga Kioe 4**. 370 kg chemischer Steinfestiger flossen in die mit Watte und Plastik verpackte, 4,90 m hohe Statue.

Weiter im Norden streift die Küstenstraße verschiedene Höhlen und biegt am **Ahu Te Peu 5** inseleinwärts zu den riesigen Lavagrotten Ana Te Pahu und zum Ahu Akivi mit seinen sieben *moai* ab. Diese Exkursion kann man als Ganztagswanderung anlegen oder mit dem Fahrzeug unternehmen; in letzterem Fall empfiehlt es sich, die Besichtigung von **Puna pau 6** und dem *Pukao*-Steinbruch einzuschließen (s. S. 387).

Ahu Akivi **7**

Die sieben gleich großen, einander ähnlichen *moai* des **Ahu Akivi** blicken als einzige zum Meer – jedenfalls scheint es auf den ersten flüchtigen Blick so. Die Legende erzählt von sieben Kundschaftern, die der *ariki* Hotu Matua über das Meer schickte, um nach Rapa nui Ausschau zu halten. Ahu Akivi ist also als Ehrenmal der sieben waghalsigen Seefahrer entstanden. Aber warum müssen sie so weit entfernt von der Küste auf das Meer schauen? Die Erklärung ist einfach: Wie bei allen Kultstätten der Osterinsel befindet sich unweit der Statuen eine Siedlung, die in deren Blickrichtung liegt. Ein kilometerlanges Labyrinth von Lavagrotten unter ihr bot hier ausreichende Trinkwasserreserven. Archäologische Ausgrabungen stellen für die Siedlung und den *ahu* ein Baudatum um 1460 fest. Zu dieser Zeit war das gesamte Küstengebiet besiedelt.

Restauriert wurde der Ahu Akivi im Jahr 1960. Bei den Ausgrabungen kam ein enormer Monolith aus der *ahu*-Steinfüllung ans Tageslicht, der Verbindungen zu Zentralpolynesien nahe legt. Aber auch mehrere Dutzend kleinere Steinfigürchen wurden gefunden. Runde Scheiben aus Tuff und Obsidian wurden 1978 als Pupillen der *moai*-Augen gedeutet.

Südlich von Hanga Roa

▶ C 12

Karte: S. 392

Rano kau 8

Der 324 m hohe Vulkan **Rano kau** bot einst die imposante Bühne des alljährlich stattfindenden Wettkampfes *Tangata manu* um das erste Ei der Rußseeschwalbe (s. S. 387). Bis 1876 beobachteten Missionare diesen Fruchtbarkeitsritus zu Ehren des Schöpfergottes Makemake. Neuerliche Berühmtheit erhielt der Kult durch seine filmische Wiederbelebung in Kevin Costners »Rapa nui«.

Die Erdstraße um das westliche Ende der Landebahn führt durch Eukalyptuswälder und Guavenpflanzungen auf den Vulkan zu, von dessen Gipfel aus man die gesamte Insel überblicken kann. Ein *mirador* gibt den Blick zum 170 m tief eingegrabenen Kratersee frei. Der See mit einem Durchmesser von 800 m ist zum überwiegenden Teil mit schwimmenden Totorabinsen bewachsen. An den steilen Kraterabhängen gedeihen Avocados, Mangos, Kaffee, Wein und weitere, neu eingeführte Pflanzen. Die ursprüngliche Vegetation wurde nahezu gänzlich ausgerottet. Versuche, den endemischen Baum *toromiro* wieder anzusiedeln, sind bislang nicht geglückt. Nur wenige Exemplare des *mahute*-Strauches, dessen Rindenbast einst das Grundmaterial für die Zeremonialgewänder bildete, haben überlebt.

Orongo 9

Am südlichsten Punkt von Rapa nui hat die Conaf eine Informationsstation aufgeschlagen, in der Faltblätter zur Flora und Fauna sowie zur Geschichte des Vogelmann-Kultes (s. S. 387) verteilt werden und die Eintrittsgebühr (60 US-$ für den gesamten Nationalpark) zu entrichten ist.

Das Dorf im Zeremonialgelände **Orongo** besteht aus 53 kleinen, ovalen Steinhäusern mit niedrigen Eingängen, die während der *Tangata-manu*-Zeremonien den Teilnehmern als Unterschlupf dienten. Am östlichen Ende der Häuserreihen erscheinen Vogelmann-Zeichen, das maskenähnliche Gesicht des Gottes Makemake und das Fruchtbarkeitssymbol *komari* gut sichtbar auf einer natürlichen Steinformation. Das Betreten der praktisch über dem Abgrund schwebenden Felsen ist strikt untersagt. Schließlich steht die Anlage unter strengem Denkmalschutz. Aber es reicht schon, wenn man sich nur nähert: Die Szenerie auf dem schmalen Grat zwischen Vulkankrater und tosendem Meer ist einfach atemberaubend.

Auf dem Rückweg nach Hanga Roa liegt die Höhle **Ana Kai Tangata** 10. Die Lavagrotte ist in einer kleinen Bucht versteckt und von der Straße über Steinstufen zu erreichen. An der Decke sind noch wenige Reste ritueller Malereien zu erkennen: Vogelmotive in Weiß und Ocker.

Von Vinapu nach Anakena ▶ C 12

Karte: S. 392

Ahu Tahiri

Idealer Ausgangspunkt der rund 60 km langen Rundfahrt ist das östlich der Landebahn gelegene **Vinapu** 11. Der holprige Feldweg endet direkt vor dem **Ahu Tahiri** mit sechs auf der Nase liegenden Statuen. An dieser Stelle machten die Mitglieder der von Thor Heyerdahl angeleiteten Kon-Tiki-Expedition 1955/1956 umfangreiche Ausgrabungen, die sie später über eine mögliche Einwanderung der Bewohner von Rapa nui aus den Inka-Gebieten spekulieren ließen. Eine meerseitige Stützmauer aus exakt zusammengefügten, fein polierten Basaltquadern lieferte den Zündstoff, denn deren Gestalt ähnelt – wenn man schnell urteilt – den bekannten Baukünsten der Inka. Die seriöse Archäologie fand jedoch bis zum heutigen Zeitpunkt keine Beweise für eine Einwanderung südamerikanischer Stämme. Der größte Stein in der 2,80 m hohen Mauer wiegt

aktiv unterwegs

Wanderung Te Ara o Rapa nui

Tour-Infos

Start: Museo Antropológico Padre Sebastian Englert **3** (s. S. 393)
Länge: 6 km
Dauer: 2–3 Std.
Wichtige Hinweise: Wer das Museum besucht und sich das Zeremonialdorf Orongo ansehen möchte, plant mind. 1 Std. mehr ein. Die Conaf-Administration hat von 9.30 bis 21 Uhr geöffnet, im Winter nur bis 18 Uhr.

Auf dieser Strecke liegen einige der schönsten Besichtungspunkte der Insel, und der Ausblick vom Vulkankrater Rano kau mit dem Orongo-Heiligtum zum Abschluss der kleinen Wanderung ist unbestritten der dramaturgische Höhepunkt.

Die 6 km lange Route beginnt am Museum oberhalb Hanga Roas, dann geht es von der Caleta Hanga Roa über die Policarpo Toro am Meeresrand entlang bis zum Ahu Tautira, der erst 1979 rekonstruiert wurde. Die Ahus wurden, nachdem ihre religiöse Bedeutung verloren gegangen war, häufig als Steinbrüche benutzt, so auch dieser.

Es geht nun die Westküste entlang und an zwei weiteren Ahus vorbei; der Ahu Riata ist mit einer kleinen Moai-Statue besetzt. Dass man am Flughafen vorbeiläuft und die Landebahn umrundet, ist für die Verhältnisse auf Hanga Roa nichts Außergewöhnliches.

Wir kommen zur Grotte Ana kai Tangata, deren Inneres mit zahlreichen Freskendarstellungen von Seevögeln geschmückt war, Spuren davon sind noch zu sehen. Diese Höhle hat eine rituelle Bedeutung im Zeremoniell des Vogelmenschenkultes inne.

Bevor der Anstieg zum Vulkankraterrand beginnt, besucht man einen kleinen botanischen Garten, der von der Conaf angelegt wurde. Eine Baumschule für den endemischen Toromiro schließt sich an – aus seinem Holz wurden die Schrifttafeln Rongo Rongo geschnitzt. Von dort geht es dann 3,6 km ansteigend im Schatten des duftenden Eukalyptuswaldes bis zum Zeremonialdorf Orongo, das aus 53 Steinbauten in Schiffsform besteht. Die Vergangenheit liegt noch nicht lange zurück: Noch im Jahr 1876 entschied ein gefährlicher Wettlauf zu den vorgelagerten Vogelfelsen über die Vorherrschaft über ganz Rapa nui. Oben am Krater unschlagbar, magisch: die Aussicht in den Krater, auf das Meer und auf die Strandlinie bis nach Hanga Roa.

etwa 7 t. Das Baudatum wurde auf 1228 fixiert. Unter den drei Statuen im Süden der Zeremonialplattform richteten die Insulaner noch im 19. Jh. eine Grabkammer ein.

100 m südlich liegt der **Ahu Vinapu,** ein etwa aus dem Jahr 860 stammendes Bauwerk aus der Frühphase der Plattformarchitektur: Die Mauerblöcke wurden lediglich roh bearbeitet und vertikal nebeneinander gereiht. Inseleinwärts erhebt sich vor dem *ahu* eine Stele aus ockerfarbenem Tuff. Einer Skizze aus dem Jahr 1886 zufolge hatte sie ursprünglich zwei Köpfe. Sie wird zu späteren Statuenformen gerechnet, da noch im

19. Jh. Zeremonien an diesem Ort beobachtet wurden.

Zum Ahu Akahanga

Um der Südküste mit ihren vielen ehemaligen Zeremonialzentren zu folgen, muss man das kurze Wegstück bis zum Ende der Landebahn zurückfahren. Mehrere kleine *ahu*-Ruinen mit vornüber gekippten Statuen folgen in kurzen Abständen. Bei **Vaihu** vereinigt sich der Weg mit der Küstenhauptstraße. Ehemals befanden sich in dieser Bucht große Zeremonialplattformen. Der **Ahu Hanga Te'e 12** ist besser erhalten, doch eine ganze Reihe

1960 durch einen Tsunami zerstört, 1993–1995 wieder errichtet: der Ahu Tongariki

von *moai* wurde hier umgestürzt. Am Wasser ruht ein großer *Pukao* mit gut sichtbaren Steinritzungen.

Der **Ahu Akahanga** 13 verdient eine eingehende Besichtigung. Unmittelbar vor dem Parkplatz sieht man die Steinfundamente mehrerer Bootshäuser. Der *ahu* selbst besteht aus sechs übereinander gebauten Konstruktionen. Mindestens 22 *moai* gab es hier, doch sie sind entweder umgestürzt oder wurden als Baumaterial in die Mauern eingefügt. Möglicherweise standen einst 17 Statuen nebeneinander. Ein Band aus roter Vulkanschlacke markiert die obere Steinplattenreihe

der ansteigenden, doppelgestuften Rampe. Unter den *Pukaos* befinden sich Grabkammern. Einige Meter weiter westlich ruht ein einzelner *moai* seitlich über einer Steinrampe, der keine der typischen Augenhöhlungen aufweist, sodass man annimmt, dass er beim Aufrichten seitlich weggerutscht war und einfach liegen blieb – ein nicht wieder gutzumachender Betriebsunfall …

Ahu Tetenga 14

In einer flachen Talsenke, einige Kilometer weiter, befindet sich der **Ahu Tetenga**, ein fla-

cher Steinhaufen mit wenigen, zerbrochenen Statuen. Das Bauwerk wurde nicht fertig gestellt, obwohl hier einer der größten Kolosse außerhalb der *moai*-Werkstatt liegt. Vom Ahu Tetenga führt die Straße auf eine Anhöhe und gibt den Blick frei zu den Felsen des Rano raraku. Direkt neben der Straße erspäht man einen weiteren auf dem Bauch liegenden Koloss, der auf seinen Weitertransport wartet.

Ranu raraku 15
Die *moai*-Werkstatt am Vulkan **Rano raraku** ist wohl der spektakulärste Steinbruch der Welt. Für die Besichtigung sollten mindestens zwei Stunden eingeplant werden. Schon aus der Distanz erkennt man leicht 70 *moai*-Köpfe am Fuß des Berges. Die steilen Hänge des Rano raraku sind übersät mit 400 bis zu 250 t schweren und über 20 m langen Statuen. Im höher gelegenen, felsigeren Abschnitt liegen die *moai*, die man gerade bearbeitet hatte, am Bergfuß stecken die fertig gestellten Kolosse in tiefen Gruben bereit zum Abtransport. Einige Exemplare sind auf dem Rücken heruntergerutscht. Andere liegen im flachen Gelände auf dem Bauch. Die Forschungen sind längst noch nicht abgeschlossen: So wurden im Jahr 2010 im Inne-

aktiv unterwegs

Tapati

Tour-Infos

Veranstaltungsorte: unterschiedliche Veranstaltungsorte; Auftaktspektakel am Strand von Anakena **21** (s. s. 401)

Dauer: 14 Tage, jeweils Ende Januar bis Mitte Februar

Wichtige Hinweise: Wer gerne mitfeiern möchte, sollte unbedingt im Voraus Flug und Unterkunft reservieren.

Die Tapati Rapa nui ist das bedeutendste Fest auf der Osterinsel. Eine neue Reina Rapa nui (›Osterinsel-Königin‹) wird gewählt. Schon zu Jahresbeginn stellen die wichtigsten Familienclans eine Kandidatin vor. Zur Reina Rapa nui wird nicht unbedingt die schönste Insulanerin gekürt, vielmehr werden Wettkämpfe in verschiedenen Disziplinen abgehalten, u. a. in den Kategorien Tanzen, Singen, Pferderennen, Angeln, Tauchen, Triathlon à la Rapa nui, Schnitzen von moai-Statuen, Kochen, Kaikai-Fadenspiel, Körperbemalung und Haka pei, ein Abfahrtsrennen auf Bananenbaumschlitten. Die Kandidatin muss sich ein gutes Team aussuchen, das für sie kämpft, denn wer die höchste Punktzahl erreicht, darf sich später Königin nennen. Wer wen unterstützt, darüber ent-

scheidet die Stammeszugehörigkeit. Monatelang bereiten sich die Familien intensiv auf das Ereignis vor. Ende Januar ist es dann soweit.

Tapati Rapa nui beginnt mit einem Fest und der Vorstellung der Kandidatinnen. Die Folkloredarbietungen ziehen sich bis spät nach Mitternacht hin; anschließend wird in den provisorischen Hare maúku, den Festhütten, gefeiert. Der Strand von Anakena dient als Kulisse für das Schauspiel der Ankunft Hotu Matuas und der ersten Siedler. Im Krater der moai-Werkstatt Rano raraku findet der Triathlon statt. Bananenbündel auf den Schultern, laufen die Athleten um den Kratersee, durchschwimmen ihn und paddeln auf einem selbst gefertigten Binsenboot zurück. Am Berg Maunga Pui rasen nackte, nur mit Erdfarben bemalte Inseljünglinge auf Bananenstämmen einen Abhang hinunter. Den Höhepunkt der zweiwöchigen Festlichkeiten bildet der Straßenumzug mit geschmückten Karossen. In der letzten Festnacht wird das Ergebnis bekannt gegeben und der neu gewählten Reina Rapa nui eine holzgeschnitzte Krone aufgesetzt. Tapati Rapa nui gehört mittlerweile zu den Attraktionen der Insel und bietet die einzige Möglichkeit, die traditionelle Kultur der Rapa nui mitzuerleben.

ren des Vulkans zwei Statuen von den Archäologen des ›Easter Island Statue Projekt‹ untersucht.

Mehrere Erkundungspfade breiten ein Netz über den Hang. Sicherheitshalber empfiehlt es sich, den gepflasterten Weg zu nehmen. Hat man die Statue Piro Piro passiert, führt ein schmaler Pfad zu einer in den Fels gehauenen Treppe, die am Kraterrand endet. Die kurze Besteigung lohnt sich, denn der Ausblick auf den runden Kratersee und weitere 117 Statuen ist einmalig. Über einen Durchgang beim westlichen Abfluss des

Sees konnten sie auf die Außenseite des Kraters geschafft werden.

Ahu Tongariki **16**

Einen weiteren Höhepunkt der Inselrundfahrt bildet unbestreitbar der erst in den 1990er-Jahren wieder aufgebaute **Ahu Tongariki** in der Hotu-iti-Bucht, das imposanteste Bauwerk in ganz Polynesien: 23 000 m³ Lavagestein wurden zu einer keilförmigen Rampe aufgeschichtet, 15 Kolossalstatuen aus Tuff thronen tonnenschwer auf flachen Fundamenten; die Kulisse ist ergreifend. Im Rücken der steinernen Riesen leuchtet der tiefblaue Pazifik, und im Inselinnern erblickt man die Steilwand des Rano raraku.

1993 begannen die komplizierten Restaurierungsarbeiten. Am 21. Mai 1960 hatte eine gewaltige Flutwelle die Osterinsel erreicht, die durch das bis heute heftigste Erdbeben an der über 4000 km entfernten chilenischen Südküste ausgelöst worden war. Sie raste mit 650 km/h quer über den ganzen Pazifik. Tongariki wurde innerhalb von Sekunden weggespült: Der 180 m lange *ahu* und die vornüber gekippte Reihe der Statuen – der schwerste *moai* wiegt immerhin 88 t – flogen förmlich durch die Luft; die Überreste verteilten sich anschließend auf eine Fläche von über 100 000 m². Mit Hilfe eines aus Japan herbeigeschifften Baukrans räumten 90 Insulaner unter der Leitung des chilenischen Archäologen Claudio Cristino das Trümmerfeld. Jeder bearbeitete Steinbrocken wurde aussortiert und genau vermessen. In Museen und Privatsammlungen suchten Archäologen nach Dokumenten und Fotos, die aus der Zeit vor der Flutkatastrophe stammten. Aus den gesammelten Daten konnte das Monument rekonstruiert werden.

Die monatelangen Ausgrabungs- und Restaurierungsarbeiten entmystifizierten weitgehend die angeblich rätselhafte Vergangenheit von Rapa nui, denn durch sie konnte die kontinuierliche Bauentwicklung belegt werden. Bei den *ahu* handelt es sich ausschließlich um Totenkultstätten einer einzigen – der polynesischen – Kultur. Die Baugeschichte erstreckt sich über einen Zeitraum von 1000 Jahren. Was klein begann, endete gigantisch. Dutzende aufgerichteter Statuen wurden periodisch gestürzt und als Füllmaterial für ein größeres Bauwerk verwendet. Viele Teile von zerbrochenen *moai* liegen heute als Beweisstücke seitlich des

Teilnehmer des Tapati-Rapa-nui-Triathlons mit ihren selbst gefertigten Booten

Tipp: Inselerkundung – geführt und individuell

Es empfiehlt sich, an mindestens einer ganztägigen, geführten Exkursion teilzunehmen. Wer sich danach auf eigene Faust aufmachen will, kann einen Wagen mieten. Die Jeeps kosten bis zu 120 US-$ pro Tag, das Benzin ist recht preiswert (Reiseveranstalter: **Rapanui Travel Ltda.**, Tel. 32-210 05 48, www.rapa nuitravel.com).

Ahu Tongariki. Dimension sowie Form unterscheiden sich gravierend. Der größte *moai* ist 8,90 m hoch und wiegt 88 t, der abgebrochene Kopf ist allein 26 t schwer. Die Statue mit *Pukao* auf der Westseite der Plattform wiegt 60 t und ist nahezu unversehrt. Die feinen Kantenlinien der je 2 m² messenden Hände, die Verzierungen an den meterlangen Ohren und ihre ausgewogene Proportion machen sie zum perfektesten Standbild auf der gesamten Insel. Am besten besucht man Tongariki zum Sonnenaufgang oder am späten Nachmittag.

Halbinsel Poike

Über die **Halbinsel Poike** geht es von der imposanten Südküste hinüber zur Nordküste. Ein kleines Holzgebäude taucht bei einer Anhöhe auf. Hier wohnt der Aufseher einer Rinderfarm, mit dem man an Nachmittagen die Halbinsel mit der Jungfrauenhöhle **Ana o keke** [17] und den Jungfernbrunnen **Vai a heva** [18] besuchen kann. Er freut sich über ein mitgebrachtes Päckchen Zigaretten.

Zum Ahu Heki'i [19]

An der Küstenlinie im Norden reihen sich die *ahu* gleich in mehreren Ketten auf. Die Gegend, die die Spanier 1770 betraten, muss dicht besiedelt gewesen sein. Es handelt sich vorwiegend um jüngere Konstruktionen, die so genannten Halbpyramiden-*ahu*. Größere *moai* sind nicht vorhanden. Einer der ersten *ahu*, den man von der Straße aus erreicht, hat den Umriss eines Schiffes. Das Innere des etwa 80 m langen und 2 m hohen *ahu* enthält Grabkammern. Kurz bevor man zur Bucht La Pérouse kommt, schützt linker Hand ein Zaun eine Lavafläche. Dutzende eingravierte Figuren sind auf ihrer Oberfläche zu erkennen, die Haifische, Schildkröten, Angelhaken und Katamarane darstellen. In der Bucht ging 1786 der französische Kapitän La Pérouse an Land. Die riesige Ruine des **Ahu Heki'i** ist nur wenig erforscht. Mehrere *moai* liegen, mit Steinen bedeckt, auf der *ahu*-Rampe, darunter befinden sich Grabkammern.

Te Pito

Wesentlich mehr Aufsehen erregt ein riesiger Kiesel in der folgenden Bucht Hanga o Honu. Rund um den ovalen, glatt geschliffenen Stein kauern oft Touristen, um zu meditieren, denn magische Kräfte sollen angeblich aus **Te Pito** strömen. Die grauschwarze Basaltkugel steht in dem Ruf, der ›Nabel der Welt‹ zu sein, dessen Lage die Pilger exakt mit 27° 5' 7,2" südlicher Breite und 109° 18' 6,9" westlicher Länge angeben. Einige Insulaner behaupten, er wäre vor langer Zeit vom Ahu a Kapu an der Westküste zum **Ahu Te Pito Kura** [20] an die Nordküste gebracht worden. Unmittelbar daneben stand bis 1838 der größte *moai,* der je aufgerichtet wurde. Gemäß der Legende kam der überdimensionale Kiesel mit dem ersten Inselkönig Hotu Matua nach Rapa nui. Geologen jedoch untersuchten ihn und betrachten ihn als natürliches Produkt vulkanischer Tätigkeit auf der Osterinsel. Er wiegt fast 1 t und hat einen Durchmesser von 80–100 cm.

1993 entdeckten Archäologen bei Ausgrabungsarbeiten am Ahu Tongariki eine weitere Steinkugel. Sie ist etwas kleiner als Te Pito, aber ebenso glatt poliert und mit einem eingravierten Fregattvogel geschmückt. Eingebettet in die Steinreihen des restaurierten Monuments, erregt sie allerdings nicht die gleiche Aufmerksamkeit.

Anakena-Bucht

Auf der Weiterfahrt in Richtung Westen leuchtet unter der rot schimmernden Felswand des Maunga puha der kleine Sandstrand Ovahe.

An der flachen, hellsandigen **Playa Anakena**  waren vor 1500 Jahren die ersten Siedler mit ihrem Anführer Hotu Matua gelandet. Die Königsfamilie schlug hier ihre Residenz auf und verbot den Inselbewohnern fortan den Zutritt. Nur zu besonderen Festen und Zeremonien durften sie sich in Anakena versammeln. 1960 wurden hier Kokospalmen angepflanzt, was die Bucht zur idealen Kulisse für ein Bad im Meer macht.

Der imponierende **Ahu Nau nau** wurde 1978 restauriert. Die Rücken der *moai* sind noch mit originalen Gravuren verziert. In die meerseitige Stützmauer wurde ein *moai*-Kopf eingebaut. Mehrere Steinplatten weisen guterhaltene Petroglyphen auf. Der einzeln stehende *moai* auf dem **Ahu Ature Huki** am Fuß der kleinen Anhöhe wurde 1956 von der Kon-Tiki-Expedition zusammen mit den Insulanern als erste Statue wieder aufgerichtet.

Infos

Sernatur: Tu'u Maheke, Tel./Fax 32-210 02 55, sernatur rapanui@etnelchile.net. Hotel- und Restaurantlisten, Stadt- und Inselpläne; Sernatur-Schalter auch im Flughafen, Mo–Fr 8–13, 14–19 Uhr.

Cámara de Turismo Isla de Pasua: Tu'u Maheke, neben Sernatur, Tel. 32-255 00 55, camararapanui@entelchile.net, www.turismo.rapanui.cl, Mo–Fr 9–13, 15–18.30 Uhr.

Conaf: in Anakena, Tahai und beim Zeremonialzentrum Orongo, tgl. 9–21 Uhr, im Winter 9–18 Uhr. Eintritt in den Park 60 US-$. Faltblätter, Prospektmaterial.

Rund 20 t wiegt Ko te Riku, der einzige ›sehende‹ *moai* auf der Osterinsel

Die Osterinsel

Im Internet: www.museorapanui.cl, http://osterinsel-freunde.de. Wer sich für aktuelle kulturelle Geschehnisse der Osterinsel interessiert und Spanisch spricht, kann das Portal www.florarapanui.org besuchen.

Internetcafés findet man an der Hauptstraße von Hanga Roa, Atamu Tekena, 9–21 Uhr.

Übernachten

Das **Preisniveau** ist generell hoch.

Luxus ► **Explora Hotel Posada de Mike Rapu:** Sector Te Miro Oone, 8 km von Hanga Roa entfernt, Tel. 2-395 28 00 (in Santiago), www.explora.com; 30 Zi. und Suiten. Puristisch und edel gestaltetes Haus im stilisierten Orongodesign aus Naturmaterialien wie Holz und Bambus, Jacuzzi und Spa. Großzügig geschnittene Zimmer. 3-Tage-Komplettpaket im DZ 2800 US-$ mit Vollpension, Bar und tgl. neuen Ausflügen.

Hell und schön ► **Hotel Taha Tai:** Av. Policarpo Toro, Tel. 32-255 11 92, Fax 32-255 11 93, www.hoteltahatai.cl; 30 Zi. und 10 Bungalows. Am Dorfrand, klimatisierte, blitzsaubere, schön helle Zimmer, z. T. mit Meerblick, mit Holz verkleidete Bungalows, Garten, Swimmingpool. DZ 165 US-$.

Schöner Garten ► **Hotel Gomero:** Av. Tu'u Koihu, Tel. 32-210 03 13, Fax 32-255 16 62, www.hotelgomero. com (auch Deutsch); 18 Zi. Zentrale ruhige Lage, familiäre Atmosphäre, gepflegte Gartenanlage mit Swimmingpool, deutschsprachig und deutschsprachige Exkursionen. DZ 156 US-$.

Gepflegt ► **Hotel Iorana:** Ana Magaro s/n, Tel. 32-210 06 08, Fax 32-210 03 12, www.ioranahotel.cl; 50 Zi. Etwas außerhalb von Hanga Roa; gepflegtes, ruhiges, größeres Haus, mit Garten, Pool und einmaliger Panoramasicht auf den Pazifik. Bar, Restaurant und Souvenirshop. DZ 134–200 US-$.

Rustikal ► **Hotel Manavai:** Av. Te Pito o te Henua 1945, Tel. 32-210 06 70, Fax 32-210 06 58, www.hotelmanavai.cl. Sommerlicher, rustikaler Bau, ordentliche Zimmer, mit Blumengarten und Pool mitten im Dorf. DZ 130–160 US-$ (je nach Saison).

Frisch ► **Hotel O'Tai:** Av. Te Pito o te Henua s/n, Tel. 32-210 02 50, Fax 32-210 05 60;

40 Zi. Mitten im Dorfzentrum; angenehme Atmosphäre, hübsche, sommerliche Zimmer, prächtige Gartenanlage, Pool. DZ 115–145 US-$ (je nach Saison).

Umweltfreundlich ► **Hotel Vai Moana:** Av. Policarpo Toro, Tel./Fax 32-10 06 26, www.vai-moana.cl. Erstes Hotel in Ozeanien und Amerika, das mit dem ITR-Umweltzeichen ›Biosphere Hotels‹ ausgezeichnet wurde, Bungalowanlage mit Garten, Meerblick, Restaurant, Tourservice, Internet. Ruhige Lage am Dorfrand nahe der Zeremonialanlage Tahai. DZ 102–147 US-$.

Freundlich ► **Te ora:** Apina s/n, Tel. 32-25 35 38, www.rapanuiteora.com; 10 Zi. Klein, aber sehr nett und farbenfreudig-stilvoll. Das Haus steht unter kanadischer Leitung; Küchenbenutzung ist möglich. Das DZ kostet etwa 80 US-$.

Familiär ► **Chez Cecilia Residencial:** Av. Atamu Tekena s/n, Tel. 32-210 04 99, www.rapanuichezcecilia.com. Weitläufige, hübsche Anlage, hat Zimmer und Bungalows. Zimmer nur im Package mit Halbpension und eigenem Tourenangebot (für 3 Tage 110 000 CLP). Kleine, einfach Zimmer. Man kann auch zelten; Küchenbenutzung.

Für Budgetreisende ► **Konatau Jugendherberge:** Av. Avareipua, Tel./Fax 32-210 03 21. Ideal für Backpackers mit kleinem Budget, einfache Zimmer, aber Kochgelegenheit. 25 US-$ pro Pers.

Residenciales ► Viele weitere **Residenciales** haben einen guten, ansprechenden Standard, z. B. das **Inaki uhi,** www.inaki-uhi.cl; die Anbieter warten am Flughafen in der Ankunftshalle.

Camping ► **Mihinoa Camping:** Av. Pont, Tel. 32-255 15 93, http://mihinoa.com. Freies Campieren ist auf der Osterinsel verboten, 40 % der Insel stehen unter Natur- und Denkmalschutz. Dieser Campingplatz an der Küste bietet auch Zimmer mit Kochgelegenheit und hat eine herrliche Meersicht.

Essen & Trinken

Preise: Vorspeisen 3000–5000 CLP, Hauptgerichte 8000–10 000 CLP, in gehobeneren Restaurants auch 15 000 CLP.

Beste Adresse ▶ La Taverne du Pêcheur: Caleta de Pescadores. Das Lokal gilt als beste Adresse in Hanga Roa. Der Wirt ist der beliebte Bretone Gilles Pesquet, der eine wundervolle *paella,* aber auch Sashimi, Steaks und Langusten im Angebot hat; sehr gute Weine.

Feinschmecker-Tempel ▶ Au Bout du Monde: Policarpo Toro s/n, Tel. 32-25 50 60. Neuer Feinschmecker-Tempel, der durch seine ausgezeichnete Qualität besticht. Die Gerichte sind eher international als Rapa nui. Das Restaurant liegt sehr schön und hat eine Dachterrasse.

Live-Musik ▶ Aloha: Av. Atamu Tekena, Tel. 32-255 13 83. Beliebtes Restaurant mit Bar und Live-Musik. Der Renner sind hier die Papa Aloha und tropische Drinks, gute Fischgerichte.

Im Trend ▶ Te Moana: Av. Atamu Tekena. Trendlokal mit vorwiegend einheimischem Publikum, das gute polynesische Gerichte und exotische Drinks serviert. Spezialitäten sind *tabla de pescado,* eine Fischvorspeise, und *ceviche* vom Tunfisch. Live-Musik. Auch für einen spätabendlichen Drink eine gute Adresse.

Eine vielseitige Adresse ▶ Café Raa: Av. Atamu Tekena. Richtiger Espresso, Cappuccino, Kaffee. Leichte Gerichte, Kuchen und frische Fruchtsäfte. Schöner Treffpunkt, Internet und Büchertausch.

Ein Treffpunkt ▶ Mikafe: Caleta de Pescadores. Sehr guter Treffpunkt, um einen Espresso zu trinken und Eis zu essen. Auch abends beliebt.

Einkaufen

Souvenirs ▶ Holzschnitzereien des charakteristischen *moai kavakava* aus Myrtenholz erhält man in den Kunstgewerbegalerien im Zentrum; **Muschelketten** und **Lapislazuli-Kunst** im kleinen Markt an der Hauptstraße Av. Atamu Tekena.

Abends & Nachts

Nette Bars ▶ Café Raa und **Aloha,** beide Av. Atamu Tekena s/n. Gute Treffpunkte, ab und zu Konzerte mit Lokalbands.

Tipp: Aus dem Erdofen

Der Clou der typischen Osterinsel-Gastronomie ist der **Umu,** ein polynesisches Erdofengericht, das als *curanto* auch in Puerto Montt und auf Chiloe sehr erfolgreich ist (**Restaurant Enrico Rapa nui,** Hanga Roa, Kaituoe s/n, Tel. 32-255 14 60, www.raairapanui.cl).

Discos ▶ Mit heimischer und internationaler Popmusik: **Toroco,** Policarpo Toro s/n, und **Biditi,** Av. Hotu Matua s/n, öffnen gegen Mitternacht, Betrieb bis zum Morgengrauen.

Aktiv

Querbeet ▶ Einige Hotels, Hostales und Geschäfte bieten **Fahrräder** und **Motorräder,** andere **Pferde** an. **Makemake,** Av. Atamu Tekena s/n, Tel. 32-255 20 30, www.makemakerapanui.com, vermietet Mountainbikes, bietet Kayakkurse, Reiten und das hier immer beliebter werdende Surfen an.

Reiten ▶ Cabalgatas Pantu, Tahi s/n, Tel. 32-10 05 77, und **Tadeo,** Av. Apina s/n, Tel. 32-210 04 22. Halbtages-/Ganztagestouren.

Tauchen ▶ Dieser Sport lässt sich hier ganz wunderbar erlernen. Und zwar gleich beim Champion: **Mike Rapu,** in der Caleta Hanga Roa, Tel.32-255 10 55, www.mikerapu.cl. Und im **Diving Center Orca,** Caleta de Hanga Roa, Tel. 32-255 03 75, Fax 32-255 04 48, www.seemorca.cl.

Termine

Tapati Rapa nui: letzte Januar- und erste Februarwoche (s. S. 398).

Verkehr

Flüge: Lan fliegt Mataveri 4 x wöchentl. von Santiago aus an, 2 x wöchentl. von Papeete/Tahiti.

Taxis: In Hanga Roa verkehren Taxis, darüber hinaus gibt es keine öffentlichen Verkehrsmittel auf der Osterinsel. Eine Fahrt im Dorfbereich kostet 1000 CLP, etwa 2 US-$. Nach Anakena zum Strand bezahlt man 15 US-$. Abholzeit mit dem Chauffeur aushandeln!

Die Juan-Fernández-Inseln haben den berühmtesten Schiffbrüchigen der Welt vorzuweisen, Robinson Crusoe, außerdem bieten sie eine wundersame endemische Flora, eine sagenhafte Vogelwelt, ein Hummerparadies in glasklarem Meer und herzliche Gastfreundschaft. 2010 wurde die pazifische Inselgruppe schwer von einem Erd- und Seebeben getroffen. Inwieweit sie wieder hergestellt ist, muss vor Reiseantritt genau geprüft werden.

Entdeckung der Inseln

Zum ersten Mal gesichtet wurden die zerklüfteten Gipfel der Juan-Fernández-Inseln, die 360 Meilen entfernt von der chilenischen Küste bei San Antonio im oft stürmischen Pazifik ruhen, am 22. November 1574 von dem portugiesischen Kapitän in spanischen Diensten Juan Fernández. Er musste seine ganzen seefahrerischen Künste aufbieten, um diese entlegene Gegend zu erkunden. Zurückgekehrt in seinen peruanischen Heimathafen Callao, musste er sich von der Inquisition den Vorwurf gefallen lassen, mit Teufelskünsten gesegelt zu sein. Doch seine Navigationstricks hatte er in seinem »Tratado de Navegação de Chili Contra o Sul« festgehalten und somit dokumentiert, dass er nur mit Gottes Hilfe vorwärtsgekommen sein konnte.

Bei der Namensgebung siegte die Einfallslosigkeit. Die drei unbewohnten Inseln wurden Más a tierra, Más fuera und Santa Clara getauft, ›Näher zum Land‹, ›Weiter Draußen‹ und ›Santa Clara‹. Heute heißen sie nach ihren berühmten Bewohnern: Robinson Crusoe und Alejandro Selkirk – nur Santa Clara behielt ihren Namen. Auf diesem nur 2 km² großen felsigen Eiland siedelten die Bewohner die von dem Seefahrer Juan Fernández eingeführten Ziegen an, die es völlig kahl fraßen.

Die 44 km² umfassende Isla Alejandro Selkirk blieb weitgehend unberührt – übrigens auch von Alexander Selkirk, der ja auf Robinson Crusoe lebte (s. rechts). Nur während der Hummersaison siedeln sich hier Fischer an. Die chilenische Regierung dachte sich 1909 jedoch, was den englischen Seeleuten einst recht war, könne ihr nur billig sein, und errichtete auf Alejandro Selkirk eine Strafkolonie, die bald wieder aufgegeben wurde.

Landschaft, Flora und Fauna

Nur die 47 km² große Isla Robinson Crusoe ist bewohnt. Auch heute versinkt der seit 1877 dauerhaft besiedelte Hauptort San Juan Bautista keineswegs in Trubel, obwohl hier alle 600 Insulaner beisammen sind. Wer zu den Islas Juan Fernández unterwegs ist, sollte Abgeschiedenheit in einer verwegenschönen Natur zu schätzen wissen.

Ein Laboratorium hat man die Islas Juan Fernández schon genannt, weil sich hier isoliert vom (chilenischen) Festland ein ganz eigenes Pflanzenkleid entwickelte. Fremde Samen wurden jedoch über den regen Seevogelverkehr zu dem Archipel transportiert und dort heimisch. Botaniker sind staunende Gäste auf Robinson Crusoe (s. S. 409).

Und auch die Geografie ist ziemlich außergewöhnlich. Aus den kleinen, scharfkantigen und stark gefalteten Inseln brechen hohe Gipfel hervor wie versteinerte Eruptionen. Auf der Isla Alejandro Selkirk befindet sich der Cerro de Los Inocentes, mit 1650 m die höchste Erhebung des Archipels, auf der Isla Robinson Crusoe erreicht El Yunque immerhin 915 m. Felsen mit Wänden, die die Erosion schraffiert hat, schirmen so lotrecht wie Hausmauern das Inselinnere ab, Zackenkronen lassen sie wie Drachenrücken wirken. Im späten Nachmittagslicht ist deren Schattenspiel auf den weichen grünen Matten im Innern der Insel besonders schön.

An den scharf geschnittenen Gipfelspitzen der stark gefalteten Gebirgszüge im Nordosten der Insel regnen sich die Pazifikwolken ab, und der üppige Niederschlag durchfeuchtet die riesigen Farn- und Walddickichte, während der Westen in den Sommern manchmal so aussieht wie die Umgebung von San Pedro de Atacama. Hier wurde auch die nur 800 m messende Landepiste aus dem Fels gesprengt. Wenn die Winde besonders stürmisch blasen, dann wagt hier allerdings kein Pilot das Landemanöver. Der übliche Nachhauseweg nach San Juan Bautista sieht von, entweder fünf Stunden über die Insel zu kraxeln oder anderthalb Stunden die Küste entlangzuschippern, wobei es auch dort recht stürmisch zugehen kann. Das glasklare Wasser hat für Taucher unübersehbare Vorteile, und im Bewusstsein aller Chilenen hat sich festgesetzt, dass die besten Hummer von ihrem Robinson-Inselchen kommen – was allerdings zu deren radikaler Dezimierung geführt hat.

Tourismus

Es ist nicht leicht, auf den Islas Juan Fernández einzutreffen. Um so glücklicher schätzt sich, wer dann da ist. Kein Wunder: Der gesamte Archipel steht bis auf Stadt und Flughafen unter Naturschutz, so schön und besonders ist er. Seit 1977 ist er Biosphärenreservat der UNESCO. Die meisten Besucher räumen nur drei Tage für den Aufenthalt ein, und wegen der beschränkten Kapazitäten der kleinen Flugmaschinen muss gerade während der Hauptsaison in den Sommermonaten präzise

Tipp: Nach dem Beben

Zurzeit gibt es ein Hotel auf der Insel Robinson Crusoe, der Nationalpark Juan Fernández ist seit Mai 2010 wieder geöffnet. Die gesamte Infrastruktur litt schwer, der Tsunami verwüstete öffentliche Gebäude wie Hafen- und Zollamt, Bürgermeisteramt, Museum und Conaf-Stationen sowie zahlreiche Privathäuser. Das Refugio Náutico wird zur Saison 2011/2012 seine Tore wieder öffnen.

geplant werden. Die Reiseveranstalter sagen jedoch unisono, dass das Einzige, worüber die Gäste klagten, ihr zu geringes Zeitbudget sei, nicht die noch bescheidene touristische Infrastruktur und ärztliche Versorgung. In jüngster Zeit hat sich die Insel zu einem Geheimtipp für Trekker entwickelt, die die außergewöhnlichen Wanderwege in kompletter Einsamkeit schätzen, gerne ihre Verpflegung mitbringen und in Zelten übernachten. Auch Tauchen ist beliebt geworden. Der Refugio Náutico und die Fluggesellschaft Aeromet haben entsprechende Programme aufgelegt.

Die Legendenbildung geht munter weiter. Gold- und andere Schätze sollen sich angeblich auf den Inseln verbergen, und die offenkundig noch ungehobene Piratenbeute lockte schon einige Gäste an. Der Erste war ein US-Bürger namens Bernard Keiser, der sich mitsamt alter Seekarten ans Graben machte, die letzte Nachricht vom angeblich gesichteten Schatz geisterte Ende 2005 durch die Presse.

15 Isla Robinson Crusoe
▶ B/C 22

Karte: S. 408

San Juan Bautista 1

Das an der Bahía Cumberland gelegene **San Juan Bautista** ist eine Ansammlung von Fischerkaten und Häuschen an Erdstraßen und liegt in der Nähe der Stelle an der Nordküste,

Robinson Crusoe – Mythos und Wirklichkeit

Thema

»Es war am 30. September gewesen, an dem ich den Fuß auf dieses schreckliche Eiland gesetzt hatte, also zu einer Zeit, da bei uns die Sonne in der herbstlichen Tagundnachtgleiche steht, während sie dort senkrecht über mir glühte; denn nach meiner Berechnung befand ich mich neun Grad zweiundzwanzig Minuten nördlich des Äquators«.

So notiert es der berühmteste Schiffbrüchige aller Zeiten, Robinson Crusoe, am 30. September 1659. Wer Robinson Crusoe nicht kennt, hat – da sind sich die Kinder und auch die Erwachsenen der Welt einig – etwas ganz Grundlegendes in seinem Leben verpasst. Hat nicht von den schrecklichen, Tod bringenden Wellen gelesen, die den Unglücklichen an einen einsamen Strand spülten, von seiner Verzweiflung, als er feststellen musste, dass er sich auf einer rings vom Meer umgebenen Insel befand, und wie er eine Stelle entdeckte, um sein Lager aufzuschlagen: »eine Ebene, deren eine Seite von einem mächtigen Felsen gebildet wurde, welcher sich wie die Front eines Hauses nach der Ebene steil herabsenkte …«.

Aber wer weiß schon, dass es tatsächlich einen Robinson Crusoe gegeben hatte, der den Schriftsteller Daniel Defoe zu seinem Roman inspirierte? Es ist die Geschichte des schottischen Feuerkopfes Alexander Selcraig – oder Selkirk, wie er sich später taufen sollte –, der sich am 7. Februar 1704 in London auf dem Handelsschiff ›Cinque Ports‹ eingeschifft hatte und mitten im Ozean in einen so immensen Streit mit seinem Kapitän Thomas Stradling über den Zustand des Schiffs und die armselige Ernährung der Matrosen geriet, dass er bat, ausgesetzt zu werden mit nichts anderem als einer Axt, einer Bibel, ein wenig Tabak, einem Gewehr, ein paar nautischen Büchern und einem Pfund

Schießpulver. Vier Jahre lang währte sein selbst gewähltes Exil, das er – praktisch noch in den Wellen strauchelnd, die ihn ans Ufer brachten – sogleich verfluchte.

Die Umstände waren hart, aber er wusste sich einzurichten. Die Baumstämme dienten ihm als Blätter eines Tagebuchs, in die er seine Notizen ritzte. Er las die Bibel und legte einen Kalender an, um den Sinn für die Zeit nicht zu verlieren. Aus Seehundfellen nähte er Kleider, und aus Blättern baute er ein Regendach. Er züchtete Ziegen und gewöhnte sich so sehr an das Barfußlaufen, dass er seine Füße noch Jahre nach seiner Rückkehr im Februar 1709 nicht in Schuhe zwängen konnte. Das Sprechen hatte er auch verlernt.

Zeitgenossen sagen, er sei nach seiner Robinsonade für die Zivilisation verloren gewesen, andere Stimmen behaupten, dass er das davor auch schon war. Die Abenteuerlust ließ sich aus seinem Leben nicht bannen. Am Strand seines schottischen Heimatfleckens Largo baute er die Höhle nach, die er auf den Juan-Fernández-Inseln bewohnt hatte, und zur Heirat flüchtete er nach London. Als Seefahrer starb er 1723 mit 47 Jahren an Bord eines Handelsschiffes vor den Küsten von Afrika. Und 1719 erschien »Das Leben und die seltsamen und überraschenden Abenteuer des Robinson Crusoe, Seemann aus York« von Daniel Defoe, das ihm und seinem Autor gleichermaßen unsterblichen Ruhm bescheren sollte.

wo auch Alexander Selkirk seine Höhle in den Fels grub – damals wie heute offenbar der beste Platz zum Wohnen. Die einzige städteplanerische Extravaganz in dem Zehn-Sträßlein-Dorf ist die enge Nachbarschaft von Friedhof, Fußballplatz und Leuchtturm.

In der **Casa de Cultura Alfredo de Rodt** mit der Biblioteca Daniel Defoe werden Ausstellungen veranstaltet. Ein kleines Zimmermuseum dokumentiert die Geschichte des deutschen Kriegsschiffs ›Dresden‹, das im Ersten Weltkrieg während eines Seegefechts gegen zwei Schiffe der britischen Kriegsmarine im Februar 1915 in der Bahía Cumberland angeschossen wurde und sich selbst versenkte. Die Mannschaft soll sich mit Papagei an Land gerettet haben – einer der Überlebenden soll der spätere Abwehrchef unter Hitler, Canaris, gewesen sein (Mo–Fr 10–12, 16–20 Uhr).

Festung Santa Bárbara 2

Gleich beim Ort liegt die 1974 restaurierte Festung **Fuerte Santa Bárbara**, die die Spanier 1749 zum Schutz gegen Piratenüberfälle bauten, und nebenan befinden sich die sieben Grotten umfassenden, sogenannten **Cuevas de los Patriotas**. Dorthin wurden 1815 spanische Soldaten verbannt, die sich während der Unabhängigkeitskriege nicht den Nationalisten ergeben wollten.

Mirador de Selkirk 3

Eine schöne, etwa vierstündige Wanderung führt zum **Mirador de Selkirk**, der gleich hinter der Festung Santa Bárbara in einen üppigen Farndschungel mündet, den bevorzugten Aufenthaltsort des endemischen Kolibris *Picaflor rojo*. Die Conaf geleitet mit einem Lehrpfad durch den Wald. Zum 565 m hoch gelegenen *mirador* auf dem Cerro Portezuelo muss man etwas klettern, wird dann aber mit der Erkenntnis belohnt, warum dieser Aussichtspunkt den Namen des Schiffbrüchigen erhielt: Die Sicht auf die komplette Insel – ein bisschen Wüste und viel kühler Dschungel –, das Meer und die beiden anderen Eilande ist majestätisch schön und vor allem grenzenlos.

> **Tipp:**
> # Zum Mirador de Selkirk
>
> Es ist nahezu verbürgt, dass Robinson Crusoe diesen Weg hinaufkletterte, um den Pazifik abzusuchen; er könnte es auf alle Fälle sein. Nach der etwas anstrengenden Wanderung wartet oben eine weite, weite Aussicht. Unwillkürlich sucht man selbst den Horizont nach Schiffen ab (s. links).

Cueva de Robinson Crusoe 4

Die **Cueva de Robinson Crusoe** (Robinsonhöhle) westlich von San Juan Bautista ist zu erwandern oder mit einer kleinen Bootsfahrt zu erreichen. Sie liegt eng umschlossen von steil aufragenden Bergwänden an einem schwarzen Kieselstrand, der mit Krebsen übersät ist. Flink sprudelt hier ein Flüsschen ins Meer – für Robinson war es überlebenswichtig. Auf einem Hügel sind noch die Überreste eines spanischen Forts zu sehen.

Weitere Ausflugsziele

Von San Juan Bautista leicht zu erreichen ist die etwa 3 km entfernte, malerische **Plazoleta El Yunque** 5, eine kleine Lichtung am Fuß des gleichnamigen Berges, die von den prächtigen Pflanzenkuppeln des Regenwaldes umrundet wird.

Es gibt noch mehrere schöne Bootstouren, die man mit den Fischern unternehmen kann, z. B. zur butterweichen **Playa Arenal** 6 oder zum **Puerto Francés** 7.

Infos

Die **Conaf-Station** des Parque Nacional Archipiélago Juan Fernández unterhält zwei Auskunftsstellen: Alcalde Larraín s/n, und Vicente González s/n, Tel. 32-75 10 04, Mo–Fr 8–18 Uhr (zzt. geschl.).

Übernachten

Luxus-Safari-Chic ▶ **Crusoe Island Resort:** www.crusoeislandlodge.com, Mindestaufenthalt 3 Tage. Resort östlich von Juan Bautista in Felsen oberhalb des Meeres. Viel

Holz, Glas und kunstgewerbliche Details. Spa und Tourenvermittlung, auch Flüge. Pro Person im DZ mit Vollpension 1050 US-$ für 3 Tage.

Empfehlenswert ▶ Refugio Náutico: Av. El Palillo s/n, Tel. 32-75 10 77, www.islarobin soncrusoe.cl. Wie ein Bug ragt das verspielte Holzhaus in die Bucht hinein, ganz nette Zimmer mit eigenem Bad, gutes Restaurant, ein umfangreiches Tourenangebot. Wird in der Saison 2011/2012 erneut seine Tore öffnen.

Aktiv

Gut beraten mit den Tourguides ▶ Es gibt 20 **Tourguides** in San Juan Bautista. Aus-

Tipp: Mit Langustenfischern auf Tour

Das Langustenfischen gehört zu den Haupteinnahmequellen der Insulaner – und mit etwas Glück findet man einen Fischer, den man auf seiner Bootstour begleiten kann (s. o., Tourguides).

künfte erteilt die Municipalidad, Larain Alcalde 320, Tel. 32-75 10 46.

Wandern ▶ Dieser Sport findet auf der Isla Robinson Crusoe immer mehr Anhänger, die sich an der besonderen Vegetation aus dichten Farnwäldern und den Lichtspielen der Sonne auf den grünen Matten der Berge nicht satt sehen können, ist aber nicht für alle bequem. Die **Conaf** empfiehlt Touren und vermittelt *guides*.

Fischen ▶ Der Sindicato de Pescadores bietet **Bootsausflüge** an, Endémica Expeditions, Tel. 32-275 10 03.

Ausritte, Tauchen und Wandern ▶ Mare-nostrum Expediciones: Tel. 32-275 10 80, Robinson Crusoe s/n.

Verkehr

Flüge: Es gibt zwei Fluglinien, die von Los Cerrillos in Santiago starten (Kapazität für 5–10 Gäste, das Gepäck ist auf 10 kg limitiert); Flugtermine erfragen, keine ständige Linie. **Aerolineas Ata,** Av. Larrain 7941, Aerodromo Tobalaba, **La Reina,** Santiago, Tel. 2-275 03 63, Fax 273 71 85, www.aerolinesata.cl.

Arche Noah
für gestrandete Pflanzen   Thema

Ein sattes, feucht glänzendes, prunkendes Pflanzenkleid bedeckt weite Teile des Juan-Fernández-Archipels und versetzt Wissenschaftler immer wieder in Entzücken. Mit den Galapagos-Inseln vor Ecuador ist sein Reichtum an seltenen Gewächsen schon verglichen worden; eine Arche Noah für gestrandete Pflanzen wurden die Islas Juan Fernández genannt.

Kostbar ist dieses bunte Pflanzenkaleidoskop auch, weil einige Gewächse dem hiesigen Habitat nicht entsprechen, sondern aus anderen Breitengraden eingewandert sind, wie beispielsweise der Sandelholzbaum aus Asien und Polynesien, der auf Neuseeland beheimatete olivillo (Coprosma triflora) und Farnsorten wie die Dicksonis bertorama von den Fidschi-Inseln.

Goldregen rieselt auf die feuchte Erde, wo man 80 Mio. Jahre alte fossile Pollen aus dem Südwesten Afrikas fand. Wie kommen diese Pollen auf eine Insel, die erst vor knapp 5 Mio. Jahren aus dem Wasser schoss? Auch bei dem Strauchgewächs Lactoris fernandisiana kapitulieren alle, die seine Genese nachvollziehen wollen. Ebenfalls verblüffen die niedrigen Orangenbäume (Zanthoxylum mayu) und der kleine peralillo, die sonst so tief im Süden des Subkontinents nicht wachsen. Neben den 50 verschiedenen Farngewächsen, die hier himmelhoch gedeihen, gibt es diverse Palmenarten, die Myrte oder den Zimtbaum. Außerdem existiert keine andere Insel, die so viele endemische Pflanzen in derartiger Konzentration aufweist wie die Isla Robinson Crusoe. Ein fröhlicher Vermittler zwischen all den Gewächsen ist der leuchtend rote Juan-Fernández-Kolibri, der sich und seine Brut vom Nektar der sófora ernährt.

Doch das Paradies, das die UNESCO 1977 zum Biosphärenreservat erklärt hat, ist bedroht. Die von einigen Kolonisten mitgebrachten und eingebürgerten Brombeeren überwuchern die heimischen Pflanzen und schnüren ihnen den Sauerstoff ab. Auch die als Fleischspender angesiedelten Kaninchen haben sich zu einer Plage ausgewachsen, derer man nicht Herr wird. Die Ausbeutung der Gewässer, wegen ihres Reichtums an Fischen Lebensgrundlage der Insulaner und Freudenquell für Taucher, hat ebenfalls zu einem hausgemachten Problem geführt, das durch Fangbeschränkungen gelöst werden soll. Langusten beispielsweise benötigen acht Jahre, bis sie ausgewachsen sind; werden kleinere gefangen, sollen sie wieder zurück ins Meer gebracht werden. Erfolge kann man schon bei den Pelzrobben vermelden, die gegen Ende des 19. Jh. als ausgerottet galten, weil sie erbarmungslos abgeschlachtet wurden.

Die Juan-Fernández-Inseln sind ein natürliches Laboratorium, das nun selber paradoxerweise eines Laboratoriums bedarf: Die seltenen Pflanzen, die natürlichen Kreuzungen, die unbekannten Pollen, sie werden jetzt in Gewächshäusern geschützt, damit die Zivilisation sie nicht weiter schädigen kann. Man wünscht sich folglich Gäste, die die Natur respektieren. Eine kleine Einführung vermittelt das Informationszentrum der Conaf im Parque Nacional Archipiélago Juan Fernández. Die Forstschutzbehörde hat auch Wege angelegt.

Register

Der Haupteintrag ist **fett** hervorgehoben.

Register

Der Haupteintrag ist **fett** hervorgehoben.

Register

Der Haupteintrag ist **fett** hervorgehoben.

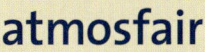

Abbildungsnachweis/Impressum

Abbildungsnachweis

Bildagentur Huber, Garmisch-Partenkirchen: S. 3 M., 60/61, 88/89, 161, 166/167 (Saffo); S. 3 o., 90, 92 re., 109 (Damm)

Bilderberg/Avenue Images, Hamburg: S. 10/11, 327 li., 344/345 (Ginter); 355 (Drexel)

DuMont Bildarchiv, Ostfildern: S. 1 li., 1 M., 4 o., 6 o., 22/23, 50/51, 92 li., 93 li., 102, 106/107, 115, 134/135, 158/159, 189, 191, 201, 214/215, 303, 346, 349, 372, 382, 388, Umschlagrückseite (2 x) (Gonzalez)

Getty Images, München: S. 83, 262 re., 284 (gallo images/Harvey); 5 o. + M., 271, 278 (imagebank/Pistolesi); 339 (imagebank/Schmitt); 96/97 (imagebank/Villaseca); 276/277 (lonely planet/l'Anson); 224 re., 235 (Photographers Choice/Weatherly); 306/307 (P. Harding World Imagery/Chivers); 1 re., 396/397 (Schäfer); 9 (sience faction/Ginter)

laif, Köln: Umschlagklappe vorn, S. 34 (Reporters/Scagnetti); 350 (Le Figaro Magazine/Boutteville); 7 o., 384 li., 401 (Le Figaro Magazine/Ripani); 136/137 (Back); 6 u., 122/123, 204, 229 (Gebhard); 260 (Harscher); 4 u., 7 u., 57, 237, 225 li., 245, 286/287 (Heuer); 231 (Piepenburg); 5 u., 265, 343 (RAPHO)

Look-Foto, München: Titelbild (age/Doerr), S. 196 (Fleisher)

Mauritius Images, Mittenwald: S. 326 re., 379 (Photo Alto); 8 u., 399 (age); 2 u., 42/43 (Obert); 81 (Kord)

picture-alliance, Frankfurt/Main S. 249 (Darmstädter)

Stadler, Hubert, Fürstenfeldbruck: S. 2 o., 3 u., 8 o., 13, 17, 18, 21, 26, 31, 39, 41, 53, 54/55, 71, 73, 75, 104/105, 126, 133, 142, 144 (2 x), 145 li., 147, 152/153, 165, 174, 181, 193, 198, 222, 224 li., 242, 252, 254/255, 262 li., 280/281, 292/293, 294, 296 (2 x), 301, 311, 318/319, 322/323, 324, 335, 359, 362, 365, 375

Siemund, Katja, Isla de Chiloé: S. 212/213

Kartografie

DuMont Reisekartografie, Fürstenfeldbruck
© DuMont Reiseverlag, Ostfildern

Umschlagfotos

Titelbild: Im Nationalpark Torres del Paine in Patagonien
Umschlaginnenklappe vorne: *Moai* am Ranu raraku auf der Osterinsel

Über die Autorin: Susanne Asal, geboren 1952, studierte Geschichte, Ethnologie und Anglistik und lebte mehrere Jahre in Argentinien und Mexiko. Sie arbeitet als freie Autorin und Lektorin für Tageszeitungen und Verlage mit Schwerpunkt südliches Südamerika, Venezuela und Mexiko. Zu diesen Themen veröffentlichte sie zahlreiche Reiseführer und Bildbände, ebenfalls im DuMont Reiseverlag erschienen von ihr »Reise-Handbuch: Venezuela mit Isla de Margarita«.

Lektorat: Erika E. Schmitz, Petra Juling, Susanne Völler

Hinweis: Autorin und Verlag haben alle Informationen mit größtmöglicher Sorgfalt geprüft. Gleichwohl sind Fehler nicht vollständig auszuschließen. Alle Angaben erfolgen ohne Gewähr. Bitte schreiben Sie uns! Über Ihre Rückmeldung zum Buch und über Verbesserungsvorschläge freuen sich Autorin und Verlag.

DuMont Reiseverlag: Postfach 3151, 73751 Ostfildern, E-Mail: info@dumontreise.de

1. Auflage 2011
© DuMont Reiseverlag, Ostfildern
Alle Rechte vorbehalten
Grafisches Konzept: Groschwitz, Hamburg
Printed in Germany